交通职业教育教学指导委员会推荐教材
高职高专院校市政工程专业教学用书

高等职业教育规划教材

城市道路工程

Chengshi Daolu Gongcheng

主　编　张乐飞
副主编　孙兆辉
主　审　陈华卫

人民交通出版社

内 容 提 要

本书是高等职业教育规划教材，由交通职业教育教学指导委员会路桥工程专业指导委员会组织编写。全书分三篇。第一篇为城市道路规划与设计，内容包括：概论，城市道路网规划，城市道路横断面、平面线形及纵断面设计，城市快速路设计，城市道路平面交叉、立体交叉设计原理和方法，城市道路公共设施布置。第二篇为路基工程，内容包括：路基的作用及基本要求，路基的力学特性及影响因素，一般路基设计，路基防护与加固，土质路基、石质路基、土石混填路基的施工，路基工程质量验收和评定标准。第三篇为路面工程，内容包括：绪论，路面设计有关资料和参数的确定，常用的路面基层、垫层，沥青路面和水泥混凝土路面设计的基本原理与方法，沥青路面和水泥混凝土路面施工等。

本书是高职高专院校市政工程专业教学用书，也可供相关专业教学使用，或作为有关专业的继续教育及职业培训教材，也可供市政工程技术人员学习参考。

图书在版编目（CIP）数据

城市道路工程/张乐飞主编．--北京：人民交通出版社，2008.7

ISBN 978-7-114-07190-4

Ⅰ．城… Ⅱ．张… Ⅲ．城市道路－工程施工 Ⅳ．U415

中国版本图书馆 CIP 数据核字（2008）第 074752 号

书　　名：城市道路工程
著 作 者：张乐飞
责任编辑：郝瑞苹
出版发行：人民交通出版社股份有限公司
地　　址：（100011）北京市朝阳区安定门外外馆斜街 3 号
网　　址：http://www.ccpress.com.cn
销售电话：（010）59757973
总 经 销：人民交通出版社股份有限公司发行部
经　　销：各地新华书店
印　　刷：北京市密东印刷有限公司
开　　本：787×1092　1/16
印　　张：28
字　　数：694 千
版　　次：2008 年 7 月　第 1 版
印　　次：2016 年 1 月　第 5 次印刷
书　　号：ISBN 978-7-114- 07190- 4
印　　数：9001–11000 册
定　　价：53.00 元

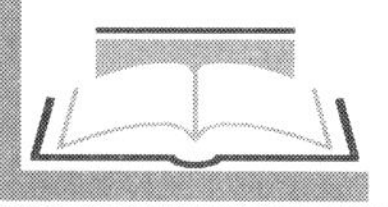

交通职业教育教学指导委员会
路桥工程专业指导委员会

前言

QIANYAN

为深入贯彻落实《高等教育面向21世纪教学内容和课程体系改革计划》，按照教育部“以教育思想、观念改革为先导，以教学改革为核心，以教学基本建设为重点，注重提高质量，努力办出特色”的基本思路，交通职业教育教学指导委员会路桥工程专业指导委员会在总结道路桥梁工程技术专业教学文件编制及其教材编写工作经验的基础上，为合理调整和配置资源，扩充道路桥梁工程技术专业的方向，又组织开发了相关专业的教学指导方案及部分专业教材，其中包括三年制高职高专院校市政工程专业教学指导方案及7门课程的规划教材。

本教材以教育部对高职高专人才培养目标、培养规格、培养模式及与之相适应的知识、技能、能力和素质结构的要求为宗旨，充分注意学生创新能力和实践能力的培养，加强了实训教学环节。本教材紧密跟踪我国市政工程技术的发展，采用了最新的行业技术标准、规范、规程，具有较强的针对性。教材编写中全面贯彻素质教育思想，力求体现以就业为导向，以需求为本位，注重知识实用性的现代职业教育理念，从市政工程行业岗位群对人才的知识结构和技能要求出发，提出教学目标和教学内容。本教材在理论体系、组织结构、内容描述上均反映了专业教学改革的成果。

《市政道路工程》是高职高专院校市政工程专业规划教材之一，全书分三篇，第一篇为城市道路规划与设计，内容包括：概论，城市道路网规划，城市道路横断面、平面线形及纵断面设计，城市快速路设计，城市道路平面交叉、立体交叉设计原理和方法，城市道路公共设施布置。第二篇为路基工程，内容包括：路基的作用及基本要求，路基的力学特性及影响因素，一般路基设计，路基防护与加固，土质路基、石质路基、土石混填路基的施工，路基工程质量验收和评定标准。第三篇为路面工程，内容包括：绪论，路面设计有关资料和参数的确定，常用的路面基层、垫层，沥青路面、水泥混凝土路面设计的基本原理与方法，沥青路面、水泥混凝土路面施工技术。

参加本书编写工作的人员有：浙江交通职业技术学院张乐飞（编写第一篇第一章～第七章）、郑丹燕（编写第三篇第一章～第五章）、陈晓麟（编写第三篇第六章～第九章），四川交通职业技术学院侯烈（编写第一篇第八章、第九章），辽宁交通高等专科学校孙兆辉（编写第二篇第一章～第四章）、王铁滨（编写第二篇第五章～第七章）。全书由张乐飞担任主编，孙兆辉担任副主编，四川交通职业技术学院陈华卫担任主审。

本套教材是路桥工程专业指导委员会委员及长期从事市政工程专业教学与工程实践的教师们工作经验的总结。本教材力求通俗易懂，紧密联系市政工程实际，实用性强，既可以作为市政工程专业三年制教学用书，也可供公路工程、市政工程专业施工人员学习参考。

由于编写时间仓促，加之我们水平有限，书中难免有不妥之处，敬请广大读者批评指正。

本套教材在编写过程中得到了交通职业教育教学指导委员会的关心与指导，全国各交通职业技术学院的领导也给予了大力支持，在此，向他们表示诚挚的谢意。

交通职业教育教学指导委员会

路桥工程专业指导委员会

2008 年 4 月

目　录
MULU

第一篇　城市道路规划与设计

第二篇 路基工程

第三篇　路面工程

第一篇

城市道路规划与设计

第一章 概 论

知识目标

1. 解释城市道路的概念；
2. 描述城市道路的功能和特点；
3. 说明我国城市道路存在的问题及解决对策；
4. 描述红线范围内城市道路各组成部分；
5. 描述城市道路设计的几何依据，城市道路设计的内容和要求。

道路是供行人步行和车辆行驶用的公用基础设施的统称。道路按它所处的区域位置不同，可以分为很多类，如公路、城市道路、厂矿道路、林业道路、机场道路、农村道路等。但根据它们不同的组成和功能特点，把道路分为两类：公路和城市道路。位于城市郊区及城市以外的道路称为公路，公路的建设与管理隶属交通部门；位于城市范围之内的道路，则称为城市道路，城市道路的建设与管理隶属于城市建设和城市管理部门。由于这两类道路各有其功能特点，在设计和施工方面不可能完全相同，因此我国实行公路和城市道路两套设计及其相关的施工规范。城市道路与公路相比，其功能更多一些，组成也更复杂。

第一节 城市道路的组成、功能及特点

一、城市道路的组成

城市道路是修建在市区，路两侧有连续建筑物，用地下沟管排除地面水，采用连续照明、横断面上布置有人行道的道路。

一般情况下，在城市道路建筑红线之间，城市道路由以下各个不同功能部分组成：

(1)行车道，即供各种车辆行驶的道路部分。其中供汽车、无轨电车等机动车辆行驶的称为机动车道；供自行车、三轮车等非机动车行驶的称为非机动车道；供轻轨车辆或有轨车辆行驶的称为轻轨线或有轨电车道。

(2)专供行人步行交通用的人行道（ 地下人行道、人行天桥）。

(3)交叉口、交通广场、停车场、公共汽车停靠站台。

(4)交通安全设施，如交通信号灯、交通标志、交通岛、护栏等。

(5)排水系统，如街沟、边沟、雨水口、集水井、雨水管等。

(6)沿街地上设施,如照明灯柱、电杆、邮筒、清洁箱等。

(7)地下各种管线,如电缆、煤气管、给水管等。

(8)具有卫生、防护和美化作用的绿带。

(9)交通发达的现代化城市,还建有地下铁道、高架道路等。

二、城市道路的功能

城市道路是人们生活和物资运输必不可少的重要交通基础设施,同时起到了保护环境、为市政工程设施提供场地、城市规划以及建筑艺术设计、防灾救灾等方面的功能。城市道路的主要功能包括:

1. 交通功能

在城市里,道路交通运输是城市交通的主要形式。城市中各个不同功能分区,都必须通过城市道路加以连接。城市的四大活动(工作、学习、生活、旅游)也都离不开城市道路交通。道路交通功能又分为纯交通的交通功能和沿路的出、入集散功能。纯交通功能是指城市道路为车辆提供长距离、快速、畅通的交通功能;集散交通功能则是指城市道路为汽车、自行车、行人提供的出入沿路的各处用地、建筑物等的功能,广场、停车场、公交停靠站等属于集散功能。

2. 保护环境、美化城市的功能

道路绿化可改善空气环境,调节城市的气温和湿度。另外,合理的道路间距保证了城市日照和空气流通的环境条件。同时,城市道路作为线形构筑物,其设计、修建都具有其艺术品位。现代城市道路、桥梁景观设计,已经成为城市景观和城市文化的重要组成部分,是反映城市品位的重要标志。

3. 布设基础设施

城市地面上的各种杆线、地下管道、高架道路,都沿道路布设。在某些路段还开辟路边停车场地。设计城市道路时,应妥善处理各种设施间的关系。

4. 城市规划及建筑艺术功能

城市道路网规划,反映了一个城市的平面整体面貌与建筑布局风格。从城市的发展来看,城市是以干线道路为骨架,向四周延伸,通过各类道路的连接,构成一个统一的有机体。一般情况下,人在道路上的视点是移动的,并随着道路的转向而转移视点方位,可以使人获得丰富而生动的环境景象。因此,城市道路就成为反映城市面貌与建筑风格的艺术手段之一。从某种意义上说,城市道路网块决定了城市的面貌和城市的结构。同时,城市道路网的规划,也取决于城市规模、城市结构及城市功能的布局,两者相互作用,相互影响。

总之,城市道路是城市建设水平最集中的表现,在道路交通高度发达的现代城市中,交通和环境的问题越来越重要,在城市道路规划、设计、管理中,应把道路同交通车辆(机动车和非机动车)、人(行人和驾驶员)和周围环境三者有机联系起来,一起研究,从而使道路交通达到安全、快速、经济、便利和舒适的要求。

5. 防灾救灾功能

道路的防灾救灾包括道路作为避难场地、防火隔离带、消防和救护通道的作用等。

在出现地震、火灾等大的灾害时,人们需要避难场所。具有一定宽度的道路(广场)可作为临时避难场地。此外,道路与具有一定耐火性的建筑物一起可形成有效的防火隔离带,以免火势向相邻街道蔓延。

三、城市道路的特点

与公路和其他道路相比较，城市道路具有如下特点：

1. 功能多样性

城市道路除了作为城市交通功能外，还用于布置市政设施、停车场、城市通风、环境保护、建筑艺术、城市文化等，所以，在规划和设计城市道路时，要兼顾到各方面功能的要求。

2. 组成复杂性

城市道路的组成比较复杂，包括车行道、人行道、绿化、照明、停车场、地上杆线、地下管线等，有的还有高架道路、地下道路、地下轨道、人防工程等，在进行道路横断面设计时，各个组成部分要布置得当，各得其所。

3. 行人交通量大

城市道路的行人比公路多得多，尤其在商业区、车站、码头、大型公共娱乐场所等处的道路，人流尤为集中，要妥善设计和组织好行人交通。

4. 车辆多、类型杂、车速差异大

城市道路交通运输的车辆类型多，有客运和货运，有各种大小吨位的机动车，还有大量的非机动车，它们交通量大，车速差异大，互相干扰大，在城市道路设计和交通组织管理中要很好地解决这些问题。

5. 交叉口多

纵横交错的城市道路网形成许多交叉口。城市道路交叉口的存在，直接影响着车速和道路的通行能力，因此，交叉口设计是否合理是能否发挥城市道路系统功能的重要方面。

6. 沿路两侧建筑密集

道路一旦建成，沿街两侧鳞次栉比的各种建筑物也相应建成并固定下来，以后很难拆迁房屋、拓宽道路。因此，在规划设计道路的宽度时，必须充分预计到中远期交通发展的需要，并严格控制好道路红线宽度。

7. 交通分布不均衡

由于道路分布在城市的各个角落，所以，全市的道路交通也相应分散在各条道路上。但各条道路所分布的交通量并不完全一样，有大有小，有主有次，在规划道路网时，应进行调查研究，分清人流、车流的主次方向和大小，用不同等级的道路分别加以处理。

8. 艺术要求高

干道网是城市的骨架，城市总面积的布局是否美观、合理，在很大的程度上首先体现在道路网，特别是干道网的布局；而城市环境的景观和建筑艺术，也必须通过道路才能反映出来。所以，不仅要求道路本身具有良好的景观，而且也要求与城市的建筑群体、名胜古迹、自然风景、城市文化等配合，以取得良好的艺术效果。

9. 城市道路规划设计影响因素多

城市里人来人往，同时绿化、照明、通风、防火和各种市政公共设施，大多设在道路用地上，这些因素在规划、设计时必须综合考虑。

10. 政策性强

在道路网规划和道路设计中，经常需要考虑城市发展规模、技术设计标准、房屋拆迁、土地征用、工程造价、近期和远期、需要和可能、局部与整体的问题，这要牵扯到很多有关方针政策。所以，城市道路规划设计工作，是一项政策性很强的工作，必须贯彻执行有关的法规、方针和政策。

● 第二节　国内外城市道路发展概况、存在问题及解决对策 ●

一、国内外城市道路发展概况

国外一些发达国家，由于生产力的发达，个人生活水平高，私人小汽车盛行，城市道路不适应交通需要的矛盾日益尖锐，以至于交通经常堵塞、车祸频繁和环境污染日益严重。例如美国的纽约，人口1200万，市区人口近800万，汽车保有量达370万辆以上；日本的东京人口约1170万，市区人口近850万，汽车保有量也达到280万辆。由于交通量远远超过道路的交通容量，导致道路通行能力严重下降，干道高峰小时平均车速仅4～9km，整个道路网平均车速亦不过14km/h，而且交通事故剧增。

我国城市道路发展有比较悠久的历史，早在4000多年前的周朝就有关于城市道路规划的记录，到汉代城市建设规模宏大，道路建设也得到迅速发展。隋唐长安城街道宽度空前绝后，明清时代北京街道规划更加整齐，犹如棋盘。改革开放20年来，城市建设发展快速，城市道路长度增长很快，特别是近年来，由于经济快速增长，城市人口急剧增加，私人小汽车日益增多，发达国家大城市的交通问题也逐渐在我国一些大城市显现出来。因此，城市道路建设与发展也变得越来越重要。

二、我国城市道路现存的问题及相关对策

1. 我国城市道路现存的问题

1）城市规划建设中缺乏对城市交通问题的重视

建国初期，由于经济落后，缺乏石油，汽车交通的发展十分缓慢，城市交通以步行和非机动车等低速交通为主，道路交通量大大小于道路容量，城市交通的矛盾不明显。同时，在城市规划中受到前苏联形式主义建筑规划思想的影响，存在片面追求形式主义和建筑艺术的倾向，因而忽视了在城市规划中对城市交通问题的重视和研究。在城市建设中也是重视项目建设，忽视交通设施建设。

20世纪60年代以后，我国摘掉了贫油的帽子，随着石油工业的迅速发展，汽车的发展速度也大大加快。十年动乱中，我国城市的工业进行了一次调整。城市内部的新老工业、骨干企业和配套企业有机结合成一个整体，市内运输联系大大增加了。与此同时，铁路运输和水路运输逐渐饱和，汽车运输逐渐占据十分重要的地位，尤其在20世纪70年代，城市交通迅速增长，城市中心地区的交通矛盾很快被激化。1978年以后，虽然重视了道路交通设施的建设，但由于城市中心地区改造困难，新区的建设量比较大，因此，道路交通建设仍然处于应付状态。

2）城市发展的基本模式是单一中心的同心圆式发展

由于城市在发展建设上缺乏远见,缺乏清晰的规划思想,城市规划和建设继承了中国古代集中式布局的传统,城市像滚雪球一样越滚越大,城市布局的不合理也越来越明显,造成了工作和居住、生产和生活的不方便,人和车的平均出行距离越来越大,加大了交通流量,使得城市生产和生活周转减慢,越来越不经济。城市用地的不合理带来的城市交通问题是根本性的。

3)城市建设中忽视道路系统的建设

大多数城市的道路系统不完整,或者说未成系统,交通流过于集中在少数干道上,城市的迂回运输现象比较普遍,又加大了这些干道的交通压力。城市的交通结构也因之不合理,各种交通工具没有合理地担负起各自的运输任务,自行车和摩托车交通量的不合理发展在一些城市十分明显。同时,城市中缺少各种车辆的停车场地、人流集散场地,甚至缺少人行道,城市道路被"马路市场"、摊贩、车辆的停放及其他堆放物占用的状况十分严重。这是形成城市交通拥挤和堵塞的重要原因之一。

4)交通流的混杂和相互干扰

我国城市的经济水平还相对较低,交通工具种类繁多, 差异很大。不同性能和不同功能的交通流在同一平面上混杂在一起,互相干扰,只能是性能好的服从性能差,高速的服从低速的。特别是机动车受到自行车的干扰,使得机动车交通流的速度降低,城市道路利用率降低,交通效率下降。随着道路容量的降低,城市交通更加拥挤,矛盾更加恶化。这也是产生交通事故的重要因素之一。

5)城市运输管理落后

城市中社会车辆占的比例过大,而专业车辆占的比例较小,这种状况造成了车辆空驶率很高,无形之中加大了城市中的交通量。城市布局的不合理和运输管理水平的落后又增加了不必要的往返运输和迂回运输。同时,社会生产方式的陈旧也增加了城市的货运量。例如,对于城市中大量煤炭建材的运输,如果改变生产方式,普及煤气和提高建筑预制装配化程度等就可以大大减少货运量,即减少了城市道路的交通量。

6)解决现代交通问题的指导思想缺乏远见

(1)忙于治标,疏于治本,表现在缺乏从全局出发,从城市布局和整个道路系统出发考虑问题,往往就事论事,一条路、一个交叉口去解决眼下出现的问题。这样做经常会在解决当前问题的同时随之产生了新的问题。例如一个城市的道路交通问题的根本原因是干道网密度太低,如果仅从眼前干道拥挤考虑,去拓宽干道、拓宽交叉口,其结果随着这条干道交通条件的改善,吸引更多的交通,很快又会出现新的交通压力,新的拥挤状况。在这样的情况下,就需要分析是去拓宽这条干道的路段和交叉口,还是新开辟一条干道,改变干道网密度过低的现状。

(2)惯于采用集中矛盾的方法,而不是分散与集中相结合的方法去解决交通问题。例如,立交是解决与快速路连续交通交叉的有效方法,由于我国城市中存在大量的自行车交通,道路系统的规划又没有形成分流道路系统的思想,因此往往把自行车与机动车的交叉和自行车与自行车的交叉集中在这一立交中一并解决,这样就大大增加了立交的复杂性。所以,现在我国城市中立交不得不做到三层、四层,而矛盾并没有得到满意的解决。如果把自行车和机动车分成两个系统,机动车立交就简单得多,自行车与机动车的交叉也更简单,自行车和自行车的交叉则完全可以在平面上解决。这样做既分散了矛盾,又相对集中地分别解决矛盾,可以取得好的经济效益和使用效果。

2. 解决城市道路交通问题的对策

1）从我国城市人口多、客运量大的特点出发

我国城市人口密集，很少有像西欧或美国中西部那样分散型、规模小、密度低的城市。改革开放以来，大量农村剩余劳动力和一部分谋求更大发展的知识群体进入城市，成为常住流动人口，城市人口迅速膨胀，在给城市带来活力和发展的同时，又进一步加大了城市的密度，形成了新的城市问题。

由于人口稠密，国家又实行劳动力密集、广就业、低工资的政策，所以城市客运量大是普遍现象，这是我国城市交通的特点，并将长期存在下去。即使将来发展技术密集型的产业，我国也难以普遍形成西欧那种小规模的城镇体系，以中心大城市为核心的城镇体系仍将是我国城市化的特点。所以，在进行城市规划时必须牢记我国城市人口多、客运量大的特点，把人作为重要的交通对象去思考问题。

2）从根本布局上解决城市交通问题

从控制大城市发展出发，结合建立先进的综合交通运输系统，引导城市用地总布局向合理状态转化而进行必要的调整，改变单一中心的布局结构，减少跨区域性的交通生成量，缩短出行距离，使交通均衡分布。

3）搞好城市交通规划

要认真研究我国城市交通的特性，研究结合我国国情的科学的城市交通规划理论和方法及城市交通政策，普遍开展城市交通规划工作。

4）注重完善道路系统

城市道路系统规划和建设要立足于逐步改革城市道路系统结构，把完善道路网放在道路建设的第一位，逐渐并争取尽快形成一个完整的、合理的、分流的道路系统，在此前提下，有目的、有计划安排路段和交叉口的改造。

5）认真研究新形势下城市交通的发展，制订相应的交通政策

新形势下从城市交通发展的需要和人民生活水平不断提高的角度分析，私人小汽车进入家庭是历史发展的必然。按国家发展计划预测，到2015年我国城市居民拥有汽车率将达到总户数的10%左右，发达地区和特大城市的发展速度更快。目前，北京市已接近8%的居民拥有私人汽车。因此，要充分顾及私人汽车的发展趋势，既不可视为洪水猛兽，也不能熟视无睹。一方面要制订适宜的城市交通政策，积极采取措施，通过大力发展公共交通，为市民提供优质的公交服务，积极引导市民选择合理的交通方式，使私人汽车的发展与城市道路设施的发展相适应；另一方面要从规划建设上为私人汽车的发展做好行车、泊车的准备。

对于出租汽车的发展也应有正确的认识。出租汽车是公共交通的一个组成部分，积极促进出租汽车的适度发展，提高出租汽车的服务质量，是遏制私人汽车过度发展的重要因素。因此，城市出租汽车的发展要按市场经济规律办事，不能强加限制，而应对其发展加以引导，不断提高出租汽车的服务质量。

6）加强交通的科学化管理

要认真研究城市规划中的交通管理问题，做好城市道路交通组织规划，并根据存在的问题提出交通整治和管理方案，从而把交通管理与城市规划，城市道路规划和城市道路设计结合起来，使整个城市道路交通得以完善发展。

• 第三节 城市道路设计的内容和基本要求 •

一、城市道路的分类、分级

城市道路分类分级的目的是在于充分实现道路的功能，并使道路交通更趋合理、有效。城市道路有各种类型，为生产、生活服务方面所起的作用各有特点，因此，一般应根据道路在城市中的地位、作用及其交通特征进行分类。一般确定分类的基本因素是交通性质、交通量和行车速度。对于公路来说，由于交通性质、交通工具比较单一，多以道路在国民经济中的重要性、交通量和行车速度来分类；而城市道路由于城市结构组成和交通运输的错综复杂，难以用单一的指标分类。因此，城市道路的分类要综合考虑分类的基本因素，还应结合城市性质、规模及其现状来合理划分。

功能不分、交通混杂的道路系统，对一个城市的交通运输及整个城市的正常生产、生活都是相当有害的。例如过境交通穿越城市中心，在有大量人流、自行车交通的生活性道路上混杂有货运交通，以及在主要交通干道上布置一些吸引人流集中的大型商店、文化娱乐场所等，均会增加行人、机动车与非机动车流的相互干扰，不仅影响交通的畅通，而且往往容易导致交通事故。因此，必须首先分清道路是交通性的（公共交通和货运车辆多），还是生活性的（行人多）；是全市性的（交通量大），还是地区性的（交通量小）；是以客运交通为主，还是以货运交通为主，才能使各类道路在城市道路网中发挥其各自的功能和作用，以适应现代化城市交通发展的需要。

1. 城市道路分类

根据道路在城市道路网中的地位、交通功能以及对沿线建筑物的服务功能，我国《城市道路设计规范》（CJJ 37—1990）将城市道路分为以下四类：

1）快速路

快速路应为城市中大量、长距离、快速交通服务。快速路对向车行道之间应该设中央分隔带，其出入口应采用全部控制或部分控制。快速路两侧不宜设置吸引大量车流和人流的公共建筑出口。

快速路在特大城市或大城市中设置，主要联系市区各主要地区、市区和主要的近郊区、卫星城镇、主要对外公路。其主要为城市远距离交通服务，具有较高车速和大的通行能力。

2）主干路

主干路应为连接城市各主要分区的干路，以交通功能为主。自行车交通量大时，宜采用机动车和非机动车分隔形式，如三幅路或四幅路。

主干路联系城市的主要工业区、住宅区、港口、车站等客货运中心，承担城市的主要客货运交通，是城市内部的交通大动脉。主干路一般设6条车道，或4条机动车道加有分隔带的非机动车道。主干路一般不设立体交叉，而是采用扩宽交叉口引道的办法来提高通行能力。个别流量特别大的主干路交叉口，也可设立体交叉。主干路沿线不宜设置吸引大量人流的公共建筑（特别是交叉口附近）。必须设置时，建筑物应后退，让出停车和人流疏散场地。不宜搞成商业街，街坊出入口应尽量设在侧面支路。

3)次干路

次干路与主干路结合组成干道网,起集散交通的作用,兼有服务功能。

次干路一般不设立体交叉,部分交叉口也可以扩大,一般可设4条车道,也可不设单独的非机动车道。次干路兼有服务功能,允许两侧布置吸引人流的公共建筑,但应设停车场。

4)支路

支路是次干路和街坊的连接线,用于解决局部地区交通,以服务功能为主。

支路是一个地区内(如居住区内)的道路,是地区通向干道的道路。部分支路用以补充干道网的不足,可以设置公共交通路线,也可以作为自行车专用道。支路上不宜通行过境交通,只允许通行为地区服务的交通。

城市道路骨架与城市布局的关系如图1-1-1所示。

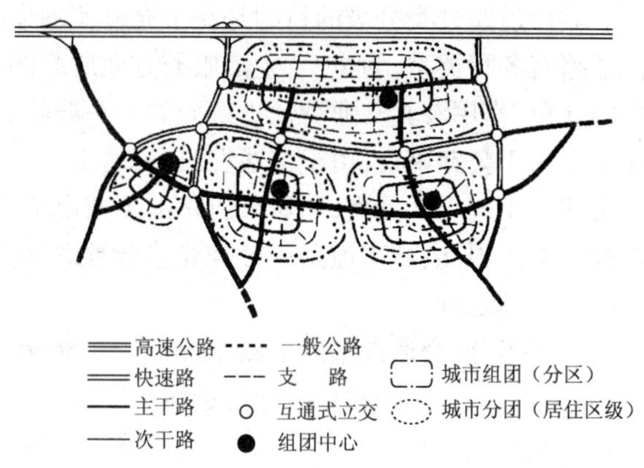

图1-1-1 城市道路骨架与城市布局的关系图

2.城市道路的分级

城市规模的大小是按城市人口规模划分的。我国按市区和近郊区(不包括所属县)的非农业人口总数,把城市的规模划分为四类:

(1)特大城市,人口在100万人以上;

(2)大城市,人口为50万人到100万人;

(3)中等城市,人口为20万人到50万人;

(4)小城市,人口为20万人以下。

除快速路以外,各类道路按照所在城市的规模、设计交通量、地形等分为I级、II级、III级。特大城市和大城市应采用各类道路等级中的I级标准;中等城市应采用II级标准;小城市应采用III级标准。

有特殊情况需变更等级时,应作技术经济论证,报规划部门批准。

《城市道路设计规范》(CJJ 37—1990)中各类各级城市道路的主要技术指标列于表1-1-1。当旧路改建有特殊困难,如商业街、文化街等,经技术经济比较认为必要时,可适当降低技术标准。

我国城市道路主要技术指标 表1-1-1

项目 类别	级别	设计车速(km/h)	双向机动车道数(条)	机动车道宽度(m)	分隔带设置	横断面采用形式
快速路	—	80	≥4	3.75~4	必须设	双、四幅路
主干路	I	50~60	≥4	3.75	应设	单、双、三、四幅路
	II	40~50	3~4	3.5~3.75	应设	单、双、三幅路
	III	30~40	2~4	3.5~3.75	可设	单、双、三幅路

续上表

类别＼项目	级别	设计车速(km/h)	双向机动车道数(条)	机动车道宽度(m)	分隔带设置	横断面采用形式
次干路	I	40～50	2～4	3.5～3.75	可设	单、双、三幅路
	II	30～40	2～4	3.5～3.75	不设	单幅路
	III	20～30	2	3.5	不设	单幅路
支路	I	30～40	2	3.5	不设	单幅路
	II	20～30	2	3.25～3.5	不设	单幅路
	III	20	2	3.0～3.5	不设	单幅路

二、城市道路几何设计的依据

1. 设计车辆

城市道路行驶的主要是汽车。汽车的物理特性对于城市道路几何设计是有决定意义的控制因素，因此，调查城市所有道路上行驶车辆的类型、选择一般类型的组合，并确定供设计用的各种大小类型中有代表性的车辆，这种车辆称为设计车辆。汽车的种类很多，作为城市道路设计依据的汽车主要有：小客车、载货汽车、半挂车、铰接车。

汽车拖挂车的车身较长(20m)，不列入设计车辆。半挂车适用于大型集装箱运输，可作为快速路、主干路和有大型集装箱营运的城市道路(比如机场通道，港口通道等)的设计依据。其他城市道路必须保证小型汽车及载重车的安全和顺适通过。铰接车也是作为城市道路控制的一种车型。

汽车的最小转弯半径：小汽车定为6m，普通汽车(载货汽车和半挂车)为12m。影响路缘石或路岛的转弯车道设计，一般应以半挂车的转弯半径作为控制要素。

自行车在城市近郊和居民密集的地段，数量较多，在设计时应充分注意。自行车的外轮廓尺寸宽0.6m，长1.93m，载人以后高度为2.25m。

2. 设计车速

汽车在气候正常，交通密度小，运行只受道路本身条件(几何要素、路面、附属设施等)的影响时，一般驾驶员能保持安全舒适行驶的最大行驶速度，称为设计速度，也称计算行车速度。设计速度是决定城市道路几何线形的基本依据。曲线半径、超高、视距等技术指标都直接与设计速度有关。其他如车道宽度、路缘带宽度等虽与设计车速无直接关系，但他们影响行车速度。所以也可以将设计车速定义为道路设计的汽车速度。

城市道路具有功能多样、组成复杂、行人交通量大、车辆多、类型杂、车速差异大、道路交叉口多等特点，平均行驶速度比之公路有较大的降低。《城市道路设计规范》(CJJ 37—1990)规定的各类各级道路设计车速见表1-1-2。

各类各级道路计算行车速度 表1-1-2

道路类别	快速路	主干路			次干路			支 路		
道路级别	—	I	II	III	I	II	III	I	II	III
计算行车速度(km/h)	80,60	60,50	50,40	40,30	50,40	40,30	30,20	40,30	30,20	20

3. 交通量

交通量是指单位时间通过道路某横断面的车辆数目,即交通流量。具体数值由调查和交通预测来确定。正确调查与预测的交通量,将影响项目决策的科学性和工程技术设计的经济合理性,也将直接影响道路的几何设计。交通量通常使用的有平均日交通量(简称 ADT)和设计小时交通量,后者往往是城市道路设计用交通量。

4. 通行能力

通行能力是指一纵向车列的车辆,在前后车之间保持一定的车距,跟驰、匀速、连续行驶的情况下,1h 内所能通过某一断面(或地点)的车辆数,称为一条车道的通行能力(辆/h)。它包含了道路特性和状态,交通组成和交通流类型之间的广泛关系,以及在全部范围内各种交通量所对应的拥挤程度。通行能力通常包括基本通行能力、可能通行能力和设计通行能力。

基本通行能力是计算各种通行能力的基础,是在理想条件下,单位时间内一个车道或一条车道某一路段可以通过的最大小客车数;可能通行能力是考虑到道路和交通条件与理想条件的差距,对基本通行能力进行修改后的通行能力;设计通行能力由可能通行能力乘以与该路服务水平相应的交通量和基本通行能力之比。

5. 道路红线

道路红线是指城市道路用地分界控制线,红线之间宽度即道路用地范围,亦可称为道路的总宽度或规划路幅。规划道路红线也就是规划道路的边线。因为城市道路红线之外的用地要进行建设,非常紧张,而且道路定位受建筑物的影响很大,所以道路红线也是道路几何线形设计的重要依据之一。

三、城市道路设计的内容及基本要求

1. 城市道路设计内容

城市道路是一种带状的三维空间结构物,包括路基、路面、桥涵、隧道等工程实体。城市道路设计包括几何线形设计和结构构造物设计两个方面。

本课程主要包括两方面内容,即城市道路几何线形设计和路基路面工程。桥涵、隧道工程在其他开设的课程中讲授。城市道路设计是研究汽车行驶与道路各个元素的关系,以保证在设计速度、预计交通量以及地形和其他自然条件下,行驶安全、经济、舒适以及美观。路基路面工程是介绍路基路面工程实体的基本构造、组成及设计要素、设计方法、施工方法等。

2. 城市道路的基本要求

现代的城市道路交通,涉及道路、交通和环境保护的综合、协调。城市道路不仅需要满足城市交通流畅、安全、迅速、经济的要求,同时也应有益于使城市环境整洁、宁静、朴素大方和美观。其基本要求有如下几个方面:

1)道路运输尽可能经济

道路的经济包括道路工程综合费用的经济和道路上交通运输费用、时间的节省。道路交通规划的目标之一,就是以最少的工程建设、维护费用,获取最大的服务效果与交通运输成本的节省。因此,在实践中要注意把道路、街坊建筑、公用设施有机地结合起来考虑,要根据交通性质、流向、流量的特点,结合地形、现状合理布置线路及其断面,尽可能使交通量大、车速要求高的交通干道线比较便捷、平顺,以减少干扰和行车中途停顿。对次要道路则不一定强求线形平顺,而应着重地形、现状,以达到工程费用经济的节省。

2)交通流畅、安全与迅速

行车速度、通行能力是道路最重要的技术经济指标。车速的高低反映道路与交通组织的技术水平和质量。根据城市规模、道路性质,恰当地规定路段行车速度,对保证交通安全、流畅有着重要意义。各类车辆能够连续不断分流行驶是道路行车速度、通行能力达到较高水平的标志。因此,合理确定道路性质,适当放大交叉口间距、妥善组织平交道口交通、布置必要的立体交叉,力求速差较大的快、慢车分流,人流与车流分隔,以实践车辆、行人"各从其类,各行其道",提高道路通行能力,达到交通流畅、安全的目的。

3)注意环境保护

城市是劳动人民集中进行生产和居住生活的地方。随着城市交通的发展,大量机动车辆在道路上快速行驶,必然产生大气污染和噪声干扰,尤其是汽车在行驶中排放的废气与噪声,在城市中成为一个流动的污染源。规划设计道路时,必须综合考虑环境保护的要求,注意结合道路性质、自然地形、交通分隔带的设置,加强绿化,并妥善确定城市道路网密度以保持居住建筑区与交通干道有足够的消音距离。国外近十余年来注意在高速、快速道路两侧设置宽达10~20m的防护、坡形隔音壁等,对我国今后新城建设,如条件许可,是可以借鉴的。

4)注意配合协调

城市道路不仅是城市的交通地带,而且它与沿街建筑物群体、各种公共设施有机协调配合,对体现城市面貌有重要作用。因此,规划道路在满足交通基本要求与性质前提下,要有一定的综合造型艺术要求。所谓造型是指通过路线的柔顺、曲折起伏,两旁建筑的进退、高低错落和绿化配置,以及沿街公用设施与照明安排等来协调道路立面、空间的组合,色调及艺术形式,从而给城市道路居民整洁、舒适、美观、富有朝气的感受。

复习思考题

1. 红线宽度范围内,城市道路由哪些部分组成?
2. 从我国城市道路存在的问题看,城市道路设计重点要考虑哪些?
3. 城市道路有哪些特点?为什么要对城市道路进行分类分级?
4. 城市道路设计的几何依据有哪些?各自对于城市道路的安全、顺畅运行具有什么意义?

第二章

城市道路网规划

知识目标

1. 解释城市道路网的概念；
2. 描述道路网规划的基本要求；
3. 描述城市道路网规划设计一般程序；
4. 描述各类道路规划的要求，几个重要专项规划设计；
5. 识别城市道路网的四种布局结构。

能力目标

进行城市道路网规划主要技术指标的计算。

•第一节　概　　述•

城市道路网由各类各级城市道路(不包括居住小区内的道路)所组成。城市道路网一经形成，就大体上确定了城市用地布局和土地利用的轮廓，并且对城市建设和发展的影响将会一直延续下去。

按照交通工程的观点，城市道路网规划是城市交通规划的继续、发展和深入。根据城市发展总体规划及城市交通规划对城市各用地分区间的道路交通需求，建立结构合理、主次分明、功能良好、完整、连续畅通的城市道路网络，对促进和加快城市建设与发展具有极其重要的意义。城市道路网规划应能适应城市发展、交通结构的变化和要求，具有一定的超前性；要认真考虑实施规划的可能性，通过对城市的规模、性质、形态、交通特点、城市经济发展和建设财力以及工程技术能力和水平等多方面的深入调查研究和综合分析，结合各种规划构思，提出若干被选方案，再经社会、经济、技术及环境等方面效益的评价比较，分析各方案的优劣，以供决策。

在城市道路网的规划设计中，应以城市交通规划中对城市客货运预测分析为依据，以国家有关规范、编制办法为准绳，合理确定城市道路网结构形式；确定道路类型、性质、相应技术标准、走向及红线宽度，确定道路横断面形式、交叉口位置和形式，确定控制点坐标及高程，确定停车场布置，绘制路网规划图，编写规划说明书等。

•第二节 城市道路网规划的基本要求•

1. 满足城市交通运输的要求

城市道路网是城市综合交通体系中的一个重要系统，应该做到结构合理、主次分明、功能良好、连续通畅，道路网中各条道路的性质和功能必须与其所在道路网中的地位以及道路两侧用地的规模和性质相适应。城市道路网应构建全市客、货运交通干道系统，要确保城市各分区（组团）之间有方便、快捷、安全和经济的交通联系，同时确保发挥各类城市道路在路网中的作用。

2. 满足城市用地布局及景观环境的要求

城市道路是划分城市各分区或各类用地的界限，并构成城市用地布局的骨架。道路网分割形成的城市用地分区形态应与城市总体规划土地规划相适应，满足各类用地的基本要求；应与城市总体规划中景观环境规划相适应，结合城市绿地、水体、人文历史、地形地貌特征组织城市道路景观，形成自然和谐的城市风貌，给人以浓烈的生活气息、丰富的动感和美好的感受。

3. 满足各种市政公共设施布设的要求

城市市政工程管线沿城市道路敷设，各种管线的平纵走向和埋设要求都与道路网布局密切相关，因此，在进行城市道路网规划时应结合各种市政公共设施布置要求，并为其提供必需的布设空间。

4. 满足防灾救灾及大型公共活动紧急疏散的要求

城市道路网规划应结合城市大型公共建筑（如体育馆、展览馆、剧院等）布局，考虑城市大型公共集会（活动）的紧急疏散要求。

城市道路网应充分考虑城市的防灾救灾要求，确保灾后救灾道路通畅。

•第三节 城市道路网结构形式•

城市道路网结构形式是指城市道路网的平面几何图形，是为适应城市发展，满足城市用地和城市交通以及其他需要而形成的。根据各城市具体条件的不同，城市道路网应有其不同的结构形式。

目前常见的城市道路网结构形式可抽象归纳为以下几种基本类型：

1）方格网式道路系统

方格网式又称为棋盘式，是最常见的一种道路结构形式（图 1-2-1）。

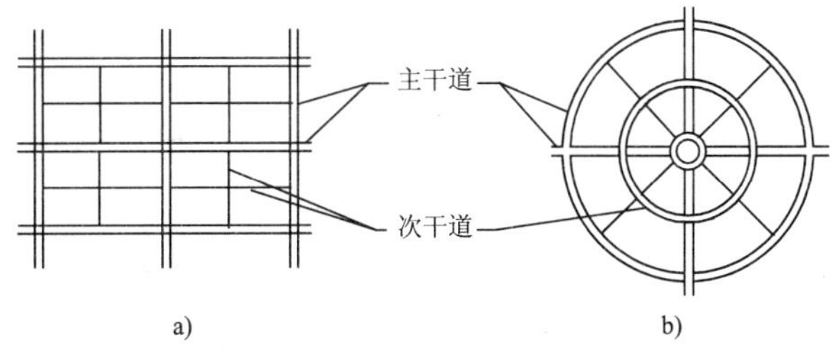

图 1-2-1 城市干道网类型

a）方格网式；b）放射环式

我国许多城市，如郑州、太原、石家庄、福州、西安（图1-2-2）等，其道路网属方格网式。北京、洛阳、开封等城市的旧城区道路网也属方格网式。

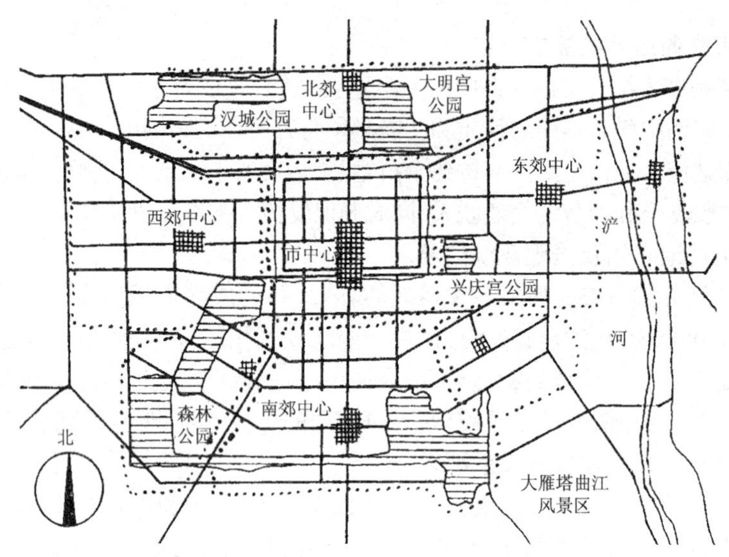

图1-2-2　西安市道路网规划示意图

方格网式道路系统的优点是：布局整齐，便于建筑布置和方向识别；交通组织简单方便、机动灵活，不会形成复杂的交叉口，不会造成城市中心交通压力过重；道路定线比较方便等。

其缺点是：道路功能不易明确，交叉口多，对角线方向的交通不便，非直线系数大，一般为1.27～1.41。

适用条件为：地形平坦的中、小城市和大城市的局部地区。

2）环形放射式道路网

由市中心向四周引出若干条放射干道，并在各条放射干道间连以若干条环形干道。环形放射网道路系统一般是由旧城中心区向外发展而逐渐形成的。

国外许多大城市，如伦敦、莫斯科、巴黎等城市的干道网都属于这种结构形式；我国北京、成都（图1-2-3）的道路网就是这种结构形式。

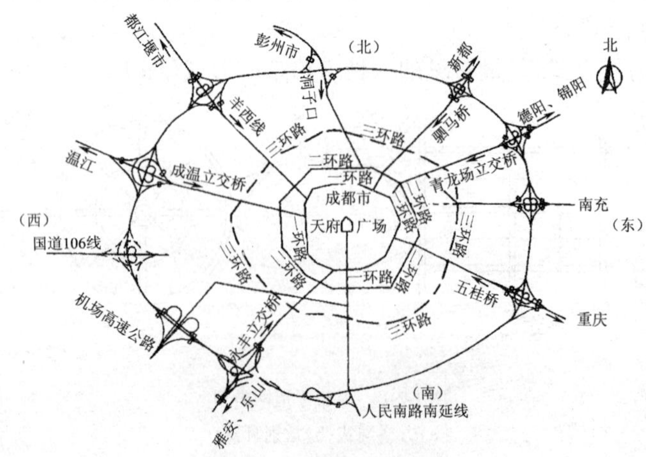

图1-2-3　成都市道路系统图

放射式道路网的优点是：有利于中心同外围市区和郊区的联系，有利于中心城区外的市区及郊区的相互联系，非直线系数平均值最小，一般在 1.10 左右；容易引起城市沿环道发展，促使城市呈同心圆式不断向外扩张。

其缺点是：容易把外围的交通迅速引入中心地区而造成市中心交通压力过重；交通灵活性不如方格网道路系统；容易出现许多不规则的街坊。

适用条件：一般对大城市或特大城市比较适宜。

3）自由式道路网

自由式道路网（图 1-2-4）一般是由于城市地形起伏，道路结合地形变化呈不规则形状而形成的。其主要优点是不拘一格，充分结合地形，线形生动活泼，对环境和景观破坏较少，可节约工程造价。其缺点是非直线系数大，绕行距离大，不规则街坊较多。此类路网常见于地形起伏较大的山区或丘陵地带的城市，如我国的重庆、青岛等。

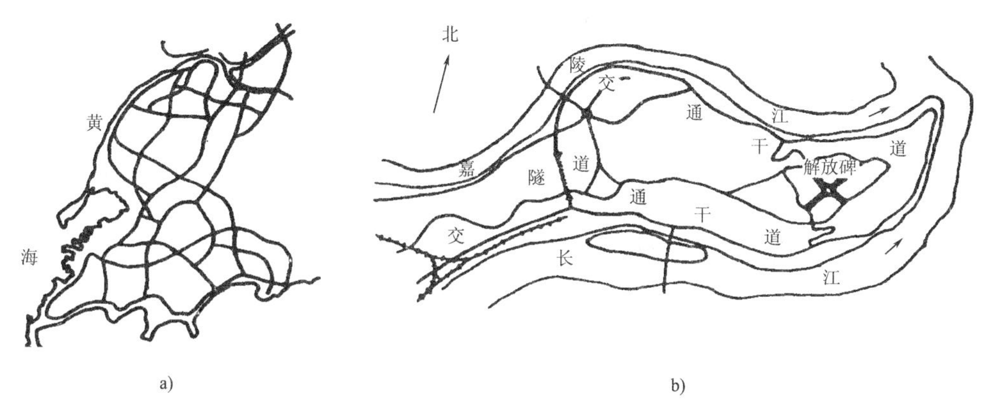

图 1-2-4　自由式道路网示意图

a）青岛市道路系统图；b）重庆市道路系统图

4）混合式道路网

混合式也称综合式，是由上述三种形式组合而成的一种结构形式。该结构是一种扬长避短的较合理的形式，如能结合城市用地交通条件，因地制宜合理规划，则既能发扬上述各形式路网的优点，又能避免它的缺点，较容易组织交通。国内许多城市采用方格网和环形放射式的路网，如北京、上海、南京、合肥、武汉等城市，保留着原有旧城的方格网式路网，随着城市的发展，为减缓市中心的交通压力而设置了环形和放射式道路，从而构成混合式道路网（图 1-2-5）。

5）线形或带形道路网

中小城市线形道路网以一条干道为主轴，沿线两侧布置工业与民用建筑，从干道分出一些支路联系每侧的建筑群。

6）组团式

河流或其他天然障碍的存在，使城市用地分成几个系统。城市用地由城市干道和绿化带分隔。

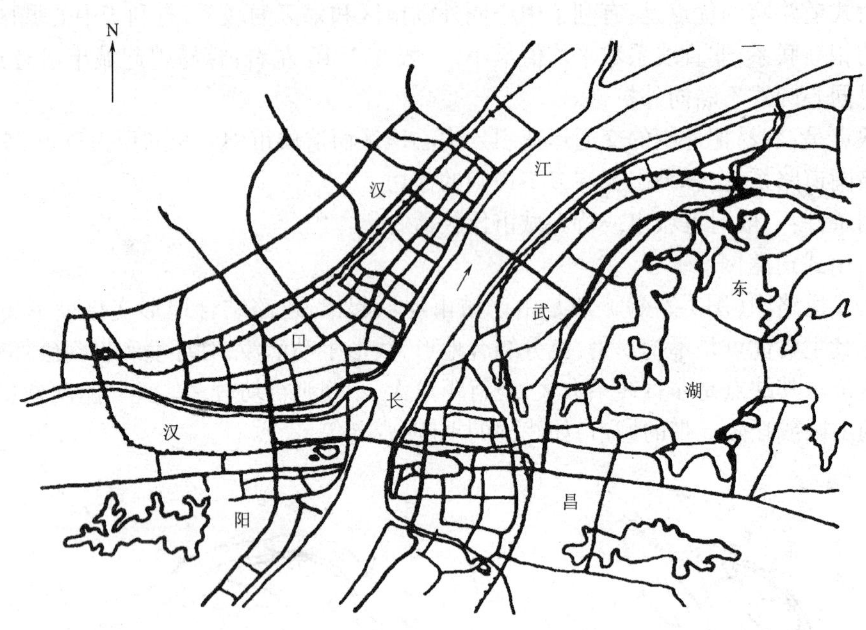

图 1-2-5　混合式道路网示意图

•第四节　城市道路网规划主要技术指标•

1. 非直线系数

城市各分区之间的道路应便捷，使客货运输量和时间最小，但实际情况不可能完全做到。非直线系数是衡量路线便捷程度的一个指标，指道路起讫点间的实际长度与此两点间的空间直线距离之比，即

$$\rho = \frac{L_{实}}{L_{空}} \tag{1-2-1}$$

式中：ρ——非直线系数；

$L_{实}$——道路起、讫点的实际长度，m；

$L_{空}$——道路起、讫点的空间直线距离，m。

不同结构形式的道路网，其非直线系数也不一样。正方形方格网的 ρ 值为 1.41，环形放射式路网的 ρ 值为 1.1 ~ 1.2。道路的非直线系数应尽量控制在 1.4 以内，最好在 1.1 ~ 1.2 之间。

2. 道路网密度

城市道路网应四通八达。城市各分区或重要交通集散点之间应有足够的道路数量，至少应各有两条道路，以满足交通的需要。作为城市平面骨架的道路数量、长度、间距等能否与城市交通相适应，可用道路网密度来衡量。

道路网密度是城市道路总长度与城市用地总面积之比，即

$$\delta_i = \frac{\sum L_i}{\sum F_i} \tag{1-2-2}$$

式中：δ_i——某类道路网密度，km/km²，i 分别为快速路、主干路、次干路和支路；

$\sum L_i$——某类道路总长度，km；

$\sum F_i$——城市用地总面积，km²。

公式(1-2-2)也可用来计算干道网(含快速路)密度以及全市不分道路类型的总的道路网密度。

我国《城市道路交通规划设计规范》(GB 50220—1995)中对各类道路网的密度作了具体的规定，见表1-2-1和表1-2-2。

大中城市道路网密度指标表

表1-2-1

项目	城市规模与人口(万人)		快速路	主干路	次干路	支路
道路网密度(km/km²)	大城市	>200	0.4~0.5	0.8~1.2	1.2~1.4	3~4
		≤200	0.3~0.4	0.8~1.2	1.2~1.4	3~4
	中等城市		—	1.0~1.2	1.2~1.4	3~4

小城市道路网密度指标表

表1-2-2

	城市人口(万人)	干路	支路
道路网密度(km/km²)	>5	3~4	3~5
	1~5	4~5	4~6
	<1	5~6	6~8

道路网密度越大，交通联系越便捷，但密度过大，会使道路间距变小、交叉口增多，反而影响车辆行驶速度和道路通行能力。市中心区和商业区，交通比较集中，路网密度可大些，郊区和工业区，路网密度可小些；居住区路网密度可适中。小城市路网密度比大、中城市要大些，因为承担了乡镇企业货运和农民进城工作、生活的交通。道路宽度较窄，则路网密度宜大些；反之，道路宽度较大，通行能力较大，则密度可稍小。山区城市地形变化大，道路较窄，平行道路多，因而道路网密度大。

道路网密度反映了各类道路的间距，道路的间距比较均匀，才能使道路网充分发挥整体效益。有的城市全市人均道路面积和全市道路网密度均符合标准，但因道路过宽、路网间距过大或疏密不均，或跨越铁路、河流的通道很少，交通集中在几条通道上，造成局部地区道路交通严重拥挤。一般认为合适的快速路间距为3~7km，干道间距为800~1000m，支路间距为300~600m。

根据表1-2-1，城市快速路、主干路、次干路、支路密度的大致比例为1:2:3:8，快速路和主干路占用较少的用地，承担半数以上的机动车流量，成为道路网容量的主要因素。根据国内外的一些城市的实例经验教训，必须重视支路的规划。通过支路的“集”和“散”功能，疏解干路网的交通。支路网密度要求很高，表1-2-2所列数值3~4km/km²，是全市平均值，扣除工业区用地、公园绿地、水面、对外交通用地，需要布置支路的用地面积不到城市用地总面积的一半，加上部分居住区道路为支路，实际上支路的密度可达到6~8km/km²，使该地区具有较大的交通容量，有利于交通的疏散。

3. 道路面积率

道路网密度未考虑各类道路不同宽度对交通的影响，也未考虑其他道路设施如交通广场、停车场等对交通的影响，所以还不足以衡量城市道路网是否适应交通需要。

道路面积率又称道路面积密度或道路用地率，是城市各类各级道路用地面积与城市用地总面积之比，即

$$r=\frac{\sum(L_iB_i)}{\sum F_i} \tag{1-2-3}$$

式中：r——道路面积率，%；

L_i——各类道路长度，m；

B_i——各类道路宽度，m；

$\sum F_i$——城市用地总面积，km^2。

城市道路用地面积包括广场、公共停车场面积。由于大城市交通要求比中、小城市高很多，且为了适应大城市远期交通发展的需要，其道路面积率宜适当增加。《城市道路交通规划设计规范》（GB 50220—1995）规划 r 为 8% ~15%，对规划人口在 200 万以上的大城市，r 宜为 15% ~20%。国外机动车拥有量较大，道路面积率较高，一般为 20% ~25%。

4. 人均拥有道路面积密度

人均拥有道路面积密度又称道路占有率，这个指标最能综合反映一个城市的交通拥挤程度。

$$\lambda=\frac{\sum(L_i、B_i)}{N} \tag{1-2-4}$$

式中：λ——人均道路用地面积，m^2/人；

L_i、B_i——意义同前；

N——城市总人口，人。

我国规范要求占地面积为 7 ~15 m^2/人，其中道路用地面积率宜为 6.0 ~13.5 m^2/人，广场面积率宜为 0.2 ~0.5 m^2/人，公共停车场面积率宜为 0.8 ~1.0 m^2/人。

●第五节　城市道路网规划设计一般程序●

一、城市交通规划

1. 城市交通规划的主要任务

城市交通规划是城市道路网规划的基础。城市交通规划必须以城市总体规划为基础，满足土地使用对交通运输提出的要求，发挥道路交通对土地使用的诱导作用，以利于城市的发展。城市交通规划一般分为三个层次，即城市交通发展战略规划、城市交通综合规划及城市交通近期建设规划。

1）城市交通发展战略规划

城市交通战略规划是城市交通远景指导性规划，规划年限宜长，一般在 20 ~50 年，规划用地范围也宜适当大一些，以满足未来城市发展需要。

城市交通战略规划应解决以下问题：远景交通发展目标及水平；与远景城市用地布局相适应的城市交通方式及交通结构；与远景城市用地布局相适应的城市干路网结构；远景城市对外

交通和市内客货运输设施布局;实施规划所需的重要技术经济对策;有关交通发展政策和交通需求管理政策的建议。

2)城市交通综合规划

城市交通综合规划是城市交通的中长期建设规划,规划年限一般为10~20年,规划用地范围与城市总体规划用地范围一致。

城市交通综合规划应解决以下问题:中长期交通发展目标及水平;与用地布局相适应的城市交通方式及交通结构;交通量的预测与分配;与用地布局相适应的中长期路网布局;各级城市道路红线宽度、横断面形式、主要交叉口形式、桥渡位置;城市货运交通系统规划;城市客运交通(如轨道交通、常规公共交通、公共换乘枢纽、公共场所设施、出租车、自行车、步行)系统规划;城市静态交通设施及用地范围;城市对外交通设施规划;技术、经济与社会评价;分期建设的建议。

3)城市交通近期建设规划

城市交通近期建设规划一般为1~5年,规划用地范围一般为适当扩大的建成区。城市交通近期建设规划一般不单独进行,而是在城市交通综合规划的基础上进行。包括以下内容:现状交通网络评估;交通项目实施计划(分年度及优先排序);新建交通项目方案设计;交通改建项目方案设计;建设资金筹措;建设计划的技术经济评价。

2. 城市交通规划的过程

不同层次的交通规划,其规划方法不完全相同,但规划过程是基本一致的。城市交通综合规划的主要过程如下:

1)总体设计

包括成立交通规划工作的组织机构,确定规划的目标、指导思想、规划年限、规划范围、编排规划工作大纲等。

2)资料收集与分析

(1)社会经济调查。主要包括:规划区域内各交通分区的土地利用性质;人口总量分布、构成及增长;工农业结构、布局、产值;国民收入;自然资源及旅游资源分布;规划期内可能的投资与布局;各交通工具的拥有量与构成;各种客货运输方式的运输量及比重等。其目的在于为出行预测提供必要的参数。

(2)交通调查。交通调查是为了了解城市交通网络现状交通信息的必要手段,包括起、讫点(OD)调查、交通设施调查、道路交通状况调查、公交路线随车调查等。

起、讫点(OD)调查包括居民出行OD调查(含流动人口OD调查)、机动车出行OD调查、货物OD调查、公交客流OD调查、自行车出行OD调查,其目的在于找出居民出行、机动车出行、货物出行及公交客流的现状空间分布(OD分布)规律及各交通方式的出行参数,为出行预测提供依据。起、讫点(OD)调查在城市交通规划的交通调查中占有很重要的地位。

交通设施调查包括城市道路网调查、城市出入口道路调查、城市广场及公共停车场调查、城市公共交通设施(线路、场站、车辆、营运)调查、城市对外交通枢纽(航空、铁路、公路、水运)调查,其目的在于了解现状交通设施状况,并为各类交通设施现状评价及规划提供调查依据。

道路交通状况调查包括交叉口各车型的流量、流向、车速、延误调查,路段各车型流量、车速、延误调查,机动车及非机动车停车调查,交通事故调查,交通环境(大气污染、噪声等)调查，其目的在于了解现状道路网的交通质量，并为规划道路网服务质量标准的选定提供依据。

公交路线随车调查指调查公共线路各站点上、下乘客量及断面流量，其目的在于了解现状公交线路的服务状况（客流分布均匀性、方向均匀性、满载率等），为公交线路优化提供依据。

3）交通需求预测

交通需求预测是确定城市交通网布局结构和规模的依据，主要包括：城市社会经济发展指标；城市人口及分布；居民就业学习岗位；居民出行发生与吸引；居民出行方式；居民出行分布；交通工具拥有量及构成；客运车辆 OD 分布；货运车辆 OD 分布；道路网交通量分配；停车场需求分布等。

4）方案制订

根据交通需求预测的结果，确定城市交通网络及其他交通设施规模和布局方案，做到城市交通系统供需平衡，主要包括：城市道路网规划布局（道路线形布局、红线、横断面、主要交叉口、桥梁等）方案；城市货运系统规划布局方案；城市对外出入口道路布局方案；公共交通线网及场站布局方案；轨道交通（轻轨、地铁等仅对大城市）布局方案；城市对外交通枢纽（机场、港口、火车站、长途汽车站）布局方案；自行车交通网布局方案；公共停车场布局方案等。城市道路网规划布局非常重要，是其他各项规划布局的基础。

5）方案评价

对城市交通规划方案的评价应从技术、经济、环境及综合评价几个方面进行。技术评价主要是城市交通网络总体性能评价，包括：城市道路交通网络总体建设水平；城市交通网络总体技术性能（如交通网路布局质量、交通网路容量及服务水平等）。经济评价指国民经济评价，目的是消耗较少的社会资源取得最大的经济价值。环境评价对城市交通规划而言主要涉及噪声、振动、大气污染和水质污染等评价。综合评价是指从技术、经济、环境与社会多个方面进行综合评价。

6）方案调整

根据方案评价结果，对规划方案进行必要的调整，若进行了土地利用调整或进行了交通方式结构及交通网络结构调整，则需要重新进行交通需求预测。

二、城市道路网规划设计的一般程序

城市道路网规划在城市交通规划的基础上进行，是交通规划的继续和深入。城市道路网规划也要根据城市总体规划，体现总体规划布局和土地利用的要求，因而也是城市总体规划的重要组成部分，其一般步骤如下：

1. 现状调查，资料准备

（1）城市地形图。包括城市市域范围和中心城区范围两种地形图，市域地形图能够反映区域范围内城市之间的关系，河流、湖泊、公路、铁路、机场与城市的联系等。地形图的比例尺可为 1∶50000～1∶10000，还需要有 1∶1000（或 1∶2000）的地形图，以便定线之用。

（2）城市发展资料。包括城市性质、规模、人口、经济和交通发展资料，城市发展阶段、规划期限、规划目标等。

（3）城市交通现状调查资料。包括城市历年机动车和非机动车拥有量、城市干道及主要交叉口交通流量、流向与资料，大比例尺（1∶500～1∶1000）城市地形图，借以准确反映道路现状平面线形、交叉口形式、横断面布置形式等。

(4)城市道路交通现状存在的问题。路网结构、密度、干道网及主要交叉口的形式、线形、通行能力等方面不适应程度,静态交通存在的问题,存在问题的主要原因。

(5)城市用地布局和交通规划初步方案。包括城市总体规划中作出的城市土地利用和交通系统(客货运、对外交通、静态交通)规划初步方案。

2. 道路网初步规划设计方案

根据城市总体规划及城市交通系统的要求,考虑城市的发展及用地布局的调整,从骨架和功能的角度提出道路网规划初步方案。此阶段着重解决道路的交通问题,即依据城市道路网规划和基本要求、城市道路网布局的结构形式特点,城市道路网规划的技术指标等,对路网结构形式、路线走向、交叉口形式、桥梁渡口位置及形式做出若干方案进行分析比选。

3. 提出初步设计方案

对干路等主要控制点的平面位置、高程、横断面形式、干路纵断面、交叉口形式与范围等具体几何设计问题提出设计方案。

4. 修改道路网规划方案

对初步方案进行全面比较,如进行技术、经济、社会及环境评价;在技术评价方面要注重路网系统功能分析、横断面形式、交叉口形式、交通组织方式,并对初步设计方案进行完善。

5. 绘制道路系统规划图

绘制道路系统规划图包括道路网规划平面图及标准横断面图。平面图上要标出城市主要用地的功能布局,道路平面线形和竖向线形的主要控制点的坐标和高程、交叉口的平面形式及控制点高程,静态交通,如社会公共停车场、广场位置及规模,加油站位置等,图纸比例尺一般为1:10000或1:5000。标准横断面图应标出道路红线控制宽度、断面形式及尺寸,比例尺一般为1:500或1:200。

6. 编制道路网规划说明

道路网规划编制说明一般包括:现状道路网存在的问题及原因,未来的交通需求分析及道路交通规划目标,规划的依据,规划的原则,各项规划指标及参数的确定,规划实施后的交通效果、环境及效益分析,道路网分期实施方案及其他需要说明的内容。

三、各类道路规划要求

1. 快速路

快速路是城市的重要交通走廊,将市区各主要组团、市中心与郊区卫星城镇、机场、工业区、仓储区或货物流通中心快速联结,承担大部分的中长距离出行。

(1)在《城市道路交通规划设计规范》(GB 50220—1995)中规定:“对于人口在200万以上的大城市,或长度超过30km的带状城市,应设置快速路。”另外,在大城市外围的卫星城镇与中心市区之间,远距离的卫星城镇之间也宜设置快速路。再是25~30万人口的居民区间距大于10km时,也可设快速路。

(2)快速路的机动车道应设置中央分隔带,两侧不宜设置非机动车道,可以设置辅道。

(3)与快速路交会的道路应严格控制。快速路两侧不宜设置公共建筑物出入口。行人过街量比较集中的地段,应设置人行天桥或地道。

2. 主干路

城市主干路与快速路形成路网的主骨架,为中长距离的出行服务,也是快速路的主要集散通道。

(1)主干路的机动车道和非机动车道应分道行驶。

(2)主干道两侧不宜设置公共建筑物出入口。

3. 次干路

次干路是服务范围最广的城市干道,其功能多样化及横断面布置灵活可变,最能体现城市路网的多样性和城市活力。

(1)交通性次干路应尽量满足机动车专用,确保交通容量。

(2)生活性次干路应对过境交通实行一定限制,实行机动车道和非机动车道分道,优先满足公共通行,注重道路绿化布置。

(3)景观性次干路应注重道路与沿街建筑整体视觉效果,满足观赏、游览、娱乐、休憩的需要。

4. 支路

支路是次干路与街坊内部道路的连接线,还包括非机动车道路和步行道路,支路主要为沿路地块服务。

(1)支路应为次干路和居民区、工业区、市中心区、市政公用设施用地和交通设施用地等的内部道路连接。

(2)支路应与平行于快速路的道路相接,不得与快速路直接相接。可采用分离式立体交叉上跨或下穿快速路,或右进右出快速路的通道。

(3)支路应满足公共线路通行的要求。

四、道路网的几个重要专项规划设计

1. 环形放射干道系统规划设计

1)环路的布设

城市环路根据城市规模、环路位置、交通功能等分为三类。高速环路位于特大城市或大城市的规划区外围,主要承担过境或长距离交通的疏导,道路全封闭,控制出入口,设计车速为100km/h 或 120km/h。快速环路在特大城市、大城市位于高速环路和市中心区之间;中等城市位于城市外围,主要起截流、分流和疏导作用,进出口完全或部分控制,设计车速为 60 km/h 或 80 km/h。一般环路位于特大城市、大城市的中心区位置,主要为客运服务;中等城市位于中心区边缘,客货兼用,进出口部分控制,设计车速为 40 km/h 或 60 km/h。

环路的层数随城市规模而定。一般情况下,规划区人口小于 100 万人,环路可为 1 ~2 层;人口为 100 ~300 万人,环路可为 2 ~3 层;人口为 300 ~600 万人,环路可为 3 ~4 层;人口为 600 万人以上,环路可为 4 ~5 层。

环路的双向机动车道数不应少于 6 车道,横断面形式随路段地形变化而异,红线宽度一般为 50 ~70m。

2)放射路的布设

放射路减小车辆的绕行距离,满足交通的直达要求,同时承担了市中心与城市外部的联

系，方便车辆快捷进出。放射路还加强了中心城区与郊区新城之间的联系，有利于城市"一元多心"的布局结构形成，形成组团发展格局，既体现城市活力又分散中心城市交通大的压力。

放射路在不同区域的直达性，取决于放射路的道路等级以及相交道路的连接方式。特大城市的放射路宜是快速路，至少应为主干路；一般城市的放射路应为主干路。

3）环路与放射路的匹配

环路和放射路有各自的功能，但却是互为补充的。环路将放射路联系起来，使放射路上的车辆逐层分流，以减小对市中心区的交通压力。放射路加强了多层环路之间的联系，减少了车辆的绕行距离，还将城市的中心区和郊外新城联系起来，也为城市对外联系提供了便捷通道。

环路对城市内部交通的保护作用体现在车辆的绕行上。只有当车辆在环路上绕行时间小于在放射路上的穿越和直达的时间，环路的保护作用才能真正实现。环路与放射路的匹配反映在行驶条件如设计车速、道路容量及行车条件上。一般要求环路的设计车速高于（至少不低于）放射路，且要有比放射路更大的容量和更好的行车条件。因此，环路通常是快速路等级，而放射路可能是主干路等级，其横断面形式随道路条件而异。

4）辅道

为解决高速、快速环路及快速放射路两侧沿线车辆进出高速、快速路的需要，应设置辅道。辅道路面宽度按交通量大小确定，主、辅道之间通过主路的进出口道路互通式立交的匝道连接。

5）道路交叉

环路应根据相关道路性质、等级、交通量大小及流向、地形等条件确定交叉口形式。

环路与主干路、快速路相交时，应设为互通式立体交叉。高速、快速环路与次干路、支路相交时，可设分离式立交。路口附近设置上、下匝道。一般环路与次干路、支路相交时，可设置中央分隔带无断口、右进右出的平面交叉，也可设置展宽式灯控平面交叉口。

2. 高架道路规划设计

高架道路是城市快速路的主要形式之一，是城市立体交通网络的重要组成部分。高架道路系统包括高架道路，上、下匝道及其两端衔接点和相邻的地面道路。高架道路形成了一种连续运行且封闭的机动车专用道路体系。

3. 公交专用道规划设计

1）城市公共交通与公交优先

城市交通问题是世界各国共同面临的难题。为解决城市交通拥堵难题，国内外许多城市采用了优先发展城市公共交通、限制私人小汽车的策略。在中国，城市公共交通成为大多数市民必选的交通方式，实施公交优先政策成为必然的选择。公交优先措施之一是使公交车辆在使用道路时优先，包括以下几个方面：

（1）道路同向车道中设公共汽车专用车道。

（2）在单向道路中，设逆向公共汽车专用车道。

（3）道路宽度受到限制时，设置公共汽车专用道路。

（4）交叉口信号控制设公共汽车专用相位。

（5）交通控制系统在交通信号协调时优先照顾公共汽车专用车道。

2)公交专用车道及快速公交系统(BRT)

公交专用道大致可分为两种类型:地面道路公交专用道,快速路(高架)公交专用道。地面道路公交专用道包括常规公交专用车道、逆向公交专用车道、公交专用道路。公交专用道是随着快速公交系统(BRT)应运而生的。

BRT是一种便利、快速的公交方式,利用合理的规划和措施,运营在公共交通专用道上,路口用专用信号控制优先通过,既有轨道交通独立运行的特性,又具有常规公交的灵活性。公交专用道组成的网络及路口信号控制系统是BRT的核心要素。BRT的运送量与轻轨基本一样,是地铁的1/3~1/2;BRT运行速度与轻轨都为10~20km/h,为地铁的1/3~1/2;BRT的投资成本相当于地铁的5%~10%,建设周期一般为1~2年。

巴西的库里蒂巴市的BRT最早诞生,已顺利发展了40年,纽约、温哥华、里昂已建立BRT系统。在欧洲,目前拥有公共专用道(含拥有少量公交专用道)的城市占到89%,法国、西班牙、瑞士的公交专用道总长度占到路网长度的10%。我国的昆明、沈阳、石家庄等城市,已实施BRT,北京、上海、沈阳、昆明、武汉、成都、杭州等诸多城市已设立公交专用道。

3)公交专用道规划与设计

(1)公交专用道设置依据。根据城市主要公交客运走廊分析、现有公交线网布局等确定公交专用车道的设置,其中客运需求是最主要的。客运需求条件如下:

①高峰小时客运量。在公共交通走廊,高峰小时客流量大于2万人次或每小时公交车流为150~200辆时,可设置公交专用车道。

②公交车比重。在道路横断面上,单位时间内通过的公共汽车数量占总车辆数的比例(BR)大于如下值,可设公交专用车道:

对于单向3车道时,BR=25%~33%;

对于单向4车道时,BR=20%~25%。

③道路条件。道路横断面机动车道数至少为4车道,最好在6车道以上。

④时间分布条件。客运高峰时段一般为早上6:30~9:30,下午16:00~19:00,在这两个高峰时段实施公交专用车道,可以发挥整个交通系统的效益。

(2)公交专用车道规划基本原则如下:

客流量大、公交路线相对集中,地面道路机动车道单向3条以上的道路,可实施公交专用道。

机动车道数达到3条(或3条以上)的单行道,可实施公交专用车道(顺向或逆向)或允许公交车辆双向行驶。

客流量大、公交线路密集的双向四车道“三块板”断面的道路上设置公交优先车道,可将两条机动车道中的一条作公交专用道,允许社会车辆“借道”行驶,但必须保持公交车辆路权优先。

根据道路交通条件和流量需求,公交专用车道、公交优先车道可以是恒定的,也可以是时段性的。

(3)公交专用道车道的断面布置和隔离。公交专用车道在道路上的位置有两种:沿道路最外侧机动车道设置;设置在道路中间。通常一条公交专用车道宽度为3m。

①沿最外侧机动车道设置。优点是停靠站设置在人行道,方便乘客上下车;如设置港

湾式停靠站，可以为后面的公交车提供超车车道。缺点是如果专用车道延伸到交叉口时，影响右转车，如果专用车道在交叉口前终止，必须提供公交车和右转车的交织段，增加了交通的复杂性。

②设置在道路中间。优点是不受右转车、出租车上下客和非机动车的干扰，易于实施和管理。缺点是要有足够宽的中央分隔带（≥5m），必要时需对右开门的公交车作逆向进站处理；右转的公交车需变换几个车道方能右转；停靠站（一般位于交叉口前）设在中央分隔带，需要增设行人信号灯。

交通流量大时，为了方便公交车驶离公交专用道行车变换，同时，为了防止社会车辆随意占用公交专用车道，必须采用路面划线的办法对公交车道进行隔离。

4. 自行车道规划设计

1）自行车交通的现状与对策

长期以来，自行车交通是我国主要的交通方式，随着城市规模的不断扩大，居民的出行时耗不断增加，其主导地位正在被机动车交通所取代。目前自行车交通仍在我国城市中起着相当的作用，这是因为当出行距离大于500m，小于6km，出行时间在30min以内时，自行车交通方式显示出较大优势。

我国当前的交通政策是优先发展公共交通，合理限制小汽车在大城市中心区的使用，为自行车交通提供便利。在道路建设和交通管理上，解决机非混行现状，逐步建立自行车专用道路网络，即对主干道强化机动车交通，弱化或分离自行车交通，对支路或居住区、老城区，强化自行车交通，弱化机动车交通，尽可能建设机动车、非机动车分流系统，将区内短距离出行吸引在自行车道路上。从发展趋势上，将大城市中长距离自行车交通引导向公共交通转移。

2）自行车道规划设计

自行车网络应由单独设置的自行车专用路、城市干路两侧的自行车道、城市支路以及居住区内的道路共同组成，以保证自行车交通连续行驶。

自行车道网络规划原则如下：

（1）近远期相结合，充分利用现有道路。根据今后城市规模、性质、形态、布局的变化，自行车交通在城市客运结构中的地位变化，在路网形态、道路等级、类型、技术指标等方面为远期发展留有余地，近期规划以利用现状道路为主。

（2）加强与公共交通衔接。尽可能建立公交、自行车换乘体系，解决好换乘点的停车问题。

（3）满足自行车交通的需求。主要满足职工上、下班出行的交通量需求。单向流量超过10000辆/h的路段，应设平行道路分流；在交叉口，进入的自行车流量超过5000辆/h时，应在路网规划中采取自行车分流措施。

（4）机非分离。大、中城市干路网规划时，应使自行车与机动车分离，形成独立网络，无法完全分离时，应进行分隔。

（5）路网布局均衡，与主要流向一致。路网布局要均衡，应与居民日常出行的主要流向一致。路网应有连通性、可达性，避免断头、卡口路段。

自行车网络密度与道路间距，宜按表1-2-3规定采用。

自行车道网络密度与道路间距　　表 1-2-3

自行车道与机动车道的分隔方式	道路网密度(km/km^2)	道路网间距(m)
自行车专用路	1.5~2.0	1000~1200
自行车道与非机动车道之间用设施分隔	3~5	400~600
路面划线	10~15	150~200

5. 单行道系统规划设计

1)单行道系统的特点

单向交通在路段上减少了与对向行车的可能冲突,在交叉口大量减少了冲突点,是解决城市交通拥挤、提高通行能力的一种经济有效的方法,在改善城市交通方面有以下优点:

(1)提高通行能力。双向改单向,冲突点减少,左转变右转减少时间延误,奇数车道可以充分利用,同向行车减少加减速次数且车速均匀,因此,通行能力可提高20%~50%。

(2)减少交通事故。由于行车条件改善,事故普遍下降,一般减少10%~30%。

(3)提高行车速度。由于无对向会车,车速均匀,同向行车便于组织联动信号,因此车速提高、行程时间缩短,车速一般可提高20%以上。

(4)简化交叉口交通管理难度。单向交通可有效简化交叉口(尤其复杂交叉口)的管理难度,有利于实施线控制,提高交叉口的通行能力。

(5)有利于解决停车问题。在停车困难的地方,单向交通允许一侧路边临时停车,缓解停车难的压力。

2)单行道系统规划

在下列情况下,可考虑组织单向交通:

(1)道路网中有配对的平行道路,间距在200~400m之间,其通行能力大致相当。

(2)道路网密度很大而道路宽度不足,且两个方向的交通量在不同时段相差较大。如路面宽度小于10m,流向比大于1.2;路面宽度小于12m,流向比大于2.0等。

(3)奇数车道的道路,采用双向交通不能充分利用车道。

(4)主干道两侧的辅道或次要道路接近平行的道路。

(5)沿街建筑物较好不易拆迁拓宽为双向交通的道路。

(6)行人较多、道路较窄,车行道和人行道很难分开的道路。

(7)多路交叉或过于复杂的路口,部分相交道路实施单向交通后,可大大简化路口交通组织。

(8)城区某些地区无法解决车辆停放,将双向交通改为一侧车道作为停车使用,仍可满足单向交通通行要求。

复习思考题

1. 城市道路规划的目的、意义、任务是什么?
2. 城市道路网规划的基本要求是什么?
3. 城市道路网基本结构形式有哪些? 其主要优缺点是什么?
4. 城市道路网规划技术指标有哪些? 其各自含义是什么?

第三章

城市道路横断面设计

知识目标

1. 解释设计小时交通量、道路通行能力、车头间距及车头时距的概念；
2. 描述影响车道通行能力的几个因素；
3. 描述横断面综合布置的原则，分析四种横断面形式的优缺点。

能力目标

1. 进行设计小时交通量的选择和估算；
2. 进行一条车道通行能力的计算；
3. 进行车道宽度的计算；
4. 进行机动车道、非机动车道、人行道的设计；
5. 进行车行道路拱和横坡度的选择和取用；
6. 进行横断面形式的选择以及横断面综合布置设计。

城市道路的线形设计是通过平、纵、横三方面把设计成果反映出来，并且三者相互制约，相辅相成。在一般情况下，城市道路的平面定线要受到道路网的布局、道路红线宽度和沿街已有建筑物位置等因素的约束，平面线形只能在有限的范围内移动，定线的自由度要比公路小得多。城市道路的交通性质和组成比较复杂，尤其是行人和各种非机动车较多。各种交通工具和行人的交通问题都需要在横断面设计中综合考虑予以解决，所以城市道路线形设计中的横断面设计是矛盾的主要方面，一般都放在平面和纵断面设计之前进行。

道路的横断面就是垂直于道路中心线方向的断面。城市道路横断面设计的好坏关系到交通的安全、便利与环境卫生条件，也关系到城市用地的经济与城市的面貌，这一点至关重要。城市道路横断面设计，要在城市总体规划中确定的两侧红线范围内进行，它由行车道（包括机动车道和非机动车道）、分隔带和路侧带等组成，如图 1-3-1 所示。根据道路的性质和规定的红线宽度，这些组成部分可有各种不同宽度的组合，确定这些组成部分的几何尺寸及相互之间的位置与高差关系，就是本章所要解决的问题。

城市道路横断面设计的主要依据是道路的等级、性质、红线宽度、交通量及交通组成方式。

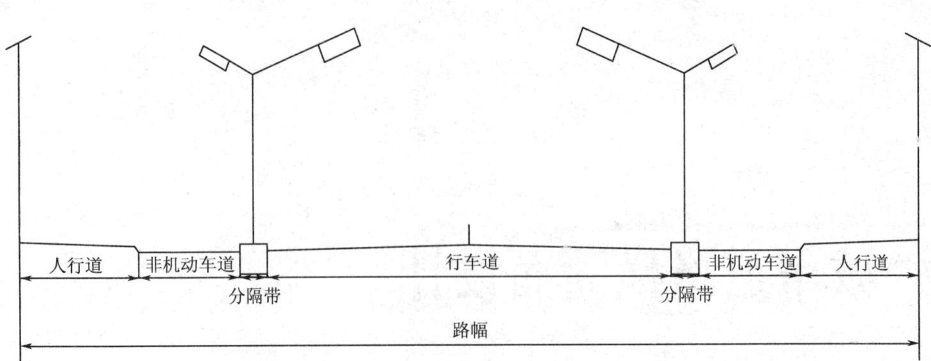

图 1-3-1　城市道路横断面图

•第一节　横断面设计的原则•

横断面设计的基本原则如下：

(1)横断面设计应在城市规划的红线宽度范围内进行。横断面的形式、布置、各组成部分尺寸及比例应按道路类型、级别、计算行车速度(即设计车速)、设计年限的机动车和非机动车交通量和行人流量、交通特性、交通组织、交通设施、地上杆线、地下管线、绿化、地形等因素统一安排,以保障车辆和行人交通的安全、通畅。

(2)横断面设计应近、远期结合,使近期工程为远期工程所用,并预留管线位置。路面宽度及高程应留有发展余地。

(3)对现有道路改建应采取工程措施与交通管理措施相结合的方法以提高道路通行能力和保证交通安全。采取工程措施如增辟车行道、展宽道路等;采取交通管理措施如采取分隔措施使机动车和非机动车分开行驶,减少相互干扰等。

•第二节　机动车道设计•

在城市道路上供各种车辆行驶的路面部分,统称车行道。供汽车、无轨电车、摩托车等机动车行驶的路面部分成为机动车道;供自行车、三轮车、板车等非机动车行驶的部分称为非机动车道。机动车道设计关键是车行道宽度的确定,理论上其宽度为需要的车道数和一条车道标准宽度的乘积,而所需的车道数则等于道路的交通量和一条车道的通行能力之比。因此,道路的交通量、一条车道的通行能力和一条车道的宽度是机动车道设计的前提,它们的确定方法分述如下:

一、道路交通量的确定

1. 设计小时交通量(DHV)的确定

小时交通量是指单位时间内通过道路某一断面的车辆数,它是确定道路车道数、车行道宽度和横断面组成的主要依据。

不同大小交通量的取值,将直接影响到车道数和车行道宽度。因此,在进行道路规划设计

时,我们必须在充分考虑交通量特点的基础上,选择适当的小时交通量作为设计的小时交通量,以保证道路在设计年限内满足绝大多数小时车流能顺利通过,不造成严重的交通阻塞,同时避免建成后车流量很低,投资效益不高,造成经济损失。

我们知道交通量在时间上的分布是不均衡的。道路上的交通量在一年中的不同时间的分布是不同的,在一昼夜中各个小时的交通量也相差很大,在城市道路中,交通量时变图一般呈马鞍形,在上午上班和下午下班期间明显出现两个"驼峰"(图1-3-2),"驼峰"上的交通量称为高峰小时交通量。显然,如果取年平均日交通量作为道路设计的依据,它根本无法反映出一昼夜内交通量的变化特点,而且,不能满足实际需要,造成交通拥挤,特别是在高峰期间出现的交通量,将使道路严重阻塞。那么,应取哪一个小时的交通量作为设计小时交通量呢?

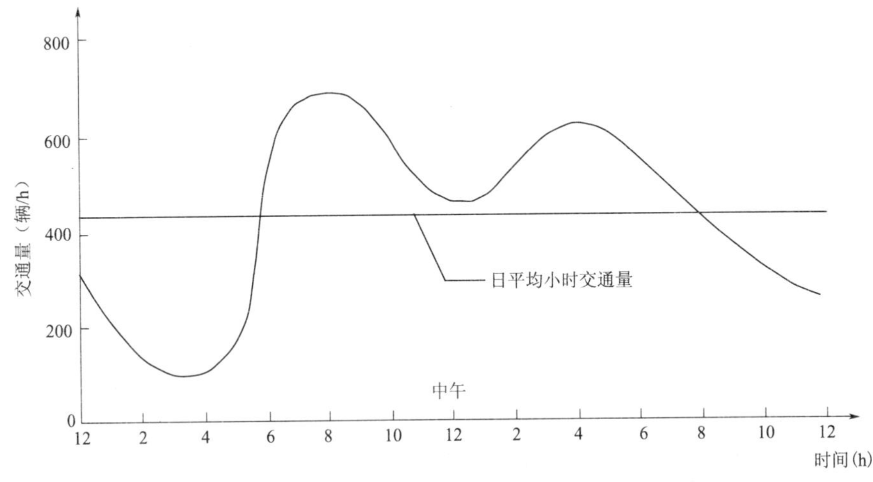

图1-3-2 一昼夜内交通量变化曲线图

1)取"高峰小时交通量"作为设计小时交通量

选择有代表性的时间(春季4~5月或秋季9~10月的非周六、日时间),以小时为单位进行交通量观测(每次观测时间应包括高峰小时在内的2~3h),所观测的交通量结果中的最大交通量就是此处所指的高峰小时交通量。

选择观测日期时,应尽可能兼顾到不同季节、月份和一周内的不同工作日作为观测日期,使选定的高峰小时交通量基本接近全年的平均高峰小时交通量。

由此法所得的高峰小时交通量在全年中经常出现并具有一定的代表性,在无长期交通量观测资料的条件下,可作为设计小时交通量的依据。

2)取"交通量频率曲线的第30位小时交通量"作为设计小时交通量

在道路上布置交通量观测仪器,昼夜不停地记录交通量数据,将测得一年中8760个小时的交通量,从中可以得到一年中各小时交通量 Q_h 和年平均日交通量 Q_A,即:

$$年平均日交通量=\frac{全年交通量总和}{365} \tag{1-3-1}$$

以全年8760个小时为横坐标,以 Q_h/Q_A 比值(以%计)的大小顺序及其在全年中对应出现的小时数,由大到小排列各点到坐标图上,连接各点,即可得到如图1-3-3所示的交通量频率曲线。

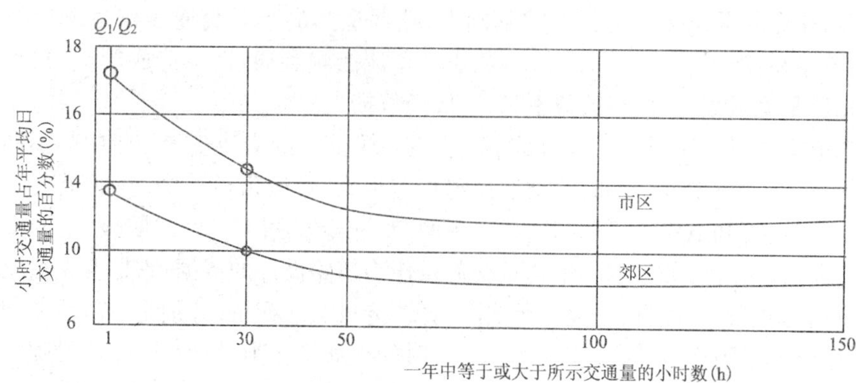

图 1-3-3　设计小时交通量系数图

从图 1-3-3 可以看出，在第 30 ~ 50 位小时交通量附近曲线急剧变化，右侧曲线明显变缓，而在它的左侧，曲线坡度急剧加大。根据上述曲线规律，如以第 30 ~ 50 位之前的小时交通量作为设计依据时，一年中的拥挤时间减少并不多，但设计小时交通量却要增大很多，工程造价将大大提高，反之，尽管设计小时交通量减少不多，但超过设计值的车辆受阻小时数却大大增加，所以提高设计小时交通量的合理取值，显然应在第 30 ~ 50 位小时的范围以内。

为将拥挤时间控制在最低的允许限度内并保证工程取得良好的经济效益，通过大量观测资料的统计结果，目前世界上许多国家，包括我国均采用第 30 位小时交通量作为设计依据。此时，在一年中只有 29 个小时道路会处于拥挤状态，占全年小时数的 0. 33%，也就是说，能顺利通过的保证率达 99. 67%。

对于不同年份、不同地区的道路均能绘制出相应的交通频率曲线，虽然各曲线的弯曲程度和上下位置有所差别，但曲线的基本图形都是类似的。故由此图确定的设计小时交通量有其实际意义。

3）参照其他城市规模类似的道路交通量资料作为设计小时交通量

新建道路和缺乏长年交通量观测资料的改建道路，均可参考其他城市规模类似的道路已有的交通资料，如高峰小时交通量、年平均日交通量、24h 的昼夜交通量、第 30h 交通量占年平均日交通量的百分数、车辆每年增长率等，来确定道路的设计小时交通量。

4）根据或参照城市规划资料确定设计小时交通量

城市道路网规划中，按照城市规划的要求，在分析人们的生产、生活及社会活动等因素的基础上，根据出行统计分析，给出了各级道路规划年度的小时交通量，由于这一交通量是规划需要的交通量，可以作为设计小时交通量，但在具体使用时应考虑交通发展的实际情况进行必要的检验和修正。

在确定设计小时交通量时，上述四种方法建议使用情况：新建道路根据方法 4）、参考方法 3）；改建道路根据方法 2）和方法 1），参考方法 3）和方法 4）。

2. 设计小时交通量的修正

按以上方法求得的设计小时交通量，根据车辆行驶的实际情况，要按以下两方面的系数进行修正：

1）方向分布不均匀系数

道路的交通量是指双向（即两个方向）交通量总和而言，但实际上两个方向的交通量总在不同性质的道路上是随时间的变化而不同的。大多数的干道在上、下班高峰期间的交通量，一般都具有明显的方向性，所以，要把求得的设计小时交通量再乘上方向不均匀系数 D：

$$D=\frac{\text{单方向交通量(辆/h)}}{\text{往返交通量总和(辆/h)}}\% \tag{1-3-2}$$

【例 1-3-1】 如图 1-3-4 所示，东方向不均匀系数 $D=810/(810+690)=54\%$，西方向不均匀系数 $D=690/(810+690)=46\%$，故已知该道路的设计小时交通量为 1500 辆/h（双向），此时应按大的方向不均匀来设计两个方向的机动车道宽度，则修正后的设计小时交通量 $=1500\times0.54\times2=1620$（辆/h）（双向）。

如进行交通量观测时，已把两个方向的交通量分别记录，则取其中较大值的交通量乘以 2，即得所要的设计小时交通量，无需再乘以方向不均匀系数（如 $810\times2=1620$ 辆/h）。

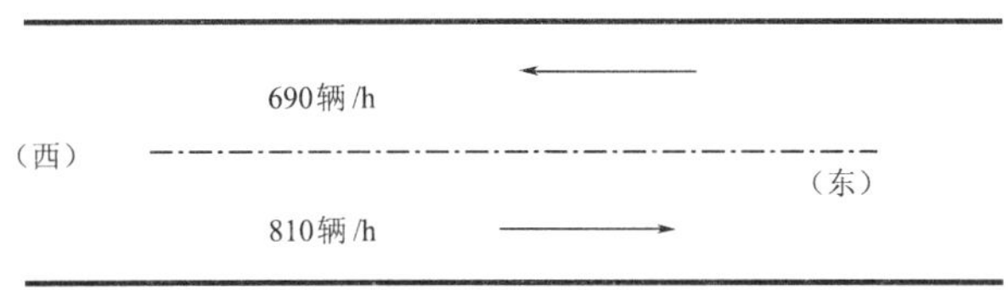

图 1-3-4　交通量在两个方向的分布不均匀示意图

2）车辆换算系数

我国的城市道路一般都是混合交通，由于混合交通的车种与计算道路通行能力所确定的计算标准车不一致，道路交通量与道路通行能力两者之间就不好直接进行比较。所以，在确定设计小时交通量时，必须明确以哪一种车型作为标准车，取其系数为 1，根据各种车辆行车时占用道路的程度，分别确定其换算系数。因此，进行交通量观测时，必须区分不同车型，分别记录以便换算。标准车型为小汽车，换算系数见表 1-3-1。

以小汽车为标准的换算系数　表 1-3-1

车辆类型	换算系数
小汽车	1.0
小型载货汽车	1.5
3～5t 载货汽车	2.0
5t 以上载货汽车	2.5
中、小型公共汽车	2.5
大型公共汽车、无轨电车	3.0
摩托车、轻便摩托车	0.8

3. 设计年限交通量估算

根据目前交通量观测和统计资料所获得的设计小时交通量，则还要推算出设计年限末的交通量作为正式的设计依据，因为设计交通量是指一定设计年限的交通量而言的。《城市道路设计规范》（CJJ 37—1990）规定设计年限为快速路、主干路 20 年；次干路 15 年；支路 10～15 年。

设计年限交通量包括四部分的交通量：①道路的现有交通量；②道路建成后从其他道路吸引过来的交通量；③设计年限内正常的交通增长；④由于规划变化而产生的交通增加量。

设计年限交通量可用增长率法进行计算，增长率法是根据预测对象（如客货运量）的预计增长速度进行预测的方法。其步骤是：分析历史年度预测对象增长率的变化规律；根据对相关因素发展变化的分析，确定预测期增长率，进行未来值的预测。其具体的计算方法有以下两种：

1)按车辆每年平均增长量估算

$$N_{年限}=N+n\times\Delta N \tag{1-3-3}$$

式中：$N_{年限}$——设计年限交通量，辆/昼夜或辆/h；

N——最后统计年度的交通量，辆/昼夜或辆/h；

n——计算年限(从最后统计交通量那年起到设计年限之间的年数)，年；

ΔN——相对于最后统计年度的交通量而言的车辆每年平均增长量，辆/昼夜或辆/h。

【例 1-3-2】 某城市干道以往几年的交通量记录如表 1-3-2 所示，试求 2010 年的远景设计交通量。

某城市干道交通量记录 表 1-3-2

年　份	1991	1992	1993	1994	1995	平　均
年平均日交通量 N(辆/昼夜)	2000	2180	2420	2650	2930	
车辆每年增长率 k_2(%)	—	9.0	11.0	9.5	10.6	10
车辆每年增长量 ΔN(辆/昼夜)	—	180	240	230	280	233

2010 年(即 15 年后)的远景设计交通量 N_{15} 为：

$$N_{15}=2930+15\times233=6425(\text{辆/昼夜})$$

2)按车辆每年平均增长率估算

根据对车辆每年平均增长率的不同取值方法，有下列两种估算方法：

(1)车辆每年平均增长率都是相对于最后统计年度的交通量而言。

$$N_{年限}=N(1+n\times k_1) \tag{1-3-4}$$

式中：$N_{年限}$、N、n 的意义同前；

k_1——相对于最后统计年度的交通量而言的车辆每年平均增长率%。

【例 1-3-3】 按表 1-3-2 的交通量统计资料，试求 2010 年的远景设计交通量 N_{15}。

$$k_1=\frac{233}{2930}=7.95\%$$

$$N_{15}=2930(1+15\times0.0795)=6425(\text{辆/昼夜})$$

(2)车辆每年平均增长率都是指后一年的交通量相对于它的前一年的交通量而言。

$$N_{年限}=N(1+k_2)^{n-1} \tag{1-3-5}$$

式中：$N_{年限}$、N、n 的意义同前；

k_2——后一年交通量相对于前一年交通量的车辆每年平均增长率，%。

【例 1-3-4】 按表 1-3-2 的交通量记录资料，试求 15 年后的远景设计交通量 N_{15}。

$$N_{15}=2930(1+0.10)^{15-1}=11127(\text{辆/昼夜})$$

针对我国国民经济的发展和车辆每年的增长速度，不可能像式(1-3-5)那样持续增长，所以，一般不按式(1-3-5)估算。

以上介绍的估算方法，只是把交通量的增长看成单纯的数学比率，未考虑国民经济和城市建设的发展速度和规律对交通量变化的影响，因此，尚不能全面反映设计年限的客观实际情况。但是，在没有详细的城市规划资料的情况下，这种根据现行交通量观测的资料，考虑可能的发展趋势来确定一定的增长量或增长率的估算方法，在一定程度上还是可行的。

二、路段上机动车道通行能力计算

路段通行能力分为基本通行能力、可能通行能力和设计通行能力，其中，设计通行能力是实际道路可能接受的通过能力，考虑了人为主观因素对道路的要求，按照道路运行质量要求及经济、安全、出入口交通条件等因素确定的，可以作为道路设计的依据。

1. 路段上一条车道的通行能力计算

一条车道的通行能力是指一纵向车列的车辆，在前后车之间都保持一定的车头间隔，跟随、匀速、连续行驶的情况下，一小时内所能通过某一断面（或地点）的车辆数，其单位为辆/h。所设计的车道数，其通行能力必须与设计小时交通量相适应，即要求车行道的通行能力必须大于或等于设计小时交通量。

车头间隔是指在一条车道上连续行驶的车流中，跟随运行的前后相邻两车的间隔距离，即从前车的前端到后车的前端的间隔距离。车头间隔可以用距离和行车时间来表示，用距离来表示的车头间隔称为车头间距，单位为 m；用行车时间来表示车头间隔称为车头时距，单位为 s。由此，路段上一条车道的通行能力的计算方法，可按车头间距和车头时距两种方法来计算。

1）按“车头间距”计算

（1）忽略前车的制动距离。假定汽车在一条畅通无阻的车道上以匀速 v（m/s）或 v'_0（km/h）行驶，此时车辆连续不断地一辆接一辆地保持着最小的纵向“安全车头间距”L 行驶（如图 1-3-5），则一小时内能通过的车辆数为最多。因此，一条车道的理论最大通行能力 N（单位为辆/h）可按下式计算：

$$N = \frac{S}{L} = \frac{1000v'_0}{L}\text{（辆/h）} \tag{1-3-6}$$

所以，一条车道的最大通行能力取决于行驶速度和车头间距的比值。从图 1-3-5 可知，上式中最小的纵向“安全车头间距”$L = l' + S_{停}$。

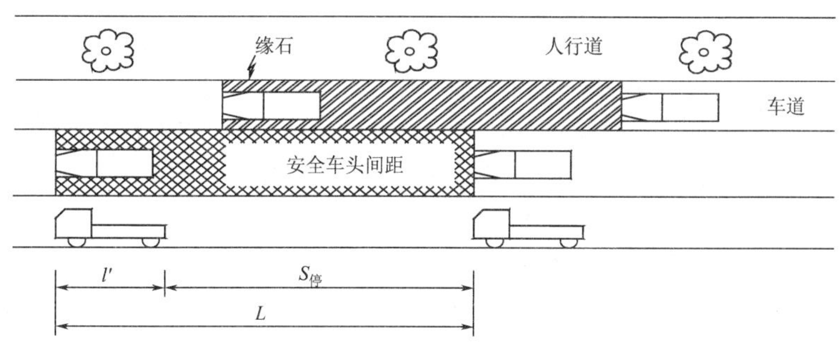

图 1-3-5 纵向“安全车头间距”示意图

上式中的停车视距包括三个距离：驾驶员反应时间内汽车所走的距离$\frac{v}{3.6}t$；汽车的制动距离 $S_{制} = \frac{kv^2}{254(\varphi \pm i)}$；安全距离为 l_0，即

$$S_{停}=\frac{v}{3.6}t+\frac{kv^2}{254(\varphi \pm i)}+l_0(\mathrm{m}) \tag{1-3-7}$$

因此，最小的纵向“安全车头间距”L为：

$$L=l'+\frac{v}{3.6}t+\frac{kv}{254(\varphi \pm i)}+l_0(\mathrm{m}) \tag{1-3-8}$$

所以，一条车道的通行能力N(见图1-3-6)为：

$$N=\frac{1000v'_0}{L}=\frac{1000v'_0}{l'+\frac{v'_0}{3.6}t+\frac{kv'^2_0}{254(\varphi \pm i)}+l_0}(辆/h) \tag{1-3-9}$$

公式(1-3-9)的图解见图1-3-6。

式中：l'——车身长度，m；小汽车为5m，载货汽车为7m，大型客车为9m，铰接公共汽车和铰接无轨电车为14m；

v'_0——车速，km/h；

t——驾驶员的反应时间，s；$t=1.2$s左右；

φ——轮胎和路面间的纵向摩擦系数(表1-3-3)；

k——制动使用系数，一般取1.2～1.4；

i——道路纵坡。汽车上坡取正值，汽车下坡取负值；

l_0——安全距离，m；l_0可取3～5m。

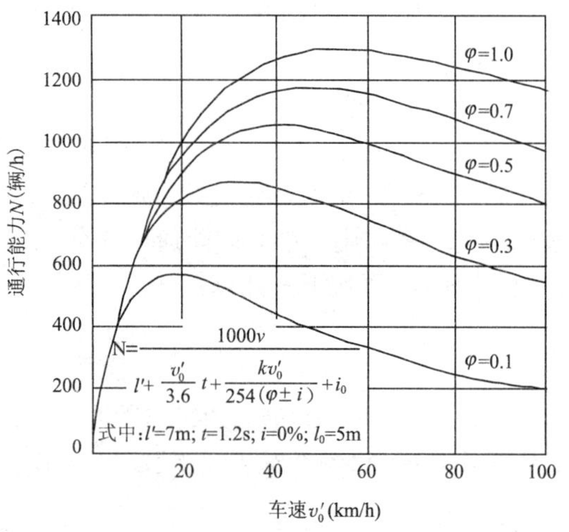

图1-3-6　公式(1-3-9)的图解

轮胎和路面间的纵向摩擦系数φ值　　表1-3-3

路面状况	纵向摩擦系数φ值
干燥、清洁	0.5～0.7
潮湿、泥泞	0.3～0.4
结冰	0.1～0.2

从图1-3-5中可以看出，前后两车在运动中是彼此保持着“安全车头间距”L的，但是后车制动停车的同时，前车实际上已走了一段距离，但在计算公式中则没有考虑。因此，L值偏安全(L值偏大)，所以，通行能力的计算值比实际观测值小。

(2)考虑前车的制动距离。一条车道上连续行驶的车流中，前后两辆汽车的“安全车头间距”为L，它们都是以相同的车速v_0'前后跟随行驶着(图1-3-7)。汽车Ⅰ的驾驶员发现情况紧急制动，制动动作从m_1点开始，汽车Ⅰ的等减速度为a_1，到n_1点完全停住。当汽车Ⅰ还在点m_1制动起作用时，汽车Ⅱ的驾驶员发现汽车Ⅰ的制动尾灯亮了感到有危险情况，开始进行制动，这个过程经过一个时间t(即驾驶员的反应时间)，此时汽车Ⅱ已经到达m_2点。汽车Ⅱ从m_2点起才开始制动，其等减速度为a_2，到n_2点完全制动停住。汽车Ⅰ和汽车Ⅱ完全停住后的安全距离为l_0。

整个过程如图1-3-7所示。

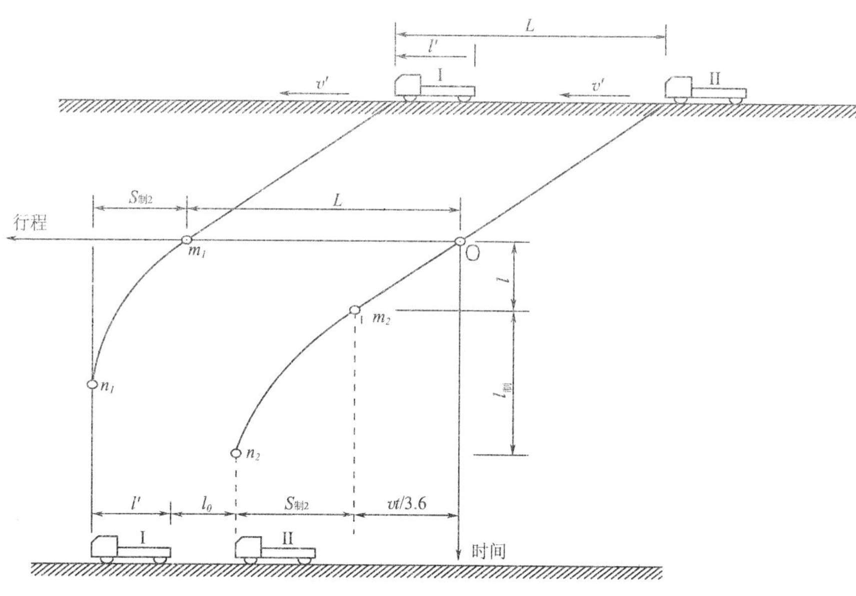

图 1-3-7 前后跟随行驶的两辆汽车在制动时的时间和距离示意图

由图 1-3-7 可知:

$$L + S_{制1} = l' + \frac{v}{3.6}t + S_{制2} + l_0$$

所以

$$L = l' + \frac{v}{3.6}t + S_{制2} + l_0 - S_{制1}(\mathrm{m}) \tag{1-3-10}$$

比较式(1-3-8)和式(1-3-10)的不同点可知,前者是忽略了前车的制动距离 $S_{制1}$,而后者是考虑了前车的制动距离 $S_{制1}$。

①假定前后两车的制动性能相同,则 $S_{制1} = S_{制2}$。

故

$$L = l' + \frac{v'_0}{3.6}t + l_0$$

所以

$$N = \frac{1000v'_0}{L} = \frac{1000v'_0}{l' + \frac{v'_0}{3.6}t + l_0}\ (辆/\mathrm{h}) \tag{1-3-11}$$

按上式(1-3-11)的计算结果,如图 1-3-8 所示。因为实际行车中,驾驶员的心理状态受到各种因素的影响,为了保证行车安全,一般都保持着较安全的行车视距行驶,因此,式(1-3-11)的理论计算值比实际观测值大。

在一般情况下,通行能力的观测值介于式(1-3-9)和式(1-3-11)的理论计算值之间,故可取两者计算的平均值作为采用值。

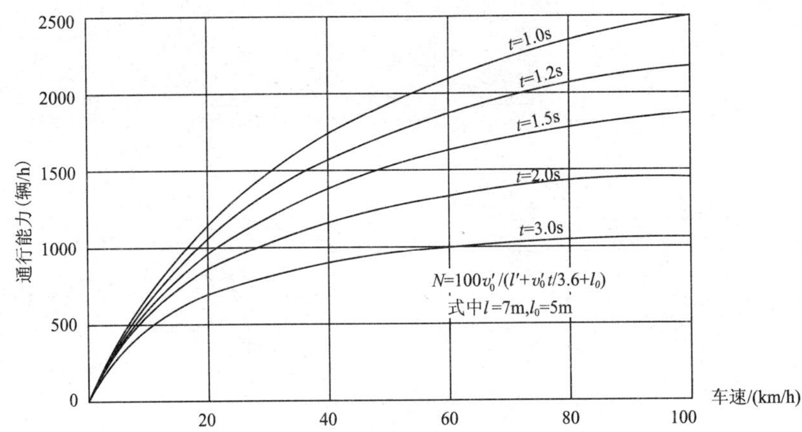

图 1-3-8　$v'_{0前}=v'_{0后}$时通行能力与车速的关系图

②假定前后两车的制动性能不同，则 $S_{制1}\neq S_{制2}$。

$$S_{制}=S_{制2}-S_{制1}=\frac{v'^2_0}{26a_1}-\frac{v'^2_0}{26a_1}$$

因此

$$S_{制}=\frac{a_1-a_2}{26a_1a_2}v'^2_0$$

化简，可得“安全车头间距”L 为：

$$L=l'+\frac{v_0^2}{3.6}t+l_0+\frac{a_1-a_2}{26a_1a_2}v'^2_0$$

令式中的制动差别因数 $Z=\dfrac{a_1-a_2}{26a_1a_2}$，则

$$L=l'+\frac{v_0^2}{3.6}t+l_0++Zv'^2_0 \tag{1-3-12}$$

所以

$$N=\frac{1000v'_0}{L}=\frac{1000v'_0}{l'+\dfrac{v'_0}{3.6}t+l_0+Zv'^2_0}(\text{辆/h}) \tag{1-3-13}$$

式中：N——一条车道的通行能力，辆/h。

根据前后跟随行驶的两辆汽车的不同制动减速度 a_1 和 a_2 所得 Z 值的计算结果，如图 1-3-9 所示。

当制动因子 $Z=\dfrac{1}{300}$及 $Z=\dfrac{-1}{300}$，按式(1-3-13)的计算结果如图 1-3-10 和图 1-3-11 所示。

从以上几个公式计算出的曲线图形可以看出，图 1-3-8 和图 1-3-11 中的通行能力均随着车速的增大而增大。但是图 1-3-6 和图 1-3-10 中的通行能力，起先是随车速的增大而增大，当车速增大到某一数值后，其通行能力却反而逐渐减少，这是因为公式中的通行能力是随车速和纵向安全车头间距而变化的。当车速超过某一数值时，此时，纵向安全间距长度的增长率要比车速的增长率大，故通行能力反而下降；与曲线上最高点的最大通行能力相对应的车速，叫做

最佳车速或临界车速。这种情况更符合车辆在道路上的实际行驶状态。

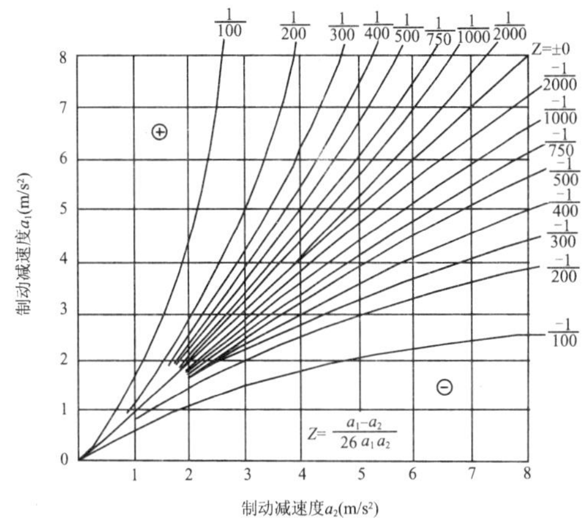

图 1-3-9　制动差别因素 Z 值的图解

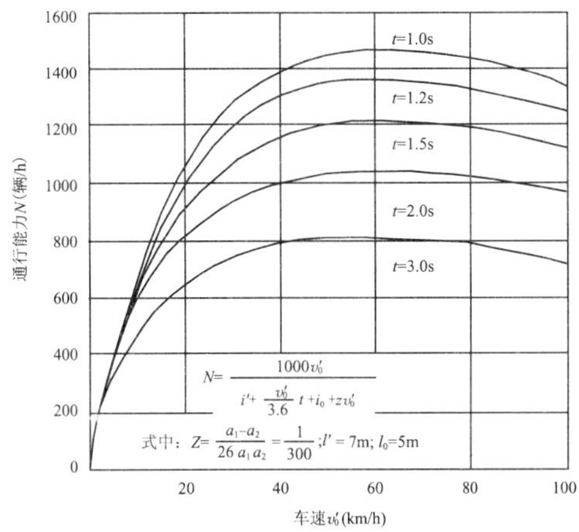

图 1-3-10　公式(1-3-13)的图解 1($Z=1/300$)

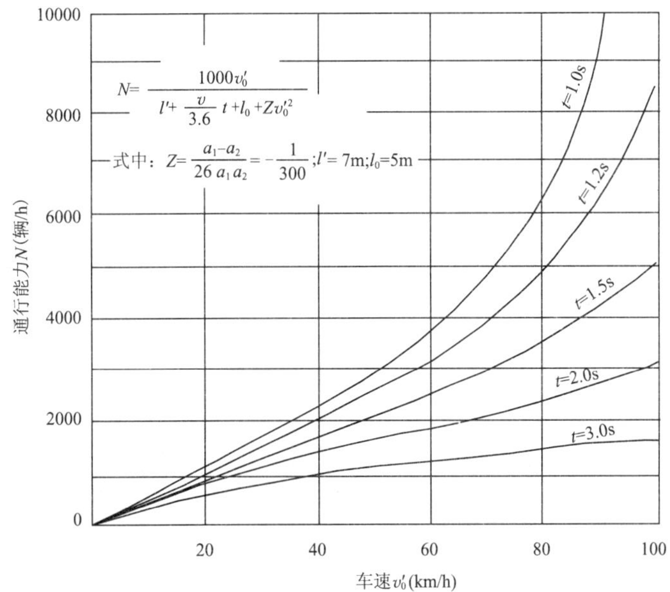

图 1-3-11　公式(1-3-13)的图解 2($Z=-1/300$)

2)按“车头时距”计算通行能力

一纵向车列的各辆汽车之间都保持着同样的最小安全车头间距,在一条车道上相互跟随、匀速、连续行驶,如前后相邻各车通过某一断面(或地点)时的车头时距为 t_i(s),则一条机动车道的可能通行能力按下式计算:

$$N=\frac{3600}{t_i}(\text{辆/h}) \tag{1-3-14}$$

式中:N——一条机动车道的路段可能通行能力,辆/h;

t_i——连续车流平均车头间隔时间,s。

t_i的取值可采用本市现存道路的观测值,即选择一列跟随、匀速和连续行驶的串车并进行观测,然后按概率论数理统计分析方法求得其平均车头时距或平均车头间距。

无观测值时,可通过下式计算:

$$t_i = \frac{L}{v} = t + \frac{S_{制} + l_0 + l'}{v}(\mathrm{s}) \tag{1-3-15}$$

式中: L——前后相邻各车之间所必需的最小安全车头间距 L(图 1-3-12)。

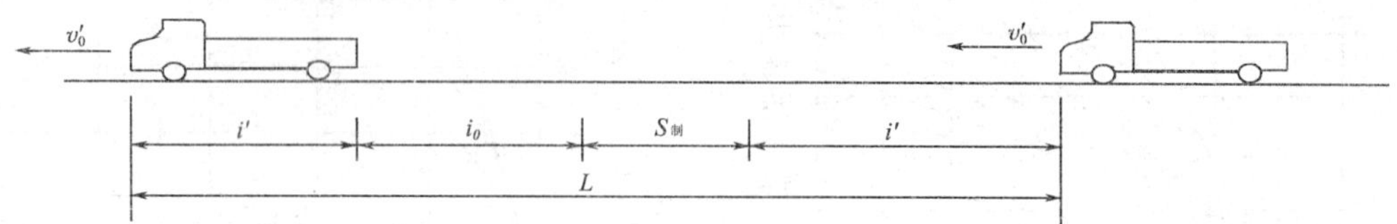

图 1-3-12　最小安全车头间距 L 示意图

由图可知,此式保证了后面跟随的汽车驾驶员在发现危险情况时能从容、安全地制动停车而不至于同前面的汽车相撞。

所以

$$N = \frac{3600}{t_i} = \frac{3600}{t + \frac{S_{制} + l_0 + l'}{v}}(辆/\mathrm{h}) \tag{1-3-16}$$

式中: t——驾驶员的反应时间,s; $t = 1.2\mathrm{s}$ 左右;

v——车速,m/s;如车速为 v'_0(km/h),则 $v'_0 = v/3.6$;

l_0——安全距离,m;一般取 $l_0 = 5\mathrm{m}$(图 1-3-12);

l'——车身长度,m;小汽车为 5m,载货汽车为 7m,大型客车为 9m,铰接公共汽车和铰接无轨电车为 14m;

$S_{制}$——汽车的制动距离,m;实测的汽车制动拖印距离见表 1-3-4。

实测的汽车制动拖印距离(单位:m)　　表 1-3-4

速度	(km/h)	0	5	20	25	30	35	40	45	50	55	60	65	70	75	80
	(m/s)	2.78	4.17	5.5	6.94	8.33	9.72	11.11	12.50	13.88	15.28	16.67	18.06	19.44	20.83	22.22
干燥的沥青路面		0.66	1.47	2.62	4.09	5.90	8.03	10.49	13.28	16.33	19.84	23.84	27.70	32.13	36.88	12.00
潮湿的沥青路面		0.79	1.76	3.14	4.91	7.08	9.64	12.59	15.94	19.60	23.81	28.33	33.24	38.56	11.26	50.40

按式(1-3-16)的计算结果如表 1-3-5 和图 1-3-13 所示。通行能力是随车速的增大而增大,但车速增大到某一数值后,通行能力却反而逐渐下降。

按最小安全车头时距 t_i 计算通行能力　　表 1-3-5

车速		干燥的沥青路面 $S_{制}$(m)	小型汽车		中型货车		大型客车		铰接公交车辆	
			$l'=5\mathrm{m}$ $l_0=5\mathrm{m}$ $t=1.2\mathrm{s}$		$l'=7\mathrm{m}$ $l_0=5\mathrm{m}$ $t=1.2\mathrm{s}$		$l'=9\mathrm{m}$ $l_0=5\mathrm{m}$ $t=1.2\mathrm{s}$		$l'=14\mathrm{m}$ $l_0=5\mathrm{m}$ $t=1.2\mathrm{s}$	
v'_0(km/h)	v(m/s)		t_1(s)	N(辆/h)	t_1(s)	N(辆/h)	t_1(s)	N(辆/h)	t_1(s)	N(辆/h)
10	2.78	0.66	5.03	716	5.75	626	6.47	556	8.27	435

续上表

车速		干燥的沥青路面 $S_{制}$(m)	小型汽车 $l'=5m$ $l_0=5m$ $t=1.2s$		中型货车 $l'=7m$ $l_0=5m$ $t=1.2s$		大型客车 $l'=9m$ $l_0=5m$ $t=1.2s$		铰接公交车辆 $l'=14m$ $l_0=5m$ $t=1.2s$	
v'_0(km/h)	v(m/s)		t_1(s)	N(辆/h)	t_1(s)	N(辆/h)	t_1(s)	N(辆/h)	t_1(s)	N(辆/h)
15	4.17	1.47	3.95	911	4.43	813	4.91	733	6.11	589
20	5.56	2.62	3.47	1037	3.83	940	4.91	859	5.09	707
25	6.94	4.09	3.23	1115	3.52	1023	3.81	945	4.53	795
30	8.03	5.90	3.11	1158	3.35	1075	3.59	1003	4.19	859
35	9.72	8.03	3.05	1180	3.26	1104	3.47	1027	3.98	905
40	11.11	10.49	3.04	1184	3.22	1118	3.40	1059	3.85	935
45	12.50	13.28	3.06	1176	3.22	1118	3.38	1065	3.78	952
50	13.88	16.33	3.10	1161	3.24	1111	3.39	1062	3.75	960
55	15.28	19.84	3.15	1143	3.28	1098	3.41	1056	3.74	963
60	16.67	23.84	3.23	1115	3.35	1075	3.47	1037	3.77	955
65	18.06	27.70	3.29	1094	3.40	1059	3.51	1026	3.79	950
70	19.44	32.13	3.37	1068	3.47	1037	3.57	1008	3.83	940
75	20.83	36.88	3.45	1043	3.55	1014	3.64	989	3.88	928
80	22.22	42.00	3.54	1017	3.63	992	3.72	968	3.95	911

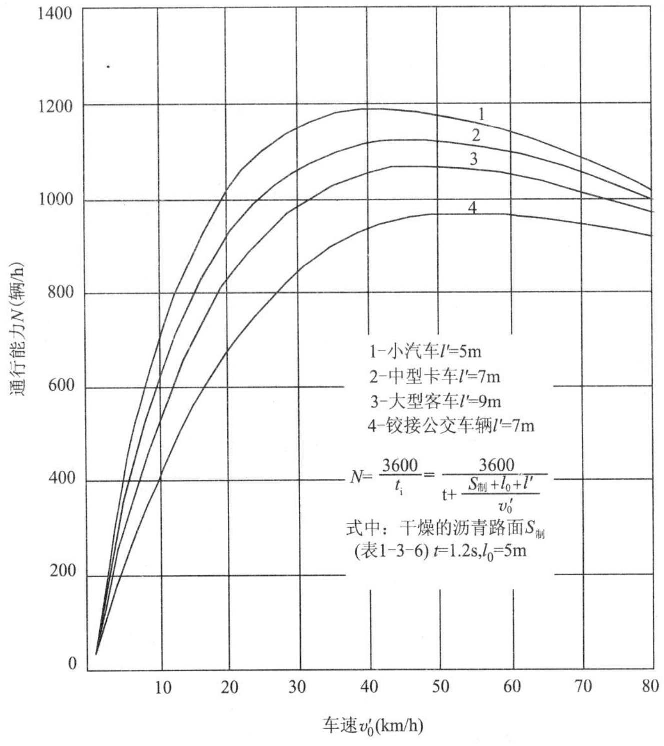

图 1-3-13　式(1-3-16)的图解

城市道路的汽车交通，绝大多数都是各种车辆在同一车道上混行，其车速一般为 25 ~ 40km/h，根据表 1-3-5 的计算结果可得，各种车辆混行的平均车头时距 $t_i = 3.2 \sim 3.5$s，即一个车道的最大通行能力 $N = 1000 \sim 1100$ 辆/h，平均 $N = 1050$ 辆/h。

当设计一条道路时，为了求得符合该道路实际的通行能力，也可通过串车的观测资料，按《交通工程》的概率论数理统计分析方法求得其平均车头时距或平均车头间距，然后计算出车道的通行能力。按通行能力的定义，对所选测的串车必须注意其前后相邻各车符合"跟随、匀速和连续行驶"的条件。

必须指出，按上述方法和公式计算的通行能力值是理想化的结果，并不能作为道路设计的依据。事实上各个路段上的车速是随着道路纵坡、弯道以及车辆和行人的不同干扰程度而变化的，因此，各个路段的通行能力是不相同的。对整条道路来说，它的通行能力被最不利地段上的通行能力所限制。此外，各条车道的不同行车状况、交叉口红绿灯、行人过街干扰等，也影响道路路段的通行能力。要根据不同情况对上述通行能力的计算值进行折减。

2. 影响路段通行能力的因素

1）交叉口对路段通行能力的影响

在城市里，纵横交叉的道路形成了许多交叉口，尤其是交叉口的间距较小时，交叉口对道路通行能力的影响较大。在影响通行能力的许多因素中，交叉口是主要影响因素，它对通行能力起控制作用。因为在有交通管制的交叉口上，车辆遇红灯就要减速、停车，然后又要起动、加速行驶；即使碰巧没有遇上红灯或者是在没有交通管制的交叉口上，车辆也要减速通行。所以，车辆在通过交叉口时，实际的行程时间比没有交叉口的路段行程时间要多，其实际平均车速也大大降低，因此，通行能力下降。

交叉口对通行能力的影响，用交叉口通行能力折减系数 $\alpha_{交}$ 表示为：

$$\alpha_{交} = \frac{\text{交叉口之间无阻的行程时间(s)}}{\text{交叉口之间实际的行程时间(s)}}$$

即

$$\alpha_{交} = \frac{\frac{l}{v}}{\frac{l}{v} + \beta_1 \frac{v}{2a} + \beta_2 \frac{v}{2b} + \Delta} \tag{1-3-17}$$

式中：l——交叉口之间的距离，m；

v——路段上的行车速度，m/s；

a——车辆启动时的平均加速度，m/s²；据观测资料：小型汽车 $a = 0.60 \sim 0.67$，中型货车 $a = 0.49 \sim 0.53$，大型货车及大型客车 $a = 0.42 \sim 0.46$，铰接公共车辆 $a = 0.43 \sim 0.49$，以中型货车为主的各种车型混合行驶的平均值 $a = 0.50$；

b——车辆制动时的平均减速度，m/s²；据观测资料：小型汽车 $b = 1.66$，大型汽车 $b = 1.30$，各种车辆混合行驶的平均值 $b = 1.50$；

β_1 和 β_2——系数，数值取决于 v_A/v（表 1-3-6），其中，$\beta_1 = (1 - v_A/v)^2$，$\beta_2 = (1 - v_B/v)^2$；

v_A 和 v_B——车辆到达交叉口时的车速，m/s；

Δ——车辆在交叉口上的停候时间，s；当 v_A（或 v_B）$= 0$，则 Δ 为红灯时间的一半，一般 $\Delta = 15 \sim 20$s，当 v_A（或 v_B）$\neq 0$ 时，则 $\Delta = 0$。

β_1 和 β_2 值　　表 1-3-6

v_A/v，v_B/v ＼ β_1 或 β_2	0	0.50	0.55	0.60	0.65	0.70	0.75	0.85
$\beta_1=(1-v_A/v)^2$ 或 $\beta_2=(1-v_B/v)^2$	1	0.25	0.20	0.16	0.12	0.09	0.06	0.04

当汽车以同样车速 v 在不同交叉口间距的路段上行驶(假定 a、b、Δ 的数值不变),则交叉口间距 l 越小,$\alpha_{交}$值也越小,即折减后的通行能力 $N \cdot \alpha_{交}$ 值也越小;反之,交叉口间距越大,则通行能力也越大。所以,从提高城市道路的通行能力来讲,交叉口的间距不宜太小,但从方便居民出行的要求来说,交叉口的间距又不宜太大,一般认为交叉口的间距 $l=800 \sim 1000$m 较合适。此外,当汽车在同样的交叉口间距的路段上行驶时,车速越大,其通行能力的折减也越大,因此,对于一些高速道路必须修建立体交叉,否则,其通行能力是无法提高的。

2)多车道对路段通行能力的影响

在一些城市道路主干道上,同一行驶方向的车道数往往不止一条,在多车道的情况下,同向行驶的车辆由于超车、绕越、停车等原因影响另一车道的通行能力。一般越靠近路中心线的车道,其影响越小。因此,无分隔带的同向车行道上,靠近路中心线的车道通行能力最大,靠近缘石的车道,其通行能力最小。其影响用车道折减系数 $\alpha_{条}$ 来表示。自中心线第 1 条车道的折减系数 $\alpha_{条}$假设为 1,其余车道的折减系数依次为:第 2 车道的折减系数为 0.80 ~0.89;第 3 条车道的折减系数为 0.65 ~0.78;第 4 条车道的折减系数为 0.50 ~0.65;第 5 条车道的折减系数为 0.40 ~0.52。

3)行人过街对路段通行能力的影响

为保证行人在人行横道处安全地通过车行道,汽车行驶往往需要形成车组,各车组间保持一定的间隔,以便行人安全通过。行人过街影响通行能力的折减系数即为车组连续通过的时间与车组循环全部时间之比。其具体取值,与行人过街的密度有关,据北京市的观测资料所得的折减系数 $\alpha_{人}$ 见表 1-3-7。

行人过街影响通行能力折减系数($\alpha_{人}$)　　表 1-3-7

行人密度	双向过街人数(人/h)	2500	2000	1500	1000	500
	单向过街人数(s/人)	2.9	3.6	4.8	7.2	14.4
$\alpha_{人}$		0.56	0.57	0.58	0.62	0.63

4)车道宽度对路段通行能力的影响

车道宽度对行驶车速也有很大影响。在城市道路设计中,取标准车道宽度为 3.50m,当车道的宽度大于该值时,有利于车辆行驶,车速略有提高;当车道宽度小于该值时,车辆行驶的自由度受到影响,车速降低,以致通行能力下降。其车道宽度影响系数 $\alpha_{车道}$可用下式确定:

$$\alpha_{车道}=\begin{cases}50(b-1.5)/100 & b \leqslant 3.5 \\ -54+188b/3-16b^2/3 & b>3.5\end{cases} \tag{1-3-18}$$

式中:b——一条机动车道的宽度,m。

当车道为标准宽度 3.5m,$\alpha_{车道}=1.00$ 时,车道宽度与影响系数之间的变化关系见表 1-3-8。

车道宽度 b 的通行能力折减系数（$\alpha_{车道}$）　　表 1-3-8

$b(m)$	2.50	2.75	3.00	3.25	3.50	4.00	4.50	5.00	5.50	6.00
$\alpha_{车道}$	0.50	0.62	0.75	0.88	1.00	1.11	1.20	1.26	1.29	1.30

5）快车超车等因素对通行能力的影响

快车超车影响的折减系数，与小汽车的交通量所占的比重有关；铁路道口影响的折减系数，与每小时道口封闭的次数与每次封闭的时间长短有关；自行车影响的折减系数，与有无分隔带及自行车交通负荷的大小有关；桥梁宽度不足，夜间照明条件等因素都会影响路段通行能力。我们将这些条件对通行能力的影响用综合折减系数 $\alpha_{综}$ 来表示，在设计时，可参考有关资料或通过实际调查、观测求得 $\alpha_{综}$ 的值。

3. 路段通行能力的计算

城市道路路段设计通行能力（或实用通行能力）可根据一个车道的理论通行能力进行修正而得。考虑上述影响的折减系数，则路段上一条车道的通行能力 $N_{车道}$ 为：

$$N_{车道}=N(\alpha_{交}\ \alpha_{条}\ \alpha_{人}\ \alpha_{车道}\alpha_{综})\quad (辆/h) \tag{1-3-19}$$

各符号意义同前。

目前由于 $\alpha_{人}$、$\alpha_{综}$ 影响因素较复杂，尚难正确计算，通常均忽略不计，因而上式可简化为：

$$N_{车道}=N(\alpha_{交}\ \alpha_{条}\ \alpha_{车道})\quad (辆/h) \tag{1-3-20}$$

在特殊情况下，需考虑 $\alpha_{人}$、$\alpha_{综}$ 等影响时，可通过现场观测确定。

多条车道的可能通行能力（$N_{路段}$），可根据求得的每条车道的可能通行能力相加而得，即

$$N_{路段}=\sum_{1}^{n}N(\alpha_{交}\ \alpha_{条}\ \alpha_{车道})\quad (辆/h) \tag{1-3-21}$$

三、机动车车道宽度的确定

在道路上供一纵向车列安全行驶的地带，称为一条车道；一条车道所必需的宽度，称为车道宽度。车道宽度的取值，决定于车辆的车身宽度及横向安全距离。

1. 车身宽度

在计算车道宽度时，车身宽度应采用道路上经常通行的最大车辆的宽度。城市道路设计时，一般采用货车 2.5m，大客车及公共汽车 2.6m，小客车 2.0m。偶然通过的大型车辆，一般不作为计算的依据。

2. 横向安全距离

横向安全距离决定于在不同车速下车辆横向摆动、偏移的幅度，以及车身（包括装货允许的突出部分）与相邻车道或人行道侧石边缘必要的安全间隙。它同车速、路面质量、驾驶技术、交通秩序等因素有关。

根据行车试验观测，得出的安全距离如下：

（1）车辆与路缘石的安全净距 c（单位为 m）为：

$$c=0.4+0.02{v'_0}^{\frac{3}{4}} \tag{1-3-22}$$

式中：v'_0——采用靠边行驶时的车速，km/h。

（2）同向行驶车辆间的安全净距 d（单位为 m）为：

$$d=0.7+0.02{v'_0}^{\frac{3}{4}} \tag{1-3-23}$$

式中：v'_0——采用计算行车速度，km/h。

（3）对向行驶车辆间的安全净距 x（单位为 m）为：

$$x = 0.7 + 0.02(v'_{01} + v'_{02})^{\frac{3}{4}} \quad (\text{m}) \tag{1-3-24}$$

式中：v'_{01}、v'_{02}——紧靠路中线相对行驶的车速，如其一侧为侧面边缘或非机动车道边缘，则取 $v'_0 = (0.6 \sim 0.7)v_{设计}$，否则，取 $v'_0 = v_{设计}$。

3. 一条车道宽度计算

一条车道宽度由设计车辆宽度 a、车身边缘与侧石边缘之间的横向安全距离 c 和车身边缘与相邻车道边缘之间的横向安全距离（同向为$\frac{d}{2}$，反向为$\frac{x}{2}$）三部分组成。

车道宽度与道路功能、车道位置、车道上行驶车辆的类型有关。根据所在的不同位置和边界条件，按以下图示和公式计算。

1）靠路边的车道宽度

（1）一侧靠路边，另一侧为反向车道，如图 1-3-14 所示，靠路边的车道宽度 b_1（单位为 m）按下式计算：

$$b_1 = \frac{x}{2} + a_1 + c \tag{1-3-25}$$

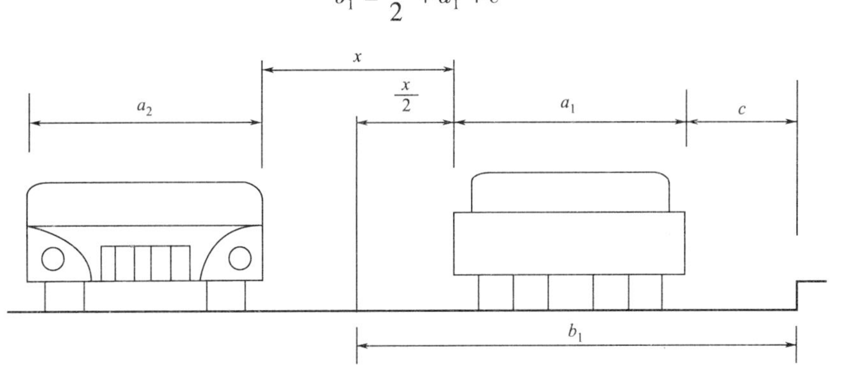

图 1-3-14 靠路边车道的另一侧为反向车道

（2）一侧靠路边，另一侧为同向车道，如图 1-3-15 所示，靠路边的车道宽度 b'_1（单位为 m）按下式计算：

$$b'_1 = \frac{d}{2} + a_1 + c \tag{1-3-26}$$

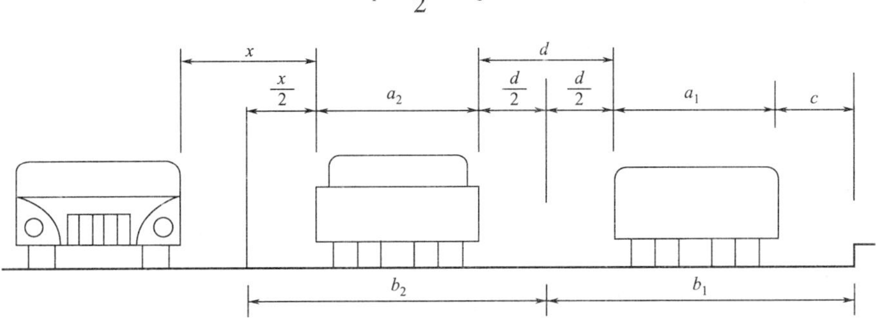

图 1-3-15 靠路边车道的另一侧为同向车道

2）靠近道路中心线的车道宽度

其一侧为同向车道，另一侧为反向车道，如图 1-3-14 或 1-3-15 所示，靠近路中心线的车道宽度 b_2（单位为 m）按下式计算：

$$b_2 = \frac{x}{2} + a_2 + \frac{d}{2} \tag{1-3-27}$$

3）同向的中间车道宽度

如图 1-3-16 所示，同向的中间车道宽度 b'_2（单位为 m）按下式计算：

$$b'_2 = \frac{d}{2} + a_2 + \frac{d}{2} \tag{1-3-28}$$

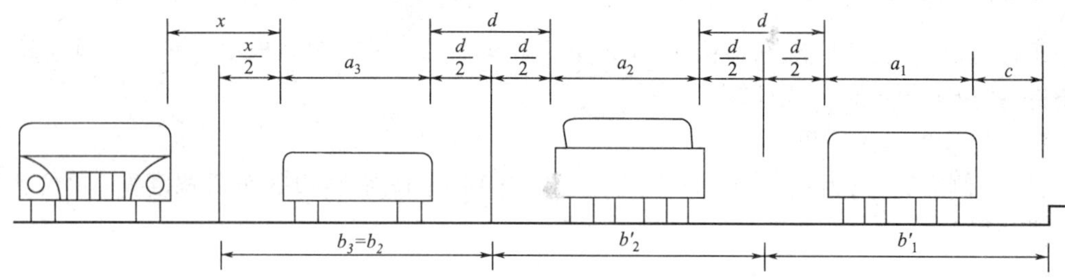

图 1-3-16　同向的中间车道

计算公式中的车道宽度，凡不带符号（′），该车道的一侧为同向车道，另一侧为反向车道；凡带符号（′）的，该车道的两侧均为同向车道，或是一侧为同向车道，另一侧为缘石。

在机动车与非机动车并行的路面上，安全距离的确定与非机动车道上行驶的主要车型有关。自行车摆动幅度大，与汽车车身间需要较大的安全距离。三轮车行驶较稳定，与汽车车身间的安全距离较小。根据北京市观测和调查资料，自行车与汽车并行的横向距离大部分为 1.3～1.5m（最少为 1m），三轮车与汽车并行时横向距离大部分为 1m。据此，建议以汽车车身右侧 1m 作为机动车与非机动车分道线的位置。

当道路上载货汽车、公共汽车或无轨电车占优势时，一条车道的宽度大致如下：供沿边停靠车辆的车道宽度 2.50～3.00m；按城市交通管理规则规定的限制车速行驶时为 3.50m；行驶拖挂汽车，铰接公共交通车辆或快速列车时为 3.75m。

按以上公式计算不同位置的车道宽度值见表 1-3-9。

不同位置车道宽度的计算　　表 1-3-9

车道宽度计算公式		道路设计车速（km/h）					
		20	30	40	50	60	80
$c = 0.4 + 0.02v'_0{}^{\frac{3}{4}}$		0.59	0.66	0.72	0.78	0.83	0.94
$d = 0.7 + 0.02v'_0{}^{\frac{3}{4}}$		0.89	0.96	1.02	1.08	1.13	1.23
$x = 0.7 + 0.02(v'_{01} + v'_{02})^{\frac{3}{4}}$		1.02	1.14	1.24	1.34	1.43	1.61
普通汽车	$b_1 = \frac{x}{2} + a + c$	3.60	3.73	3.84	3.95	4.05	4.25
	$b'_1 = \frac{d}{2} + a + c$	3.54	3.64	3.73	3.82	3.90	4.06
	$b_2 = \frac{x}{2} + a + \frac{d}{2}$	3.31	3.31	3.48	3.56	3.63	3.78
	$b'_2 = \frac{d}{2} + a + \frac{d}{2}$	3.39	3.46	3.52	3.58	3.63	3.73

续上表

车道宽度计算公式		道路设计车速(km/h)					
		20	30	40	50	60	80
小汽车	$b_2=\frac{x}{2}+a+\frac{d}{2}$	2.76	2.85	2.93	3.01	3.08	3.22
	$b'_2=\frac{d}{2}+a+\frac{d}{2}$	2.69	2.76	2.82	2.88	2.93	3.03

注:普通汽车 $a=2.5$m,小汽车 $a=1.8$m。

从以上的计算结果可以看出:车速越高,所需的车道宽度越大;反之,则越小。我国的城市干道平均最大车速一般为30~40km/h。所需车道宽度为3.31~3.84m。考虑到城市道路的行车道一般较宽,车速和车型也大小不一,必要时车道之间还可以相互调剂使用,故平均一条车道采用3.5m即可,这应是必不可少的车道宽度数值。如车速 $v'>40$km/h,车道宽度宜采用3.75m为好。车道的宽度达不到要求,必然影响行车速度,车速的降低则意味着通行能力的减少。从保证通行能力的角度考虑,必要的车道宽度为3.50m。因此,达不到3.5m宽度的车道,其通行能力按表1-3-8中的数值进行折减。此外,车道宽度太窄,也会对行车舒适以及事故发生率等方面带来不良影响。由此,除非在用地受到严格控制的市区,以及在交通量不大,并受到限制的住宅区,一般不应降低车道宽度。

4. 机动车车行道宽度的确定

供机动车(不包括非机动车)行驶的全部车道的宽度,称为机动车车行道宽度。理论上机动车道的宽度等于所需要的车道数乘以一条车道所需宽度。

所需要的车道数(单位为条),用设计交通量除以一条车道的可能通行能力而求得,即

$$\text{所需要的车道数(双向)}=\frac{\text{单向设计小时交通量}}{\text{一条车道的可能通行能力}}\times 2 \tag{1-3-29}$$

如车道数的计算值不是整数,应采用略大于计算结果的整数值,必要时可调整原定的交通组织方案。

当交通组织方案为各类机动车混合行驶时,机动车车行道的宽度可用下式计算:

$$\text{机动车车行道宽度}=\frac{\text{单向设计小时交通量}}{\text{一条车道的可能通行能力}}\times 2\times\text{一条车道宽度} \tag{1-3-30}$$

若交通组织方案是各类型机动车分流行驶时,则

$$\text{机动车车行道宽度}=\sum\left(\frac{\text{某种类型车辆的单向设计小时交通量}}{\text{该种车辆一条车道的可能通行能力}}\times 2\times\text{一条车道宽度}\right) \tag{1-3-31}$$

必须指出,设计机动车车行道的宽度,不能单纯依靠上述公式的计算结果来定,因为它只是考虑了设计小时交通量的交通需要,并没有反映出不同道路等级、道路红线宽度、交通组织、横断面布置形式等的要求,所以,还必须根据具体情况全面考虑以上各种因素,做出不同设计方案,进行比较后择优取用。上述的公式计算,只能作为估算或核对时参考。

机动车车行道宽度的设计,可按下述步骤进行:

1)初定车道数

根据单向的高峰小时交通量除以一条车道的可能通行能力,然后再乘以2,先初步求出所需的双向车道数。

2)设计交通组织方案

根据该道路的交通资料(交通量、交通密度、车速、车辆类型、车辆组成、交通方向均匀性、公共交通路线等),行车的实际需要和道路性质等因素,拟订出几种交通组织方案,在设计方案中要全面考虑行车的各种不同需要和可能。例如,可否沿街停放车辆,公交车辆如何停靠,组织单向交通还是双向行驶,不同性质的车辆是分道行驶还是混合行驶,各条车道之间是否可能相互调剂使用,如何组织渠化交通,道路交通量的饱和度(高峰小时交通量占车行道可能通行能力的百分数)如何,有多少车辆间隙数可提供快车超车和行人过街等。分析上述交通因素是否会影响道路的通行能力,根据行车的实际需要,是否要增设车道数等,都要在交通组织设计中加以全面考虑确定。

3)做横断面布置比较方案

按照拟订的交通组织方案,并考虑现状路宽和可能拓宽的路幅以及近、远期的结合,进行横断面的排列组合布置,从不同的布置比较方案中,选择其中最合理的交通组织和横断面布置方案,初步确定机动车道宽度。

4)验算总的可能通行能力

检查它是否与高峰小时交通量和实际行车的要求相适应,否则,应重新考虑车道数的增减或交通组织方案的调整,直至两者相适应为止。

5)确定各条车道宽度

计算机动车车行道所需宽度。各条车道的宽度应根据交通组织设计和各条车道的功能,以及行驶在该车道上的主要车辆和速度来定,并检查其他车辆通行的可能性。对于不同功能的车道,所需宽度不完全相同。设计时可以考虑车道之间相互调剂使用、酌情搭配,合理确定车行道总的宽度。

根据我国中、小城市的主干道红线宽度,其机动车车道数、车道宽度、车行道的布置形式,建议采用表1-3-10的标准。

中、小城市主干道宽度建议值　　表1-3-10

城市人口(万人)	主干道红线宽度(m)	机动车道数(条)	一条车道宽度(m)	车行道布置形式
20~50	30~40	4	3.50	三块板或一块板
10~20	20~30	2~3	3.00~3.50	一块板

人口超过50万的大城市和特大城市的主干道宽度,可根据实际需要来确定。一般采用4或6条机动车道,每条车道宽度为3.50~3.75m。对于高速干道,车道宽度宜宽些,建议每条宽度采用4.0m。

个别情况下,机动车道宽度的确定,并不基于技术经济的理由,有的则要首先考虑政治、国防或其他特殊的要求。例如,首都北京红线宽度120m的东西长安大街,机动车道宽度达36m,则是从体现首都宏伟面貌和游行集会的需要出发而制定的。

四、机动车道设计中应注意的问题

(1)双向车道数不宜超过4~6条。由多车道对通行能力的影响可以看出,当设计的车道数越多,则靠路边的车道其折减系数越小。因此,设计过多的车道对于增加道路通行能力的作用不大，相反会造成行人过街不便、驾驶人员操作紧张，以及因超车、抢道造成交通过分集中和交通秩序混乱，给交通组织管理工作带来困难。一般在中、小城市，主干道最多以设计 4 条车道（双向，不包括非机动车道宽度在内）为宜，大城市和特大城市的主干道最多以设计 4 ~6 条机动车道（双向）为好；如仍满足不了交通量发展的要求，则应从改善道路网、调整交通集散点的布局、修建平行道路、调整交通组织、合理改善城市布局等方面解决，以疏散该道路的交通负荷。

（2）一般车行道两个方向的车道数相等，车道的总数多是偶数，根据实际情况，有时也可采用奇数车道，如，在某些双向不均匀系数较大的道路上，可利用交通管理措施，把其中一条车道的行车方向，随时间不同而转为相反方向，也就是有一条车道供两个方向使用，只是在使用时间上加以限制；在交通量不大、各类机动车混合行驶的道路上，可采用三车道，把其中的一条车道供超车用。

（3）同一路线各路段在城市中所处的位置不同，各个路段的交通量、交通状态和道路沿线条件也不一致，机动车道宽度可根据各条车道的不同功能和交通组织来确定，不一定强求一致。但在同一条路线上，特别是在直线段上，变化过多或过于突然，对于行车是不利的。

（4）根据各城市道路建设经验，双车道宽度一般取 7.5 ~8.0m；三车道 10.0 ~11.0m；四车道 13.0 ~15.0m；六车道 19.0 ~22.0m。

第三节　非机动车道设计

专供自行车、平板车、三轮车和畜力车行驶的车道称为非机动车道。目前，在我国的城市道路上，有很多非机动车行驶，其中以自行车的交通量最为突出，多数中小城市道路的自行车数量仍在继续增长，因此，对非机动车道的设计，应给予足够的重视。在具备条件的城市，宜考虑规划设计专用的非机动车道系统；交通组织和横断面布置应尽可能和机动车分流行驶；中小城市非机动车道宽度的设计，要适当留有余地。值得注意的是，近年来，随着公共交通的发展及私家车保有量的增加，一些大城市非机动车交通量有逐渐减少的趋势，而且，自行车交通相对于公共交通而言，对道路的利用率很低，某些大城市，已经采取相应的交通管理措施或将部分自行车道改建为机动车道以限制自行车交通的发展。在进行非机动车设计时，要对非机动车交通未来的发展趋势，给予充分的重视，坚持近期建设与远期规划相结合的原则。

非机动车道的设计原理与上述的机动车道设计原理基本相同。

一、非机动车道的通行能力

在非机动车道上行驶的车辆，绝大多数是自行车，因此，非机动车道的通行能力应以自行车为主要车辆进行验算。

1. 自行车的理论通行能力

1）按汽车行驶原理计算自行车通行能力

根据交通流理论，一条自行车道的理论最大通行能力 $N_{自}$（单位为辆/h），可按“车头间距”的理论来进行计算（如图 1-3-17），即

$$N_{自} = \frac{1000v'_0}{L} \qquad (1\text{-}3\text{-}32)$$

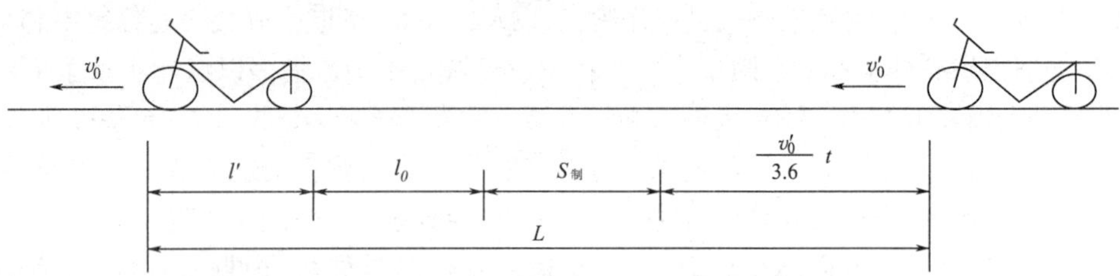

图 1-3-17　自行车通行能力计算图式

式中：v'_0——自行车车速，km/h；

L——最小的纵向安全车头间距，m。

$$L=\frac{v'_0}{3.6}t+\frac{v'_0}{254(\varphi \pm i)}+l_0+l' \tag{1-3-33}$$

令

$$\beta=\frac{1}{254(\varphi \pm i)}$$

则，一条自行车道的理论最大通行能力 $N_{自}$（单位为辆/h）为：

$$N_{自}=\frac{1000v'_0}{L}=\frac{1000v'_0}{\frac{v'_0}{3.6}t+\beta v'^2_0+l_0+l'} \tag{1-3-34}$$

式中：v'_0——自行车车速，km/h，据观测，v'_0 值大多在 10～20km/h 之间；

t——骑车人反应时间，s，据观测 $t=0.5\sim1.0$s，计算时可取平均值 0.7s；

β——制动系数，$\beta=\frac{1}{254(\varphi \pm i)}$；

φ——轮胎与路面间的纵向摩擦系数，参考本章第二节表 1-3-3 取 $\varphi=0.5$；

i——道路纵坡，%，一般城市道路的纵坡均很小，它对计算的结果影响并不大，可忽略不计，可取 $i=0\%$；

l_0——安全距离，m，一般在 0～1m 之间；

l'——自行车的车身长度，m，$l'=1.90$m。

按以上公式和参数计算一条自行车道的最大理论通行能力见表 1-3-11。

一条自行车道的最大理论通行能力 $N_{自}$ 的计算值　　表 1-3-11

自行车车速 v'_0（km/h）	$\frac{v'_0}{3.6}$（m）	$\beta=\frac{1}{254(\varphi \pm i)}$（s²/m）	$\beta v'^2_0$（m）	$L=\frac{v'_0}{3.6}t+\frac{v'^2_0}{254(\varphi \pm i)}+l_0+l'$（m）			$N_{自}=\frac{1000v'_0}{L}$（辆/h）			备　注
				$l_0=0$	$l_0=0.5$	$l_0=1$	$l_0=0$	$l_0=0.5$	$l_0=1$	
5	0.97	0.0079	0.20	3.07	3.57	4.07	1629	1400	1229	$t=0.7$s $\varphi=0.5$ $i=0\%$ $l'=1.90$m
10	1.94	0.0079	0.79	4.63	5.13	5.63	2160	1949	1776	
15	2.91	0.0079	1.78	6.59	7.09	7.59	2276	2116	1979	
20	3.88	0.0079	3.16	8.94	9.44	9.94	2237	2119	2012	
25	4.85	0.0079	4.93	11.7	12.2	12.7	2140	2052	1972	
30	5.82	0.0079	7.11	14.8	15.3	15.8	2023	1957	1895	

2）按车头时距原理计算自行车道的通行能力

按此原理，只要测得正常条件下连续行驶的自行车流中前后两车的最小车头时距间隔值，即可用下式计算其通行能力 $N_{自}$（辆/h）：

$$N_{自} = \frac{3600}{t_i} \tag{1-3-35}$$

式中：t_i——匀速连续行驶车流中两自行车的纵向安全车头时距，s。

据观测，不同车速的情况下，其平均值 $t_i = 2.0\text{s}$ 左右，故得：

$$N_{自} = \frac{3600}{t_i} = \frac{3600}{2} = 1800（辆/h）$$

上述的通行能力计算值，都是理论计算最大值。在实际行车时，并不是独立的纵向车列，而是在一定宽度的路面上若干排自行车自由地行驶，而且车辆行驶状态的影响因素较复杂，例如，快车超慢车、其他非机动车混合行驶、公共交通车辆进出停靠站、信号灯的管制等，他们对通行能力的影响目前还难于用折减系数和简易的公式加以概括计算，所以一条车道究竟能有多大的可能通行能力，还应根据各地的具体交通情况进行观测确定。

2. 路段的设计通行能力

据观测，自行车实际的行驶状态可归纳为以下几点：

①高峰时间集中。如北京市车辆密度最大的持续时间仅 15～30min。

②由于交叉口有信号灯管制，在高峰时间内自行车的行驶状态形成一簇簇的车流。

③在市区的边缘部分，自行车车流具有较强的单向行驶性。

④在高峰时间内自行车车流的纵、横向的分布不均，各车道从路中心到边缘数量依次减少，速度也相应降低，平均车速 $v'_0 = 17\text{km/h}$。根据自行车的行驶状态，计算车道通行能力时，须以单车安全行驶所需的宽度划分车道线，以高峰时间各车道平均的通行量作为每一条自行车道的设计通行能力。

《城市道路设计规范》（CJJ 37—1990）给出了一条自行车车道宽度为 1m 时，路段通行能力的推荐值。

（1）不受平面交叉口影响时，一条自行车车道的路段可能通行能力的推荐值：有分隔带时为 2100 人/（h·m）；无分隔设施时为 1800 人/（h·m）。

其路段设计通行能力按下式计算：

$$N_b = a_b \cdot N_{pb} \tag{1-3-36}$$

式中：N_b——一条 1m 自行车车道的路段设计通行能力，人/（h·m）；

a_b——自行车道的道路分类系数，快速路、主干路取 0.80，次干路、支路取 0.90。

（2）受平面交叉口影响时，一条自行车车道的路段设计通行能力的推荐值：有分隔带时，推荐值为 1000～1200 人/（h·m）；以路面标线划分机动车道和非机动车道时，推荐值为 800～1000 人/（h·m）。自行车交通量大的城市采用大值，小的采用小值。

对于各类非机动车混合行驶的车道，根据武汉等城市的实际观测资料，在干道的交叉口间距为 300～500m 的情况下，一条混合车道的平均实际通行能力为 400～600veh/h，自行车比例较大时（自行车占 60% 以上，板车占 15% 以下），采用高限数值；板车比例较大时（板车占 15% 以上），采用低限数值，不计兽力车。

二、非机动车的单一车道宽度和车行道宽度

1. 非机动车的单一车道宽度

根据车身宽度和车辆两侧与其他非机动车之间的横向安全距离而定。城市道路各种非机动车占用宽度可以自行车、平板三轮车为代表，由观测资料可得到下面的数据：

(1)自行车的车把宽度0.5~0.6m，计算采用宽度0.5m。每辆平板三轮车的车身宽度为0.92m。

(2)各类非机动车之间在行驶中所必需的横向安全距离，根据观测资料，当车辆在超车或并行时，速度较快的自行车与三轮车之间的净空为0.80~1.00m；两三轮车间及板车间净空均为1.00m，车身边缘离侧石边缘的安全距离约为0.75m。由以上数据和车身宽度，可确定各类非机动车的单一车道宽度，见表1-3-12。

各类非机动车道单一车道的宽度和实际通行能力 表1-3-12

车辆名称	三轮车	大板车	小板车	兽力车
车身宽度(m)	1.1	2.0	0.9	1.6
单一车道宽度(m)	2.0	2.8	1.7	2.5
实际通行能力(交叉口)(veh/h)	300	200	380	150

2. 车行道宽度的确定

非机动车道路面宽度包括各个单一车道宽度之和及道路两侧各25cm路缘带宽度。

1)自行车的车行道宽度

人骑在自行车上的通行净空如图1-3-18。

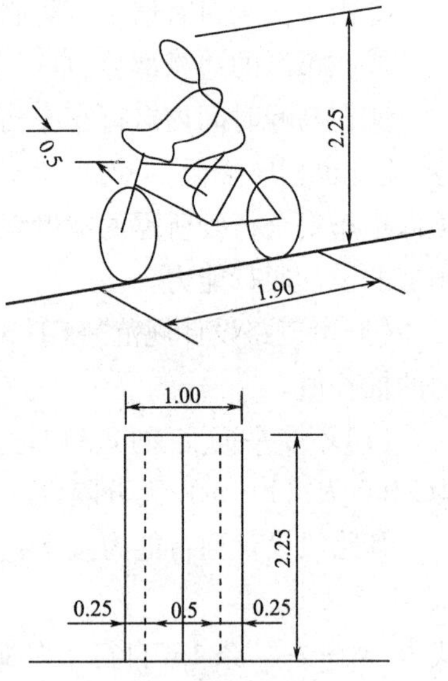

图1-3-18 自行车通行净空

高为2.25m，外加0.25m的安全净距，在整个宽度上要求的净空高度为2.50m，车把宽度为0.50m，加上两侧各0.25m的横向摆动安全净空，故一条自行车道宽度为1.0m。自行车车道两侧还应留有各0.25m的安全距离，加上每条自行车道的宽度1.0m，这样，单一车道宽度为1.5m，如设计两条自行车道的宽度为2.5m，三条车道为3.5m，以此类推，自行车道的标准宽度如图1-3-19所示。

2)各类非机动车道混合行驶的车行道宽度

各类非机动车混合行驶的车行道宽度，是根据车辆横向布置的不同排列组合要求来确定的，其宽度必须保证最宽车辆有超车或并行的能力。

有各类车辆混合行驶的车行道，一般还是以自行车交通量为主，其宽度应根据自行车设计交通量与每条车道的设计通行能力确定。三幅路或四幅路的非机动车车行道上如有三轮车、板车行驶时，两侧非机动车车行道宽度除按设计通行能力设计确定外，还应适当加宽；为减少分隔带断口，保证机动车交通顺畅，允许少量机动车在非机动车车道上顺向行驶一段距离时，应适当加宽非机动车车行道宽度；当机动车道与非机动车道之间有可能互相调剂使用时，其宽度可适当搭配酌减。

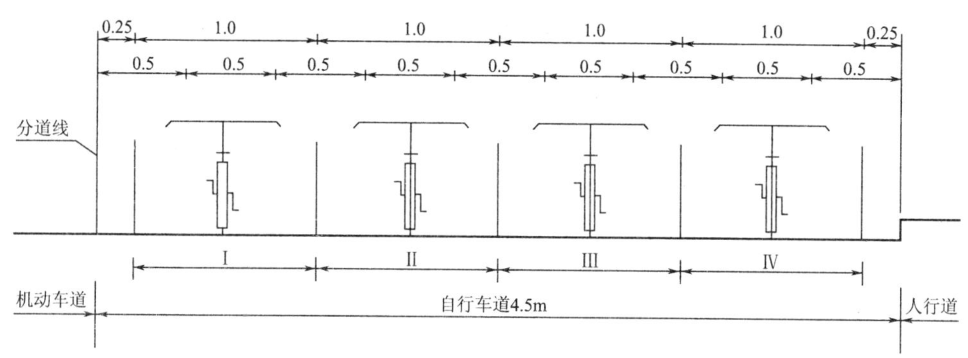

图 1-3-19 自行车车行道标准宽度计算图式

根据各城市对非机动车车行道宽度的设计和使用经验，其基本宽度推荐采用 5.0m（或 4.5m）；6.5m（或 6.0m）；8.0m（或 7.5m）。根据非机动车交通仍有继续增长的发展趋势，在规划、设计非机动车车行道宽度时，宜适当留有余地，一般不宜小于以上推荐的最小值。

机动车和非机动车混合行驶时所需的车行道宽度，是根据交通车辆组成、高峰小时交通量和道路的可能通行能力，先初步确定机动车和非机动车交通各自所需要的车道数和宽度，然后结合设计道路红线宽度、道路沿线构造物和房屋拆迁的可能性、可能拓宽的路幅宽度、机动车道和非机动车道相互调剂使用的可能性等因素，按照合理的交通组织设计方案先把各类车辆在横断面上进行不同排列组合布置，通过方案比较，从中择优选用，最后定出机动车和非机动车混合行驶所需要的车行道宽度。能适应不同车辆的排列组合和通行能力的混合行驶车行道宽度，可参阅表 1-3-13 和表 1-3-14。

按车辆横向排列组合而确定的车行道宽度 表 1-3-13

车行道宽度（m）	10.0	12.0	14.0	18.0	使用情况
横向组合 1	自、机、机、自	三、机、机、三	三、自、机、机、三	自、机、机、自、机（停站）或自、机、机（超车）、机、自	适合
横向组合 2	三、机、机、三	三、自、机、机、三	自、机、机、自、机（停站）		不适合

机动车与非机动车混合行驶时的通行能力 表 1-3-14

车行道宽度（m）	机动车高峰小时交通量	非机动车高峰小时交通量
9	机动车≤500 辆 同时非机动车≤600 辆	非机动车≤1000 辆 同时机动车≤100 辆
12	机动车≤600 辆 同时非机动车≤600 辆	非机动车≤2000 辆 同时机动车≤200 辆

三、非机动车道在横断面上的布置

非机动车道一般都是沿街道两侧对称地布置在机动车道和人行道之间，为了保证非机动车交通的安全及提高机动车车速，与机动车间以划线标志或分隔带分隔开。一块板、两块板的横断面形式就在车行道的两边用分道线划出一定的宽度作为非机动车道，并兼作公共汽车停靠站。三块板、四块板的横断面形式是在道路的两侧设置专用的非机动车道，并用分隔带与机动车道分隔开。

在住宅区或其他交通量很小的支路上，非机动车一般与机动车混合行驶，但靠路边通行。

有条件的地区也可设专门的非机动车道系统，此时，可把非机动车车行道布置在道路的一侧，用分隔带使它与机动车车行道分隔行驶。

●第四节　车行道路拱和横坡度●

一、车行道路拱的基本形式

车行道路拱的形状，一般采用双向坡面，由路中央向两边倾斜，形成路拱。拱顶到街沟底(侧平石)的高差，称为路拱度。路拱的基本形式有抛物线形、屋顶线形和折线形三种。现分别介绍如下：

1. 抛物线形路拱

路拱形式比较圆顺，没有路中尖峰，车行道中间部分坡度较小，越到路的两旁坡度越大，排除雨水十分有利；从形式看，也较美观。所以，在一般城市道路和公路上经常采用。其缺点是：车行道中间部分坡度过于平缓，使行车易于集中中央，这样使中央部分的路面损坏也较快，车行道横断面上各部分的横坡度不同，增加施工难度。为改进这些缺点，使用其他形式的抛物线形。

1)二次抛物线形路拱(图1-3-20)

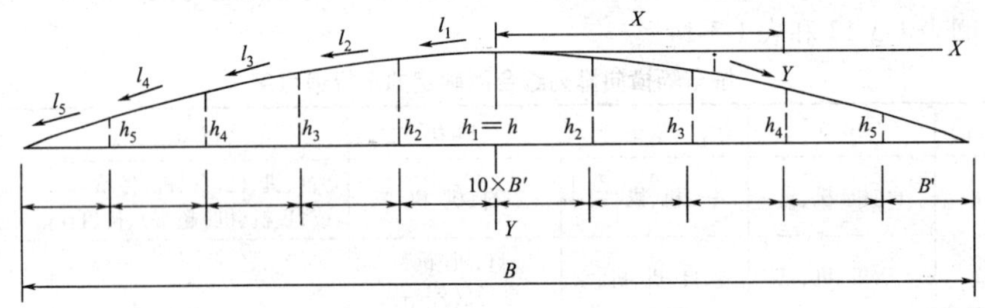

图1-3-20　抛物线形路拱的计算图式

计算公式如下：

$$y=\frac{4h}{B^2}x^2 \tag{1-3-37}$$

式中：x——离车行道中心线的横向距离，m；

y——相应于 x 各点的竖向距离，m；

B——车行道总宽度，m；

h——车行道路拱高度，m；

i——车行道的平均横坡度。

图1-3-20中，$B'=\frac{B}{10}$；$h_1=h=\frac{B}{2}i$；，$h_2=0.96h_1$；$h_3=0.84h_1$；$h_4=0.64h_1$；$h_5=0.36h_1$。

这种形式的路拱，适用于路面宽度小于12m，而横坡度又较大的中级和低级路面。

采用这种抛物线形路拱的缺点是:在车行道中心线附近的横坡度 i_1 过于平缓,在路旁的横坡度 i_5 又较大(表1-3-15),如平均横坡度采用3.5%以上,对行车就显得很不利。例如,车行道路面宽度为7.0m,路拱平均坡度 i 采用3.5%,则由计算知 i_5 已达到6.3%,由此可知,采用此种形式就显得不太合适。

抛物线形路拱各点高度和各点间的横坡度(计算图式见图1-3-20)　　表1-3-15

抛物线路拱类型	计算公式	各点高度(m)					各点间坡度(%)					备注
		h_1	h_2	h_3	h_4	h_5	i_1	i_2	i_3	i_4	i_5	
二次抛物线	$y=\frac{4h}{B^2}x^2$	h	$0.96h_1$	$0.84h_1$	$0.64h_1$	$0.63h_1$	0.4	1.2	2.0	2.8	3.6	平均 $i=2\%$ $B=7$m 或14m $h=\frac{B}{2}i$
改进的二次抛物线	$y=\frac{2h}{B^2}x^2+\frac{h}{B}$	h	$0.88h_1$	$0.72h_1$	$0.52h_1$	$0.28h_1$	1.2	1.6	2.0	2.4	2.8	
半立方次抛物线	$y=h(\frac{2x}{B})^{3/2}$	h	$0.91h_1$	$0.75h_1$	$0.54h_1$	$0.29h_1$	0.9	1.6	2.1	2.5	2.9	
改进的三次抛物线	$y=\frac{4h}{B^3}x^3+\frac{h}{B}$	h	$0.90h_1$	$0.77h_1$	$0.59h_1$	$0.34h_1$	1.0	1.3	1.8	2.5	3.4	

2)改进的二次抛物线形路拱(图1-3-20)

计算公式如下:

$$y=\frac{2h}{B^2}x^2+\frac{h}{B}x \tag{1-3-38}$$

上式中符号意义同前。

图1-3-20中,$B'=\frac{B}{10}$;$h_1=h=\frac{B}{2}i$;$h_2=0.88h_1$;$h_3=0.72h_1$;$h_4=0.52h_1$;$h_5=0.28h_1$。

此种形式路拱,其横坡度变化较均匀,路中与路边的横坡也较适中(表1-3-15),有利于排水和行车。多用于城市道路机动车和非机动车混合行驶的“单幅路”横断面形式。

3)半立方次(一次半)抛物线形路拱(图1-3-20)

计算公式如下:

$$y=px^{3/2}=h\left(\frac{2x}{B}\right)^{3/2} \tag{1-3-39}$$

式中:$p=\frac{h}{\left(\frac{B}{2}\right)^{3/2}}$

其余符号意义同前。

图1-3-20中,$B'=\frac{B}{10}$;$h_1=h=\frac{B}{2}i$;$h_2=0.91h_1$;$h_3=0.75h_1$;$h_4=0.54h_1$;$h_5=0.29h_1$。

这种路拱的图形与改进的二次抛物线形路拱相似,只是在路中和横坡稍缓些(表1-3-15)。适用于路面宽度在20m以下的沥青混凝土或沥青碎石路面。

4)改进的三次抛物线形路拱(图1-3-20)

计算公式如下:

$$y=\frac{4h}{B^3}x^3+\frac{h}{B}x \tag{1-3-40}$$

式中符号意义同前。

图 1-3-20 中，$B'=\frac{B}{10}$；$h_1=h=\frac{B}{2}i$；$h_2=0.90h_1$；$h_3=0.77h_1$；$h_4=0.59h_1$；$h_5=0.34h_1$。

此种形式路拱，符合排水迅速的要求，也可改善中心部分横坡度过于平缓的缺点（表 1-3-15）。在车行道横坡度小于 3% 的条件下，能够保证行车的安全，在较多的路上可以考虑应用。

2. 屋顶线形路拱

这种形式的路拱两旁是倾斜直线，在车行道中心线附近加设竖曲线或缓和曲线。通常用在高级路面宽度超过 20m 的城市道路上。它的优点是汽车轮胎和路面接触较为平均，路面磨耗也较小；缺点是排水效果不及抛物线流畅。它的主要形式有以下两种：

1）倾斜直线形路拱

当车行道横坡度采用 1.5%，在路拱中心插入一对横坡度为 0.8% ~1.0% 的对称连接线［图 1-3-21a）］；当车行道横坡度采用 2% 时，在路拱中心插入两对称的连接线，其横坡分别为 1.5% 和 0.8% ~1.0%［图 1-3-21b）］。在距缘石线 1m 的距离内，横坡度分别增加到 3% ~4%。

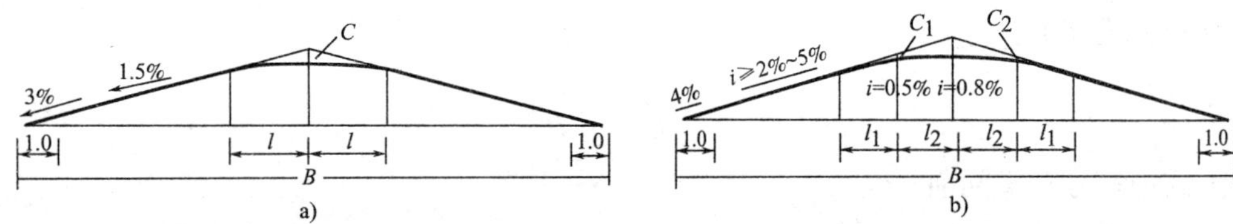

图 1-3-21　屋顶线形路拱（尺寸单位：m）

2）圆顶直线形路拱（图 1-3-22）

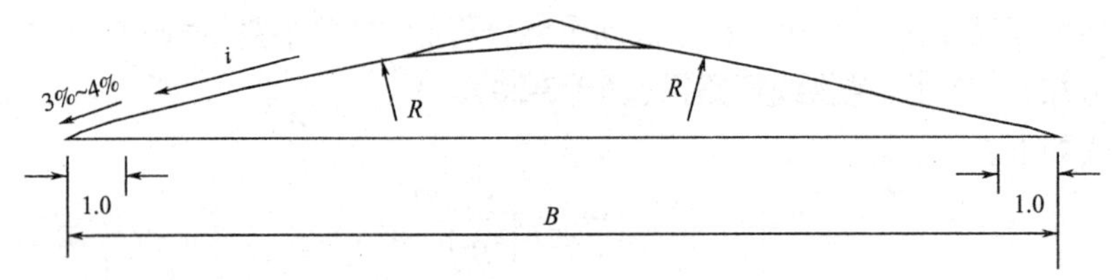

图 1-3-22　圆顶直线形路拱（尺寸单位：m）

中间的圆顶部分用圆曲线或抛物线连接，所用圆曲线长度一般不小于车行道总宽度的十分之一，半径不小于 50m。为使排水通畅起见，在靠两旁缘石的横坡度可增加到 3% ~4%。对于中间插入抛物线的路拱，可用在路面宽度 $B=20\sim50$m 的城市道路上，其横坡度可用 1.0% ~1.5%。

3. 折线形路拱（图 1-3-23）

适用于多车道的城市道路。它的优点是用折线形的直线段比用屋顶式的直线段短，施工时容易摊压得平顺，也可在行车最多的着力处选择为转折点，如行车后路面稍有沉陷，雨水亦可排除，比较符合设计、施工和养护的要求。缺点是在转折处有尖峰凸出，但可在施工时间用压路机碾压平顺。一般适用于道路较宽的黑色路面上。

路拱的形式很多，各有特点。在设计城市道路横断面时，应根据车行道宽度、横坡度、路面

结构类型、排水和交通等要求来具体选择。

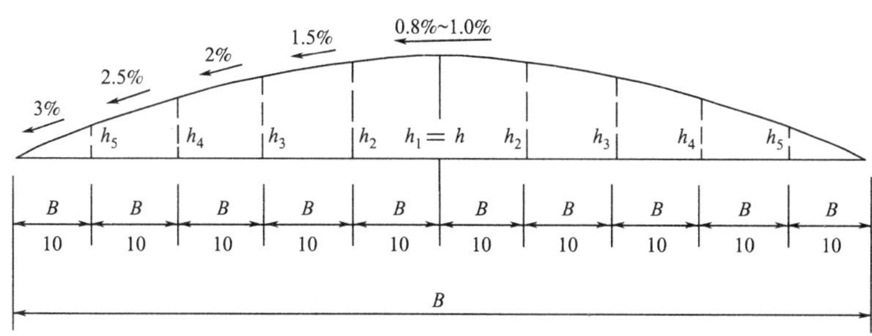

图 1-3-23　折线形路拱(尺寸单位:m)

二、车行道路拱的横坡度

为了排水的需要,车行道应做成具有一定横坡度的路拱,称为路拱横坡度,或简称为横坡(度)。路拱横坡度的确定,应以有利于路面排水顺畅和保证行车安全、平稳为原则。在整个行车道宽度上,路拱各点间的坡度是不一样的,它和所选用的路拱形式有关。路拱各点间坡度的平均值,称为路拱平均横坡(度),通常所说的横坡,即是指平均横坡而言。

在确定路拱的平均坡度时,应考虑以下因素:

(1)横向排水。它与路面结构类型和气候条件有关。车行道面层越粗糙,雨(雪)水在路面上流动就越迟缓,路拱度就要做得大一些;反之,路拱坡度应做得小一些。路拱坡度可根据路面种类和当地自然条件而定,按表 1-3-16 规定的数值采用。表内所规定的路拱坡度范围,可根据当地气候条件选用,在一般情况下,干旱地区可取低值,多雨地区宜取高值。南方城市的车行道路拱横坡一般取 $i=2\%$。

不同路面的路拱横坡度　　表 1-3-16

路面结构类型	路拱坡度(%)	路面结构类型	路拱坡度(%)
水泥混凝土路面	1.0~2.0	半整齐和不整齐石块路面	2.0~3.0
沥青混凝土路面	1.0~2.0	碎、砾石等粒料路面	2.5~3.5
其他黑色路面	1.5~2.5	加固土路面	2.0~4.0
整齐块石路面	1.5~2.5	低级路面	3.0~4.0

(2)道路纵坡。为了避免出现过大的合成坡度,给行车安全带来不良影响,要根据道路纵坡的大小,适当选定路拱坡度,以控制合成坡度(图 1-3-24)。$i_{合成}=\sqrt{(i_{纵}^2+i_{横}^2)}$,如道路纵坡较大,则路拱横坡宜小;反之,路拱横坡宜大些。对于不同道路纵坡的路拱横坡,可参照表 1-3-17的数值采用。

不同道路纵坡的路拱横坡度(%)　　表 1-3-17

道路纵坡(%) / 路面类型	<1	1~2	2~3	3~5	>5
水泥混凝土路面	1.5	1.5	1.5	1.5	1.0

续上表

道路纵坡(%) / 路面类型	<1	1~2	2~3	3~5	>5
沥青混凝土路面	1.5	1.5	1.5	1.5	1.0
其他黑色路面	2.5	2.0	2.0	1.5	1.5
整齐块石路面	2.5	2.0	2.0	1.5	1.5
半整齐和不整齐石块路面	3.0	2.5	2.5	2.0	2.0
碎、砾石等粒料路面	4.0	3.0	2.5	2.0	1.5
加固土路面	4.0	3.5	3.0	2.5	2.0
低级路面	5.0	4.5	4.0	3.0	3.0

(3)车行道宽度。车行道宽则路拱坡度应选择得平缓一些,否则路拱各点间的高差太大,会影响行车和道路横断面的观瞻。所以,在选定路拱形式和路拱坡度后,应算出路拱各点间的高差和横坡,从中检查是否满足排水、行车和美观的要求。

(4)车速。为保证行车安全,在交通量大、车速高的道路上,路拱坡度宜小。当路拱坡度大于2%和快速行车的情况下,驾驶员操纵方向盘有感觉,紧急制动有横滑可能;车辆在双向双车道超车时,超车车辆将行驶到横坡相反的对向车道上,会出现横向倾斜度的剧变,车速越大,其影响越大。所以,在一些快速的城市干道上,其路拱坡度不宜大于2%。

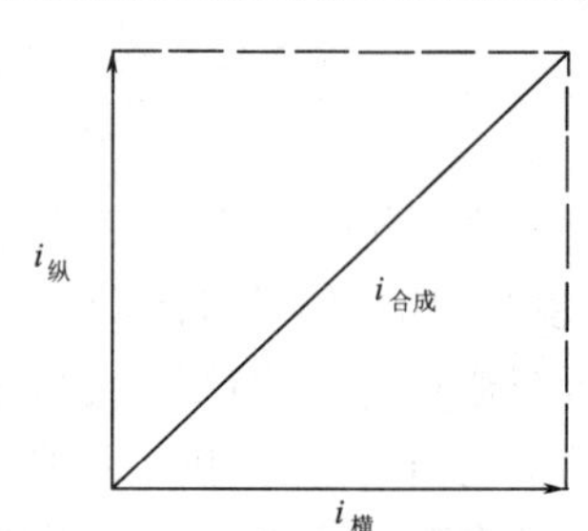

图1-3-24 合成坡度示意图

●第五节 分隔带及路侧带设计●

一、分 隔 带

分隔带是指在多幅道路上,用于分隔车辆,沿道路纵向设置的带状非行车部分,有活动式和固定式两种。

分隔带的功能主要是分隔交通,避免相互干扰,有利于安全运行。此外,也作行人过街停留避车及安设交通标志、公用设施与绿化之用。分隔带还可以在路段为设置港湾式停车站、在交叉口为增设候驶车道提供场地,同时为远期路面展宽留有余地。

分隔带通常由分隔带和两侧路缘带组成。分隔带是由路缘石砌成的带状非行车部分,通常高出路面10~20cm,在人行横道及公交车停靠站处,分隔带上面应进行铺装以方便行人或乘客候车及上、下车。路缘带设于路面与分隔带之间,起导向、连接、排水、增加侧向余宽等作用。

分隔带的宽度要与路幅及道路各组成部分的宽度比例协调。取值与道路设计车速有关,综合考虑行车分隔效果和城市用地紧张的现状,《城市道路设计规范》(CJJ 37—1990)对分隔带最小宽度作了规定,见表1-3-18。

分隔带最小宽度 表1-3-18

分隔带类别		中央分隔带			两侧带		
计算行车速度(km/h)		80	60,50	40	80	60,50	40
分隔带最小宽度(m)		2.00	1.50	1.50	1.50	1.50	1.50
路缘宽度(m)	机动车车道	0.50	0.50	0.25	0.50	0.50	0.25
	非机动车车道	—	—	—	0.25	0.25	0.25
侧向净宽(m)	机动车车道	1.00	0.75	0.50	0.75	0.75	0.50
	非机动车车道	—	—	—	0.50	0.50	0.50
安全带宽(m)	机动车车道	0.50	0.25	0.25	0.25	0.25	0.25
	非机动车车道	—	—	—	0.25	0.25	0.25
分隔带最小宽度(m)		3.00	2.50	2.00	2.25	2.25	2.00

表中分隔带最小宽度系数按设施带宽1m考虑。如实际要求的设施带大于1m,则应增加分隔带宽。

为确保安全、满足植物的种植绿化、设防眩网、便于在平面交叉口处辟加左转车道等,作为分向作用的中央分隔带其宽度应选用较大的值;当计算行车速度较低时,可不设两侧带,但应考虑安全带的宽度。从城市发展的角度来看,计算行车速度小于40km/h的主干路和次干路应设两侧带,分车道宽可采用表1-3-18中40km/h的数值。支路可不设两侧带,但应保留0.25m的侧向净宽;在我国北方一些城市,分隔带的宽度还应考虑其临时堆放积雪的需要。两侧带的宽度可按临时堆放机动车道路面宽度之半的积雪量估算;中央分隔带的宽度可按临时堆放路面全宽积雪量估算。

二、路 侧 带

路侧带是指行车道最外侧缘石至道路建筑红线间的范围,一般道路两侧各有一路侧带。路侧带的宽度应根据城市道路类别、功能、设计行人交通量、绿化、沿街建筑物及布设公共设施要求来确定,通常包括人行道、设施带和绿化带三部分。

1. 人行道、人行横道、人行天桥

人行道主要供行人通行之用,同时也是植物、立杆的场地,其地下空间还可埋设管线。人行横道和人行天桥则是专供行人通行的。

1)行人步行特性

行人在道路两侧的人行道上和人行天桥、人行地道中步行时,一般没有紧迫感,其步行速度和步行密度都会比过街人行横道低。另外,人行道所处地点不同,其步行速度和步行密度也不完全一样,如一般街道和车站、码头处的街道就有明显区别。

根据大量实测资料表明,一般人行道或人行天桥中行人步行平均速度为1m/s;人行横道上行人步行平均速度为1.0~1.2m/s;车站、码头人行天桥、人行通道中行人步行平均速度为0.5~0.8m/s。

行人步行密度常以行人的纵、横向间距来评定。行人步行纵、横向间距在不同条件下测得的数据相差较大，常见值为0.5～1.0m。纵向间距，国外资料多采用1.0m，《城市道路设计规范》（CJJ 37—1990）亦采用1.0m。

2）人行道基本通行能力

（1）一般人行道、人行天桥：

$$N_{bw}=\frac{3600v_p}{s_p b_p}=4800 \tag{1-3-41}$$

式中：N_{bw}——人行道基本通行能力，人/（h·m）；

v_p——步行速度，采用1.0m/s；

s_p——行人纵向间距，采用1.0m；

b_p——每个行人占用的横向宽度，采用0.75m。

（2）人行横道：

$$N_{bc}=\frac{3600v_{pc}}{s_p b_p}=4800\sim5700 \tag{1-3-42}$$

式中：N_{bc}——人行横道的基本通行能力，人/（t_{gh}·m）；

t_{gh}——绿灯时间，为放行绿灯时间累计至1h的时间；

v_{pc}——行人过街速度，采用1.0～1.2m/s。

（3）车站、码头人行天桥

$$N_{bs}=\frac{3600v_{ps}}{s_p b_t}=2000\sim3200 \tag{1-3-43}$$

式中：N_{bs}——车站、码头人行天桥、人行地道的基本通行能力，人/（h·m）；

v_{ps}——步行速度，采用0.5～0.8m/s；

b_t——每个行人占用的宽度，采用0.9m。

3）人行道的可能通行能力

考虑横向干扰，是否携带物品，老、中、青年人的体力差别，地区、季节、天气影响、环境景物、商店橱窗的吸引力等，对人行道、人行横道的基本通行能力予以折减后，即得可能通行能力。《城市道路设计规范》（CJJ 37—1990）对车站、码头人行天桥、人行地道受外界干扰影响较少的地方，规定折减系数为0.7，其他地方均为0.5。人行道、人行天桥、人行地道的可能通行能力见表1-3-19。

人行道可能通行能力　　表1-3-19

类　别	人行道[人/（h·m）]	人行横道[人/（t_{gh}·m）]	天桥、地道[人/（h·m）]	车站、码头处天桥、地道[人/（h·m）]
可能通行能力	2400	2700	2400	1850

4）人行道的设计通行能力

设计通行能力的确定引入了服务水平的概念，《城市道路设计规范》（CJJ 37—1990）按照人行道的性质、功能及对行人服务的要求，将人行道及人行横道划分为四个等级，分别确定了人行道服务交通量与可能通行能力的比值，也称服务水平系数，见表1-3-20，并以此计算了人行道、人行横道、人行天桥、人行地道的设计通行能力，从而为人行道宽度设计提供依据，参见表1-3-21。

人行道服务水平系数表 表1-3-20

人行道、人行横道、人行天桥、人行地道所在位置	服务水平系数
全市性车站、码头、商场、剧院、影院、体育馆(场)、公园、展览馆及市中心区行人集中的地方	0.75
大商场、商店、公共文化中心、区 等行人较多的地方	0.80
区域性文化商业中心带行人多的地方	0.85
支路、住宅区周围的道路	0.90

人行道设计通行能力 表1-3-21

服务水平系数	0.75	0.80	0.85	0.90
人行道[人/(h·m)]	1800	1900	2000	2100
人行横道[人/(t_{gh}·m)]	2000	2100	2300	2400
人行天桥、地道[人/(h·m)]	1800	1900	2000	—
车站、码头处天桥、地道[人/(h·m)]	1400	—	—	—

5)人行道宽度

人行道宽度应满足行人通行的安全和畅通。如果人行道宽度不足,势必导致行人侵占车行道而影响汽车的行车安全和顺畅。人行道宽度可按下式计算:

$$W_p = N_w / N_{w1} \tag{1-3-44}$$

式中:W_p——人行道宽度,m;

N_w——人行道设计小时人流量,人/h;

N_{w1}——1m 宽人行道的设计行人通行能力,人/(h·m)。

关于人行道设计小时人流量的确定,应根据各地具体情况及远期规划资料合理地预测。

在经常积聚大量人群的路段、大型商店、影剧院、公共停靠站等处,人行道宽度应适当放宽些。

6)人行道的布置

人行道通常高出车行道8~20cm,多对称地布置在街道的两侧,但受到地形、地物的限制或其他特殊情况时,也可作不等宽或仅在一边布置。如上海的天目路南宽北窄。单边布置的人行道多见傍山、傍河以及较窄的道路上。

人行道的布置视人流密度及沿线建筑物性质布置,各平面交叉口是否设人行横道由通过的人流密度决定。在横向过街人流特别集中,而且车道上交通量较大,车速较高的路段,可考虑建设人行天桥,如火车站、学校附近。

另外,我国目前有些城市在中心商业区划出一定的范围作为禁止车辆通行的步行街,以方便购物。如北京的王府井、天津的滨江道等。

2. 设施带

路侧带的另一组成部分是设施带。所谓设施带是指路侧带中为行人护栏、照明杆柱、标志牌、信号灯等提供的安设地带。

根据我国部分城市调查资料,大多数城市仅在主要检查口处或繁华地带设置行人护栏,而且大多数护栏沿着路缘石边或距路缘石0.5m以内的地方安设,护栏多为钢管材料,如布设基座,0.25m宽就足够了。因此,《城市道路设计规范》(CJJ 37—1990)规定只设行人护栏的设施带为0.25～0.5m。护栏与路缘石的距离应满足行车侧向余宽的要求。调查资料还显示，杆柱宽度视其有无基座在0.5～1.5m之间，故《城市道路设计规范》（CJJ 37—1990）规定值为0.5～1.5m，设计时根据实际需要选用。

3. 绿化带

道路绿化带包括路侧带、分隔带、立体交叉、广场、停车场以及道路用地范围内的边角空地等处的绿化。它是城市道路的重要组成部分。

只要条件允许，路侧带都应安排一定的绿化带，供人行道两侧植树或种植灌木丛、花卉丛等，为行车及行人遮阴并提供优美的交通环境。绿化带若用作植树则最小宽度为1.5m；若用作植草皮、花丛或常青灌木丛则为0.8～1.5m。

4. 路侧带总宽度

路侧带既然包括人行道、设施带、绿化带三部分，其宽度也就是这三部分之和。但是，设施带和绿化带并不是所有的道路上一定都有的，尤其是绿化带。因此，路侧带的最小宽度应是能满足人行交通的最小宽度。《城市道路设计规范》（CJJ 37—1990）对此作了明确规定，见表1-3-22，在此基础上，在考虑设施带、绿化带实际布置情况和可能性外，加上它们的宽度即为路侧带总宽度。

人行道最小宽度 表1-3-22

项　目	人行道最小宽度（m）	
	大城市	中、小城市
各级道路	3	2
商业、文化中心、大型商店、公共文化机构集中路段	5	3
火车站、码头附近路段	5	4
长途汽车站	4	4

•第六节 道路横断面的综合布置•

城市道路具有不同功能的各组成部分，如行车道、人行道、绿化带、地上杆线与地下管线等，彼此均有一定的联系和相互影响，其位置和宽度都要在横断面上给予合理安排，并进行必要的艺术处理，这就是所谓的城市道路横断面综合布置。

一、城市道路横断面综合布置的原则

在进行城市道路横断面综合布置时，应注意以下原则：

1. 首先应保证车辆和行人的交通安全与畅通

城市道路具有许多功能，它的主要功能之一，就是要为城市交通创造良好的服务条件。在作横断面布置设计时，首先要将机动车道、非机动车道、人行道的宽度需求及未来的发展情况综合考虑，合理确定其位置。

2. 应充分发挥绿带的作用

植树造林和布置绿带最能美化城市、美化街道，同时又能起到保证卫生和交通安全的作用。在布置绿带时，它既可与分隔带结合，又可与人行道结合，也可与设施带合并；既可作不同平面上的横断面的衔接部分，又可作为横断面的备用地带。

3. 应与道路的性质和特点配合

对于不同的道路性质、各自的特点和要求是不一样的，在横断面综合布置上也应有所不同，有所体现。

4. 应与沿线自然条件相互配合、协调布置

对城市的天然水，如海、河、湖泊应充分利用，设计成风景优美的海滨或湖滨道路。沿线大型建筑物的高度与路宽应有适当的比例，使之协调美观。

5. 应有利于雨水的排除

在选定路拱形式和横坡时，应确保雨水迅速排除，同时，又要注意与街坊内部的排水取得协调。

6. 应满足地上、地下管线和人防工程的要求

道路的总宽度应满足地下管线的安排以及人防工程的安设。

7. 应考虑近远期结合

城市道路设计时，为了避免和减少道路构造物的拆迁，必须明确远期的道路红线宽度，以便很好地处理近期横断面向远期过渡的问题。

常见的横断面形式，都是对称布置的。如受到地形、河流或建筑物等限制时，也可做成不对称的。如上海市的中山东一路（外滩）就是不对称的一种。在同一道路上，一般应采用同一种断面形式。

二、城市道路横断面布置形式和选择

1. 城市道路横断面布置的四种基本形式

城市道路交通主要由行人交通和车辆交通两部分组成，在设计中必须合理解决行人与车辆、机动车和非机动车之间的交通矛盾。不同的交通组织，它的机动车道和非机动车道在横断面上布置也相应不同。

根据机动车道和非机动车道的不同布置形式，城市道路横断面的布置有以下四种形式，如图 1-3-25。

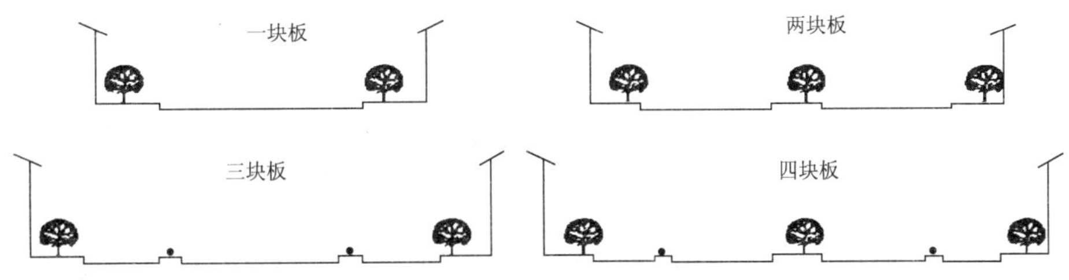

图 1-3-25 城市道路横断面基本形式

1）单幅路断面（俗称一块板）

把所有车辆都组织在同一车行道上混合行驶，车行道布置在道路中央。用车道线划分机动车道和非机动车道，在不影响交通安全的条件下，它们的车道允许相互临时调剂使用；或只允许机动车辆沿同一方向行驶；也可把一块板的车行道专供某种车辆行驶。

2）双幅路断面（俗称两块板）

利用分隔带（或分隔墩）把一块板形式的车行道一分为二，在交通组织上起分流渠化作用，上、下行车辆分向行驶。各自再根据需要决定是否划分快慢车道。

3）三幅路断面（俗称三块板）

用分隔带（或分隔墩）把车行道分隔为三块，中间的为双向行驶的机动车车道，两侧的为单向行驶(彼此方向相反)的非机动车车行道。

4)四幅路断面(俗称四块板)

在三块板横断面形式的基础上,再用中央分隔带把中间的机动车车行道分隔为二,分向行驶。

2. 四种基本道路横断面形式的使用效果及适用条件

四幅路投资高,但对目前我国的城市交通而言,是比较理想的一种横断面形式,限于红线宽度现状,各城市采用的较少。根据我国各地使用经验来看,认为三幅路和单幅路较为合适,而双幅路虽也有一定的优点,但在我国目前的城市道路中使用效果不理想。主要表现在以下几个方面:

1)在交通安全上

三块板和四块板较一块板、两块板都要安全。这是由于三块板和四块板解决了非机动车和机动车相互干扰(易产生交通事故)的主要矛盾。同时分隔带还起到了行人过街的安全岛作用。

2)在照明上

三块板比一块板容易布置,能较好地处理好绿化与照明的矛盾,照度均匀,可提高夜间行车速度,减少因照明不良引起的交通事故。

3)在绿化遮阴上

三块板上布置多排绿带,遮阴效果好,在夏季对行人和各种行驶车辆均感凉爽舒适,同时有利于黑色路面防晒、防泛油。

4)在减少噪声上

三块板的机动车道在中间,由于绿带的隔离作用,噪声对行人和沿街居民的干扰较小。

5)在造价上

一块板占地最小,投资省,故在各种等级的道路上均可采用。四块板,用地较大,有利于地下管线的分期敷设和非机动车道可采用较薄路面,但是总造价往往最高。

选择断面形式时,应考虑规划的远景断面形式、交通量组合比例、修建道路的主要目的、旧路利用等因素,并结合各断面的特点及使用性能来选择合理的断面形式。四种横断面形式的一般适用条件如下:

(1)单幅路,占地少,投资省,但各种车辆混合行驶,适用于道路红线宽度较窄(一般在40m以下),非机动车不多,机动车交通量不大,混合行驶的四条车道已能满足交通量要求。在用地困难、拆迁量较大的地段和出入口较多的繁华道路上可优先考虑。有时虽然红线宽度在40m以上,但有特殊功能要求时(如游行大道),也应采用一块板形式。

(2)双幅路,适用于郊区机动车多、非机动车较少及车速要求高的道路,两块板将对向车流分开,减少行车干扰,有利于夜间行车。另外,在线形上有可能导致车辆相撞的路段以及城市道路横向高差大或地形特殊的路段,或为了照顾现状、埋设高压线等,有时也可考虑采用。

(3)三幅路,三块板将机动车和非机动车分开,对交通安全有利;在分隔带上布置绿带,有利于夏天遮阴防晒,减少噪声和布置照明,便于分期实施,适用于道路红线宽度较宽(一般在40m以上)、非机动车多、机动车交通量大、混合行驶的四车道已不能满足交通要求、车速要求高及考虑分期修建的主要干道。

(4)四幅路,四块板不但将机动车和非机动车分开,还将对向行驶的机动车分开,对于安全和车速均较三块板有利。适用于快速路或近郊区过境道路。它的特点是机动车速较高,交通量大,能解决交通分向和分流,不但能避免机动车和非机动车之间的矛盾,并且也可以解决对向机动车行驶的矛盾。

根据我国各地的使用经验,认为三块板和一块板形式的横断面使用效果较好。三块板优点居多,在条件具备的城市道路上宜优先考虑采用。近期一块板形式的应用还很广泛,以后视需要可以过渡到三块板。而两块板形式虽然有一定的优点,但在我国目前的城市道路上表现出弊病较多,市区干道不宜采用。它一般是在交通量不很大的次要道路或郊区道路上才考虑选用。四块板形式的横断面,从组织渠化交通、保证行车安全和提高车速的角度来说,是最为理想的,但由于这种形式占地很宽,在城市道路上较难实施,故在城市里,尤其是建筑密集、道路狭窄的市区是无法实施的。

通过以上分析比较,可见四种横断面形式都各自有它的优缺点和使用条件,必须结合具体情况,做技术经济比较,因地制宜选用。

此外,一条道路宜采用相同的的横断面形式。当道路横断面形式或横断面各组成部分变化时,应设过渡段。过渡段的起止点宜选在交叉口或结构物处。

复习思考题

1. 设计小时交通量的选择有哪几种方法?各自的适用条件是什么?

2. 设计小时交通量的估算方法一般有哪些?根据我国实际情况,如何估算比较合理?

3. 影响机动车道通行能力的主要因素有哪些?根据这些因素,我们在城市道路设计中应作何考虑?

4. 城市道路横断面的路拱和横坡度应如何确定?

5. 城市道路横断面布置的四种基本形式是什么?在横断面综合设计中应如何选用?

6. 一般情况下,分隔带和路侧带各包括哪几部分?各部分的宽度如何确定?

7. 已知某中等城市三块板道路上行驶的机动车单向高峰小时交通量(远景交通量预估):中、小型公共汽车为345辆/h,4t载货汽车为160辆/h,小型载货汽车320辆/h,小汽车650辆/h。试问该道路机动车车行道宽度为多少比较合理(以小汽车为标准车换算,设计车速为50km/h,换算系数分别采用2.5、2.0、1.5、1.0)?

8. 某大城市需设计一条双向六车道的主干道,已知该路的设计车速如下:小汽车80km/h,货车40km/h,公共汽车20km/h,试根据设计车速计算各车道的宽度及车行道的总宽度。

9. 已知某市中心干道的单向高峰小时交通量为:无轨电车85辆/h,公共汽车30辆/h,中型载货汽车240辆/h,小汽车560辆/h,自行车3000辆/h,三轮车30辆/h,行人交通3500人次/h,道路规划总宽度50m,交叉口间距600m,不受交通控制的影响,设计车速50km/h,附着系数0.3,试设计该道路的横断面,并画出横断面布置图。

10. 某Ⅰ级次干道为三块板形式,干燥沥青路面,双向四车道的道路上行驶车辆主要为小汽车,设计车速为40km/h,交叉口之间的间距平均为800m,交叉口信号控制的周期为64s,红灯时间为32s,试计算该道路的路段通行能力。($i=3\%$,$k=1.3$,车道宽度$b=3.5$m,不考虑行人过街及综合因素的影响。)

11. 某三块板形式的双向两车道的道路设计车速为40km/h,交叉口之间的平均距离为500m,试计算该道路一条车道的理论通行能力和实际通行能力(制动系数$k=1.5$,交叉口汽车停车时间为16s,路面摩擦系数为0.5,路面纵坡$i=0$,车身长5m,安全距离取3m,车道宽度大于等于3.5m)。

第四章

城市道路平面线形设计

知识目标

1. 解释圆曲线最小半径、缓和曲线、超高缓和段、加宽缓和段、行车视距等概念；
2. 描述平面线形设计的基本原则；
3. 描述设置缓和曲线的原因以及确定缓和曲线最小长度的理论依据，说明缓和曲线、超高缓和段及加宽缓和段之间的区别和联系；
4. 描述不同线形组合形式及其选用原则。

能力目标

1. 能按照规范规定，进行圆曲线半径的选择；
2. 进行带缓和曲线段圆曲线要素的计算；
3. 进行超高方式的选择及超高缓和段长度的计算；
4. 进行加宽方式的选择和加宽缓和段长度的计算；
5. 进行视距的计算；
6. 进行平面图的绘制。

●第一节　概　　述●

城市道路平面设计是在城市道路系统规划的基础上进行的，根据道路系统规划确定的路线走向、路与路之间的方位关系，确定道路中心线具体位置，选定合适的平面线形及各种设施的平面布置。

平面线形设计应符合下列原则：

(1)道路平面位置应按城市总体规划道路网布设。

(2)道路平面线形应与地形、地质、水文等相结合，并符合各级道路的技术指标。

(3)道路平面设计应处理好直线与平曲线的衔接，合理地设置缓和曲线、超高、加宽等。

(4)道路平面设计应根据道路等级合理地设置交叉口、沿线建筑物出入口、停车场出入口、分隔带断口、公共交通停靠站位置等。

(5)平面线形标准需分期实施时，应满足近期使用要求，兼顾远期发展，减少废弃工程。

城市道路的平面线形一般由直线和曲线(圆曲线、缓和曲线)组成，一般在行车速度不是很高的道路上，曲线部分只由圆曲线构成，而对于车速要求较高的道路，为使车辆能从直线至圆曲线平稳过渡，需插入一段缓和曲线，此时，曲线部分即由缓和曲线和圆曲线两部分构成，此种线形对行车更为平顺有利，对于城市主干道的弯道设计，应尽可能设置缓和曲线。

城市道路中直线是比较常见的线形，直线具有距离短、易布设等特点，是城市道路常用的线形。因为两点之间，直线距离最短，一般在定线时，只要无大的地形、地物限制，设计人员都首先考虑以直线通过。直线在美学上有其自身的特点，笔直的道路给人以短捷、直达的印象。汽车在直线上行驶时受力简单，方向明确，驾驶员操作相对比较容易。从测设上看，直线只需定出两点，就可以方便地测定方向和距离。由于直线的这些优点，因此在道路平面线形中得到了广泛的应用。

道路平面线形组合是指直线和曲线的恰当组合，直线和大半径曲线或连续曲线所组成的线形，从交通、安全、舒适和美观的角度来看，是较为理想的平面线形。

由此可见，保证车辆能安全、迅速、经济、舒适行驶是城市道路平面设计的主要目标。平面设计的主要内容包括：平曲线半径的选定，曲线与直线的衔接，曲线超高和加宽的设置，行车视距计算及平面设计图的绘制（比例为1:500～1:1000）。

第二节 平面圆曲线半径、全超高、全加宽

一、圆曲线半径

1. 圆曲线的特点

各级道路无论转角大小均应设置平曲线，圆曲线是平曲线的主要组成部分之一。圆曲线的主要特点有：

（1）任意点的曲率和曲线半径为常数，故测设简单。

（2）能较好地适应地形的变化，适应范围广并且可灵活使用。

（3）大半径的长圆曲线线形美观，行车舒畅。

（4）圆曲线上的每一点的方向都在不断改变，汽车在圆曲线上行驶时受到离心力的作用。

（5）汽车在弯道上行驶时汽车的前后轮的轮迹不重合，需占较直线略宽的行车道宽度。

（6）若圆曲线半径较小，弯道内侧有障碍物时，驾驶员的视线受到阻挡，有可能产生视距不足的情况。

2. 汽车在圆曲线上行驶时的受力分析

汽车在圆曲线上行驶，行车方向不断改变，产生了向心加速度，由牛顿第二和第三运动定律知，汽车必然受到离心力的作用。离心力的大小与行驶汽车的质量以及汽车切向速度的平方成正比，而与圆曲线半径成反比。汽车在弯道上行驶时的离心力为：

$$F = \frac{mv^2}{R} = \frac{Gv^2}{gR}$$

如图1-4-1所示，离心力的作用点在汽车的重心上，方向水平且背离圆心。在这一横向力的作用下，驾驶员和乘客会感到不适，并且汽车可能产生横向滑移或倾覆。

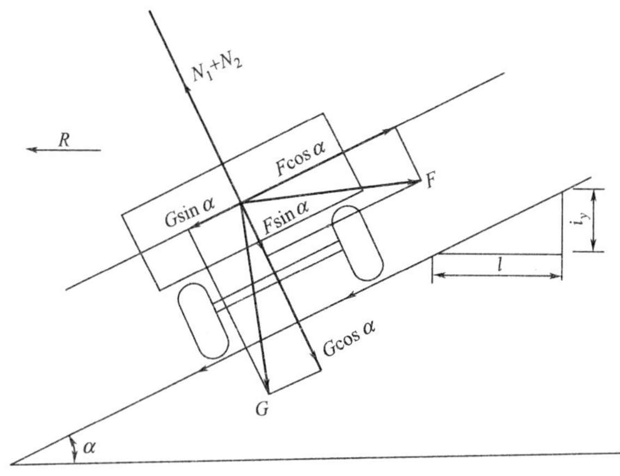

图 1-4-1 汽车在弯道上行驶时的径向受力图

为了减少离心力的作用，曲线上路面做成外侧高、内侧低呈单向横坡的形式，这就是弯道超高。汽车行驶在具有超高的弯道上，汽车的重力沿路面横坡方向的分力可以抵消一部分离心力作用，其余部分由路面和轮胎之间的摩擦阻力与之平衡。

将离心力和汽车重力分解成平行于路面的横向力 X 和垂直于路面的竖向力 Y，得

$$X = F\cos\alpha - G\sin\alpha$$

$$Y = F\sin\alpha + G\cos\alpha$$

由于路面横坡度不大，即 α 很小，可以认为

$$\sin\alpha \approx \tan\alpha \approx i_y, \cos\alpha \approx 1$$

i_y 是路面的超高横坡度，于是

$$X = F - Gi_y = \frac{Gv^2}{gR} - Gi_y = G\left(\frac{v^2}{gR} - i_y\right)$$

单就横向力值的大小无法比较不同质量的汽车其稳定性如何，于是采用单位车重的横向力，即横向力系数 $\mu = X/G$ 来描述它，则

$$\mu = \frac{v_0^2}{gR} - i_y$$

将车速 v(m/s)化为 v'_0(km/h)，重力加速度 g 以 9.81m/s^{2}代入，得

$$\mu = \frac{v'^2_0}{127R} - i_y \tag{1-4-1}$$

式中：v'_0——车辆行驶速度，km/h；

R——道路圆曲线半径，m；

i_y——弯道超高横坡度。

上式表达了横向力系数与车速、曲线半径和超高之间的关系。μ 值越大，汽车在弯道上行驶的稳定性越差，反之亦然。该关系式对于确定道路的弯道半径、超高横坡度以及评价汽车行驶在弯道上的安全性、舒适性均具有十分重要的意义。

3. 圆曲线半径的计算公式及其影响因素

由汽车行驶在圆曲线上的受力特点理论，根据汽车行驶在曲线上力的平衡式(1-4-1)可知

圆曲线半径的计算公式为：

$$R=\frac{v'^2_0}{127(\mu+i_y)} \tag{1-4-2}$$

式(1-4-2)中的各符号的意义同式(1-4-1)。

由式(1-4-2)可知，圆曲线半径越大，横向力系数越小，汽车就越稳定。所以从汽车行驶稳定性出发，圆曲线半径越大越好。但有时因受地形、地质、地物等因素的限制，圆曲线半径不可能设置得很大，往往会采用小半径的圆曲线，这时如果半径选用得太小，就会使汽车行驶不安全甚至翻车，所以必须综合考虑汽车安全、迅速、舒适和经济，并兼顾美观，使确定的最小半径满足某种程度的行车要求。这种最起码的半径数值，就是圆曲线的最小半径限制值。《城市道路设计规范》(CJJ 37—1990)根据各级城市道路的不同要求，规定了圆曲线最小半径有三类：设超高最小半径、设超高推荐半径和不设超高最小半径。其中设超高最小半径主要满足行车安全，适当考虑舒适性；设超高推荐半径已具有较好的安全性和舒适性；不设超高最小半径是考虑即使不设超高也能保证其安全性和舒适性。

1)μ值的确定

在一定车速条件下，要满足三类最小半径不同要求的安全性和舒适性，关键在于μ值的合理确定。

(1)行车安全性分析。汽车能在弯道上行驶的条件之一是轮胎不会在路面上产生滑移，这就要求横向力系数μ不得大于轮胎与路面之间的横向摩阻系数φ_0，否则车辆便会发生横向滑移造成行车事故。φ_0与车速、路面种类及轮胎状态等因素有关。通常在干燥状态的路面上φ_0 = 0.4～0.8，在潮湿的沥青类路面上高速行车时φ_0=0.25～0.40，路面积雪积冰时，降至0.2以下。

(2)舒适性分析。根据国内外大量资料分析，乘客随μ值的变化其心理反应如表1-4-1所列。

(3)经济性分析。在确定μ值时，还应考虑汽车运营的经济性。根据试验分析，由于μ值的存在，车辆轮胎的磨损和燃油消耗的增加情况见表1-4-2。

μ值和乘客的舒适程度 表1-4-1

μ值	乘客舒适感程度
≤0.10	不感到有曲线存在，很平稳
0.15	稍感到有曲线存在，尚平稳
0.20	已感到有曲线存在，稍感不平稳
0.35	明显感到有曲线存在，不太稳定
0.40	非常不平稳，站立不住，乘客有倾覆的危险感

μ值对车辆轮胎磨损和燃油消耗的影响 表1-4-2

μ值	轮胎磨损(%)	燃油消耗(%)
0	100	100
0.05	160	105
0.10	220	110
0.15	300	115
0.20	390	120

综上分析，μ值大小与行车安全、经济与舒适等密切相关。因此，μ值的选用应根据行车速度、圆曲线半径及超高横坡度的大小，在合理的范围内选择。根据资料观测得出，在计算最小圆曲线半径R值时，以μ<0.15为宜。我国公路部门在确定不设超高的曲线半径时，取μ=0.04，因此计算出不设超高最小半径较大。日本规定城镇道路不设超高时，取μ=0.15。美国各州公路工作者认为，车速v'_0<70km/h时μ=0.16，车速v'_0=120km/h时μ=0.12是舒适的界限。根据城市道路的特点，即道路高程要与两侧建筑地坪高程相协调，超高横坡度不宜太

大,加之城市道路设计车速一般不高,因此μ值可适当取大一些,以降低道路的曲线半径标准,从而降低工程造价。《城市道路设计规范》(CJJ 37—1990)中,设超高的圆曲线最小半径,μ = 0.14 ~0.16;不设超高的最小曲线半径,μ =0.067。

2)i_y 值的确定

由式(1-4-2)知,当道路曲线半径一定时,增加弯道超高率 i_y 可减小横向力的作用,从这个意义上讲,在弯道上应适当增加 i_y 值。但是,如 i_y 值过大,超出轮胎与路面间的摩阻系数,则车辆有沿路面的合成坡度下滑的危险,因此,必须有

$$i_y < \varphi_0$$

制定最大超高横坡度,除了上述因素之外,城市道路还应考虑设置超高后道路与两侧建筑的地坪高程相协调。《城市道路设计规范》(CJJ 37—1990)规定的最大超高横坡度为2% ~6%,详见表1-4-3。

最大超高横坡度 表1-4-3

计算行车速度(km/h)	80	60,50	40,30,20
最大超高横坡度(%)	6	4	2

4. 圆曲线最小半径确定

1)设超高最小半径 R_{min}

圆曲线设超高最小半径指的是汽车能在圆曲线上安全行驶所需要的最小半径。根据设计车速的不同,μ_{max}在0.10 ~0.16之间取值,城市道路不同环境 i_{max}选用6%、4%或者2%,按照式(1-4-2)计算的圆曲线的设超高最小半径 R_{min},我国城市道路设计规定的 R_{min}是考虑我国的具体情况,并参照国外的资料计算所得。R_{min}是城市道路圆曲线设计的极限值,只有在特别困难的条件下不得已才考虑使用,一般情况下不要轻易使用。

2)设超高推荐半径 R_T

圆曲线的设超高推荐半径 R_T 是指汽车按照设计车速行驶时,能够保证行车安全和舒适的最小圆曲线半径。

平面线形设计中如果过多使用最小半径,必然降低路线的使用质量,我们希望的最小曲线半径,是汽车以设计车速行驶时能提供安全和舒适的行驶条件,并在一般情况下不会过多增加工程费用的半径,设超高推荐半径为经常采用的曲线半径,使用频率很高。

3)不设超高的最小圆曲线半径 R_P

当圆曲线半径大于一定数值时,路面可以不设超高,对于行驶在曲线外侧车道上的车辆来说是"反超高",其 i_y 值为负值,大小与路拱横坡度相同。从舒适和安全的角度考虑,μ 值也应取尽可能小的数值,以使乘客行驶在曲线上有与行驶在直线上大致相同的感觉。《城市道路设计规范》(CJJ 37—1990)中规定的 R_P 是取μ =0.067,i_y = −0.02 是按照公式(1-4-2)计算取整得来的。

城市道路的圆曲线最小半径规定见表1-4-4。

城市道路圆曲线最小半径 表1-4-4

计算行车速度(km/h)	80	60	50	40	30	20
不设超高最小半径 R_P(m)	1000	600	400	300	150	70
设超高推荐半径 R_T(m)	400	300	200	150	85	40
设超高最小半径 R_{min}(m)	250	150	100	70	40	20

二、全　超　高

1. 超高及其作用

车辆在曲线上行驶时,受横向离心力的作用,其稳定性与舒适性受到一定的影响。为抵消车辆在曲线路段上行驶所产生的离心力,将路面做成外侧高于内侧的单向横坡的形式,这就是曲线上的超高。其作用是为了使汽车在圆曲线上行驶时能获得一个指向内侧的横向分力,用以克服离心力,减小横向力,从而保证汽车行驶的稳定性及乘客的舒适性。该单向倾斜的断面即为超高。

2. 超高横坡度的确定

车辆在圆曲线上等速行驶所产生的离心力是常数,且圆曲线半径越小,常数值越大。因此,圆曲线上超高应是与圆曲线半径相适应的全超高。

当曲线受地形、地物限制,无法选用不设超高的圆曲线半径时,就需设置超高。超高横坡度可根据公式(1-4-1)移项整理所得的下式计算:

$$i_y = \frac{v'_0}{127R} - \mu \tag{1-4-3}$$

由上式可知,当一条道路的计算行车速度与横向力系数确定后,超高横坡度的大小,取决于平曲线半径的大小。当圆曲线半径很小时,在车速较高的情况下,为了平衡离心力,其超高横坡度将是很大的。但道路上行驶车辆的速度并不一致,特别是在混合交通的道路上,不仅要照顾快车,也要考虑慢车的安全。对于慢车,乃至因故暂停在弯道上的车辆,其离心力接近于零或等于零。如超高横坡度过大,超过轮胎与路面间的横向摩阻系数,慢行的车辆有沿着路面最大合成坡度滑移的可能性,特别是当路面粗糙度不够且冬季有冰冻的地区,更应对超高横坡度加以限制,必须满足

$$i_{y(\max)} \leqslant f_w$$

式中:f_w——一年中气候恶劣季节路面的横向摩阻系数。

制订最大超高横坡度除根据道路所在地区的气候条件外,还必须给予驾驶员和乘客以心理上的安全感。在城市道路上有相当数量的非机动车行驶,最大超高横坡度应比一般道路小些。《城市道路设计规范》(CJJ 037—1990)对最大超高横坡度的规定见表1-4-3。

道路的最小超高横坡度是该道路上直线部分的路拱坡度之值。当根据设计车速、曲线半径和路面类型选定的超高横坡度小于路拱横坡时,一般采用路拱横坡度作为超高横坡度,以利于测设。

当圆曲线半径大于表1-4-4中不设超高最小半径时,可不设超高,这时的曲线路段与直线路段一样,做成双向倾斜的路拱。对于城市道路,由于车速低,并考虑路容的美观,一般情况下不设超高,而选用大半径的平曲线。

三、全　加　宽

1. 加宽及其作用

汽车行驶在曲线上,车身与道路轴线成一定的夹角,各轮迹半径也各不相同,其中后轴内侧车轮行驶半径最小,车辆行车横向占道尺寸比直线路段要宽,为了使行驶车辆有足够的安全净距,必须对弯道路段的车道予以适当的加宽,以确保曲线上行车的顺适和安全。

2. 圆曲线全加宽值的确定

曲线上车道的宽度,系根据车辆对向行驶时,两车之间的相对位置和行车侧向摆动幅度在

曲线上的变化综合确定的。加宽值的大小与平曲线半径、车型尺寸、设计车速等有关。

普通汽车单一行车道的加宽值可由图 1-4-2a）所示的几何关系求得。

为便于计算及保证安全，假定汽车宽度等于在直线路段行驶占用的宽度 B。

$$b = R - (R_1 + B)$$

$$R_1 + B = \sqrt{R^2 - A^2} = R - \frac{A^2}{2R} - \frac{A^4}{8R^3} - \cdots$$

而当 $R > 15\text{m}$ 时，上式第二项以后的数值极小，可省略不计，故一条车道的加宽为

$$b = \frac{A^2}{2R}$$

当 $R < 15\text{m}$ 时，第二项以后的数值一般不可省略，此时，

$$b = R - \sqrt{R^2 - A^2}$$

式中：A——汽车后轴至前保险杠的距离，m；

R——圆曲线半径，m。

上列公式系由几何关系推导，未考虑不同车速时，汽车在曲线上的摆动幅度，为此需增加在车速影响下的偏移值，经验计算式$\frac{0.05v'_0}{\sqrt{R}}$，$v'_0$ 为设计车速，以 km/h 计。由此，可得单车道加宽值的计算公式。

当 $R > 15\text{m}$ 时，

$$b = \frac{A^2}{2R} + \frac{0.05v'_0}{\sqrt{R}} \tag{1-4-4}$$

当 $R \leqslant 15\text{m}$ 时，

$$b = R - \sqrt{R^2 - A^2} + \frac{0.05v'_0}{\sqrt{R}} \tag{1-4-5}$$

A 的取值应以行驶的主要车型为标准。主车拖带一辆挂车时，其弯道上的加宽值可按需要的加宽值计算。一般不考虑偶尔通行的长车身拖挂车，因为，城市道路上车道两侧多设有非机动车道或绿化带、停车道、加固路肩等。对于铰接式车辆，其加宽计算式，可按图 1-4-2b）的几何关系分析求得。

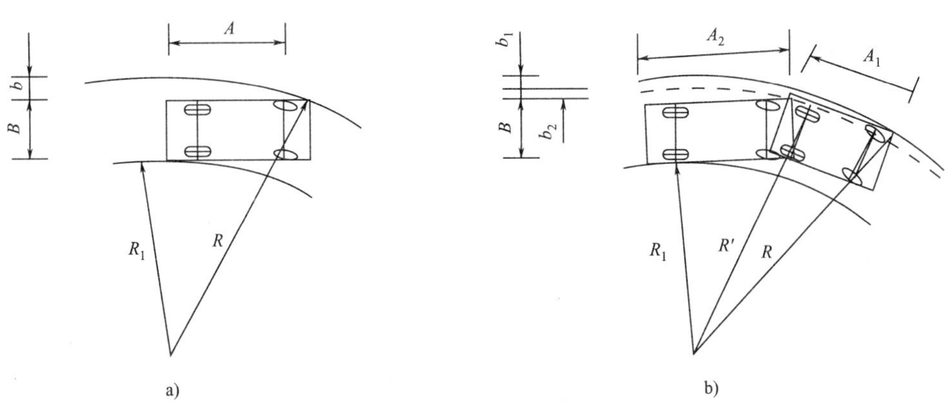

图 1-4-2　单车道加宽

a）普通汽车的单车道加宽；b）铰接车的单车道加宽

当 $R>15$m 时，

$$b=\frac{A_1^2+A_2^2}{2R}+\frac{0.05v'_0}{\sqrt{R}} \tag{1-4-6}$$

当 $R\leqslant 15$m 时，

$$b=R-\sqrt{R^2-A_1^2+A_2^2}+\frac{0.05v'_0}{\sqrt{R}} \tag{1-4-7}$$

式中：A_1——牵引车保险杠至第二轴的距离，m；

A_2——第二轴至拖车最后轴的距离，m。

其余符号意义同前。

《城市道路设计规范》（CJJ 037—1990）根据式（1-4-4）~式（1-4-7），以及小客车 $A=3.7$m，普通车 $A=8.0$m，铰接车 $A_1=6.7$m，$A_2=7.5$m，计算出道路各设计车速及其对应最小曲线半径时相应的单车道加宽值，见表 1-4-5。

城市道路圆曲线单车道加宽值

表 1-4-5

圆曲线半径（m） 车　型	$200<R\leqslant 250$	$150<R\leqslant 200$	$100<R\leqslant 150$	$60<R\leqslant 100$	$50<R\leqslant 60$	$40<R\leqslant 50$	$30<R\leqslant 40$	$20<R\leqslant 30$	$15<R\leqslant 20$
小型汽车	0.28	0.30	0.32	0.35	0.39	0.40	0.45	0.60	0.70
普通汽车	0.40	0.45	0.60	0.70	0.90	1.00	1.30	1.80	2.40
铰接车	0.45	0.55	0.75	0.95	1.25	1.50	1.90	2.80	3.50

多车道加宽值只需单车道加宽值乘以车道数即得。

对于 $R>250$m 的圆曲线，由于加宽值甚小，可以不加宽。

城市街道及近郊区道路在交通量不大的请况下，采用机动车与非机动车混合行驶方式的一块板及两块板断面时，平曲线部分一般可不设加宽；采用机动车和非机动车分离方式的三块板及四块板横断面时，确能保证汽车在弯道上行驶不致产生碰撞事故时，亦可不考虑加宽。但采用交通标志标线严格划分车道线进行交通管理时，不论何种断面形式，凡平曲线半径小于需要设加宽的半径时，均必须考虑设置加宽，并按每条车道线加宽值绘车道线。

多车道路面按车辆类型划分车道线时，小客车车道线可不设加宽，只考虑大车车道线设置加宽。

快速交通干道、山城道路及双车道路面的近郊区道路应设置加宽。

分道行驶的道路，当圆曲线半径较小时，其内侧车道的加宽值应大于外侧车道的加宽值。设计时应通过计算确定其差值。

曲线上的路面加宽，一般利用减少内侧路肩宽度来设置，但当加宽后路肩剩余宽度不足一半时，则路肩亦应加宽，以保证安全。

加宽位置设在全部曲线长度的内侧。受地形、地物限制个别不得已情况下，可设于外侧。

●第三节　缓 和 曲 线●

一、缓 和 曲 线

缓和曲线与直线和圆曲线一起构成道路平面线形的三要素，是城市道路平面设计不可缺少的线形要素之一。缓和曲线是设置在直线和圆曲线之间或者半径相差较大的两个同向圆曲线之间的一种曲率连续变化的曲线。城市道路在圆曲线半径小于不设超高最小圆曲线半径时应设缓和曲线。在现代高速公路和城市快速路上,有时缓和曲线所占的比例超过了直线和圆曲线,成为平面线形的主要组成部分。

1. 缓和曲线的作用

(1)线形缓和。在圆曲线与直线之间设置缓和曲线后,能使线形美观,能够产生良好的视觉效果和心理作用。

(2)行车缓和。汽车从直线驶入圆曲线,其行车轨迹线从半径为∞的直线段逐渐过渡到半径为 R 的圆曲线,汽车行驶的向心加速度以及汽车受到的离心力都是逐渐变大的,缓和曲线可以为这一变化提供一个渐进的过程,从而达到行车缓和的目的,并增加了行车的安全感和舒适感。

(3)超高缓和。行车道从直线上的双向路拱横坡过渡到圆曲线上外侧高、内侧低的单向超高,是在缓和曲线内完成的。缓和曲线作为超高渐变段,可以减少行车振荡。

(4)加宽缓和。行车道由直线上的正常宽度过渡到需要加宽的小半径圆曲线上的加宽宽度,也是在缓和曲线内完成的,缓和曲线作为加宽过渡段,可以保证路容美观。

2. 缓和曲线的性质

考虑汽车由直线驶入圆曲线的行车轨迹时,先作两个假定:

(1)汽车在行车方向上保持匀速。

(2)驾驶员均匀地转动方向盘,即汽车的角加速度保持均匀增加。

在满足上述两个假设的条件下,汽车由直线驶入圆曲线的行车轨迹具有如下特点:

(1)行车轨迹是连续圆滑的。

(2)行车轨迹的曲率是连续的,也就是说离心力是连续的。

(3)行车轨迹曲率的变化率是连续的,即离心力的变化是连续的,即

$$\frac{\mathrm{d}F}{\mathrm{d}t} = \frac{G}{g}\frac{\mathrm{d}K}{\mathrm{d}L}\frac{\mathrm{d}L}{\mathrm{d}t}v^2 = \frac{Gv^3}{g}\frac{\mathrm{d}K}{\mathrm{d}L} \tag{1-4-8}$$

道路设计时存在富余宽度,第三条特点可在其宽度范围内调整,因此一般能满足上述两个特点的数学曲线都可以作为缓和曲线,如双扭线、三次抛物线、回旋线等。目前,大多数国家在道路线形设计中都采用回旋线作为缓和曲线。

3. 回旋线的数学表达式

回旋线的基本公式为:

$$rl = A^2 \tag{1-4-9}$$

式中:r——回旋线上某点的曲率半径,m;

l——回旋线上某点到原点的曲线长,m;

A——回旋线参数。

由于 $r \times l$ 的单位是长度的平方(m^2),为使量纲一致,故令回旋线中的常数 $C = A^2$,A 表示回旋线曲率变化的缓急程度。在回旋线的任意点上,r 随 l 的变化而变化,但在缓和曲线的终点处,$l = L_s$,$r = R$,则式(1-4-9)可以写成:

$$RL_s = A^2$$

如图 1-4-3 所示，在回旋线上任意点 P 取微分单元，有

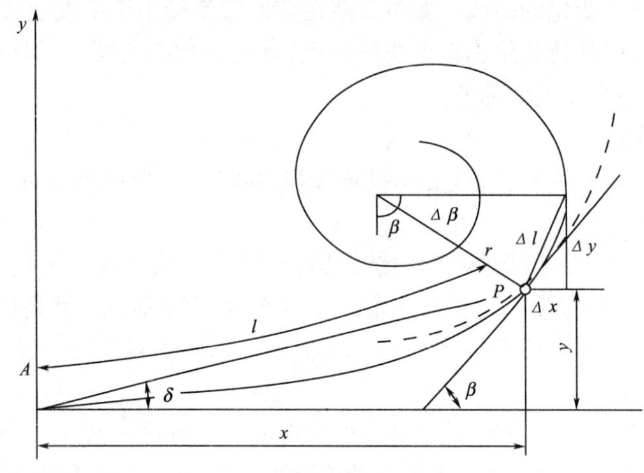

图 1-4-3　回旋线

$$\mathrm{d}r = r \cdot \mathrm{d}\beta$$

$$\mathrm{d}x = \mathrm{d}l \cdot \cos\beta$$

$$\mathrm{d}y = \mathrm{d}l \cdot \sin\beta$$

当 $l=0,\beta=0,l\cdot \mathrm{d}l = A^2\cdot \mathrm{d}\beta$ 时，$\mathrm{d}l = \frac{A^2}{l}\mathrm{d}\beta$ 积分得

$$l^2 = 2A^2\beta \rightarrow \beta = \frac{l^2}{2A^2}$$

将上式代入微分方程得

$$r = \frac{A}{\sqrt{(2\beta)}}$$

$$\mathrm{d}x = \frac{A}{\sqrt{(2\beta)}}\cos\mathrm{d}\beta$$

$$\mathrm{d}y = \frac{A}{\sqrt{(2\beta)}}\sin\mathrm{d}\beta$$

将上式积分并将 $\sin\beta,\cos\beta$ 用级数展开，可得用参数 r 和 l 表示的回旋线直角坐标方程：

$$x = l - \frac{l^5}{40R^2L_s^2} + \frac{l^9}{3456R^4L_s{}^4} - \cdots \tag{1-4-10}$$

$$y = \frac{l^3}{6RL_s} - \frac{l^7}{336R^3L_s^3} + \cdots$$

在回旋线的终点处 $l=L_s,r=R$，于是得

$$x = L_s - \frac{L_s^3}{40R^2} + \frac{L_s^5}{3456R^4} - \cdots$$

$$y = \frac{L_s^2}{6R} - \frac{L_s^4}{336R^3} + \frac{L_s^6}{42240R^5} + \cdots$$

用 $r=\frac{L_sR}{l}$ 代入上式，得用切线支距法敷设回旋线的近似公式：

$$x \approx l - \frac{l^5}{40R^2L_s^2}$$

$$y \approx \frac{l^3}{6RL_s} - \frac{l^7}{336R^3L_s^3} \tag{1-4-11}$$

4. 缓和曲线长度的确定

缓和曲线长度 L_s(单位为 m)的确定可按下列方法确定。

(1)按离心加速度变化率。离心加速度从直线段上的零增加到进入圆曲线时的最大值，离心加速度的变化率应控制在一定的范围内，以利于行车安全及行车舒适。

离心加速度的变化率 p(单位为 m/s^2)可由行车速度、缓和曲线长度和圆曲线半径来确定。

$$p = \frac{v^3}{L_sR}$$

离心加速度的变化率通常控制在0.6 m/s^{2}以内，并且行车速度 v'_0 以 km/h 计，可得关系式

$$p = \frac{\left(\frac{v'_0}{3.6}\right)^3}{L_sR} = \frac{v'^3_0}{47RL_s} \leqslant 0.6$$

所以

$$L_s = \frac{3v'_0}{3.6} = 0.83v'_0 \tag{1-4-12}$$

(2)按照车辆行驶时间确定。按照车辆行驶时间确定缓和曲线的最小长度时，一般取 3s 的行程，即

$$L_s \geqslant 0.036\frac{v'^3_0}{R} \tag{1-4-13}$$

(3)按超高渐变率适中考虑。由于在缓和曲线上设置有超高缓和段，如果缓和段过短则会因路面急剧地由双坡变为单坡而形成一种扭曲的面，对行车和路容均不利。

在超高缓和段上，路面外侧逐渐抬高，从而形成一个“附加坡度”，当圆曲线上的超高值一定时，这个附加坡度就取决于缓和段长。附加坡度，或称超高渐变率，太大或太小都不好，太大对行车不利，太小对排水不利。《城市道路设计规范》(CJJ 037—1990)规定了适中的超高渐变率，由此可导出计算缓和段最小长度的公式：

$$L_c = \frac{\beta\Delta_i}{p} \tag{1-4-14}$$

式中：L_c——超高缓和段长度，m；

β——旋转轴至行车道(设路缘带时为路缘带)外侧边缘的宽度，m；

Δ_i——超高坡度与路拱坡度代数差，%；

p——超高渐变率，即旋转轴与行车道外侧边缘之间的相对坡度，其值见表 1-4-6。

超 高 渐 变 率　　表 1-4-6

计算行车速度(km/h)	80	60	50	40	30	20
超高渐变率	1/150	1/125	1/115	1/100	1/75	1/50

(4)按视觉条件确定。从回旋线特性可知，RL_s = 常数，经验认为这一常数在 $R/9 \sim R$ 即可

使线形舒顺协调,所以

$$L_s=\frac{R}{9}\sim R \tag{1-4-15}$$

根据时间研究,$L_s=R/9$ 相当于缓和曲线最小转向角 $\beta=0.055\text{rad}=3°15'59''$。

由

$$\beta=\frac{L_s}{2R}=\frac{A^2}{2R^2},A^2=RL_s$$

所以

$$A=R\sqrt{2\times0.0556}=R\sqrt{0.1112}\approx R/3$$

$$L_s=\frac{A^2}{R}=\frac{R}{9}$$

$L_s=R$ 是相当于最大转向角 $\beta=0.5\text{rad}=28°38'52''$,由 $A=R$,得

$$L_s=\frac{A^2}{R}=R$$

实际采用的缓和曲线的长度应该采用上述计算中的大值(一般取成5m的整数倍)。《公路工程技术标准》(JTG B01—2003)中有关缓和曲线最小长度的规定值见表1-4-7。城市道路当计算行车速度 $v'_0=20\sim80\text{km/h}$ 时,缓和曲线长度采用值一般与公路相同。

不同设计车速时缓和曲线最小长度　　表1-4-7

计算行车速度(km/h)	120	100	80	60	40	30	20
缓和曲线最小长度(m)	100	85	70	50	35	25	20

5. 缓和曲线要素计算

缓和曲线设置在直线和圆曲线之间,在起点处与直线段相切,而在终点处与圆曲线相切,所以圆曲线半径必须向内移动一距离 ΔR。通常公路上是采用圆曲线的圆心不动,使半径略为减小而向内移动,如图1-4-4中,JD是道路中线的交点,B 点是原来圆曲线的起点,F 点是原来圆曲线的终点,插入缓和曲线 AE 后,缓和曲线和圆曲线相接 E 点,缓和曲线起点则为 A 点,而原来的圆曲线则向内移动一距离 ΔR。在测设时,已知圆曲线半径 R、偏角 α、圆曲线起点 B 和终点 F 的位置,所以必须定出缓和曲线起点 A 的位置(q 值)、缓和曲线与圆曲线衔接点 E 的位置(x_h,y_h 值),以及原来的圆曲线向内移动的距离 ΔR。这三个数值确定后,即可设置缓和曲线。设置缓和曲线后,将减小圆曲线的中心角 α,减小后的中心角为 $\alpha-2\beta$,因而设置缓和曲线可能的条件即为 $\alpha\geqslant2\beta$。

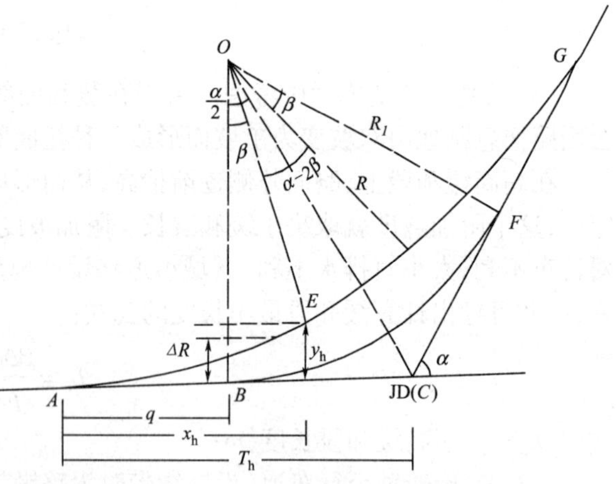

图1-4-4　缓和曲线与圆曲线的衔接

当 $\alpha=2\beta$ 时,两条缓和曲线将在弯道中央连接,而形成一条连续的缓和曲线。当 $\alpha<2\beta$ 时,则不能设置所规定的缓和曲线,这时必须缩短缓和曲线的长度或增大圆曲线半径(直至不

设缓和曲线的圆曲线半径）。

在计算时，为了保持圆曲线原来的半径，需将圆曲线半径增大，使增大值等于内移值 ΔR，即使 $R_1 = R + \Delta R$（图 1-4-5）。因此，设置缓和曲线后的圆曲线半径仍为 R。

由图 1-4-8 可知，$d\beta = \frac{dl}{\rho} = \frac{l \cdot dl}{C'}$ 或 $\beta = \frac{l^2}{2C'}$，因为 $l = \frac{C'}{\rho}$

所以，在回旋线终点处，若回旋线长 L，则得

$$\beta = \frac{L_s^2}{2C'}$$

$\beta, \Delta R, q$ 的计算式如下：

$$\beta = \frac{L_s^2}{2C'} = \frac{L_s}{2R}(\text{rad}) \tag{1-4-16}$$

$$\Delta R = y_h - R(1 - \cos\beta)$$

$$\because y_h = \frac{L_s^{\ 2}}{6R} - \frac{L_s^4}{336R^3}$$

$$\cos\beta = 1 - \frac{\beta^2}{2!} + \frac{\beta^4}{4!} - \cdots$$

$$\beta = \frac{L_s}{2R}$$

$$\therefore \Delta R = \frac{L_s^2}{24R} - \frac{L_s^4}{2688R^3}(\text{m}) \tag{1-4-17}$$

$$q = x_h - R \cdot \sin\beta = x_h - R\left(\beta - \frac{\beta^3}{6}\right) = x_h - R\beta + R\frac{\beta^3}{6}$$

$$\because \beta = \frac{L_s}{2R}, x_h = L_s - \frac{L_s^3}{40R^2}$$

$$\therefore q = \frac{L_s}{2} - \frac{L_s^3}{240R^2}(\text{m}) \tag{1-4-18}$$

由上两式可知，内移值 ΔR 约等于缓和曲线中点纵坐标 y 的两倍，而 q 近似地等于缓和曲线中点的横坐标 x。

得出上述三值后，就可以进行缓和曲线要素的计算，参见图 1-4-5。

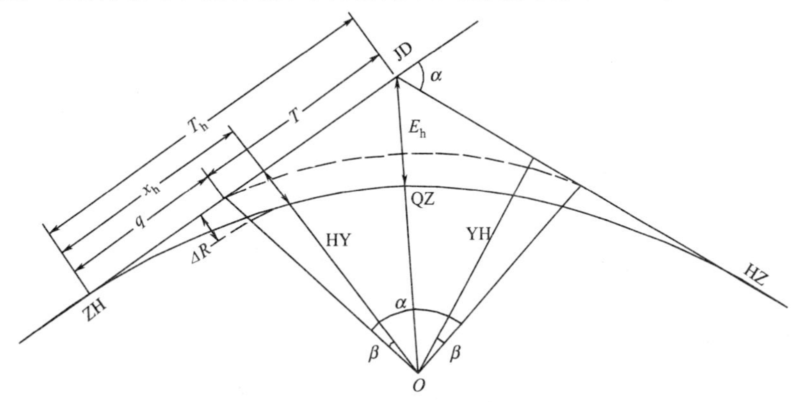

图 1-4-5 有缓和曲线的圆曲线的全部桩位

切线总长 $$T_h = T + q = (R + \Delta R)\tan\frac{\alpha}{2} + q \tag{1-4-19}$$

外距 $$E_h = (R + \Delta R)\sec\frac{\alpha}{2} - R \tag{1-4-20}$$

曲线总长 $$L_h = \frac{\pi}{180}R(\alpha - 2\beta) + 2L_s \tag{1-4-21}$$

超距 $$D = 2T_h - L_h \tag{1-4-22}$$

全部曲线有五个主点桩号。

ZH——第一缓和曲线起点(直缓点);

HY——第一缓和曲线终点(缓圆点);

QZ——圆曲线中点(曲中点);

YH——第二缓和曲线终点(圆缓点);

HZ——第二缓和曲线起点(缓直点)。

【例1-4-1】 某市一城市主干道,设计车速60km/h,上有一弯道,取曲线半径 $R = 250$m,交点JD的桩号为K17 +586.38,转角 $\alpha = 38°30'00''$,试计算该曲线上设置缓和曲线后的五个主点桩号。

解:(1)确定缓和曲线长度 L_s。

根据设计车速 $v'_0 = 60$km/h,则

$$L_s = \frac{3v'_0}{3.6} = 0.83v'_0 = 0.83 \times 60 = 49.8(\text{m})$$

$$L_s \geqslant 0.036\frac{v'^3_0}{R} = 0.036 \times \frac{60^3}{250} = 31.10(\text{m})$$

$$L_s = \frac{R}{9} \sim R = \frac{250}{9} \sim 250 = 27.78 \sim 250(\text{m})$$

取整数,采用缓和曲线长度 $L_s = 50$m(查表1-4-7,当设计车速 $v'_0 = 60$km/h 时,最小缓和曲线长度为50m)。

(2)计算圆曲线内移值 ΔR。

$$\Delta R = \frac{L_s^2}{24R} - \frac{L_s^4}{2688R^3} = \frac{50^2}{24 \times 250} - \frac{50^4}{2688 \times 250^3} = 0.42(\text{m})$$

(3)计算总切线长 T_h。

$$q = \frac{L_s}{2} - \frac{L_s^3}{240R^2} = \frac{50}{2} - \frac{50^3}{240 \times 250^2} = 24.99(\text{m})$$

$$T_h = T + q = (R + \Delta R)\tan\frac{\alpha}{2} + q = (250 + 0.42)\tan\frac{38°30'00''}{2} + 24.99 = 112.44(\text{m})$$

(4)圆曲线总长度 L_h。

$$\beta = \frac{L_s}{2R} \cdot \rho = \frac{50}{2 \times 250} \times 57.2958 = 5°43'46''$$

$$L_h = \frac{\pi}{180}R(\alpha - 2\beta) + 2L_s = \frac{\pi}{180} \times 250 \times (38°30'00'' - 2 \times 5°43'46'') + 2 \times 50 = 217.99(\text{m})$$

超距 $$D = 2T_h - L_h = 2 \times 112.44 - 217.99 = 6.89(\text{m})$$

满足规范规定的平曲线最小长度和圆曲线最小长度(表1-4-9)的要求。

(5)主点桩号计算。

JD	K17+568.38
$-)T_h$	112.44
ZH	K17+455.94
$+)L_s$	50
HY	K17+505.94
$+)(L_h-L_s)$	167.99
HZ	K17+673.93
$-)L_s$	50
YH	K17+623.93
$-)\frac{1}{2}(L_h-2L_s)$	58.995
QZ	K17+564.935
$+)\frac{D}{2}$	3.445
JD	K17+568.38(计算无误)

6. 不设缓和曲线的平曲线半径

在直线和圆曲线之间插入缓和曲线后,将产生一内移值 ΔR,当此内移值与已包括在车道中的富裕宽度相比很小时,可以将缓和曲线省略,直线和圆曲线径向连接。《城市道路设计规范》(CJJ 037—1990)规定不设缓和曲线的最小圆曲线半径如下表1-4-8。

不设缓和曲线的最小圆曲线半径 表1-4-8

计算行车速度(km/h)	80	60	50	40
不设缓和曲线的最小圆曲线半径(m)	2000	1000	700	500

7. 平曲线最小长度

汽车在道路曲线段行驶时,如果曲线很短,则驾驶员操作转向盘频繁,在高速驾驶的情况下是很危险的。同时,如不设置足够长度的曲线使离心加速度变化率小于一定数值,从乘客心理状况来看也是不好的。一方面,当转角在7°以下时,曲线长度就显得比实际短,另一方面,也引起曲线半径很小的错觉,因此,具有一定的曲线长度是必要的。《城市道路设计规范》(CJJ 037—1990)规定,平曲线长度和圆曲线长度应大于表1-4-9规定值。

平曲线和圆曲线最小长度 表1-4-9

设计车速	80	60	50	40	30	20
平曲线最小长度(m)	140	100	85	70	50	40
圆曲线最小长度(m)	70	50	40	35	25	20

二、超高缓和段

当汽车在缓和曲线上行驶时,因缓和曲线的曲率是变化的,其离心力也是变化的。因此,超高横坡度在缓和曲线上应是逐渐变化的超高。这段从直线上的双向横坡渐变到圆曲线上的单向横坡的路段，称为超高缓和段或超高渐变段。对不设缓和曲线的道路，但曲线上若设置有超高，从构造的角度讲也应有超高缓和段，超高的过渡在超高缓和段的全长上进行。超高缓和段设计主要包括过渡形式的选择和缓和段长度的确定。

1)超高缓和段的过渡形式

超高缓和段的横断面过渡形式应根据地形状况、车道数、超高横坡度值、横断面形式、排水设计、路容美观等因素决定。

设置超高时，超高横坡度 i_y 与道路路拱横坡度 i_h 相比较，有 $i_y=i_h$ 及 $i_y>i_h$ 两种情况。当 $i_y=i_h$ 时，设置方法比较简单，一般是以路面中心线为轴，在超高缓和段范围内，外侧半幅路面逐渐抬高至与内侧路面横坡度相同，成为单向倾斜的超高形式即可。当 $i_y>i_h$ 时，超高的过渡形式则有多种(图 1-4-6、图 1-4-7)。

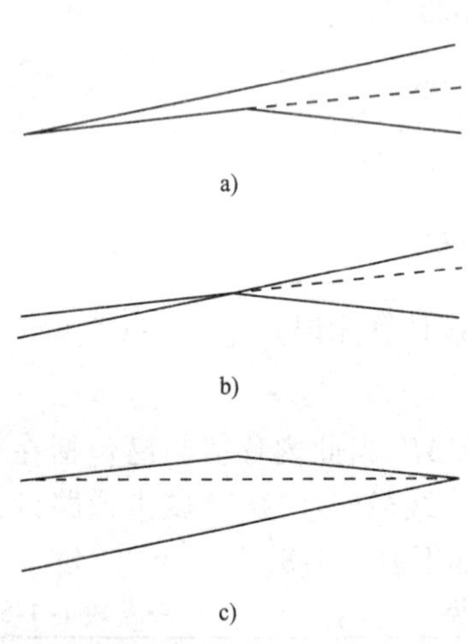

图 1-4-6　无中间带道路的超高过渡

a)绕内侧边缘旋转；b)绕中线旋转；c)绕外侧边缘旋转

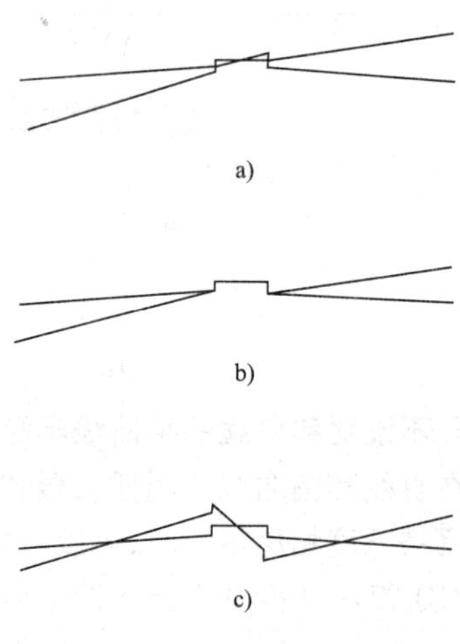

图 1-4-7　有中间带道路的超高过渡

a)绕中间带的中心线旋转；b)绕中央分隔带边缘旋转；c)绕各自行车道中线旋转

(1)无中央分隔带道路的横断面超高过渡形式。无中央分隔带的道路，路面要由直线段双向倾斜的路拱形式过渡到单向倾斜的超高形式，可采用以下三种旋转方式：

①保持路面内侧边缘的设计高程不变。先将外侧车道绕路中线旋转，待达到与内侧车道构成单向横坡后，整个断面再绕未加宽前的内侧车道旋转至超高横坡度[图 1-4-6a)]。

②保持道路中心设计高程不变。先将外侧车道绕路中线旋转，待达到与内侧车道构成单向横坡后，整个断面绕中线旋转至超高横坡度[图 1-4-6b)]。

③保持路面外侧边缘设计高程不变。先将外侧车道绕外边缘旋转，与此同时，内侧车道随路中心线的降低而相应降低，待达到单向横坡后，整个断面仍绕外侧边缘旋转至超高横坡度[图 1-4-6c)]。

(2)有中央分隔带道路的横断面超高过渡形式。根据旋转方式不同，有中央分隔带的道路横断面过渡形式有以下三种：

①绕中央分隔带的中心线旋转。先将外侧车道绕中央分隔带的中心旋转，待达到与内侧

车道构成单向横坡后，整个断面一同绕中间带的中心旋转至超高横坡度。此时，中央分隔带呈倾斜状[图1-4-7a)]。

②绕中央分隔带的边缘旋转。各自成为独立的单向超高断面。此时，中央分隔带维持原水平状态[图1-4-7b)]。

③绕各自行车道中线旋转。将两侧车道分别绕各自的行车道中线旋转至超高横坡度，此时，中央分隔带也随之旋转，呈倾斜状态[图1-4-7c)]。

(3)横断面超高过渡形式的选择。绕路面内侧边缘旋转有利于路基纵向排水，一般新建工程多用此法；绕中线旋转可保持中线高程不变，且在超高坡度一定的情况下，外侧边缘的抬高值较小，多用于旧路改建工程。但在新建道路的填方路段，在路面排水有保证的条件下，也可采取绕中线旋转的超高方式，有利于节省土方工程量；绕外侧边缘旋转是一种比较特殊的设计，仅用于某些为改善路容的路段。

对有中央分隔带的道路，中央分隔带宽度较窄的(≤4.5m)，可绕中央分隔带的中心线旋转；各种宽度的中间带都可以绕中间带边缘旋转的方式过渡；对于车道数大于四条的道路方可采用绕各自车行道中线旋转的超高设置方式。

单幅路路面及三幅路机动车道路面宜绕中线旋转；双幅路路面及四幅路机动车道路面宜绕中央分隔带边缘旋转，使两侧车行道各自成为独立的超高横断面。

分离式断面的道路由于上、下行车道是各自独立的，其超高的设置及其过渡方式可按两条无分隔带的道路分别予以处理。

2)超高缓和段的纵向过渡形式

超高缓和段的纵向过渡形式是指道路路面内侧边缘线和外侧边缘线沿里程相对高程的变化形式。城市中非主要交通道路，常采用简便的直线缓和段，但在城市快速路和大型立交桥上，车辆行驶车速较高，这种过渡形式，在缓和段的起、终点处，车身会发生明显摆动，因此，在超高缓和段的起、终点处路面边缘出现竖向转折，应予以圆顺，此即是直线改进过渡式，或者，对于设计车速较高的道路，直接采用曲线式的过渡形式(图1-4-8)。

3)超高缓和段长度的确定

道路设置超高后，需要有一个变坡的路段，称为超高缓和段。为了行车的舒适、路容的美观和排水的通畅，必须设置一定长度的超高缓和段，超高的过渡须在超高缓和段范围内进行。超高缓和段长度与超高渐变率直接相关。直线形超高缓和段长度可按下式计算：

$$L_c = \frac{\beta \Delta i}{p} \tag{1-4-23}$$

式中：L_c——超高缓和段长度，m；

β——旋转轴至行车道(设路缘带时为路缘带)外侧边缘的宽度，m；

Δi——超高坡度与路拱坡度的代数差，%；

p——超高渐变率，超高旋转轴与路面边缘之间相对升降的比率，见表1-4-6。

根据上式计算的超高缓和段长度，应凑成5m的整数倍，并不小于10m的长度。

超高缓和段长度要适中。因为当圆曲线上的超高值一定时，超高缓和段的长度过短，路面急剧地由双坡变为单坡而形成一个扭曲的面，这不仅会破坏平面线形的连贯性，而且，车辆行车时会发生明显的侧向摆动，影响行车的稳定性。

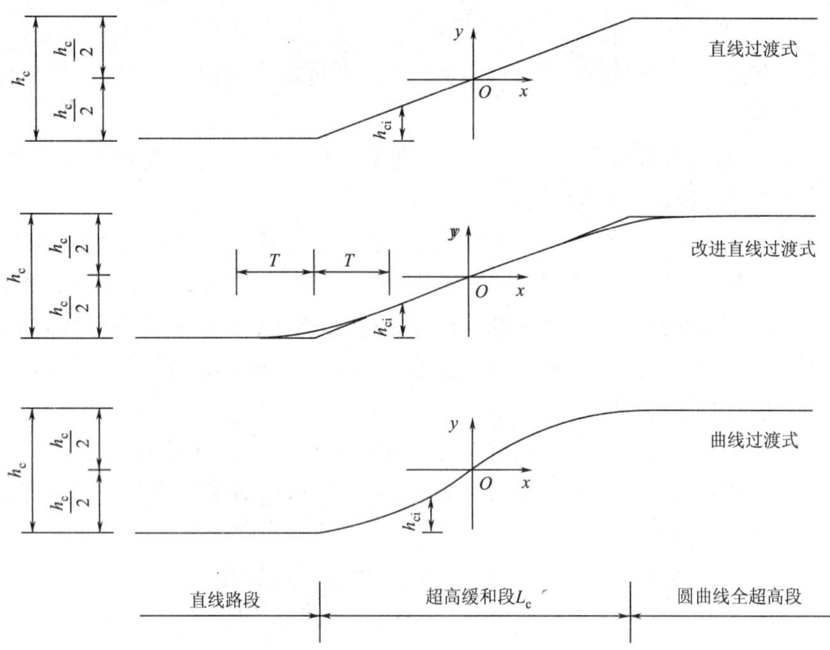

图 1-4-8　超高横断面纵向过渡形式

超高缓和段设置过长,致使超高渐变率过小,也是不适宜的。过小的渐变率对路面排水不利,从利于排除路面降水考虑,横坡度由 2%(或 1.5%)过渡到 0% 路段的渐变率不得小于 1/330。

三、加宽缓和段

1. 加宽的过渡形式

路面由直线段的正常宽度过渡到曲线段的加宽后宽度的过渡段,称为加宽缓和段。在加宽缓和段上,路面具有逐渐变化的宽度。加宽过渡的设置根据道路性质和等级可采用不同的方法。一般的城市道路,其加宽缓和段多采用直线形,而对于城市快速路或大型立交桥上则采用曲线形。

1)直线形

直线形的加宽设置方式有简单的和改进的直线过渡两种,如图 1-4-9 所示。

简单方法以缓圆点 B 点为一端点,在缓和曲线段或直线段量出已确定的加宽缓和段长度,定出加宽过渡段的起点 A 点,然后,将 A 点与圆曲线全加宽起点 C 直线相连,则缓和段内的加宽值:

$$b_x = \frac{x}{L} \cdot e \qquad (1\text{-}4\text{-}24)$$

式中:b_x——缓和段内任意点至起点的距离,m;

L——加宽缓和段长度,m;

e——圆曲线段的全加宽值，m。

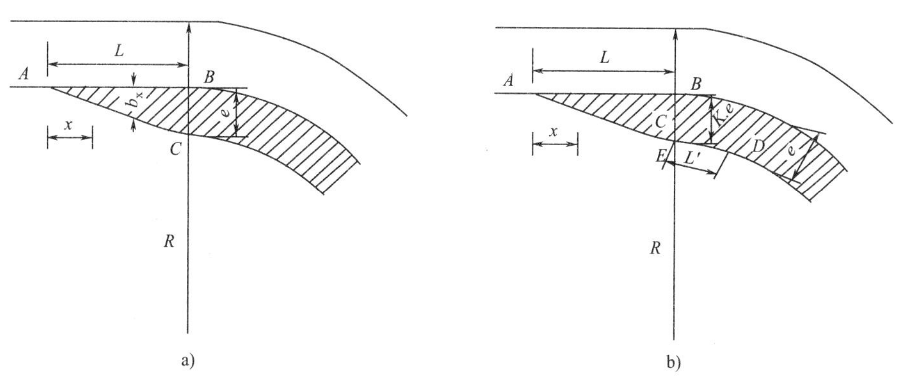

图 1-4-9 直线形的加宽设置方式

a)加宽简单直线过渡法；b)加宽改进直线过渡法

改进方法是将简单方法中加宽缓和段路面加宽的缘线 AC 与平曲线路面加宽后的边缘相切于 D 点。具体布置加宽时，先由曲线切点 B 点，沿半径方向量出 $BC = K \cdot e$，从而定出 C 点；然后求出 $L'(CD)$ 的长度，延长 AC 线并截取 L' 的长度，就定出 D 点的位置。

K 为修正系数，即图示的 BC 与 BE 的比值；当 i_y 为 6% 时，K 取 0.97；当 i_y 为 4% 时，K 取 0.93；当 i_y 为 2% 或不设超高时，K 取 0.80。

L' 可近似按式 $L' = K\dfrac{R}{L}e$ 计算。

2)曲线形

直线形加宽缓和段总的问题是，路面内侧边缘线不够圆顺。为了解决这个问题，便提出了曲线形加宽缓和段。

通常请况下，缓和曲线往往采用回旋线，而加宽缓和段又往往与缓和曲线重合，所以，曲线形加宽缓和段理想的曲线形式应为回旋线。采用此种方式时，不但路中线上有回旋线，而且加宽后的路面边缘线也是回旋线，与行车轨迹相符，保证了行车的顺适与线形的美观。但是其计算比道路中线设回旋线的情况要复杂得多，故一般只用于大城市近郊的路段、桥梁、高架桥、挡土墙、隧道等构造物和设置各种安全防护设施的地段。对于其他城市道路，我们可以采用正弦曲线、三次抛物线、高次抛物线等方式过渡。

正弦曲线的计算公式为：

$$b_x = \frac{1}{2}\left[1 + \sin\frac{\pi\left(x - \frac{L}{2}\right)}{L}\right] \cdot e \quad (0 \leqslant x \leqslant L) \tag{1-4-25}$$

三次抛物线的计算公式为：

$$b_x = \begin{cases} 4\left(\dfrac{x}{L}\right)^3 \cdot e & \left(0 \leqslant x < \dfrac{L}{2}\right) \\ \left[1 - 4\left(1 - \dfrac{x}{L}\right)^3\right] \cdot e & \left(\dfrac{L}{2} \leqslant x \leqslant L\right) \end{cases} \tag{1-4-26}$$

高次抛物线的计算公式为：

$$b_x = \left[4\left(\frac{x}{L}\right)^3 - 3\left(\frac{x}{L}\right)^4\right] \cdot e \tag{1-4-27}$$

以上各式中符号的意义同前。

其中前两种曲线形加宽与缓和曲线极其相似，经数学回归分析，以缓和曲线线形为标准，相关系数分别为99.96%和99.7%，可直接用于城市快速路和大型立交桥上弯道加宽设计。用高次抛物线过渡处理以后的路面内侧边缘圆滑、美观，也适用于城市道路。

2. 加宽长度的确定

对于设置有缓和曲线的平曲线，加宽缓和段应采用和缓和曲线相同的长度。对于不设缓和曲线，但同时设置超高和加宽的平曲线，应取其中较大的数值，一般以超高缓和段为设计依据。既不设缓和曲线，又不设超高的平曲线，加宽缓和段长度应按加宽侧路面边缘宽度渐变率为1∶15～1∶30，且长度不小于10m的要求设置。在不设超高的路段，北京市用的加宽缓和段最小长度为：$R = 20 \sim 30$m时，$L = 20$m；$R = 30 \sim 100$m时，$L = 15$m；$R > 100$m时，$L = 10$m。

通常情况下，缓和曲线、超高缓和段及加宽缓和段三者长度相等，且位于同一段落内。

平曲线上路面的超高加宽示意图见图1-4-10。

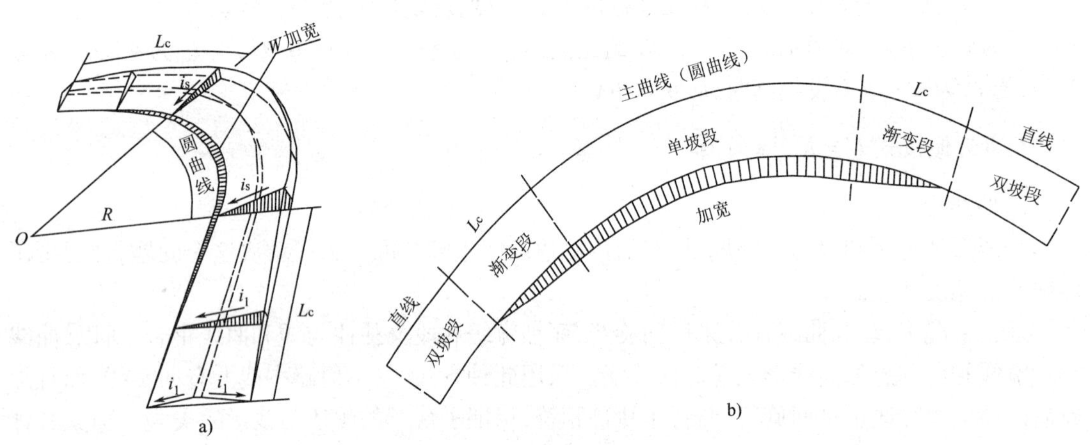

图1-4-10 平曲线上路面的超高加宽示意图

●第四节 行车视距●

为了行车安全，驾驶人员应能随时看到前面相当远的一段路程，一旦发现前方路面上有障碍物或迎面来车，能及时采取措施，避免相撞，这一必需的最短距离称为行车视距。行车视距是否充分，直接关系到行车的安全程度，是道路使用质量的重要标志之一。在道路平面上的暗弯（处于挖方路段的弯道和内侧有障碍物的弯道）、纵断面上的凸形竖曲线以及下穿式立体交叉的凹形竖曲线上都有可能存在视距不足的问题。

驾驶员发现障碍物或迎面来车，根据其采取措施不同，行车视距可分为以下几种类型：

①停车视距。汽车行驶时，自驾驶员看到前方障碍物时起，至到达障碍物前安全停车止，所需的最短距离。

②会车视距。在同一车道上两对向车相遇，从相互发现起，至同时采取制动措施使两车安全停止所需的最短距离。

③错车视距。在没有明确划分车道线的双车道路上，两对向行驶的汽车相遇，发现后立即采取减速避让措施，安全错车所需的最短距离。

④超车视距。在双车道道路上，后车超越前车时，从开始驶离原车道起，至可见逆向行车并能超车后安全错车所需的最短距离。

上述四种行车视距中，前三者属于对向行驶，第四种属于同向行驶。第四种所需要的距离最长，须单独研究。而前三种中，以会车视距最长，只要道路能保证会车视距，停车视距和错车视距也就可以得到保证了。根据计算分析可知，会车视距约等于停车视距的2倍，故只要计算出停车视距就可以了。

1. 视距计算

计算视距首先要明确“目高”和“物高”。“目高”是指驾驶员眼睛距地面的高度，规定以车体较低的小客车为标准，据实测采用1.2m。“物高”的取值，考虑经济性和安全性，考察道路上可能的各种障碍物以及汽车底盘离地的最小高度，它变化在0.14～0.20m之间，故规定“物高”为0.1m。

1）停车视距

停车视距由三部分组成，分解为驾驶员反应时间行驶距离 S_1、制动距离 S_2 和安全停车距离 l_0，见图1-4-11，即

$$S_{停} = S_1 + S_2 + l_0 (\mathrm{m})$$

式中：S_1——驾驶员反应时间所行驶的距离，m；

S_2——制动距离，即驾驶员开始制动到安全停止时所行驶的距离，m；

l_0——安全距离，一般可取3～5m。

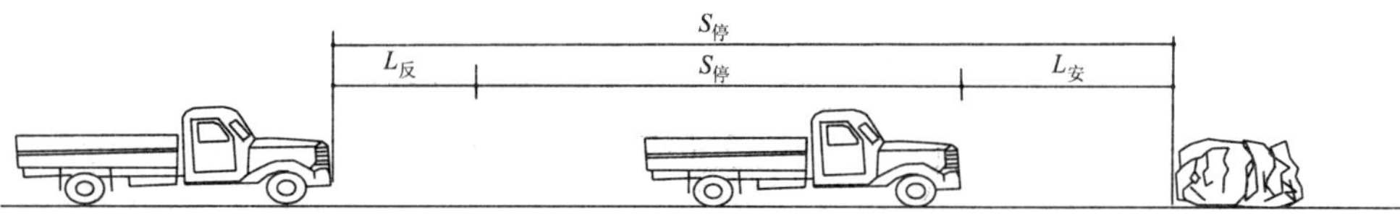

图1-4-11　停车视距

根据各部分距离的计算公式，可得停车视距计算公式为：

$$S_{停} = \frac{v'_0}{3.6}t + \frac{kv'^2_0}{254(\varphi \pm i)} + l_0 (\mathrm{m}) \tag{1-4-28}$$

式中符号意义同前。

城市道路停车视距要求见表1-4-10。

城市道路停车视距　　表1-4-10

计算行车速度(km/h)	80	60	50	45	40	35	30	25	20	15	10
停车视距(m)	110	70	60	45	40	35	30	25	20	15	10

2）会车视距

会车视距由三部分组成，分解为双方驾驶员反应时间行驶距离、双方汽车的制动距离及安全停车距离，见图1-4-12。

如车速为v'_{01}和v'_{02}的两汽车分别行驶在纵坡为i_1和i_2的路面上，则会车视距为：

$$S_{会}=\frac{v'_{01}}{3.6}t+\frac{v'_{02}}{3.6}t+\frac{kv_{01}^2}{254(\varphi+i_1)}+\frac{kv_{02}^2}{254(\varphi+i_2)}+l_0 \tag{1-4-29}$$

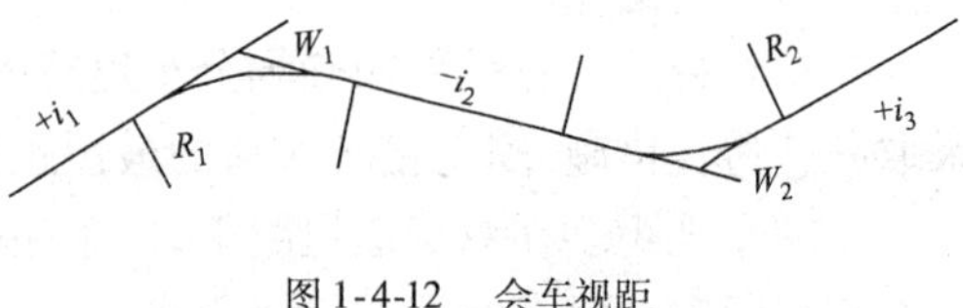

图1-4-12　会车视距

3）超车视距

超车视距全程可分解为四个阶段：加速行驶距离$S_1\left(S_1=\frac{v''_0}{3.6}t_1+\frac{1}{2}a_1t_1\right)$、超车汽车在对向车道上的行驶距离$S_2\left(S_2=\frac{v'_0}{3.6}t_2\right)$、超车完成后超车和对向汽车之间的安全距离$S_3$（$S_3=15\sim100$m）、超车汽车在超车过程中对向汽车行驶距离$S_4\left[S_4=\frac{v'_0}{3.6}(t_1+t_2)\right]$；考虑地形复杂地点，取$S'_4=\frac{2}{3}S_2$，故最小必要的超车视距计算公式为：

$$S_{超}=\frac{v''_0}{3.6}t_1+\frac{1}{2}a_1t_1+\frac{v'_0}{3.6}t_2+S_3+\frac{2}{3}\times\frac{v'_0}{3.6}t_2 \tag{1-4-30}$$

式中：v''_0——被超车汽车速度，km/h；

v'_0——超车汽车速度，km/h；

a_1——平均加速度，m/s^2；

t_1——加速时间，s；

t_2——汽车在对向车道上行驶时间，s。

2.各级道路对视距的要求

在一条道路的车流中，经常会出现停车、错车、会车和超车，特别是我国以混合交通为主的双车道道路上更是如此。在各种行车视距中，以超车视距为最长，如果所有暗弯和凸形竖曲线处都能保证超车视距的要求当然最好，但事实上是很难做到的，也是不经济的，故对于不同的道路按其实际的需要作出不同的规定。

停车视距是最起码的要求，任何道路都应该保证。对于快、慢车分车道行驶的多车道道路可不要求超车视距；有中央分隔带的道路不存在会车和错车的问题；在路中央划线，严格实行分车道行驶的双车道道路有停车视距就够了。

城市道路由于其车辆交通的特殊性，尤其是非机动车交通的影响，一般不允许超车行驶。

3.平面视距的保证

汽车在弯道上行驶时，弯道内侧的行车视线可能被树木、建筑物、路堑边坡或者其他障碍物所遮挡，因此在路线设计时必须检查平曲线上的视距是否得到保证，如有遮挡时，必须清除视距内侧横净距范围的障碍物。所谓横净距，即道路曲线最内侧的车道中心线行车轨迹由安全净距两端点连线所构成的曲线内侧空间的界限(即包络线)的距离。

●第五节 平面线形的设计与调整●

一、直线的运用

直线是两点间距离最短的线形,一般情况下,这种线形测设、施工简单,视线良好,运行距离短,可降低汽车的运营成本,因而在城市道路设计中被广泛运用。

但由于直线线形的灵活性差,受地形、环境等条件限制,并且线形很容易导致驾驶员的思想麻痹,经常性超车,从而容易引发交通事故。因此,在道路平面设计中,过长或过短的直线都有可能对安全、经济快速和舒适的行车造成不利的影响,因此都不是好的线形,需要加以限制。

1)直线的最大长度

过长的直线街景单调,容易使驾驶员感到单调、疲倦,使驾驶员注意力不集中,于是产生想尽快驶出直线的急躁情绪,加速以致超出设计车速,容易导致交通事故。

而城市道路由于交叉口多,且道路两侧的景观不会很单调,无论是驾驶员还是乘客均不会产生上述不良反应,因此,城市道路设计对直线最大长度可不加限制。

2)直线的最小长度

互相通视的两同向曲线间若插入短直线,容易产生把直线和两端的曲线看成反向曲线的错觉,当直线过短时甚至把两个曲线看成一个曲线,这种线形破坏了线形的连续性,且容易造成驾驶操作的失误,设计中应尽量避免。大量的观测资料表明,汽车行驶速度越快,驾驶员所观测的汽车前方的路况越远,这个距离在数值上大约是行车速度 v'_0(以 km/h 计)的 6 倍(以 m 计),所以规定同向曲线间的直线长度以不小于 $6v'_0$ 为宜。这一要求,在计算行车速度较高($v'_0 \geq 60$km/h)的道路上应尽可能保证。

转向相反的两曲线之间,考虑到为设置超高和加宽缓和以及驾驶员转向操作的需要,其间的直线最小长度(以 m 计)以不小于设计车速 v'_0(以 km/h 计)的 2 倍为宜。

二、圆曲线的运用

圆曲线与直线一样是城市道路的基本线形,在线形设计中,若能结合地形选用恰当的圆曲线半径,可以取得良好的线形效果,所以在选用圆曲线半径时,应考虑以下几方面的要求:

(1)在选用圆曲线半径时,应与设计速度相适应,并应尽可能选用较大的圆曲线半径。

(2)在一般情况下,以采用极限半径的 4 ~ 8 倍为宜,当条件受限制时,也应选用大于或等于一般最小半径,只有受地形限制及遇到其他特殊困难时才可采用极限最小半径。

(3)圆曲线半径过大也无实际意义,故一般不宜大于 10000m。

(4)桥位两端设置圆曲线时,一般大于一般最小半径。

(5)隧道内必须设置圆曲线时,应大于不设超高最小半径。

(6)长直线或陡坡尽头,不得采用小半径圆曲线。

(7)不论偏角大小,均应设置圆曲线。

受地形、地物限制的地方,设计时往往不能先选定曲线半径,然后计算曲线要素;多是由实际地形条件先确定曲线的切线、外距等数据，并根据圆曲线各项数据间的几何关系，求出地形条件限制下所能提供的最大圆曲线半径，并按下列规定进行取整。将求得的最大曲线半径与技术标准的规定值比较，如认为不符合技术标准时，则需要采取一些必要措施，以保证交通安全。

半径的取值：

当 $R \leqslant 125\text{m}$ 时，R 值取 5 的倍数；

当 $125\text{m} < R \leqslant 150\text{m}$ 时，R 值取 10 的倍数；

当 $150\text{m} < R \leqslant 500\text{m}$ 时，R 值取 50 的倍数；

当 $R > 500\text{m}$ 时，R 值取 100 的倍数。

三、缓和曲线的运用

缓和曲线是平面线形中的一种主要线形。对于缓和曲线的运用，具体有以下几方面的要求：

(1)回旋线在线形设计中应作为主要线形要素加以运用。

(2)在确定回旋线参数时，应在下述范围内选定：

$$\frac{R}{3} \leqslant A \leqslant R$$

式中字符意义同前。

(3)当 R 接近于 100m 时，取 A 等于 R；当 R 小于 100m 时，则取 A 等于或大于 R。当 R 较大或接近于 3000m 时，取 A 等于 $R/3$；当 R 大于 3000m 时，则取 A 小于 $R/3$。

四、曲线的组合

1. 同向曲线

同向曲线指转向相同的相邻两曲线，如图 1-4-13a)所示。两同向曲线之间用短直线相连而成的曲线称为断背曲线，它破坏了平面线形的连续性，应该避免。同向曲线之间的最小长度应该大于或等于 6 倍的计算行车速度(表 1-4-11)。

2. 反向曲线

反向曲线指转向相反的两相邻曲线，如图 1-4-13b)所示。反向曲线间的最小直线长度宜大于或等于 2 倍的计算行车速度(表 1-4-11)。

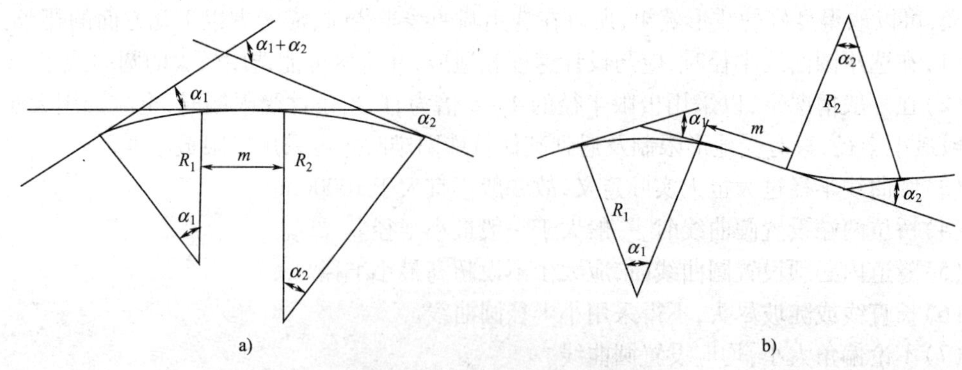

图 1-4-13　同向曲线与反向曲线

a)同向曲线；b)反向曲线

曲线间直线的最小长度 表 1-4-11

设计车速(km/h)			80	60	40	30	20
最小直线长度(m)	同向曲线间	一般值	480	360	240	180	120
		特殊值	—	—	100	75	50
	反向曲线		160	120	80	60	40

3. 复曲线

复曲线是指两同向曲线直接相连组合而成的曲线,如图 1-4-14 所示。城市道路半径不同的同向曲线符合下列条件之一时,可以构成复曲线。

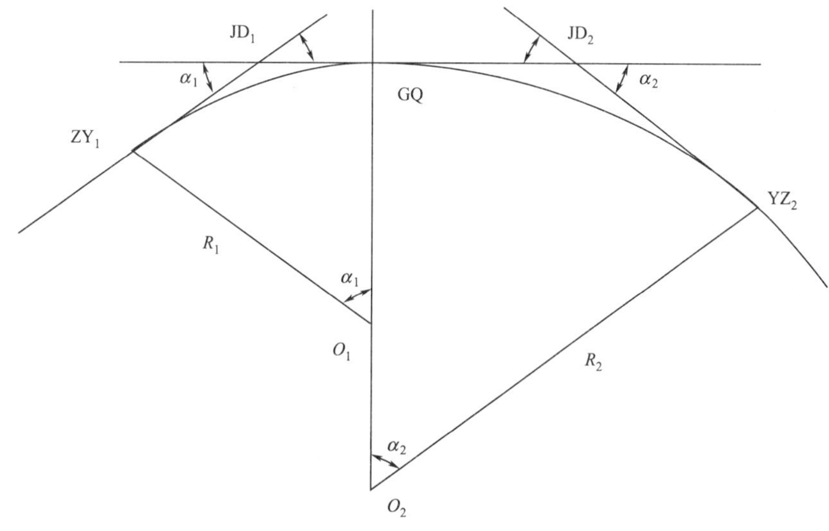

图 1-4-14 复曲线

(1)小圆半径大于不设缓和曲线的最小半径时;

(2)小圆曲线按规定设置最小缓和曲线长度,且其大圆与小圆内移值之差不超过 0.10m 时;

(3)计算行车速度 $v'_0 \geq 80$km/h,$R_1 : R_2 < 1.5$ 时;

(4)计算行车速度 $v'_0 < 80$km/h,$R_1 : R_2 < 2.0$ 时。

当复曲线的两圆曲线超高不同时,应该按照超高坡差从公切点向较大半径曲线内插入超高加宽过渡段,其长度为两超高缓和段长度之差或超高坡差相应的超高缓和长度。

五、直线、圆曲线和缓和曲线的组合

1. 基本型

基本型是按照直线—缓和曲线—圆曲线—缓和曲线—直线组合而成的平面线形,如图 1-4-15所示。

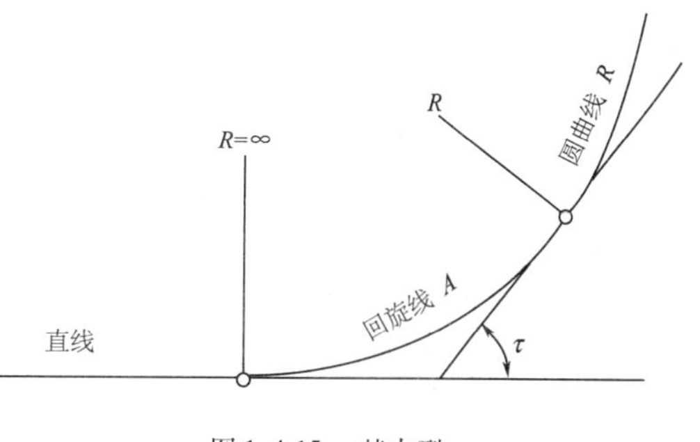

图 1-4-15 基本型

基本型中的回旋线参数、圆曲线最小长度都应符合有关规定,两个回旋线可以设置成相等的对称曲线，也可以根据地形条件设计成不相等的非对称曲线。从线形的协调性来看，宜将回旋线、圆曲线、回旋线长度之比设计成1∶1∶1。

2. S形

S形是两个反向曲线用缓和曲线连接的组合，如图1-4-16所示。

S形相邻两个回旋线参数A_1和A_2宜相等。当采用不同的参数时，A_1和A_2之比（大值比小值）应该小于2.0，有条件时A_1和A_2以小于1.5为宜。此外，在S形曲线上，两个反向回旋线之间不设直线，是行驶力学上所希望的，不得已插入直线或两个回旋线重合时，必须尽量短，直线段或重合段的长度应满足下式的要求：

$$l \leqslant \frac{A_1 + A_2}{40} \tag{1-4-31}$$

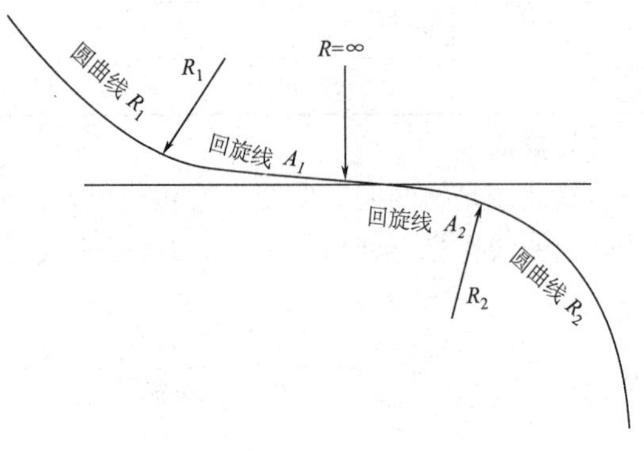

图1-4-16　S形

式中：l——S形曲线间短直线或重合段的长度，m；

A_1、A_2——回旋线参数。

上述计算中间短直线长度的公式是根据超高折减推导出来的。如果中间直线超过上述长度，则认为是两个基本型的曲线而不是S形曲线了。

S形两圆曲线半径之比不宜过大，宜为

$$\frac{R_2}{R_1} = 1 \sim \frac{1}{3} \tag{1-4-32}$$

式中：R_1——大圆半径，m；

R_2——小圆半径，m。

3. 卵形

卵形是用一个回旋线连接两个同向圆曲线的组合，如图1-4-17所示。

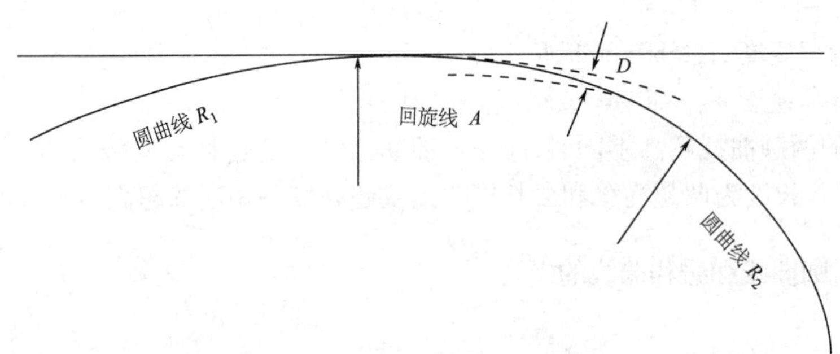

图1-4-17　卵形

卵形曲线的回旋线参数A不应该小于城市道路关于回旋线最小参数的规定，同时应该控制在下列界限之内：

$$\frac{R_1}{2} \leqslant A \leqslant R_2 \tag{1-4-33}$$

两圆曲线半径之比宜在下列范围之内：

$$0.2 \leqslant \frac{R_2}{R_1} \leqslant 0.8 \tag{1-4-34}$$

两圆曲线的间距，宜在下列界限之内：

$$0.003 \leqslant \frac{D}{R_2} \leqslant 0.03 \tag{1-4-35}$$

式中：D——两圆曲线的最小间距。

其余符号意义同前。

4. 凸形

凸形是两个同向回旋线间不插入圆曲线而径相衔接的组合，如图 1-4-18。在凸形曲线中，回旋线参数及其连接点的曲率半径，应分别符合容许最小回旋线参数和圆曲线半径的规定。一般情况下最好不要使用凸形曲线组合，只有在地形受限制的山嘴处，使用凸形曲线可以显著减少开挖工程量时才采用。

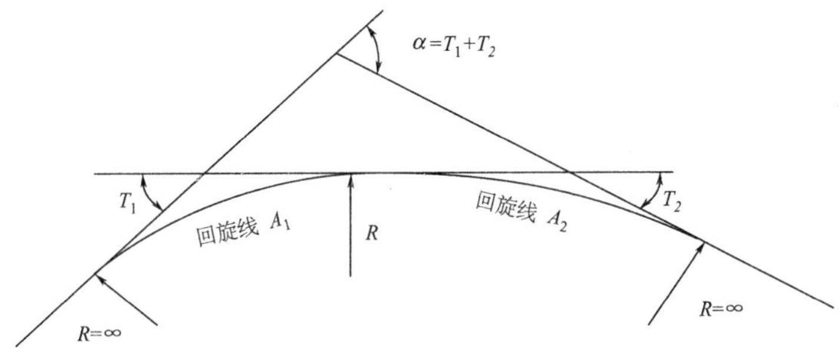

图 1-4-18　凸形

5. 复合形

复合形是两个或两个以上的回旋线在曲率相等处相互连接的形式，如图 1-4-19 所示，复合型两个回旋线参数之比宜为：

$$A_1 : A_2 = 1 : 1.5 \tag{1-4-36}$$

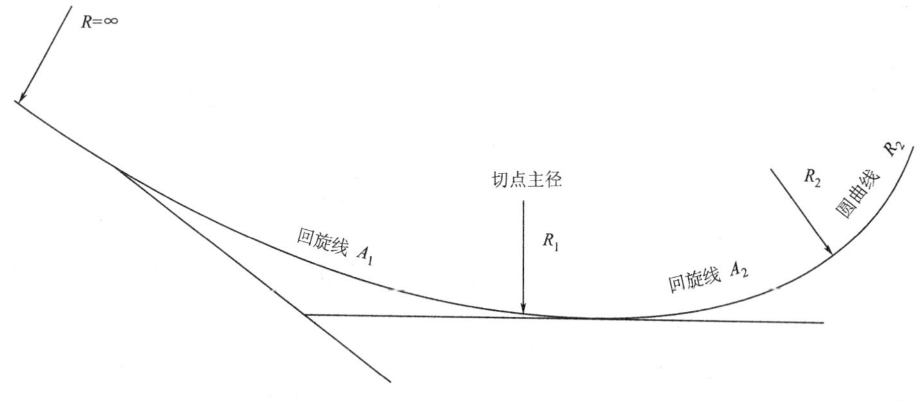

图 1-4-19　复合型

复合型回旋线除了有地形或者其他特殊限制的地方外，一般很少使用，多使用在互通式立交的匝道设计中。

6. C 形

C 形是同向曲线在两回旋线在曲率为零处径向衔接的形式，如图 1-4-20 所示。其连接处的曲率为零，也就是 $R=\infty$，相当于两个基本型的同向曲线之间的直线长度为零。C 形曲线对行车和线形都会带来一些不利影响，只有在特殊地形条件下才允许使用。

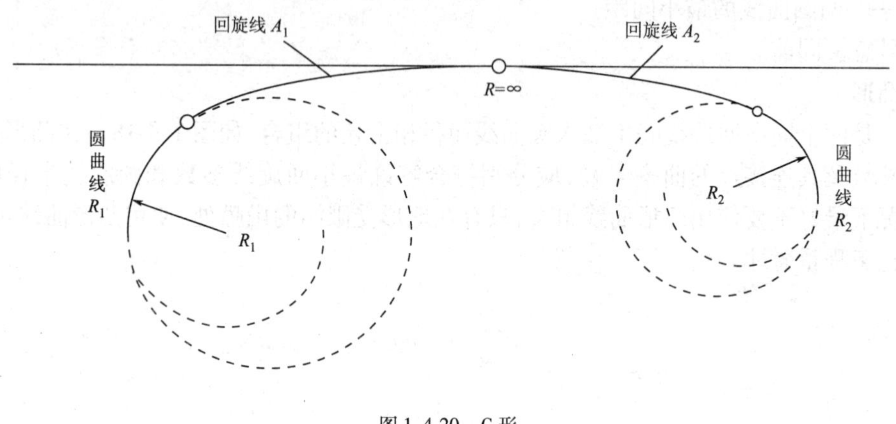

图 1-4-20　C 形

第六节　城市道路平面设计成果

完成路线平面设计以后应该立即清绘各种图纸和表格。其中主要的图纸有：路线平面设计图、路线交叉口设计图、道路平面布置图、纸上移线图等。主要的表格有：直线、曲线及转角表、逐桩坐标表、总里程及断链桩号等。

1. 直线、曲线及转角表

该表全面反映了路线的平面位置和路线平面形状的各项指标，它是道路平面设计的主要成果之一。只有在完成该表之后，才能据此计算“逐桩坐标表”和绘制“路线平面设计图”，同时在作路线纵断面设计、横断面设计和其他构造物设计中都要用到该表的数据。

2. 路线平面设计图

路线平面设计图是道路设计文件的重要组成部分。该图全面、清晰地反映了道路平面位置和经过地区的地形、地物等，它是设计人员设计意图的重要体现。平面设计图对提供有关部门审批、专家评议、日后指导施工、恢复定线等方面均有重要作用。

3. 绘图比例尺和测绘范围

比例尺采用 1:500 或 1:1000 的比例尺绘制。绘图的范围，视道路等级而定，通常在道路两侧红线以外各 20～50m 或中线以外 50～150m，特殊情况例外。

4. 道路平面设计图的内容及绘制方法

(1)规划红线。道路红线是道路用地与城市其他用地的分界线，红线之间的宽度也就是城市道路的总宽度，所以当道路的中心线划出以后，则应按城市道路的规划宽度划出道路红

线,如果有远期规划和近期规划,都应划出并注明。

(2)坡口、坡脚线。新建道路由于原地面高低起伏必须有填有挖。填方路段在平面图中应划出路基的坡脚线;挖方路段划出路基的坡口线。

在路基横断面上,量出坡口或坡脚或坡脚至中线的距离,点绘在平面图中相应桩号的横断面线上(左、右侧),然后用平滑的曲线分别将坡口点、坡脚点顺序连接,最后划上示坡线。

(3)车道线。城市道路的车道线是城市道路平面设计图中的重要内容。在路幅宽度内,有机动车道、非机动车道,在机动车道中还分快车道、慢车道等。各种车道线的位置、宽度可在横断面布置图中查得,一一画在平面图中。车道的曲线部分应按设计的圆曲线半径、缓和曲线长度绘制。各车道之间的分隔带、路缘带等也应绘出。

(4)人行道、人行横道线和交通岛。

(5)地上、地下管线和排水设施。各处地上、地下管线的走向和位置、雨水进水口、窨井、排水沟等都应在图中标出。必要时需另外绘制排水管线平面图纸。

(6)交叉口。平面交叉口、立体交叉口虽然有专门的设计图,但在平面设计中也应按照比例尺画出,并详细注明交叉口的各路去向、交叉角度、曲线元素以及路缘石转弯半径。

一张完整的平面设计图,除了清楚和正确地表达上述设计内容外,还可对某些细部设施或构建画出大样图。最后在图中的空白处作一些简要的工程说明,如工程范围、采用坐标系、引用的水准点位置等。

复习思考题

1.城市道路的最小平曲线半径有哪几种?分别在何种情况下使用?

2.缓和曲线有哪些作用?如何确定缓和曲线的最小长度?

3.什么是超高缓和段?什么是超高渐变率?如何确定超高渐变率和超高缓和段长度?

4.为什么要设置加宽?加宽值如何确定?

5.缓和曲线长度和超高缓和段、加宽缓和段之间有什么关系?它们之间有什么区别和联系?

6.平面线形组合形式有哪些?分别叙述各种形式的设计要点。

7.行车视距有哪些?停车视距有哪几部分组成?一般请况下如何保证和选择确定各类视距?

8.平面设计图应包括哪些内容?

9.某城市道路在一建筑物和湖泊之间穿越(图1-4-21),道路主干道规划红线宽度为45m。已知湖泊边到转折点距离 $B=14.12\text{m}$,建筑物到转折点距离为 $A=80.12\text{m}$,弯道的转折角 $\alpha=50^\circ$。根据规划和水利部门要求,建筑物不能拆除,湖泊最多允许占填1m,求弯道的半径 R 的范围为多少?

10.道路红线宽度为40m,路旁有一不允许拆除的重要结构物,若设计车速 $v'_0=50\text{km/h}$,

路拱横坡度 $i=0.02$，推荐半径的 $\mu=0.08$，问弯道的最大半径为多少？此时是否要设置超高或限制车速？若需要设置，其值为多少？

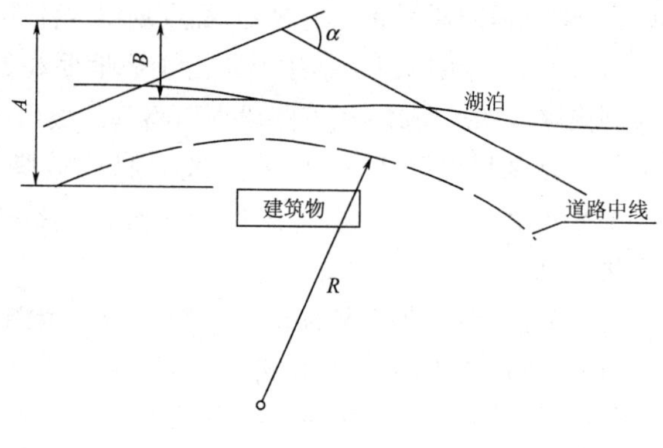

图　1-4-21

11. 某市一城市主干道，设计车速 50km/h，上有一弯道，取曲线半径 $R=300\text{m}$，交点 JD 的桩号为 K7 + 374.65，转角 $\alpha=48°20'30''$，试计算该曲线上设置缓和曲线后的五个主点桩号。

第五章

城市道路纵断面设计

知识目标

1. 描述纵断面设计的一般原则；
2. 描述纵坡设计一般要求及各类坡度和坡长的要求；
3. 描述纵面和平面线形的组合原则,并分析组合的合理性；
4. 描述纵断面设计的步骤及纵断面图的基本组成要素。

能力目标

1. 进行竖曲线半径的选定和竖曲线要素及竖曲线上各桩高程的计算；
2. 进行锯齿形街沟设计计算。

●第一节　概　　述●

城市道路的纵断面是指沿道路中线的竖向剖面。它是城市道路设计的重要技术图表之一,它主要反映路线起伏、纵坡与原地面的填挖情况,把道路的纵断面图与平面图、横断面图结合起来,就能完整地将道路的空间位置和立体线形充分表达出来。

道路的纵断面线形应根据道路的性质、任务、等级和地形、地物、地质、水文等因素,考虑路基稳定、排水及工程量等的要求,对纵坡的大小、坡长、竖曲线半径大小以及平面线形的组合关系等进行设计。

城市道路纵断面设计的一般原则如下：

(1)纵断面设计应参照城市规划控制高程并适应临街建筑立面布置及沿路范围内地面水的排除。

(2)为保证行车安全、舒适、纵坡宜缓顺,起伏不宜频繁。

(3)山城道路及新辟道路的纵断面设计应综合考虑土石方平衡、汽车运营经济效益等因素,合理确定路面设计高程。

(4)机动车与非机动车混合行驶的车行道,宜按非机动车爬坡能力设计纵坡度。

(5)纵断面设计应对沿线地形、地下管线、地质、水文、气候和排水要求综合考虑。

①路线经过水文地质条件不良地段时,应提高路基高程以保证路基稳定。当受规划控制高程限制不能提高时,应采取稳定路基措施。

②旧路改建在旧路面上加铺结构层时,不得影响沿路范围的排水。

③沿河道路应根据路线位置确定路基高程。位于河堤顶的路基边缘应高于河道防洪水位0.5m。当岸边设置挡水设施时,不受此限。位于河岸外侧道路的高程应按一般道路考虑,符合规划控制高程要求,并应根据情况解决地面水及河堤渗水对路基稳定的影响。

④道路纵断面设计要妥善处理地下管线覆土的要求。

⑤道路最小纵坡度应大于或等于0.5%,困难时可大于或等于0.3%,遇特殊困难,纵坡度小于0.3%时,应设置锯齿形偏沟或采取其他排水措施。

(6)山城道路应控制平均纵坡度。越岭路段的相对高差为200~500m时,平均纵坡度宜采用4.5%;相对高差大于500m时,宜采用4%,任意连续3000m长度范围内的平均纵坡度不宜大于4.5%。

•第二节 纵 坡 设 计•

一、最 大 纵 坡

最大纵坡是指在各级道路中允许采用的最大坡度值,是道路纵断面设计的重要控制指标。在地形起伏较大的地区,直接影响道路的使用质量、运输成本和造价。

各级道路的最大纵坡值是根据汽车的动力特性、道路等级、设计车速、自然条件以及工程、运营经济等因素,通过综合分析、全面考虑,合理确定的。

城市道路机动车道最大纵坡见表1-5-1。城市道路的非机动车车道的纵坡宜小于2.5%。

城市道路机动车道最大纵坡　　表1-5-1

计算行车速度(km/h)	80	60	50	40	30	20
最大纵坡值(%)	4	5	5.5	6	7	8

二、最 小 纵 坡

城市道路通常低于两侧街坊,两侧的街坊雨水排向车道的街沟,然后顺街沟的纵坡流入沿街沟布置的雨水口,再由地下的管线通到雨水管道,因此道路的最小纵坡应该能够保证排水和管道不淤塞所必需的最小纵坡,其值为0.3%。如果遇到特殊困难情况,纵坡必须小于0.3%时,应该设置锯齿形街沟。

三、坡长限制与缓和坡段

1. 坡长限制

坡长限制包括最小坡长和最大坡长。

1)最小坡长限制

最小坡长的限制主要是考虑汽车行驶平顺性的要求。如果坡长过短,使变坡点增加,汽车行驶在连续起伏地段产生的超重和失重变化频繁,导致乘客感觉不舒适,车速越高这一现象越严重。从路容美观、相邻两竖曲线的设置和纵面视距等角度考虑,也要求坡长应有一最短的长度。

城市道路最短坡长的规定见表1-5-2,在平面交叉口、立体交叉的匝道以及过水路面地段,

最短坡长可不受此限制。

城市道路最短坡长 表 1-5-2

计算行车速度(km/h)	80	60	50	40	30	20
最短坡长(m)	290	170	140	110	85	60

2)最长坡长限制

道路纵坡大小对汽车的正常行驶影响很大。纵坡越陡,坡长越长,对行车的影响越大,主要表现在:上坡行驶时行车速度下降,甚至要换较低排挡以克服坡度阻力,易使水箱"开锅",导致汽车爬坡无力,甚至熄火;下坡行驶时汽车制动频繁,易使制动片发热而失效,甚至造成车祸。

影响最长坡长的因素有很多,例如海拔高度、装载、滚动阻力系数、油门开启程度及挡位等。要从理论上确切计算由希望车速到允许车速的最大坡长是困难的,必须结合试验和调查资料综合研究后确定。城市道路机动车车行道的最大坡长见表 1-5-3。

城市道路最大纵坡长度限制 表 1-5-3

计算行车速度(km/h)	80			60			50			40		
纵坡坡度(%)	5	5.5	6	6	6.5	7	6	6.5	7	6.5	7	8
最大坡长限制(m)	600	500	400	400	350	300	350	300	250	300	250	200

2. 缓和坡段

在纵断面设计中,当陡坡的长度达到限制坡长时,应安排一段缓坡,用以恢复在陡坡上降低的速度。同时,从下坡安全考虑,缓坡也是需要的。在缓坡上汽车将加速行驶,理论上这个长度应适应这个加速过程的需要,但实际设计中很难满足这个要求。

缓和坡段的纵坡应不大于3%,其长度应不小于最短坡长。缓和坡段的具体位置应结合纵向地形起伏情况,尽量减少填、挖方工程数量,同时应考虑路线的平面线形要素。在一般情况下,缓和坡段宜设置在平面的直线或较大半径的平曲线上,以便充分发挥缓和坡段的作用,提高整条道路的使用质量。在必须设置缓和坡段而地形又困难的地段,缓和坡段必须设置在半径较小平曲线之外,这种要求对提高行驶质量,保证行车安全是非常有意义的。

四、平均坡度

平均坡度是指一定长度的路段纵向所克服的高差和路线长度之比,是为了合理运用最大纵坡、坡长和缓和坡段的规定,保证车辆安全顺利行驶的限制性条件。

根据对山区道路行车的实际调查发现,有时虽然道路纵坡设计完全符合最大纵坡、坡长限制以及缓和坡段的规定,但也不一定能保证行车顺利安全。

五、合成坡度

合成坡度是指由道路纵坡和弯道超高横坡或路拱横坡组合而成的坡度,其方向为水流线的方向。合成坡度的计算公式为:

$$i_{合} = \sqrt{i_h^2 + i^2} \tag{1-5-1}$$

式中:$i_{合}$——合成坡度,%;

i_h——超高横坡度或者路拱横坡度,%;

i——路线设计纵坡度,%。

有平曲线的坡道上,最大纵坡不是纵坡方向也不是横坡方向,而是在两者组合的流水线方向。将合成坡度控制在一定范围内,目的是尽可能避免急弯和陡坡的不利组合,防止因合成坡度过大而引起的横向滑移或行车危险,保证车辆在弯道上安全而顺适地行驶。

当陡坡与小半径曲线组合时,在条件许可的情况下,宜采用较小的合成坡度,特别是在冬季路面有积雪、结冰的地区,自然横坡较陡的傍山路段及非汽车交通比例较高的路段,其合成坡度必须小于8%(表1-5-4)。

城市道路最大允许合成坡度　　表1-5-4

计算行车速度(km/h)	80	60	50	40	30	20'
最大纵坡值(%)	7	6.5		7		8

在应用允许最大合成坡度时,用规定值如10%来控制时,并不意味着横坡为10%的弯道上就完全不允许有纵坡。无论是纵坡还是横坡,任何一方采用最大值时,允许另一方采取缓一些的坡度,一般以不大于2%为宜。

以上是最大合成坡度的规定。相反,合成坡度过小也不好,它会导致路面排水不畅,影响行车安全。各级道路最小合成坡度不宜小于0.5%。当合成坡度小于0.5%时,应采取综合排水措施,以保证路面排水畅通。

● 第三节　竖曲线设计 ●

纵断面上两相邻纵坡线的交点为变坡点。为保证行车安全、舒适和视距的需要而在变坡点处所设置的纵向曲线称为竖曲线。变坡点处的转角称为变坡角,以 ω 表示,ω 的大小近似等于相邻两纵坡度的代数差,即

$$\omega = i_1 - i_2$$

式中:ω——变坡角;

i_1、i_2——分别为相邻纵坡线的坡度值,上坡为正,下坡为负。

如图1-5-1所示,$\omega_1 = i_1 - (-i_2) = i_1 + i_2$,$\omega_1$ 为正,变坡点在曲线上方,称为凸形竖曲线;$\omega_2 = -i_2 - i_3 = -(i_2 + i_3)$,$\omega_2$ 为负,变坡点在曲线下方,为凹形竖曲线。

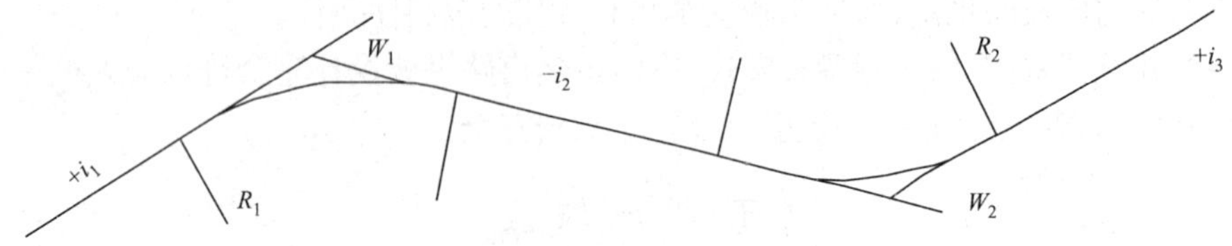

图1-5-1　竖曲线与变坡角

我国规定各级公路和城市道路在变坡点处均应设置竖曲线,竖曲线形式为二次抛物线,因为在应用范围内圆形和二次抛物线线形差别不大,用圆曲线半径表示更为方便,所以竖曲线半径均以圆曲线半径表示。

设置竖曲线的主要作用有:

①确保道路纵向行车视距。

②缓和汽车在变坡点处行驶的冲击作用。

③将竖曲线和平曲线恰当组合,有利于路面排水和改善行车的视线诱导以及舒适感。

一、竖曲线要素计算

竖曲线通常为抛物线,但目前多采用圆形竖曲线。竖曲线的各基本要素如图 1-5-2 所示,可按下列近似公式计算:

$$\omega = i_1 - i_2 \tag{1-5-2}$$

$$T = \frac{1}{2}R \cdot \omega \tag{1-5-3}$$

$$L = 2T \tag{1-5-4}$$

$$y = \frac{x^2}{2R} \tag{1-5-5}$$

$$E = \frac{T^2}{2R} = \frac{L^2}{8R} = \frac{R \cdot \omega^2}{8} \tag{1-5-6}$$

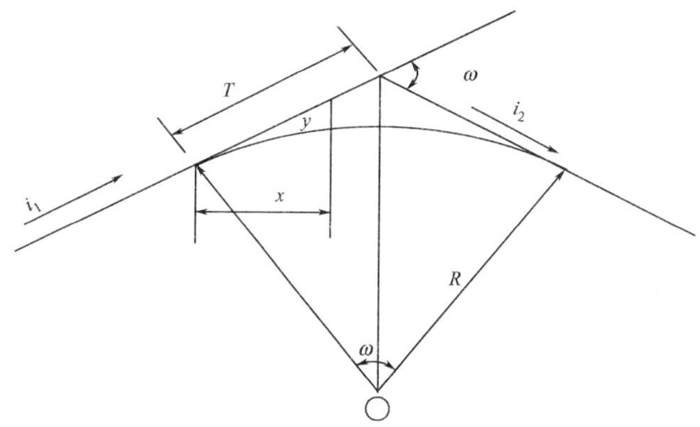

图 1-5-2 竖曲线要素计算图

【例 1-5-1】 已知某 I 级城市主干道,其计算行车速度为 60km/h,设计纵坡分别为 i_1 = 2%,i_2 = -1%,变坡点桩号为 K0 +475,设计高程为 $H_{中}$ = 20.0m,试合理确定竖曲线半径并计算竖曲线各要素以及竖曲线上各点高程。

解:(1)选定竖曲线半径和计算各要素。

根据 I 级城市主干道的计算行车速度查表 1-5-6,结合地形取 R = 5000m。各要素计算如下:

$$\omega = i_1 - (-i_2) = i_1 + i_2 = 0.02 + 0.01 = 0.03$$

$$L = R\omega = 5000 \times 0.03 = 150(\text{m})$$

$$T = \frac{L}{2} = 75(\text{m})$$

$$E = \frac{T^2}{2R} = \frac{75^2}{2 \times 5000} = 0.56(\text{m})$$

(2)计算各点高程。

(3)各桩高程计算。

为了便于施工,在竖曲线上一般每隔20m设一整桩,各桩号的设计高程计算如下:

竖曲线起点桩号为:$K0+475-T=K0+475-75=K0+400$

竖曲线终点桩号为:$K0+400+L=K0+400+150=K0+550$

起点高程计算:$H_{起}=H_{中}-T\cdot i_1=20.0-75\times0.02=18.5$(m)

终点高程计算:$H_{终}=H_{中}-T\cdot i_2=20.0-75\times0.01=19.25$(m)

桩号K0+420高程:

$$H_{K0+420}=H_{起}+x\cdot i_1-\frac{x^2}{2R}=18.5+20\times0.02-\frac{20^2}{2\times5000}=18.86(\text{m})$$

其余计算结果见表1-5-5。

竖曲线计算表　　表1-5-5

桩　　号	切线高程 $H_{起(终)}+x\cdot i_1(i_2)$ (m)	高程改正值 $y=\frac{x^2}{2R}$	竖曲线各桩高程(m)
K0+400	18.5	0	18.5
K0+420	18.5+20×0.02=18.9	0.04	18.86
K0+440	18.5+40×0.02=19.3	0.16	19.14
K0+460	18.5+60×0.02=19.7	0.36	19.34
K0+475	20.0	$E=0.56$	19.44
K0+490	19.25+60×0.01=19.85	0.36	19.49
K0+510	19.25+40×0.01=19.65	0.16	19.49
K0+530	19.25+20×0.01=19.45	0.04	19.41
K0+550	19.25	0	19.25

注:表中x为各桩至起点或终点的曲线长,y为切线和曲线间的高差改正值。

二、竖曲线的半径

凸形竖曲线半径的选定应该能够提供汽车行驶所需要的视距,以保证汽车能够安全迅速地行驶。而凸形变坡点处的视距与变坡角的大小和驾驶员视线高度有密切关系。当变坡角较小时,不设置竖曲线也能保证视距,但当变坡角较大时,如果不设置竖曲线,就可能影响视距。除视距的要求外,在确定凸形竖曲线半径时还应该考虑缓和冲击的作用,以使汽车在驶过变坡点处能够保证舒适和顺畅。

凹形竖曲线主要为缓和汽车行车时的颠簸与振动而设置。汽车沿凹形竖曲线路段行驶时,在重力方向受到离心力作用而发生颠簸和引起弹簧荷载增加,因此在确定凹形竖曲线半径时,要对离心加速度予以限制。凹形竖曲线半径,应尽量采用竖曲线一般最小半径的数值,其值约为极限最小半径的1.5倍。

竖曲线半径应尽量取较大值,以利于视觉和安全。

城市道路竖曲线半径(m)见表1-5-6。

城市道路竖曲线半径 表1-5-6

竖曲线半径(m) \ 计算行车车速(km/h)		80	60	50	40	30	20	15
凸形	极限最小半径	3000	1200	900	400	250	100	60
	一般最小半径	4500	1800	1350	600	375	150	90
凹形	极限最小半径	1800	1000	700	450	250	100	60
	一般最小半径	2700	1500	1050	675	375	150	90

纵坡代数差较小时,竖曲线应采用较大半径,当受条件限制时,方可使用表列一般最小半径;特殊困难时,才允许采用极限值。如采用大半径竖曲线后,曲线上纵坡小于0.3%,且又有一段长度的路段不利排水时(通常发生在两纵坡代数差很小的变坡处),应重新选定坡值,以利排水。

三、竖曲线最小长度

为满足驾驶员操作的需要,竖曲线最小长度L(单位m)按计算行车速度行驶3s的行程计算,用公式表示为:

$$L=\frac{5}{6}v'_0 \tag{1-5-7}$$

我国《公路工程技术标准》(JTG B01—2003)中有关竖曲线最小长度的规定见表1-5-7,城市道路计算行车速度在20~80km/h时,采用表列相同值。

竖曲线最小长度 表1-5-7

计算行车速度(km/h)	120	100	80	60	50	40	30	20
竖曲线最小长度(m)	100	85	70	50	40	35	25	20

●第四节 平面线形和纵断面线形组合设计●

城市道路平面和纵断面线形组合设计是指在满足汽车运动学和力学要求的前提下,结合地形、地物、景观、视觉和经济性等,研究如何满足驾驶员视觉和心理方面的连续性、舒适性及与周围环境相协调,以保证汽车行驶的安全、舒适和经济。

相反,车速越高,驾驶员注视前方越远,而视觉越小。研究表明:驾驶员的注意力集中程度和心理紧张程度随车速的增加而增加。注意力集中点和视野距离随车速增加而增大。高速行驶时,驾驶员对前景细节的视觉开始变得模糊不清。

一、平、纵线形组合设计的原则

(1)应在视觉上能够自然诱导驾驶员的视线,并保持视觉的连续性。

(2)注意保持平、纵线形技术指标大小的均衡。避免出现平面高标准,纵断面低标准,或与此相反的情况,使线形在视觉上、心理上保持协调。

(3)选择组合得当的合成坡度,以利于路面排水和行车安全。

(4)注意与道路周围环境的配合,尽量保持景观的连续性,借以减轻驾驶员的疲劳和紧张程度,并可起引导视线的作用。

二、平曲线和竖曲线的组合

1. 平曲线应与竖曲线相互重合

平曲线应与竖曲线相互重合,使平曲线稍长于竖曲线,并使竖曲线的起、终点分别放在平曲线的两个缓和曲线上,即所谓的“平包竖”。图 1-5-3a)表示的是平曲线和竖曲线一一对应,这种立体线形不仅能起诱导视线的作用,而且能取得平顺、流畅的效果,是最理想的组合。图 1-5-3b)表示的是平、竖曲线相位错开 1/2 的情况,图中①点是竖曲线顶点设在平曲线拐点上,汽车在坡道上行驶不能预见前方平面线形,容易造成驾驶失误,②点是凹形竖曲线底部位于平曲线的拐点上,在视觉上线形扭曲,并且排水不良,是不良组合,应尽量避免。

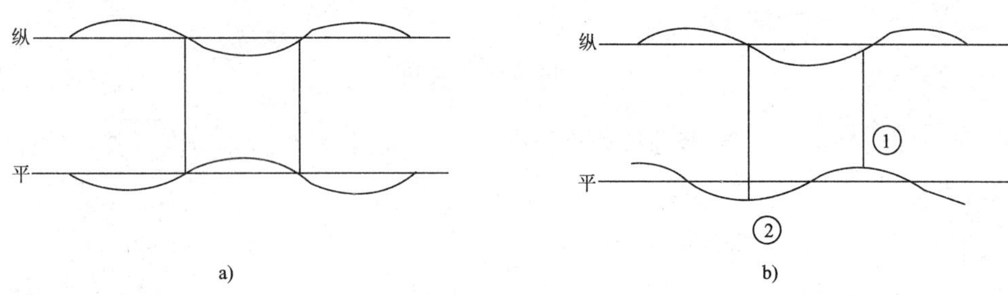

图 1-5-3　平曲线与竖曲线的对应关系

a)对应;b)错开

2. 平曲线与竖曲线大小应该保持均衡

平曲线和竖曲线一方大而平缓,那么另一方就不要形成小而多的局面。一个长的平曲线内有两个或两个以上竖曲线,或者一个大的竖曲线含有两个以上平曲线的情况,都是应该尽量避免的。

平曲线与竖曲线重合时,如果平曲线不大于 1000m,当竖曲线半径为平曲线半径的 10 ~ 20 倍,可在视觉上获得满意的效果。

3. 平、竖曲线应该避免的不利组合

平竖线形不利组合主要有:

(1)小半径竖曲线不宜与缓和曲线相重叠。对于凸形竖曲线,这种组合视线诱导性差,事故率较高;对于凹形竖曲线,这种组合对路面排水不利。

(2)计算行车速度大于等于 60km/h 的道路上,应避免在凸形竖曲线顶部或者凹形竖曲线底部插入小半径平曲线,前者失去诱导视线的作用,驾驶员需接近坡顶才发现平曲线,导致交通事故的增加;后者则是汽车下坡与急转弯的组合,对行车安全不利。

(3)在长平曲线内,如果必须设置几个起伏的纵坡时,必须用透视图对其进行检查,避免出现视线中断的情况,如驼峰、暗凹、跳跃。

为了便于实际运用,把平曲线与竖曲线的组合形象地表示为图 1-5-4 所示的形式。竖曲线的起、终点最好放在平曲线的两个缓和曲线上,而不要放在缓和曲线以外的直线上,也不要放在圆曲线上。若平、竖曲线的半径都很大,则平、竖曲线的位置可不受上述限制;若做不到平、竖曲线较好的组合,最好将其拉开一定的距离,使平曲线位于直坡段或者竖曲线位于平面线形的直线段上。

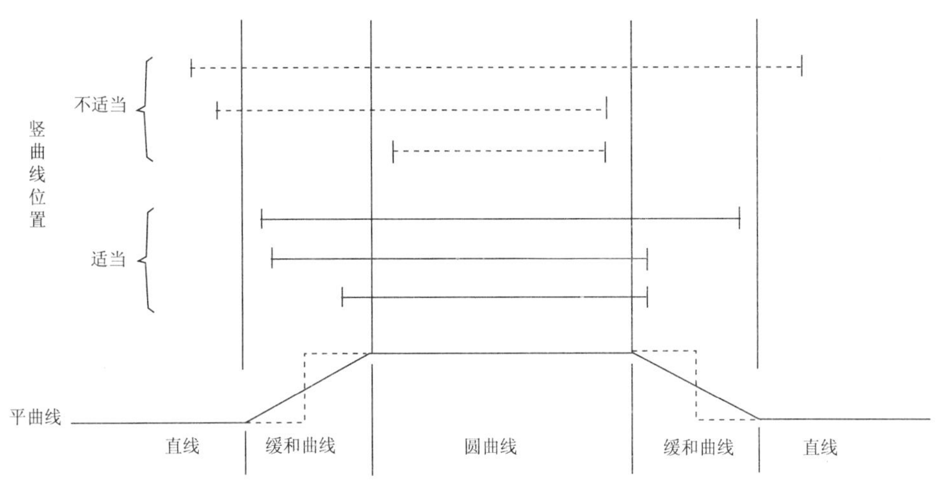

图 1-5-4　平竖曲线的组合原则

三、平、纵线形组合与周围环境的协调配合

道路景观工程包括内部协调和外部协调两个方面。其中内部协调主要指平、纵线形视觉的连续性和立体协调性；而外部协调是指道路与其两侧坡面、路肩、中央分隔带、沿线设施等的协调以及道路的宏观位置。实践证明，线形与景观的配合应该注意以下几个方面：

(1)在道路的规划、选线、设计、施工全过程重视景观的要求。尤其是在规划和选线阶段，比如对风景旅游区、自然保护区、名胜古迹区、文物保护区等景点或其他特殊地区，一般以绕避为主。

(2)尽量少破坏沿线自然景观，避免深挖高填。比如沿线周围的地貌、地形、天然树林、池塘湖泊等。纵面尽量减少填挖；横断面设计要使边坡造型和绿化与现有景观相适应，弥补必要填挖对自然景观的破坏。

(3)应能提供视野的多样性，力求与周围的风景自然地融为一体。充分利用自然景观，如孤山、湖泊等，或者人工建筑物，如水坝、桥梁等，或者在路旁设置一些设施，以消除行车的单调感，并使道路与自然密切配合。

(4)应进行综合绿化设计，将边坡防护与绿化设计相结合，将绿化视作边坡防护、引导视线、点缀风景以及改造环境的一种技术措施进行专门设计。例如，平曲线外侧植树绿化可指引道路方向，诱导视线，预防交通事故。

第五节　锯齿形街沟设计

一、设置锯齿形街沟的目的

我国大部分城市位于地形较平坦处，城市道路设计中为减少填、挖方工程量，保证道路中线高程与两侧建筑物前地坪高程的衔接关系，有时不得不采用很小的甚至是水平的纵坡。这样虽然对车辆行驶有利，但对排水却不利。尽管设置了路拱横坡，但纵坡很小使纵向排水不畅，特别在暴雨或多雨季节，常使路面局部积水，这样既影响了路基路面的稳定性，又妨碍交通。因此，要用各种方法来保证当纵坡很小甚至水平时城市道路路面上的排水，其中锯齿型街沟设计就是解决路面排水的一种有效方法。

二、设置锯齿形街沟的条件

在道路纵坡平坦、排水困难的情况下,是否采用锯齿形街沟,视具体条件而异。根据北京市的经验,一般采用调整设计高程的途径来解决最小坡度排水的问题。但上海、广州等城市的滨河路,则多采用锯齿形街沟,并认为效果良好,能将地面水直接沿横向雨水管排入水道,而不另设纵向雨水管,又如长沙市、洛阳等城市,亦多采用锯齿形街沟,并认为施工不十分困难。

根据上海市总结的经验,当道路中线纵坡小于 0.3% 时,就要采取措施保证路面排水通畅。所以《城市道路设计规范》(JTT 037—1990)规定,道路中线纵坡小于 0.3% 时,可在道路两侧车行道边缘 1 ~ 3m 宽度范围内设置锯齿形街沟。

三、锯齿形街沟设计

锯齿形街沟的设计方法是在保持侧石(道牙)顶面线与路中心线的纵坡设计线平行的条件下,交替地改变侧石顶面线与平石(路面)之间的高度,即交替地改变侧石高度,在最低处设置雨水进水口,并使进水口处的路面横坡放大,在两进水口之间的分水点处的横坡减少,使车行道两旁平石的纵坡度跟着进水口和分水点高程的变动而变动。这样,街沟纵坡就由升坡到降坡再到升坡,街沟纵坡呈上下连续交替状,故称之为锯齿形街沟。

雨水沿横坡从道路上和相邻的地面上流到车行道两侧的街沟,然后沿街沟的纵坡流进雨水口,再经雨水支管、干管排到天然水系。街沟是排水系统的一部分,且侧石不宜过高,否则不便于人跨越,但也不宜过低,过低了将不能容纳应排除的水量,以致漫溢。在雨水口处 $h_1 = 18 \sim 20$cm,在分水点处 $h = 10 \sim 12$cm,雨水口与分水点处的侧石高差宜控制在 6 ~ 10cm 范围内。雨水口前后街沟都以大于最小排水纵坡的坡度斜向雨水口。

设计锯齿形街沟,需要确定街沟纵坡转折点的位置,即求 x,如图 1-5-5 所示。计算雨水口间距 l,以便布设雨水口,如果雨水口间距按当地经验参照规范选用,并假定 x 值,则可用试算法求街沟的纵坡。设雨水进水口处的侧石高度为 m,在分水点处的侧石高度为 n,路中线纵坡为 $i_中$,街沟线的纵坡度为 i_1。

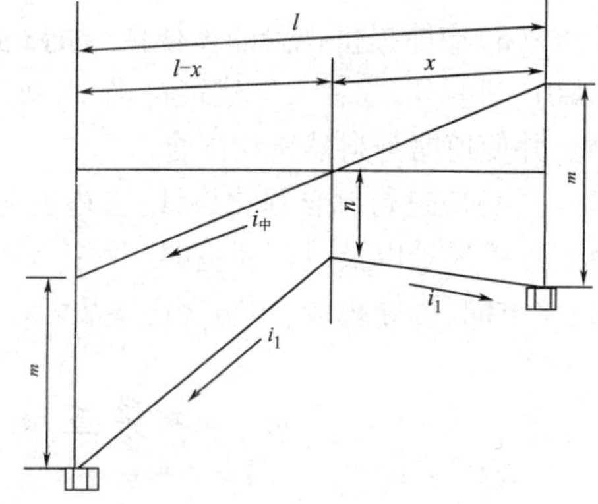

图 1-5-5 锯齿形街沟进水口布置

图左边:

$$m = i_1(l-x) + n - i_中(l-x)$$

所以

$$l = \frac{m-n}{i_1 - i_中} + x$$

图右边:

$$m = i_中 x + n + i_2 x$$

所以

$$x = \frac{m-n}{i_1 + i_中}$$

将 x 代入得雨水口间距:

$$l = \frac{m-n}{i_1 - i_{中}} + \frac{m-n}{i_2 + i_{中}}$$

如果采用 $i_1 = i_2$，则

$$l = \frac{2i_1(m-n)}{i_2^2 - i_{中}^2}$$

若道路纵坡 $i_{中} = 0$，则 $x = \frac{l}{2}$。

所以

$$l = \frac{2(m-n)}{i_1}$$

●第六节　城市道路纵断面设计方法与步骤●

纵坡设计前，在路线位置拟定后，应先根据中桩的桩号和地面高程绘出纵断面图的地面线及平面线一栏，然后按选线意图决定控制点以及高程，考虑工程经济及周围地形景观的协调，综合考虑平、纵、横三个方面试定坡度线，再对照横断面检查核对，确定纵坡值，定出竖曲线半径，计算设计高程，完成纵断面图。

城市道路纵断面设计，一般按以下步骤进行：

1. 绘出原有地面线（或待改建道路的纵坡线）

首先根据道路中线水准测量资料，按照一定比例尺（一般水平方向用 1∶500 ~ 1∶1000，垂直方向用 1∶20 ~ 1∶100）在坐标计算纸上定出各点里程桩的高程，各点高程的连线即为原地面线。为使纵断面设计线定得更合理，在图的下方应绘出沿线土壤地质剖面图和简明的路线平面线形，并标出交叉口范围、平曲线位置及要素。

2. 标出沿线各控制点高程

在进行纵坡设计时，应先将全线各控制点的高程在图上用铅笔标出。控制点高程在城市道路上通常指路线起终点高程、相交道路中线交叉点的高程、相交铁路的轨顶高程、桥梁顶部高程、立交桥桥面高程、重要建筑物前的地坪高程以及依据横断面选定的填挖平衡经济点高程等。

为满足两边街坊的排水和建筑物出入口高程的要求，在设计纵坡、确定设计高程时，必须考虑建筑物前的地坪高程，使设计高程基本满足以下两点要求：

（1）建筑物前的地坪高程应比道路中心线设计高程高 0.3 ~ 0.5m。

（2）控制建筑物前的地坪坡度（包括人行道在内）$i = 0.5\% \sim 1\%$。

3. 试定坡度（拉坡）

在标定全线的各控制点高程后，即可根据全线意图，综合考虑行车要求，与平面线形的组合，有关技术标准规定（如最大纵坡、最小纵坡），以及纵、横向土石方大致平衡的要求，初试设计坡度，即为“拉坡”。

试定设计线时，不一定从起点开始向前试坡，也可从中间开始先画出能连接几个控制点高程的设计线，依次画出的设计线，即能得出若干个设计线的变坡点。如按前后控制点高程定出的设计线不符合要求，则应调整有关控制点高程，再试定纵坡，以求得纵坡的平顺和合理；同时在试坡时要前后照顾，得出变坡点，变坡点应定在整桩号处，确有困难时也应定在整 10m 桩号处。

调整纵坡的方法，可以抬高或降低设计高程，延长或缩短坡长或减小纵坡等。调整时以尽量不动控制点高程，少用最大纵坡和尽可能保证填挖平衡为原则，保证全线符合行车安全、平顺、舒适和经济等要求。

4. 确定纵坡设计线

经多次试坡，反复调整纵坡，基本能满足设计要求后，还要进行全面检查，检查内容主要为最大纵坡、坡长、桥头线形、控制点高程、某些断面的纵、横向平衡以及纵断面和平面线形的协调与配合等，如发现不合理，则还需要调整，最后定出一条认为技术上、经济上较合理的纵坡设计线。

5. 设计竖曲线

纵坡设计线确定后，即可根据道路的等级和纵坡转折角的大小，考虑选定竖曲线半径，并进行各项要素计算。在选定竖曲线半径时，应综合考虑行车要求和地形状况，在不过分增加土石方工程量的情况下，宜尽量选用较大的竖曲线半径，尤其是凹形竖曲线（可能会因离心力过大而引起超载），应避免选用极限最小半径。

应当指出，当夜间汽车在小半径竖曲线上行驶时，视距往往不能保证。汽车在小半径的凸形竖曲线上行驶，汽车前灯灯光高出路面，很难照到高度较低的路面障碍物；而在小半径的凹形竖曲线上，前灯照距甚短，影响驾驶员视距。所以，对于道路照明不良、夜间仍有一定交通量的城市干道，宜选用较大的竖曲线半径。

6. 计算设计高程和填挖高度

当路线控制点高程和设计线确定后，即可计算全线各里程桩的设计高程，计算方法如下：

升坡

$$H = H_0 + l \cdot i$$

降坡

$$H = H_0 - l \cdot i$$

式中：H——某里程桩的设计高程；

H_0——控制点的已知高程；

l——计算桩号与控制点之间的水平距离；

i——路线的纵坡度。

设计高程确定后，根据原地面高程。即可求出各里程桩的填挖高度（又称施工高度），并标在纵断面图上。

填方高度 = 设计高程 - 原地面高程

挖方深度 = 原地面高程 - 设计高程

7. 绘制纵断面设计图

纵断面设计图是道路设计的重要技术文件之一，也是纵断面设计的最后成果。为了能够清楚地反映沿道路中线地面的起伏情况，在城市道路纵断面设计图中横坐标的比例采用1:500～1:1000，纵坐标比例采用1:50～1:100。

纵断面图由上、下两部分组成。上部分主要用来绘制地面线和纵坡设计线，同时也用以标注竖曲线及其位置、桩号；沿线桥涵及人工构造物位置、结构类型、孔数和孔径；与道路、铁路交叉的桩号及路名；沿线跨越的河流名称、桩号、常水位和最高洪水位；水准点位置、编号和高程；断链桩以及短链关系等。

下部主要用来填写有关内容，需填写的内容有：直线和平曲线；里程桩号；地面高程；设计高程；填挖高度；土壤地质说明；设计排水沟沟底线及其坡度、距离、高程、流水方向等。

纵断面设计图应按规定采用标准图纸和统一格式，以便装订成册，如图1-5-6。

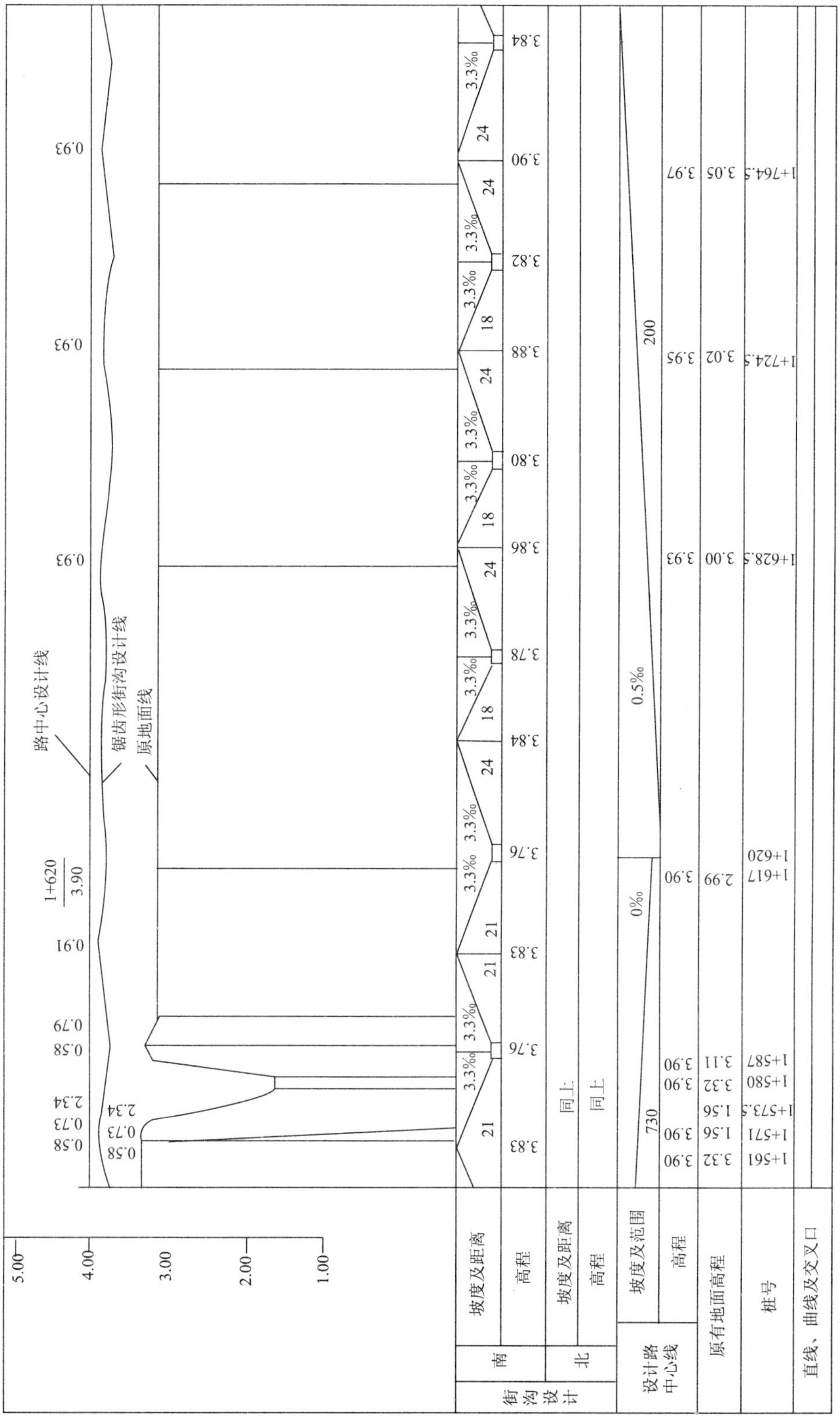

5.00
4.00
3.00
2.00
1.00

0.58 0.73 2.34 0.58 0.79 0.91 1+620/3.90 0.93 0.93 0.93

路中心设计线

锯齿形街沟设计线

原地面线

0.58 0.73 2.34

街沟设计	南	坡度及距离	21 3.3‰ 3.3‰ 21 21 3.3‰ 3.3‰ 24 18 3.3‰ 3.3‰ 24 18 3.3‰ 3.3‰ 24 18 3.3‰ 3.3‰ 24 24 3.3‰
		高程	3.83 3.76 3.83 3.76 3.84 3.78 3.86 3.80 3.88 3.82 3.90 3.84
	北	坡度及距离	同上
		高程	同上
设计路中心线		坡度及范围	0‰ 730 0.5‰ 200
		高程	3.90 3.90 3.90 3.90 3.90 3.93 3.95 3.97
原有地面高程			3.32 1.56 1.56 3.32 3.11 2.99 3.00 3.02 3.05
桩号			1+561 1+571 1+573.5 1+580 1+587 1+617 1+620 1+628.5 1+724.5 1+764.5
直线、曲线及交叉口			

图 1-5-6 城市道路纵断面设计图

复习思考题

1. 城市道路纵坡设计应考虑哪些技术指标的限定要求？

2. 平面线形和纵断面线形组合设计的原则是什么？什么是最好组合设计？应避免哪些不良组合？

3. 何谓锯齿形街沟？锯齿形街沟设计的条件是什么？如何设计？

4. 城市道路纵断面设计图中的主要内容有哪些？

5. 某城市Ⅰ级主干道，其纵坡分别为 $i_1=-2.5\%$、$i_2=1.5\%$，变坡点桩号为 K1 +520.00，设计高程为 429.00m。由于受地下管线和地形的限制，曲线中点处的高程要求不低于 429.30m、不高于 429.40m，试确定竖曲线的半径，并计算 K1 +500.00，K1 +520.00，K1 +515.00 点的设计高程。

6. 已知某道路规划横断面，车行道横坡为 2%，路中心线桩号 K2 +550 处的设计高程为 12.5m，设计纵坡为 2‰。试设计该路段的锯齿形街沟并计算出 K2 +550 处及两侧的雨水口和分水点处设计高程及桩号（已知 $L=30\text{m}$，$m=0.2\text{m}$，$n=0.14\text{m}$，路面宽 15m）。

7. 锯齿形街沟设计时，设雨水进水口处的侧石高度 $m=0.25\text{m}$，分水点处侧石高度 $n=0.15\text{m}$，路中线纵坡 $i_{中}=0.2\%$，街沟线的纵坡度 $i_1=0.4\%$，试求雨水口间距 L 及街沟纵坡转折点至雨水口间距 x。

8. 某市II级次干道设计车速 $v'_0=45\text{km/h}$，其纵坡为 $i_1=+2.0\%$，$i_2=-1.5\%$，转折点桩号为 K0 +620，设计高程为 9.0m，竖曲线半径 $R=4000\text{m}$，试计算竖曲线要素及其上 K0 +600 点的高程。

第六章

城市快速路设计

知识目标

1. 描述城市道路快速路的通行能力和服务水平；
2. 描述城市道路快速路横断面设计方法；
3. 描述城市道路快速路平面和纵断面设计方法；
4. 描述城市高架路设计方法。

城市快速路是指在城市内修建的由主路、辅路、匝道等组成的供机动车辆快速通行的道路系统。修建城市快速路是解决大城市机动车辆交通问题的措施之一。快速路的主路具有单向双车道或多车道、全部控制出入、通行能力大等特点。快速路系统设有配套的交通安全与管理设施系统。快速路在城市道路网中的功能类似于高速公路在公路网中的功能，只是规模不同而已。由于1990年颁布的《城市道路设计规范》(CJJ 37—1990)中快速路设计车速只有60km/h、80km/h两个级别，不包括100km/h级别，不能适应城市快速路发展的需要，因此，建设部1997年科研立项拟对规范的快速路部分进行修订，编制《快速路设计规程》。本章将结合规程编制内容进行介绍。

真正意义上的城市快速路在我国大陆城市里出现，还是近十多年的事情，在通行能力分析、道路几何设计、地面与高架的关系、一般道路与快速路的衔接等方面还存在许多值得研究和进一步完善的问题。下面分别就上述问题加以阐述。

•第一节　通行能力及服务水平•

城市快速路通行能力，分为可能通行能力和设计通行能力。道路服务水平分A～F六个等级。设计通行能力等于可能通行能力乘以道路设计服务水平的V/C(交通量/道路容量)比率。根据最新观测和研究成果整理，快速路主线或匝道一条车道可能通行能力可以采用表1-6-1所列数值。由于匝道交通的复杂性，其通行能力的取值还应考虑以下两点：

快速路一条车道通行能力　　表1-6-1

车道位置	快速路主线			快速路匝道			备　注
计算行车速度(km/h)	60	80	100	30	40	50	
可能通行能力(辆/h)	2000	1800	1700	1700	1750	1800	

(1)若当地有可靠的t_i观察值，也可由下式计算一条匝道的可能通行能力：

$$N=\frac{3600}{t_i} \tag{1-6-1}$$

式中:N——一条匝道的可能通行能力,pcu/h;

t_i——匝道上一条车道连续车流计算车头时距,s。

(2)匝道通行能力通常还受制于匝道入口(合流)或出口(分流)的通行能力,而出、入口的通行能力又与快速路最右侧车道通行能力和一个方向的通行能力密切相关。

快速路服务水平分 A ~ F 六个等级,设计时,主线一般采用 C 级、匝道采用 D 级。鉴于我国在道路服务水平研究方面处于起步阶段,有关服务水平等级划分指标仅限于"交通运行特征"和"V/C 比",详见表 1-6-2。

快速路服务水平分级标准 表 1-6-2

服务水平等级	交通运行特征	V/C(交通量/道路容量)比率				
		车速(km/h)				
		100	80	60	50	40 ~ 30
A	自由流,行车自由度大	0.30	0.32	0.34	0.35	0.36
B	自由流,行车自由度适中	0.5	0.54	0.57	0.59	0.61
C	接近自由流,车速可维持设计车速	0.70	0.75	0.80	0.83	0.85
D	行车自由度受限,车速有所下降	0.84	0.87	0.89	0.91	0.92
E	饱和车流,行车没有自由度	1.00	1.00	1.00	1.00	1.00
F	拥塞状态,强制车流	—	—	—	—	—

第二节 横断面设计

一、一般要求

城市快速路横断面分为整体平地式和高架(地道)分离式两类。整体平地式横断面由快速机动车道,变速车道,集散车道、紧急停车带、中间带、两侧带、辅路(慢速机动车道、非机动车道)和人行道或路肩等部分组成;高架(地道)分离式由高架式或地道式快速机动车道和地面辅路系统组成,其中快速机动车道由行车道、中间带、两侧防撞墙以及紧急停车带、变速车道、集散车道等组成,地面辅路由机动车道、中间带(桥墩)、两侧带、非机动车道及人行道或路肩等部分组成,二者依靠上、下匝道相互联系。

城市快速路红线宽度应根据交通发展要求的通行能力、地形条件、城市其他设施布置的要求、城市远期发展等因素综合考虑。最小值为 40m,城市中心区以 50 ~ 60m 为宜,城市外围 50 ~ 100m,高架路上、下匝道,变速车道,集散车道等应另外考虑设计宽度。在快速路红线与建筑红线之间应保留一定的距离,有条件的城市尤其是要求抗震设防城市,这一距离宜大于 5 ~ 10m。高架路桥梁边缘与建筑物距离应考虑两侧建筑物消防、维修以及高架路本身养护维修的需要,宜大于 4.5m。

城市快速路车行道车道数,一般应按交通发展预测的交通量与道路通行能力的关系来确定。高架路的宽度应满足按交通发展需要而确定的车道数,高架路的车道数以 6 车道为宜,至少应为 4 车道,并考虑增加紧急停车带。

二、车 行 道

1. 车行道宽度

车行道宽度应包括主路与辅路两部分。

主路车行道宽度包括根据交通发展预测交通量与通行能力二者关系确定的车行道宽度、紧急停车宽度以及路缘带宽度之和。主路一条车道宽度一般应采用 3. 75m,当城市中心区以小车为主时,可将小车道设为 3. 5m;高架路按交通组成划分车道宽,即小车为主的车道为 3. 5m,大、小混行车道为 3. 75m,路缘带宽均为 0. 5m,两侧防撞墙宽 0. 5m。

通常,以行驶小车为主的 4 车道快速路,设 2 条 3. 5m 小车道,2 条 3. 75m 混行车道,另外要考虑紧急停车带宽度;6 车道快速路设 2 条 3. 5m 小车道,4 条 3. 75m 混行道;8 车道快速路可设 4 条 3. 5m 小车道,4 条 3. 75m 混行道。

2. 集散车道

当快速路出入(上、下匝道)间距无法满足车辆交织以及加减速要求的规定时,应增设集散车道。集散车道计算行车速度应与主路出入口(或高架路上、下匝道口)的计算行车速度一致,与主路车行道之间应设分隔带,集散车道一般为双车道 7m 宽。平地式断面一般不另设集散车道,以辅路代替。

3. 变速车道

变速车道(加、减速车道)设在快速路出、入口(高架路上、下匝道口)衔接路段,与辅路或匝道相接。变速车道宜为单车道,宽度与直行方向主路车道宽度相同,自干道的路缘带外侧算起。变速车道的长度应满足设计车辆加、减速行程要求。变速车道的平面设计形式参见图 1-6-1。

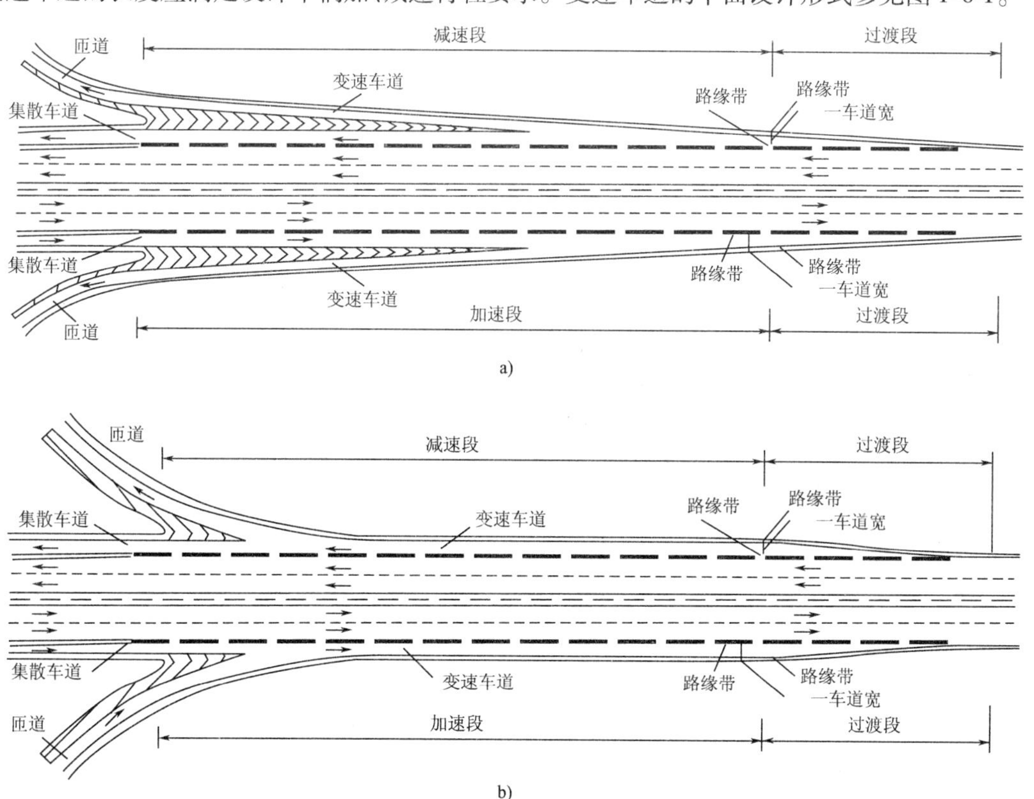

图 1-6-1　变速车道平面示意图

a) 直接式;b) 平行式

4. 紧急停车带

为保证快速路通行能力及行车安全，四车道的快速路应设 2.5m 宽连续或不连续的紧急停车带。不连续紧急停车带每 500m 设一处。高架式快速路一般采用连续紧急停车带，平地式快速路则可利用缩窄两侧带的方式灵活设置紧急停车带。

5. 辅路

辅路是为解决快速路沿路两侧单位及街区机动车与快速路主路交通出入联系而设置的道路，同时承担沿线非机动车与行人交通，设计车速≤40km/h。

平地整体式快速路的辅路设在主路两侧带外侧，高架式则设在高架路下地面层。辅路在市中心区应连续设置，市郊则视交通流量、两侧城市化程度以及用地、投资等条件，可连续设置也可间断设置。

平地整体式快速路的辅路一般宜采用单向交通，出入口交通采取右进右出的交通组织，特殊情况才允许采用双向交通。在其横断面上，机动车与非机动车道之间用分隔带或路面划线分隔，具体尺寸应根据用地条件、交通量大小等因素综合确定。当仅供单向机动车、非机动车通行时辅路宽≮8.5m；当机、非交通量均较大时辅路可采用 12 ~ 13m 宽；分离式隧道断面同地平式；高架路下辅路可按交通量大小参照城市道路设计规范确定各部分宽度。分离式高架（隧道）式断面辅路可采用三、四幅式横断面布置。地面与高架（隧道）主路交通通过指定的上、下匝道，通过主路的加、减速车道相互联系。

三、分 车 带

1. 中央分隔带

快速路上、下行快速机动车道之间必须设中央分隔带予以分隔。快速路的中央分隔带由中央分隔带及行车方向两左侧路缘带组成。为保证快速路机动车的速度及行车安全，中央分隔带宜大于 3m，即中央分隔带大于 2m，两侧路缘带各为 0.5m。位于市郊的快速路，用地条件允许或交通发展远期需要拓宽车道或作为轻轨交通备用地时中央分隔带可按 6 ~ 7m 设置，即 5 ~ 6m 为中央分隔带，两侧各 0.5m 路缘带。位于市中心区的快速路在用地条件受限时，中央分隔带可适当缩窄，但对向车流必须以分隔墩（0.5m）或隔离栅（0.2m）加以分隔，其最小宽度为 1.2 ~ 1.5m，即 0.2 ~ 0.5m 中央分隔墩（或隔离栅），两侧各设 0.5 m 路缘带。

高架路下中央分隔带主要根据高架路桥墩布设而定，当其高架路上为 4 车道时，最小为 6m，即中央分隔带（桥墩）为 5 m，两侧各为 0.5 m 侧向余宽；当高架路为 6 车道时，以 7 m 为最小值，即中央分隔带（桥墩）为 6m，两侧各为 0.5 m 侧向余宽。

当快速路为高架路段或立交桥段，为节约工程投资，中央分隔带可适当减窄。

中央分隔带两侧一般埋设混凝土站石，中间为绿化带。混凝土站石可采用各城市习惯做法，但外露高应适当增加，最小为 18cm。大型跨河桥梁段可做成双桥，即上、下行各设一桥，利用防撞墙作为中央分隔带。

快速路上中央分隔带一般每 1km 设断口一道，设置活动分隔设施，作为紧急出入口。位于市中心区的高架路每 0.5km 设一断口；按规划设计封闭的原平交路口，不得另设断口；立交段匝道出入口的中央分隔带也不得设置断口。

2. 两侧带

两侧带是主路与辅路的分界线，它由分隔带与左、右路缘带组成。分隔带宽度不小于1.5m，可根据用地条件增加宽度以作为绿化隔离设施，临主路一侧路缘带为0.5 m，临辅路一侧为0.25 m，即两侧带的最小宽度为2.25 m。

两侧带的断口根据交通组织需要确定，在市中心区为方便两侧交通，以≯500 m为限，市郊区应加大到0.8～1km。断口长度及形式根据主路加、减速车道车辆交织要求设置。

两侧带遇市区人流集中处，应在辅路侧设隔离栅，减少人流对主路机动车的干扰。公交车站应设在辅路上，可利用两侧分隔带设置停靠站，但在主路一侧应加隔离栅，以确保行人安全。

四、路　　肩

平地式断面机动车道路面边缘设硬路肩与土路肩。硬路肩宽度≮2.5 m，土路肩宽度≮0.75m。硬路肩宜采用主路的路面结构。

五、横断面布置

城市快速路的路段横断面布置形式分为平地整体式、高架(隧道)分离式两种或是上述两种的组合形式，应根据地形、地物条件因地制宜选用。横断面布置应满足交通组织与行车安全的要求。

1. 平地整体式横断面

这种断面形式是主路与辅路以及两侧建筑地坪基本位于同一高程层次，适于地势平坦的平原城市中规划红线较宽、横向交叉道路间距较大的城市外围与高等级公路相连接的地段或新建城区用地较富余地段。平地整体式横断面为一般城市快速路首选断面，横断面布置组合中应为城市远期发展预留高架及快速轨道交通的位置，为此其中间带及两侧带应结合上述要求综合考虑。道路断面一般采用四幅式横断面形式，即主路双向机动车之间设置中间带进行分隔，主、辅路之间设两侧带并采取封闭设施，辅路上行驶慢速($v'_0 \leqslant 40$km/h)机动车、非机动车并设置人行道。当辅路交通量较大并且用地有条件时，为确保行车安全，可以采取机、非分行的分隔措施，当交通量较小并且用地受限时也可采取路面划线方式分隔。

2. 高架(隧道)分离式横断面

这种断面形式的特点是将快速交通行驶的主路采取高架桥式或隧道式道路形式，它与沿线所有相交道路均形成立体交叉，辅路设在桥下或地面层，非机动车以及公交车等慢速机动车、行人在辅路上通行。

高架桥式断面一般适用特大城市或大城市地价昂贵的建筑物密集区、用地拆迁受限制、红线宽度较窄、交通流量又大的快速路，或者相交道路交叉口间距较小、横向交通干扰较大的地段。是否采用高架形式，应按城市交通发展需求、用地范围及地形条件、互通立交设置、与地面道路连接以及周围环境协调等因素的要求，经技术经济综合比较后确定，特别是环保及环境评价应着重考虑。高架式断面布置应注意高架桥外侧与建筑物的间距应满足建筑防火及环保要求，匝道式断面应注意匝道结构与车行道之间满足侧向余宽的要求。

隧道式断面适用于山丘区城市，而且排水无问题的路段。平原大城市大型建筑群密集并对城市景观要求高的地段，或重点文物保护区以及穿越江河、铁路站场等地段，在采取了有效排水措施的情况下也可以采用隧道式断面。

•第三节 平 面 设 计•

快速路属于城市道路中类别最高的道路形式，其机动车快车道形成一个相对独立和封闭的快速交通系统，其平面设计包括道路中线的线形设计和道路红线范围内的平面布置设计。

一、平面线形设计

与其他类别的城市道路一样，快速路平面线形也是由直线、圆曲线、缓和曲线三种几何线形构成，平面线形设计的原则、方法也完全一样。但是，由于快速路的特点，其直线、圆曲线、缓和曲线三种几何线形的控制标准与其他类别道路将有所不同，下面分别介绍。

1. 直线长度

快速路平面线形中最大直线长度为20倍车速，同向曲线间最小直线长度为6倍车速，反向曲线间最小直线长度为2倍车速，具体数值见表1-6-3。

快速路直线长度 表1-6-3

计算行车速度(km/h)	100	80	60
最大直线长度(m)	2000	1600	1200
同向曲线间最小直线长度(m)	600	480	360
反向曲线间最小直线长度(m)	200	160	120

2. 圆曲线半径

快速路圆曲线半径应采用大于或等于表1-6-4所列数值，最大半径不超过10000m。

圆曲线最小半径 表1-6-4

计算行车速度(km/h)	100	80	60
不设超高最小半径(m)	1400	1000	600
设超高极限最小半径(m)	350	250	150
设超高推荐最小半径(m)	500	400	300
不设缓和曲线最小半径(m)	30000	20000	10000

3. 缓和曲线

当快速路圆曲线半径小于表1-6-4所列不设缓和曲线最小半径时，应设缓和曲线。缓和曲线采用回旋线。缓和曲线长度应大于或等于表1-6-5中的数值。

快速路缓和曲线最小长度 表1-6-5

计算行车速度(km/h)	100	80	60
缓和曲线最小长度(m)	85	70	50

4. 圆曲线超高

当快速路圆曲线半径小于表1-6-4所列不设超高最小半径时，应在圆曲线上设置超高，最大超高横坡度见表1-6-6。

快速路圆曲线超高最大值　表1-6-6

计算行车速度(km/h)	100	80	60
最大超高(%)	6	5	4

5. 平曲线长度

快速路平曲线或圆曲线长度应满足表1-6-7的要求。

快速路平曲线或圆曲线长度　表1-6-7

计算行车速度(km/h)	100	80	60
平曲线最小长度(m)	170	140	100
圆曲线最小长度(m)	85	70	50

6. 停车视距

快速路停车视距应满足表1-6-8的要求。

快速路停车视距　表1-6-8

计算行车速度(km/h)	100	80	60
停车视距(m)	160	110	70

二、平面布置设计

快速路路段平面布置设计应该是在道路标准横断面设计时就有所考虑，然后结合沿线地形、地物情况，充分考虑快速路主线与辅路的连接关系以及非机动车、行人的交通路线，在控制红线的范围内，逐段布置与设计。设计中应特别注意的问题有：

(1)主路与辅路的衔接及出入口处车道数的平衡。

(2)公交停靠站与行人的衔接。

(3)分隔带及其断口设计与机动车交通组织。

(4)非机动车和行人过街的交通组织。

● 第四节　纵断面设计 ●

快速路纵断面设计应符合城市竖向规划控制高程，与城市设计相协调，与环境相协调。纵断面设计应考虑地上、地下构筑物，管线，水文，地质等条件，纵坡要均匀、缓顺。快速路的纵坡、坡长、竖曲线等指标分述如下。

一、纵　　坡

快速路的最大纵坡不应大于表1-6-9中的数值；最小纵坡一般不小于0.5%，干旱地区或特别困难地段可以不小于0.3%。大、中桥梁及引桥最大纵坡不宜大于4%，隧道纵坡不宜大于3%。

快速路最大纵坡　　表 1-6-9

计算行车速度(km/h)	100	80	60
一般最大纵坡(%)	3	4	5
极限最大纵坡(%)	4	5	6

注:1. 积雪、冰冻地区最大纵坡≤4%。
2. 高原城市最大纵坡为表列数值减 1%。

二、坡　　长

快速路在纵断面设计时,除了考虑最大纵坡以外,同样要考虑陡坡最大坡长和缓坡最小坡长问题。有关坡长的规定详见表 1-6-10。

快 速 路 坡 长　　表 1-6-10

计算行车速度(km/h)		100	80	60
最小坡长(m)		470	290	170
最大坡长(m)	3%	1000	—	—
	4%	800	900	700
	5%	—	700	500
	6%	—	—	300

三、竖　曲　线

快速路竖曲线最小半径及最小长度应大于表 1-6-11 数值。

快速路竖曲线半径及长度　　表 1-6-11

计算行车速度(km/h)		100	80	60
凸形竖曲线	一般最小半径(m)	10000	4500	2000
	极限最小半径(m)	6500	3000	1400
凹形竖曲线	一般最小半径(m)	4500	3000	1500
	极限最小半径(m)	3000	2000	1000
竖曲线最小长度(m)		85	70	50

•第五节　出入口设计•

快速路出入口在位置、间距及端部的几何设计上,应保证不让主线的直行交通受到干扰,并安全、迅速地实现分、合流交通。

根据城市快速路的性质,其出入口分为两类,一类是与立交匝道相接的出入口(A 型),另一类是与辅路相接的出入口(B 型),如图 1-6-2 所示。

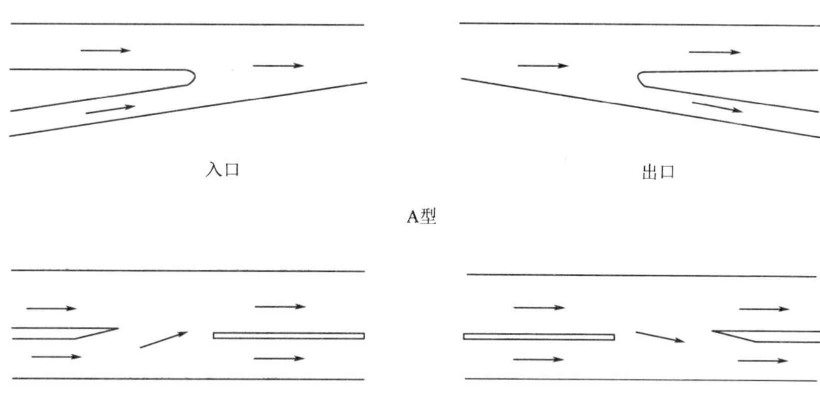

图 1-6-2　出入口类型

一、出入口位置

一般情况下出入口应设在主线行车道的右侧。出入口位置应易于识别，因此，在设置快速路出入口时应注意如下几点：

(1) 出入口附近的平曲线、竖曲线必须采用尽可能大的半径。

(2) 一般情况下，将出口设置在跨线桥等构造物之前；当设置在跨线桥后时，距跨线桥的距离应大于 150m。

(3) 入口应设在主线的下坡路段，以便于重型车辆利用下坡加速；并使汇流车辆汇入主线之前保持充分的视距，以利合流，如图 1-6-3 所示(入口处的通视路段)。

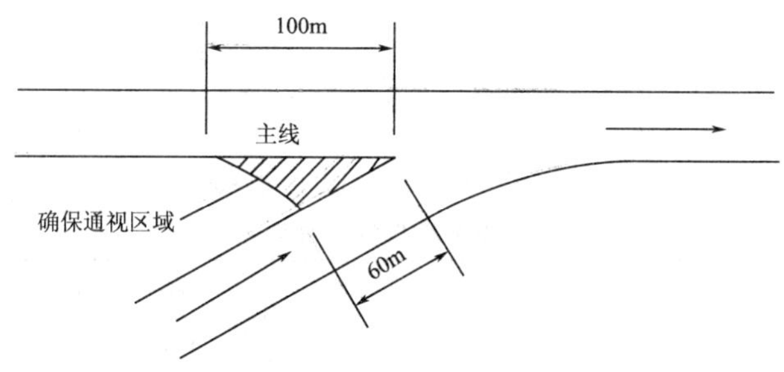

图 1-6-3　入口处的通视区域

(4) 主线与匝道的分流处，当需给误行车辆提供返回余地时，行车道边缘应加宽一定偏置值，并用圆弧连接主线和匝道路面边缘，如图 1-6-4 所示(分流点处楔形布置)。偏置值和楔形端部鼻端半径规定见表 1-6-12。

分流点处偏置值与端部半径　　表 1-6-12

分流方式	主线偏置值 C_1(m)	匝道偏置值 C_2(m)	鼻端半径 r(m)
驶离主线	≥3.0	0.6~1.0	0.6~1.0
主线相互分岔	1.80		0.6~1.0

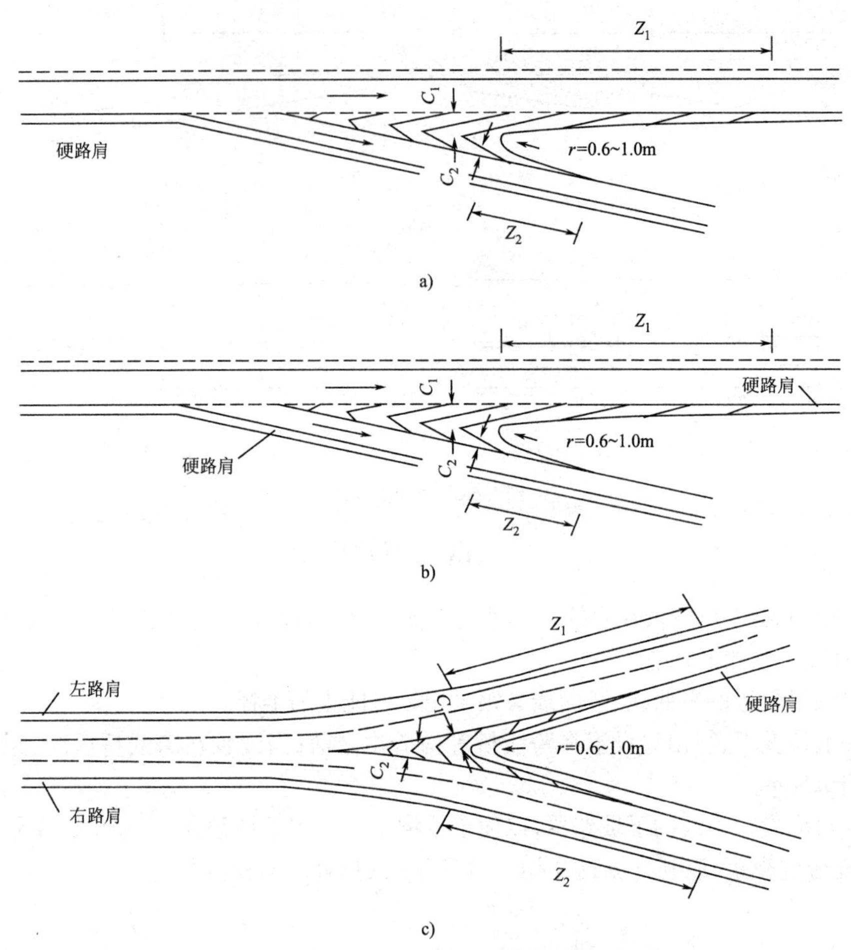

图 1-6-4 分流点处楔形布置

a)驶出匝道出口硬路肩较窄时;b)驶出匝道出口硬路肩较宽时;c)主线分流时

楔形端端部后的过渡长度 Z_1、Z_2,根据表 1-6-13 的渐变率计算。

分流点处楔形端的渐变率 表 1-6-13

计算行车速度(km/h)	120	100	80	60	≤40
渐变率	1/12	1/11	1/10	1/8	1/7

当主线硬路肩宽度能满足停车宽度要求时,偏置宽度可采用硬路肩宽度。渐变段部分硬路肩应铺成与行车道路面相同的结构。

(5)B 型出入口应采用缘石等与其他道路明显地区别开来,以便能明显确认其存在位置。出入口形式应明确,其几何设计应能防止辅路车辆通过出口进入主路,或主路的车通过入口进入辅路。

二、出入口间距

出入口间距应能保证主线交通不受分、合流交通的干扰,并为分、合流交通加、减速及转换车道提供安全、可靠的道路几何条件。

出入口间距指两出入口端部之间的距离。出入口间距组成类型有以下四类:出—出、出—入、入—入、入—出,如图 1-6-5 所示。

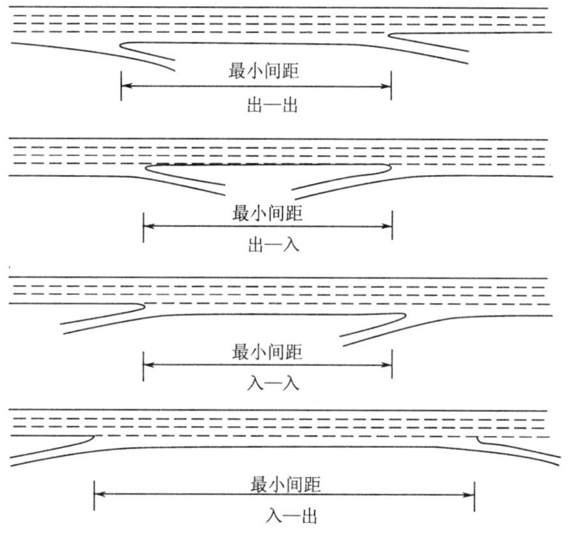

图 1-6-5 出入口最小间距

出入口间距由变速车道长度、交织距离(入—出类型存在交织问题)及安全距离组成。经计算,主线上出入口的最小间距应满足表 1-6-14 的要求。

出入口最小间距 表 1-6-14

项 目		匝道组合			
		出—出	出—入	入—入	入—出
主线计算行车速度(km/h)	100	760	260	760	1270
	80	610	210	610	1020
	60	460	160	460	760

三、辅助车道

在快速路的分、合流处,为使车道数的平衡与基本车道数两者不产生矛盾,必须附加适当长度的辅助车道。所谓基本车道数是指道路在全长或较长路段内必须保持的车道数。同一条道路相邻两段路的基本车道数每次增减不得多于一条,变化点应距互通式立体交叉 0.5 ~ 1.0km,并设渐变率不大于 1/50 的过渡段。分、合流处应按车道平衡公式(1-6-2)进行计算,以检验车道数是否平衡,如图 1-6-6(车道数的平衡)所示。

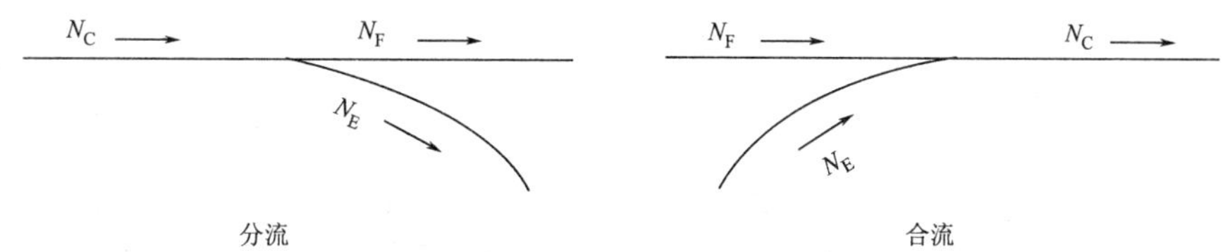

图 1-6-6 车道数平衡

$$N_C = N_F + N_E - 1 \quad (1\text{-}6\text{-}2)$$

式中：N_C——分流前或合流后的主线车道数；

N_F——分流后或合流前的主线车道数；

N_E——匝道车道数。

●第六节　高架路设计●

高架路是指高架桥连续跨越两条以上横向道路，并由沟通高架桥与地面交通的上、下匝道所组成的道路系统。高架路适用于用地受限制的市区，可充分利用城市昂贵的土地资源，尤其适用于地下水位高，地下设有大量公用管线设施以及横向道路密集、交通较为繁忙的地区。高架道路的形式有上、下行在同一个平面上的单层式高架道路（图 1-6-7、图 1-6-8）和上、下行分别在不同平面上的双层式高架道路（图 1-6-9、图 1-6-10）两种布置形式。可根据道路的用地范围和交通运行特征来选择高架道路的布置形式。计算行车速度的规定为：高架道路 60 ~ 100km/h，匝道 40 km/h，特殊困难地段匝道可采用 30 km/h。地震区的高架道路应按国家规定工程所在地区的设防烈度，进行抗震设防。

一、横断面设计

1. 设计原则

（1）横断面设计应在城市规划的红线宽度范围内进行。横断面布置应按高架道路的形式、计算行车速度、匝道布置、高架桥墩布置、设计年限的机动车道与地面道路非机动车道交通量和人流量、交通特性、交通组织、交通设施、地上杆线、地下管线、绿化、地形等因素统一安排，以保障车辆和人行交通的安全、通畅。

（2）横断面设计应近、远期结合，使近期工程成为远期工程的组成部分，并预留管线位置。

（3）交叉口范围有上、下匝道布置的路段，有条件时，应在匝道外侧设地面车辆右转车道，以避免车辆交织。

2. 横断面布置

高架道路的横断面形式有单层式高架无匝道和有匝道路段、双层式高架无匝道和有匝道路段四种类型，如图 1-6-7 ~ 图 1-6-10 所示。

图中：W_f——防撞栏宽度；

W_{pc}——机动车道宽度；

W_{pb}——非机动车道宽度；

W_p——人行道宽度；

W_{dm}——中央分隔带宽度；

W_r——道路建筑红线宽度；

W_{db}——机、非分隔带宽度。

高架路机动车车道宜单向两车道以上，一条小型汽车专用车道 3.5m 宽，其余车道 3.75m 宽。一车道匝道宽度除保证一条 3.5 m 宽的机动车道外，还应设置 2.5 m 宽的紧急停车带；两车道匝道的机动车道宽均为 3.5m，不设紧急停车带。

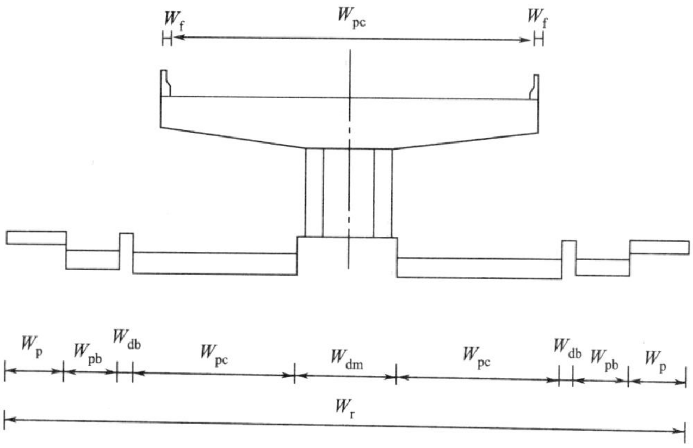

图 1-6-7　单层式高架路(无匝道)

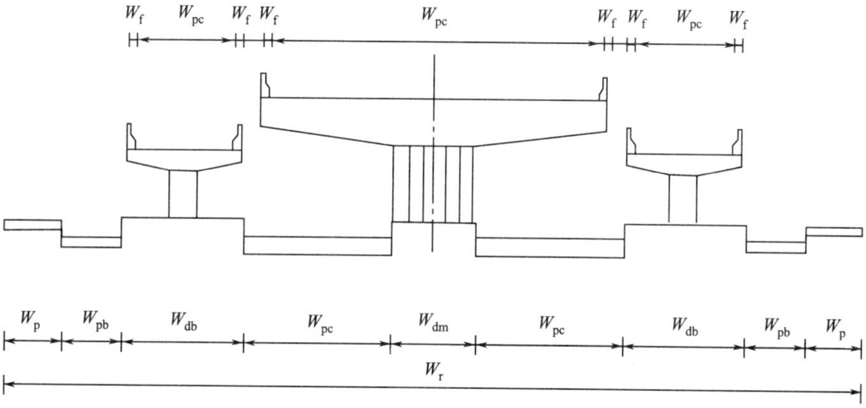

图 1-6-8　单层式高架路(有匝道)

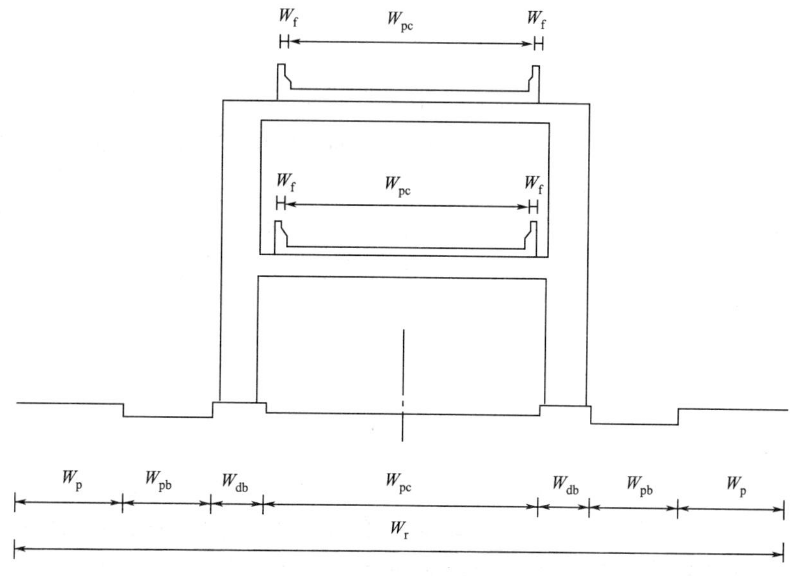

图 1-6-9　双层式高架路(无匝道)

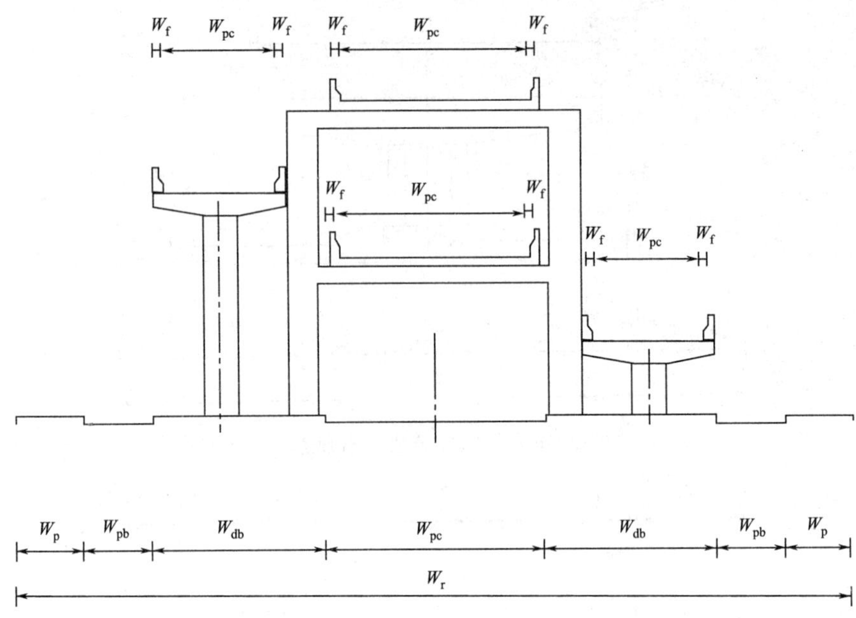

图 1-6-10 双层式高架路(有匝道)

高架道路中央分隔带可采用0.5 m宽的防撞墩,以减少桥梁构造,降低工程造价。

高架道路主线左、右侧路缘带采用0.5 m宽度,匝道左、右侧路缘带采用0.25 m宽度。高架道路和匝道两侧应设防撞栏杆。

高架路主线和匝道的横坡宜采用直线坡度。路拱设计坡度采用2%,严寒积雪地区路拱设计坡度可采用1.5%。

地面部分道路的横断面设计应符合《城市道路设计规范》(CJJ 37—1990)的有关规定。

二、平、纵线形设计

高架路的平面和纵断面设计原则上同一般平地式快速路。平面设计时在布置桥墩、桥台时需要较多考虑墩(台)位置、尺寸对地面交通及地面设施的影响,以免造成不必要的建筑冲突。纵断面设计关键在于桥梁高程和纵坡及坡长问题,桥梁高程既涉及工程造价又涉及高架路与城市景观的协调;纵坡及坡长涉及桥上排水及行车平顺性。因此,高架路的平、纵线形设计除了要考虑道路本身的交通功能以外,还应综合考虑多方面因素,灵活运用规范指标和设计手法才能设计好这样一种特殊的桥式"路"。

三、匝 道 设 计

1. 原则与规定

(1)匝道布置应最大限度地满足高架道路在道路网中担负的交通要求,提高高架道路的利用率,使行驶高架道路的交通通行时间最短,充分发挥每一条匝道的功能,使高架道路和地面道路系统能切实达到疏解市内交通、集散对外交通、分流过境交通的目的。

(2)匝道的设置位置应符合交通现状和规划路网中的主要流向。

(3)匝道间距应合理,一方面要确保快速道路的畅通,减少因匝道出、入引起的交织、合流、分流区段的影响范围;另一方面应注意匝道间距不宜过大,致使匝道与地面道路衔接处的流量过于集中而阻塞交通。

(4)注意用地与建筑拆迁条件,因地制宜,近、远期结合,预留好续建匝道位置。

(5)匝道布置应尽量避免在主要横向道路交叉口前衔接,注意邻近地区路网的交通组织作用,因地制宜设立辅助车道,疏解交通。

(6)在保证主线设计标准前提下,匝道布置形式(对称、错位、定向等)应因地制宜尽量减少拆迁,充分利用现有路幅宽度,提高环境设施带宽度。

(7)根据实际情况及实施的可能性来选择匝道位置。

2. 匝道形式

匝道的布置形式一般有五种,如图1-6-11所示。

图1-6-11a),匝道平行高架道路布置,上、下匝道的交通可通过地面道路交叉口来集散。优点是能较好地沟通高架与地面道路间的联系;缺点是将增加地面道路交叉口的交通压力。在地面道路交叉口未饱和的情况下,采用该类匝道布置方式较合理;否则将造成交通阻塞。

图1-6-11 b)、图1-6-11c)是将上、下匝道直接布置在横向道路上,这种布置形式需要有较完善的道路网。其优点是利用附近路网来集散上、下匝道的交通,以减少主要道路地面交叉口的交通压力;缺点是除右转(或左转)交通较便捷外,其余直行和左转(或右转)的交通需增加绕行距离。当地面道路交叉口交通量较大时,且附近路网较完善的情况下,采用该类匝道布置方式较合理。

图1-6-11d)上、下匝道对称跨越横向道路交叉口的布置形式,不仅可满足高架路与地面道路间的交通联系,并且地面交叉口的直行交通亦可利用匝道跨越交叉口。优点是能减轻地面交叉口的交通压力,较适合地面交叉口交通量较大的情况;缺点是高架路及左、右转交通,需在前方匝道驶离高架路,通过地面道路完成左、右转,或者过交叉口后下匝道通过路网绕行,另外横向道路左、右转在本路口不能上高架路。若高架道路总体匝道布置得当,不仅能减轻主要地面道路交叉口的交通压力,还能充分利用高架道路,使高架路和地面道路的交通潜能得到充分发挥。

图1-6-11e)是将上、下匝道布置在上、下行高架道路的中间。其优点是用地少,适用在高楼林立、用地紧张的路段;缺点是车辆需采用左进左出的交通运行方式,从交通运行角度看不够理想,且高架桥结构布置较复杂。因此,除特殊困难的情况外,该类匝道布置方式不宜采用。

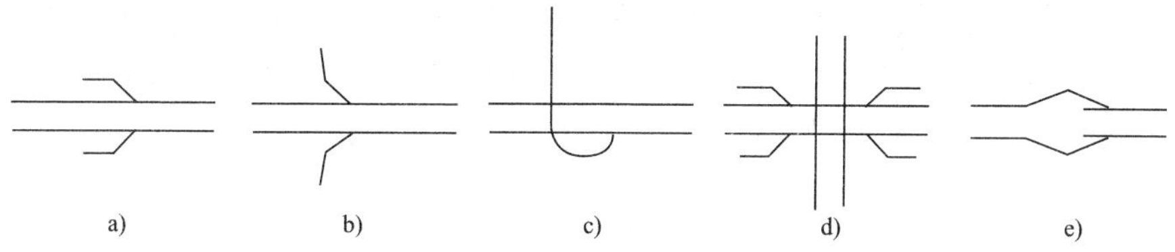

图1-6-11 匝道布置形式

3. 匝道最小间距

高架道路的驶入、驶出匝道的连接点是路段通行能力最小的控制路段。当交通量达到饱和或超饱和时,将出现驶入匝道上的车辆因无法在主线车流中找到可穿插(合流)空挡而排队阻塞,在驶出匝道上的车辆因地面道路的原因导致匝道交通受阻而影响主线车流驶出。因此,在交通拥挤及阻塞情况下,合流、分流或交织区可能会形成车辆排队现象;它的范围变化很大,可长至几千米。考虑在稳定车流情况下,满足合流、分流或交织区的驶入、驶出匝道不同组合情况下的匝道最小间距。

(1)高架路由基本路段、交织区和匝道连接点三种不同类型的路段组成。

高架道路基本路段是指不受驶入、驶出匝道的合流、分流及交织流影响的路段。

交织区是指一条或多条车流沿着高架道路一定长度,穿过彼此车行路线的路段,交织路段一般由合流区和紧接着的分流区组成。

匝道连接点是指驶入及驶出匝道与高架道路的连接点,由于汇集了合流或分流车辆,因而形成的连接点是一个交通紊流区。

(2)匝道最小距离。

在稳定车流状态下,驶入、驶出匝道各种不同组合情况下,保证匝道间互不干扰的最小间距见表1-6-14。

为了使高架道路具有较好的服务水平,应尽可能提高高架道路基本路段的比例。匝道间距应尽可能大于表中数值。

4. 上、下匝道坡脚距交叉口停车线的距离

匝道的起坡点(上匝道)与终坡点(下匝道)在地面道路的位置对交叉口的交通影响较大。图1-6-11a)、图1-6-11e)中匝道进出高架道路的车流均需通过地面道路交叉口来集散。因此,匝道坡脚至交叉口停车线应在同一路口交通信号系统管理之下。

上、下匝道坡脚距交叉口停车线的最小距离见表1-6-15。

匝道坡脚距交叉口停车线的最小距离 表1-6-15

匝 道	下 匝 道	上 匝 道
一般最小距离(m)	140	50
极限最小距离(m)	100	30

城市快速路的建设,在我国大城市里可谓方兴未艾。就道路工程设计所涉及的内容来说,城市快速路应该介于一般城市道路和高速公路之间,其设计理论和方法并没有多少新的东西。城市快速路在机动车专用这一点上,与高速公路相同,但是,在立交间距指标上又比高速公路要低许多,这主要是考虑城市快速路需要与一般道路网有比较紧密的联系,以充分发挥快速路的交通功能。一个城市要规划、设计好城市快速路系统,充分发挥其快速交通的功能,就需要设计人员在城市交通分析上多下工夫,首先使快速路网络功能完整、通行能力需求明确、与城市其他道路网的衔接合理,然后才是每条快速路的几何设计问题,也只有这样,一条快速路的具体设计才能做到有据可依、有的放矢。

复习思考题

1. 城市快速路系统由哪些部分组成?其横断面布置有哪几种类型?
2. 为什么要控制进出快速路出入口的最小间距?其最小间距的确定应该考虑哪些因素?
3. 高架路是城市快速路可能采用的结构形式,试分析高架路适用的条件和高架路的利弊。

第七章

城市道路平面交叉设计

知识目标

1. 解释交叉口通行能力、交织长度、交织角的概念；
2. 描述平面交叉口交通特性及其解决方法；
3. 描述平面交叉口交通组织设计方法；
4. 描述交叉口扩宽和缘石半径的计算方法；
5. 描述交叉口立面设计的方法和步骤。

能力目标

1. 进行平面交叉口通行能力的计算；
2. 进行环形交叉口按交织理论的通行能力的计算。

•第一节　平面交叉口交通分析•

道路与道路在同一平面上相交的地方称为平面交叉口。在城市道路网中，各种道路纵横交错，形成很多交叉口。交叉口是道路系统的重要组成部分，是道路交通的咽喉和“瓶颈”。相交道路上各种车辆和行人都要在交叉口汇集、通过和转换方向，它们之间相互干扰，使行车速度降低，出现交通拥挤，甚至交通堵塞。国外的交通事故统计资料分析，60%左右的交通事故发生在交叉口附近。因此，如何正确设计交叉口，合理组织交通，对提高交叉口的通行能力、避免交通阻塞、减少交通事故，均具有十分重要意义。

一、平面交叉口的交通特性分析

为分析交叉口的交通状况，可以将交叉口处每一个可能的车流方向用一条表示行进方向的带有箭头的线代替，这样的一条线即成为交通流线。因此，当进入无交通管制的十字交叉的道路仅为一条车道时，则进入交叉口前仅有一条交通流线，到达交叉口后，即分为直行、右转和左转三条交通流线（图1-7-1）。

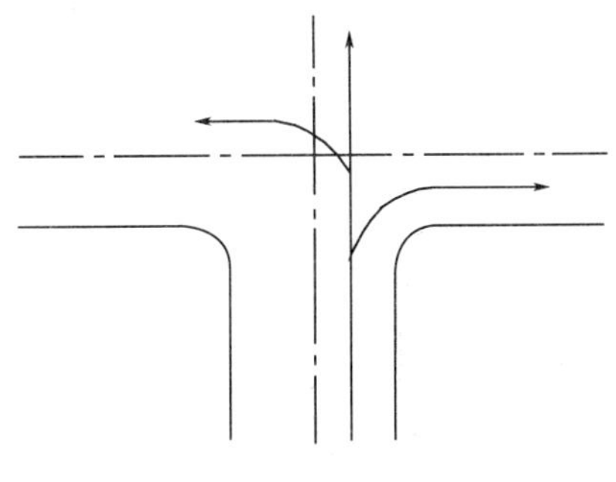

图1-7-1　交通流线

进入交叉口的车辆由于行驶方向的不同，车辆与车辆交通之间的交错方式也不相同，产生的交错点的性质也不一样（图1-7-2）同一行驶方向的车辆向不同方向分离行驶的地点称为分叉点（分流点）［图 1-7-2a）］；来自不同行驶方向的车辆以较小的角度，向同一方向汇合行驶的地点称为汇合点（合流点）［图 1-7-2b）］；来自不同行驶方向的车辆以较大的角度相互交叉的地点称为冲突点（交叉点）［图 1-7-2c）及图 1-7-2d）］。

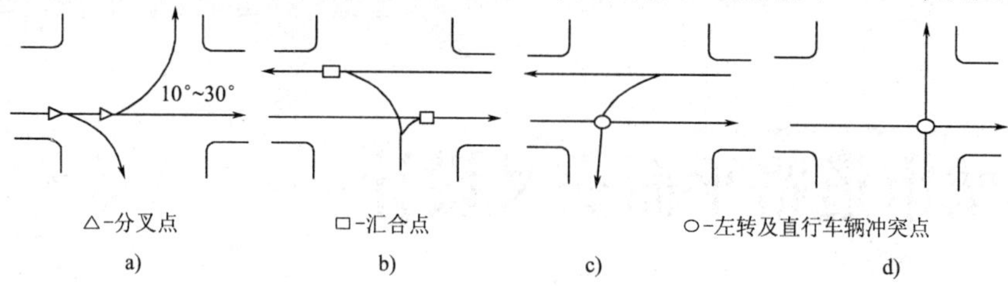

图 1-7-2　交叉口车辆不同类型的交错点

经过这样的简化，就可以分析交叉口的交通特性，从而掌握交通干扰的原因。交通流线进入交叉口时，由于车辆行驶方向不同要产生分流，而车辆在分流时，驾驶员往往要先减速，以便观察行进方向的交通情况。因此不同类型的交错点，是影响交叉口行车速度和容易发生交通事故的主要原因，其中以左转与直行车辆和直行与直行车辆产生的冲突点，对交通的影响最大，其次是合流点，再次是分流点。因此在交叉口设计时，应尽量采取措施减少冲突点和合流点，而尤其要减少和消灭冲突点。

在无任何交通管制的请况下，三条、四条、五条道路相交时的交错点，分别如图 1-7-3a）、图 1-7-3b）、图 1-7-3c）以及表 1-7-1 所示。

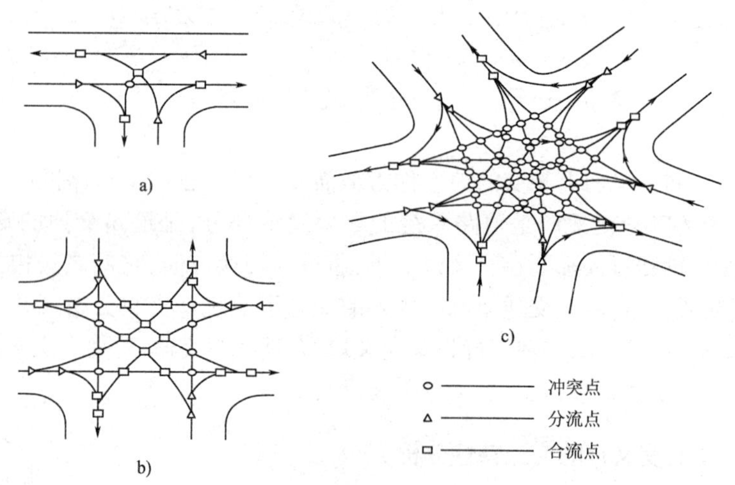

图 1-7-3　平面交叉口交错点

a）三路交叉口；b）四路交叉口；c）五路交叉口

交叉口的交错点　　表 1-7-1

交错点类型	无信号控制			有信号控制		
	相交道路的条数			相交道路的条数		
	3 条	4 条	5 条	3 条	4 条	5 条
△分叉点	3	8	10	2 或 1	4	4

续上表

交错点类型	无信号控制			有信号控制		
	相交道路的条数			相交道路的条数		
	3 条	4 条	5 条	3 条	4 条	5 条
□汇合点	3	8	10	2 或 1	4	6
○左转车流冲突点	3	12	45	1 或 0	2	4
⬡直行车流冲突点	0	4	5	0 或 0	0	0
交错点总数	9	32	70	5 或 2	10	14

从以上图表可以看出：

(1)在平面交叉口上，冲突点的增加，并不是与相交道路条数的增加成直线比例，而是增加得很多。由于左转及直行车辆造成的冲突点，其数量可按下式计算：

$$\sum p(\text{左、直}) = \frac{n^2(n-1)(n-2)}{6} \tag{1-7-1}$$

式中：$\sum p$(左、直)——由于左转及直行车辆所造成的冲突点总数；

n——相交道路条数。

例如三条道路相交的冲突点只有 3 个，四条道路相交的冲突点就增加到 16 个，而五条道路交叉的冲突点竟达 50 个，六条道路交叉的冲突点就猛增到 120 个，因此，在规划和设计交叉口时，应尽量避免五条或五条以上的道路交叉，使交通简化畅通。

(2)产生冲突点最多的是左转弯车辆，如十字交叉上没有左转弯车辆，则冲突点就可以从 16 个减少到 4 个，五条道路交叉的，冲突点则可从 50 个减少到 5 个。因此，在交叉口设计中，如何正确处理和组织左转弯车辆，以保证交叉口的交通畅通和安全，是设计的关键之一。

(3)为了减少交叉口上的冲突点，以保证行车安全，就必须设置信号灯。但按顺序开放各条道路的交通，就增加了交叉口的耽误时间，影响了交叉口的通行能力。在设有交通信号灯控制的交叉口，其通行能力比路段上的通行能力减少为：三条道路交叉约减少 30%，四条道路交叉约减少 50%，五条道路交叉约减少 70%。

所以，要提高交叉口的通行能力，保证车辆畅通，保障交通安全，就必须力求减少或消除冲突点。

二、交叉口交通处理的基本方法

在处理交叉口交通时，无论采用改善道路设施还是增设交通设施，其目的都是努力减少或消灭各类交通特征点，尤其注意对冲突点的处理。

消灭和减少交叉口车流冲突点的方法有：

1. 实行交通管制

在交叉口设置自动交通信号灯，或由交通警察指挥交通，使进入交叉口的车流在时空上分离，减少同一时间段内的交通流线数量。即在同一时间内只允许某一方向的车流通过，限制交叉口某方向左转弯车辆通过。

2. 渠化交通

在交叉口范围内合理布设交通岛、交通标志、地面标线或增设车道，以疏导车流按一定方向或路径行驶，从而消除或减少冲突点，减少车辆行驶时的相互干扰。

3. 立体交叉

将互相冲突的车流分别设在不同平面的车道上，各行其道，互不干扰。这一方法必须通过工程手段。立体交叉不仅消灭或减少了交通特征点，而且也消除了平面交叉本身。

因此，立体交叉既可认为它是不同于平面交叉的另一种道路交叉形式，同时也可认为是平面交叉交通处理的一种方法和手段，而且是平面交叉交通处理的最彻底的方法。

三、交叉口设计基本要求和内容

1. 交叉口设计的基本要求

(1)保证车辆与行人在交叉口能以最短的时间顺利通过，使交叉口的通行能力能适应各条道路的行车要求。

(2)正确地进行交叉口立面设计，保证转弯车辆的行车稳定，同时满足排水要求。

2. 交叉口设计的主要内容

(1)平面设计。正确选择交叉口的形式，确定各组成部分的几何尺寸。

(2)进行交通组织设计，合理布置各种交通设施。

(3)立面设计。合理地确定交叉口的高程，布置雨水口和排水管道。

●第二节　交叉口的形式及交通组织●

一、交叉口的形式和适用范围

平面交叉口的形式取决于道路网的规划和周围建筑的情况，以及交通量、交通性质和交通组织。常见的几何形状有十字形、T 字形及其演变而来的 X 形、Y 形及错位交叉、多路交叉和畸形交叉等，如图 1-7-4 所示。

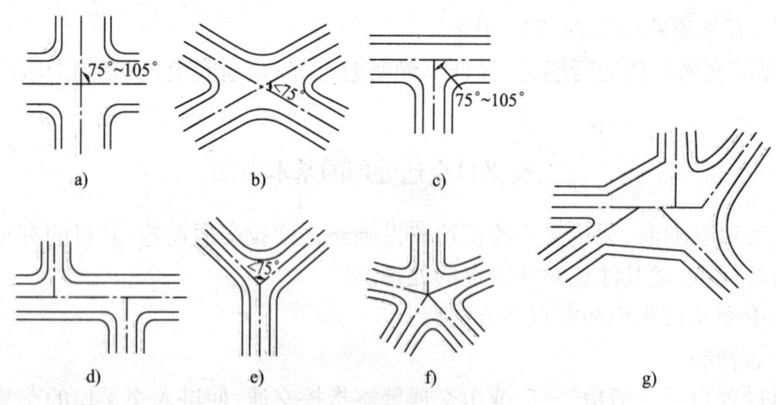

图 1-7-4　平面交叉口的形式

1. 十字形交叉口

十字形交叉口是四条道路相交，交角为 75° ~ 105°。这种交叉口形式简单，交通组织方便，街角建筑易于处理，适用范围广，是最基本的交叉口形式。

2. T 字形交叉口

T 字形交叉口是三路交叉，直行方向的交角为 75°～105°。这种形式的交叉口适用于主次道路的交叉，主要道路应设在直行方向，特殊情况下，如尽头式干道与另一主干道相交时也可设置为 T 字形交叉。

3. X 字形交叉口

X 字形交叉口为四条道路相交于交角大于 105°或者小于 75°的交叉口。Y 字形交叉口为三路相交直行方向的交角小于 75°或者大于 105°的交叉口。这两种形式的交叉口在交角较小的时候对交通不利，而且锐角街口处的通视条件不好。

4. 错位交叉口

错位交叉即为两个错开的 T 字形交叉口且相距很近的交叉口。由于车辆交织，行驶长度不够，使得进出交叉口的车辆不能顺利行驶，因而阻碍主干道的直行交通流的安全性和连续性。

5. 多路交叉口

多路交叉即为五条或五条以上的道路相交于一点所形成的交叉口。随着相交道路条数的增加，冲突点的数量也大量地增加。

6. 畸形交叉口

畸形交叉即为多路相交但不交于一点的不规则的交叉口。

规划和设计中应尽量避免使用错位交叉、多路交叉和畸形交叉。

二、交叉口形式的选择和改建

交叉口形式的选择和改建，涉及的因素较多，如交叉口的形状、交通量及交通组成、地形地物和道路用地等。应根据具体情况作具体分析，做出不同的设计方案进行比较，择优录用。选择和改建交叉口的形式，应有利于车流的安全性和连续性。在一般情况下，交叉口形式的选择和改建，可按以下几个原则进行：

1. 交叉口形式要简单

尽可能选用正交或接近 90°的十字形交叉口或 T 字形交叉口。

2. 尽量使相邻交叉口之间的道路直通

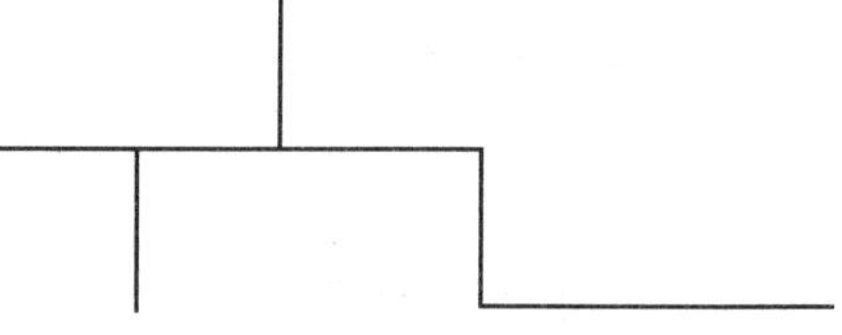

图 1-7-5　道路不能直通

在市区，除因受地物条件限制，例如，道路必须沿河流、城墙、铁路等布设 T 字形交叉口，一般情况下，干道与干道相交不宜选用 T 字形交叉口，如图 1-7-5 所示。

3. 道路相交的角度

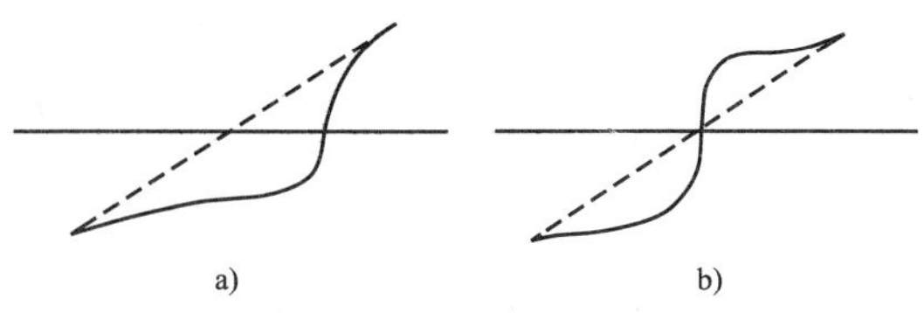

图 1-7-6　改斜交为十字形交叉

道路相交以正交为宜，斜交时交叉角应大于或等于 45°，否则宜改建成正交或接近 90°。

例如，改斜交为十字形交叉，如图 1-7-6 所示。改斜交为双 T 字形交叉（错位交叉），如图 1-7-7 所示。

图 1-7-7b)的改建方案比图 1-7-7a)的要好，次干道 $C'D'$ 上的车辆交通，在通过主干道 AB 时均先左转而后右转，左转时如遇阻，可在次干道停车线上停候，不影响主干道交通；在主干道上右转也不影响交通。而图 1-7-7a)的 CD 交通均要先右转后左转，左转如遇阻，则需在主干道 AB 上停候，如主干道上没有设置专用左转车道，则停候时必然影响主干道上的交通。

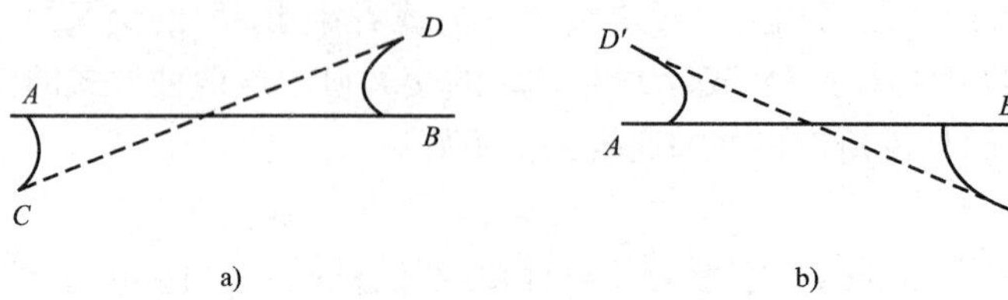

图 1-7-7　改斜交为错位交叉

改小交角为大交角，如图 1-7-8 所示。

开辟左、右转车道，如图 1-7-9 所示。

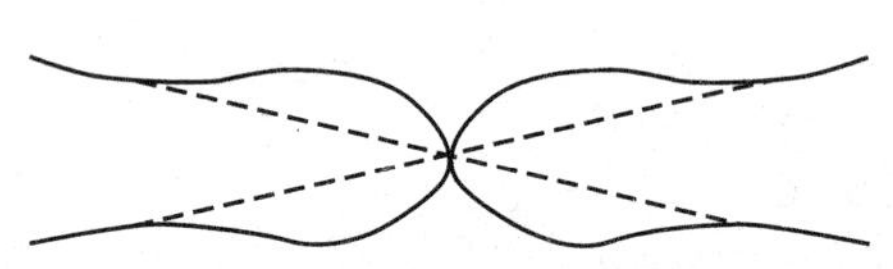

图 1-7-8　改小交角为大交角

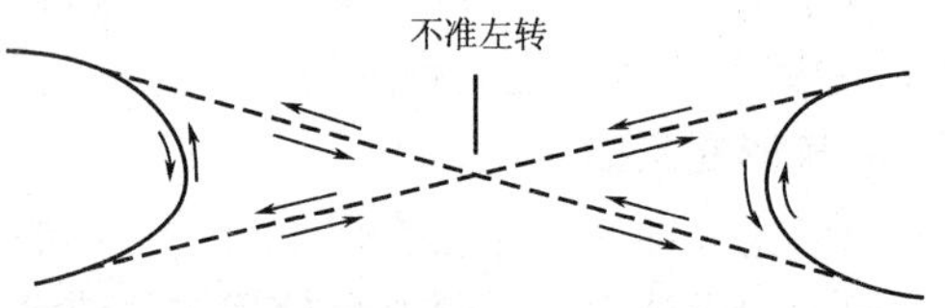

图 1-7-9　禁止左转

在小交角相交道路的交叉口，如无法改建，可考虑在交叉口的两侧开辟左、右车道，同时在原交叉口上采取交通管制，不准左转，可减少 12 个左转车流冲突点；如再设置信号灯，可全部消除冲突点。

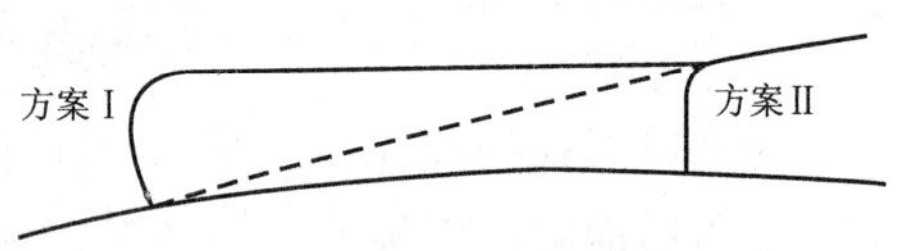

图 1-7-10　改 Y 字形交叉口为 T 字形交叉口

改 Y 形交叉口为正交(或接近 90°)T 字形交叉口，如图 1-7-10 所示。

4. 对于主流交通

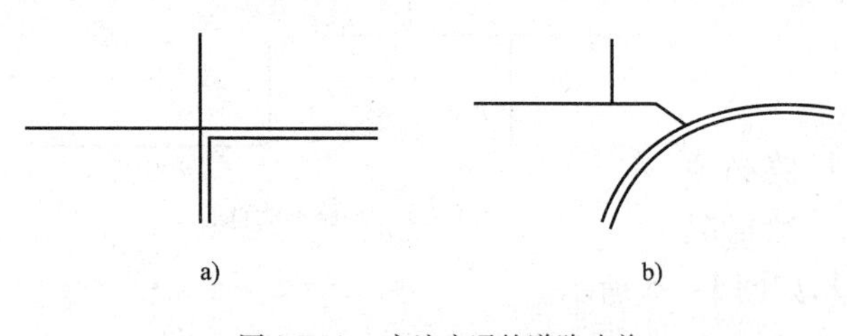

图 1-7-11　主流交通的道路改善

对于主流交通，其道路线形尽量顺直，任一侧不宜有两条以上的道路交汇。

例如，当交叉口的主流交通为左、右转弯时，如图 1-7-11a)的粗线所示，此时其一侧有两条路段与之交汇，会影响主流方向的交通安全和通行能力。为此，可把主流交通的缘石半径加大，同时改十字形交叉为 T 字形交叉口，如图 1-7-11b)所示。

5. 应尽量避免近距离的错位交叉

当相邻的两个 T 字形交叉口(错位交叉)之间距离很短时，如图 1-7-12a)所示，由于交织段长度很短，将影响进出交叉口的车辆顺利行驶，因而阻碍主干道上的直行交通。为此，可把相邻的两个交叉口合二为一，如图 1-7-12b)、图 1-7-12c)、图 1-7-12d)。

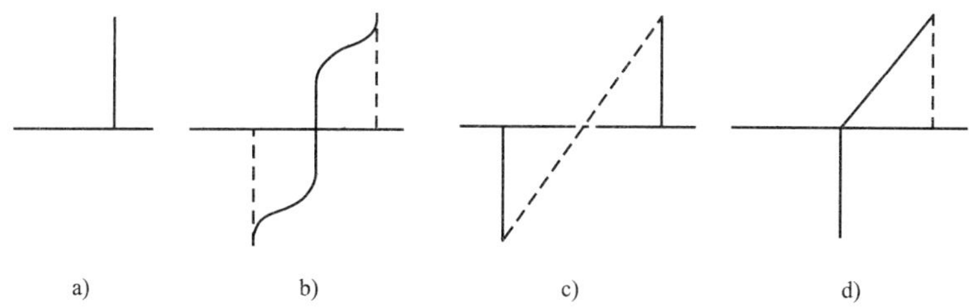

图 1-7-12　把近距离的两个 T 字形交叉口合建为一个十字形交叉口

6. 尽量避免或简化畸形交叉口和多路交叉

例如，可采取如下措施：

(1)设中心岛，改为环形交叉口以简化交通流，如图 1-7-13 所示。

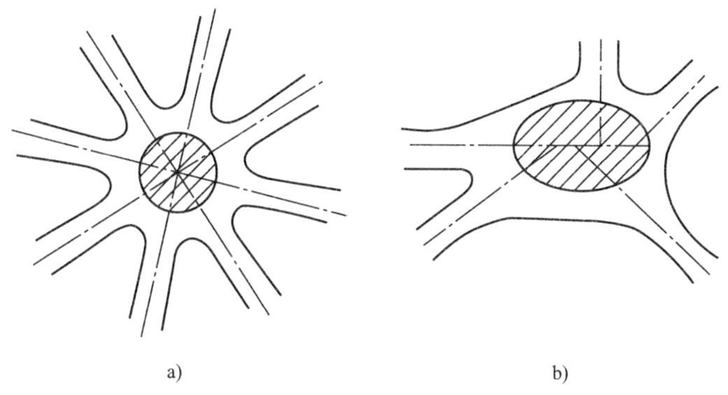

图 1-7-13　设中间岛简化交通

a)多条道路交叉；b)畸形交叉

(2)封闭改道，把多路交叉或畸形交叉改建为正交[图 1-7-14a)、图 1-7-14b)、图 1-7-14c)改建为图 1-7-14d)、图 1-7-14e)、图 1-7-14f)]。

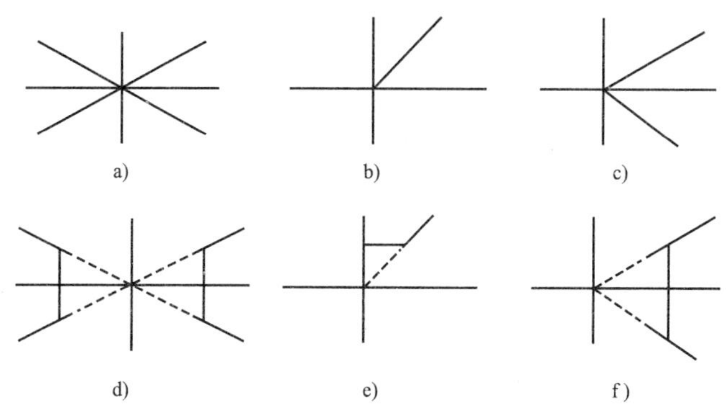

图 1-7-14　封路改道成为正交

(3)调整交通，把双向交通改为单向交通，如图 1-7-15 所示。

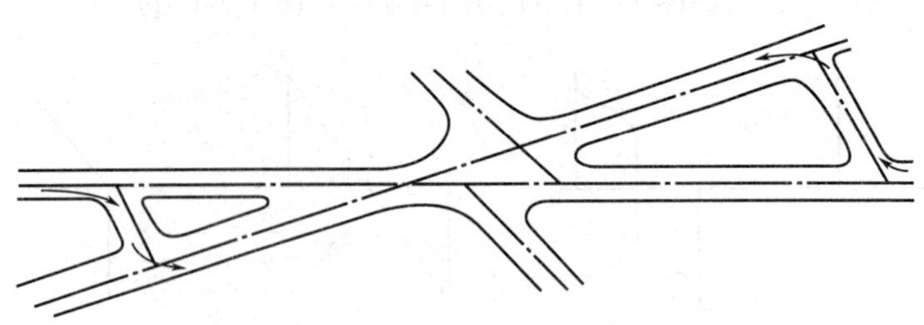

图 1-7-15 调整畸形交叉的交通

三、交叉口交通组织

交叉口的交通组织设计的基本任务，就是要保证相交道路上的车流和行人的交通安全，并提高交叉口的通行能力。其设计方法归纳起来，就是正确组织不同去向的车流，设置必需的车道数，合理布置交通岛、交通信号灯及地面各种交通标志等，使车辆在交叉口能按渠化交通的原则组织起来，顺序通过交叉口。

1. 机动车辆交通组织

由以上交通分析可知，交叉口的通行能力小、车速低、行车安全差，其主要原因是因为存在各种类型的车流交错点，其中以冲突点的危险性最大，而冲突点的产生原因来源于左转及直行车辆，其中以左转车辆产生的冲突点为最多；右转车辆一般不会产生冲突点。因此，对于交叉口交通组织设计的着眼点，应着重于解决左转车辆和直行车辆的交通组织。

交叉口机动车辆的交通组织方式有以下几种方法：

1）设置专用车道

（1）左、直、右车辆的组合设计。组织不同车种和不同行驶方向的左转、直行和右转车道在各自的车道上各行其道行驶。根据车行道的宽度和左、直、右车辆的不同组成，可作如下不同组合的车道划分：

①如左、直、右车辆组成均匀并有一定数量，可各设一条专用车道，为节省用地，特别是当车行道宽度不足时，左转车道可向路中心线稍左偏移布置；对向车道为反对称布置（图 1-7-16）。

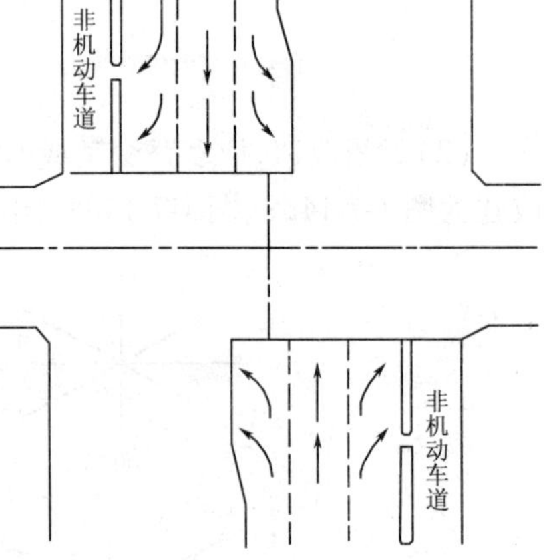

图 1-7-16 车道划分示例之一

②如直行车辆特别多，左转车辆也有一定数量，可分设两条直行车道和一条左转车道和右转车道（图 1-7-17），对向车道为反对称布置。

③若左转车多而右转车较少，可设一条左转车道，右转和直行车辆合用一条车道（图 1-7-18），对向的车道为反对称布置。

④如左转车少而右转车多，可设一条右转车道，左转和直行合用一条车道（图 1-7-19）。

⑤如左、右转车辆较少，可分别与直行车道合用（图 1-7-20）。

⑥拓宽车道，增加车道宽度，可向两侧拓宽，也可向左偏移。

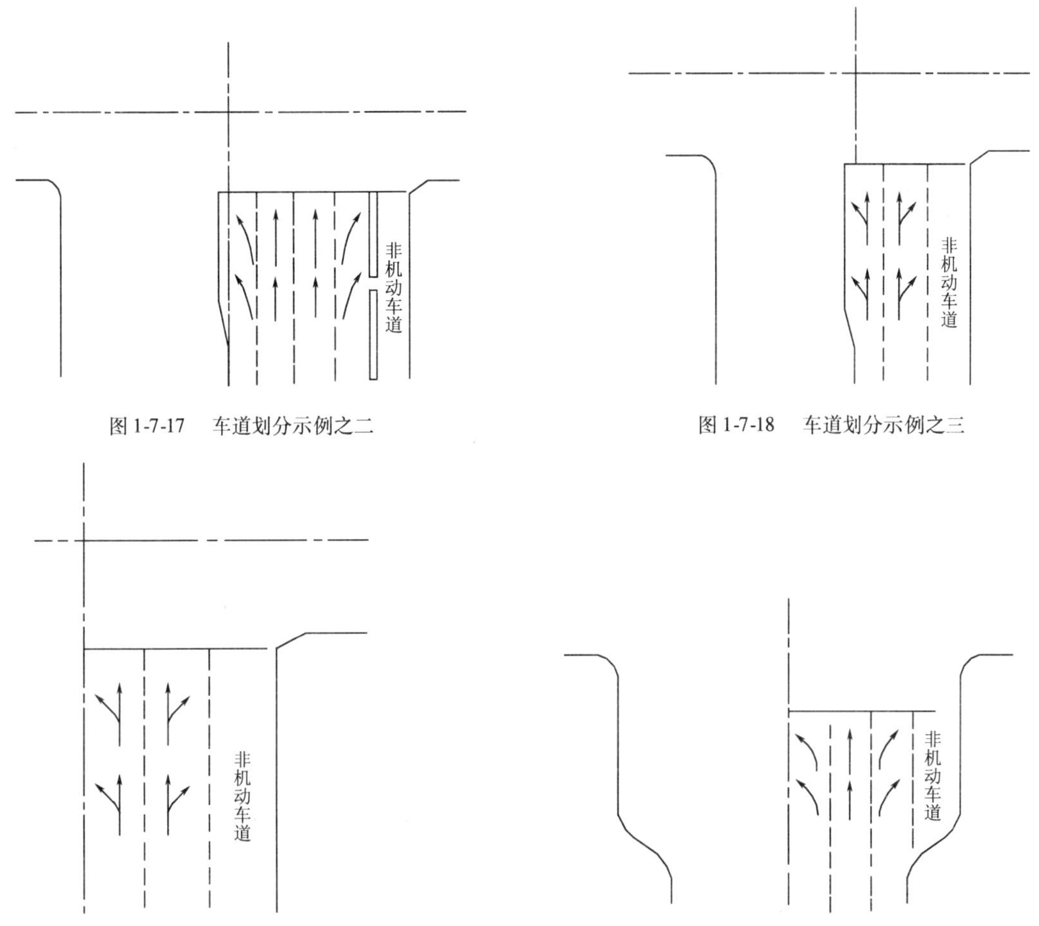

图 1-7-17　车道划分示例之二　　图 1-7-18　车道划分示例之三

图 1-7-19　车道划分示例之四　　图 1-7-20　向右侧拓宽车行道

（2）高乘载率专用车道。高乘载率车道简称 Hov 专用车道，也是交通组织方式的一种，就是在特定时间段内即主要为乘员高峰时期，只允许多乘员车辆专用的车道。设置高乘载率专用车道的目的主要是为了提高每小时的客流量，从而有效地缩短高乘载率车辆的运行时间。国外在 20 世纪 60 年代已使用这种交通组织方式，我国在北京等城市设置的公交专用车道也是高乘载率专用车道的一种形式。

（3）公交专用车道。公交专用车道是指在道路平面上通过交通标线或交通标志划分出专供公共汽车行驶的车道。在我国的大城市随着经济的发展，汽车保有量迅猛上增，早晚高峰交通拥堵现象日益严重。随着城市规模的扩大，公共交通成为居民出行的主要方式。为了改善当前的交通拥堵状态，公交优先政策迫在眉睫。利用现状路网，通过建设公交专用道，提高单位时间客流量，缩短总客流出行时间，是减缓交通拥挤的首要办法之一。

2）左转弯车辆的交通组织

左转弯车辆不仅是产生冲突点的主要因素，而且也影响对向直行车流的通行，所以，无论是保证交通安全，或是提高交叉口通行能力，组织好左转弯车辆是一个关键问题。

左转车辆的交通组织可采用以下几种形式：

(1)设置专用左转车道。在行车道宽度内紧靠中线,划出一条车道供左转车辆专用,以免阻碍直行交通。

(2)实施交通管制。通过信号灯控制或交警手势指挥,在规定时间内不准左转。

(3)变左转为右转。组织环形交通,在交叉口中央设置交通岛,进交叉口的车辆一律绕岛作逆时针单向行驶,变左转为右转[图1-7-21a)]。

绕街坊行驶使左转车辆环邻近街坊道路右转实现左转,如图1-7-21b)所示。这种方法使绕街坊行程增加很多,通常适用于旧城道路拓宽困难时,或在桥头引导坡度大的十字形交叉口,为防止车辆高速下坡时直角转弯发生事故而采用。

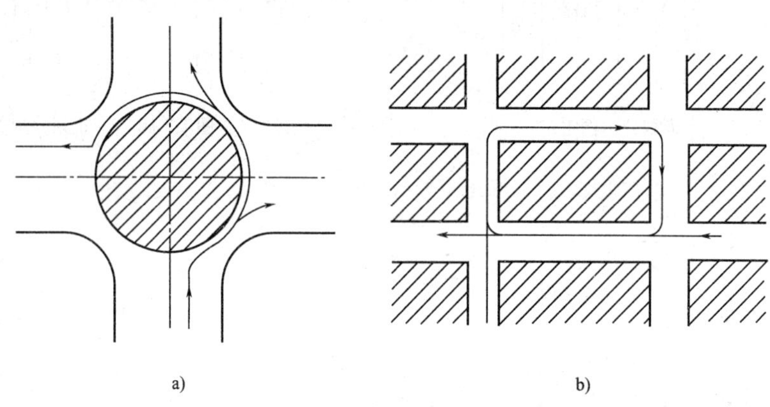

a)　　b)

图1-7-21　变左转为右转

3)设置渠化交通

平面交叉的渠化交通,是在交叉口范围内,通过布置交通岛、交通标志和在路面上标线等方法,引导或强制不同流向的车辆和行人各行其道,从而将错综复杂的交通流引入指定的交通路径所进行的分离交通措施。

渠化交通的主要作用是保证行车安全,具体表现在:

(1)利用分车线或分隔带、交通岛等,把不同方向和速度的车辆划分车道行驶,避免车辆相互侵占车道和干扰行车,因而可减少车辆相互碰撞的机会,增加行车安全[图1-7-22a)]。

(2)利用交通岛的布置,限制车辆行驶方向,使斜交对冲的车流变为直角交叉或锐角交织[图1-7-22b)、图1-7-22c)]。

(3)利用交通岛的布置,限制行车道宽度,控制行车速度,防止超车[图1-7-22b)]。

(4)把不同行驶方向的车辆,在临近交叉口就分车道分别行驶(图1-7-16)。

(5)在道路上划分快、慢车道,保证车辆的正常行车(图1-7-16~1-7-20)。

(6)渠化交通后,在交通岛或分隔带上便于设置各种交通标志和信号设备,并可作为行人过街时避让车辆的安全岛。

在渠化交通中,最常用的是高出路面的交通岛,按其功能和布置位置,可分为方向岛(图1-7-22)、分隔岛[图1-7-22b)]、中心岛[图1-7-22a)]、安全岛[图1-7-21a)]。

在平面交叉中使用渠化交通的管理措施来处理交通时,如渠化岛设置得当,可取得相当好的效果。对交叉的交通进行渠化时,应充分考虑交叉处的道路交通条件,进行精心设计。渠化交通设计时,应注意以下事项:

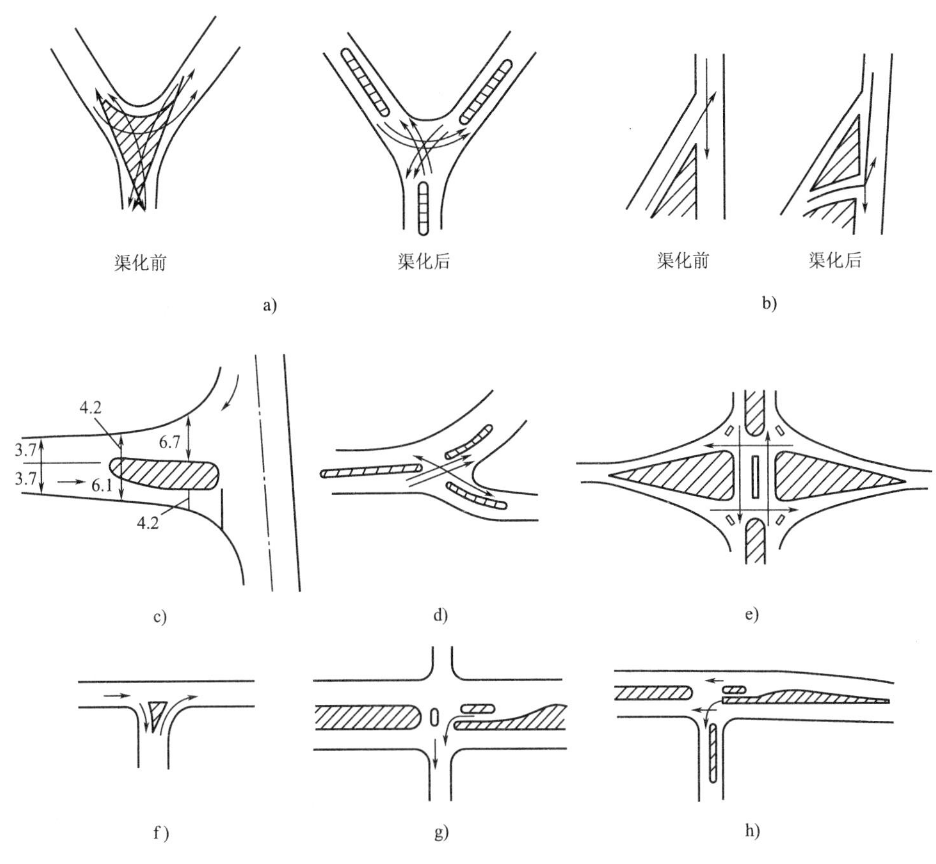

图 1-7-22　渠化设计

(1)应通过对通行能力和安全性等的充分分析后，再确认进行渠化交通的必要性。

(2)渠化后的车道宽度要适当，过宽会导致车辆并行或强行超车而诱发车辆碰撞事故。

(3)渠化交通岛要具有足够面积，且数量要尽量少。

(4)避免交通分、合流集中，以便于驾驶员判断。

(5)渠化路径应符合人们习惯，尽量方便行人与车辆，不使导流岛成为车道上的障碍物。

(6)渠化后不再有锐角冲突点。

(7)在没有信号灯控制的交叉口渠化时，应考虑今后使用信号控制的可能性。

(8)应具有良好的视距和照明，对交通信号和标号提供良好的视认条件。

(9)对渠化方案应先以临时形式实施，待条件成熟后，再进行固定式渠化，临时渠化可通过在路面上摆放物体构成。

4)调整交通流向

对一些旧城区道路扩建有困难时，可从城市道路网综合方面考虑，改变交通路线，控制行驶方向，组织单向交通，也可以适当封闭一些主要干道上的支路，以简化交叉口交通，提高整个道路网的通行能力。

5)信号控制

信号控制交叉口就是在交叉口设置红、绿、黄三色信号灯，用以指挥车辆通行、停止和转弯,随着信号灯色的变换使车辆通行权由一个方向转移给另一方向。交通信号控制是道路交通管理的一个重要措施,其目的就是提高交通安全和提高交通流的运行效率。科学合理地分配各个方向的通行权,在时间上将相互冲突的交通流进行分流,使车辆和行人安全、有序、迅速地通过交叉口。

交叉口的信号控制对交叉口有着特殊的要求,交通信号控制设计时应充分考虑交叉口各组成部分,如交叉口的布局、进口道的车道功能划分、行人和非机动车的流向等,反过来,交叉口的环境因素也影响着交通信号控制。因此,交叉口的控制布置设计、交通组织与信号控制必须形成一个有机整体,需要互相协调,还要满足平衡不同交通流的要求。

2. 非机动车辆交通组织

自行车交通长期以来是我国主要的交通方式之一,城市道路因大量的非机动车存在,对机动车行驶的干扰很大。因此,合理组织非机动车交通显得非常重要。

非机动车交通组织应结合交叉口处的交通流考虑。在一般车流量情况下,非机动车按交通规则在机动车右侧行驶,不设分离设施。当车流量较大时,可采用分隔设施将机动车与非机动车分离行驶,减少相互干扰。上述两种情况应与机动车交通组织共同考虑。

当车流量很大,机、非之间干扰严重时,非机动车交通组织可与人行天桥或地道一起考虑。上、下人行天桥或地道的形式有梯道式、坡道式和混合式。一般行人宜用梯道式,非机动车宜用坡道式;非机动车较多,又因地形或其他理由不能设坡道式时,可用梯道和坡道混合式。

设置自行车专用车道在欧洲的德国、荷兰等国家很常见。如果在一些大、中城市,通过机、非分离,将自行车道设置为独立的专用道,机动车和行人禁入,保证有一定的连通性和可达性,形成独立的网络。同时,如果能合理地解决自行车与公交车的紧密衔接问题,自行车专用道将会作为公共交通的补充和完善,起到协调作用。

3. 行人交通组织

在城市道路中,尤其在交叉口处,行人在此汇集、转向、过街,需考虑行人交通组织。行人交通组织的主要任务包括两个方面,一是组织行人在人行道上行走,二是组织行人在人行横道线内安全过街,从而使人、车分离,使相互之间的干扰最小。

人行道通常对称布置在车行道两侧。交叉口内相邻道路的人行道互相连通,并将转角处人行道加宽,以适应人流集中和转向的需要。在人行道上除必要的道路标志、交通信号、照明及栏杆等外,不允许布置其他设施,以保证人行道的有效宽度。

为使行人安全、有序地横穿车行道,应在交叉路口设置人行横道。交叉范围的人行道和人行横道相互连接,共同组成可达任意方向的步行道网。尽量不将吸引大量人流的公共建筑物的出入口设在交叉口上。

人行横道的设置应考虑以下方面的要求:

(1)人行横道应与行人自然流向一致,否则将导致行人在人行横道以外的地方横过车行道,不利于交通安全。

(2)人行横道应尽量与车行道垂直,行人过街距离短,使行人尽快通过交叉口,符合行人过街的心理要求。

(3)人行横道尽量靠近交叉口,以缩小交叉口的面积,使车辆尽快通过交叉口,减少车辆在交叉口内的通行时间。

(4)人行横道设置在驾驶员容易看清的位置,标线应醒目。

(5)在设置信号灯控制或设置停车标志的交叉口,应在路面上标绘停车线,指明停车位置,此时人行横道一般可布置在停车线之前至少 1m 处,如图 1-7-23。

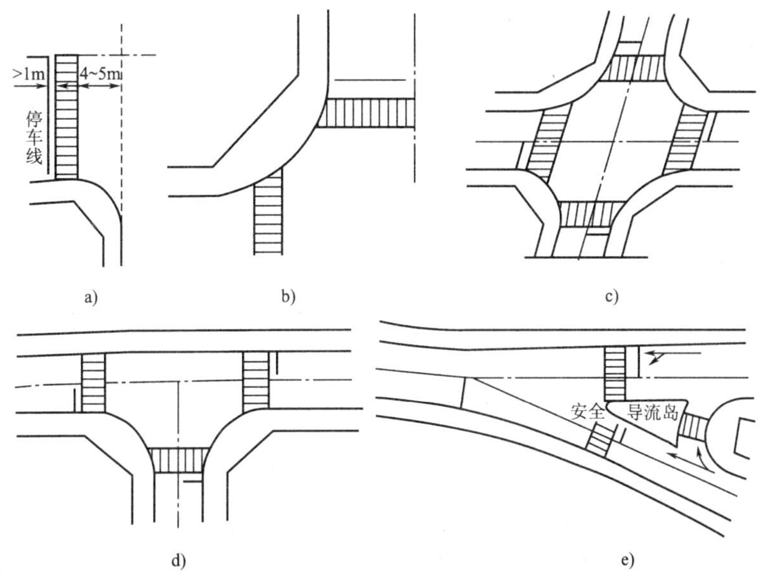

图 1-7-23 交叉口人行横道的布置

(6)人行横道的宽度与过街行人流量和行人过街时的信号显示时间有关,所以应结合每个交叉口的实际情况设置。一般应比路段人行道宽些,考虑到应便于驾驶员在远处辨认,其最小宽度为 4m,一般最大值不超过 8m。

(7)当车行道较宽时,行人一次横穿过长的距离会使过街行人思想紧张,尤其对行走迟缓的人,会感到很不安全。《城市道路设计规范》(CJJ 37—1990)规定当机动车道数大于或等于 6 条或人行横道长度大于 30m 时,应在道路中线附近设置宽度不小于 1m 的安全岛。

(8)当交叉口宽阔、人流量大、车流量大且车速高时,如快速路上的交叉口,可考虑设置人行天桥或人行地道,这是行人交通组织最彻底、最有效的办法。

•第三节 信号控制交叉口的车道数及通行能力•

一、交叉口的车道数

在确定交叉口的车道数和车道宽度时,必须考虑到我国城市目前自行车交通量大的客观需要,尽可能组织机动车和非机动车分流行驶,以保证交通安全和畅通。

从渠化交通来看,交叉口最好能设置若干条专用车道,以便车辆在交叉口能够各行其道,在各自的专用车道上行驶,避免相互干扰,但在交通量较小的道路上设置过多的车道,显然不经济,则要考虑车道的混合行驶。

在交叉口设置的车道数,其通行能力的总和必须大于高峰小时交通量的要求,否则,就会在交叉口产生交通拥挤和阻塞的现象。

交叉口车道数的确定方法如下：

首先选定交叉口的形式，然后根据设计年限的高峰小时交通量和不同行驶方向的交通组成，进行交通组织设计，由此初步确定车道数（该车道数也可直接取用路段上设计车道数进行交通组织设计）。按照所确定的交通组织设计方案，对初定的车道数进行通行能力的验算，如车道通行能力的总和小于高峰小时交通量的要求，则必须增加车道数后重新验算，直到满足交通量的要求为止。

由于交叉口受到交通指挥信号的影响，在相同车道数的请况下，交叉口车道的通行能力一般总是比路段上车道的通行能力要小，所以，交叉口的车道数应不少于路段上的车道数。为了充分发挥整条道路的通行能力，交叉口的设计通行能力要和路段上的通行能力相适应，同时也为远期的道路改建控制好道路用地，便于交通组织和提高通行能力，交叉口的车道数最好比路段上多1条。

二、交叉口的通行能力

道路的通行能力是指在一定的道路、交通状态和环境下，单位时间内通过交叉口的最大车辆数或行人数量。平面交叉口的通行能力是指通过该交叉口所有相交车流（或人流）的最大交通量。

交叉口的通行能力按管理控制方式分为受交通指挥信号控制、无信号控制而采用停车让行方式以及自行调节运行的环形交叉口。本教材主要介绍根据我国城市交通、城建部门推荐的受交通指挥信号控制交叉口的通行能力。

1. 车辆换算

通过交叉口的车辆，交通组成比较复杂，各种尺寸不同的车型占用的道路空间不同，其起动、制动、转向、加减速的性能也不同，并且相互干扰。因而在分析计算交叉口的通行能力前，需要将各种车型混合行驶的交通流换算成一种标准车型的交通流，用一种当量交通量代替混合交通量，便于交通流的分析和计算。某种车型一辆车相当于标准车型一辆车的比值称为车辆换算系数。

我国交通部和建设部制定的有关规范规定：对于城市道路，采用小客车作为标准车型进行换算；对于小客车很少的中、小城镇的道路也可按普通车辆换算。

对不同管制类型的交叉口，车辆换算系数取值不同。对有信号管制的交叉口，车辆换算系数是以停车启动时连续车流中各种车型车辆通过停止线的时间间隔之比作为换算依据；而环形交叉口则是以各型车辆交织或穿插所需要的临界间隔时间之比作为换算系数依据（表1-7-2和表1-7-3）。

信号管制的交叉口车辆换算系数 表1-7-2

车型 道路类型	小汽车	中型货车	拖挂车
汽车专用公路、城市道路	1.00	1.60	2.50
一般公路、中小城镇道路	0.65	1.00	1.60

注：1. 小汽车包括小客车、吉普车、载重2t以下的轻型货车、少于18座的面包车、摩托车。

2. 中型货车包括载重2t以上、10t以下的货车，18座以上的面包车和大客车。

3. 拖挂车包括半挂车、全挂车、载重10t以上货车及通道式大客车。

环形交叉口车辆换算系数 表 1-7-3

车 型	小客车	普通汽车	铰接车
按小汽车换算	1.0	1.4	2.0
按普通汽车换算	0.8	1.0	1.3

2. 交叉口信号管制

信号管制交叉口是以红、绿、黄三色信号灯显示来指挥交通的。按《道路交通管理条例》规定：

(1)绿灯亮时，准许车辆、行人通行，但转弯的车辆不准妨碍直行车辆和行人通行。

(2)黄灯亮时，不准车辆、行人通行，但是已越过停车线的车辆和已经进入人行横道的行人可以继续通行。

(3)红灯亮时，不准车辆、行人通行，右转弯车辆和T字形交叉口中右边无交叉道路的直行车辆，遇到黄灯或红灯亮时，在不妨碍被放行的车辆和行人通行的情况下，可以通行。

信号灯在一个周期内有若干个控制状态，每一次控制状态即为一个相。一般多为二相定时信号：东西通行，南北不通为一相；南北通行，东西不通为一相(图 1-7-24)。此外还有三相位、四相位至八相位，相位越多越安全，但周期长，延误时间多、效率低。

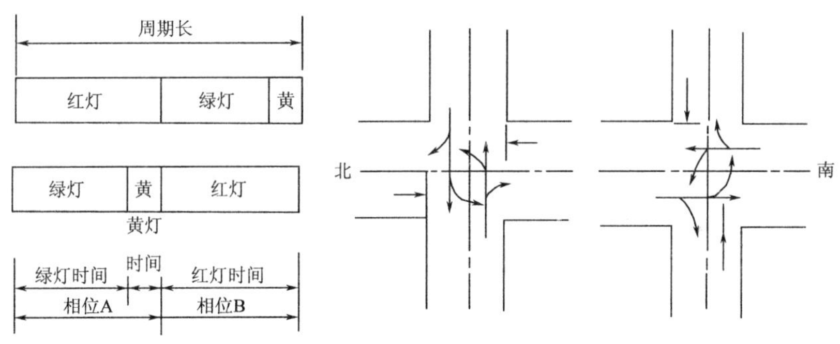

图 1-7-24 二相位定时信号示意图

3. 停车线法计算通行能力

各色灯周期性定时显示，车辆遇到红灯必须在进口车道停车线前停车等候，绿灯出现后车辆起动，通过停车线进入交叉口。交叉口的通行能力计算按通过停车线作为基准，凡通过了停车线的车辆即认为已通过了交叉口，这种计算通行能力的方法叫停车线法。

1)十字形交叉口设计通行能力

交叉口总的通行能力为进口车道设计通行能力之和。每一进口车道设计通行能力又是各车道通行能力之和。为此，交叉口总的通行能力设计从各车道通行能力分析入手。

(1)各种直行车(包括直行、直行和左转、直行和右转、左转和直行及右转等车道)的通行能力。

①一条直行车道的通行能力：

$$N_{直行} = 3600\psi_{直行}[(t_{绿} - t_{首})/t_{间} + 1]/t_{周} \quad (辆/h) \tag{1-7-2}$$

式中：$t_{绿}$——信号周期内绿灯时间，s；

$t_{首}$——绿灯亮后，第一辆车起动并通过停车线时间，s；可采用 2.3s；

$t_{间}$——直行或直、右行车辆连续通过停车线的平均间隔时间，s；根据观测，全部小型车组成的车队，$t_{间}=2.5$s；全部为大、中型车组成车队时，$t_{间}=3.5$s；全部为拖挂车时，$t_{间}=7.5$s；故城市道路交叉口采用2.5s；

$t_{周}$——信号周期，s；$t_{周}=$（绿灯时间＋黄灯时间）×2；

$\psi_{直行}$——修正系数，根据车辆通行的不均匀性及非机动车、行人以及农用拖拉机对汽车的干扰程度，城市取0.9～0.86。

上式中，$(t_{绿}-t_{首})$为一个周期的有效绿灯时间，$(t_{绿}-t_{首})/t_{间}$为绿灯时间内连续通过停车线的时间间隔数，$[(t_{绿}-t_{首})/t_{间}+1]$为一个周期内绿灯时间通过的车辆数，再乘以每小时周期数$3600/t_{周}$与修正系数$\psi_{直行}$，即为车道的通行能力。

②一条直右车道的通行能力：

$$N_{直右}=N_{直行}\quad (辆/h) \tag{1-7-3}$$

根据观测，当右转车辆和其他流向车混行时，右转车通过停车线的时间间隔时间与直行车间隔时间大致相等，故认为$N_{直右}=N_{直行}$，但有的资料认为1辆右转车相当于1.5辆直行车，故

$$N_{直右}=N_{直行}(1-\beta'_{右}/2)\quad (辆/h) \tag{1-7-4}$$

式中：$\beta'_{右}$——直右车道中右转车所占比重。

③一条直左车道的通行能力：

$$N_{直左}=N_{直行}(1-\beta'_{左}/2)\quad (辆/h) \tag{1-7-5}$$

式中：$\beta'_{左}$——直左车道中左转车所占比重。

根据观测，在左直混行车道中，一辆左转车相当于通过1.5辆或1.75辆直行车，因一辆左转车只影响后面一辆直行车，故折减用$\beta'_{左}/2$或$3\beta'_{左}/4$，本书取$\beta'_{左}/2$。

④一条左直右车道的通行能力：

$$N_{左直右}=N_{直左}\quad (辆/h) \tag{1-7-6}$$

根据观测，在左直右混行中，左转车驶入一般要减速，影响后面直行车；右转车通过停车线的间隔时间与直行车大致相等。故认为只需考虑左转车的影响。

（2）进口车道设有专用左转车道和专用右转车道时的通行能力。

①进口通行能力：

$$N_{进}=\sum N_{直行}/(1-\beta_{左}-\beta_{右})\quad (辆/h) \tag{1-7-7}$$

式中：$\beta_{左}$、$\beta_{右}$——分别为左、右转车占本断面进口道车辆的比例；

$\sum N_{直行}$——本断面直行车道的总通行能力。

②专用左转车道的通行能力：

$$N_{左}=N_{进}\cdot\beta_{左}\quad (辆/h) \tag{1-7-8}$$

③专用右转车道的通行能力：

$$N_{右}=N_{进}\cdot\beta_{右}\quad (辆/h) \tag{1-7-9}$$

（3）进口车道设有专用左转车道而未设专用右转车道时的通行能力。

①进口的通行能力：

$$N_{进}=(N_{直}+N_{直右})/(1-\beta_{左})\quad (辆/h) \tag{1-7-10}$$

式中：$(N_{直}+N_{直右})$——直行车和直右车道通行能力之和。

②专用左转车道通行能力：

$$N_{左} = N_{进} \cdot \beta_{左} \quad (辆/h) \tag{1-7-11}$$

(4)进口设有专用的右转车道而未设专用左转车道时的通行能力。

①进口总通行能力：

$$N_{进} = (N_{直} + N_{直左})/(1 - \beta_{右}) \quad (辆/h) \tag{1-7-12}$$

式中：$(N_{直} + N_{直左})$——直行车和直左车道通行能力之和。

②专用右转车道通行能力：

$$N_{右} = N_{进} \cdot \beta_{右} \quad (辆/h) \tag{1-7-13}$$

(5)对面进口左转车对本断面各种直行车道(包括直行、直左、直右、左直右)通行能力的修正系数的计算。

$$f_{对左} = 1 - \frac{n_{直}}{N_{进}}(N_{左对} - N_{不}) \tag{1-7-14}$$

式中：$n_{直}$——本断面各种直行车道数，条；

$N_{进}$——本断面进口通行能力，辆/h；

$N_{左对}$——对面进口左转车辆数，辆/h；

$N_{不}$——不影响本断面各种直行车道通行能力的对面车道左转车辆数，辆/h。

分析观测结果，在一个信号周期内，对面进口的左转车超过 3 ~4 辆时，应折减本断面各种直行车的通行能力。绿灯亮后，对面进口排在最前面的左转车由于离冲突点较近，每个信号灯周期内可抢先通过 1 ~2 辆，而不影响本断面直行车的通行；黄灯时间尚可通过绿灯时驶入交叉口等候通过的对面左转车 2 ~3 辆，因此在一个信号灯周期内不影响本断面直行车通过，可允许通过的对面左转车数量为 3 ~4 辆，超过此数时，应乘以修正系数进行折减。交叉口较大时，$N_{不} = 4$ 辆/周期；交叉口较小时，$N_{不} = 3$ 辆/周期。

【例 1-7-1】 计算十字形交叉口设计通行能力，进口车道布置如图 1-7-25 所示，绿灯时间 $t_{绿} = 30\text{s}$，黄灯时间 $t_{黄} = 5\text{s}$。右转车比例 $\beta_{右} = 20\%$，左转车比例 $\beta_{左} = 15\%$；驾驶员见绿灯亮后起动车辆时间 $t_{首} = 2.3\text{s}$，车辆通过停车线的时间间隔为 $t_{间} = 2.5\text{s}$；修正系数 $\psi_{直行} = 0.9$。

解：(1)一条直行车道的设计通行能力：

$$N_{直行} = 3600 \times 0.9 \times [(30 - 2.3)/2.5 + 1]/(30 \times 2 + 5 \times 2) = 559(辆/h)$$

(2)一个进口的设计通行能力：

$$N_{进} = 559/(1 - 0.2 - 0.15) = 860(辆/h)$$

(3)专用左转车道的通行能力：

$$N_{左} = 860 \times 0.15 = 129(辆/h)$$

(4)1h 内不影响直行的对面左转车数量：

$$N_{不} = 4 \times 3600/(30 \times 2 + 5 \times 2) = 205.7(辆/h)$$

现 $N_{左} < N_{不}$，故不必修正直行车道的通行能力。

(5)专用右转车道的通行能力：

$$N_{右} = 860 \times 0.2 = 172(辆/h)$$

(6)交叉口总的通行能力：

$$N_{总} = 860 \times 4 = 3440(辆/h)$$

【例 1-7-2】 计算十字形交叉口设计通行能力。进口车道布置如图 1-7-26 所示，绿灯时

间 $t_{绿}=50s$，黄灯时间 $t_{黄}=5s$。右转车比例 $\beta_{右}=20\%$，左转车比例 $\beta_{左}=10\%$；驾驶员见绿灯亮后起动车辆时间 $t_{首}=2.3s$，车辆通过停车线的时间间隔为 $t_{间}=2.5s$；修正系数 $\psi_{直行}=0.9$。

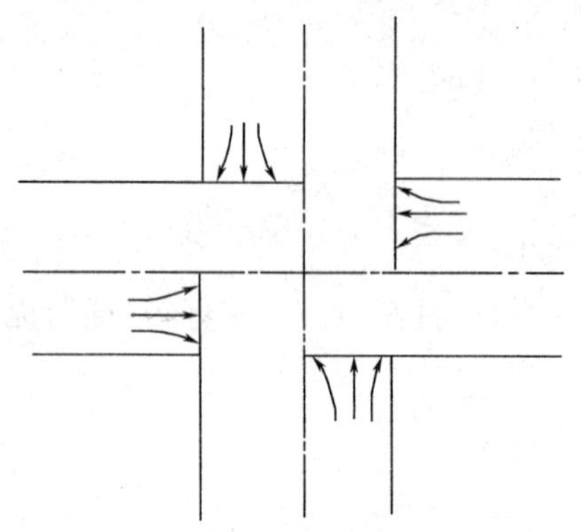

图 1-7-25　进口车道布置图

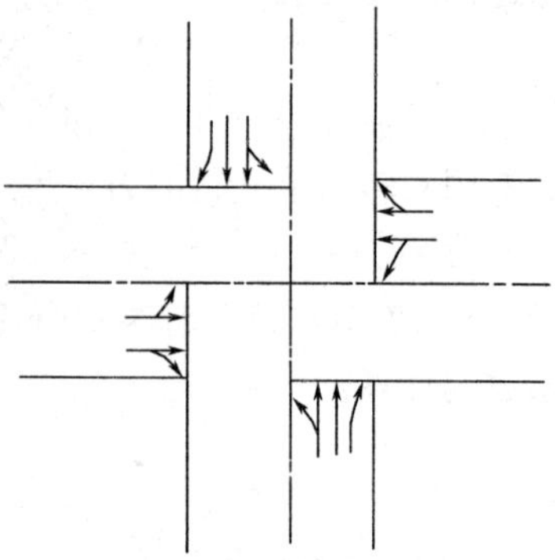

图 1-7-26　交叉口车道布置图

解：(1)计算 N-S 方向一个进口道设计通行能力。

①直右车道：

$$N_{直右}=3600\times0.9[(50-2.3)/2.5+1]/(50\times2+5\times2)=591(辆/h)$$

②直左车道：

$$N_{直左}=591/(1-0.2/2)=532(辆/h)，其中\ \beta'_{左}=10/50=0.2$$

③合计：

$$N_{进}=591+532=1123(辆/h)$$

④左转车数：

$$N_{左}=1123\times0.10=112(辆/h)$$

$N_{不}=3\times3600/(50\times2+5\times2)=98.1(辆/h)<N_{左}$，需要修正。

修正系数 $f_{对左}=1-2/1123\times(112-98)=0.975$

⑤修正后的通行能力：

$$N'_{进}=1123\times0.975=1095(辆/h)$$

⑥南北两个进口合计：

$$N_{N\text{-}S}=2\times1095=2190(辆/h)$$

(2)计算 E-W 方向进口道设计通行能力。

①直行车道：

$$N_{直行}=3600\times0.9\times[(50-2.3)/2.5+1]/(50\times2+5\times2)=591(辆/h)$$

②直左车道：

$$N_{直左}=591/(1-0.25/2)=517(辆/h)$$

其中 $\beta'_{左}=10/80\times2=0.25$

③进口道合计：

$$N_{进}=(591+517)/(1-0.2)=1385(辆/h)$$

④左转车数：

$$N_{左}=1385\times0.10=138(辆/h)$$

$N_{不}=3\times3600/(50\times2+5\times2)=98.1$(辆/h) $<N_{左}$,需要修正。

修正系数 $f_{对左}=1-2/1385\times(138-98)=0.94$

⑤修正后的直行车道的通行能力：

$$N'_{进}=(591+517)\times0.94=1028\text{(辆/h)}$$

⑥右转车道的通行能力：

$$N_{右}=1385\times0.2=277\text{(辆/h)}$$

⑦进口道合计：

$$N_{进}=1028+277=1305\text{(辆/h)}$$

⑧东西向合计：

$$N_{E\text{-}W}=1305\times2=2610\text{(辆/h)}$$

(3)交叉口总的通行能力：

$$N_{总}=2190+2610=4800\text{(辆/h)}$$

2)T形交叉口设计通行能力

信号管制T形交叉口设计通行能力与十字交叉设计原理相同,只是信号灯长度和绿灯时间的分配和十字形交叉口有区别。

①信号周期短;

②顺行方向的绿灯时间长于垂直方向的绿灯时间;

③顺行方向右边无交叉路口的一面进口道的直行车辆可不受红灯限制,但由于T形交叉两端的相邻路口多为十字形,所以实际行驶车辆仍为间断流,在计算通行能力时仍按绿灯时间计算。

信号管制T形交叉口的典型图式有两种[图1-7-27a)、图1-7-27b)]。

(1)图1-7-27a)平面交叉的设计通行能力。

①垂直方向进口 A 的设计通行能力。由于进口 A 的左右转弯车辆在绿灯时间均不受任何干扰,通过停车线的通行能力相当于直行方向的通行能力,故采用式(1-7-2)进行计算,但要注意信号周期中两相绿灯时间不等。即 $t_{周}=(t_{绿A}+t_{绿BC}+2t_{黄})$。

②顺行西向进口 B 的设计通行能力。进口 B 为直右车道,可按式(1-7-3)进行计算。

③顺行东向进口 C 的设计通行能力。进口 C 为直左车道,可按式(1-7-4)进行计算。但当每个信号周期内左转车超过2辆(小交叉口)或3辆(大交叉口)时,应对 B 进口的通行能力用式(1-7-14)的修正系数进行修正。

(2)图1-7-27b)平面交叉口的设计通行能力。

①垂直方向进口 A 的设计通行能力,采用式(1-7-2)进行计算。

②顺行西向进口 B 为设有专用右转车道而未设专用左转车道的情况,可按式(1-7-12)进行计算。

③顺行东向进口 C 为设有专用左转车道而未设专用右转车道的情况,可按式(1-7-10)进行计算。其中直行车道采用进口 B 的直行车道通行能力,此外,当进口 C 每个信号周期内左转车超过2辆(小交叉口)或3辆(大交叉口)时,应对 B 进口的通行能力用式(1-7-14)的修正系数进行修正。

【例1-7-3】 有T形交叉口如图1-7-27b)所示,绿灯时间 BC 方向 $t_{绿BC}=45\text{s}$,A 向 $t_{绿A}=$

25s，黄灯时间 $t_{黄}=5s$，驾驶员见绿灯亮后起动车辆时间 $t_{首}=2.3s$，车辆通过停车线的时间间隔为 $t_{间}=2.5s$；左右转弯车辆均占本断面进口车辆的15%；修正系数 $\psi_{直行}=0.9$。

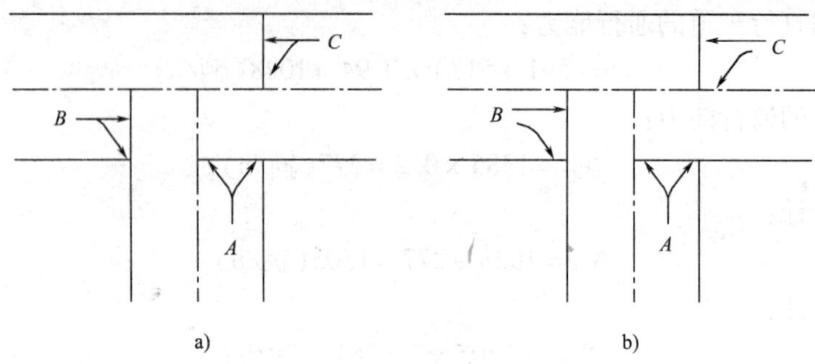

图1-7-27　信号管制T形交叉口图示

解：(1)计算进口A的通行能力：

$$N_A=3600\times0.9\times[(25-2.3)/2.5+1]/(45+25+5\times2)=408(辆/h)$$

(2)计算进口 B 的通行能力：

$$N_B=N_{直}(1-\beta_{右})=408/(1-0.15)=861(辆/h)$$

(3)进口 C 的设计通行能力：

$$N_C=N_B=861(辆/h)$$

(4)验算进口 C 左转弯处是否超过每周期3辆。

$$N_{左C}=861\times0.15=129(辆/h)$$

$N_{不}=3\times3600/(25+45+5\times2)=135(辆/h)>N_{左}$，不需要修正。

(5)交叉口总的通行能力：

$$N_{总}=N_A+N_B+N_C=408+861+861=2130(辆/h)$$

●第四节　交叉口的视距与缘石半径●

一、交叉口计算行车速度

交叉口计算行车速度是交叉口几何设计依据之一。交叉口的缘石半径、交通岛、附加车道及行车视距等均取决于计算行车速度。而交叉口的计算行车速度与路段计算行车速度密切相关，二者速差大时会因减速过大而影响行车安全，速差小而路段车速高时仍有行车危险，对环形交叉口又有用地过大和左转绕行过长等影响。

《城市道路设计规范》(CJJ 37—1990)规定：交叉口范围内计算行车速度应按各级道路计算行车速度的0.5～0.7倍计算，直行车取大值，转弯车取小值。

直行车除受到信号灯影响及左转、非机动车的干扰外，较为通畅。其计算行车速度采用路段的0.7倍。左转弯机动车由于受转弯半径的限制及对向直行车的干扰，车速降低较多，可取路段计算行车速度的0.5倍。右转车车速受到交叉口缘石半径的控制，另外无论是否设置专用右转车道，都要受到非机动车及行人过街等的干扰，需要降速，甚至停车，因此取路段计算行车速度的0.5倍。

二、交叉口的视距

为了保证交叉口上行车安全,驾驶员在进入交叉口前的一段距离内,应能看清相交道路上的行车情况,以便能及时采取措施顺利驶过交叉口或安全停车。这段必要的距离应大于或等于停车视距。

由相交道路上的停车视距所构成的三角形称为视距三角形。在其范围内不能有任何阻挡驾驶员视线的障碍物,如图 1-7-28 所示。

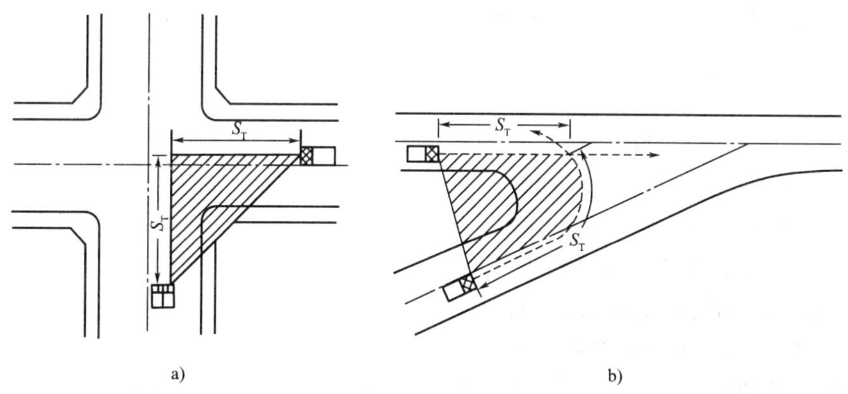

图 1-7-28 视距三角形

a)十字形;b)T 字形

视距三角形应以最不利的情况来绘制,绘制的方法和步骤为:

1. 确定停车视距 S_T

可用前述停车视距公式计算或根据相交道路的计算行车速度按表 1-7-4 确定。当受地形、地物条件或其他特殊情况限制时,停车视距可采用表中低限值,但必须采取设置限速标志等技术措施。

停 车 视 距 表 1-7-4

计算行车速度(km/h)		100	80	60	50	40	30	20
停车视距(m)	一般值	160	110	75	60	40	30	20
	低限值	120	75	55	45	30	25	15

2. 找出行车最危险冲突点

不同形式交叉口的最危险冲突点的找法不尽相同。但常见的十字形和 T 字形(或 Y 字形)交叉口的最危险冲突点可按下述方法寻找:

对十字形交叉口[图 1-7-28a)],最靠右侧第一条直行机动车道的中线与相交道路最靠中心线的第一条直行车道的中线的交点为最危险的冲突点。

对 T 字形(或 Y 字形)交叉口[图 1-7-28b)],直行道路最靠右侧第一条直行车道的中线与相交道路最靠中心线的一条左转车道的行车轨迹线的交点为最危险的冲突点。

3. 量取停车视距 S_T

从最危险的冲突点向后沿中线及行车轨迹线各量取停车视距 S_T。

4. 视距三角形

连接停车视距末端构成视距三角形。

三、交叉口转角的缘石半径

为了保证各种右转车能以一定速度顺利转弯，交叉口转角处的缘石或行车道边缘应做成圆曲线或复曲线（图 1-7-29），以符合相应车辆行驶的轨迹。一般多采用圆曲线。确定圆曲线最小半径仍然采用道路平曲线设计基本计算公式，即

$$R=\frac{{v'}_0^2}{127(\mu \pm i_h)}$$

式中：R——右转车道中心线半径，m；

v'_0——右转车计算行车速度，km/h；

μ——横向力系数，采用 0.15～0.20；

i_h——交叉口右转弯处横坡度，向曲线内侧倾斜用"＋"，向曲线外侧倾斜用"－"。

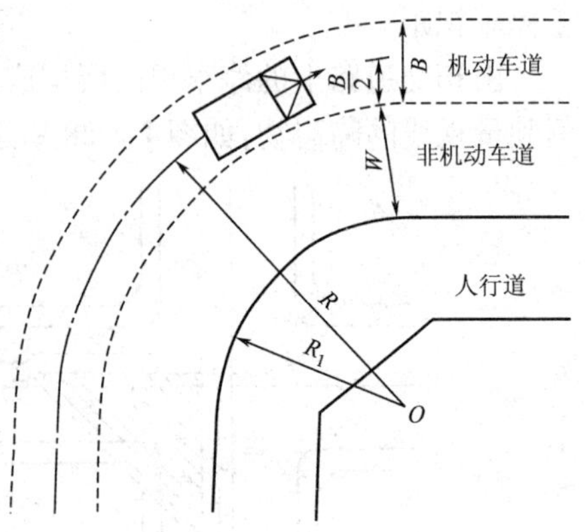

图 1-7-29　缘石半径的计算图式

单幅路、双幅路交叉口在未考虑机动车道加宽的请况下缘石转弯半径按下式计算（图1-7-29）：

$$R_1=R-\left(\frac{B}{2}+W\right) \tag{1-7-15}$$

式中：R_1——缘石转角半径，m；

R——右转车道中心线半径，m；

B——机动车道宽度，m；一般采用 3.5m；

W——非机动车道宽度，m。

三幅路、四幅路交叉口的缘石转弯半径能满足非机动车行车的要求即可。因为机动车行驶轨迹半径为缘石半径加非机动车道宽度及两侧分隔带宽度，两侧分隔带留有足够宽度的断口，一般能满足机动车转弯要求。交叉口缘石最小转弯半径见表 1-7-5。

交叉口缘石最小转弯半径　　表 1-7-5

右转弯计算行车速度（km/h）	30	25	20	15
交叉口缘石右转弯半径（m）	33～38	20～25	10～15	5～10

值得注意的是，交叉口缘石最小半径的确定还要考虑设计车辆的最小转弯半径。

●第五节　交叉口的拓宽●

交叉口在平面上的几何形状有十字形、T 字形、X 字形、Y 字形等多种，但在具体设计中，常根据交通量、交通性质以及不同的交通组织方式，把交叉口设计成各具特点的形式，拓宽式交叉口就是信号控制交叉口常见的一种形式（图 1-7-30）。

拓宽式交叉口为在交叉口连接部增设变速车道和转弯车道的平面交叉（图 1-7-30）。当

相交道路的交通量较大、转弯车辆较多而车速又高时，若交叉口进口道仍采用路段上的车道数，会导致转弯车辆和直行车辆受阻，分流和合流困难，且易发生交通事故。此时，若向进口道的一侧或两侧拓宽，根据转向交通量增设左、右转弯车道，则可大大地改善交叉口的通行条件，有效地提高交叉口的通行能力。拓宽式交叉口设计原则如下：

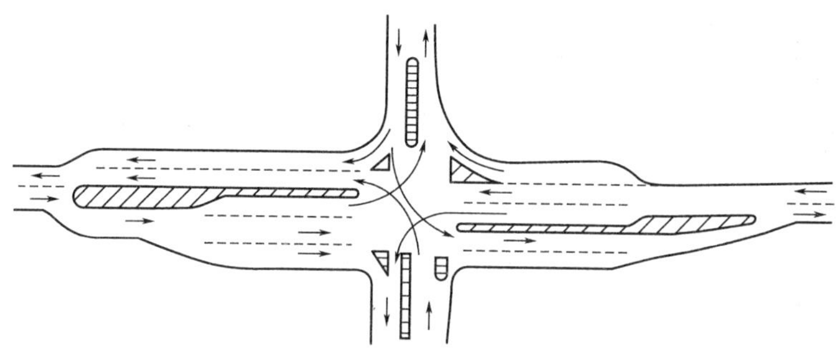

图 1-7-30 拓宽形交叉口

①根据交通量及流向，增设交叉口进口道的车道数。一般应比路段单向车道数多增加一至二条车道。拓宽的每条车道宽度，应尽量与路段保持一致。如因占地等限制，需要变窄车道宽度时，最窄不得小于 3m，一般在 3 ~ 3.5m 之间。

②进、出口道的分隔带或交通标志、标线应根据渠化要求布置。

③穿越车流应以直角或接近直角相交，汇合和交织交通流的交叉角应尽可能小。

交叉口拓宽设计主要解决拓宽车道的设置条件、设置方法以及长度计算三个问题。

一、右转专用车道设置

1. 设置右转专用车道的条件

《城市道路设计规范》(CJJ 37—1990)规定：高峰小时一个信号周期进入交叉口右转车数量多于 4 辆时，应增设右转专用车道，以保证右转车随到随通过，有效地改善右转车的行驶条件。

2. 右转专用车道的设置方法

(1)在直行车道中分出一条专用右转车道。

(2)加宽进口道，新增一条右转专用车道(图 1-7-31)。

(3)交叉口进口道设专用右转车道时，为不影响横向相交道路上直行车流，右侧横向相交道路的出口应设加速车道(图 1-7-31)。

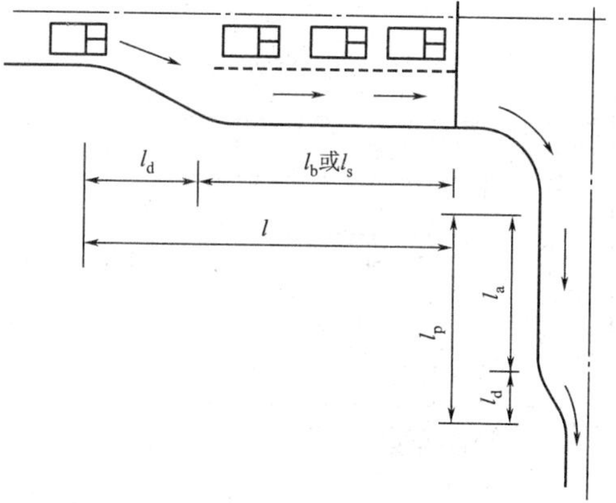

图 1-7-31 拓宽右转车道长度

3. 右转专用车道的长度

右转车道进口道处的长度应同时满足右转车辆减速和不受相邻等候车队长度影响两项要求，出口道的加速车道应保证加速所需长度。

1)渐变段长度 l_d

渐变段的长度 l_d(单位为 m)可按转弯车辆以路段平均行驶速度 v'_{0A} 行驶时，每秒钟横移

1.0m 计算，即

$$l_d = \frac{v'_{0A}}{3.6}B \tag{1-7-16}$$

式中：v'_{0A}——路段平均行驶速度，km/h；

B——右转车道宽度，m。

最小渐变段长度可按表 1-7-6 选用。

最小渐变段长度 表 1-7-6

计算行车速度(km/h)	100	80	60	40	30	20
最小渐变段长度(m)	80	60	40	20	10	10

2）进口道减速所需长度 l_b 和出口道加速所需长度 l_a

进口道减速所需长度 l_b（单位为 m）和出口道加速所需长度 l_a（单位为 m）可按下式计算：

$$l_a \text{ 或 } l_b = \frac{v'^2_{0A} - v'^2_{0B}}{26a} \tag{1-7-17}$$

式中：v'_{0A}——减速时进口道或加速时出口道处路段平均行驶速度，km/h；

v'_{0B}——减速后的末速度或加速前的初速度，km/h；

a——减速度或加速度，m/s^2。l_a 和 l_b 可采用表 1-7-7 所列数值。

变 速 车 道 长 度 表 1-7-7

路别	计算行车速度(km/h)	平均行驶速度(km/h)	减速所需长度 l_b(m)			加速所需长度 l_a(m)		
			到停车	到 20km/h	到 40km/h	从停车	从 20km/h	从 40km/h
主要道路	100	80	100	90	70	250	230	190
	80	60	60	50	30	140	120	80
	60	50	40	30	20	100	80	40
	50	40	30	20	—	60	50	—
	40	30	20	10	—	40	20	—
	30	20	10	—	—	20	—	—
次要道路	80	60	45	40	25	90	80	50
	60	50	30	20	10	65	55	25
	50	40	20	15	—	40	30	—
	40	30	15	10	—	25	15	—
	30	20	10	—	—	10	—	—

3）等候车队长度 l_s

$$l_s = nl_n \tag{1-7-18}$$

式中：l_s——等候车队长度，m；

l_n——直行等候车辆所占长度，m；一般取 6～12m，小型车取低值，大型车取高值；

n——一次红灯和黄灯受阻的直行车数量，可用下式计算：

$$n = \frac{n_v}{n_s} \cdot \frac{t_c - t_g}{t_c} \cdot \xi$$

式中：n_v——平均每个信号灯周期到达车俩数；

n_s——直行车道数，条；

t_c——信号周期，s；

t_g——绿灯时间，s；

ξ——每个周期到达车辆的不均匀系数。

所以，右转车道长度 l_r 为

$$l_r = l_d + \max(l_b, l_s) \tag{1-7-19}$$

式中： l_r——右转车道长度，m；

l_d——渐变段长度，m；

$\max(l_b, l_s)$——减速所需长度 l_b 和等候车队长度 l_s 中取大值。

出口道加速车道长度 l_p 为：

$$l_p = l_d + l_s \tag{1-7-20}$$

式中符号意义同上。

二、左转专用车道设置

1. 设置左转专用车道的条件

《城市道路设计规范》(CJJ 37—1990)规定：高峰小时一个信号周期进入交叉口左转车数量多于 3 ~ 4 辆时，应增设左转专用车道。

2. 左转车道设置方法

(1)在直行车道中分出一条专用左转车道。

(2)当设有较宽中间带(一般不小于 4.5m)时，将道口一定长度的中间带压缩宽度，由此增辟出左转车道[图 1-7-32a)]。

(3)当设有较窄中间带(宽度小于 4.5m)时，利用中间带后宽度不够，可将道口单向或双向车道线向外侧偏移，增加不足部分宽度[图 1-7-32c)]。

(4)当相交道路不设中间带时，可通过两种途径增辟左转车道。一是向进口道的一侧或两侧扩宽，增加进口道路幅宽度，在进口道中心线附近辟出左转车道[图 1-7-32b)]；二是不扩

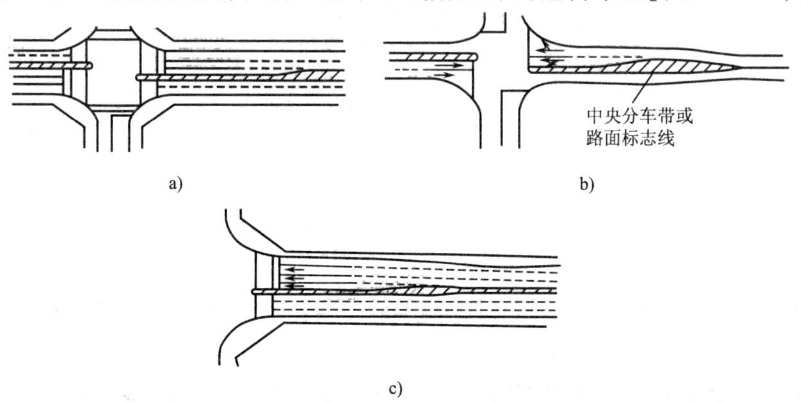

图 1-7-32 左转弯车道线的设置方法

a)有宽的中央分车带时；b)无中央分车带时；c)有窄的中央分车带时

宽进口道,占用靠近中心线的对向车道作为左转车道。

3. 左转专用车道的长度

左转车道长度也是由渐变段长度 l_d、减速所需长度 l_b 或等候车队长度 l_s 组成,即采用公式(1-7-19)计算。

但是,公式(1-7-18)中的 n 应为左转等候车辆数。对有信号控制的交叉口,可用下式计算:

$$n=\frac{\text{进口道的通行能力}\times\text{左转车比例}}{\text{每小时的周期数}}$$

●第六节　环形交叉口设计●

一、环形交叉口的特点和适用条件

环形交叉口是在交叉口中央设置一个中心岛,用环道组织渠化交通的一种重要形式,其交通特点是进入环行交叉口的不同交通流,只允许按照逆时针方向,绕中心岛作单向行驶;交通运行上以较低的速度合流并连续进行交织行驶,直至所要去的路口分流驶出。如图 1-7-33 所示。环行交叉口和其他平交形式相比,有一些特有的优点,但也有不少缺点,限制了这种交叉形式的使用。

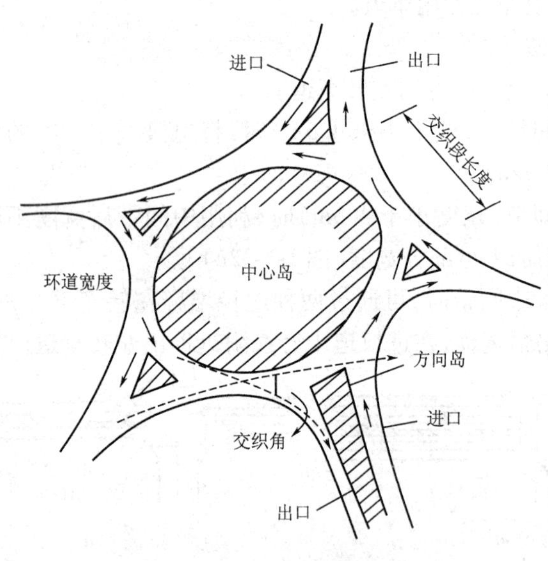

图 1-7-33　环形交叉口的组成

1. 优点

(1)驶入交叉口的各种车辆,可同时有秩序地连续不断地通行,尤其适用于左转车辆较多的情况。

(2)环道上行驶的车流以较小的交织角向同一方向行驶,避免了冲突点,可减少交通事故,提高行车安全性。

(3)交通组织简便,尤其对五条以上的道路交叉和畸形交叉口更为有效。

(4)中心岛绿化能起到美化环境的作用。

2. 缺点

(1)占地面积较大。

(2)由于车辆在环道上绕岛行驶及受交织的限制,通行能力不大。如果再有大量非机动车和行人参与,机动车通行能力更受到影响。

(3)工程造价高于其他平面交叉。

3. 环行交叉口的适用条件

根据环行交叉口上述优缺点,环行交叉口的适用条件如下:

(1)多条道路交汇及转弯交通量较大的路口。

(2)相邻道路中心线之间的夹角宜大致相等的交叉口,以便满足最小交织长度的要求。

(3)规划需修建立体交叉时,环形平面交叉路口可作为过渡形式,预留改建为环形立体交叉的可能性。

此外,在下列情况下不适宜设置环形交叉口:

(1)快速路口与交通量大的主干道路口,因为环形交叉口通行能力不能适应。

(2)斜坡较大的地形,当纵坡大于或等于3%时,不宜采用环形交叉;在桥头引道上,也不宜采用环形交叉口,引道下坡的车辆走小半径的反向曲线,对行车安全很不利。

二、环形交叉口设计内容

1. 中心岛的形状和半径

中心岛是环行交叉口的主要设施,其形状和尺寸应根据交通流特性、相交道路的等级和地形、地物等条件确定,其形状有圆形、卵形、圆角方形和菱形等,主要取决于相交道路的等级、相交角度及地形,一般多用圆形。中心岛的半径应同时满足计算行车速度和车辆交织所需最小交织长度两项要求。

根据计算行车速度的要求,中心岛半径 R 仍然采用平曲线半径公式计算。其计算公式如下:

$$R=\frac{v'^2_0}{127(\mu \pm i_h)}-\frac{b}{2} \tag{1-7-21}$$

式中:R——中心岛半径,m;

b——紧靠中心岛的车道宽度,m;

v'_0——环道计算行车速度,km/h,国外一般采用路段计算行车速度的0.7倍,我国实测资料:公共汽车为0.5倍,载货汽车0.6倍,小客车0.65倍,供设计时参考,根据式(1-7-21)计算不同车速中心岛最小半径详见表1-7-8;

其余符号意义同前。

中心岛最小半径　　表1-7-8

环道计算行车速度(km/h)	40	35	30	25	20
中心岛最小半径(m)	60	50	35	25	20

进环和出环的两辆车,在环道行驶时相互交织,交换一次车道位置所行驶的距离,称为交织长度。交织长度的大小主要取决于车辆在环道上的行驶速度,大致可取进口道机动车车行

道边线的延长线和环道中线交点之间的距离。当环道上设有导向岛时,取导向岛端部延长线与环道中心线交点之间的距离,如图 1-7-34 所示。中心岛半径必须满足两个路口之间最小交织长度的要求,参考国外有关资料,最小交织长度为计算行车速度下 4s 行驶的距离。由此环道上不同车速所需要的最小交织长度见表 1-7-9。

最小交织段长度 表 1-7-9

环道计算行车速度(km/h)	50	45	40	35	30	25	20
最小交织段长度(m)	60	50	45	40	35	30	25

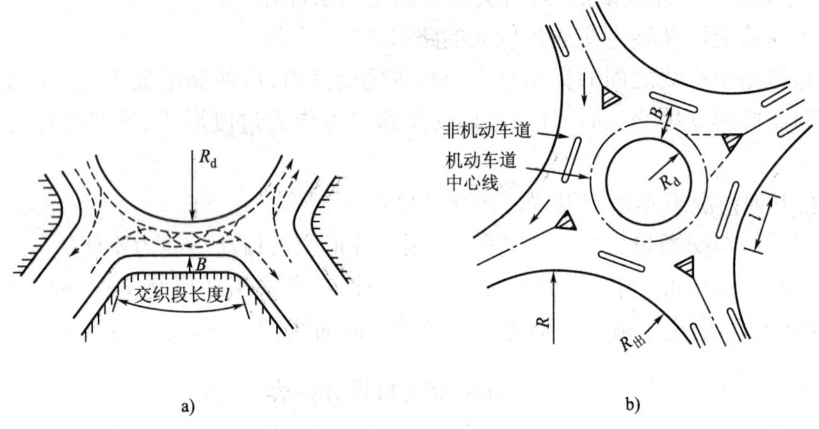

图 1-7-34 交织段长度

按交织段长度所要求的中心岛半径 R_d(单位为 m),近似地按交织段长度所围成的圆周大小来推导,计算公式为:

$$R_d = \frac{n(l + B_p)}{2\pi} - \frac{B}{2} \quad (1\text{-}7\text{-}22)$$

式中:n——相交道路的条数;

l——相邻路口之间的交织段长度,m;

B——环道宽度,m;

B_p——相交道路的平均路宽,m;中心岛为圆形,交汇道路为十字正交时,$B_p = (B_1 + B_2)/2$,其中 B_1 和 B_2 分别为相邻路口车行道宽度。

中心岛半径应同时满足式(1-7-21)和式(1-7-22)的要求。由式(1-7-22)可知,交叉口相交道路的条数越多,为保证最小交织长度的要求,则中心岛的半径就越大,这样将会大大增加交叉口的用地面积和车辆在环道上的绕行距离,这样既不经济也不合理。因此,环形交叉口的相交道路以不多于六条为宜。

如按行车速度已确定中心岛半径 R,其交织段长度是否满足要求,可按下式验算:

$$l = \frac{2\pi}{n}\left(R + \frac{B}{2}\right) - B_p \quad (1\text{-}7\text{-}23)$$

$$l = \frac{2\pi\alpha}{360°}\left(R + \frac{B}{2}\right) - B_p \quad (1\text{-}7\text{-}24)$$

式中:α——相邻道路中心线所形成的交角,当交角不相等时,应采用最小夹角值。

我国大中城市目前所采用的圆形中心岛直径一般多为 40 ~ 60m，只有个别城市，早先修建采用了较大的半径，如长春市人民广场的环岛直径为 220m。根据观测，在城市道路上选用环行交叉口，其中心岛直径选用 40 ~ 80m 为宜。

另外还需注意，中心岛上不应布置人行道，避免行人直接穿越环道。中心岛上绿化及雕塑标志物等不得影响绕行车辆的视距。

2. 环道的布置和宽度

环道车行道的布置可根据交通流的情况布置为非机动车与机动车混合行驶或分道行驶。为了保证交通安全，减少相互干扰，一般以分行为宜，可用分隔带、隔离墩或标线等分隔。非机动车道宽度应视具体情况而定，一般不小于相交道路中的最大非机动车道宽度，但也不宜超过 8m。环道外侧的人行道宽度宜大于交汇道路中最宽的人行道。

环道的宽度取决于相交道路的交通量和交通组织。一般靠近中心岛的一条车道作绕行之用，靠最外侧的一条车道供右转弯之用，中间的一至二条车道供交织行驶。因此环道的车道数一般采用三条为宜；如交织段长度较长时，环道车道数可布置四条。每条机动车道宽 3.50 ~ 3.75m，并按前述弯道加宽要求对每条车道进行加宽，当中心岛半径为 20 ~ 40m 时，则环道机动车道宽度一般为 15 ~ 18m。

环道的横断面形式对行车的平稳和路面的排水有很大关系，横断面的路脊线可设在交织车道的中间，也可设在机动车与非机动车的分隔带上。当环道纵坡度大于 2%，横坡度宜采用两面坡，以避免绕岛及进出岛车辆在反超高路段上行驶。同时在中心岛的周围设置了雨水口，以保证环道内不产生积水。进、出环道处的横坡度应逐步调整成同路段一样。

3. 交织角

交织角是进环车辆轨迹与出环车辆轨迹的平均相交角度。它以距右转机动车道的外缘 1.5m 的两条切线交角来表示，如图 1-7-35 所示。

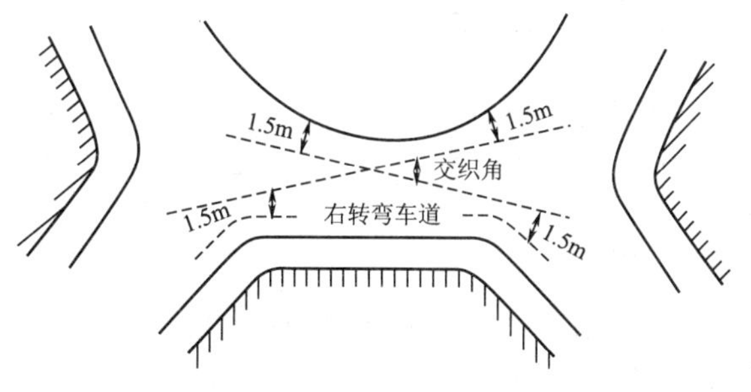

图 1-7-35 交织角

交织角的大小取决于环道的宽度和交织段长度。环道宽度越窄，交织段长度越大，则交织角越小，行车就越安全，但交织段越长，中心岛半径就要增大，占地也要增加。根据经验，交织角以控制在 20° ~ 30°之间为宜，最大值不超过 40°。通常在交织段长度已有保证的条件下，交织角多能满足要求。

4. 环道进出口曲线半径

环道进、出口的曲线半径取决于环道的计算行车速度。为使进环车辆的车速与环道车速相适应，一般环道进口曲线半径应接近或小于中心岛半径，而且各相交道路的进口曲线半径不要相差太大。为便于车辆出口时加速驶出环道，环道出口的曲线半径可较进口曲线半径大一些。

5. 环行交叉口的通行能力

由前面分析我们知道，所有驶入环形交叉口的车辆一律必须绕中心岛作逆时针行驶，所有直行和左转车辆都必须作交织行驶，其通行能力的计算有按交织理论和按穿插理论两种方法，在这里我们介绍按交织理论计算交叉口的通行能力。

按交织理论的基本原理是：车辆进入和驶出环道，直行和左转车辆需要转换车道，以交织运行方式实现。因此环道上必须有一条交织车道，供进出环车辆作交织运行之用，车辆相互交织需要有一定的交织时间（2～6s）、相当长的交织距离（大于30m）和一定大小的交织角（15°～30°）。环形交叉口通行能力取决于环形交织车道的理论通行能力。

按照进出口车道数和环形车道数的不同组合，十字形常规环形交叉口通常有四种运行图式（图1-7-36）。图中左半部表示的是按交织理论运行计算图式。

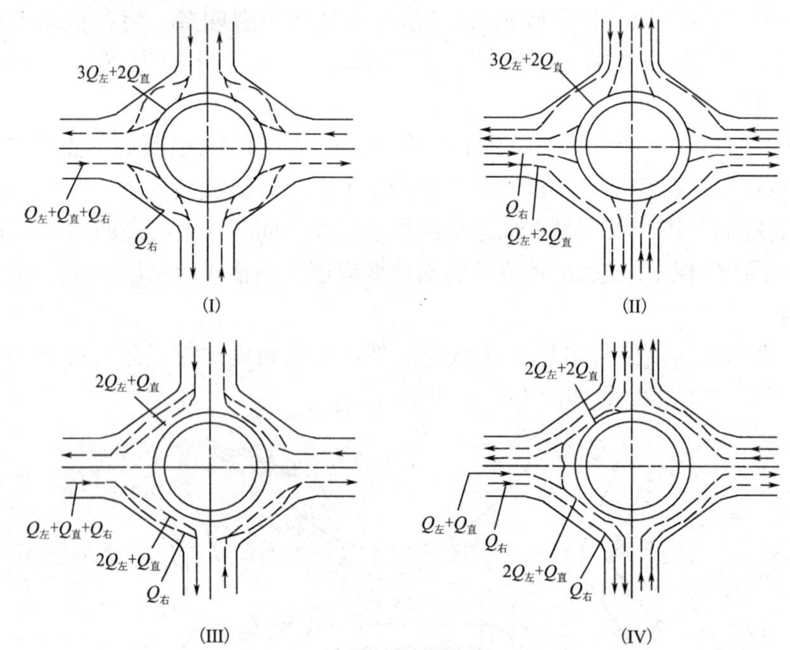

图1-7-36 常规环形交叉口运行图式

1）交织车道的理论通行能力 $C_{交}$

$C_{交}$取决于车辆交织一次所需要的交织时间 $T_{交}$，交织时间根据车辆性能、驾驶技术和车速而定，一般 $T_{交}=2\sim6$s，以小汽车为标准车计算时 $T_{交}$取2.5s，则交织车道理论通行能力为：

$$C_{交}=3600/T_{交}=3600/2.5=1440(辆/h)$$

2）各种运行图式的交叉口通行能力

以十字形图式Ⅰ为例：该图式有一条进口车道，两条环形车道。进口车道的车辆包括左转车辆数（$Q_{左}$）、直行车辆数（$Q_{直}$）和右转车辆数（$Q_{右}$），即

$$N_{进}=Q_{左}+Q_{直}+Q_{右} \tag{1-7-25}$$

环道内侧车道供左传、直行和交织运行，包括对进口、上一进口和本进口的左转车，上一进口和本进口的直行车，即

$$N_{内}=3Q_{左}+2Q_{直} \tag{1-7-26}$$

环形车道外侧车道供右转运行，即 $N_{外}=Q_{右}$

当 $Q_{左}=Q_{直}, Q_{右}=\frac{1}{2}C_{交}$ 时，交织车道（即内侧环形车道）上的车辆数为：

$$C_{交}=3Q_{左}+2Q_{右}=5Q_{直}$$

所以

$$Q_{直}=\frac{1}{5}C_{交} \tag{1-7-27}$$

交叉口总的通行能力应满足四个进口车道的交通量，即

$$C_{总}=4N_{进}=4(Q_{左}+Q_{直}+Q_{右})=4(2Q_{直}+Q_{右})=4\left(\frac{2}{5}C_{交}+\frac{1}{2}C_{交}\right)=3.6C_{交} \tag{1-7-28}$$

同理，可推导出不同进口道上车辆组成即各种运行图式时的交叉口通行能力值，见表1-7-10。

各种运行图式时交叉口通行能力值 表 1-7-10

图式		Ⅰ进口道1条车道 环行道2条车道	Ⅱ进口道1条车道 环行道2条车道	Ⅲ进口道1条车道 环行道2条车道	Ⅳ进口道1条车道 环行道2条车道
运行方式		进口道： $Q_{左}+Q_{直}+Q_{右}\leqslant C_{交}$ 内环道： $3Q_{左}+2Q_{直}\leqslant C_{交}$ 外环道： $Q_{右}\leqslant C_{交}$	进口道内侧： $Q_{左}+Q_{直}\leqslant C_{交}$ 进口道外侧： $Q_{右}\leqslant C_{交}$ 内环道： $3Q_{左}+2Q_{直}\leqslant C_{交}$ 外环道： $Q_{右}\leqslant C_{交}$	进口道： $Q_{左}+Q_{直}+Q_{右}\leqslant C_{交}$ 内环道： $3Q_{左}+2Q_{直}\leqslant C_{交}$ 中环道： $2Q_{左}+2Q_{直}\leqslant C_{交}$ 外环道： $Q_{右}\leqslant C_{交}$	进口道内侧： $Q_{左}+Q_{直}\leqslant C_{交}$ 进口道外侧： $Q_{右}\leqslant C_{交}$ 内环道： $3Q_{左}+2Q_{直}\leqslant C_{交}$ 中环道： $2Q_{左}+2Q_{直}\leqslant C_{交}$ 外环道： $Q_{右}\leqslant C_{交}$
交通组成	$Q_{左}=Q_{右}=\frac{1}{2}Q_{直}$	$C_{总}=2.28C_{交}$	$C_{总}=2.28C_{交}$	$C_{总}=2.66C_{交}$	$C_{总}=2.66C_{交}$
	$Q_{左}=Q_{直}$，$Q_{右}=\frac{1}{2}C_{交}$	$C_{总}=3.6C_{交}$	$C_{总}=3.6C_{交}$	$C_{总}=4.0C_{交}$	$C_{总}=4.0C_{交}$
	$Q_{左}=Q_{直}$，$Q_{右}=\frac{1}{2}C_{交}$	$C_{总}=2.6C_{交}$	$C_{总}=2.6C_{交}$	$C_{总}=3.0C_{交}$	$C_{总}=3.0C_{交}$

【例 1-7-4】 有十字形交叉口，每个进口道宽 6m，划分两个车道；环形道宽 12m，划分 3 个车道。远景设计交通量如图 1-7-37 所示（按小汽车标准换算），检验本交叉口的通行能力。

解：按图式Ⅳ两条进口车道，3 条环形车道。令交织时间为 $T_{交}=2.5$s，则交织车道理论通

行能力为：

$$C_{交}=3600/T_{交}=3600/2.5=1440(辆/h)$$

设交通能够组成为：

$$Q_{左}=Q_{右}=\frac{1}{2}Q_{直}$$

则交叉口总的通行能力为：

$$C_{总}=2.66C_{交}=2.66\times1440=3830(辆/h)$$

四个进口道的交通量总和共计：

$$4N_{进}=1050+600+800+600=3050(辆/h)$$

故 $C_{总}>N_{进}$，满足通行能力要求。

检查每个车道通行能力，计算值列入表1-7-11。

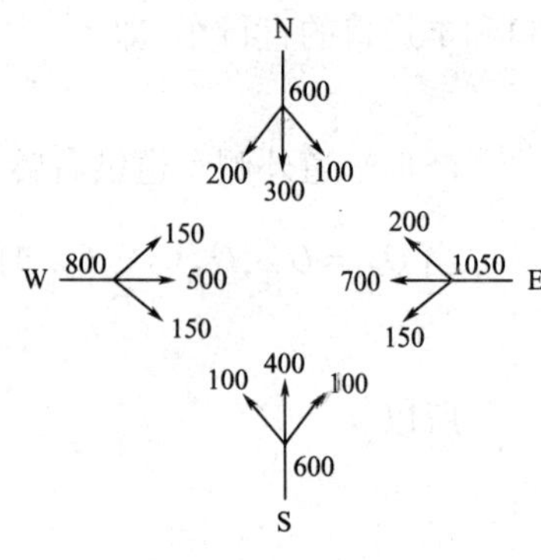

图1-7-37　环道进口道远景交通量

由表可见，各车道交通量均未超过交织车道的通行能力。

车道通行能力验算表　　表1-7-11

进口道			环形道			
位置	内侧车道 $Q_{左}+Q_{直}\leqslant C_{交}$	外侧车道 $Q_{右}\leqslant C_{交}$	位置	内侧车道 $Q_{上左}+Q_{上直}+Q_{对左}\leqslant C_{交}$	中间车道 $Q_{上左}+Q_{上直}+Q_{左}+Q_{直}\leqslant C_{交}$	外侧车道 $Q_{右}\leqslant C_{交}$
东进口	$700+150=850<C_{交}$	$200<C_{交}$	东北象限	$100+400+150=650<C_{交}$	$100+400+150+700=1350<C_{交}$	$200<C_{交}$
南进口	$400+100=500<C_{交}$	$100<C_{交}$	东南象限	$150+500+100=750<C_{交}$	$150+500+100+400=1150<C_{交}$	$100<C_{交}$
西进口	$500+150=650<C_{交}$	$150<C_{交}$	西北象限	$150+700+100=950<C_{交}$	$150+700+100+300=1250<C_{交}$	$200<C_{交}$
北进口	$300+100=400<C_{交}$	$200<C_{交}$	西南象限	$100+300+150=550<C_{交}$	$100+300+150+500=1050<C_{交}$	$150<C_{交}$

注：上左、上直——指上一个进口道的左转车、直行车；

对左——指对面车道的左转车。

第七节　交叉口的立面设计

交叉口立面设计是交叉口的几何设计的内容之一。即通过调整交叉口范围道路纵坡和横坡，完成交叉口范围各点的高程设计。由于交叉口为几条道路汇合而成，是多个不同面的结合位置，设计过程中既要考虑车辆转弯行驶的稳定，又要使交叉口的地面水迅速排除。

一、交叉口立面设计的目的和原则

交叉口立面设计的目的是满足行车平顺稳定，同时保证排水通畅，还要协调好交叉口附近建筑物的高程及地下管线、照明和绿化等问题。

交叉口立面设计的原则为：

(1)相同等级道路相交时,一般维持各自的纵坡不变,而改变它们的横坡度。

(2)主要道路与次要道路相交时,主要道路的纵、横断面均保持不变,调整次要道路横坡和纵坡,以保证主要道路的交通便利。

(3)设计时至少应有一条道路的纵坡方向背离交叉口,以利于排水。如遇盆状地形,所有道路纵坡方向都向交叉口时,可将中心部抬起。否则在进交叉口之前设置雨水口和排水管道,以保证交叉口的排水要求。

(4)交叉口范围布置雨水口时,一条道路的雨水不应流进交叉口的人行横道,或流入另一条道路,也不能使交叉口内产生积水。所以,雨水口应设在人行横道之前或低洼处。

(5)交叉口范围内横坡要平缓些,一般不大于路段横坡,以利于行车。纵坡度宜不大于2%,困难情况下应不大于3%。

(6)交叉口立面设计高程应与周围建筑物的地坪高程协调一致。

二、交叉口立面设计的基本类型

交叉口立面设计形式主要取决于相交道路的等级、交通量、横断面形状、纵坡的大小和方向以及周围地形等。以十字形交叉口为例,按其所处地形及相交道路纵坡方向,可划分为六类设计等高线的基本形式,并分别按相交道路的等级情况绘制,如图 1-7-38 所示,交叉口立面设计可参考拟定。

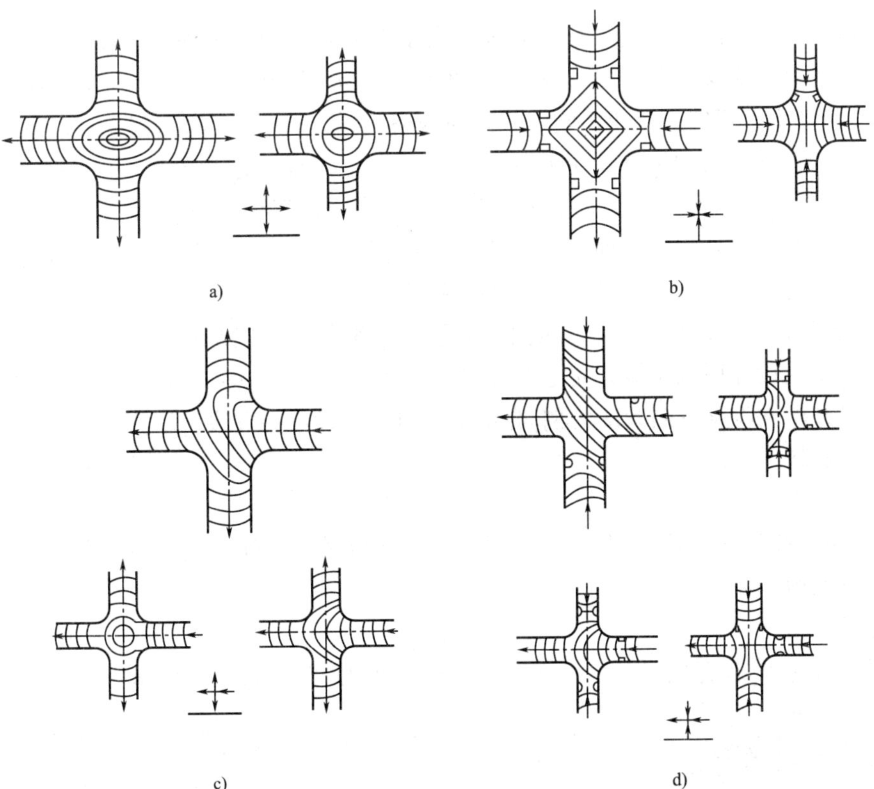

图　1-7-38

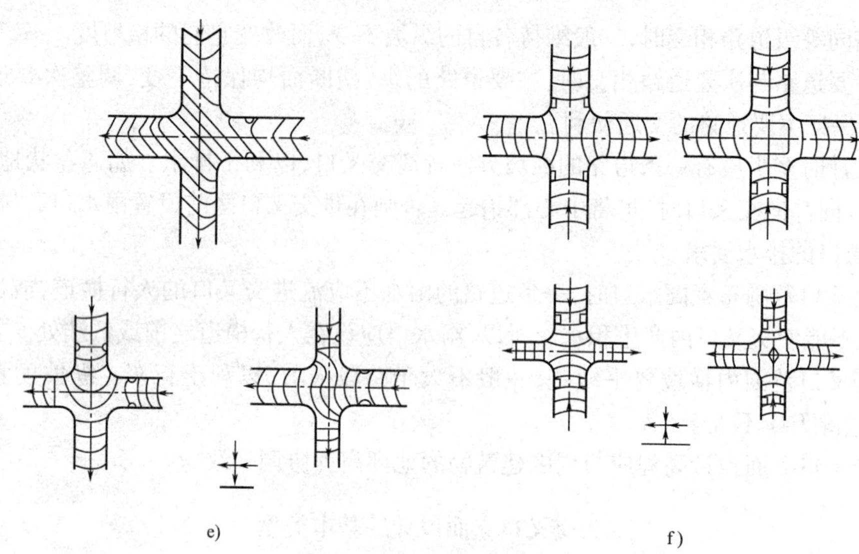

e)　　f)

图 1-7-38　交叉口立面设计的基本形式

a)凸形地形交叉口的竖向设计;b)凹形地形交叉口的竖向设计;c)分水线地形交叉口的竖向设计;d)谷线地形交叉口的竖向设计;e)斜坡地形交叉口的竖向设计;f)马鞍形地形交叉口的竖向设计

三、交叉口立面设计的方法与步骤

交叉口立面设计的方法通常有方格网法、设计等高线法以及方格网设计等高线法三种。

方格网法是在交叉口范围内,以相交道路中心线为坐标基线打方格网,方格网线一般平行于道路中线,斜交道路应选择便于施工放样的网格线,算出网结点的高程,与地面高程之差即为施工高度。这种方法的优点是便于施工放样,但不能直观地看出交叉口的立面形状。

设计等高线法是在交叉口范围内选定路脊线和高程计算线网,勾绘交叉口设计等高线,最后标出特征点的设计高程。这种方法的优点在于能清晰地反映出交叉口的立面设计形状,但等高线上的高程点在施工放样时不如方格网法方便。

为此,通常把以上两种方法结合使用,称之为方格网设计等高线法,它既可以直观地反映出交叉口的立面设计形状又能方便施工放样。

下面以方格网设计等高线法为例,介绍交叉口立面设计的方法和步骤。

1. 收集资料

1)测量资料

交叉口的控制高程和控制坐标;收集或实测 1:500 或 1:200 等大比例地形图,详细标注附近地坪及建筑物高程。

2)道路资料

相交道路的等级、宽度、半径、纵坡、横坡等平、纵、横设计或规划资料。

3)交通资料

交通量及交通组成。

4)排水资料

排水方式及地下、地上排水管渠的位置和尺寸。

2. 绘制交叉口平面图

按比例绘出道路中心线、车行道、人行道及分隔带的宽度，转角缘石曲线和交通岛等。以相交道路中心线为坐标基线打方格网，水泥路面方格网应结合交叉口路面分块设置，并量测方格点的地面高程。

3. 确定交叉口的设计范围

交叉口的设计范围一般为转角缘石曲线的切点以外 5～10m，主要用于交叉口与路段的高程或横坡的过渡处理。

4. 确定立面设计图式和等高距

根据相交道路的等级、纵坡方向、地形情况以及排水要求等，参照图 1-7-38 所示的各种图式，确定需采用的立面设计图式。根据纵坡度的大小和精度要求选定等高距 h，一般 $h=0.02\sim0.10$m，纵坡较大时取大值，纵坡较小时取小值。

5. 勾绘设计等高线

1）路段设计等高线的勾绘

当道路的纵坡、横断面形式及路拱横坡确定以后，可按照所需要的等高距 h，计算路段设计等高线的水平距离。

如图 1-7-39 所示，图中 i_1 和 i_3 分别为车行道中心线和边线的设计纵坡（通常情况下，$i_1=i_3$）；i_2 为车行道拱横坡度；B 为车行道宽度；h_1 为车行道的路拱高度。

中心线上相邻等高线的水平距离 l_1 为：

$$l_1=\frac{h_1}{i_1} \tag{1-7-29}$$

设置路拱以后，等高线在车行道边线上的位置沿纵向上坡方向偏移的水平距离 l_2 为：

$$l_2=h_1\cdot\frac{1}{i_3}=\frac{B}{2}\cdot\frac{i_2}{i_3} \tag{1-7-30}$$

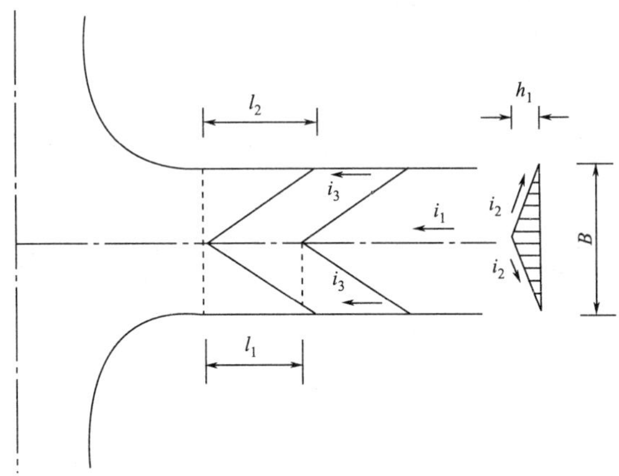

图 1-7-39　路段设计等高线的绘制

计算出 l_1 和 l_2 位置后，由 l_1 定出中心线上其余等高线的位置，再由 l_2 定出沿边线上相应等高线的位置，最后连接相应等高点，即得到路段设计等高线图。当路拱为抛物线时，等高线应勾绘为曲线，直线形路拱则勾绘为折线等高线。

2)交叉口设计等高线的计算和勾绘

首先,应选定合适的路脊线和控制高程。选定路脊线时,既要考虑行车平顺,又要考虑整个交叉口的均衡美观。路脊线通常是对向行车轨迹的分界线,即车行道的中心线。对于斜交过大的T形交叉口,考虑到道路中心线不是对向行车轨迹的分界线,应加以调整。如图1-7-40所示AB',调整路脊线的起点A,一般为转角曲线切点断面处,而B'的位置原则上应选在双向车流的中间位置。

对于主要道路与次要道路相交的情况,由于主要道路在交叉口的横坡不变,这时次要道路应在主要道路的车行道边线处衔接,路脊线的交点A应移到主要道路车行道边线的A',如图1-7-41所示。

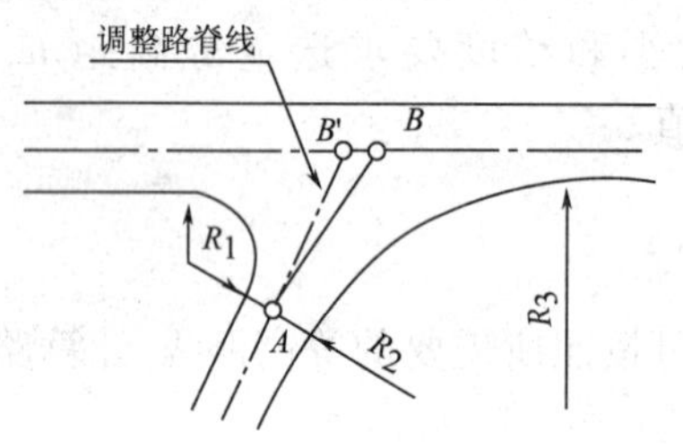

图1-7-40 调整路脊线

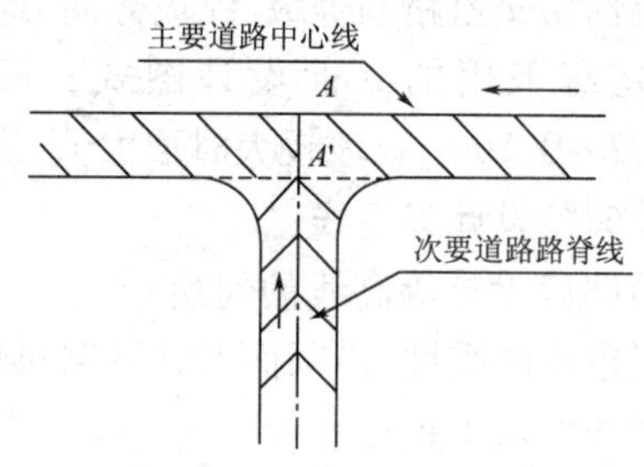

图1-7-41 路脊线交叉点位移

交叉口的控制高程应以整个道路系统的规划高程为依据,并综合考虑相交道路的纵坡、交叉口周围的地形和建筑物的布置等来确定。在定控制高程时,不宜使相交道路的纵坡相差太大,一般要求差值不大于0.5%,可能时尽量使纵坡大致相等,以利于立面设计处理。

其次,应确定高程计算线网。由于路脊线上的设计高程尚不能反映交叉口的立面形状,需要增加一些高程计算的辅助线,即高程计算线。高程计算线设置的依据是它所在的位置就是该断面的路拱位置,而标准的路拱横断面是与车辆行驶方向垂直的,所以应尽量使高程计算线与路拱横断面的方向一致。高程计算线网主要有方格网法、圆心法、等分法和平行线法四种,其中等分法或圆心法高程计算线网比较符合转弯行车要求。下面对四种高程计算线网方法分别作简要介绍。

(1)方格网法。如图1-7-42所示,方格网法高程计算线网就是在交叉口平面图上打方格,算出各网结点的高程。

根据路脊线交叉点A的控制高程h_A,按路拱横坡可求出缘石曲线切点横断面上的三点高程。

$$h_G = h_A - AG \cdot i_1 \tag{1-7-31}$$

$$h_{E_2}(\text{或}\ h_{E_3}) = h_G - \frac{B}{2} \cdot i_2 \tag{1-7-32}$$

同理,可求得其他三个切点横断面上的三点高程。

由E_3或F_3的高程可推算出车行道边线延长线交叉点C_3的高程,如不相等取平均值,即

$$h_{C_3} = \frac{(h_{E_3} + R \cdot i_1) + (h_{F_3} + R \cdot i_1)}{2} \tag{1-7-33}$$

过C_3的A、O_3连线与转角曲线相交于D_3,则D_3点的高程为:

$$h_{D_3}=h_A-\frac{h_A-h_{C_3}}{AC_3}\cdot AD_3 \tag{1-7-34}$$

转角曲线 E_3F_3 和路脊线 AG、AN 上所需其他各点高程，可根据已算出的特征点高程，用补插法求得。

同理，可推算出其余所需各点的设计高程。

（2）圆心法。如图 1-7-43 所示，将路脊线等分为若干份，并与转角曲线的圆心连成直线（只连到转角曲线上），这些直线即为高程计算线网。

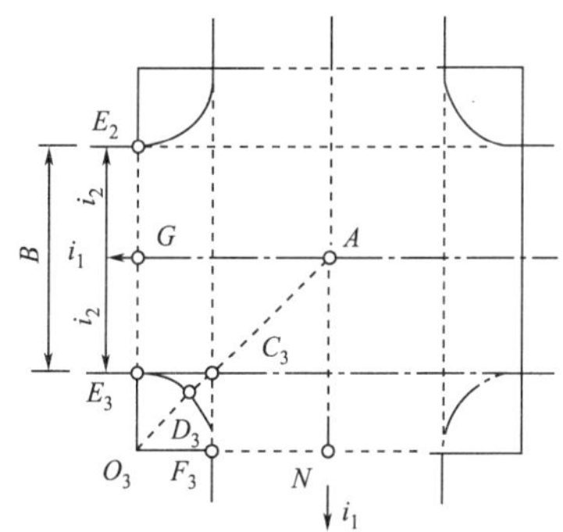

图 1-7-42　方格网法

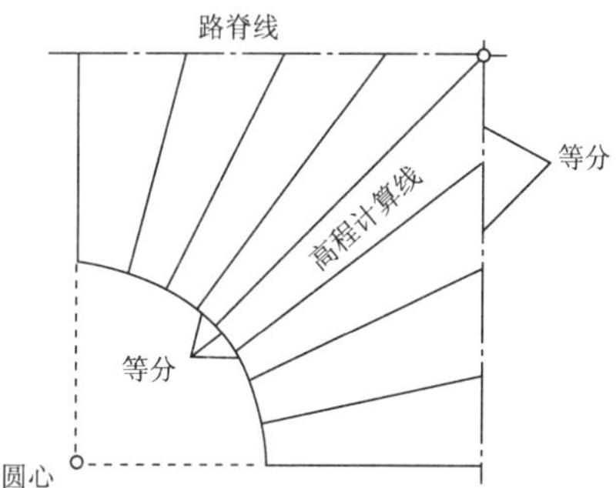

图 1-7-43　圆心法

（3）等分法。如图 1-7-44 所示，将路脊线等分为若干份，相应地把缘石曲线也等分为相同份数，连接对应点，即得等分法高程计算线网。

（4）平行线法。如图 1-7-45 所示，先把路脊线的交叉点与各缘石曲线的圆心连成直线，然后按施工要求在路脊线上分若干点，过这些点做该直线的平行线交于行车道边线，即得平行线法高程计算线网。

高程计算线确定以后，就可按路拱坡度及等高距的要求算出高程计算线上的高程，应注意的是，这时的路拱坡度需根据高程计算线两端的高差形成，一般为单向坡度。

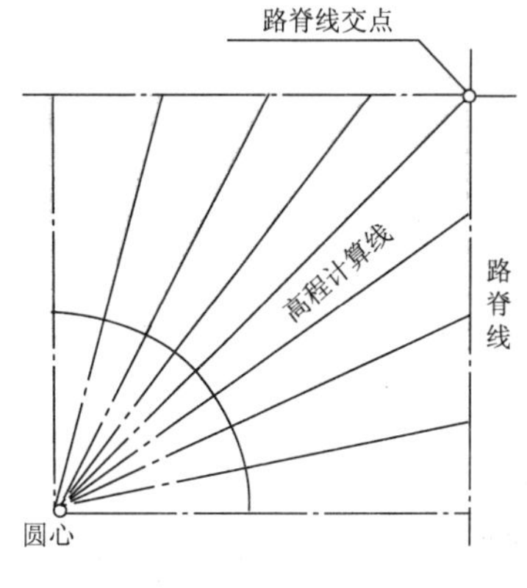

图 1-7-44　等分法

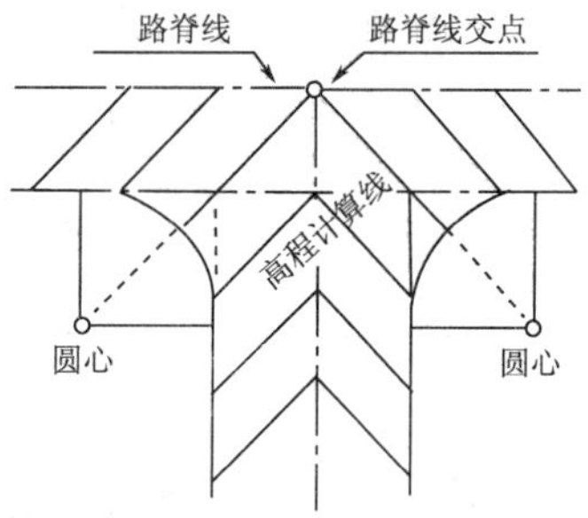

图 1-7-45　平行线法

3）勾绘和调整等高线

把各等高点连接起来，就得初步的设计等高线图。对疏密不匀的等高线可进行适当调整，使坡度变化均匀。然后检查各方向坡度是否满足行车和排水要求，否则再进行调整，直到设计等高线图满足行车平顺和路面排水通畅的要求。最后合理地布置雨水口的位置和高程。

6. 计算设计高程

根据设计等高线图，用内插法求出方格点上的设计高程。与原地面高程的差值即为施工高度，如图 1-7-46 ~ 图 1-7-48 所示。

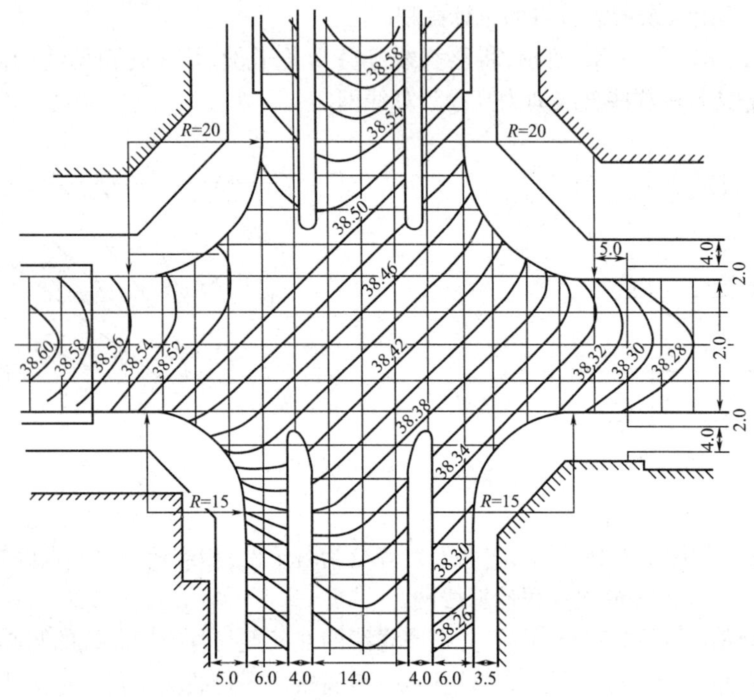

图 1-7-46　沥青路面交叉口竖向设计示例

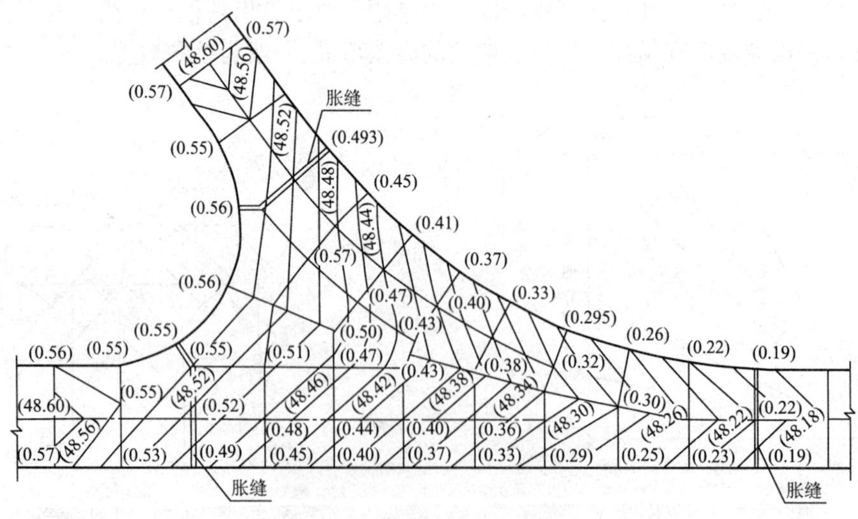

图 1-7-47　水泥路面交叉口竖向设计示例(1)

综上所述，交叉口是道路的重要组成部分。平面交叉口设计内容包括三部分：交通组织设计、平面设计和立面设计。

机动车交通组织方式主要有设置专用车道,限定车流行驶方向,渠化交叉口,实行信号管制等。非机动车交通可根据交通量组织为机非混行或机非分行。行人交通组织任务主要包括两个方面,一是组织行人在人行道上行走,二是组织行人在人行横道线内安全过街。

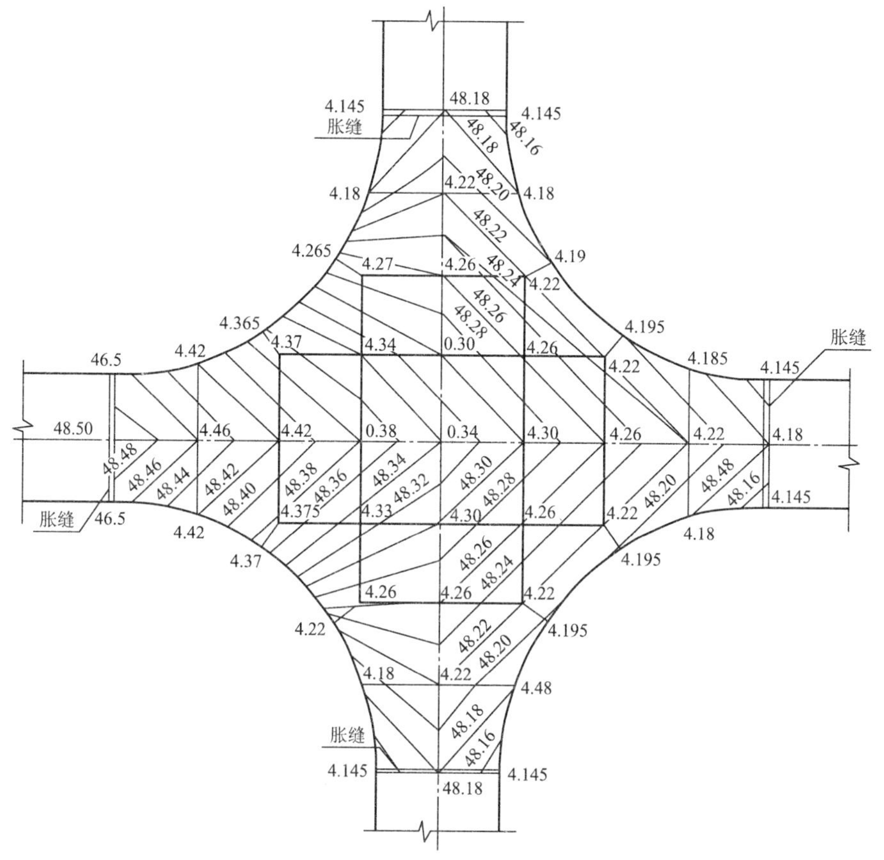

图 1-7-48　水泥路面交叉口竖向设计示例(2)

交叉口几何设计要素有设计车速、缘石半径和交叉口视距。

拓宽式交叉口通过在交叉口连接部增设变速车道和转弯车道,以提高交叉口通行能力,是信号控制交叉口的常用形式。其设计要点包括进口车道数的确定、专用车道设置方式的确定及加、减速车道长度的确定。

环行交叉口有着显著的优点和明显的局限性。其设计内容应考虑中心岛的形状、尺寸以及环道的宽度和横断面形式。

高架路下平面交叉口设计应根据匝道的位置以及交叉口的流量、流向进行设计。

交叉口立面设计是交叉口几何设计的内容之一,其基本目的既要满足行车平顺稳定,又要保证排水通畅。主要的设计方法有方格网设计等高线法。

1. 从交叉口交通分析可知,平面交叉口有何特点?如何克服平面交叉口存在的问题?

2. 平面交叉口常见的几何形状有哪几种？各有何特点？适用于什么条件？

3. 平面交叉口车辆的交通组织方式有哪几种？渠化交通有何作用？

4. 平面交叉口有何视距要求？如何绘制视距三角形？

5. 环形交叉口有何优缺点？适用于哪些条件？

6. 拓宽式交叉口设计时应注意哪些问题？

7. 怎样进行平面交叉口的立面设计？

8. 有T形交叉口如图1-7-49所示，BC 方向的 $t_{绿BC}=45s$，A 方向 $t_{绿A}=30s$，$t_{黄}=5s$，$t_{起动}=2.3s$，$t_{间}=2.5s$，左、右转弯车均占本进出口道的15%，$\psi=0.9$，试计算该交叉口的总通行能力。

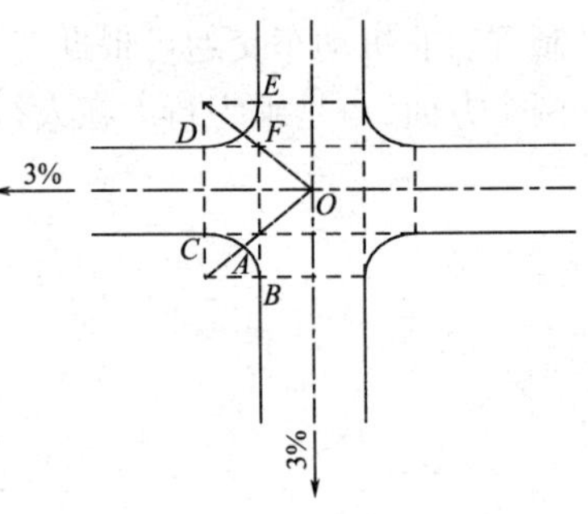

图1-7-49 T形交叉口

9. 已知某正交的十字形交叉口，相交道路车行道的中心线及边线的纵坡为3%，路拱横坡为1.5%，车行道宽度为15m，转角曲线半径为10m，交叉口控制高程为5.0m，若等高线间距采用0.05m，试计算图上标注点的高程。

10. 某五条道路相交的交叉口，拟修建环形交叉，各路的相交角度如图1-7-50所示。已知路段设计车速为40km/h，要求的最小交织长度为35m，试确定其中心岛直径。（假定各路的车行道宽度为14m，取 $\mu=0.15$，$i=2\%$，内侧车行道 $b=3.5m$，环道宽 $B=12m$，不考虑非机动车）。

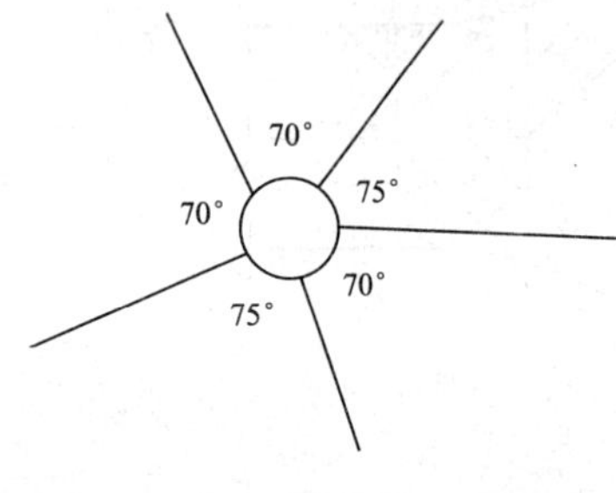

图1-7-50 五条道路相交的交叉口

第八章

立体交叉设计

知识目标

1. 从技术和经济两方面分析修建立体交叉的合理性；
2. 描述立体交叉的结构形式及其特点；
3. 描述立体交叉主线设计方法及要求；
4. 描述立体交叉匝道设计要点。

立体交叉是利用跨线构造物使道路与道路（或铁路）在不同高程相互交叉的连接方式。因此，立体交叉在道路交通上起着非常重要的作用，使车辆接连不断地迅速通过交叉口，消除或减少了冲突点，大大提高了道路的通行能力，同时节省了时间和燃料。从而带来相当客观的经济效益，为城市快速路的高速、安全、畅通提供了保证。

●第一节　建造立体交叉的必要性●

在交通量较大的平面交叉口上，为了保证交通安全，往往不得不采取交通指挥信号加以控制，因此，有效的通行时间就受到很大的约束，故其通行能力和车速均受到很大影响。而采用立体交叉就可以大大改善行车条件，从而提高交叉口的通行能力和车速。但由于建造立体交叉口的费用比较昂贵，故需要从各个方面对建造立体交叉口的必要性进行全面论证，除了政治上的考虑以外，在工程上，通常需要从技术上和经济上两个方面进行比较论证。

1. 技术上应是合理的

一般来说，在下列情况下应采用立体交叉：

（1）从城市的交通规划考虑，如不修建立体交叉就无法根本改善交叉口及其相连道路的交通现状。

（2）相交道路的技术等级高（如城市快速路），要求道路上的车速很高（到交叉口时车速不应过分降低）。

（3）当交叉口的交通量很大，交通经常发生拥挤、阻塞现象时，需考虑采用立体交叉。

（4）当铁路干线与城市道路相交而且相互干扰很大时。

（5）当地形和环境适宜时，如道路跨河或跨铁路的桥梁边孔可利用时，可考虑修建道路与道路的立体交叉。

2. 经济上应是有效益的

建造立体交叉口的工程经济效益，应体现在以下两方面：

(1) 建造立体交叉口平均每年的投资费用应小于平面交叉口全年的经济损失总额。

建造立体交叉的经济效果，可由车辆通过平面交叉口和立体交叉口分别消耗的台时数来表示。

当已知各方面进入交叉口的车流实际组成、交叉口的交通控制方式、高峰小时交通量、白天与夜间交通的不均性质和各种车辆每台时的价值，即可以求出该平面交叉口因交通受阻塞造成全年经济损失的总额。根据这个经济损失总额，可得出建造立体交叉口的经济合理性的必要前提是：

$$K > R\left(\frac{1}{n} + \frac{P}{100}\right) + m \qquad (1\text{-}8\text{-}1)$$

式中：K——平面交叉口因交通受阻所造成的全年经济损失总额，元；

R——立体交叉的造价，元；

n——立体交叉构造物的使用期，年；

P——立体交叉每年大修折旧剔除费，以占立体交叉口造价的百分比来表示，%；

m——立体交叉每年的管理费、养护费，元；其中包括立体交叉的平时维修和保养，即路面、桥隧构造物和交通控制等费用，但不包括大修的费用在内。

式中的 P 和 n 值，可参考表 1-8-1 中的数值取用。

P 值 和 n 值　　表 1-8-1

固定基金分类与项目		折旧剔除费总额 P(%)	构造物使用期限 n(年)
桥、高架桥、跨线桥	钢筋混凝土和石结构	1.3	100
	钢结构	2.4	100
栈桥		3.2	40
隧道	各种结构	0.7	500
人行桥和地下道		1.9	83
车行道	沥青混凝土修筑	4.9	31
	水泥混凝土修筑	3.0	50

根据以上所列条件，如果立体交叉口每年的折旧扣除费和管理费之和小于平面交叉口每年因交通受阻带来的损失支出，那么，建造新的立体交叉，从工程经济上来说认为是合理的。

平面交叉口因交通受阻造成的全年经济损失总额 K 可以由下式算出：

$$K = \frac{365\sum_{1}^{\mu} Q \cdot G}{\beta} + E \quad (\text{元}) \qquad (1\text{-}8\text{-}2)$$

式中：$\sum_{1}^{\mu} Q$——平面交叉口各方向一小时的交通受阻总数（方向数由 1 至 μ），台时；

G——交通受阻每小时折合运输单位的损失费额，元/台；

β——高峰小时交通量(N_h)与日交通量(N_d)的百分比，即 $\beta = \frac{N_h}{N_d}$；当缺乏交通量观测数据时，市区道路 $\beta = 0.08 \sim 0.10$；郊区道路 $\beta = 0.13 \sim 0.15$；

E——由于交通受阻，人员时间浪费所折合的经济价值，元。

根据建造立体交叉以前的平面交叉口的交通信号控制情况和高峰小时交通量，可求出式(1-8-2)中的高峰小时的交通受阻损失 Q：

$$Q = N \cdot \frac{t_{红} + t_{黄}}{T_C} \cdot \frac{(t_{红} + t_{黄}) + 0.56v'_0}{2 \times 3600} \tag{1-8-3}$$

式中：N——平面交叉口一个方向(一个进口道)的高峰小时交通量，辆/h；

$t_{红}$——交通信号灯的红灯时间，s；

$t_{黄}$——交通信号灯的黄灯时间，s；

T_C——交通信号灯的周期时间，s；$T_C = t_{红} + t_{黄} + t_{绿}$(其中 $t_{绿}$ 为交通信号灯的绿色灯时间，s；

v'_0——路段的车速，km/h；

$0.56v'_0$——是参照车流在运行中减速和加速大致相等而考虑制动和加速时间的消耗。

必须指出，E 值是很难计算的，但它却是建造立体交叉、衡量经济效益的重要部分。据国外资料估计，在美国每人节约一小时的经济价值为 2.82 美元，并且在这个指数平均以 4% 的速度增长。

(2)建造立体交叉的成本应能在较短的期限内收回。

建造立体交叉口的成本收回期限 T 为：

$$T = \frac{K_H - K_e}{K - m} \quad (年) \tag{1-8-4}$$

式中：K_H——立体交叉口基本建设投资，元；K_H 等于立体交叉的造价 R；

K_e——平面交叉口的基本建设投资，元；因为平面交叉的造价与立体交叉相比，可以说是微不足道的。此外，平面交叉的一次基建投资，等到它改建时，一般已全部收回，因此在计算时可取 $K_e = 0$。

其余符号意义同上。

建造立体交叉的成本收回期限 $T = 6 \sim 10$ 年，工程经济上则认为是合理的。

第二节　立体交叉的类型及其特点

一、立体交叉的分类

立体交叉按上、下位置及结构形式的不同，可分为下穿式(隧道式)(图 1-8-1)和上跨式(跨路桥式)(图 1-8-2)两种基本类型。下穿式或上跨式到底选用哪一种类型有利，要根据地形、地质、经济、排水、施工及与周围环境(房屋、风景)的协调等各种条件来确定。

一般来说，下穿式(隧道式)立体交叉占地较少，立面易处理，在美观和居民心理上，下穿式有利，一般宜用于市区，其缺点是施工工期较长，地道结构物造价高，易积聚尘土，排水困难，养护麻烦，养护管理经费大。而上跨式(跨路桥式)立体交叉施工较容易，造价比下穿式低，其主要缺点是占地大，高架桥影响城市观瞻，引道纵坡大，对非机动车交通不利，故多用于市郊。

立体交叉按有无匝道连接上、下道路，又可分为分离式和互通式两种。

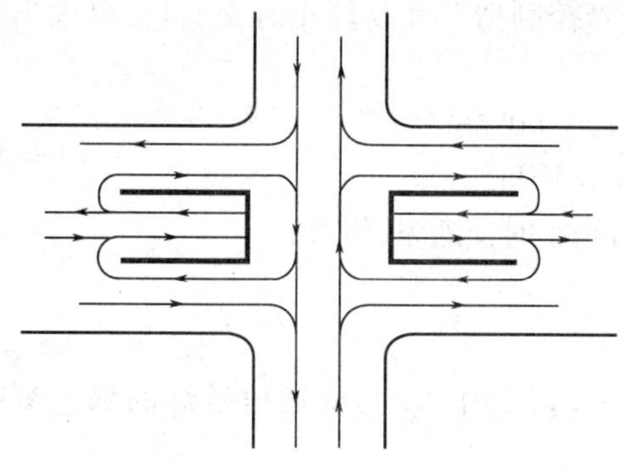

图 1-8-1 下穿式（隧道式）立体交叉

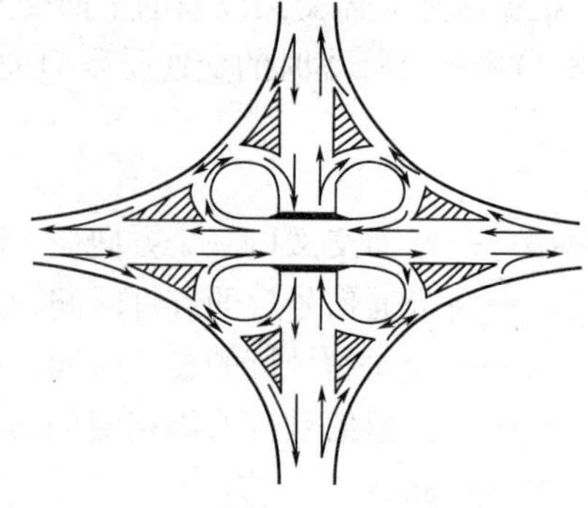

图 1-8-2 上跨式（桥跨式）立体交叉

分离式立体交叉，仅设隧道或跨路桥一座，上、下道路没有匝道连接。这种立体交叉不增占土地，设计构造简单，但上、下道路的车辆不能互相转道，多用于铁路与道路的立体交叉。

互通式立体交叉，除设隧道或跨路桥外，并设有匝道连接上、下道路。这种立体交叉设计构造较复杂，占地也多，但上、下道路上的车辆可互相转道。城市道路一般都要求能互相贯通，故多采用互通式立体交叉。

互通式立体交叉的类型很多，分类的方法也有好几种，其中最基本的有以下两种分类方法：

1. 按交通运动线处理方式的分类

1）不完全立体交叉式

把直行与直行运动线所产生的冲突点，通过立体交叉的处理而消除，但直行与左转运动线在匝道的进出口仍有一处以上为平面交叉而存在冲突点（图 1-8-3）。

2）交织式

把直行和左转车辆运动线所造成的全部冲突点，通过立体交叉方式和交通组织的处理加以消除或变为交织点。

3）完全立体交叉式

把直行及左转车辆运动线所产生的所有冲突点，通过立体交叉的处理全部消除。

2. 按交叉道路条数的分类

按交叉道路条数的分类，分为：三条道路交叉、四条道路交叉和多条道路交叉（五条道路以上交叉），下面将介绍一些常用的基本形式及其特点。

1）三条道路相交的立体交叉口形式

（1）喇叭形（图 1-8-3）。路线结构简单，仅有一座隧道或跨路桥，行车安全、便利。如环形匝道上采用较高的设计速度，其曲线半径必然很大，从我国的城市用地和房屋拆迁等条件来看是有困难的，但当环行匝道上的交通量小、且设计速度不高时，有时采用喇叭形也还是恰当的。设计时应将喇叭口设在左转弯车辆较多的道路一侧，以利主流方向行车。图 1-8-3a）有利于 $B \to C$ 左转弯。图 1-8-3c）设有两条左转匝道，但左转车辆的运动路线在匝道的末端为平面交叉，产生冲突点，交通不安全，如采用交通信号灯控制，则匝道的通行能力要降低，采用此种形式应慎重考虑。图 1-8-3d）有两条左转匝道，在交通运行方面，比图 1-8-3c）优，但比图 1-8-3a）、图 1-8-3b）差。这种形式适用于左转弯交通量不大的互通式立体交叉，如远期拟建造苜蓿叶形立体交叉，则近期可修建这种形式，到以后补建其余的两条匝道。

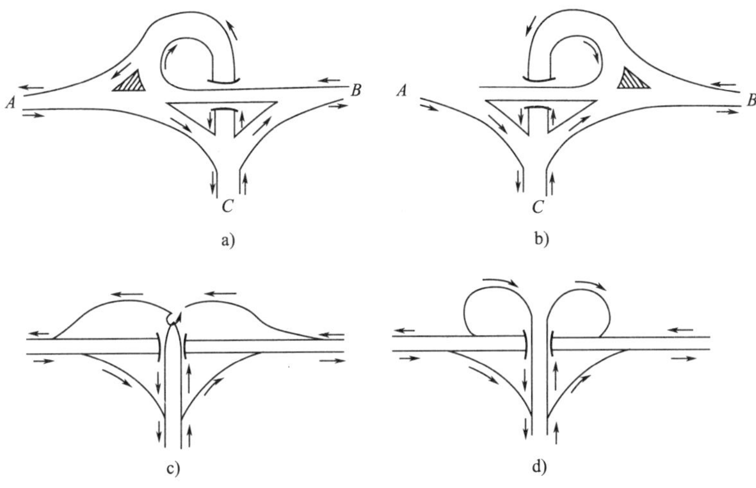

图 1-8-3 喇叭形立体交叉

(2)环形(图 1-8-4)。主要道路直通，车辆在环道上一律单向行驶，车流没有任何冲突点，这种类型的立体交叉易为驾驶员所熟悉，行车安全、便利。但车辆在环道上作交织行驶，故环道上的通行能力受到影响。

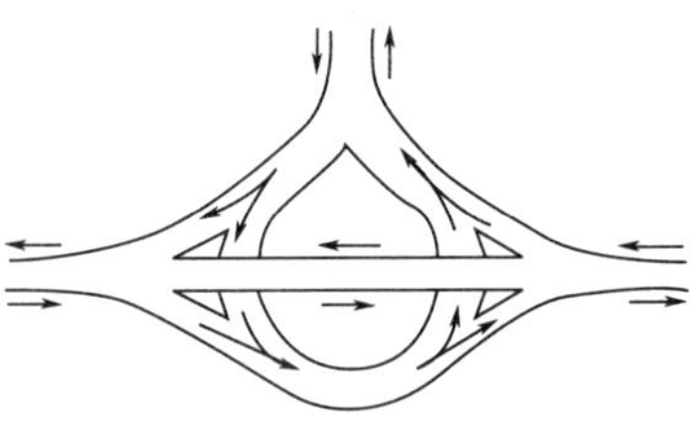

图 1-8-4 环形立体交叉

(3)不完全定向型。采用不完全定向型匝道连接相交道路的左转车道。图 1-8-5a)设有三个立交构造物，都是二层立体交叉，也可集中布置为一个三层的立交构造物，如图1-8-5b)所示。这种形式的主要缺点是左转车辆不能沿着便捷的方向行驶，构造物多，造价较高。

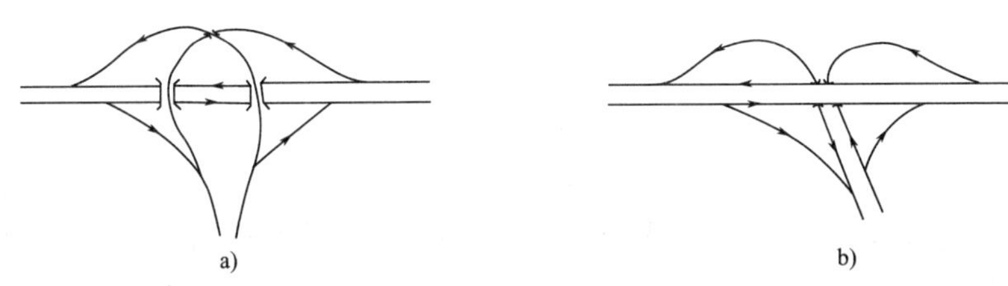

图 1-8-5 不完全定向型立体交叉

(4)完全定向型(图 1-8-6)。采用定向匝道分别连接转弯行驶方向的车道，使各向车辆能顺着便捷的转弯路线行驶，平面线形好，对汽车行驶是最为有利的立体交叉形式。立交构造物可分设三个[图 1-8-6a)]；也可集中设一个三层的立交构造物[图 1-8-6b)]。这种形式的立体交叉主要缺点是占地面积大，构造物多，造价较高。

图 1-8-6 完全定向型立体交叉

2)四条道路相交的二层式立体交叉口

(1)苜蓿叶式(图1-8-2和图1-8-7)或部分苜蓿叶式(图1-8-8)。苜蓿叶式立立体交叉的左转弯车辆,都是用右转代替左转,车流没有任何冲突点,可安全连续行驶。但左转弯匝道的半径较小,并且是反向转弯行驶270°,绕行距离长,行驶条件较差,用地较多。

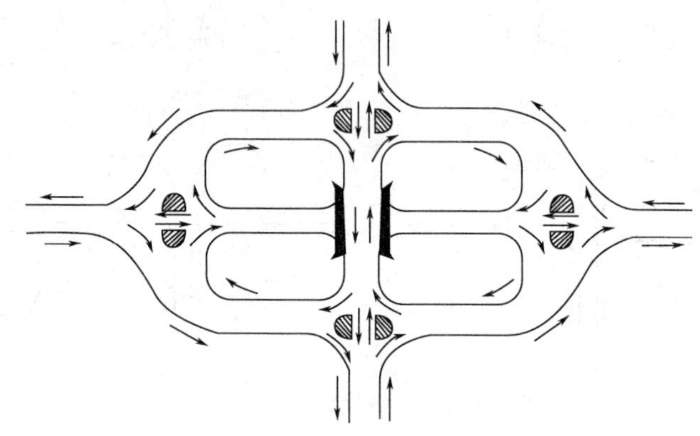

图1-8-7　十字形道路苜蓿叶式立体交叉

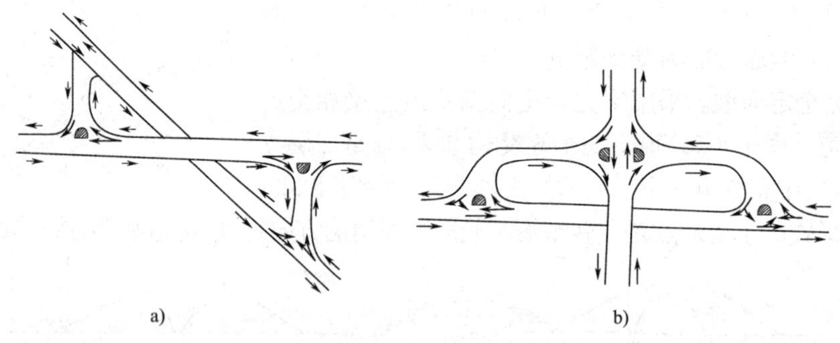

图1-8-8　十字形道路苜蓿叶式立体交叉

a)斜交道路;b)正交道路

部分苜蓿叶式的形式与苜蓿叶式相似,但次要道路上有冲突点,需要设置交通信号灯。

(2)环形(图1-8-9)。环形立体交叉的环道交通特点同前所述。当主要干道和次要道路相交时,中间的环道可设计成圆形或椭圆形。如左转弯车辆很少,则以椭圆形为好,如图1-8-9a),使短轴沿主要干道方向,以缩短隧道(或跨路桥)长度,而长轴则沿次要道路方向,便于直行车辆行驶。

当相交道路均为主要干道时,为保证各条道路车辆快速通行无阻,可设计成如图1-8-9b)所示的形式,但立体交叉结构物增多。

环形立体交叉比苜蓿叶式立体交叉占地较少,特别是对于交叉口改建,由于四周建筑物不能大量拆迁,交叉口的用地受到很大限制,则宜采用环形立体交叉。但由于环形交叉的通行能力受到环道交织断面上的交织能力的限制,环道的车速受到中心岛直径的影响,因此,在选用环形立体交叉时,必须着重校核环形交叉的最大通行能力和所采用的中心岛尺寸,是否能满足远期交通量和车速的要求。

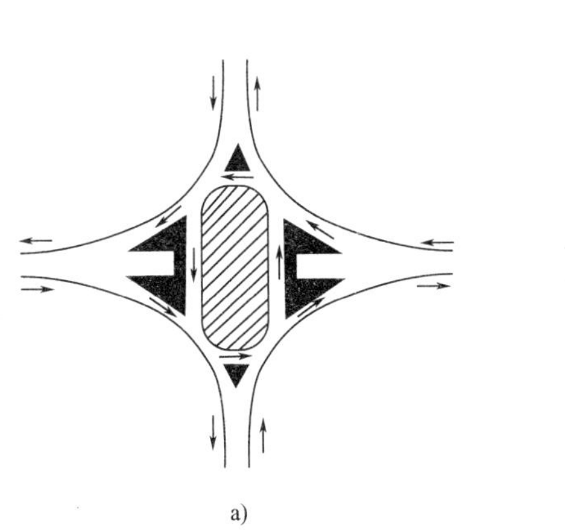

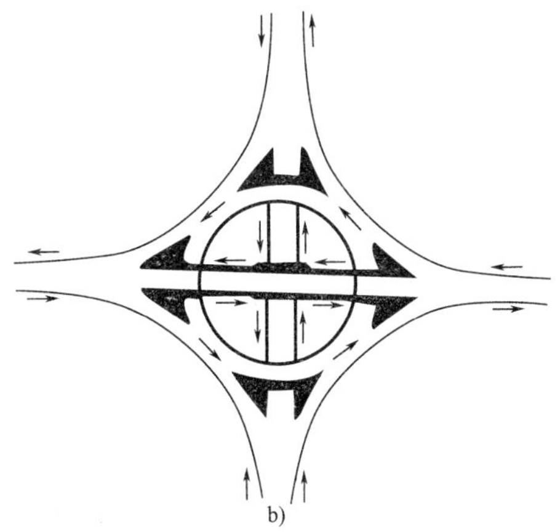

图 1-8-9　环形立体交叉

a)椭圆形;b)圆形

(3)菱形(图 1-8-10)。菱形立体交叉,其样式如同钻石,又称为钻石形立体交叉。相交的直行车流采用立交加以上、下分离,设置右转匝道供右转弯车辆行驶,对左转弯的车辆,则通过左转匝道一律按照右转行驶的方式而达到左转的目的,所以左转车流没有任何冲突点。

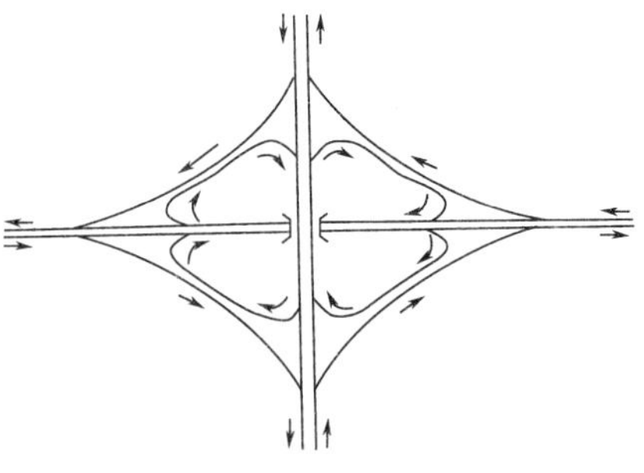

图 1-8-10　菱形立体交叉

3)四条道路相交的三层式立体交叉口

前面所介绍的立体交叉形式,都是双层式的立体交叉。双层式的立体交叉,无论是苜蓿叶式立体交叉、环形立体交叉,或是其他形式的立体交叉,它们比起平面交叉来说,虽然已大大改善了交通条件,提高了交叉口的通行能力,但它们仍然存在着共同的缺点,也就是还没有从根本上解决非机动车和机动车交通互相干扰的问题。以十字形苜蓿叶式立体交叉为例(图 1-8-11),在匝道的进、出口处,右转弯行驶的机动车车流,和直行的非机动车车流需要互相交叉,其交织点共 16 个,因此,仍影响车速、通行能力和交通安全。

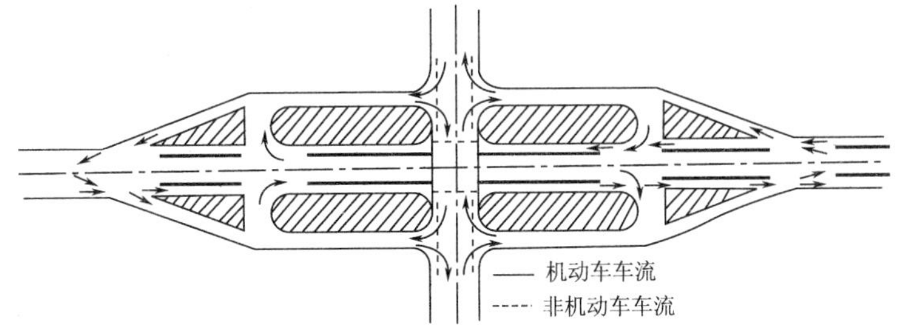

图 1-8-11　苜蓿叶式双层立体交叉的交织点

我国的城市道路交通特点,是自行车交通占有很大比重,能否妥善解决非机动车的交通问题,应成为我国城市道路交通控制研究的一个重要任务。

实践证明,在我国具有大量自行车交通的城市中采用双层立体交叉,不能从根本上解决非机动车和机动车交通的互相干扰的问题,为此,可设计三层式的立体交叉来解决这个问题。

图 1-8-12 和图 1-8-13 都是苜蓿叶式三层立体交叉，图 1-8-14 是环形三层立体交叉。由于非机功车的上坡能力较差，下坡不宜太陡，放纵坡不宜太大，因此，非机动车道应布置在中层，而把相交道路的机动车道分别设在上层和下层。

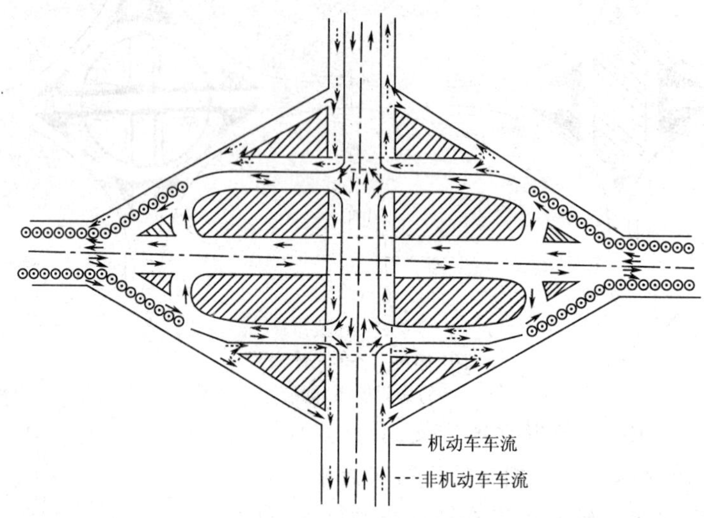

图 1-8-12　苜蓿叶式三层立体交叉

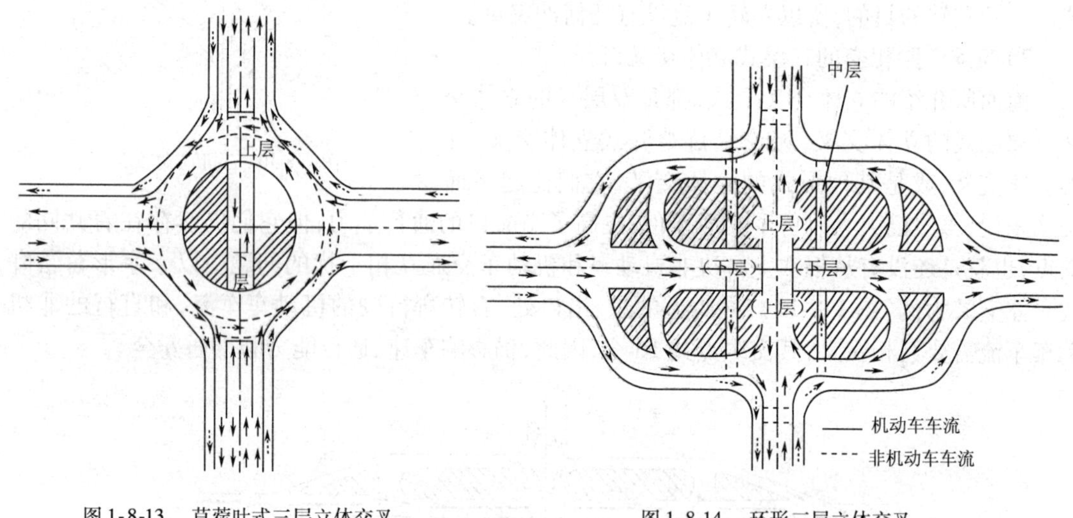

图 1-8-13　苜蓿叶式三层立体交叉

图 1-8-14　环形三层立体交叉

第三节　主线设计要求及标准

一、立交区主线的特点及设计要求

1. 立交区主线的特点

立交范围内主线，与一般路线相比，具有如下特征：

(1) 主线上交通复杂。互通式立交范围内，主线作为基本的交通流线，与各种转弯流线之间，

关系复杂。转弯车辆要进出主线,主线与匝道间常常产生合流、分流、交织甚至交叉运行,对主线车流产生干扰,使主线交通复杂,行车安全性受到影响,因此,立交主线线形标准比一般路段要高。

(2)影响主线线形的因素多。立交主线线形设计,除了考虑路线本身的影响因素外,还要考虑与相交路线在平面和纵断面上相互影响及主线与匝道进出口的连接关系,这些都制约了主线的线形。例如,主线与主线交叉的形式、交角是立交主线平面线形设计中必须要考虑的问题。纵断面设计中,相交道路在竖向位置上的处理方式(如上跨或下穿)、下线桥下净空都是纵断面设计的重要控制因素。

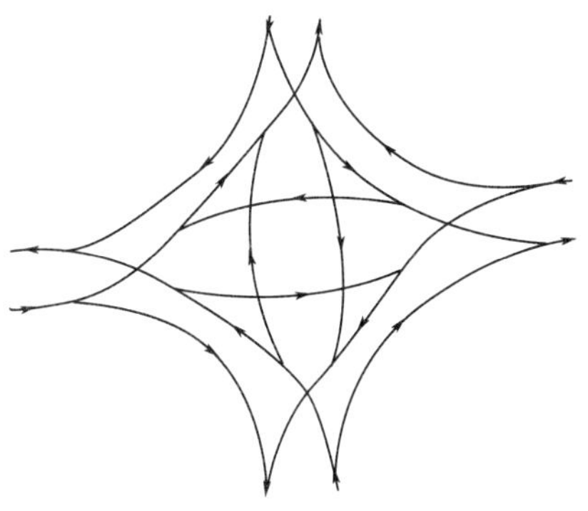

图 1-8-15 完全定向型立交

主线线形设计,还要考虑与匝道在平面和纵断面的连接。因此,主线设计应与匝道的布设通盘考虑。如图 1-8-15 所示,这种定向型立交,由于匝道从主线左侧分流,从另一主线左侧汇合,要求相交的两条主线中间有足够的距离布设匝道。这就带来了主线平、纵面线形组合的复杂多变性。

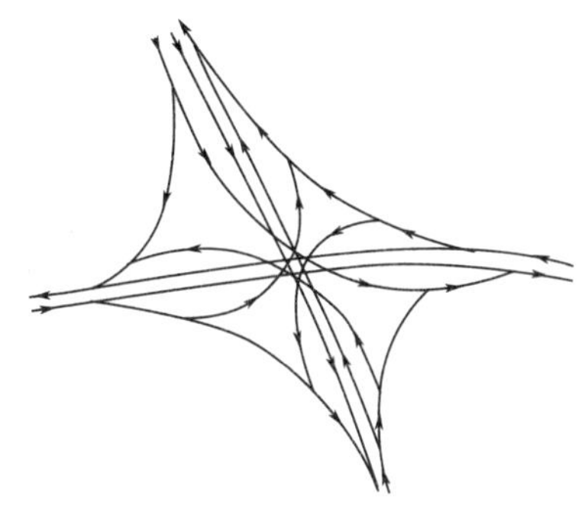

图 1-8-16 半定向型四层立交

(3)立交主线范围内,跨线桥、地道、支挡结构物较多且复杂(弯、坡、斜桥占多数),如图 1-8-16 所示,在线形设计中要充分考虑主线与这些构造物在平面和纵断面上的连接要求,这就增加了线形设计的复杂性。同时,主线下线,桥梁墩台对视线的障碍以及对道路净宽的限制;主线上线,桥跨位置较高,这些不利的行车条件给驾驶员行车心理带来了不良反应,直接影响行车的快速和安全。

(4)立交主线路基横断面构造复杂。主线与匝道连接端部,行车道宽度的变化、超高和加宽的过渡、车道安排等与其他一般路段相比较,有所不同。这样,对主线行车有一定的影响,尤其在出口处,甚至会产生由于错误的视线诱导使直行车流误入转弯车道。

2. 主线设计要求

(1)主线设计应满足立交的易识别性,保证足够的行车视距,使在主线上行驶的驾驶员从较远处就能看清立交,有充裕的时间注意立交出入车辆及出入口位置。为此,立交应尽可能布置在通视良好的直线或大半径的曲线路段,并位于大半径的凹形竖曲线中。

(2)为了确保立交主线上车辆能够快速行驶,以及进出口车辆行驶安全、便利,在主线设计的同时,还应综合考虑其他交通措施,如变速车道、集散道路、导流岛、方向岛等。分、合流处主线右侧,一般要求设置变速车道、集散道,以减少合流、分流对主线的交通影响,条件允许时还应设置导流岛等设施,以改善主线的行驶条件。

(3)在线形设计中,原则上匝道线形应服从主线线形的要求,在保证主线线形的前提下,主线和匝道综合考虑,为匝道设计创造较好的条件,便于进出口连接。

(4)主线线形应满足标准要求,在可能条件下尽量采用较高的技术指标。相交主线力求正交,并在直线或大半径的曲线段相交,这样可减小桥跨或地道长度,避免斜、弯桥,利于设计、施工和运营。路线必须斜交时,其交角一般不小于 45°。

(5)力求主线纵坡平缓,注意排水问题。互通式立交区主线陡下坡,不利于流出车辆的减速；相反，主线陡上坡则不利于流入车辆的加速，并且陡坡处主线与匝道、主线与变速车道的连接竖向处理困难。因此，纵面设计应尽可能采用缓坡。纵面设计还要注意满足下线排水的要求，这一点在平原区尤为重要。采用自流排水方式时应尽量使主线的下线最低点高出雨水管或排水沟出口，尽量减小水流的汇集范围，减少汇流量。

(6)处理好跨线构造物与道路的连贯性，避免平面、纵面和横断面的突变。

(7)保证相交路线有足够的跨越高度，满足行车及行车视距条件、桥下净空要求。

二、主线线形设计标准

1. 平曲线半径

立交区主线行车较一般路段复杂，若半径较小，对行车不利。同时，主线半径过小，设在主线外侧的流出、流入匝道和变速车道与主线横坡值相差较大，车流进入主线困难，而且危险，设计超高过渡较复杂。基于这些理由，立交主线平曲线半径以主线横坡值来控制，一般以主线横坡不大于3%为宜。考虑到地形状况、行驶条件、经济情况等方面，若主线车速较低时将允许临界横坡值增加1%而计算出标准中所规定的极限值。

2. 竖曲线半径

当主线为半径较大的凹形竖曲线时，驾驶员视线开阔，容易看清立交的全貌。反之，若互通式立体交叉的主线处于半径较小的凸形竖曲线范围内或紧接其后时，立交的全部或部分就有被遮挡的可能，尤其是出口不易识别，影响行车。为此，立交区主线凸形竖曲线半径应按保证普通视距的2倍条件来确定标准值。若由于地形等限制，则按保证普通视距的1.5倍的条件来确定特殊值。立交区主线凹形竖曲线半径，一般不考虑视距，其标准值按缓和冲击需要的最小半径的4倍取值，极限值允许将其减低到2倍左右。

3. 主线的最大纵坡

立交区主线的纵坡应尽可能平缓，主要是出于行车安全考虑。据统计，日本高速公路上的总事故，10%~20%发生在互通式立体交叉范围内，并且这些事故与主线的纵坡有密切的关系。因此，标准规定立交区主线的最大纵坡值均比一般公路小。

●第四节　立体交叉匝道设计●

匝道是相交道路间互相连通的连接道，主要供转弯车辆行驶使用。立交匝道设计，主要是选择匝道类型，进行匝道布置，并确定匝道几何尺寸。

如图1-8-17所示，一条转弯匝道通常由三部分组成：

①离开原线的驶出道口。

②匝道经行的路段。

③汇入另一路线的驶入道口。

匝道出入口有控制式（如红绿灯）和畅通式两种。

对于一些次要道路的出入口，交通受限制采用控制式。对于高速公路和其他主要干道的出入口，通常采用畅通式。

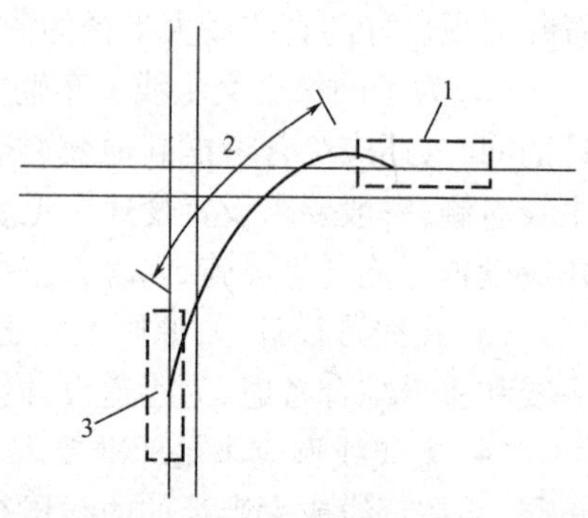

图1-8-17　匝道组成

1-离开原线的驶出道口；2-匝道经行的路段；3-汇入另一路线的驶入道口

驶出口的位置必须明显，驾驶员易识别，最好设置在立交构造物前，以便高速车辆及早识别，顺利驶出。驶入口则应位于构造物之后，这样驾驶员视线不受构造物影响，视野开阔，利于驾驶员伺机汇入主线，安全行车。

立交是主线和匝道的集合体，匝道与匝道之间、匝道与主线之间关系复杂，甚至多层相互交错。因此，匝道设计力求结构简明、布设合理、通透性好，并能与周围环境融为一体，使得立交具有较好的功能和观瞻性。

一、匝道的功能分类

匝道的形式千变万化，多种多样。根据匝道的基本功能即提供的行车条件，可分为以下三种基本形式：

1. 右转弯匝道

供车辆实现右转弯的匝道，一般右转弯转角 90°左右。右转匝道有两种布置形式即斜行式和平行式，如图 1-8-18 所示。右转匝道是各种立交的基本组成部分，对于右出右进式交通方式，汽车从主线右侧驶出、主线右侧驶入，行驶顺利，路线直捷。一般而言，平行式右转匝道较斜行式匝道占地多。右转匝道一般可以不设任何跨线构造物。

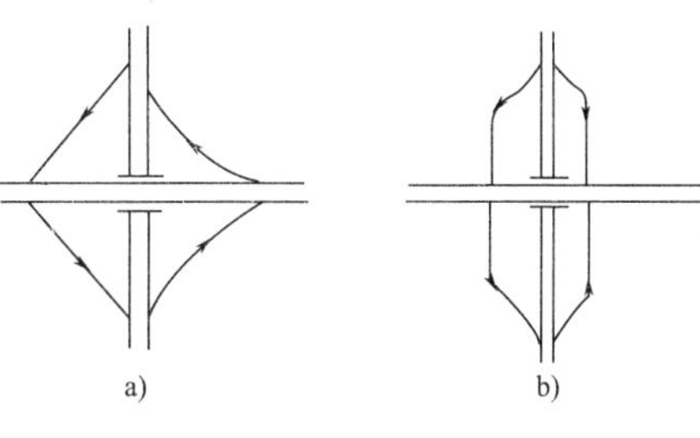

图 1-8-18 右转匝道
a) 斜行式；b) 平行式

2. 左转匝道

供车辆实现左转弯行驶的匝道。左转匝道与直行车道之间以及与相邻的左转匝道之间干扰大，布置复杂，因而，左转匝道的布置形式直接影响立交的功能及造型。左转匝道应根据相交道路的性质、交通量大小及其分布、地形条件等灵活合理布设。如图 1-8-19 所示。

3. 左、右转共行匝道

左、右转共行匝道供车辆同时实现左转和右转行驶的匝道。如菱形立交、环形立交、双喇叭形立交等，左、右转车辆共用一条匝道，如图 1-8-20 所示。

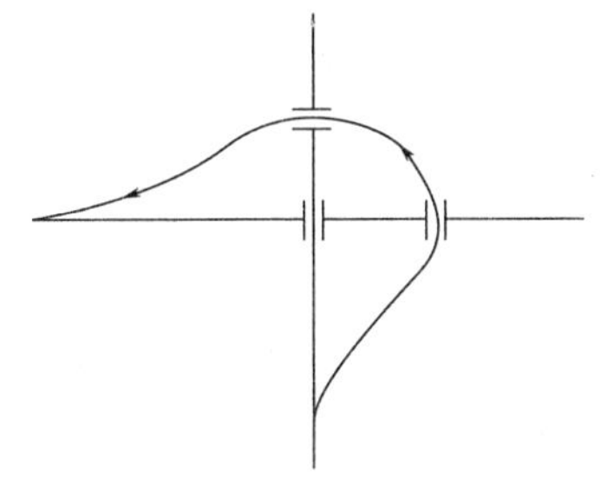

图 1-8-19 左转匝道

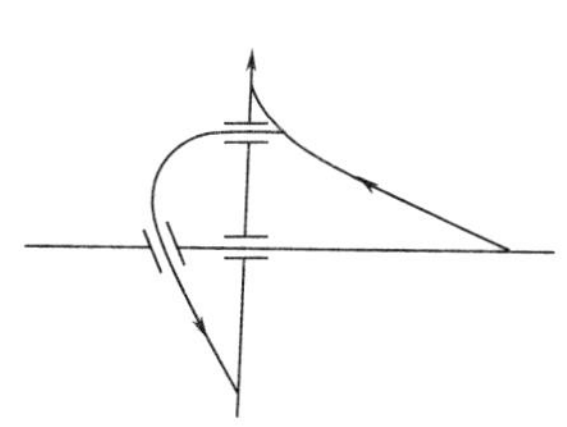

图 1-8-20 左、右转共行匝道

二、匝道的几何分类

匝道的几何分类，主要针对左转匝道而言，根据其几何布置可分为下列类型：

1. 直接型(定向型)

又称 DD 型,匝道从主线左侧驶出,左转弯行驶后,直接从另一主线左侧驶入,如图 1-8-21 所示。直接型匝道主要特点如下:

(1)左出左进,转向约 90°,行驶路线短捷,立交营运费用低,能承担较大的左转交通量。

(2)左转车辆自主线左侧驶出,没有反向运行,平面线形较好。

(3)行车方向明确,行车顺适,出入口明显、易识别,一般不会在立交处引起错路运行。

(4)行车路线交叉多,使跨线构造物增加,立交工程费用增大。

(5)一般要求主线的双向行车道之间必须有足够的距离才能满足匝道上跨或下穿主线时立面布置的要求。

(6)当主线单向有两个以上的车道时,主线快车道上的车辆自主线左侧驶出时减速段的要求严格;主线慢车道上的重型车辆横移变换到左侧车道上来再驶出去时,困难较大。进入另一主线后,车辆从高速车道左侧汇入困难也较大。

(7)匝道需连续两次跨越主线,纵面线形较差,并使桥跨增长。

这类匝道适应于左转交通量特别大的情况,一般情况下较少选用。

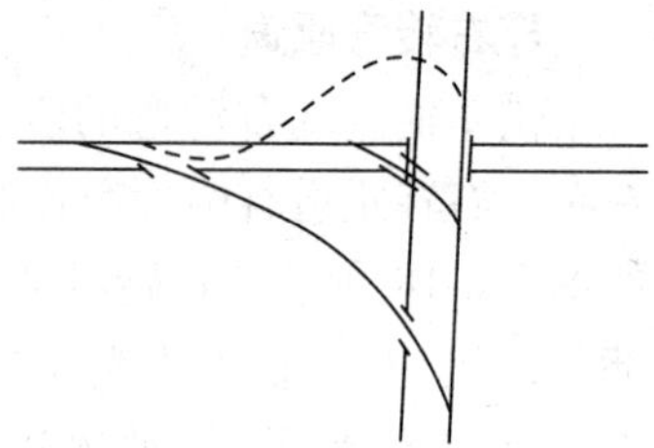

图 1-8-21　直接型匝道

直接型匝道布置可有三种形式,如图 1-8-21 所示。

2. 半直接型(半定向型)

根据进、出口匝道与主线连接关系的不同,这一类型的匝道有如下三种形式:

(1)A 型,又称 DS 型,如图 1-8-22。这种匝道的主要特点是:

①左出右进,匝道略有绕行。

②DD 型匝道左出缺点仍然存在。

③连接匝道出口的主线双向行车道之间必须有相当大的间距,便于匝道竖向布置,因此主线设计时应与匝道设计一并考虑。

④转弯车流从主线右侧驶入,对主线车流干扰较小。

DS 型匝道的布置形式有如图 1-8-22 中两跨两层、一跨三层和一跨两层等。

(2)B 型。又称 SD 型,如图 1-8-23 所示。这种匝道的主要特点是:

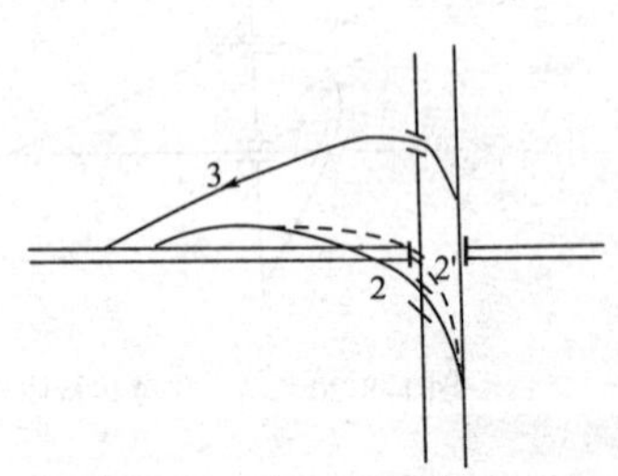

图 1-8-22　半直接型 A 型匝道

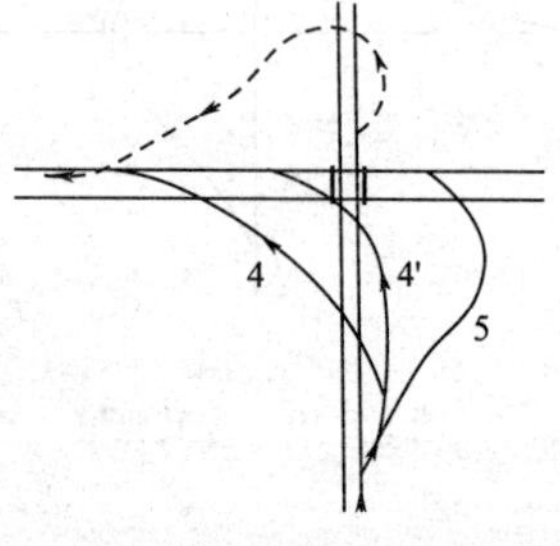

图 1-8-23　半直接型 B 型匝道

①转弯车辆右出左进,匝道绕行略长。

②DD 型匝道左进的缺点仍然存在，若当驶入的道路是双车道次要道路时，左进右进关系不大，此时采用这种匝道是可行的。

③匝道由于左进，驶入主线双向车道之间必须有足够的距离，因此，主线设计应与匝道设计一并考虑。

④转弯车流从主线右侧驶出，对主线车流干扰较小。

与 DS 型相似，SD 型匝道的布置形式有两跨两层、一跨三层和一跨两层等。

(3) C 型。又称 SS 型，如图 1-8-24 所示。这种匝道具有如下特点：

①右出右进，匝道绕行距离较长，匝道需连续两次跨越主线，故桥跨较多。

②右出右进，避免了左出左进在运行上的困难和缺陷，车辆出入对主线干扰小，行车安全。

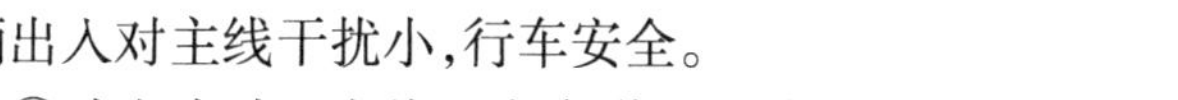
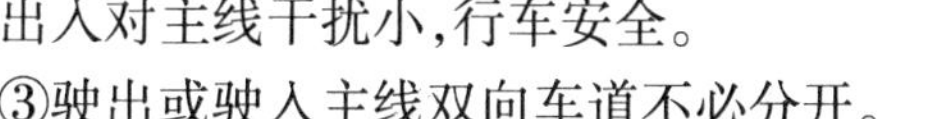

图 1-8-24 半直接型 C 型匝道

③驶出或驶入主线双向车道不必分开。

④匝道的纵面线形较好。

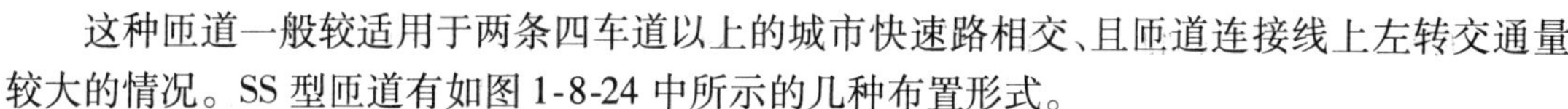

这种匝道一般较适用于两条四车道以上的城市快速路相交、且匝道连接线上左转交通量较大的情况。SS 型匝道有如图 1-8-24 中所示的几种布置形式。

直接型和半直接型匝道都是以直接左转的方式行车，两者主要区别在于绕行路线长短以及进出方式不同而已。

3. 小环道

又称 L 形，如图 1-8-25 所示。这种匝道的主要特点是：

(1) 车辆过交叉点后，从主线右侧驶出，变左转为右转，转向 270°，形成一个环道。

(2) 匝道从右侧驶出、右侧驶入，不需设置任何构造物就达到独立左转目的，经济安全。

(3) 小环道绕行路线长，一般平曲线半径较小。出口设置在主线跨线桥(或地道)后面，行车不易识别，因而要求跨线桥下(或地道)具有良好的视距条件。

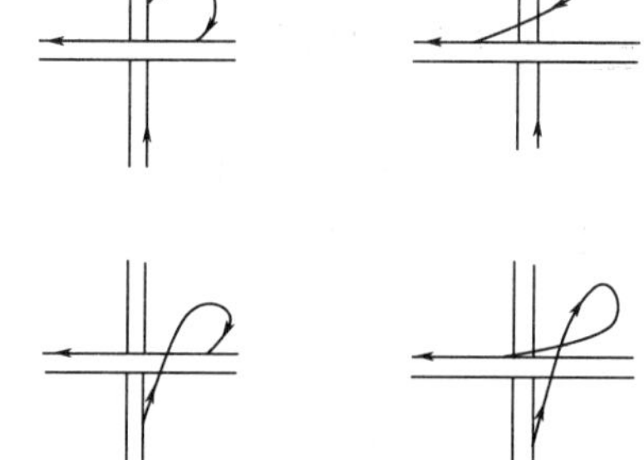

图 1-8-25 小环道(L 形)

(4) 小环道半径较大时，占地较多。采用小环道匝道构成的苜蓿叶形立交中两小环道间存在交织段，直接影响主线行车和立交匝道的通行能力，可采取增设集散车道的措施加以改善。

4. 环道

这是一种左转车辆在公用车道上交织行驶的匝道。如图 1-8-26 所示，这种匝道变左转为右转，绕中心岛行驶，实现立交全互通。

这种匝道的主要特点是：

(1) 左转车辆与直行车辆、左转车辆与左转车辆共用一条匝道，在环道上交织运行。

(2) 环道半径较大，左转车行车方向明确，行车条件较好。

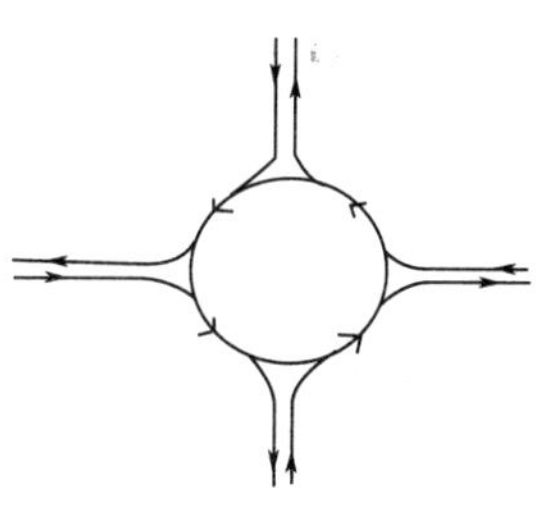

图 1-8-26 环道

(3)由环道构成的环形立交结构紧凑,占地较少。

(4)环道上有交织路段,对通行能力及行车速度影响较大。

(5)转弯车辆绕行较长。

(6)环道构成的环形立交需建两座构造物,造价较高。

三、匝道横断面及建筑限界

1. 横断面组成

匝道的横断面由行车道、路缘带、硬路肩和土路肩组成。对向分离式双车道匝道还包括中央分隔带。匝道的横断面组成及尺寸如图 1-8-27 所示。

匝道各组成部分的宽度规定如下:

(1)一条行车道宽度为 3.50m。

(2)路缘带宽度为 0.50m。

(3)分隔带应包括中央分隔带和两侧路缘带的宽度。中央分隔带宽度为 1.00m(若设刚性护栏时可为 0.50m)。

(4)土路肩宽度为 0.75m 或 0.50m。

(5)硬路肩的设置及宽度。

①单车道匝道右侧应设硬路肩,其宽度包括路缘带在内为 2.50m,特别困难处可减小为 1.50m;左侧硬路肩的宽度为 1.00m。

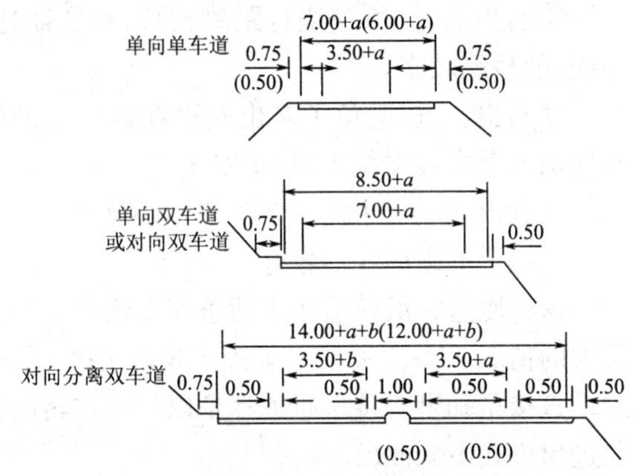

图 1-8-27　匝道的横断面组成及尺寸(尺寸单位:m)

②双车道匝道上,当交通量较小,通行能力有较大富裕时,可不设硬路肩而保留路缘带。

③匝道的车道及硬路肩的宽度与主线不一致时,应在匝道范围内设置渐变率为 1/20 ~ 1/30 的过渡段,在与主线的合流或分流处其宽度应与主线车道及硬路肩的宽度一致。

④积雪冰冻地区,匝道挖方段应适当增加堆雪的宽度。

2. 匝道的建筑限界

互通式立体交叉匝道的建筑限界规定如图 1-8-28 所示。

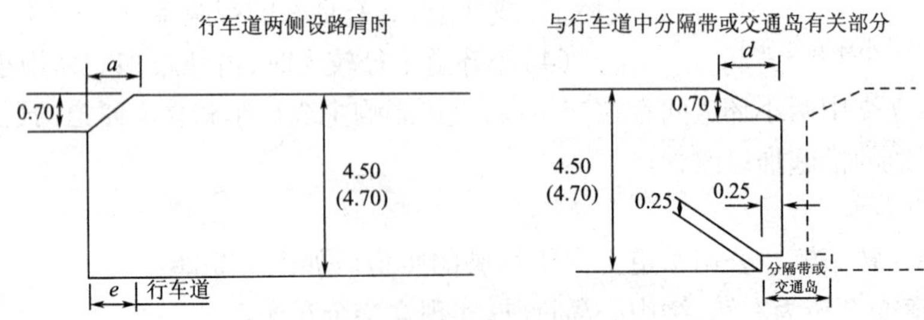

图 1-8-28　建筑限界(尺寸单位:m)

图中各参数意义及数值规定如下:

a、e——路肩宽度,该值大于 1.00m 时取 a = 1.00m;

d——涉及分隔带时取 0.50 ~ 1.00m;涉及交通岛时取 0.50m;

m——施工的限界净高，考虑路面罩面时，预留 0.20m 余高，全部高度采用 4.50(4.70)m。

3. 匝道的超高

(1)设置超高条件。当曲线部分的圆曲线半径小于不设超高的最小半径时，均应设置超高。

(2)超高坡度的确定。设计车速、曲线半径及超高坡度关系如表 1-8-2 所示。

匝道超高的设置应充分考虑车辆在匝道上行驶的速度经常变化的实际情况，选用表中的超高值。如收费站附近的超高值应小于匝道设计车速所对应的值，相反，接近分、合流附近，超高值就应大些。

匝道圆曲线的超高 表 1-8-2

匝道计算行车速度(km/h)	80	60	50	40	30	20	超高(%)
圆曲线半径(m)	280 以下	140 以下	90 以下	50 以下	40 以下	—	9~10
	280~330	140~180	90~120	50~70	40~50	30 以下	8~9
	330~380	180~220	120~160	70~90	50~60	30~40	7~8
	380~450	220~270	160~200	90~130	60~90	40~60	6~7
	450~540	270~330	200~240	130~160	90~110	60~80	5~6
	540~670	330~420	240~310	160~210	110~140	80~110	4~5
	670~870	420~560	310~410	210~280	140~220	110~150	4
	870~1240	560~800	410~590	280~400	220~280	150~220	3
	1240 以上	800 以上	590 以上	400 以上	280 以上	220 以上	2

注：积雪冰冻地区超高不得大于 6%，合成纵坡不得大于 8%。

4. 匝道曲线加宽

匝道曲线部分的加宽值，根据圆曲线半径大小而定，对于标准宽度的行车道而言，采用表 1-8-3 所列数值。如遇特殊断面，加宽值应予以调整，使加宽后的总宽度与标准一致。

四、匝道线形设计

1. 平面线形设计

1)一般要求

匝道平面线形设计应与匝道的设计车速及类型相适应，同时考虑地形、地物、占地等条件，从而保证匝道上行驶的车辆连续、稳定、安全。具体要求如下：

匝道圆曲 线的加宽 表 1-8-3

单向单车道匝道		单向双车道匝道	
圆曲线半径(m)	加宽值(m)	圆曲线半径(m)	加宽值(m)
15~<21	2.75	15~<21	3.75
21~<23	2.50	21~<22	3.25
23~<25	2.25	22~<23	3.00

续上表

单向单车道匝道		单向双车道匝道	
圆曲线半径(m)	加宽值(m)	圆曲线半径(m)	加宽值(m)
25 ~ <27	2.00	23 ~ <24	2.75
27 ~ <29	1.75	24 ~ <25	2.50
29 ~ <32	1.50	25 ~ <26	2.25
32 ~ <36	1.25	26 ~ <27	2.00
36 ~ <42	1.00	27 ~ <29	1.75
42 ~ <48	0.75	29 ~ <31	1.50
48 ~ <58	0.50	31 ~ <33	1.25
58 ~ <72	0.25	33 ~ <36	1.00
≥72	0	36 ~ <39	0.75
—	—	39 ~ <43	0.50
—	—	43 ~ <47	0.25
—	—	≥47	0

(1)匝道平面线形要与汽车行驶速度变化相适应。

(2)匝道平面线形设计要考虑匝道承担的交通量大小。通常在繁重交通量的匝道上,应尽量设计较好的线形。

(3)匝道的起、终点以及匝道的分、合流点,交通复杂,易发生事故,设计时应注意保证视距,并创造良好的视线诱导条件。

(4)匝道起、终点、收费站等处,横断面组成、尺寸、横坡及线形等都应满足行车要求并做到线形顺适圆滑,做好过渡段的设计。

2)曲线组合类型及其应用

曲线线形组合及其选用同第四章第二节。

3)设计方法概述

立交匝道线形尤其是平面线形设计,与一般公路平面线形设计有较大的差别,立交平面线形约束条件多,组合形式复杂,且曲线占整个线形比例很大,采用传统的直线形设计方法难以满足要求。主要体现在:第一,直线形设计方法以直线为骨架,在路线转弯处连以曲线,这样一种设计方法,以直线为主体,能满足的约束条件有限,难以适应立交匝道布线时多约束条件的要求;第二,目前无论国内还是国外,立交匝道因车辆转向的要求,曲线为主体线形甚至有时整个匝道全是由曲线构成的,加之曲线组合类型复杂,因而用传统的交点和导线来描绘复杂多变的组合型曲线匝道的位置,显得非常困难。综上分析,直线形设计方法在匝道平面线形设计中的这些不足,迫使人们去探索以曲线为主体的线形设计方法即先定曲线再连以直线

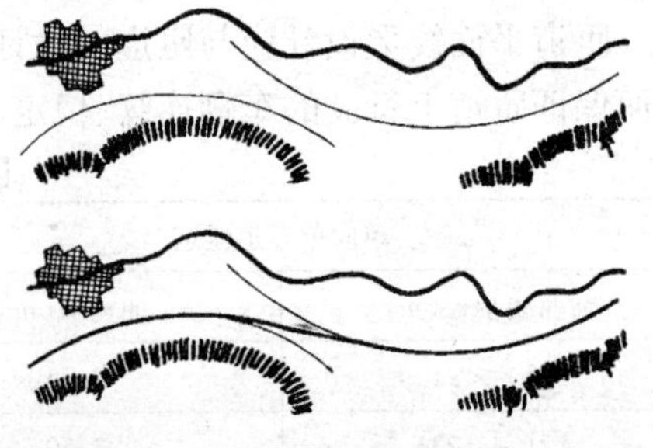

图 1-8-29　曲线形设计方法示意

的方法，如图 1-8-29。曲线形设计方法，概括起来有以下几种：

(1)积木法(亦称线元设计法)。所谓线元设计是指线形分段的基本单元，线元可以是直线、圆曲线、缓和曲线三种基本要素，也可以是这三种要素的组合段。积木法就是将复杂多变的匝道曲线“化整为零”，分为多个线元，若已知曲线起点的数据(包括起点坐标、切线或法线方向及曲率半径)，由起点沿规定的线元方向延伸，则可计算出单元终点数据。计算出来的前一线元终点的数据，即作为后一线元起点数据进行计算，依此类推，如同搭积木一样，积零为整构成一条匝道线形。积木法的结构框图如图 1-8-30 所示。

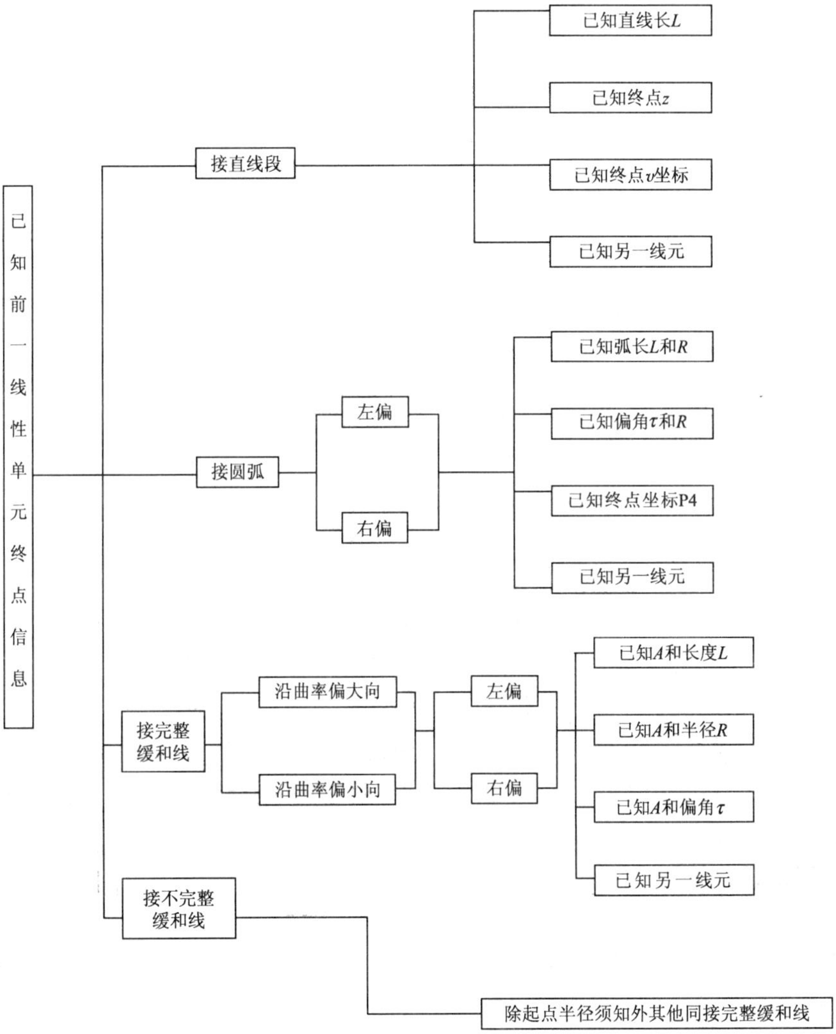

- 已知前一线性单元终点信息
  - 接直线段
    - 已知直线长L
    - 已知终点z
    - 已知终点v坐标
    - 已知另一线元
  - 接圆弧
    - 左偏 / 右偏
      - 已知弧长L和R
      - 已知偏角τ和R
      - 已知终点坐标P4
      - 已知另一线元
  - 接完整缓和线
    - 沿曲率偏大向 / 沿曲率偏小向
      - 左偏 / 右偏
        - 已知A和长度L
        - 已知A和半径R
        - 已知A和偏角τ
        - 已知另一线元
  - 接不完整缓和线
    - 除起点半径须知外其他同接完整缓和线

图 1-8-30　积木法结构框图

(2)基本模式法。此法从建立线元的基本模式出发，将一条匝道曲线按两种基本模式进行解析计算，然后由两种基本模式组成一条圆滑连续的匝道线形。这两种基本模式是：

①已知直线和圆曲线，用缓和曲线连接的模式。

②已知两个半径不同的圆曲线用缓和曲线连接的模式。这两种基本模式如图 1-8-31

所示。

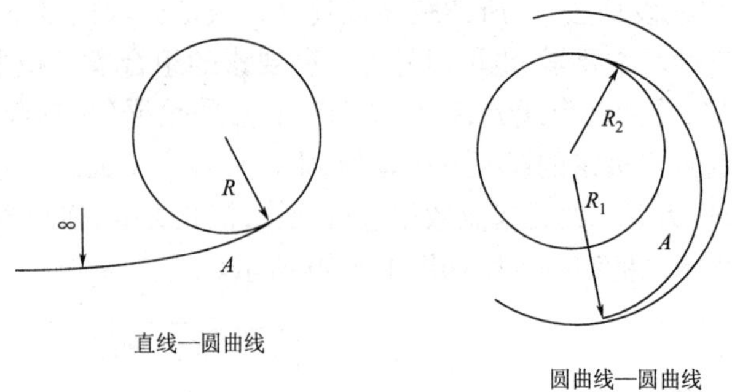

图 1-8-31　基本模式法

(3)拟合法。这种方法主要针对直线形设计难以满足匝道平面线形约束条件多而严格提出的。在工程绘图时，为了把一些指定点连接成一条光滑的曲线，常常采用几段自由曲线尺把几组相近的点连接起来，而且每段两两之间的连接处也是光滑的。这样连成的曲线称为样条曲线，所用的自由曲线尺称为样条，通过的各指定点称为样点，模拟这条曲线的表达式称为样条函数。因此，所谓拟合法，就是根据已知坐标点(即控制点)，推求样条函数的方法。

(4)综合法。由上分析，积木法以线元为基础进行组合，然而各线形要素大小(半径、回旋曲线参数以及直线长度等)如何选定以及如何保证选定的线形要素及其组合能满足地形地物约束条件、终点边界条件等都是十分困难的事情，这是积木法的缺陷。同样，拟合法虽然能很好地满足匝道平面线形约束条件，并能保证曲线光滑性。但是，样条函数毕竟不是由公路平面线形基本要素直线、圆曲线和缓和曲线组成的，同时要保证曲线上每一点的曲率半径均满足规范要求难度很大，另外路线里程不便确定，这些都是拟合法的缺陷。基于此便产生了综合法。这一方法的原理是：先采用样条拟合绘制满足约束条件的匝道初步线形(徒手线)，建立拟合函数，然后绘制拟合线的长度——曲率图，再对曲率图进行拟合，形成由直线、圆曲线和缓和曲线组成的匝道平面线形要素，最后利用积木法的原理进行曲线计算。这一方法既克服了拟合法的不确定性，又避免了积木法中选用曲线要素的盲目性，同时能很好地满足约束条件，是一种较好的曲线形设计方法。

2. 纵面线形设计

1)一般要求

与一般主线纵断面线形相比，由于互通式立体交叉具有路线相互跨越的特点，匝道纵面线形往往受到上、下线高程的限制，因而如何满足上、下线竖向连接的要求，是匝道纵面设计的根本任务。匝道纵面设计应满足下列要求：

(1)匝道纵面线形应尽可能连续、顺适、均衡，并避免生硬而急剧变化的线形。

(2)在可能的条件下，尽可能用较大的竖曲线半径，特别在匝道端部，这一点尤为重要。要从行车安全、畅通、不阻塞、不延误出发做好纵面线形设计。

(3)驶入主线附近的匝道纵面线形，必须有一段同主线的纵面线形一致的平行路段，充分保证主线通视条件，便于汇入的车辆驾驶员识别。

(4)应尽量避免同向竖曲线间插入短直线。如有这种情况,可以采用大竖曲线包络两个竖曲线,予以改善。

(5)匝道应尽量采用较缓的纵坡以保证行驶的舒适与安全,尤其是加速上坡匝道和减速下坡匝道,更应采取缓的纵坡,严禁采用等于或接近最大纵坡值。

(6)匝道的纵面线形设计应与平面线形设计结合起来,构成良好的空间线形。设计变速车道及其与主线的连接部分时,应特别重视匝道纵断面与横断面之间的关系。

(7)收费站附近的纵坡应尽量小,竖曲线半径应尽量大,同时做成圆滑曲线。

2)设计方法

匝道由于不同层次跨线桥控制高程和进出口与主线接线点的要求不同,因而其纵面设计控制因素多,设计较复杂。但就基本做法而言与一般纵面设计没有多大区别。下面仅就当设计高程或其他控制条件较严时的竖曲线设计方法加以介绍。

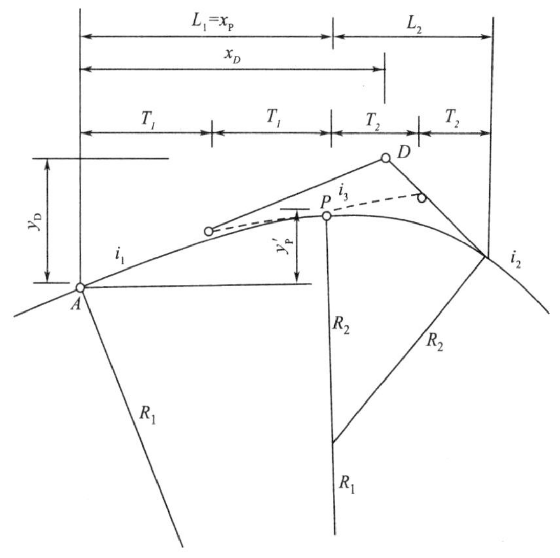

图 1-8-32　复竖曲线

(1)当竖曲线上任一点的高程已定时的竖曲线设计,同纵断面设计中竖曲线设计。

(2)当竖曲线起点 A 和任意点 P 已知时的竖曲线设计。由于竖曲线上有两个控制点,不能用单圆曲线,只能用复竖曲线。如图 1-8-32 所示,A、P 点为控制点,则第一竖曲线的 L_1、i_1 和 P 点的纵距 y 为已知,则首先可用下列联立方程组解第一竖曲线的 R_1 和 L_1。

$$L_1 = R_1(i_1 - i_3)$$

$$y = \frac{L_1^2}{2R_1}$$

式中:L_1——第一竖曲线的曲线长,即竖曲线起点与控制点 P 的水平距离,m;

i_3——通过中间控制点 P 的切线的坡度,%;

其余符号意义同前。

第二竖曲线的 L_2 可按下式求得:

$$L_2 = 2\frac{y - y'_1 + i^2(L_1 - x_D)}{i_3 - i_2}$$

式中:L_2——第二竖曲线长度,即竖曲线终点至第一竖曲线终点的水平距离,m;

x_D——变坡点的坐标(以竖曲线起点为原点),m;

其余符号意义同前。

利用 L_2 即可由下式计算 R_2:

$$R_2 = \frac{L_2}{i_1 - i_3}$$

上述两种情况算出的竖曲线半径 R、R_1、R_2 均应满足标准规定的最小值要求。

3. 匝道的超高与加宽

1）超高过渡与计算

（1）超高方式。通常有两种，即以匝道行车道中心线为旋转轴和以左侧路缘带边缘为旋转轴旋转两种方式，如图 1-8-33。

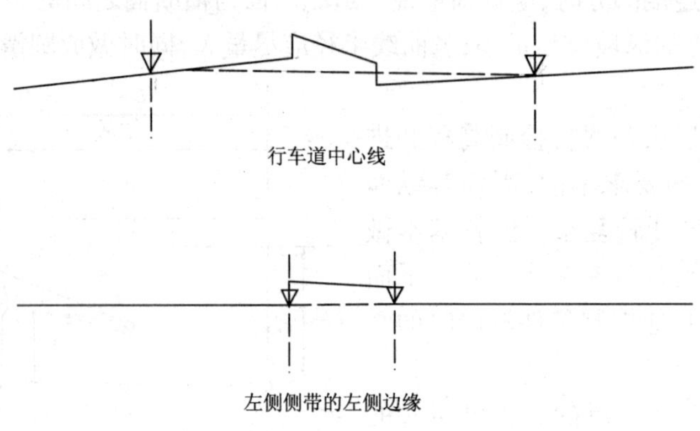

图 1-8-33　超高方式

（2）超高渐变率。根据匝道的设计车速、横断面组成及超高旋转方式确定，采用不小于表 1-8-4 的值。

匝道超高渐变率　　表 1-8-4

断面类型及旋转轴位置 / 匝道计算行车速度（km/h）	单向单车道		单向双车道及非分离式对向双车道	
	路面边缘	中心线	路面边缘	中心线
80	1/200	1/250	1/150	1/200
60	1/150	1/225	1/125	1/175
50	1/125	1/200	1/100	1/150
≤40	1/100	1/150	1/100	1/100

（3）超高过渡段长度的计算。超高的过渡，原则上是在缓和曲线范围内完成，所以缓和曲线长度应大于超高过渡段长度。超高过渡段长度计算同第四章第二节。

（4）为排水所需的最小渐变率。超高渐变率，一般认为越缓越好，但是，如果超高渐变率过小，横坡接近水平的路段较长时，路面排水困难，对行车不利，为此，横坡处于水平状态下的最小超高渐变率应符合表 1-8-5 的规定。

匝道最小超高渐变率　　表 1-8-5

匝道横断面类型		单向单车道	单向双车道及非分离式对向双车道
旋转轴位置	行车道中心线	1/800	1/500
	路面边缘	1/500	1/300

实际运用时，取排水所需的最小过渡长度来满足这一要求，如表 1-8-6 所示。

排水所需的最小过渡长度 表 1-8-6

匝道种类＼基准线位置	行车道中心	中央分隔带的两侧边缘
单向单车道	80	90
单向双车道	80	90
对向双车道(非分离)	90	100

(5)超高过渡应在缓和曲线内完成。但是,当直线与不设缓和曲线圆曲线相连接时,可将所需要的过渡段长度的 1/3 ~ 1/2 插入圆曲线,其余设置在直线上;当两圆曲线相连接时,可将过渡段的各半段分别布置在两圆曲线上。

(6)行车道的纵断面线形是竖曲线,在进行横坡过渡时,要注意路缘带边缘的凸凹部分的缓和,不要使路缘带边缘形成波浪形线形。简单处理方式就是以适当的比例绘制纵断面图和与此相应的匝道内侧路缘带边缘的纵断面图对照分析,如果在内侧路缘带边缘出现转折点而感到视觉不流畅时,插入曲线或直线,使其圆滑过渡,如图 1-8-34 所示。

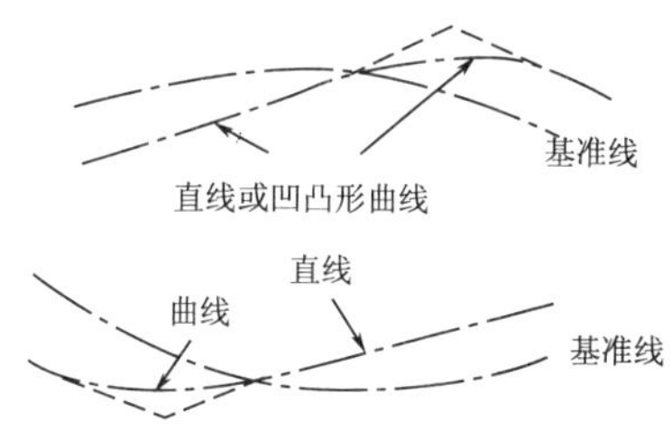

图 1-8-34 竖曲线间行车道边缘的过渡方法

2)加宽过渡与计算

(1)加宽设置。加宽理论上应设置在弯道的内侧,但是如果内侧设置加宽有困难或影响其他构造物设计时,可以采取内、外侧均等分配设置加宽的方法。当外侧加宽时,其加宽值大小应小于半径的内移值 ΔR。

(2)加宽过渡计算。

①加宽在缓和曲线段完成。

②一般情况下可以采用三角加宽计算任意桩号的加宽量。

③为使加宽过渡圆滑,也可以采用高次抛物线的方法加宽。

• 第五节 变速车道设计 •

一、设 计 原 则

变速车道是匝道起终点的一部分,匝道起终点通常指匝道临近主线直行车道的那一部分,包括出入正线的三角渐变段、变速车道以及渐变段与正线之间的地带。立交匝道起终点为车辆行驶的变速、分流、合流提供区段,为主线车流的进出提供通道。起终点设计若不合理,会成为阻碍主线车流畅通、影响立交通行能力的“瓶颈”地段,同时会影响车辆行驶安全。因此,对匝道起终点的设计应予以足够重视。设计时应遵循下列原则:

(1)变速车道应与主线和匝道的线形一致,使线形连续、圆滑,车辆进出顺适、安全。

(2)匝道起终点应具有良好的识别性,尤其是出口,要保证驾驶员在足够的距离内就能识别出口的位置。

(3)保证主线与匝道相互通视,视野开阔,符合视距要求,便于主线车辆出入便利,安全运行。

(4)变速车道的形式、长度、宽度、车道数,应能满足车辆出入加减速的要求。

二、变速车道的功能

在匝道与主线相连接的地方应设置变速车道,车辆从主线以较高的速度驶出到较低速度的匝道上必须有一定长度的减速路段,使得主线车辆在不影响其交通情况下分流;同样,车辆从速度较低的匝道驶入速度较高的主线,必须有一定长度的加速路段,使驶入主线的车辆在不间断主线交通的情况下合流,这就是变速车道的功能。

在主线进口附近右侧增设的、为车辆加速进入主线而设的附加车道,称为加速车道。

在主线出口附近右侧增设的,为车辆减速进入匝道而设的附加车道,称为减速车道。

加速车道和减速车道总称为变速车道。

三、变速车道的形式及其适用条件

变速车道一般分为平行式变速车道和直接式变速车道两种,如图1-8-35所示。

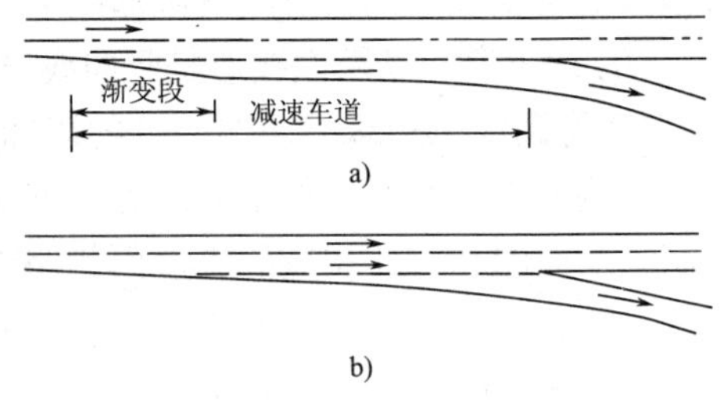

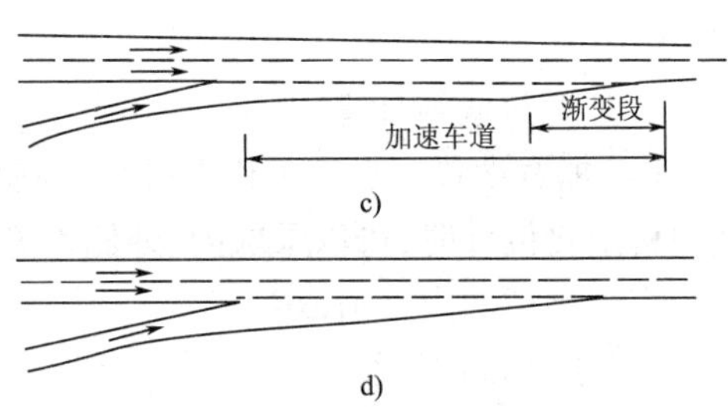

图1-8-35　变速车道形式

a)平行式(减速);b)直接式(减速);c)平行式(加速);d)直接式(加速)

1. 平行式

具有一定宽度的车道与主线车道平行,在其端部做成斜锥形(渐变段)与主线相连接。其特点是:车道划分明确,行车容易辨认,车辆出入行驶在反向曲线上,对行车不利。尤其在短的变速车道上,出入车辆因来不及转动方向盘,易偏离行车道。

2. 直接式

亦称定向式。直接式变速车道不设平行于主线的路段,由出入口处主线渐变加宽,逐渐变成一个附加的车道与匝道相连接,整个变速车道全段均为斜锥形状。其特点是与平行式变速车道相比较,线形顺适圆滑,与进出匝道转弯车辆的行驶轨迹较吻合,车速能充分利用,行车有利。但变速车道起点位置不易识别,易使行车方向混淆。设计时至少约500m前就要让驾驶员识别三角端部,为此,应采用不同颜色的路面或地面划线予以区分,明显提醒驾驶员进出口位置,则更有利于行车。

3. 适用条件

由于直接式变速车道行车较平行式变速车道直捷,驾驶员进出主线都是希望走直接式变速车道,尤其是驶出主线的驾驶员更是如此,因而减速车道多使用直接式。研究表明,汽车从起步、加速到某一速度所需要的长度较以某一速度减速到停车所需要的长度要长得多。同时对于加速车道,当主线交通量较大时,车辆寻找汇入主线交通流的同时,使得变速车道长度更长,这样,若使用直接式变速车道,使得三角端变得细长而难以布置,因而加速车道多使用平行式。概括起来,平行式、直接式变速车道的适用条件如下:

(1)一般情况下,原则上加速车道采用平行式,减速车道采用直接式。

(2)当需要的减速车道很长,采用直接式使得三角段变得细长而难以布置时,则宜采用平行式。

(3)当主线交通量很小,匝道上车流汇入较容易,所需要的加速车道长度很短时,可用直接式。

(4)当变速车道为双车道时,加、减速车道均采用直接式。

(5)道路的设计车速低于80km/h,主线采用半径较小的尖锐曲线时,采用平行式变速车道较为有利,不宜使用直接式。如图1-8-36a)、1-8-36b)、1-8-36c)所示。

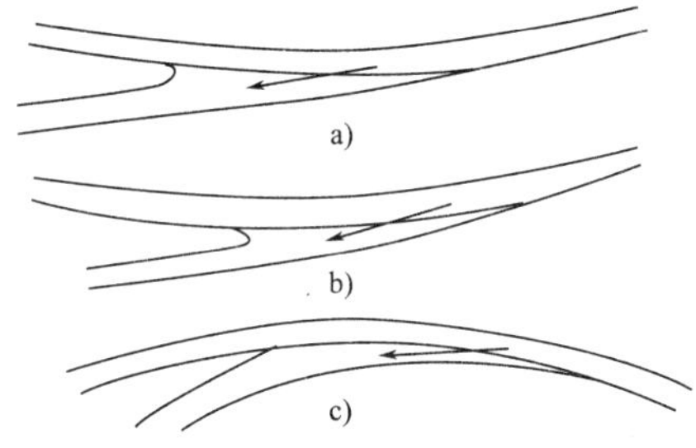

图1-8-36 曲线上不宜设置直接式变速车道的情况

对于图1-8-36a),主线左转,若设置线形接近于切线的变速车道,则通过处的主线上车辆容易误入匝道,视线诱导不良。

对于图1-8-36b),主线右转,半径较小时,直接式减速车道长度会设置不下。

对于图1-8-36c),主线左转,半径很小,主线与减速车道间横坡变化很大,超高不易过渡。

复习思考题

1. 如何从技术和经济两方面对修建立体交叉的可行性进行分析?
2. 立体交叉主要有哪些形式?各自有什么特点?如何选用?
3. 匝道的平、纵、横几何设计与主线有何不同?
4. 试分析直接式和平行式变速车道的几何特点和交通适应性。

第九章 城市道路公用设施

知识目标

1. 描述公共交通路线布置的原则和公交站点布置的方法及要求；
2. 描述城市停车场的布置要求和方法；
3. 描述城市加油站的布置方法；
4. 描述城市道路照明设计方法；
5. 描述沿城市管线布置方法。

• 第一节 公共交通路线的布置 •

一、公共交通路线的布置原则

我国城市的自行车数量虽然很多，但绝大多数人的出行，特别是较远距离的出行，仍主要依靠公共交通，所以，一个城市的公共交通是否发达、完善，将直接影响城市居民、特别是每天需要乘公共车辆上、下班的广大职工的出行是否方便和节省时间。

公共交通的客运能力比自行车和私家车要大得多，但它所占用的道路面积却比自行车和私家车小得多，因此，在城市里大力发展公共交通，以减少自行车和私家车交通，改善道路交通拥挤状况，也有现实意义。公共交通路线的布置原则如下：

(1) 贯彻公共交通"安全、服务、节约"的方针，合理地布置市内和市郊的公共交通路线，使乘客上、下车和换车方便，节约乘车出行时间。

(2) 所有干道应布置公共交通路线。在规划布局城市的干道网时，首先应考虑居民出行乘车方便和省时的要求，因此，城市干道网也应是公共交通路线网。我国大多数城市的干道网密度和公共交通路线网密度还是比较低的，因此，除了干道上应设置公共交通路线以外，在一些次要道路上或公共交通路线比较疏散的地区，还应考虑加密公共交通路线。

(3) 市区的公共交通路线宜组成闭合的公共交通路线网，便于乘客换乘车辆。除了需要深入联系一些边远的地区外，在一般情况下，不宜设置尽头式公共交通路线。

(4) 主要人流集散地点（如市中心区），从各个地区应设置直达或路过的公共交通路线。各主要人流集散地点之间，也应布置公共交通路线。

(5) 公共交通路线应按主要人流方向设置，使人流能沿最短捷的路线到达目的地。为此，

需要摸清城市人流的来龙去脉，作出人流出行调查（又称为OD调查），绘出人流出行分布图，据以布置和调整公共交通路线。

（6）同一条公共交通路线上的客运量宜均衡，以发挥公共交通车辆的客运效率。

（7）在高峰人流量特别多的路段上，除行驶正常的路线外，宜增设区间的公共交通路线（专线）。

（8）不同线路之间要很好衔接，便于乘客就近迅速换乘车辆。

二、公共交通站点的布置

1. 公共交通站点的种类和布置

城市公共交通的站点分为终点站、枢纽站和中间停靠站。由于用地要求不同，一般优先考虑前面两种。

1）终点站

各种公共交通车辆在终点处都需要有回车（掉头）的场地。通常在市区要找一块专用的场地是较困难的。当道路较宽时可以利用车行道回车，要求的宽度不小于公共交通车辆最小转弯半径（表1-9-1）的2倍，这时，公共汽车要求车行道宽20～30m，无轨电车要求30～40m，也可利用交叉口回车或绕街坊回车。最好在路边另设专用停车场地（如图1-9-1），因为终点也是车辆调度较多之处。当客运负荷到低峰时，路线上有部分车辆需要暂时停歇，另外，车辆加水、清洁、保养和小修工作也需要有一定的场地来完成。

公共汽车和大客车的最小转弯半径　　表1-9-1

汽车型号	北京BK651黄河牌	北京BK640B解放牌	北京BK640解放牌	北京BK661铰接式
最小转弯半径（m）	11.5	9.5	9.5	11.3

终点回车如采用绕街坊行驶，须注意道路上的交通情况。公共汽车绕街坊可顺时针或逆时针回转，一般以顺时针为宜，它只有右转弯，但也要注意第一次左转弯应设在哪个交叉口为适当[图1-9-2a)]。至于无轨电车，为了减少架空接触线的交叉，应该反时针方向绕行[图1-9-2b)]。

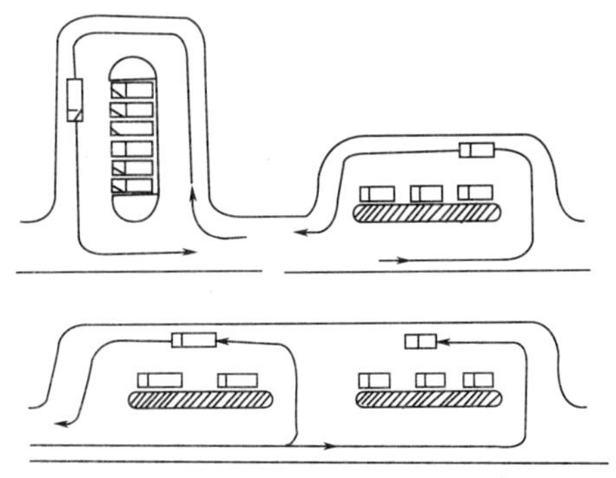

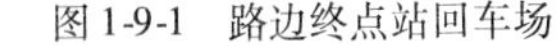

图1-9-1　路边终点站回车场

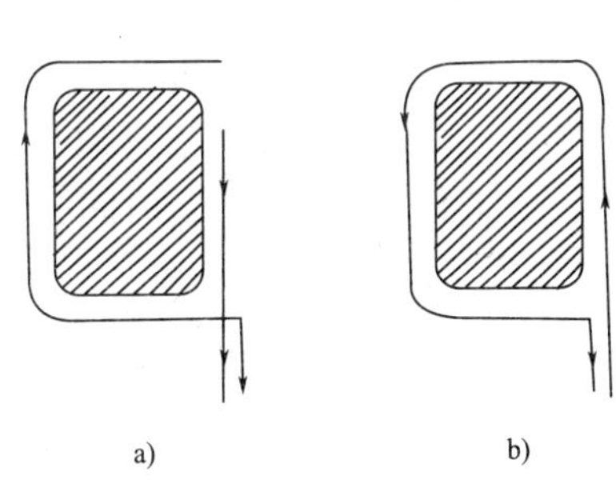

图1-9-2　车辆绕街坊进行回车

2）枢纽点（又称集散点）

在城市居民大量集散之处，常设有几条公交线路经过，这里上、下车和换车的乘客多，为了方便乘客，各条线路站点常设得比较集中，相互紧密配合，这种站点称为枢纽点。有时为了使客运能力与客运负荷相协调，也常需要在此停备一些公交车辆，以便做区间掉头之用，所以，在这些枢纽点的路边宜另辟场地，至少应将附近的人行道拓宽，以便乘客换车和候车(图 1-9-1)。

在考虑换乘站时，应注意：

(1)乘客、行人和车辆的安全。

(2)使换车乘客尽量不穿越车行道并且步行距离最短。

3)停靠站

一般都是靠近交叉口设置的。其位置又分两种：车辆不过交叉口停靠和车辆过交叉口后再停靠。根据使用经验认为：前者对安全有利，因为车子刚刚启动，穿越交叉口的速度较慢，而且还可减少可能遇到红灯第二次停车，因为已停靠的车辆可待看到绿灯后再启动行驶。缺点是：在交通繁忙尤其是车行道狭窄的路口，车辆一停靠，会阻碍右转弯车辆的通行和其他车辆的视线。公共汽车过交叉口停站，根据观测比前者能节约时间，但过交叉口设站，往往也会影响后来车辆的停靠，以致出现车辆排长队现象，阻塞交叉口。

如果乘客集中在街道的一端，则两个方向的停靠站最好能设在同一个路口上，方便乘客，也避免大量乘客穿越横道线而阻碍交通。

站点越靠近交叉口对乘客越方便，但考虑安全和交通流畅，一般应离开交叉口 30 ~ 50m。

当无轨电车与公共汽车在同一路口设站时，一般无轨电车站设在公共汽车站前面。因为它起动快，可免去超车。对有些站点，虽有两条或两条以上的路线经过，但如车辆不多，上、下乘客也不多(车辆停站时间不超过全天路线营业时间的 10% ~ 20%)，那么，它们可以合用一个站台停靠。站牌可挂在一根杆柱上。如果乘客量悬殊，则应分开设站，乘客少的设在前面，乘客多的设在后面。前后站牌的间距视有无超车而定。允许超车时，间距应有 20 ~ 25m(即在停着的车辆间有约 10m 的净距，以便后面车辆出站方便)。不允许超车时，只要 15 ~ 25m(便于大型的或带拖挂车的公交车辆停站)即可。

2. 最合适的平均站距

设置公共交通停靠站的原则应方便乘客和节省乘客出行时间。乘客出行时间(T)包括三部分时间。

1)步行时间($t_{步}$)　(min)

步行时间($t_{步}$)包括乘客从居住地步行到最近的停靠站以及到站后下车步行到目的地的时间。全部乘客的平均步行时间为 $t_{步}$。

2)靠站时间($T_{停}$)　(min)

公共交通车辆沿线的靠站时间 $T_{停}$ = 每个站点的停靠时间 × 站点数目

$$T_{停} = T_{停} \cdot \frac{l}{d} \cdot Q \quad (\text{min}) \tag{1-9-1}$$

式中：$T_{停}$——每个站点的停靠时间，min；$T_{停}$应包括公共交通车辆减速进站，乘客上、下车，加速离站等三部分时间；

l——平均乘距，km；

d——平均站距，km；

Q——车上的下车人数，人。

3）路上行车时间（min）

它与站距无关。设置站点应使乘客出行时间为最少。上述三部分时间，因为路上行车时间与站距无关，故站距的布置应使步行时间（$t_{步}$）与靠站时间（$T_{停}$）之和为最小。

设 $v'_{0步}=4\text{km/h}$，$t_{停}=0.5\text{min}$，$l=4\text{km}$，则可得出如图 1-9-3 所示的平均站距（d）和乘客出行时间（T）之间的关系曲线。当 $T=(t_{步}+T_{停})$ 为最小值时（图 1-9-3 中 $T=7.7\text{min}$），相应的平均站距 d 则是最合适的（图 1-9-3 中 $d=0.5\text{km}=520\text{m}$）。

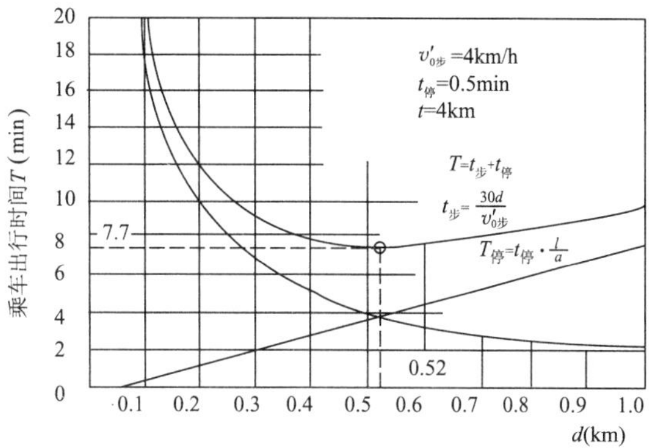

图 1-9-3　d-T 关系曲线

从图 1-9-3 所示的 d-T 关系曲线中可以明显看出：

当 $t_{步}=t_{停}$时，则 $T=(t_{步}+T_{停})$的数值为最小值。

故得

$$\frac{30\cdot d\cdot P}{v'_{0步}}=T_{停}\cdot\frac{l}{d}\cdot Q$$

$$d=\sqrt{\frac{1}{30}t_{停}\cdot l\cdot v'_{0步}\cdot\frac{Q}{P}}$$

通常 $P\approx Q$，则最合适的平均站距 d 为：

$$d=\sqrt{\frac{1}{30}t_{停}\cdot l\cdot v'_{0步}}\qquad(1\text{-}9\text{-}2)$$

式（1-9-2）只是按乘客出行时间为最小的情况下计算平均站距，但实际上乘客的心理却情愿少走点路，而愿在车上多待一些时间，因此，选用的平均站距 d 值，应比式（1-9-2）算出的理论值小些（图 1-9-3）。

求出最合适的平均站距后，在具体设置站点时，还应根据沿线居民点、商店、工厂、学校、娱乐场所、交叉口等人流地点进行合理布置。

三、公共交通路线停靠站断面的通行能力

从起点站发出的公共交通车辆的数量，能否在道路上顺利通行，它要受到三个方面的通行能力的检验：路段上、交叉口和停靠站的通行能力。对于公共交通路线上的车辆最多能通行多少，往往取决于停靠站断面上的通行能力。

公共交通路线停靠站断面的通行能力 N（图 1-9-4）为：

$$N=\frac{3600}{t_i}\text{（辆/h）}\qquad(1\text{-}9\text{-}3)$$

式中：t_i——前后两辆公共交通车辆通过停靠站时的间隔时间，即车头时距，s；

$$t_i=t_0+t_1+t_z+\Delta(\text{s})$$

t_0——公共交通车辆在停靠站上的停靠时间，s；t_0 等于乘客上下车时间，

$$t_0=\frac{\beta \cdot Q}{n} \cdot t(\mathrm{s})$$

Q——公共交通车辆的正常载客量，人；

β——系数，$\beta=\frac{\text{上、下车乘客}}{\text{车辆正常载客量}}$，一般 $\beta=0.2$；

n——公共交通车辆的车门数量；

t——每个乘客上、下车所需时间，s；一般 $t=1.5\mathrm{s}$；

t_1——公共交通车辆出站时，驶出车身长度 l 所需时间；s；

$$t_1=\sqrt{\frac{2l}{a}}(\mathrm{s})$$

l——公共交通车辆的车身长度，m；

a——车辆启动时的加速度，$\mathrm{m/s^2}$；根据观测，中型公共汽车 $a=0.53\mathrm{m/s^2}$，铰接公共汽车 $a=0.49\mathrm{m/s^2}$；

t_z——公共交通车辆驶过安全间距所需时间，s；即

$$t_z=\sqrt{\frac{2z}{b}}(\mathrm{s})$$

z——前后两车的安全间距，m；

b——车辆进站时的减速度，$\mathrm{m/s^2}$；无直接观测资料时，可参考左转弯车至冲突点处停候的减速度观测资料取用，该减速度值为 $0.63\mathrm{m/s^2}$；

Δ——乘客上、下车完毕后，车辆遇红灯在站上被阻的时间，s；

$$\Delta=\frac{t_{\text{红}}}{2}(\mathrm{s})$$

$t_{\text{红}}$——信号灯的红灯时间，s；一般 $t_{\text{红}}$ 为 40～60s。

如停靠站至停车线的距离 $l' \geqslant l+z$（图1-9-4），此时 $\Delta=0$。

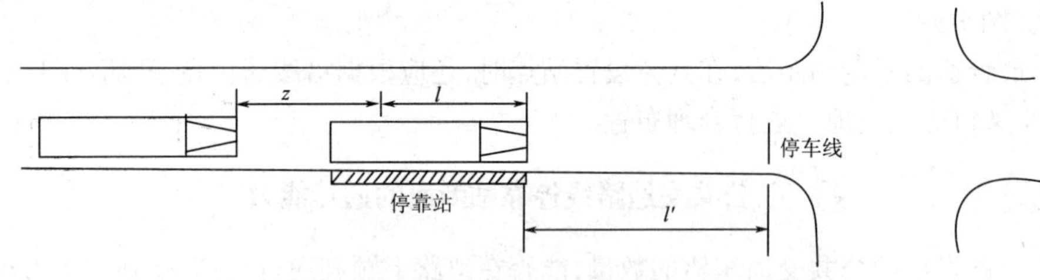

图1-9-4 停靠站断面通行能力计算图式

按式（1-9-3）算得的停靠站断面通行能力 N 值，该车辆数能否通得过交叉口，还要验算车头时距（t_1）与信号灯绿灯时间（$t_{\text{绿}}$）两者的关系。验算条件为：

如 $t_1>t_{\text{绿}}$，则信号灯每个周期最多只能通过一辆，此时，通行能力取决于信号灯一个小时的周期数 n，$n=\frac{3600}{T_c}$，式中，T_c 为信号灯的周期时间（s）。

如 $t_1<t_{\text{绿}}$，则信号灯每个周期可通过的车辆数≥1 辆，此时，通行能力取决于式（1-9-3）计算所得的 N 值。

为此,如要提高公共交通路线停靠站断面的通行能力,则需要

(1)使 $l' \geqslant l + z$。

(2)使 $t_{绿} \geqslant t_1$。

四、公共交通停靠站台的布置方式

公共交通停靠站台的布置方式与道路的横断面形式有关,主要有沿人行道边设置的和沿分隔带设置的两种。

(1)沿人行道边设置的站台较普遍,构造亦简单。它只要在人行道上辟出一定的用地作为站台,供乘客候车和上、下即可(图 1-9-5)。站台高度最好能有 30cm,并予以铺砌,这种站台对乘客上、下最安全,但与非机动车相互影响较大。为了减小停靠站对车行道宽度的缩减,来往方向的站点宜错开 15 ~ 30m 为宜。

在机动车与非机动车同向行驶的道路上,沿人行道边设置停靠站台,公交车辆在进出停靠站台时要穿越非机动车流,相互有影响。为了避免这种影响,在一些单向交通的道路上,则可组织机动车与非机动车分向行驶(图 1-9-6),实践证明,这样可提高车速和保证交通安全。

(2)沿车道分隔带设置的站台对非机动车影响小,只有上、下乘客穿行非机动车道的影响。为使乘客上、下和候车方便、安全,分隔带应有 1m 宽。如果分隔带为绿地,在此段改为硬地予以铺砌,其长度视停靠的车辆数而定(图 1-9-7)。

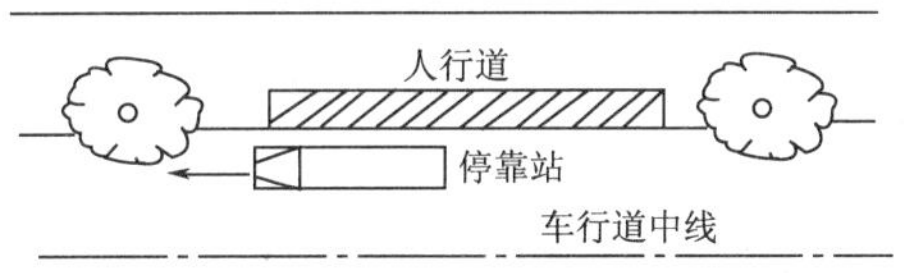

图 1-9-5　沿人行道设置停靠站台

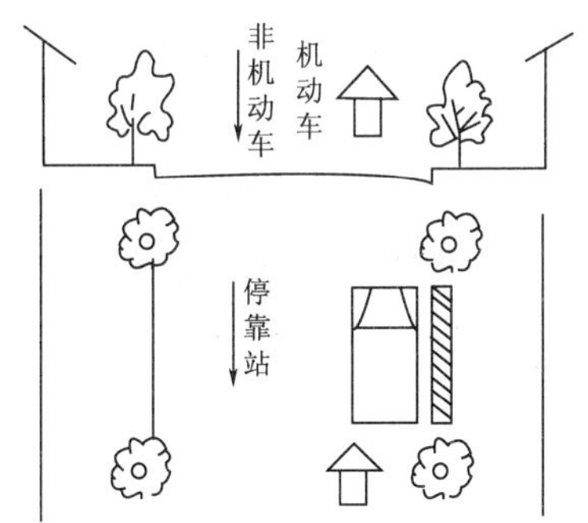

图 1-9-6　机动车与非机动车分向行驶

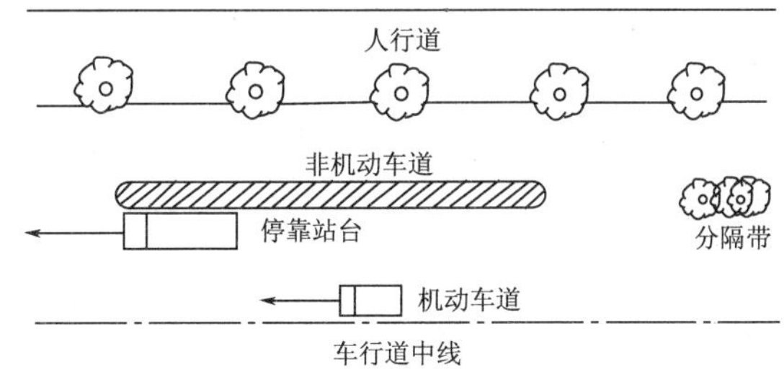

图 1-9-7　沿车道分隔带设置停靠站台

按图 1-9-7 的布置方式,其主要缺点是对边上一条机动车道的通行能力影响较大。

最为理想的是设计具有宽分隔带的三块板横断面,在分隔带上布置港湾式停靠站(图 1-9-8),车辆停靠时不影响车行道上的通行能力,此外,分隔带还具有兼作自行车停放场地、有利绿化、布置美观等优点。兼作港湾式停靠站的分隔带,其宽度不宜小于 4.0m,最好设计为5 ~ 7m。

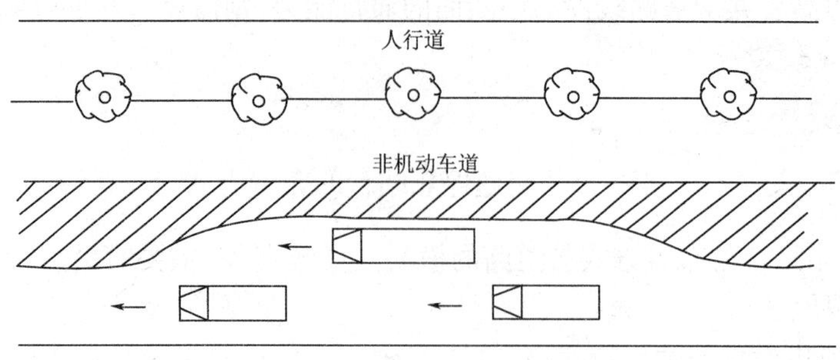

图 1-9-8　港湾式停靠站

第二节　城市道路的停车场布置

一、汽车停车场设计

1. 停车场的位置和规模估算

车辆无固定地点停放，势必沿街任意停歇，既妨碍交通又影响市容。特别是对交通繁忙的道路，长时间的停车实际上使道路造成了许多"瓶颈"，会大大降低道路的通行能力。因此，在规划和设计城市道路时，应考虑汽车的停放场地。

城市中汽车停车场的分布位置和面积大小，应根据总体规划确定。在新建和改建旧城时，必须以近期着眼，考虑汽车在城市的哪些地区停放比较合适，然后，结合远期发展规划确定停车场的总布置，注意近期要为远期留有发展余地。

城市中停车场的分布地点，一般应设在以下位置：

(1)对外交通枢纽所在地。如车站、码头、机场等。在停车场上停放车辆的集散程度，依对外交通车辆班次而定，每次停放时间短，数量多，大型和小型车辆都有。

(2)人流大量集中的文化生活设施处。如大型体育场、影剧院、展览馆、公园等，停车场占地面积较大，车辆多，停车集散时间集中，交通也较复杂。

(3)大型服务性公共建筑。如百货大楼、旅馆、大型工厂、医院、行政机关所在地及科研机关等，停放的车辆主要是大型客车和小汽车，此外，还要有出租汽车服务站的专用停车场。

(4)客运路线与货运集散地点。如公共交通路线的起(终)点站、仓库、货运码头和车站等，停放的车辆前者为公共交通车辆，而后者主要是卡车。

停车场的位置，应尽可能设在使用场所的同一侧(即内侧停车场)，避免隔街布置(即外侧停车场)，使人流集散时不穿越道路。有条件的话，最好能按不同来车的方向划分停放场地，便于疏散和管理。停车场的出入口应分开设置，单向行驶，出、入口不宜过宽，一般为 7 ~ 10m。

停车场的纵坡，除了应满足场内排水所需要的最小纵坡(沥青和水泥路面为 0.3%)，还应考虑车辆停放时不拉手闸而可能自动下滑的坡度。据试验，国产红旗牌小轿车在大于 0.5% 的坡度时，车辆会自动下滑。因此，在平原地区的停车场，其纵坡值建议最小不小于 0.3%，最大不大于 0.5%；在山区或丘陵地区可根据实际情况确定。一般停车场是将其长轴方向定为分水线，其纵坡值略大于场内排水要求的最小纵坡，垂直于长轴方向的横坡可略大一些，有利排水也不碍观瞻。

2. 设计车辆的外形尺寸和停车车位的尺寸

停车车位的尺寸与车辆外形尺寸有关,即与车种有关,必须先确定以何种车辆作为设计车辆。

确定停车场的设计车辆应考虑以下几个原则:

(1)停车场应以高峰时所占比例大的车种作为设计车辆。

(2)为促使停放的车辆排列整齐而能充分利用停车场地,不应选用车身过长的车辆作为设计车辆。

(3)对于设计车辆,可不考虑将来(远期)车辆尺寸的变化。因为随车型尺寸变化,修改停车场的路面标线还是比较容易的。

根据上述原则和现有车种尺寸,设计车辆可划分为三种类型:

(1)小型车。包括小轿车、小吉普车、小型客车,2t 以下货车。

(2)大型车。包括普通载货汽车、大客车。

(3)特殊大型车。包括拖挂车、铰接公共汽车、平板车。

设计车辆的外形尺寸如表 1-9-2 所示。停车车位的尺寸是根据设计车辆的外形尺寸,在纵方向(顺车长方向)和横方向(顺车宽方向)另加尺寸而得,另加的尺寸应考虑停车车位不同的停放方式,进车和出车所需要的行驶尺寸,以及车辆停放后,开、关车门不碰相邻的停放车辆,携带物品可以上、下车。

设计车辆的外形尺寸 表 1-9-2

设 计 车 辆	车身长度 l(m)	车身宽度 B(m)
小型车	4.7	1.7
大型车	7.0	2.5
特殊大型车	16.0	2.5

3. 停车车位的布置

1)停放方式

汽车进、出停车车位的停放方式有两种:

(1)前进停车,停车容易,出车费时。

(2)后退停车,停车费时,出车容易。

2)车辆停放原则

停车车位的布置,应有利于各种车型的停放。组织车辆停放时应考虑以下原则:

(1)对小型车,因车型小,前进与后退均较灵活,故前进或后退停车、前进或后退出车,任何一种停放方式均可以,但最好是前进停车、前进出车。

(2)对大型车和特殊大型车,无论停车还是出车,都应避免后退方式。标准的停车方式是前进停车,前进出车。

3)停车车位的布置方法

(1)平行于通道。即相邻车辆头尾相接顺序停放,如图 1-9-9a)。

(2)垂直于通道。即相邻车辆都垂直于通道停放,如图 1-9-9b)。

(3)与通道斜交成30°、45°、60°的斜放方式。如图1-9-10,这种斜放方式,因停放时不易排列整齐,且占用场地面积不经济,故很少采用。

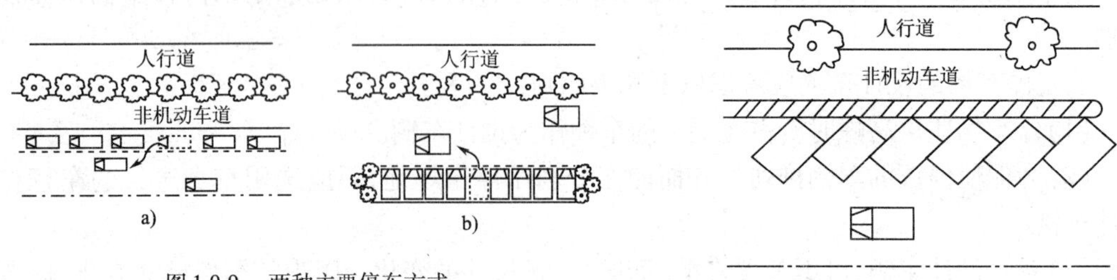

图1-9-9　两种主要停车方式

a)平行式;b)垂直式

图1-9-10　斜放停车方式

按我国已建停车场的一般停车习惯,主要是采用上述的第(1)、(2)两种停车方式。它们各有优缺点。平行式占用的停车道宽度最小,多在3m以下,但为了能使后面的车辆驶出停车道,前后两车要求的净距较大。垂直式用地紧凑,沿通道单位长度内停放车辆最多,但占用停车道较宽,进或出停车道均需倒车一次。在设计停车场时,究竟应按哪一种停放方式布置,还应根据车辆疏散的不同要求来拟订。

4)停车场车辆的疏散情况

停车场车辆的疏散情况一般可分为以下两种:

(1)车辆随来随走。例如大型商店、饭店、公园等停车场,车辆停放和开走的时间都不等。这种停车场宜采用垂直式的停车方式布置,使来、去的车辆互相不干扰,灵活机动,便于随来随去。

(2)车辆零来整走。例如体育场、影剧院等停车场,车辆先后到达顺序停放,散场时则同时顺序开走。这种停车场宜按平行式的停车方式布置,前后车辆可靠紧,因而占地紧凑。但对于首长和外宾的车辆,仍应按垂直式的停车方式布置,以便于随时开走。对于零来整走的大型停车场,其位置应紧靠使用场所的同一侧进、出口,不要靠近干道交叉口。停车场四周应有宽敞的道路环绕,以便于及时疏散车流。

4. 车站广场停车场

车站广场是布置在火车站(或长途汽车站)前,主要供到站和离站的车辆和旅客之用。

车站广场的车流和人流比较集中,特别是当客、货运站合设时,交通更为复杂,在这种情况下,布置停车场时应很好地解决人流、车流、货流这三大流线的相互联系,并尽可能减少三者的交叉干扰。一般应为货运专设通向站房的独立出入口。对于到站和离站的车流和人流应分隔开来,特别是站台出入口和公共交通停车站及停车场的位置应配合一致,使进、出站的旅客到站台口、行李托运处和停车站之间,能有最便利和最短的路线,并且使上、下车的旅客尽量不横穿广场和公共交通路线,此外,还要为停留的车辆设置专用的停车场。

对于自行车的停车场,一般设在广场以外较为合适。服务性的大汽车停车场应尽量靠近站台的出入口,便于旅客出站后迅速离站。如果车站的出、入口分设,则停车场的位置也应尽量靠近出口。其他汽车用的停车场不宜靠近站台的出入口,可设在广场的两侧。公共车辆停车站的布置,应考虑到当有外宾或首长进、出车站时,不致影响公共车辆的行驶。停车场与站台或其他建筑应保持一定的距离，一般以人行道分隔，人行道的宽度视人流量而定，一般应宽敞、富裕一些。广场内停车场停放多少辆汽车，应根据各城市交通条件及其发展情况和接待外宾的需要而定。

车站广场（停车场）的形状一般采用矩形，长与宽之比约为2∶1左右，建筑物的高与广场的长或宽的比例为1∶3～1∶6。如广场为圆形，建筑物的高与广场直径的比例为1∶4。

车站广场因人流量很大，一般不允许公共交通车辆进入广场中间，避免广场内人流和车流的相互干扰。车站广场最好不要与通行过境车辆的道路混在一起，过境车辆较多，车种复杂，既影响广场前的人流和交通安全，也影响市容。

二、自行车停车场设计

在自行车人量聚集的地点，如商业较集中的市中心区、影剧院、公园、体育场、游泳池、车站、码头和郊区风景游览区等处都应设置大片的自行车停车场。在闹市区，设置在快慢车道的分隔带上是一种好方法，也可分散设在街巷（胡同）内。

自行车停车场对场地形状和大小要求比较自由，设计时可按每辆占地（包括停车场的走道面积）1.4～1.8m^2计算。场上停车带之间的走道宽度，取推车行走所需宽度的倍数。走道上按单向行驶考虑，否则，当有大量人流时，去取车的、正在取车的和推车出场的人极容易交错混乱，造成阻塞。对于停车带的宽度，按摆放方式不同而定，常见的有如图1-9-11所示的几种方式，其中图1-9-11a）是将前轮搁在固定的架子上，车辆相对排列，相互错开；图1-9-11b）是竖向错开车把；图1-9-11c）是将自行车斜放成60°；图1-9-11d）是前轮和车身成30°，使车把相互咬合；图1-9-11e）是垂直走道平行排列，多用于沿街随来随走的停放。

自行车的外形尺寸为：车宽0.5m、车长1.90m；每辆自行车停放车位的尺寸可按0.8×2.20（m^2）计算。沿道路的分隔带和绿带停放自行车，其宽度不应小于2.20m。

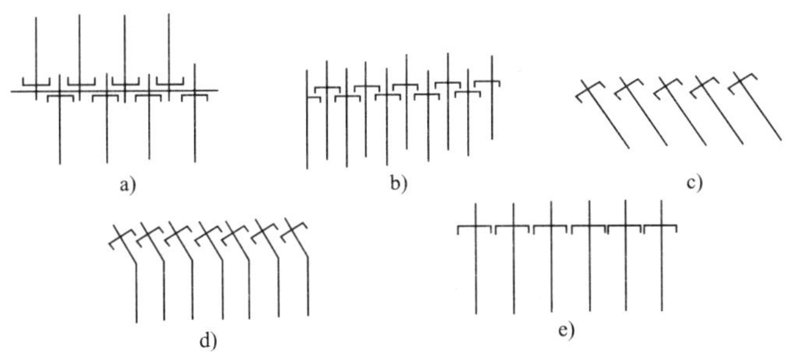

图1-9-11 自行车的停放方式

自行车停车场的路面可以采用简易式路面，主要保证排水良好。自行车一般是露天停放，也可以加盖雨篷。自行车停车场宜充分利用树阴遮阳。

•第三节 城市道路上的加油站•

城市道路上加油站的服务项目包括汽车加油、加水、轮胎充气或兼有洗车与小修设备。它是为市内一般汽车和出入城市的车辆服务的。

一、加油站在城市中的分布

城市中加油站的分布，应根据城市的规模，考虑远景车辆的增长，合理进行布局，以构成一个完善的服务网。它的规模与服务项目的安排，和布点设计有很大关系。通常加油站布置在大型汽车停车场附近、主要交通干道上、城市出入口和车辆经过或汇集较多的地方，如车站、码头、工业区附近。每一加油站的规模应视每天经过该站点的车辆而定，其中需要到站里来加油的车辆所占的百分比是可以通过调查分析得到的。但要设一个站，一般每天应至少为300辆左右的汽车服务。

在确定加油站位置时，首先应该考虑道路交通的流畅、安全；其次应有良好的通视条件，使汽车驾驶员在100m处就能看到它；再者要与周围环境、建筑物很好配合，注意确保满足防火和公共卫生的要求。加油站的地下构筑物比较复杂，不宜迁移。因此，站址选择要慎重，需考虑城市的发展和改建时不致有迁移的可能。

全市加油站的工作能力和每个站的储油量，要根据汽车的类型和远景发展数量以及各城区在生产上的特点和运输任务的需要，由石油采供站、城市规划和建设单位、交通运输部门统筹考虑、协商而定。

二、加油站的布置

常见加油站的布置有两种类型：在道路旁边的专用地上和在交叉口附近的用地上。加油站的平面布置图见图1-9-12。

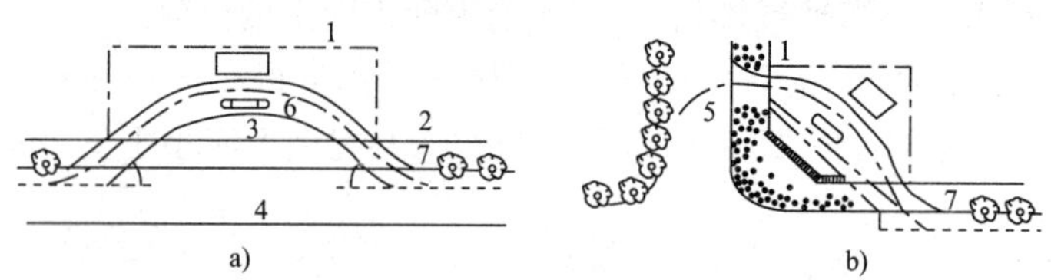

图1-9-12　加油站的平面布置图

1-用地范围；2-建筑红线；3-栅栏；4-主要街道；5-次要街道；6-加油柱；7-人行道

在设计加油站的平面位置时，正确地布置它的出入口和合理组织交通，是使加油站服务能力充分发挥的关键。为了保证车辆出入安全，在交通量特别繁忙的道路上，加油站宜在道路两侧分别设置。在交通量较少的道路上，可在一边设置。

在交叉口附近或转角用地上设置的加油站，其出入口应该离开交叉口停车线至少20m。

加油站出入道路的坡度，最大不得超过6%，其坡长应小于20m；最小坡度应不小于0.3%；出入口的转角半径应依主要车型而定，一般半径应大于10m，车辆进出加油站车速不宜大于15km/h。

加油站用地最好是平坦的地形，并略带排水坡度。站内路面强度要高，并应耐油的侵蚀和水的冲洗，所以不宜采用黑色路面。

为了确保居民的环境卫生和安全防火，加油站应有良好的通风。它与周围建筑物的距离应不少于30m。因此在用地周围进行绿化具有很大的实际意义。加油站也应该与人行道用绿化带隔开。

加油站的主要设备包括：加油柱、地下储油罐等，大的站还应附设小修室、抬高和清洗车身的车台。

加油柱的高度约为1.8m，平面尺寸约60cm×80cm，它总是设在高出加油站地面的分隔岛上，岛的两侧为加油车辆的停车道。由于车辆的油箱都装在车身左面，所以，加油时车辆是靠左停的。

加油柱的数量和加油速度应根据每天来加油的平均车数而定，加油速度取决于油泵的工作效率。目前使用的油泵每分钟可输出60～90L汽油。汽车油箱的容量为50～100L。一般说来，每辆汽车加油一次，包括办理加油手续的时间约为5min左右。据实际资料，加油站的工作负荷是不均匀的，每天的下午和每月的月底都有高峰出现。为了防止车辆排队等候加油而影响道路上的交通，站内停车道应适当长些，或在站内留出一定的空地，供加油车辆临时停放。

地下储油罐位置的选择应考虑到：

(1)储油罐上面不能有车辆经过，以免被压坏。为此，有时在油罐上方加一层钢筋混凝土盖板加以保护。

(2)储油罐应埋设在地下水位以上，以减少侵蚀。若油罐底的高程为H，地下水位高程为h，土壤毛细水上升高度为h_k，则最好是$H \geq h + h_k$，否则，需对地下水采取一定的工程措施。

(3)储油罐离开加油柱不宜超过30m，否则会降低加油柱的工作效率。通常是将储油罐布置在分隔岛的下面(罐顶离地面至少1m深)作纵向排列。岛上两端设置加油柱，岛上还可设立灯杆，杆上附有灭火设备和储油罐的通风管(高4～6m)。

储油罐至少应有两个，一个工作，一个备用。当其中一个需要检修或清洗时仍能正常服务。储油罐应该有接地设备，以防止静电作用。

第四节 城市道路照明设计

一、城市道路照明的要求和照度标准

街道、交叉口和广场上的人工照明是城市公用设施的重要组成部分。它的首要作用是保证夜间车辆和行人交通的安全，其次是美化市容，它对城市的夜景和节日照明有着相当的影响。

照明的明亮程度是以“照度”的大小来表示，照度的单位用“lx”表示，1lx的光照度相当于均匀分布在1m²表面上所产生的效果。照度可按下式计算：

$$E = \frac{F}{S}(\mathrm{lx}) \tag{1-9-4}$$

式中：E——照度，lx；

F——光通量，lm；它表示能引起视觉作用的光能强度(发光功率)；

S——照射面积，m²。

从照度的实际测定情况来看，当道路上的照度不太大的时候(小于0.5lx)，人的视觉感受能力很低，例如远处风吹摇曳的行道树会当作走路的行人。当照度增大到2～3lx时，视觉感受能力开始显著增加，辨别的速度也加快。当照度再增加到8～10lx时，视觉感受速度几乎没

有变化。由此可见,照度过小实不相宜,照度过大亦无必要。所以,选定照度的原则应以汽车驾驶人员感到道路表面有舒适的照度为主要依据,并根据城市性质、道路等级和交通量大小来考虑车行道和人行道的恰当照度。道路上一般照度范围在 5 ~ 0.2lx 之间。交叉口、广场和桥梁等处的照度应比通向它们的道路的照度标准高 50%。

应该指出,照度标准的选定与路面的反光性质有关系。此外,路面照明的均匀性对夜间行车的安全十分重要。与其照度标准高而明暗强烈,不如将照度标准定得低些,而使均匀度高些,这对于高速行车来说,更为重要。照明的不均匀度用下式表示:

$$\text{照明不均匀度 } K = \frac{\text{最大水平照度}}{\text{最小水平照度}} \tag{1-9-5}$$

二、城市道路照明系统的布置及选择

1. 道路照明器的平面布置方式

道路照明器的平面布置方式取决于道路的等级、宽度、夜间交通量和横断面布置等因素。常用的布置方式主要有以下四种基本形式:

(1)单排一侧排列[图 1-9-13a)]。其特点是简单、经济,所以被广泛采用,一般适用于宽度在 15m 以下的道路上。缺点是照度不均匀。

(2)单排路中排列[图 1-9-13b)]。利用道路两侧的竖杆把照明器悬挂在道路中心线的上方,其特点是简单、经济,照度比较均匀,特别适用于道路两侧行道树分叉点较低、遮光较严重的街道。缺点是对行车驾驶员反光炫目,维修麻烦,道路上空悬挂钢索有碍市容和影响超高车辆通行。

(3)双排对称排列[图 1-9-14a)]。适用于道路宽度大于 15m 的干道上,在道路宽度不超过 3m 的情况下,一般均可获得良好的路面亮度。

(4)双排交错排列[图 1-9-14b)]。适用于道路宽度大于 15m 的较宽主干道,这种布置方式,道路照度和均匀度均较理想。

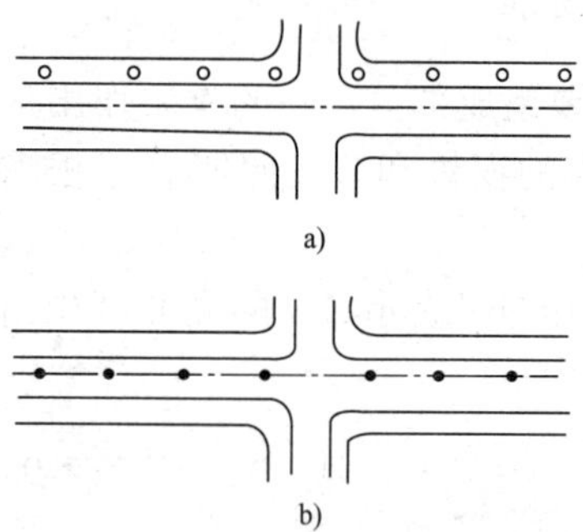

图 1-9-13　单排照明的布置

a)布置在车行道一侧;b)布置在车行道中线

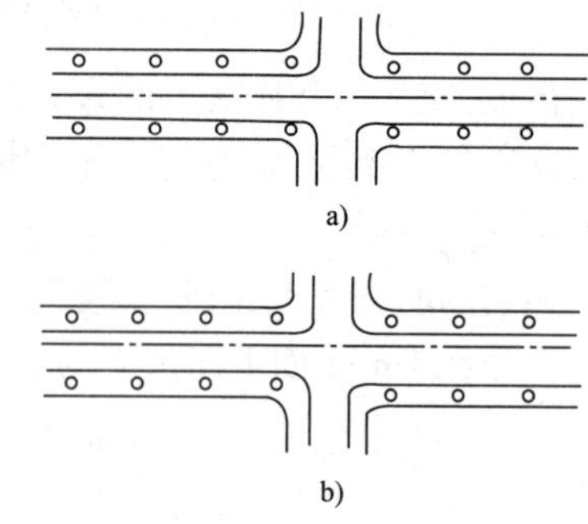

图 1-9-14　双排照明的布置

a)对称布置;b)错开布置

交叉口、弯道、广场和隧道的照明,应根据它们的特点进行布置。

T 字形交叉口的照明布置应有利于汽车驾驶员识别道路的尽头,因此,照明器应布置在道路尽头的对面(图 1-9-15)。

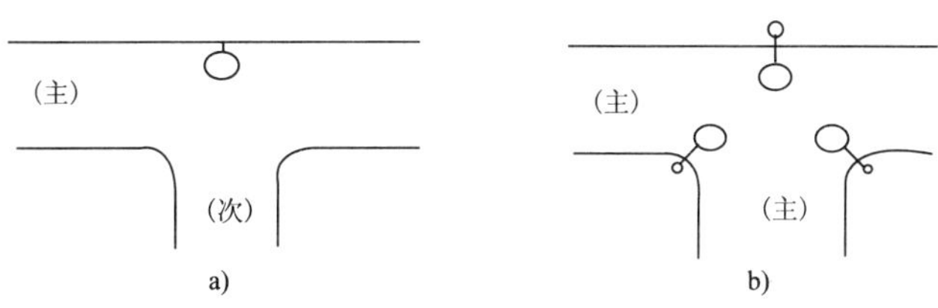

图 1-9-15 T 字形交叉口照明器的布置

a)主要与次要道路交叉;b)主要与主要道路相交叉

十字形交叉口的照明器则应布置在车辆行进方向的右侧(图 1-9-16),使汽车驾驶员从远处就能看清横穿交叉口的行人。交叉口上的第一盏路灯一般都布置在人行道上,其后面的路灯则按间距顺序布置。

弯道上的照明器应布置在弯道的外侧(图 1-9-17),使汽车驾驶员能辨清弯道的形状。在曲率半径变小的地方,照明器的间距也需相应缩小,如 $L_1 < L_2$,以增加路面照度,提高驾驶员的视觉能力。不同曲率半径的路灯间距,可参考表 1-9-3 的数值确定。

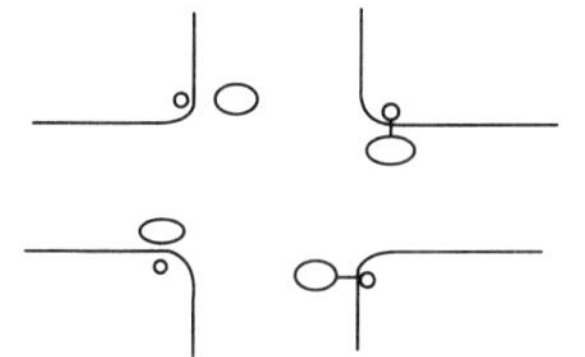

图 1-9-16 十字形交叉口照明器的布置

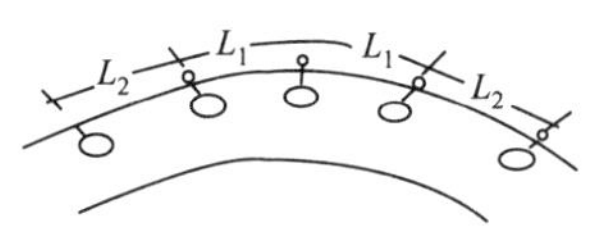

图 1-9-17 弯道上照明器的布置

不同弯道半径的路灯间距 表 1-9-3

弯道半径 R(m)	<200	200 ~ 250	250 ~ 300	>300
路灯间距 L(m)	<20	<25	<30	<35

立体交叉口的照度标准应比相交道路的照度高些。在立体交叉的出入口、弯道和匝道上都应设有照明,且照明区应延伸到临界区以外,并逐渐降低照度水平,使汽车驾驶员能适应明暗区的照度。

交通广场(如环形交叉口)宜采用高杆照明,不仅经济、合理,且照明效果良好。

隧道照明的布置应注意驾驶员视觉能力的过渡。车辆从外面进入隧道,因亮度突变,使驾驶员的视觉不能适应,这对行车是很危险的。隧道入口区的亮度应比洞外区域的亮度略高些(如在白天,入口处则采用缓和照明方式),在入口区的一定距离内应保持恒定亮度,在入口区末端以后则可将亮度逐段降低至额定照度标准。

2. 路灯的悬挂高度及间距

路灯的光源功率,悬挂高度和间距三者与道路所要求的照度有相互关系。夜间交通量越大,要求道路照明度也越高,则路灯要布置得密一些,或者灯泡的功率要更大一些。

照明的均匀性与路灯间距和悬挂高度有很大关系。悬挂过低会造成照度分布不均并产生炫目现象。此时,欲使照度均匀只有缩短路灯间距,但这样布置不一定经济。一般市区路灯的间距为 30 ~ 40m。悬挂高度与路幅宽度、光源功率、灯罩形式有关,一般为 6.5 ~ 10m。

3. 城市道路照明器的选择

1)选择城市道路照明光源的要求

(1)发光效率要高。

(2)使用寿命要长。

(3)具有适当的显色指数。

目前高压钠灯的发光效率较高,高压汞灯的使用寿命较长,白炽灯的显色指数则较好,可根据道路照明的不同地理位置、经济价值,因地制宜地选择光源。

2)选择城市道路照明器的要求

(1)有效地使用光源。

(2)合理配光。

(3)限制眩光。

(4)美化城市。

对于有效地使用光源和合理配光,可通过选择光源、照度标准、布置形式和确定其悬挂高度及间距来考虑。

3)用于道路的灯具的分类

用于道路照明的灯具对于限制眩光的要求是较重要的。用于道路的灯具分为三种类型:

(1)截光型。照明器把水平方向的光作了严格限制,不太感到眩光,它一般用于城市主干道和级别较高的公路。

(2)半截光型。照明器一方面把水平方向的光作适当限制,但另一方面把光向横向延伸,它广泛用于一般道路。

(3)不截光型。照明器对于水平方向的光不予限制,没保护角而眩光大,它仅用于小街小巷(弄)。

道路照明对于美化城市具有重要作用,应结合当地特色和建筑风格选择艺术造型美观的灯具。

三、道路照明的艺术处理

城市道路照明艺术是城市照明艺术的一个组成部分,晚上城市和道路的面貌在很大程度上是由道路照明来反映的。因此,在重要的干道上、商业大街或游人众多的园林湖滨路上以及桥梁与引道上,既要从照度需要的角度上来决定路灯的布点和悬挂的方式,也要从美观的角度上来选定灯罩、灯泡、灯柱、灯座的花式。在主要干道上,路灯应以悬挂式为主,因为其需要散射在路上的光照面积大而均匀;而在园林路上,就宜多用上托式的路灯,灯柱高度可降低。

在主要的道路上,最好采用隐蔽的照明电缆供电,而将接线盒装于灯柱基座之内,如北京市长安街,上海市南京路。在其他观瞻影响不大的路上,可采用架空线路,以节省工程投资。

四、路灯照度,安装高度和纵向间距的计算

道路照明的照度计算有两种方法:平均照度计算法和逐点照度计算法。平均照度计算法不精确,主要用于计算一般街道的平均照度。而当道路对照度的要求较高时,就需要按逐点照度计算法校核各控制点的照度,并算出最大和最小水平照度,用于检验道路照明的不均匀度。

以下介绍按“点光源逐点计算法”计算道路照明的各点照度、安装高度和纵向间距的方法。

1. 照度的计算

在点光源垂直照射的情况下，如图 1-9-18a)，被照面上的水平照度(E)与光源的发光强度(I)成正比，与光源到被照面之间的距离(r)平方成反比，即

$$E = \frac{I}{r}(\text{lx}) \tag{1-9-6}$$

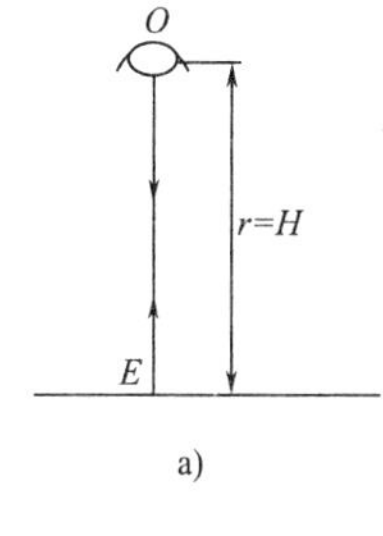

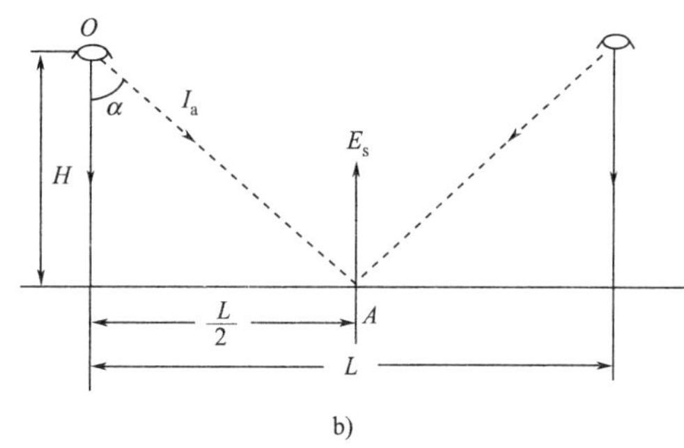

图 1-9-18　逐点照明计算图式

a) 光源垂直照射；b) 光源斜照射

当点光源斜照射时[图 1-9-18b)]，设光源为 O，其光强(I_a)以 α 角方向照射在路面 A 点，这时通过 A 点的被照水平面与垂直光强照射线的垂直面，正好相差两个 α 角度，故式(1-9-6)可改写为：

$$E = \frac{I_a \cos\alpha}{r^2}(\text{lx}) \tag{1-9-7}$$

因为 $r = \dfrac{H}{\cos\alpha}$，代入式(1-9-7)，即得路面上任何一点的水平照度与光源高度和发光强度三者的关系式：

$$E_s = \frac{I_a \cos^3\alpha}{H^2} \tag{1-9-8}$$

式中：E_s——某照射点的水平照度，lx；

I_a——点光源在 α 角方向的发光强度，简称光强，cd；

α——点光源对路面上某点的照射角度，°；

H——点光源离地面的安装高度，m。

如已确定路灯的安装高度 H，已选定光源，则其光强 I_a 可从该光源的配光曲线上查得，则按式(1-9-8)可验算路面上任何一点的水平照度；反之，如已确定 E_s 和 I_a，则可求算 H 值。

必须注意的是，如有几个照明器(光源)同时照射到路面某点 A，则 A 点的水平照度应等于每个照明器分别在正点产生的水平照度之和。如 A 点是两个照明器纵向间距的中点[图 1-9-18b)]，且纵向配光是对称的，则 A 点的水平照度等于一个照明器在 A 点产生的水平照度的 2 倍。

逐点水平照度的验算合乎要求后，最后还要挑选几个点按式(1-9-5)验算照度的不均匀度 K 值。最大水平照度一般是在光源的竖向下面的点，而最小水平照度一般是在相邻两个照明

器的中间断面上。

2. 光源的安装高度和纵向间距的计算

设两个照明器的纵向间距为 L，A 为中间点[图 1-9-18b)]，则

$$\tan\alpha = \frac{L}{2H}$$

$$L = 2H\tan\alpha(\mathrm{m}) \tag{1-9-9}$$

$$H = \frac{L}{\tan\alpha} \tag{1-9-10}$$

式中：α——点光源对路面上某点的照射角度；

L——相邻两光源(照明器)的纵向间距，m；

H——点光源(照明器)离地的安装高度，m。

●第五节　城市的管线布置●

城市道路是城市交通的动脉，也是布设城市公用设施管网系统的主要通路。

为了发展生产和满足居民生活的需要，在现代城市中都设有各种功能不同的管线。这些管线的布置，一般都沿城市道路敷设。按管线性质和用途的不同，可分为管道和电缆两大类。给水管、污水管、雨水管、煤气管、暖气管、天然气管等属于管道一类，电力线、电信线、无轨电车及地下铁道等电力交通电缆属于电缆一类。

根据管线布设位置的不同，管线工程可分为地下埋设和空中架设两类。如给水管、雨水管、污水管、煤气管、暖气管、天然气管等都敷设在地下，称为地下管道；电力和电信电缆，目前多数架设在地面杆线上，称为地上杆线。在大城市里，也有个别的电缆用钢丝或钢带加固，直接埋设在地下或敷设在一种专用的坑道中。

在城市道路设计中，合理安排各种管线是一个很复杂的问题。如缺乏综合考虑，管线布置得不够合理，将导致经常开挖路面，影响交通，管线太靠近建筑线，会影响建筑物基础的稳定，煤气管太靠近树木，如有漏气会影响其生长等。因此，管线工程的布置，应从施工、检修、安全和防护等几方面来确定。城市道路和管线工程应本着“统一规划、综合设计、联合施工”的精神，对于一条街道上的管线布置，首先应处理好管线之间、管线与沿街建筑和绿化的关系，其次是对横向和竖向进行综合设计，最后就是在路面铺筑之前应埋好各种管线并尽可能使各种管线进行联合施工。

一、城市道路地上杆线的布置

地上杆线一般设置在人行道和分隔带上，为确保居民安全和架空电缆的正常使用，地上杆线需按规定进行合理布置，一般应满足下述要求：

(1)电力杆线和电信杆线，一般应分别架设在道路的两侧，而与同类的地下电缆位于道路同侧，没有可靠的安全措施保证，不允许电信与电力线合杆架设。如北京市规定，路东、路北布置电力杆线，路西、路南布置电信杆线。上海市和合肥市规定，如道路为东西向，则路北布置电信杆线，路南布置电力杆线；如道路为南北向，则路西布置电信杆线，路东布置电力杆线。南京

市规定，路东、路南为电力杆线，路西、路北为电信杆线。

(2)沿路架设的架空电线应与地面保持一定的净空高度，其规定如表1-9-4所示。

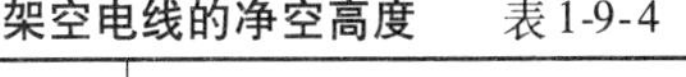
架空电线的净空高度　　表1-9-4

杆线名称	电线距路面的最小高度
电话电信线	5.5
照明电力线	5.5
无轨电车线	6.0
各级高压电力线	见相关规定

(3)穿过游行街道和广场的架空线(除电车线外)距地面的净空高度应不小于8m，高压电缆应有防护设备，在架空电线互相交叉时，应保持一定的垂直距离，如系高压电线至少要离开2～3m。

(4)架空电线应与建筑物保持一定的水平距离，靠近建筑物的架空电缆(明线)距建筑物的突出部分的水平距离一般不小于1.0m，高压电力线与建筑物之间的水平距离应在4.5m以上，架空杆线距人行道侧石外缘为0.75m；距离行道树和消防栓等均应有一定的距离。

(5)地上杆线必须结合道路的远期规划横断面进行布置，以尽量减少拆迁为原则。随着公共设施的日益完善，地上杆线将会逐步地埋入地下，因此，在统一规划时，应在横断面中预留其敷设位置，以便日后改建。

二、城市道路地下管线的布置

为了尽量减少地下管线对道路的影响和管线之间的相互干扰，对地下管线的位置应作合理的安排。一般应遵循下述原则：

(1)地下管线应尽可能布置在人行道、非机动车道和绿带下面，翻修时较经济。不得已时才考虑将修理次数较少和埋置较深的管道(如污水、给水等)安排在机动车道下面。

(2)地下管线应与道路中线或建筑红线平行敷设，并尽量避免横穿道路，必须横穿时应尽量与道路正交。为便于敷埋地下管线，管道线形以顺直为宜，不要多弯。

(3)地下管线应敷设在支管线较多的一边。但当道路总宽度在60m以上时，为了减少支管长度和避免支管横穿马路，宜采用"双线布置"，即将全部管线或大部管线在道路两侧各设一套。采用双线布置时应与单边布置作经济技术比较后才能确定。

(4)地下管线的更新改造应与道路的新建、改建和维护改善工程紧密结合。道路在施工时，其他管网要及时配合埋设，施工时要做到先地下后地上，应避免路面修好后又重复挖路埋管，浪费人力物力。

(5)一般规定，侧石靠车行道一边1.0m和背面0.4m之内、乔木树干左右1.0m之内、距建筑物边缘0.8～1.0m之内、杆线基础之下，不应埋设任何管线。

(6)地下管线安排的次序，自建筑红线至路中心线依次为：电力电缆；电信电缆或电信管道；煤气管道；热力管道；给水管道；雨水管道；污水管道。这主要是根据管线性质和埋设深度来决定的。凡可燃、易燃，对房屋、居民有危害的管道应离建筑红线远一些。

(7)为了充分利用街道的地下空间，地下管线的布置应力求紧凑，但要保证一定的安全距离，该距离的大小取决于施工、检修、安全防护等要求。

(8)地下管线的埋设深度应大于各种管线的最小覆土深度，以满足荷载和冰冻深度等要求。

(9)各种管线之间的埋设,应保持一定的水平净距和垂直净距,可参考图1-9-19。

(10)各类管线在平面或立面上发生冲突时,则需根据具体情况,让某些管线迁就另一些管道,一般处理原则是:新建的管线迁就已建的管线,压力管迁就自流管,小口径管线迁就大口径管线,能弯曲的管线迁就不能弯曲的管线,临时性管线迁就永久性管线等。

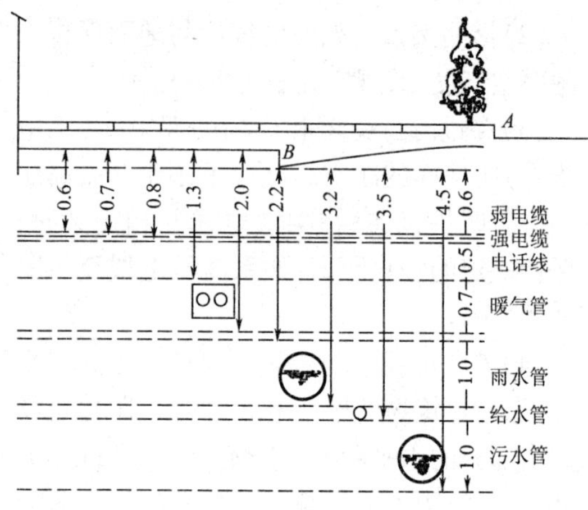

图1-9-19　地下管线埋设深度示意图

A-完全布置在人行道下;B-人行道不够宽,布置在行车道下

以上是地下管线分散布置的情况,也是目前各城镇的现状。但当需要增设大量的新管线而街道宽度又不够或不允许开挖时,可以采用集中布置的方法或迁移到临近的平行街道上。所谓集中布置就是将各种管线集中布置在一条集合总管内(也称为坑道或隧道)。建造总管投资费用大,且在近期不能充分发挥其作用,同时有些管线(如煤气管、高压线缆和自流管)放在集合总管内敷设,技术上也比较困难。因此,这种布置方式是很少采用的。

复习思考题

1. 城市道路公共交通路线布置的原则是什么?它与城市干路网有什么关系?
2. 公共交通停靠站布置有什么要求?
3. 城市地下管线都有哪些?在地下的布置位置和顺序是怎样的?

第二篇

路基工程

第一章

路基的作用及基本要求

知识目标

1. 描述路基在城市道路中的作用及路基工程的特点；
2. 描述道路对路基的基本要求；
3. 描述路基工程教学的基本内容。

城市道路路基是路面的基础，也是道路结构层的重要组成部分。路基的强度和稳定性是保证路面强度和稳定性的基本条件。如果保证了路基的强度和稳定性，对路面结构的稳定性将起到根本性的保证作用，否则尽管路面结构做得再好，也会出现早期破坏，缩短维修周期，造成经济上的浪费和社会效益的损失。

第一节　路基在城市道路工程中的作用

路基是按照路线位置和一定技术要求修筑的带状构造物，是路面的基础，主要承受路面的重量及由路面传递下来的行车荷载与行人荷载，是城市道路的重要组成部分，它贯穿城市道路全线，与桥梁、隧道相连，构成城市道路的主体。

作为城市道路建筑的主体，它除承受路面的重量、行车和行人荷载以外，还受水流、雨雪、冰冻、风沙的侵袭。因此，路基本体必须坚实、稳固，具有足够的强度和耐久性，能抵抗各种自然因素的侵害。

此外，由于城市道路地下管线多，故路基不仅为路面及道路附属设施施工提供场地，而且为地下管线施工提供场所，并对各种地下管线设施起重要的保护作用。

第二节　路基工程特点

城市道路路基工程具有以下特点：

1. 准备期短，开工急

城市道路工程通常由政府出资建设，出于减少工程建设对城市日常生活的干扰这一目的，对施工周期的要求又十分严格，工程只能提前，不准推后，施工单位往往根据工期，倒排进度计划，难免缺乏周密性。

2. 施工场地狭窄，动迁量大

由于城市道路工程一般是在市内的大街小巷进行施工，旧房拆迁量大，场地狭窄，常常影响施工路段的环境和交通，给市民的生活和生产带来了不便，也增加了对道路工程进行进度控制、质量控制的难度。

3. 地下管线复杂

城市道路工程建设实施当中，经常遇到供热、给水、煤气、电力、电信等管线位置不明的情况，若盲目施工极有可能挖断管线，造成重大的经济损失和严重的社会影响。同时也对道路工程进度带来负面影响，增加额外的投资费用。

4. 各方关系复杂

城市道路工程施工中情况十分复杂，关系到个各方面。特别是拆迁工作经常滞后，多头管理，众口难调，随之而来的扯皮、踢球现象并不鲜见，不但影响了工期（有时不得不干干停停），也使原本就很困难的质量管理工作更难进行。

5. 质量控制难度大

在城市道路的施工过程中，往往会出现片面追求施工进度，不求质量，只讲施工方效益的情况，给施工监理工作带来了很大困难。

6. 地质条件影响大

城市道路工程中雨水、污水排水工程，往往受施工现场地质条件的影响，如遇现场地下水位高，土质差，就需要采取井点或深井降水措施，待水位降至符合施工条件，才能组织沟槽的开挖，如管道埋设深，土质差，还需要沟槽边坡支护，方能保证正常施工。

第三节　对路基的基本要求

路基作为承受行车荷载的结构物，除断面尺寸和高程应符合设计标准的要求外，还应满足以下基本要求：

1. 具有足够的强度

路基承受由路面传递下来的行车荷载，还要承受路面和路基的自重，势必对路基土产生一定的压力。这些压力都可能使路基产生一定的变形，直接损坏路面的使用品质。因此，要求路基应具有足够的强度，以保证在车辆荷载、路面及路基自重作用下，变形不超过允许值。

2. 具有足够的整体稳定性

路基是直接在地面上填筑或挖去一部分地面构成的。路基修筑后改变了原地面的天然平衡状态。在某些地形、地质条件下，路堑边坡可能滑塌，路堤可能沿陡坡下滑。为使路基具有抵抗自然因素侵蚀的能力，必须采取一定的技术措施，保证路基整体结构的稳定性。

3. 具足够的水温稳定性

路基在地面水和地下水的作用下，其强度将显著地降低。特别是在季节性冰冻地区，由于水温状况的变化，路基将发生周期性冻融作用，使路基强度急剧下降。因此，对于路基，不仅要求有足够的强度，而且还应保证在最不利的水温状况下，保持其强度特性。即强度不显著降低，这就要求路基应具有一定的水温稳定性。

·第四节　路基工程的基本内容·

路基工程探讨如何经济有效地提供和维护能满足车辆行驶各方面使用要求的路基结构物。为实现这一目标,路基工程涉及规划、设计、施工、养护、监测和管理等方面的内容。本篇将重点介绍路基设计和施工及质量验收方面的内容。

一、路基设计

设计是依据规划为项目所设定的服务水平和预算水平,提出路基结构的设计方案,并在评价基础上选择最经济有效的方案。

路基设计的内容主要包含以下两个方面:

(1)设计路基横断面形状、尺寸和边坡坡度。

(2)进行边坡防护、加固设计及地基加固设计。

二、路基施工

施工是实现项目设计的意图,修筑满足预定使用性能要求的路基和路面结构物。

施工的内容包括:

(1)准备工作。在正式开工前进行组织、技术、物质和现场方面的准备工作,包括落实和培训施工队伍,会审和现场核对设计图纸,恢复定线和进行施工测量,编制施工组织设计和工程预算,准备所需材料和机具设备,准备施工现场和保证供水、供电和便道运输条件等。

(2)修筑路基构造物。其主要内容为土方和石方作业,包括土石方的开挖、运输、填筑、压实和修整等环节。同时,还有坡面防护、支挡结构物或地基加固处理等项工作。

(3)按施工(工艺)规程和进度要求进行施工管理,并对施工质量进行控制、检查和验收。

三、路基工程质量验收与评定

路基土、石方工程施工中,应严格控制路基的施工质量,满足规范及设计文件中各项指标的要求,并在工程基本完工后,施工单位应会同监理人员,按设计文件和规范要求检查路基中线、高程、宽度、边坡坡度等。根据检查结果对路基工程的施工质量进行验收与评定。

复习思考题

1. 路基在城市道路工程中有何作用?

2. 城市道路工程中路基工程有哪些特点?

3. 对城市道路路基有哪些基本要求?

4. 城市道路路基设计有哪些基本内容?

第二章

路基力学特性及影响因素

知识目标

1. 描述路基用土分类及土的工程性质；
2. 描述道路自然区划的依据及具体的划分区域；
3. 描述荷载作用在路基工作区的深度；
4. 描述影响路基稳定性的主要因素和路基破坏形式及其原因；
5. 描述路基强度和衡量标准及具体指标。

能力目标

1. 进行路基的干湿类型判断；
2. 判别路基的破坏形式并进行原因分析。

第一节　路基用土分类及土的工程性质

自然界的土往往是各种不同大小颗粒的混合物。在公路工程的勘察、设计与施工中，需要对组成路基土的混合物进行分析、计算与评价。因此，对地基土进行科学的分类与定名十分必要。

各国、各地区、各部门根据自己的传统与经验，都有自己的分类标准。世界各国公路用土的分类方法虽然不尽相同，但是分类的依据则大致相近，一般都根据土颗粒的粒径组成、土颗粒的矿物成分或其余物质的含量、土的塑性指标进行划分。我国道路用土依据土的颗粒组成特征、土的塑性指标和土中有机质存在的情况，分巨粒土、粗粒土、细粒土、有机土和特殊土5类。分类体系如图2-2-1所示，并进一步细分为11种土。土的颗粒组成特征用不同粒径粒组在土中的百分含量表示。

一、路基土的分类

首先按有机质含量分为有机土和无机土两大类；其次将无机土按粒组含量分为巨粒组、粗粒组和细粒组。路基土分类体系中不同粒组的划分界限及范围如表2-2-1所示。

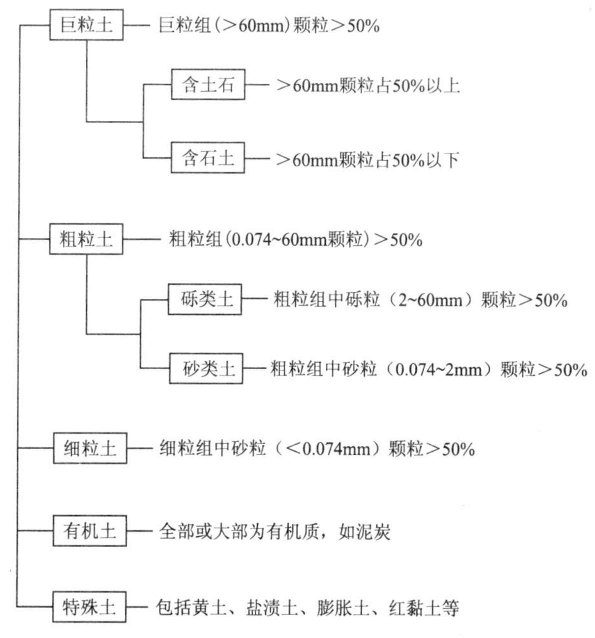

图 2-2-1　路基土分类体系图

粒 组 划 分 表　　表 2-2-1

粒组划分	巨粒组		粗粒组						细粒组	
			砾粒			砂粒				
	漂石（块石）	卵石（碎石）	粗砾	中砾	细砾	粗砂	中砂	细砂	粉粒	黏粒
粒径界限值（mm）		200	60	20	5	2	0.5	0.25	0.074	0.002

路基用土分类的基本代号如表 2-2-2 所示。

1. 巨粒组

巨粒组（大于 60mm 的颗粒）质量多于总质量 50% 的土称为巨粒土，巨粒土分类如表 2-2-3 所示。

2. 粗粒土

粗粒土分砾类土和砂类土两种，砾粒组（60 ~ 2mm 的颗粒）质量多于总质量 50% 的土称为砾类土。如表 2-2-4 所示。砾粒组含量少于或等于 50% 的土称为砂类土，如表 2-2-5 所示。

3. 细粒组

细粒组（小于 0.074mm 的颗粒）质量多于总质量 50% 的土总称为细粒土。细粒土中粗粒组（2 ~ 60mm 颗粒）质量少于总质量 25% 的土称为细粒土，粗粒组质量为总质量 25% ~ 50% 的土称为含粗粒的细粒土，含有机质的细粒土称为有机质土。

细粒土的分类及性质很大程度上与土的塑性指标相关联。细粒土的分类如表 2-2-6 所示。

土的基本代(符)号　　表 2-2-2

<table>
<tr><td rowspan="2">特征</td><td colspan="6">土　　类</td></tr>
<tr><td>巨粒土</td><td colspan="2">粗粒土</td><td colspan="2">细粒土</td><td>有机土</td></tr>
<tr><td rowspan="3">成分代号</td><td>B-漂石</td><td colspan="2">G-砾</td><td rowspan="2">F-细粒土</td><td>C-黏质土</td><td rowspan="2">O-有机质土
如 P_t-泥炭</td></tr>
<tr><td>C_b-卵石</td><td colspan="2">S-砂</td><td>M-粉质土</td></tr>
<tr><td></td><td colspan="2">W-良好级配</td><td colspan="3" rowspan="2">V-很高液限
H-高液限
I-中液限
L-低液限</td></tr>
<tr><td>级配或土性</td><td></td><td>P-不良级配</td><td>P_u-均匀级配
P_s-间断级配</td></tr>
</table>

注:1. 土类名称可用一个基本代号表示。当由两个基本代号构成时,第一个代号代表土的主成分,第二个代号代表副成分(级配或液限);当由三个基本代号构成时,第一个代号表示土的主成分,第二个代号表示液限(或级配),第三个代号表示土中所含次要成分。

2. 粗粒土的级配按不均匀系数 a 和曲率系数 c 鉴别。

$a = d_{60}/d_{10}, c = d_{30}^2/d_{10}/d_{60}$

式中:d_{10}、d_{30}、d_{60}——土的级配曲线上通过量分别为 10%、30%、60% 的粒径(mm)。

$a>5$ 且 $1<c<3$ 时属于良好级配,不能同时满足这两项条件者,属于不良级配。其中 $a\leqslant5$ 时为均匀级配;$c\leqslant1$ 或 $c\geqslant3$ 时为间断级配。

3. 细粒土和有机土按其液限 W_L 划分为以下四种:

很高液限土(V):$w_L\geqslant70$

高液限土(H):$50\leqslant w_L<70$

中液限土(I):$30\leqslant w_L<50$

低液限土(L):$w_L<30$

巨 粒 土 分 类 表　　表 2-2-3

<table>
<tr><td colspan="3">土　　组</td><td>组符号</td><td><60mm 颗粒含量(%)</td><td>≥60mm 颗粒含量(%)</td></tr>
<tr><td rowspan="10">巨
粒
土</td><td rowspan="6">含土石(巨粒组颗粒含量>50%)</td><td>不含土漂石</td><td>B</td><td rowspan="2"><5</td><td>>50</td></tr>
<tr><td>不含土卵石</td><td>C_b</td><td>≤50</td></tr>
<tr><td>微含土漂石</td><td>$B-S_1$</td><td rowspan="2">≥5,<15</td><td></td></tr>
<tr><td>微含土卵石</td><td>C_b-S_1</td><td></td></tr>
<tr><td>含土漂石</td><td>$B+S_1$</td><td rowspan="2">≥15,<50</td><td></td></tr>
<tr><td>含土卵石</td><td>C_b+S_1</td><td></td></tr>
<tr><td rowspan="4">含石土(巨粒组颗粒含量>50%,≤50%)</td><td>微含漂石土</td><td>S_1-B</td><td rowspan="4"></td><td rowspan="2">>5,≤15</td></tr>
<tr><td>微含卵石土</td><td>S_1-C_b</td></tr>
<tr><td>含漂石土</td><td>S_1+B</td><td rowspan="2">>15,≤50</td></tr>
<tr><td>含卵石土</td><td>S_1+C_b</td></tr>
</table>

注:1. 含土石中漂石或卵石的定名,取决于何者占优势。

2. 表中的土指除巨粒组外的各粒组以 S_1 表示;S_1 的进一步定名应以除巨粒组以外的土粒为 100%。

砾类土分类表

表 2-2-4

<table>
<tr><th colspan="3" rowspan="2">土 组</th><th colspan="3">试验室鉴别</th><th rowspan="2">细粒组颗粒含量(%)</th><th rowspan="2">液 限(%)</th><th colspan="2" rowspan="2">名 称</th></tr>
<tr><th>组符号</th><th colspan="2">亚组代号</th></tr>
<tr><td rowspan="18">粗粒土(粗粒组颗粒含量>50%)</td><td rowspan="9">砾类土(粗粒组中的砾粒颗粒含量>50%)</td><td rowspan="3">砾</td><td rowspan="3">G</td><td colspan="2">GW</td><td rowspan="3"><5</td><td rowspan="3"></td><td colspan="2">良好级配砾</td></tr>
<tr><td rowspan="2">GP</td><td>GP_U</td><td rowspan="2">不良级配砾</td><td>均匀级配砾</td></tr>
<tr><td>GP_S</td><td>间断级配砾</td></tr>
<tr><td rowspan="2">微含细粒土砾</td><td rowspan="2">G-F</td><td colspan="2">GW-F</td><td rowspan="2">≥5,<15</td><td rowspan="2"></td><td colspan="2">微含细粒土的良好级配砾</td></tr>
<tr><td colspan="2">GP-F</td><td colspan="2">微含细粒土的不良级配砾</td></tr>
<tr><td rowspan="4">含细粒土砾</td><td rowspan="4">GF</td><td colspan="2">GFL</td><td rowspan="4">≥15,<50</td><td><80</td><td colspan="2">含低液限细粒土的砾</td></tr>
<tr><td colspan="2">GFI</td><td>≥80,<50</td><td colspan="2">含中液限细粒土的砾</td></tr>
<tr><td colspan="2">GFH</td><td>≥50,<70</td><td colspan="2">含高液限细粒土的砾</td></tr>
<tr><td colspan="2">GFV</td><td>≥70</td><td colspan="2">含很高液限细粒土的砾</td></tr>
<tr><td rowspan="9">砂类土(粗粒组中的砂粒颗粒含量≥50%)</td><td rowspan="3">砂</td><td rowspan="3">S</td><td colspan="2">SW</td><td rowspan="3"><5</td><td rowspan="3"></td><td colspan="2">良好级配砂</td></tr>
<tr><td rowspan="2">SP</td><td>SP_U</td><td rowspan="2">不良级配砂</td><td>均匀级配砂</td></tr>
<tr><td>SP_S</td><td>间断级配砂</td></tr>
<tr><td rowspan="2">微含细粒土砂</td><td rowspan="2">S-F</td><td colspan="2">SW-F</td><td rowspan="2">≥5,<15</td><td rowspan="2"></td><td colspan="2">微含细粒土的良好级配砂</td></tr>
<tr><td colspan="2">SP-F</td><td colspan="2">微含细粒土的不良级配砂</td></tr>
<tr><td rowspan="4">含细粒土砂</td><td rowspan="4">SF</td><td colspan="2">SFL</td><td rowspan="4">≥15,<50</td><td><80</td><td colspan="2">含低液限细粒土的砂</td></tr>
<tr><td colspan="2">SFI</td><td>≥80,<50</td><td colspan="2">含中液限细粒土的砂</td></tr>
<tr><td colspan="2">SFH</td><td>≥50,<70</td><td colspan="2">含高液限细粒土的砂</td></tr>
<tr><td colspan="2">SFV</td><td>≥70</td><td colspan="2">含很高液限细粒土的砂</td></tr>
</table>

注:砂类土可细分为:粗砂土——粗砂粒颗粒含量在砂粒组中>50%;

中砂土——中砂粒颗粒含量在砂粒组中>50%;

细砂土——细砂粒颗粒含量在砂粒组中≥50%。

砂类土分类表

表 2-2-5

<table>
<tr><th colspan="2">土 组</th><th>土组代号</th><th>漂石粒(<0.074mm 颗粒)含量(%)</th></tr>
<tr><td rowspan="2">砂</td><td>级配良好</td><td>SW</td><td rowspan="2"><5</td></tr>
<tr><td>级配不良砂</td><td>SP</td></tr>
<tr><td colspan="2">含细粒土砂</td><td>SF</td><td>5~15</td></tr>
<tr><td rowspan="2">细粒土质砂</td><td>粉土质砂</td><td>SM</td><td rowspan="2">15~50</td></tr>
<tr><td>黏土质砂</td><td>SC</td></tr>
</table>

细粒土与有机质土分类 表 2-2-6

土组			试验室鉴别			粗粒组颗粒含量(%)	液限(%)	名称
			组符号		亚组符号			
细粒土(细粒组颗粒含量≥50%)	细粒土	粉质土	F	M	ML		<80	低液限粉质土
					MI		≥80,<50	中液限粉质土
					MH		≥50,<70	高液限粉质土
					MV		≥70	很高液限粉质土
		黏质土		C	CLM			粉质低液限黏质土
					CIM			粉质中液限黏质土
					CL		<80	低液限黏质土
					CI		≥80,<50	中液限黏质土
					CH		≥50,<70	高液限黏质土
					CV		≥70	很高液限黏质土
	含粗粒土的细粒土	微含砾(砂)土	F-G(S)	M-G(S)	ML-G(S)	>5,≤15	<80	微含砾(砂)低液限粉质土
					MI-G(S)		≥80,<50	微含砾(砂)中液限粉质土
					MH-G(S)		≥50,<70	微含砾(砂)高液限粉质土
					MV-G(S)		≥70	微含砾(砂)很高液限粉质土
				C-G(S)	CL-G(S)	>5,≤15	<80	微含砾(砂)低液限黏质土
					CI-G(S)		≥80,<50	微含砾(砂)中液限黏质土
					CH-G(S)		≥50,<70	微含砾(砂)高液限黏质土
					CV-G(S)		≥70	微含砾(砂)很高液限黏质土
细粒土(细粒组颗粒含量≥50%)	含粗粒土的细粒土	含砾(砂)土	FG(S)	MG(S)	MLG(S)	>15,≤50	<80	含砾(砂)低液限粉质土
					MIG(S)		≥80,<50	含砾(砂)中液限粉质土
					MHG(S)		≥50,<70	含砾(砂)高液限粉质土
					MVG(S)		≥70	含砾(砂)很高液限粉质土
				CG(S)	CLG(S)	>15,≤50	<80	含砾(砂)低液限黏质土
					CIG(S)		≥80,<50	含砾(砂)中液限黏质土
					CHG(S)		≥50,<70	含砾(砂)高液限黏质土
					CVG(S)		≥70	含砾(砂)很高液限黏质土
有机土	有机质土	土组符号后缀以 0						
	泥炭	P_t						

注:1. 细粒土中的粉质土包括净粉粒、石粉、云母、硅藻土和火山灰等。

2. 含粗粒土的细粒土分类中,根据粗粒土为粒类土或砂类土采用相应的名称或符号。

3. 有机土名称可在相应的细粒土名称前加“有机质”,如 MIO 的名称为有机质中液限粉质土。

4. 路基土分类简易鉴别方法请参见《城市道路设计规范》(CJJ 37—90)附录五。

二、路基土的工程性质

各类道路用土具有不同的工程性质，在选择路基填筑材料，以及修筑稳定土路面结构层时，应根据不同的土类分别采取不同的工程技术措施。

1. 巨粒土

巨粒土包括漂石（块石）和卵石（块石），有很高的强度和稳定性，用以填筑路基是良好的材料，亦可用于砌筑边坡。

级配良好的砾石混合料，密实程度好，强度和稳定性均能满足要求，除了填筑路基之外，可以用于铺筑中级路面，经适当处理后可以铺筑高级路面的基层、底基层。

2. 砂土

砂土无塑性，透水性强，毛细上升高度小，具有较大的内摩擦系数，强度和水稳定性较好，但砂土黏结性小，易于松散，压实困难，但是经充分压实的砂土路基，压缩变形小，稳定性好。为了加强压实和提高稳定性，可以采用振动法压实，并可掺加少量黏土，以改善级配组成。

3. 砂性土

砂性土含有一定数量的粗颗粒，又含有一定数量的细颗粒，级配适宜，强度、稳定性等都能满足要求的砂性土是理想的路基填筑材料。如细粒土质砂土，其粒径组成接近最佳级配，遇水不黏着、不膨胀，雨天不泥泞，晴天不扬尘，便于施工。

4. 粉性土

粉性土含有较多的粉土颗粒，干时虽有黏性，但易于破碎，浸水时容易成为流动状态。粉性土毛细作用强烈，毛细上升高度大（可达 1.5m）。在季节性冰冻地区容易造成冻胀、翻浆等病害。粉性土属于不良的道路用土，如必须用粉性土填筑路基，则应采取技术措施改良土质，并加强排水及采取隔离水等措施。

5. 黏性土

黏性土细颗粒含量多，土的内摩擦系数小而黏聚力大，透水性小而吸水能力强，毛细现象显著，有较大的可塑性。黏性土干燥时较坚硬，施工时不易破碎。浸湿后能长期保持水分，不易挥发，因而承载力小。对于黏性土如在适当含水率时加以充分压实和设置良好的排水设施，筑成的路基也能获得稳定。

6. 重黏土

重黏土工程性质与黏性土相似，但其含黏土矿物成分不同时，性质有很大差别。黏土矿物主要包括蒙脱土、伊里土、高岭土。蒙脱土主要分布在东北地区，其塑性大，吸湿后膨胀强烈，干燥时收缩大，透水性极低，压缩性大，抗剪强度低。高岭土分布在南方地区，其塑性较低，有较高的抗剪强度和透水性，吸水和膨胀量较小。伊里土分布在华中和华北地区，其性质介于上述两者之间。重黏土不透水，黏聚力强，塑性很大，干燥时很坚硬，施工时难以挖掘与破碎。

总之，土作为路基建筑材料，砂性土最优，黏性土次之，粉性土属不良材料，最容易引起路基病害，重黏土特别是蒙脱土是不良的路基土。此外，还有一些特殊土类，如有特殊结构的土（黄土）、含有机质的土（腐殖土）以及含易溶盐的土（盐渍土）等，用以填筑路基时必须采取相应技术措施。

•第二节　道路自然区划和路基的干湿类型•

一、道路自然区划

我国各地气候、地形、地貌、水文地质等自然条件相差很大，而这些自然条件与公路建设密切相关。为区分不同地理区域自然条件对公路工程影响的差异性，并在路基路面的设计、施工和养护中采取适当的技术措施和采用合适的设计参数，以体现各地公路设计与施工的特点，侧重必须解决的问题，更有利于保证公路的质量和经济合理，特制定公路自然区划。

为使自然区划便于在实践中应用，结合我国地理、气候特点，将全国的公路自然区划分为三个等级。一、二级区划的具体位置与界限，详见《公路自然区划标准》(JTJ 003—86)所附"中华人民共和国公路自然区划图"，见图2-2-2。

1. 一级区划

根据不同地理、气候、构造、地貌界限的交错和叠合，将我国分为七个自然区。即：

I. 北部多年冻土区；

II. 东部温润季冻区；

III. 黄土高原干湿过渡区；

IV. 东南湿热区；

V. 西南潮湿区；

VI. 西北干旱区；

VII. 青藏高寒区。

2. 二级区划

二级区划仍以气候和地形为主导因素，但具体标志与一级区划有显著差别。一级自然区的共同标志为气候因素潮湿系数K值(即年降水量与年蒸发量之比)，地形因素是独立的地形单元。二级区划的划分则需因区而异，将上述标志具体化或加以补充，其标志是以潮湿系数K为主的一个标志体系。

根据二级区划的主导因素与标志，在全国七个一级自然区内又分为33个二级区和19个副区(亚区)，共有52个二级自然区。

3. 三级区划

三级区划是二级区划的进一步划分。三级区划的方法有两种，一种是按照地貌、水文和土质类型将二级自然区进一步划分为若干类型单元；另一种是继续以水热、地理和地貌等为标志将二级区划细分为若干区域。各地可根据当地的具体情况选用。

我国7个一级自然区的路面结构设计注重的特点各有不同，根据各地区经验，可大致归纳为如下几类。

1) I区——北部多年冻土区

该区北部为连续分布多年冻土，南部为岛状分布多年冻土。对于泥沼地多年冻土层，最重要的道路设计原则是保温，不可轻易挖去覆盖层，使路堤下保持冻结状态，若受大气热量影响融化，后患无穷。对于非多年冻土层的处理方法则不同，需将泥炭层全部或局部挖去，排干水分,然后填筑路堤。该区主要是林区道路,路面结构为中级路面。林区山地道路,因表土湿度大,地面径流大,最易翻浆,应采取换土、稳定土、砂垫层等处理方法。

2)II 区——东部温润季冻区

该区路面结构突出的问题是防止翻浆的冻胀。翻浆的轻重程度取决于路基的潮湿状态,可根据不同的路基潮湿状态采取不同的措施。该区缺乏砂石材料,采用稳定土基层已取得一定的经验。

3)III 区——黄土高原干湿过渡区

该区特点是黄土对水分的敏感性,干燥土基强度高、稳定性好。在河谷盆地的潮湿路段以及灌区耕地,土基稳定性差,强度低,必须认真处理。

4)IV 区——东南湿热区

该区雨量充沛集中,雨型季节性强,台风暴雨多,水毁、冲刷、滑坡是道路的主要病害,路面结构应结合排水系统进行设计。该区水稻田多,土基湿软,强度低,必须认真处理。由于气温高,热季长,要注意黑色面层材料的热稳定性和防透水性。

5)V 区——西南潮暖区

该区山多,筑路材料丰富,应充分利用当地材料筑路,对于水文不良路段,必须采取措施,稳定路基。

6)VI 区——西北干旱区

该区大部分地下水位很低,虽然冻深多在 100 ~ 150cm 以上,但一般道路冻害较轻。个别地区,如河灌区、内蒙草原洼地,地下水位高,翻浆严重。丘陵区 1.5m 以上的深路堑冬季积雪厚,雪水侵入路面造成危害,所以沥青路面材料应具有良好的防透水性,路肩也应作防水处理。由于气候干燥,砂石路面经常出现松散、搓板和波浪现象。

7)VII——青藏高寒区

该区局部路段有多年冻土,需按保湿原则设计。由于地处高原,气候寒冷,昼夜气温相差很大,日照时间长,沥青老化快,又因为年平均气温相对偏低,路面易遭受冬季雪水渗入而破坏。

二、路基干湿类型

路基的强度与稳定性同路基的干湿状态有密切关系,并在很大程度上影响路面结构设计。

路基按其干湿状态不同,分为四类:干燥、中湿、潮湿和过湿。为了保证路基路面结构的稳定性,一般要求路基处于干燥或中湿状态。过湿状态的路基必须经处理后方可铺筑路面。上述四种干湿类型以分界稠度 w_{c1}、w_{c2} 和 w_{c3} 来划分。稠度 w_c 定义为土的含水率 w 与土的液限 w_L 之差除以土的塑限 w_P 与液限 w_L 之差的比值。即

$$w_c=(w_L-w)/(w_L-w_P) \tag{2-2-1}$$

式中:w_c——土的稠度;

w_L——土的液限;

w——土的含水率;

w_P——土的塑限。

土的稠度较准确地表示了土的各种形态与湿度的关系,稠度指标综合了土的塑性特性,包含了液限与塑限,全面直观地反映了土的硬软程度,物理概念明确。

(1)$w_c=1.0$,即 $w=w_P$,为半固体与硬塑状的分界值;

(2)$w_c=0$,即 $w=w_L$,为流塑与流动状的分界值;

(3)$1.0>w_c>0$,即 $w_L>w>w_P$,土处于可塑状态。

以稠度作为路基干湿类型的划分标准是合理的,但是不同的自然区划、不同的土组的分界稠度是不同的,详见表 2-2-7。

各自然区划土基干湿分界稠度　　表 2-2-7

土组＼干湿状态	干燥状态	中湿状态	潮湿状态	过湿状态
	$w_c \geqslant w_{c1}$	$w_{c1}>w_c \geqslant w_{c2}$	$w_{c2}>w_c \geqslant w_{c3}$	$w_c<w_{c3}$
土质砂	$w_c \geqslant 1.20$	$1.20>w_c \geqslant 1.00$	$1.00>w_c \geqslant 0.85$	$w_c<0.85$
黏质土	$w_c \geqslant 1.10$	$1.10>w_c \geqslant 0.95$	$0.95>w_c \geqslant 0.80$	$w_c<0.80$
粉质土	$w_c \geqslant 1.05$	$1.05>w_c \geqslant 0.90$	$0.900>w_c \geqslant 0.75$	$w_c<0.75$

注:w_{c1}、w_{c2}、w_{c3} 分别为干燥和中湿、潮湿和过湿状态的分界稠度;w_c 为路床表面以下 80cm 深度内的平均稠度。

在城市道路设计中,确定路基的干湿类型需要在现场进行勘察,对于原有旧路,按不利季节路槽底面以下 80cm 深度内土的平均稠度确定。于路槽底面以下 80cm 内,每 10cm 取土样测定其天然含水率、塑限含水率和液限含水率,以下式求算:

$$w_{ci}=(w_{Li}-w_i)/(w_{Li}-w_{Pi}) \tag{2-2-2}$$

$$\overline{w}_c=\sum_{i=1}^{8} w_{ci}/8 \tag{2-2-3}$$

式中:w_i——路槽底面以下 80cm 内,每 10cm 为一层,第 i 层土的天然含水量;

w_{Li}——同一层土的液限含水量(100g 平衡锥);

w_{Pi}——同一层土的塑限含水量;

w_{ci}——第 i 层的稠度;

$\overline{w}_c$——路槽以下 80cm 内土的算术平均稠度。

根据 $\overline{w}_c$ 判别路基的干湿类型,要按照道路所在的自然区划和路基土的类别,查表 2-2-8,与分界稠度作比较,并按表 2-2-8 所列区划界限确定道路所属的路基干湿类型。

对于新建道路,路基尚未建成,无法按上述方法现场勘察路基的湿度状况,可以用路基临界高度作为判别标准。与分界稠度相对应的路基离地下水位或地表积水水位的高度称为路基临界高度。即路基的临界高度指在不利季节,当路基分别处于干燥、中湿或潮湿状态时,路槽底面距地下水位或地面积水水位的最小高度。可根据土质、气候因素按当地经验确定。

路基干湿类型　　表 2-2-8

土基干湿类型	路床表面以下 80cm 深度内平均稠度 $\overline{w}_c$ 与分界稠度 w_{ci} 的关系	一般特征
干燥	$\overline{w}_{c1} \geqslant w_{c1}$	土基稳定,路面强度和稳定性不受地下水或地表积水影响,路基高度 $H_0>H_1$
中湿	$w_{c1}>\overline{w}_c \geqslant w_{c2}$	土基上部土层处于地下水或地表积水影响的过渡区内。路基高度 $H_2<H_0 \leqslant H_1$
潮湿	$w_{c2}>\overline{w}_c \geqslant w_{c3}$	土基上部土层处于地下水或地表积水毛细影响区内。路基高度 $H_3<H_0 \leqslant H_2$
过湿	$\overline{w}_c<w_{c3}$	路基极不稳定,冰冻区春融翻浆,非冰冻区软弹土基经处理后方可铺筑路面,路基高度 $H_0 \leqslant H_3$

注:1. H_0 为不利季节路床表面距地下或地表积水水位的高度;

2. 地表积水指不利季节积水 20d 以上;

3. H_1、H_2、H_3 分别为干燥、中湿和潮湿状态的路基临界高度,见表 2-2-9。

土基干燥、中湿和潮湿状态的水位临界高度应由各城市根据当地情况确定，当地无资料时，可参考《城市道路设计规范》(CJJ 37—90)附录四附表4.1，当附表4.1中资料不全时，可参见表2-2-9。

新建道路的土基可根据调查水位、路基排水条件、土质类型、路基构造尺寸等因素，并借鉴邻近原有土基的潮湿状态，参考本地区影响路基潮湿状态的水位临界高度，确定干湿类型。图2-2-2为路基临界高度与路基干湿类型关系图。为了保证路基的强度和稳定性不受地下水及地表积水的影响，在设计路基时，要求路基保持干燥或中湿状态，路槽底距地下水或地表积水的距离，要大于或等于干燥、中湿状态所对应的临界高度。

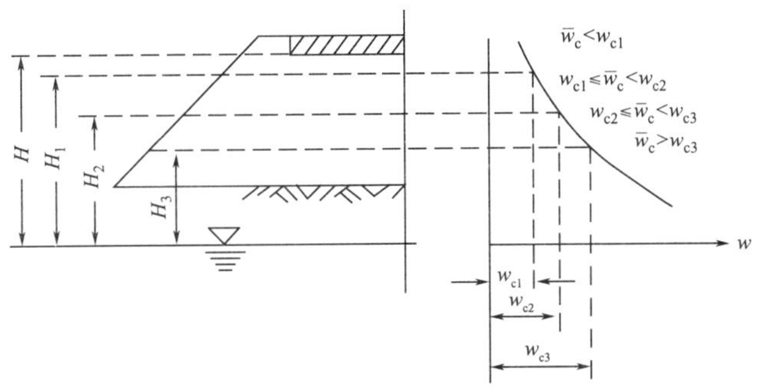

图2-2-2　路基临界高度与路基干湿类型

路基临界高度表　　表2-2-9

一、砂性土路基临界高度参考值(m)									
自然区划	砂性土								
	地下水			地表长期积水			地表临时积水		
	H_1	H_2	H_3	H_1	H_2	H_3	H_1	H_2	H_3
II_1									
II_2									
II_3	1.9~2.2	1.3~1.6							
II_4									
II_5	1.1~1.5	0.7~1.1							
III_1									
III_2	1.3~1.6	1.1~1.3	0.9~1.1	1.1~1.3	0.9~1.1	0.6~0.9	0.9~0.1	0.6~0.9	0.4~0.6
III_3	1.3~1.6	1.1~1.3	0.9~1.1	1.1~1.3	0.9~1.1	0.6~0.9	0.9~0.1	0.6~0.9	0.4~0.6
III_4、III_{1a}									
III_{2a}	1.4~1.7	1.0~1.3							
IV_1、IV_{1a}									
IV_2									
IV_3									
IV_4	1.0~1.1	0.7~0.8							
IV_5									

续上表

一、砂性土路基临界高度参考值(m)

自然区划	砂性土								
	地下水			地表长期积水			地表临时积水		
	H_1	H_2	H_3	H_1	H_2	H_3	H_1	H_2	H_3
IV_6	1.0~1.1	0.7~0.8							
IV_{6a}									
IV_7				0.9~1.0	0.7~0.8	0.6~0.7			
V_3	1.3~1.6	1.1~1.3	0.9~1.1	1.1~1.3	0.9~1.1	0.6~0.9	0.9~1.1	0.6~0.9	0.4~0.6
V_2、V_{2a}(紫色土)									
V_3									
V_2、V_{2a}									
(黄壤土,现代冲击土)									
V_4、V_5、V_{5a}									
VI_1	(2.1)	(1.7)	(1.3)	(1.8)	(1.4)	(1.0)	0.7	0.3	
VI_{1a}	(2.0)	(1.6)	(1.2)	(1.7)	(1.3)	(1.0)	(1.0)	(0.5)	
VI_2	1.4~1.7	1.1~1.4	0.9~1.1	1.1~1.4	0.9~1.1	0.6~0.9	0.9~1.1	0.76~0.9	0.4~0.6
VI_3	(2.1)	(1.7)	(1.3)	(1.9)	(1.5)	(1.1)			
VI_4	(2.2)	(1.8)	(1.4)	(1.9)	(1.5)	(1.2)	0.8		
VI_{4a}	(1.9)	(1.5)	(1.1)	(1.6)	(1.2)	(0.9)	(0.5)		
VI_{4b}	(2.0)	(1.6)	(1.2)	(1.7)	(1.3)	(1.0)			
VII_1	(2.2)	(1.9)	(1.6)	(2.1)	(1.6)	(1.3)	(0.8)	(0.4)	
VII_2									
VII_3	1.5~1.8	1.2~1.5	0.9~1.2	1.2~1.5	0.9~1.2	0.6~0.9	0.9~1.2	0.7~0.9	0.4~0.6
VII_4	(2.1)	(1.6)	1.3	(1.8)	(1.4)	1.0	(0.9)		
VII_5	(3.0)	(2.4)	1.9	(2.4)	(2.0)	1.6	(1.5)	(1.1)	(0.5)
VII_{6a}									

二、黏性土路基临界高度参考值(m)

自然区划	黏性土								
	地下水			地表长期积水			地表临时积水		
	H_1	H_2	H_3	H_1	H_2	H_3	H_1	H_2	H_3
II_1	2.9	2.2							
II_2	2.7	2.0							
II_3	2.5	1.8							

续上表

二、黏性土路基临界高度参考值(m)									
自然区划	黏 性 土								
	地下水			地表长期积水			地表临时积水		
	H_1	H_2	H_3	H_1	H_2	H_3	H_1	H_2	H_3
II_4	2.4～2.6	1.9～2.1	1.2～1.4						
II_5	2.1～2.5	1.6～2.0							
III_1									
III_2	2.2～2.75	1.7～2.2	1.3～1.7	1.75～2.2	1.3～1.7	0.9～1.3	1.3～1.75	0.9～1.3	0.45～0.9
III_3	2.1～2.5	1.6～2.1	1.2～1.6	1.6～2.1	1.2～1.6	0.9～1.2	1.2～1.6	0.9～1.2	0.55～0.9
III_4									
III_{1a}									
III_{2a}									
IV_1、IV_{1a}	1.7～1.9	1.2～1.3	0.8～0.9						
IV_2	1.6～1.7	1.1～1.2	0.8～0.9						
IV_3	1.5～1.7	1.1～1.2	0.8～0.9	0.8～0.9	0.5～0.6	0.3～0.4			
IV_4	1.7～1.8	1.0～1.2	0.8～1.0						
IV_5	1.7～1.9	1.3～1.4	0.9～1.0	1.0～1.1	0.6～0.7	0.3～0.4			
IV_6	1.8～2.0	1.3～1.5	1.0～1.2	0.9～1.0	0.5～0.6	0.3～0.4			
IV_{6a}	1.6～1.7	1.1～1.2	0.7～0.8						
IV_7	1.7～1.8	1.4～1.5	1.1～1.2	1.0～1.1	0.7～0.8	0.4～0.5			
V_1	2.0～2.4	1.6～2.0	1.2～1.6	1.6～2.0	1.2～1.6	0.8～1.2	1.2～1.6	0.8～1.2	0.45～0.8
V_2、V_{2a}(紫色土)	2.0～2.2	0.9～1.1	0.4～0.6						
V_3	1.7～1.9	0.8～1.0	0.4～0.6						
V_2、V_{2a}	1.7～1.9	0.7～0.9	0.3～0.5						
(黄壤土、现代冲击土)									
V_4、V_5、V_{5a}	1.7～1.9	0.9～1.1	0.4～0.6						
VI_1	(2.3)	(1.9)	(1.6)	(2.1)	(1.7)	(1.3)	0.9	0.5	
VI_{1a}	(2.2)	(1.9)	(1.5)	(2.0)	(1.6)	(1.2)	(0.9)	(0.5)	
VI_2	2.2～2.75	1.65～2.2	1.2～1.65	1.65～2.2	1.2～1.65	0.75～1.2	1.2～1.65	0.75～1.2	0.45～0.75
VI_3	(2.4)	(2.0)	(1.6)	(2.1)	(1.7)	(1.4)	(0.8)	(0.6)	
VI_4	2.4	2.0	1.6	(2.2)	(1.7)	(1.3)	1.0	0.6	
VI_{4a}	(2.2)	(1.7)	(1.4)	(1.9)	(1.4)	(1.1)	0.7		

续上表

二、黏性土路基临界高度参考值(m)

自然区划	黏性土								
	地下水			地表长期积水			地表临时积水		
	H_1	H_2	H_3	H_1	H_2	H_3	H_1	H_2	H_3
VI_{4b}	(2.3)	(1.8)	(1.4)	(2.0)	(1.6)	(1.2)	(0.8)		
VII_1	2.2	(1.9)	(1.5)	(2.1)	(1.6)	(1.2)	(0.9)	(0.5)	
VII_2	(2.3)	(1.9)	(1.6)	1.8	1.4	1.1	0.8	0.4	
VII_3	2.3~2.85	1.75~2.3	1.3~1.75	1.75~2.3	1.3~1.75	0.75~1.3	1.3~1.75	0.75~1.3	0.45~0.75
VII_4	(2.1)	(1.6)	(1.3)	(1.8)	(1.4)	(1.1)	(0.7)		
VII_5	(3.3)	(2.6)	(2.1)	(2.4)	(2.0)	(1.6)	(1.5)	(1.1)	(0.5)
VII_{6a}	(2.8)	2.4	1.9	2.5	2.0	1.6	1.4	(0.8)	

三、粉性土路基临界高度参考值(m)

自然区划	粉性土								
	地下水			地表长期积水			地表临时积水		
	H_1	H_2	H_3	H_1	H_2	H_3	H_1	H_2	H_3
II_1	3.8	3.0	2.2						
II_2	3.4	2.6	1.9						
II_3	3.0	2.2	1.6						
II_4	2.6~2.8	2.1~2.3	1.4~1.6						
II_5	2.4~2.9	1.8~2.3							
III_1	2.4~3.0	1.7~2.4							
III_2	2.4~2.85	1.9~2.4	1.4~1.9	1.9~2.4	1.0~1.9	1.0~1.4	1.4~1.9	1.0~1.4	0.5~1.0
III_3	2.3~2.75	1.8~2.3	1.4~1.8	1.8~2.3	1.4~1.8	1.0~1.4	1.4~1.8	1.0~1.4	0.55~1.0
III_4	2.4~3.0	1.7~2.4							
III_{1a}	2.4~3.0	1.7~2.4							
III_{2a}	2.4~3.0	1.7~2.4							
IV_1、IV_{1a}	1.9~2.1	1.3~1.4	0.9~1.0						
IV_2	1.7~1.9	1.2~1.3	0.8~0.9						
IV_3	1.7~1.9	1.2~1.3	0.8~0.9	0.9~1.0	0.6~0.7	0.3~0.4			
IV_4									
IV_5	1.79~2.1	1.3~1.5	0.9~1.1						
IV_6	2.0~2.2	1.5~1.6	1.0~1.1						
IV_{6a}	1.8~2.0	1.3~1.4	0.9~1.1						

续上表

三、粉性土路基临界高度参考值(m)									
自然区划	粉　性　土								
	地下水			地表长期积水			地表临时积水		
	H_1	H_2	H_3	H_1	H_2	H_3	H_1	H_2	H_3
IV_7									
V_3	2.2~2.65	1.7~2.2	1.3~1.7	1.7~2.2	1.3~1.7	0.9~1.3	1.3~1.7	0.9~1.3	0.55~0.9
V_2、V_{2a}(紫色土)	2.3~2.5	1.4~1.6	0.5~0.7						
V_3	1.9~2.1	1.3~1.5	0.5~0.7						
V_2、V_{2a}	2.3~2.5	1.4~1.6	0.5~0.7						
(黄壤土,现代冲击土)									
V_4、V_5、V_{5a}	2.2~2.5	1.4~1.6	0.5~0.7						
VI_1	(2.5)	(2.0)	(1.6)	(2.3)	(1.8)	(1.3)	(1.2)	0.7	0.4
VI_{1a}	(2.5)	(2.0)	(1.5)	(2.2)	(1.7)	(1.2)	0.6		
VI_2	2.3~2.15	1.85~2.3	1.4~1.85	1.85~2.3	1.4~1.85	0.9~1.4	0.5~0.9		
VI_3	(2.6)	(2.1)	(1.6)	(2.4)	(1.8)	(1.4)	(1.3)	(0.7)	
VI_4	(2.6)	(2.2)	$\underline{1.7}$	$\underline{2.4}$	1.9	1.4	1.3	0.8	
VI_{4a}	(2.4)	(1.9)	$\underline{1.4}$	$\underline{2.1}$	1.6	$\underline{1.1}$	$\underline{1.0}$	0.5	
VI_{4b}	(2.5)	$\underline{1.9}$	$\underline{1.4}$	2.2	1.7	1.2	$\underline{1.0}$	0.5	
VII_1	(2.5)	(2.0)	(1.5)	(2.4)	$\underline{1.8}$	1.3	1.1	0.6	
VII_2	(2.5)	(2.1)	(1.6)	(2.2)	(1.6)	(1.1)	0.9	0.4	
VII_3	2.4~3.1	2.0~2.4	1.6~2.0	(2.0~2.4)	(1.6~2.0)	(1.0~1.6)	(1.6~2.0)	1.0~1.6	0.55~1.0
VII_4	(2.3)	(1.8)	(1.3)	(2.1)	(1.6)	(1.1)			
VII_5	(3.8)	(2.2)	(1.6)	(2.9)	(2.2)	(1.5)		(1.3)	(0.5)
VII_{6a}	(2.9)	(2.5)	$\underline{1.8}$	(2.7)	2.1	$\underline{1.5}$	$\underline{1.6}$	1.1	

注:1. 表中 H_1、H_2、H_3 分别为路基干燥、中湿、潮湿状态的临界高度;路床面至地下水位高度小于 H_3 时为过湿路基,需经处治后方能铺筑路面。

2. VI、VII 区有横线者,表示实测资料较少,有括号者表示没有实测资料,根据规律推算而来。

3. III_2、III_3、VI_1、VI_2、VII_3 资料系甘肃省 1984 年所提建议值,其他地区供参考。

4. 缺少资料的二级区可论证地参考相邻二级区数值,并应积极调研积累本地区的资料。

●第三节　路基工作区●

一、路基受力状况

一般情况下,路基承受两种荷载,一种是路面和路基自重引起的静力荷载;另一种是车轮荷载引起的动力荷载。在两种荷载的共同作用下，使路基土处于受力状态。理想的设计应使路基受力时只产生弹性变形，而车轮驶过以后恢复原状，以确保路基的相对稳定，不致引起路面破坏。

当车轮荷载为圆形均布荷载时，圆形均布荷载中心下土基的垂直压应力可用式(2-2-4)近似计算。

$$\sigma_1 = \frac{p}{1 + 2.5\left(\frac{Z}{D}\right)^2} \tag{2-2-4}$$

式中：p——车轮的单位压力，kPa；

D——圆形均布荷载作用面积的直径，m；

Z——应力作用深度，m。

自重引起土基中的压应力，考虑到在一定深度以下，同路基自重相比较，路面重力的影响不大，所以在研究荷载作用最大深度时，为简化计算，近似地将路面材料相当于土基材料，则土基材料自重引起的压应力可用式(2-2-5)计算。

$$\sigma_z = \rho Z \tag{2-2-5}$$

式中：ρ——土基的湿密度，kN/m^3；

Z——应力作用深度，m。

车轮荷载所产生的垂直应力 σ_1，土基自重引起的垂直应力 σ_2 及两者的应力曲线如图 2-2-3 所示。

二、路基工作区

由图 2-2-3 可以看出，车轮荷载引起的应力 σ_1 随着深度增加而逐渐减小(曲线变化)，自重引起的应力 σ_2 则随着深度增加而增大(直线变化)。在某一深度 Z_a 处，车轮荷载所产生的应力仅为自重应力的 1/5～1/10，在此深度 Z_a 以下，车轮荷载对土基强度和稳定性影响甚小，故而可略去不计。由 $\frac{p}{1 + 2.5\left(\frac{Z_a}{D}\right)^2} = \left(\frac{1}{5} \sim \frac{1}{10}\right)\rho Z_a$，则可得出车轮荷载所引起的应力分布深度 Z_a。我们把经受车轮荷载作用较大的土基范围称为路基工作区，Z_a 称为路基工作深度。

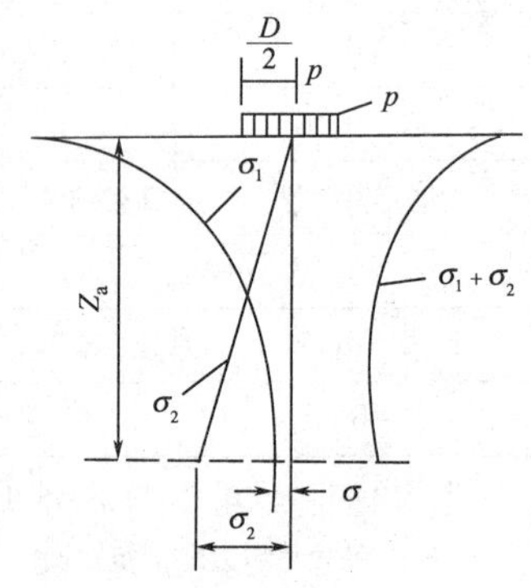

图 2-2-3　土基应力分布

几种汽车车型的路基工作区深度的近似值见表 2-2-10。

路基工作区深度　　表 2-2-10

汽 车 型 号	每侧后轮重 P(kN)	工作区深度 Z_a(m)
解放 CA—10B 载货汽车	1/2 ×60.85	1.6
东风 EQ—140 载货汽车	1/2 × 69.20	1.7
黄河 JN—150 载货汽车	1/2 ×101.60	1.9

续上表

汽车型号	每侧后轮重 P(kN)	工作区深度 Z_a(m)
北京 BJ—130 载货汽车	1/2 × 27.18	1.2
黄河 QD—351 倾卸汽车	1/2 ×97.15	1.9
上海 SH—380 倾卸汽车	1/2 ×360.00	2.9
天津 TJ—644C 大客车	1/2 × 75.30	1.7
红旗 CA—773 小客车	1/2 ×15.75	1.0

由表 2-2-10 可以看出，轻、重型汽车车轮荷载的影响深度相差很大，设计时应予注意。

路基工作区内，土基的强度与稳定性，对于保证路面的强度与稳定，满足行车要求极为重要，因此，对应力作用区内的土质选择、含水率与压实程度等，在设计时均应特别注意。

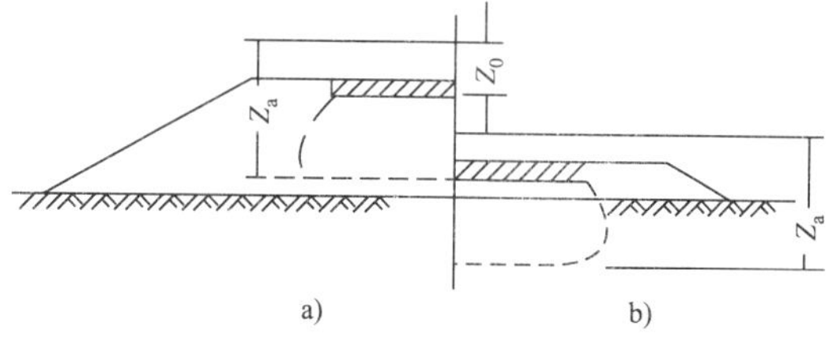

图 2-2-4　工作区深度

a）路堤高度大于 Z_a；b）路堤高度小于 Z_a

当应力作用深度大于路基填土高度时，车轮荷载不仅作用于路堤，而且作用于天然地基上部土层，此时，天然地基上部土层和路堤应同时满足路基工作区的设计要求。路基高度与工作区深度的关系如图 2-2-4 所示。

第四节　影响路基稳定性的因素

城市道路路基是一种线形结构物，具有距离长、与大自然接触面广的特点。其稳定性在很大程度上由当地自然条件决定。因此，需深入调查道路沿线的自然条件，从整体到局部，从地区到具体路段去分析研究，掌握各有关自然因素的变化规律、水温情况及人为因素对路基稳定性的影响，从而因地制宜地采取有效工程技术措施，以确保路基具有足够的强度和稳定性。

路基稳定性主要与下列因素有关：

1. 地理条件

道路沿线的地形、地貌和海拔高度不仅影响路线的选定，也影响路基设计。平原、丘陵、山岭各地势不同，水温情况各异。平原区地势平坦，地表易积水，地下水位相应较高，排水困难，因而加强排水设计至关重要；丘陵区地势起伏，山岭区地势陡峻，如排水设计不当，或地质情况不良，会降低路基的强度和稳定性，出现各种变形和破坏现象。

2. 地质条件

沿线的地质条件，如岩石的种类、成因、节理、风化程度和裂隙情况，岩石走向、倾向、倾角、层理和岩层厚度，有无夹层或遇水软化的岩层，以及有无断层或其他不良地质现象（岩溶、冰川、泥石流、地震等）都对路基的稳定性有一定的影响。

3. 气候条件

气候条件，如气温、降水、湿度、冰冻深度、日照、蒸发量、风向、风力等都会影响公路沿线地面水和地下水的状况，并且影响路基路面的水温状况。

在一年之中，气候有季节性的变化，因此路基的水温状况也随之变化。气候还受地形的影响，例如山顶与山脚，山南坡与山北坡气候有很大的差别，这些因素都会严重影响路基的稳定性。

4. 水文与地质条件

水文条件，如地面径流，河流洪水位、常水位及其排泄条件，有无地表积水和积水时期的长短，河流的淤积情况等。水文地质条件，如地下水位，地下水移动情况及其流量，有无泉水、层间水、裂隙水等。所有这些地面水及地下水都会影响路基的稳定性，如处理不当，常会导致路基的各种病害。

5. 土的类别

土是建筑路基的基本材料，不同的土类具有不同的工程性质，直接影响路基的形状、尺寸和稳定性。

不同的土类含有不同粒径的土颗粒。砂粒成分多的土，强度构成以内摩擦力为主，强度高，受水影响小，但施工时不宜压实。较细的砂，在渗流情况下，容易流动，形成流沙。黏粒成分多的土，强度形成以黏聚力为主，其强度随密实程度的不同变化较大。并随湿度的增大而降低。粉土类土毛细现象强烈，路基的强度随着毛细水的上升和湿度的增大而下降。在负温度坡差作用下，水分通过毛细作用移动并积聚，使局部土层湿度大幅度增加，造成路基冻胀，最后导致路基翻浆、路面结构层断裂等各种破坏。

• 第五节　路基的常见病害与病因分析 •

路基常见病害主要有下列几种：

1. 路基的沉陷

路基沉陷的特征是路基表面产生较大的竖向位移。路基的沉陷一般为不均匀沉陷，如图 2-2-5 所示。

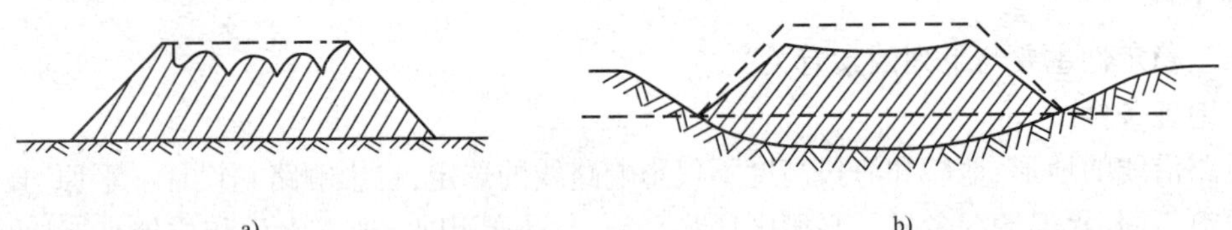

图 2-2-5　路堤沉陷

a）堤身沉陷；b）地基沉陷

路基沉陷分为堤身沉陷和地基沉陷两种情况。堤身的沉陷一般是由于填料选择不当，填筑方法不合理，压实不足，在荷载和水、温度综合作用下引起的。地基沉陷是由于原地面为软弱土层，例如泥沼、流沙或垃圾堆积等，填筑前未经换土或压实处理，造成承载力不足，发生侧面剪裂凸起，地基发生下沉。

2. 边坡滑塌

路基边坡滑塌是最常见的病害，根据边坡土质类别、破坏原因和规模的不同，可分为溜方

与滑坡两种情况。

1)溜方

溜方是由于少量土体沿土质边坡向下移动所形成。即通常指边坡上表面薄层土体下溜，主要是由于流动水冲刷边坡或施工不当而引起的。

2)滑坡

滑坡是指一部分土体在重力作用下沿某一滑动面滑动的现象。主要是由于土体的稳定性不足所引起的。

路基边坡滑塌的主要原因有:边坡过陡;填筑路堤方法不当;土体过于潮湿;坡脚被水冲刷;岩石破碎和风化严重等。

3. 剥落、碎落和崩塌

剥落是指边坡土层或风化岩层表面,在大气的干湿或冷热的循环作用下,表面发生胀缩现象,使表层土或岩石成片状或带状从坡面上剥落下来,而且老的脱落后,新的又不断产生。

碎落是坡面岩石成碎块的剥落现象,其规模与危害程度比剥落严重。

滑坍是指路基边坡土体或岩石沿着一定的滑动面整体向下滑动,其规模与危害程度较碎落更为严重,有时滑动体可达数百方以上。

崩坍是大的石块或土块脱离原有岩体或土体而沿边坡倾落下来,崩坍体的各部分相对位置在移动过程中完全被打乱。

崩坍主要是在土体(或土石混杂的堆积物)遇水软化,而边坡又在45°~60°之间,且边坡无支撑情况下产生的。

4. 路基沿山坡滑动

在较陡的山坡上填筑路基,如果原有地面较光滑,未做必要的处理,比如未进行凿毛或人工开挖台阶,或草丛未清除,坡脚又未进行必要的支撑,特别是在受到水的浸润后,填方路基与原地面之间摩擦阻力减小,路基整体或局部沿地面向下移动。如图2-2-6所示。

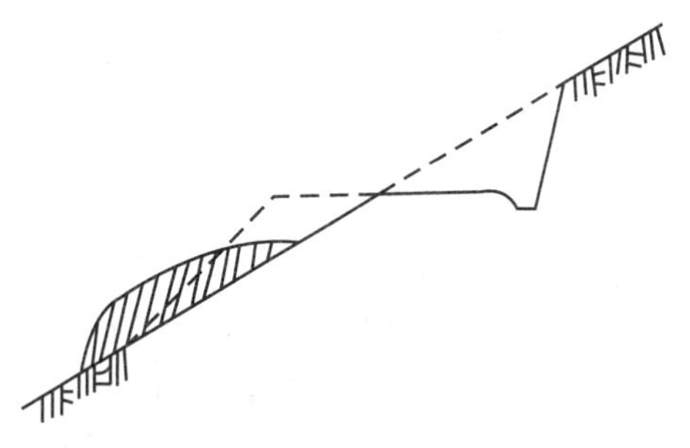

图2-2-6 路堤沿山坡滑动

5. 不良地质水文条件造成的路基破坏

由上述路基常见破坏形式可知,路基破坏的原因是多方面的。各种变形破坏既有各自的特点,又有共同的原因,大致可归纳为以下几个方面:

1)不良的工程地质与水文地质条件

主要包括地质构造复杂、岩层走向及倾角不利、岩性松软、风化严重、土质较差、地下水位较高及其他特殊不良地质灾害等。

2)不利的水文与气候因素

主要包括降雨量大、洪水猛烈、干旱、冰冻、积雪或温差较大、骤然降温等。

3)设计不合理

主要包括断面尺寸不符合要求,挖填布置不符合要求,未进行合理的防护、加固和排水设计不足等。

4)施工不符合有关规定

主要包括填筑顺序不当、土基压实不足、盲目采用大型爆破,以及不按设计要求和操作规程施工、工程质量不合标准等。

上述原因中,地质条件是影响路基工程质量和产生病害的基本前提,水是造成路基病害的主要原因。

第六节　路基的强度与强度指标

路基作为路面结构的基础,它抵抗车轮荷载能力的大小,主要决定于路基顶面在一定应力级位下抵抗变形的能力。所以路基的强度采用一定应力级位下的抗变形能力来表征。尽管柔性路面设计和刚性路面设计以不同的理论体系为基础,不同的设计方法有不同的假定前提,但是用于表征路基强度的各种指标,它们的前提基本上是相同的,也就是土基在一定应力级位下的抗变形能力。用于表征土基强度的指标主要有弹性模量、地基反应模量、加州承载比和抗剪强度等。

一、回弹模量

回弹模量是指路基、路面及筑路材料在荷载作用下产生的应力与其相应的回弹应变的比值。

通过路面传至土基的垂直压力,使土基产生一定程度的竖向位移变形,假定土基为均质的弹性体,在圆形垂直均布荷载作用下,在应力与应变成直线关系时,可用弹性理论来建立荷载与变形之间的关系式。

$$L_r = \frac{2p\delta(1-\mu_0^2)}{E_0}\alpha \tag{2-2-6}$$

式中:L_r——路表距离荷载中心轴为 r 点处的垂直位移,亦称弯沉值,cm;

p——圆形垂直均布荷载,MPa;

δ——圆形均布荷载面积半径,cm^2;

E_0——土基回弹模量,MPa;

μ_0——土的泊松比,一般取 0.35;

α——竖向位移系数。

由式(2-2-6)可知,土基回弹模量表示土基(图 2-2-7)在圆形均布荷载作用下土基表面的垂直位移在弹性变形阶段内,在垂直荷载作用下,抵抗竖向变形的能力,如果垂直荷载为定值,土基的回弹模量值越大,则产生的垂直位移就越小;如果竖向位移是定值,回弹模量值越大,则土基承受外荷载作用的能力就越大。因此,路面设计中采用回弹模量作为路基抗压强度的指标。回弹模量值的大小,取决于荷载的作用形式及竖向垂直位移的大小,以及土的性质与状态。

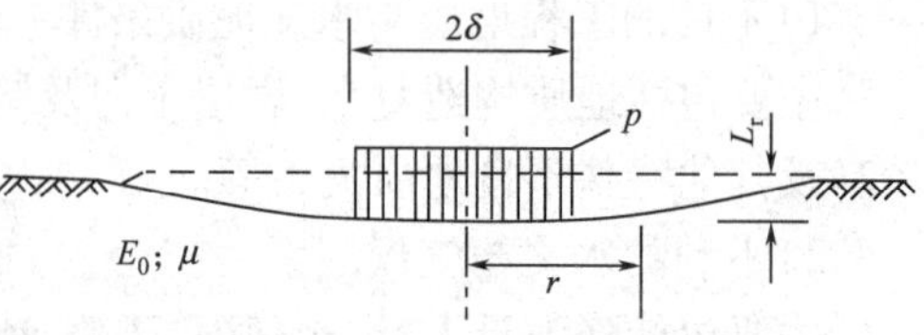

图 2-2-7　在圆形均布荷载作用下土基表面的垂直位移

二、地基反应模量 K

刚性路面设计中，采用温克勒(E. Winkler)地基模型描述土基工作状态时，用地基反应模量 K 表征土基的承载力。根据温克勒地基假定，土基顶面任一点的弯沉 l，仅同作用于该点的垂直压力 p 成正比，而同其相邻点处的压力无关。符合这一假定的地基如同有许多互不相邻的弹簧所组成。地基反应模量 K 为压力 p 与沉降 l 之比，即

$$K = \frac{p}{l}(\mathrm{kN/m^3}) \tag{2-2-7}$$

地基反应模量 K 值用承载板试验确定。承载板的直径规定为 76cm。测试方法与回弹模量测试方法相类似，但采用一次加载法。施加的荷载由两种方法控制：当地基较为软弱时，用 0.127cm 的沉降量控制承压板的荷载，因为通常情况下混凝土路面板的弯沉不会超出这一范围；若地基较为坚硬，沉降难以达到 0.127cm 时，则以单位压力 $p = 70\text{kPa}$ 控制承载板的荷载，这也是考虑到水泥混凝土路面下土基承受的压力通常不会超过这一范围。

三、加州承载比(CBR)

加州承载比是早年由美国加利福尼亚州提出的一种评定土基及路面材料承载能力的指标。承载能力以材料抵抗局部荷载压入变形的能力表征，并以高质量标准碎石为标准，它们的相对比值即为 CBR 值。

试验时，用一个端部面积为 19.35cm^2 的标准压头，以 0.127cm/min 的速度压入土中。记录每贯入 0.254cm 时的单位压力，直到总深度达到 1.27cm 为止，此时的贯入单位压力与达到该贯入深度时的标准压力之比即得土基的 CBR 值，即

$$\mathrm{CBR} = \frac{p}{p_s} \times 100$$

式中：p——对应于某一贯入度的土基单位压力，MPa；

p_s——与土基贯入度相同的标准单位压力，MPa(表 2-2-11)。

标 准 压 力 值 表 2-2-11

贯入度(cm)	0.254	0.508	0.762	1.016	1.270
标准压力(MPa)	7.03	10.55	13.36	16.17	18.23

以上三项指标，皆表征在特定力学模型下土基的应力与应变关系。但由于土基是非线弹性体，其强度还随土质、密实度、水温状况及自然条件而变，因此，在应用各项指标进行路面设计和对土基强度进行评价时，必须与路面结构设计方法相配合，把路基路面的设计力学模型与具体条件和要求联系起来。

四、抗 剪 强 度

在路基边坡内，若强度不足以抵抗剪应力的作用时，则相邻两部分土体将沿某一剪切面(滑动面)产生相对移动，于是边坡破坏，稳定丧失。这种沿剪切面使土体破坏的现象称为剪切破坏。土体所具有的抵抗剪切破坏的能力称为抗剪强度。土的抗剪强度按式(2-2-8)计算。

$$S = \sigma \tan\varphi + c \tag{2-2-8}$$

式中：S——土的抗剪强度，kPa；

σ——作用于剪切面上的法向压应力，kPa；

c——土的凝聚力，kPa；

φ——土的内摩擦角，度（°）。

由式（2-2-8）可知，土体的抗剪强度是由凝聚力 c 及内摩擦力 $\sigma\tan\varphi$ 组成的。凝聚力 c 和内摩擦角 φ 称为抗剪强度指标，是路基稳定性验算和挡土墙设计中必不可少的参数。

土的颗粒越细，凝聚力越大；土颗粒越粗，内摩擦角越大。由于凝聚力不如内摩擦力影响大，因此，土的颗粒越大，抗剪强度越高。

复习思考题

1. 路基土如何进行分类？各类土有哪些工程性质？
2. 路基干湿类型如何划分和确定？
3. 什么是路基工作区？研究路基工作区有何意义？
4. 路基稳定性的影响因素有哪些？
5. 路基有哪些常见病害？如何防治？

第三章

一般路基设计

知识目标

1. 描述路基设计的一般要求；
2. 描述路基横断面的基本形式及其特点；
3. 描述路基的基本构造及其设计要求。

一般路基通常是指在正常的地质和水文等条件下，填土高度或挖方深度小于规范规定值的路基。根据长期的生产实践和科学研究总结，这类路基已有了成熟的设计规定，拟定了典型的横断面图。因此，设计此类路基可比照当地地形、地质等情况，直接套用标准横断面图，而不必进行个别论证和验算。而对超过规定范围的高填路堤或深挖路堑，以及特殊地质和水文等条件，例如泥石流、岩溶、冻土、雪害、滑坡、软土及地震等地区的路基，为保证路基具有足够的强度和稳定性，以及合理、经济的横断面形式，需进行个别特殊设计。

• 第一节　路基设计的一般要求 •

路基设计之前，应做好全面调查研究，充分收集沿线地质、水文、地形、地貌、气象、地震等设计资料，查明沿线的土类或岩石类别，并确定其分布范围；选取代表性土样测定颗粒组成、天然含水率及液限、塑限；判断岩石的风化程度及节理发育情况；查明沿线古河道、古池塘、古坟场的分布情况及其对路基均匀性的影响；调查沿线地表水的来源、水位、积水时间与排水条件；调查沿线浅层地下水的类型、水位及其变化规律，判断地下水对路基的影响程度；调查该地区的降水量、蒸发量、冰冻深度、气温、地温与土基的天然含水率变化规律，确定土基强度的不利季节；调查邻近地区原有道路路基的实际情况，作为新建道路路基设计的借鉴；调查沿线地下管道回填土的土类及密实度；调查道路所在地区的地震烈度等。改建道路设计时，还应收集历年路况资料及当地路基的翻浆、崩塌、水毁、沉降变形等病害的防治经验。

为保证路基的强度和稳定性，在进行路基设计时应符合下列要求：

(1)路基必须密实、均匀、稳定。

(2)路槽地面土基设计回弹模量值宜大于或等于20MPa，特殊情况下不得小于15MPa。不能满足上述要求时应采取措施提高土基强度。

(3)路基设计应因地制宜,合理利用当地材料和工业废料。

(4)对特殊地质、水文条件的路基,应结合当地经验按有关规范设计。

路基设计应根据当地自然条件和工程地质条件,选择适当的路基横断面形式和边坡坡度。河谷地段不宜侵占河床,可视具体情况设置其他的结构物和防护工程。

第二节　路基横断面的基本形式

为了满足行车的要求,路基有些部分高出原地面,需要填筑;有些部分低于原地面,需要开挖。因此,路基横断面形状各不相同。典型的路基横断面有路堤、路堑、填挖结合及零填零挖等四种类型,如图 2-3-1 所示。

1. 路堤

高于原地面的填方路基称路堤。路床以下的路堤分上、下两层,路床底面以下 80 ~ 150cm 范围内的填方部分为上路堤,上路堤以下的填方部分为下路堤。图 2-3-1 是填方路基横断面的基本形式。按其所处的条件及加固类型的不同还有沿河路堤、陡坡护脚路堤及挖渠填筑路堤等。

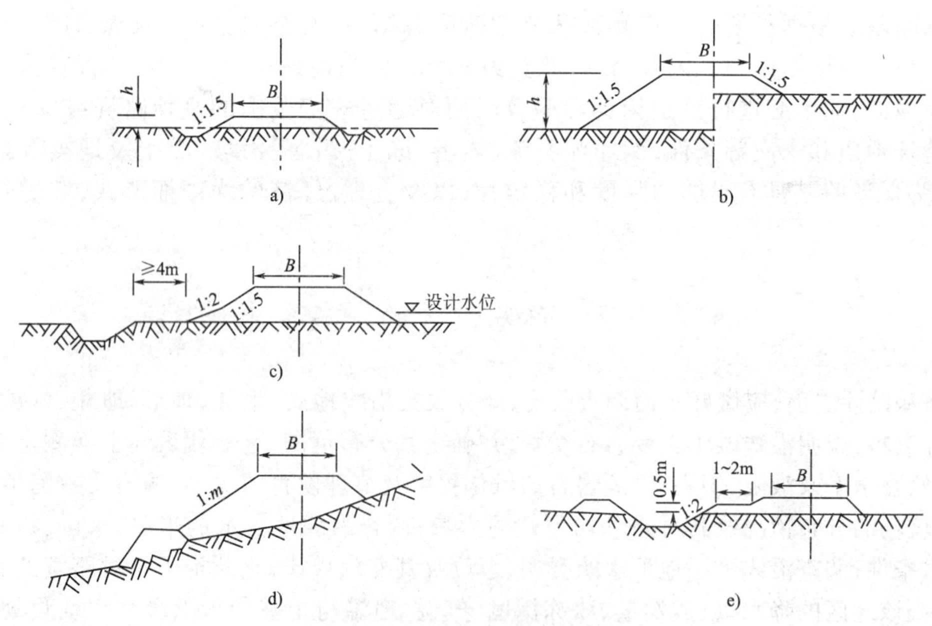

图 2-3-1　填方路基横断面的基本形式

a)矮路堤;b)一般路堤;c)沿河路堤;d)护脚路堤;e)挖渠填筑路堤

2. 路堑

低于原地面的挖方路基称为路堑。图 2-3-2 是挖方路基的基本形式。

最典型的路堑为全挖断面,路基两侧均需设置排水设施。

3. 填挖结合路基

在一个断面内,部分为路堤、部分为路堑的路基称为填挖结合路基。图 2-3-3 是填挖结合路基横断面的基本形式。若处理得当,路基稳定可靠,这种形式是比较经济的。但由于开挖部

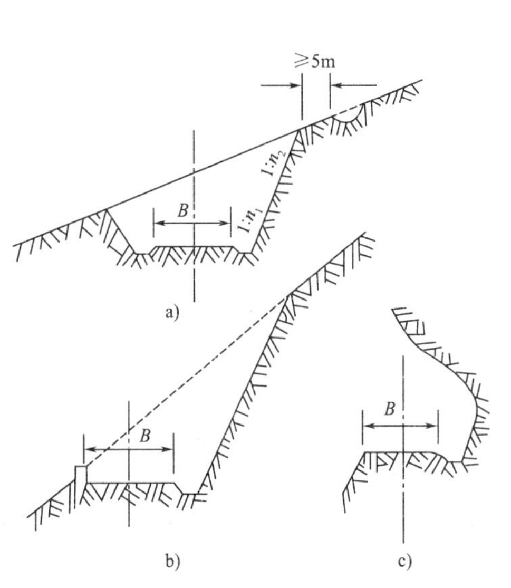

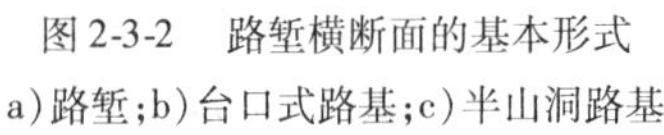

图 2-3-2 路堑横断面的基本形式

a）路堑；b）台口式路基；c）半山洞路基

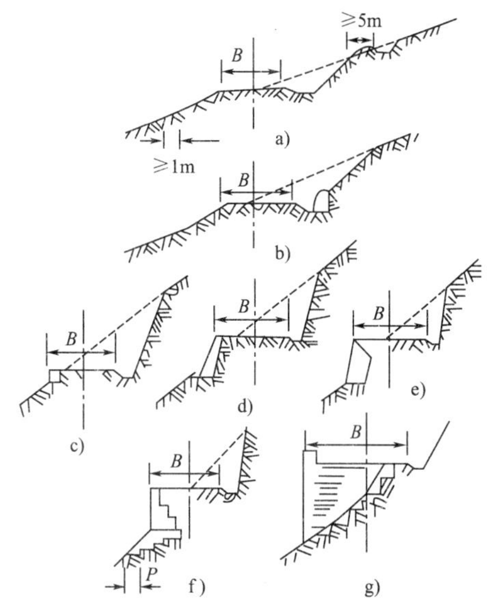

图 2-3-3 填挖结合路基横断面的基本形式

a）一般半填半挖路基；b）矮挡墙路基；c）护肩路基；d）砌石路基；e）护墙路基；f）挡土墙路基；g）半山桥

分路基为原状土，而填方部分为扰动土，往往这两部分密实程度不相同，若处理不当，这类路基会在填挖交界面处出现纵向裂缝等病害，因此，应加强填挖交界面结合处的压实。

4. 零填零挖路基

若原地面高程与路基高程基本相同，即构成零填零挖的路基断面形式，如图 2-3-4 所示。

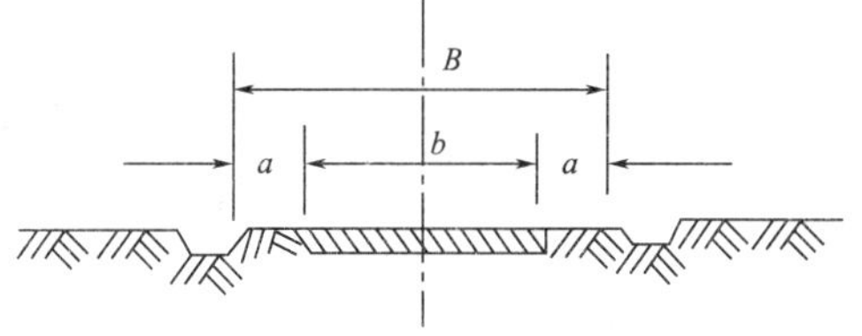

图 2-3-4 零填零挖路基横断面的基本形式

B-路基宽度；*b*-路面宽度；*a*-路肩宽度

第三节 路基的基本构造

路基由宽度、高度和边坡坡度等所构成。就路基稳定性和横断面经济性的要求而论，路基的边坡坡度及相应的措施，是路基设计的重点内容之一。

1. 路基宽度

城市道路具有不同功能的各组成部分，如机动车行道、非机动车行道、人行道、分隔带、路缘带和设施带等。供各种车辆在同一路面宽度内混合行驶的路幅，统称为车行道；其宽度称为车行道宽度，又称为单幅路宽度。如设有分隔带（墩或线）把机动车和非机动车分开行驶，道路由多幅路构成，其车行道宽度应从机动车道与非机动车道的横向排列组合来确定。道路路幅宽度应使道路两侧的临街建筑物有足够的日照和良好通风，还应使行人、车辆穿越时能有较好视野看到沿街建筑物的立面造型，感受良好街景。而路基宽度应结合道路横断面上的交通组织特点及其布置的路幅形式，对道路上各组成部分所占用的宽度作和。即路基宽度为道路上各组成部分所占用的宽度之和。

2. 路基高度

城市道路横断面设计关系到交通、环境、城市景观与市政公用设施的协调安排，不仅涉及综合经济问题，而且与环境、社会效益直接相关。因此，在设计中除交通外，还要综合考虑环境、沿街建筑以及路上、路下各种管线、杆柱设施的协调合理安排。

城市道路的路基高度是指路基设计高程与路中线原地面高程之差，又称为路基填挖高度或施工高度。

城市道路纵断面的设计线通常为车行道中心线，一般以与车行道中心线相应的路基中心线的设计高程作为路基设计高程，当道路横断面为双幅路（两块板），或不在同一高程上时，则应分别定出各个不同车行道中心线的设计高程。

城市道路纵断面设计线的受控因素较多，立面控制点主要指相交道路中心线交叉点高程、铁路平交道口的轨顶高程、已有立体交叉的净空规定所得出的设计控制高程、临街重要大型公共建筑的底层地坪高程、跨河桥梁桥面的设计高程、现状主要工程管线的埋设高程以及滨河路设计洪水位等。在城市道路纵断面设计线上，必须标出两侧永久性建筑物的地坪高程，它一般高于相应路面的设计高程。

路基高度是影响路基稳定性的重要因素。它也直接影响到路面的强度和稳定性、路面厚度和结构及工程造价。为此，在取土困难、用地受到限制、地质或水文地质条件不良，不能满足要求时，则应采取相应的排水、防护或加固等处治措施，以确保路基的强度和稳定性。

3. 路基边坡

山区城市道路，为保证路基稳定，路基两侧需做成具有一定坡度的坡面。路基边坡坡度是以边坡的高度 H 与宽度 b 之比来表示。为方便起见，习惯写成 $1:m$，$m=b/H$ 称为坡率，如1:0.5，1:1.5，如图 2-3-5 所示。m 值越大，边坡越缓，稳定性越好，但工程数量增大，且边坡过缓而暴露面积过大，易受雨、雪侵蚀，反而不利。可见，路基边坡坡度对路基稳定起着重要的作用。如何恰当地设计边坡坡度，即使路基稳定，又节省造价，这在路基横断面设计中是极为重要的，尤其在深路堑及工程地质复杂的地区。

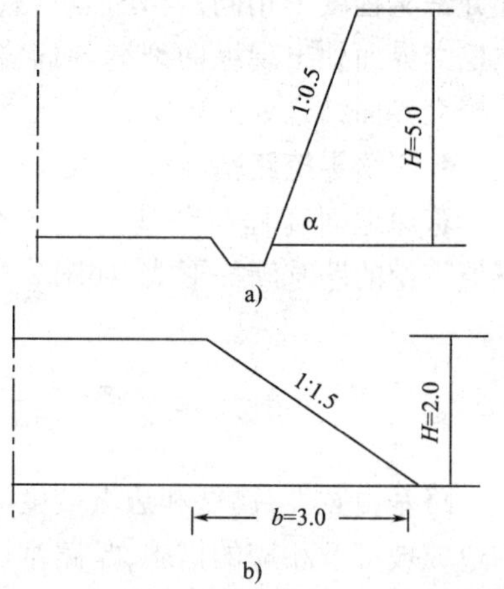

图 2-3-5 路基边坡坡度示意图（尺寸单位：m）
a）路堑；b）路堤

路堤的边坡坡度，应根据填料的物理力学性质、气候条件、边坡高度以及基底的工程地质和水文地质条件等进行合理的选定。

挖方路基边坡，主要与当地的工程地质、水文地质、地面排水条件及边坡高度、施工方法等因素有关，应综合分析论证确定。

土质路堑边坡形状可分为直线形、上陡下缓折线形、上缓下陡折线形和台阶形等四种形式，如图 2-3-6 所示。确定边坡形状，应根据土的组织结构、均匀程度、密实程度和可塑状态及边坡高度，合理地选择。一般地区，当边坡土质均匀或为薄层互层，水文地质较好时，宜选用直线形边坡。若边坡高度较大、且土质不均匀，可考虑折线形边坡；上部土层较下部土层密实程度大时，采用上陡下缓形；反之，则采用上缓下陡形。折线形边坡易在变坡拐点处出现冲刷而使边坡遭受破坏，因此，降雨量大、土质软弱地区的边坡，不宜采用这种形式，或需经防护后才采用。若工程地质和水文地质较差，或下层是风化岩，上层是密实程度高的土质，或边坡高超过 15 ~ 20m，则宜采用阶梯形边坡。阶梯平台一般设在边坡中间适当位置，若边坡过高，可设多级台阶。台阶最小宽度不宜小于 1.0m，对多雨地区，尚应在平台上修筑截水设备。实践表明，此类边坡对路基边坡稳定性具有很好的保护作用。

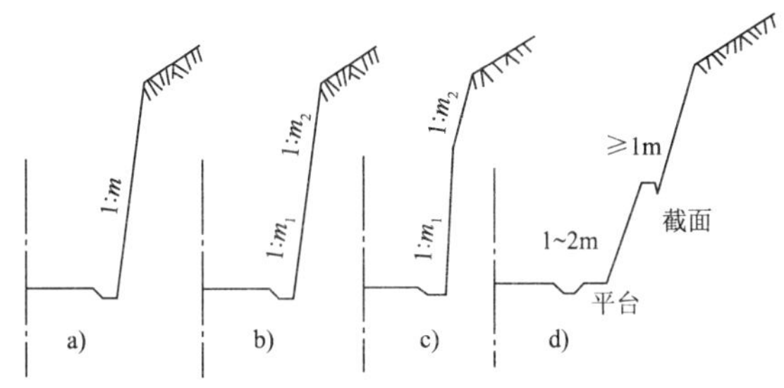

图 2-3-6　路堑边坡形式

a) 直线形；b) 上陡下缓折线形；c) 上缓下陡折线形；d) 台阶形

复习思考题

1. 什么是一般路基？什么是特殊路基？

2. 路基横断面有几种基本形式？有哪些组成要素？

第四章 路基防护与加固

知识目标

1. 描述路基防护和加固的基本类别；
2. 描述植物和矿料坡面防护的种类、方法及要求；
3. 描述冲刷防护的种类、方法、要求和注意事项；
4. 描述挡土墙的分类和布置要求；
5. 描述湿软路基的加固方法。

能力目标

进行重力式挡土墙的设计计算。

由岩、土填挖而成的路基，改变了原有地层的天然平衡状态，直接或间接承受路面、行车荷载及自然因素等的长期作用，岩土在不利的水温条件下，其物理、力学性质将发生变化，路基可能产生各种变形和破坏。为防治路基病害，确保路基稳定，除做好路基排水工程外，还必须根据当地水文、地质及材料等情况，采取有效的措施，对各类土、石边坡及软弱地基予以必要的防护与加固。

路基防护与加固的目的，在于防止行车荷载和自然因素等作用下所引起的路基过量变形和破坏，确保路基的强度和稳定性，维护正常的汽车运输，减少道路灾害，确保行车安全，同时美化路容，保持道路与自然环境相协调，提高道路的使用品质。防护与加固工程重点在于路基边坡防护及湿软地基的加固。此外，路基防护与加固应与路基排水紧密结合，以保证路基的强度与稳定性。

第一节 路基防护与加固分类

路基防护与加固工程设施，按其作用不同，可以分为边坡坡面防护、沿河、滨海路堤的冲刷防护、支挡结构物及湿软地基加固四类。

1. 坡面防护

坡面防护主要用于防护易受自然因素影响而受破坏的土质与岩石边坡。常用类型有植物防护（种草、铺草皮、植树等）和矿料防护（抹面、喷浆、勾缝、石砌护面等）两大类。植物防护又称为“生命”防护，以土质边坡为主。矿料防护又称为“无机”防护，以石质路堑边坡为主。在一定程度上，有“生命”防护在边坡稳定和改善路容方面，优于无机物防护。

2. 冲刷防护

冲刷防护用于防护水流对路基的冲刷与淘刷，按其功能不同，可分为直接防护和间接防护两类。直接防护是采用植树、铺石、抛石、石笼等措施，保护沿河路堤、河滩路堤、桥头引道路堤等的边坡和坡脚，免受水流的直接冲刷与淘刷。间接防护主要指设置导治结构物，如丁坝、顺坝、防洪堤、拦水坝等，必要时进行疏浚河床、改变河道，以改变水流流速、流向和流态，避免或减缓水流对路基的直接破坏作用。

3. 支挡结构物

支挡结构物是用于防止路基变形，支挡路基本体或与路基本体性状有关的周围土体稳定的工程结构物，常用的类型有路基边坡支撑（挡土墙、土垛、石垛及其他具有承重作用的构造物）和堤岸支挡（沿河驳岸、浸水挡土墙）。驳岸与浸水挡土墙主要区别在于，前者主要起防水作用，后者既防水，又兼起支挡路基土体侧压力的作用。

4. 湿软地基加固

湿软地基加固是指用各种有效措施处治天然含水率高、孔隙比大、压塑性高、承载力低的湿软地基，以防路基沉陷、滑移或发生其他病害。

路基防护与加固工程中，一般把防止风化和冲刷，主要起隔离、封闭作用的措施称为防护工程。而把防止路基或山体因重力作用而坍滑，地基承载力不足而沉陷，主要起支承、加固作用的结构物称为加固工程。防护工程设施不能承受外力作用，所以必须要求路基坡面岩土整体稳定牢固。

●第二节 坡 面 防 护●

路基边坡坡面防护，主要是保护路基边坡表面免受雨水冲刷，减缓温差及湿度变化的影响，防止和延缓软弱岩土表面的风化、破碎、剥蚀演变进程，从而保护路基边坡的整体稳定性，在一定程度上，还可美化路容和协调环境。

一、植 物 防 护

植物防护主要适用于坡高不大、边坡比较平缓、水流流速较低，适于植物生长的土质坡面，依靠成活植物的发达根系，深入土层，固结表土。植物根、茎、叶可以调节土体的温度与湿度，阻滞地表径流，防止或减缓冲刷，防止表土流失。在沙漠或积雪地区的路基两侧植树，可成为防沙栅和防雪栅。不同的植被，还可起到交通诱导、安全、防眩、吸尘、隔音作用，同时美化路容，协调环境。

1. 种草

适用于坡面冲刷轻微，容许流速为 0.4 ~0.6 m/s（短时冲刷），边坡高度不高且不陡于1:1的适于草类生长的土质边坡。选用生长力强、根部发达、叶茎低矮、枝叶茂密或有匍匐茎的多年生长的草种为宜，并尽量用几种草籽混种。必要时加铺不小于 10cm 厚的种植土层。

种植时草籽宜掺土拌和，均匀撒播草籽，使其入土深度不少于 5cm，种完后拍实松土，洒水湿润，并注意管理。

2. 铺草皮

适用于坡面冲刷较严重、径流速度小于 0.6 ~ 1.2m/s、边坡较高陡、附近草皮来源较易地区的路基。草皮品种与种草相仿。草皮规格以不过于损坏根系、便于成活及运输而定，一般为 20cm × 25cm、20cm × 40cm、25cm × 40cm 及 30cm × 50cm 几种；草皮厚度依据草根的深度而定，一般为 6 ~ 10cm，干旱和炎热地区可增加到 15cm。

铺草皮一般应在春季或秋季进行，气候干旱地区则应在雨季进行。铺草皮前应将坡面整平，必要时加铺 6 ~ 10cm 厚种植土层。铺设时应由脚下向上铺钉，每块草皮钉 2 ~ 4 根竹木销桩。草皮铺砌形式有平铺、水平叠铺、垂直叠铺、斜交叠铺及网格式等，如图 2-4-1 所示。

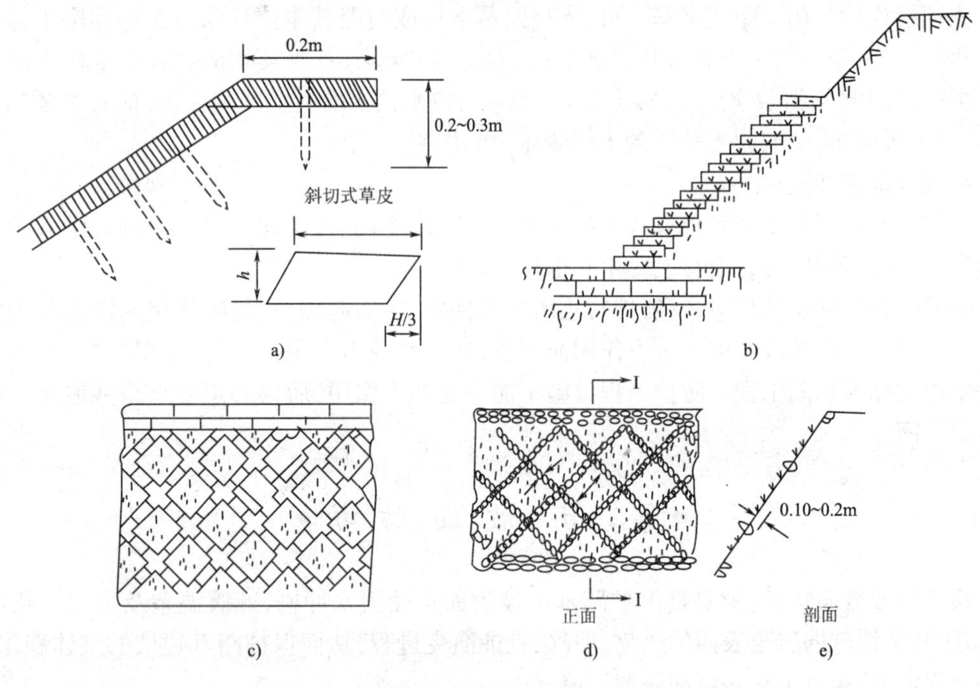

图 2-4-1　草皮防护示意图

a) 平铺草皮；b) 平铺叠置草皮；c) 方格式草皮；d) 卵石方格草皮；e) I—I 剖面

3. 植树

主要作用是加固边坡、防止和减缓水流冲刷。林带可以防汛、防砂和防雪，调节气候、美化路容，增加木材收益。在坡面上植树与铺草皮相结合，可使坡面形成一个良好的覆盖层。

植树品种，以根系发达、枝叶茂盛、生长迅速的低矮灌木为主。沿河路堤植树，则以喜水、根深、杆粗的树种，并多排成行栽种，以起到导流、截流、挑水、促使泥沙淤积、加固堤岸的作用。植树的平面布置，应根据防护目的、植树品种及作用，结合当地经验而定。城市或风景区的植物防护，应与有关部门协调配合。

4. 骨架植物防护

浆砌片石或水泥混凝土骨架植草防护适用于土质和强风化岩石边坡，防止边坡受雨水侵蚀，避免土质坡面上产生沟槽。其结构形式主要有方格形、人字形、拱形及多边形混凝土空心块等。常用的骨架防护边坡是在骨架内铺草皮或栽砌卵石等进行防护。

二、矿料防护

对于陡边坡和风化严重的岩石边坡，不宜使用植物防护或考虑就地取材时，采用砂石、水泥、石灰等矿质材料进行坡面防护是常用的防护形式。常用有抹面、喷浆、勾缝、灌浆、石砌护坡或护面墙等。

1. 抹面

抹面适用于易风化而表面平整、尚未剥落的岩石边坡，如页岩、泥岩、泥灰岩、千枚岩等软质岩层。一般选用水泥砂浆、水泥石灰砂浆、石灰煤渣混合砂浆、石灰炉渣灰浆等复合材料，要求均匀紧贴坡面进行抹灰。面积较大时，每隔5~10m设缝宽2cm的伸缩缝一道，用沥青麻筋或油毛毡填塞紧密。必要时坡顶设天沟，并用相同材料对沟壁抹面。抹面使用年限较短，一般为6~8年。

2. 喷浆

喷浆适用于易风化、裂隙和节理发育较完整的岩石路堑边坡，且边坡较干燥，无水流浸入。通过喷涂一层厚度5~10cm的砂浆，岩石坡面将被封闭，形成一个保护层，达到阻止面层风化、防止边坡剥落与碎落的目的。砂浆可用水泥浆或水泥砂浆，甚至水泥石灰砂浆。其质量配合比可选用水泥∶石灰∶河沙∶水为1∶1∶6∶3。喷浆前应将坡面整平，去除已经风化的表层，洒水润湿，一次喷成。喷射作业应自下而上，喷射时喷枪嘴必须垂直于坡面，并与坡面保持1.0m左右的距离。当为了增加喷浆与坡面的黏结，防止脱落或剥落，可采用锚喷混凝土防护。先在清挖出的密实、稳定的新鲜坡面上钻孔、安装锚杆、灌浆；然后挂上纤维网柱或钢丝网柱；最后用高压泵喷射厚度4~6mm的20号混凝土。喷射作业严禁在结冰季节和雨季进行，脱落处要尽早补喷。

3. 勾缝

勾缝适用于质地坚硬，不易风化但节理发达，纵、横向裂缝较多而细的岩石边坡，以防水分渗入岩层内造成病害。勾缝可用质量比为1∶2~1∶3的水泥砂浆，或用体积比为1∶0.5∶3或1∶2∶9的水泥石灰砂浆。勾缝前应先涂一层水泥浆，使砂浆与岩石结合更好，并在水泥浆凝固前，进行勾缝。勾缝后3~5min内进行一次打抹、修平，力求表面光滑，并用麻袋将灰缝覆盖，洒水养生。

4. 灌浆

灌浆适用于质地坚硬，局部存在较大、较深的缝隙或洞穴，并有进一步扩展而影响边坡稳定性的岩石路堑边坡。其目的是借助灰浆的黏结力把裂开的岩石黏在一起，保证边坡稳定。可用质量比为1∶4或1∶5的水泥砂浆插捣密实，必要时可用压浆机灌注，灌浆应灌满至缝口抹平。裂缝或洞穴较宽则可用混凝土灌注。为防止漏浆，应注意对贯穿裂缝进行嵌补。

5. 石砌防护

为防止地面径流或河水冲刷，道路填方边坡、沿河路堤浸水部位坡面、土质路堑边坡下部的局部，以及桥涵附近坡面，可采用石砌防护。石砌防护可分为干砌和浆砌两种，如图2-4-2所示。

干砌片石护坡适用于易遭受雨、雪水冲刷，流速不大于2~4m/s，易发生泥流、溜坍或严重剥落的较缓的（不陡于1∶1.25）路基边坡。干砌片石护坡厚度不宜小于0.25m，一般可分为单

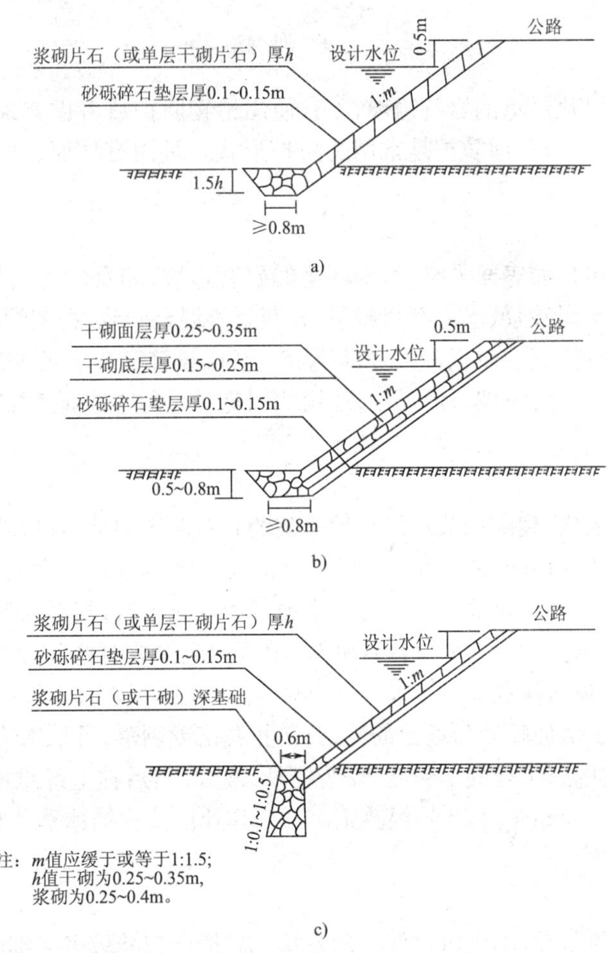

图 2-4-2　石砌护坡图

a）单层石砌护坡；b）双层石砌护坡；c）深基础石砌护坡

层铺砌和双层铺砌两种，单层厚度为 0.25 ~ 0.35m。双层的上层厚度为 0.25 ~ 0.35m，下层厚度为 0.15 ~ 0.25m。为提高路基整体强度，防止水分浸入，干砌片石宜用砂浆勾缝。当水流流速较大，波浪作用强，有漂浮物等冲击时，不宜采用干砌片石护坡的边坡，宜采用浆砌片石护坡，其厚度一般为 0.25 ~ 0.4m。无论是干砌片石或浆砌片石，均应在片石下面设置 0.1 ~ 0.15m 厚的碎（砾）石或砂砾混合物垫层，并按反滤作用的要求选择规格，以起到整平层和反滤层的作用，不仅能使结构层具有一定的弹性，增加对波浪、流冰及漂浮物等冲击作用的抵抗力，而且可防止水流或波浪将护坡下路基边坡的细粒土冲走。

石砌护坡坡脚应修筑墁石铺砌式基础，其断面为倒梯形，表面宽度不小于 1.5 ~ 2.5 倍冲刷速度，底宽不小于 0.5m，在无河水冲刷时，基础埋置深度一般为护坡厚度的 1.5 倍。沿河受水流冲刷时，基础应埋置在冲刷线以下 0.5 ~ 1.0m 处，或采用石砌深基础。

砌石由下而上，错缝嵌紧，表面平整，砂浆饱满，周界用砂浆密封，无干靠、空洞和蚯蚓缝等现象，以防渗水。对浆砌片石护坡，每隔 10 ~ 15m 应设置伸缩缝，缝宽约 2cm，缝内填塞沥青麻筋或沥青木板等材料；在基底土质有变化处，还应设置沉降缝，可考虑将伸缩缝与沉降缝合并设置。护坡的中、下部应设泄水孔，以排泄护坡背面的积水及减小渗透压力。可用 10cm×10cm 的矩形或直径为 10cm 的圆形泄水孔，其间距为 2～3m，泄水孔后 0.5m 范围内应设置反滤层。

路堤边坡上采用浆砌片石护坡，应在路堤沉实或夯实后施工，以免因路堤的沉落而引起护坡的破坏。

6. 护面墙

护面墙适用于防护易风化或风化严重的软质岩石或较破碎岩石的挖方边坡以及坡面易受侵蚀的土质边坡。其目的是保护边坡免受自然因素的影响。护面墙沿着边坡坡面修建，除自重外，不担负其他荷载，亦不能承受土体侧压力。因此，要求路基边坡必须稳定，且边坡不宜陡于 1∶0.5。表 2-4-1 为护面墙常用尺寸表。

护面墙的厚度参考表

表 2-4-1

护面墙高度 H(m)	路堑边坡	护面墙厚度(m)	
		顶宽 b	底宽 d
≤2	1∶0.5	0.40	0.40
≤6	>1∶0.5	0.40	$0.40+H/10$
$6<H\leq10$	1∶0.5～1∶0.75	0.40	$0.40+H/20$
$10<H\leq16$	1∶0.75～1∶1	0.60	$0.60+H/20$

沿墙身纵向每隔 10～15m 设置伸缩缝一道，缝宽 2cm，用沥青麻筋填塞缝，深入 10～20cm，芯部可空着。护面墙基础修筑在不同岩层时，应在其相邻处设置沉降缝一道，其要求同伸缩缝。墙身上、下、左、右每隔 2～3m 设置一排或多排泄水孔，可用 10cm×10cm 方形或直径为 10cm 圆形泄水孔，在泄水孔后面，用碎石和砂作成反滤层。为增加墙体稳定性，在护面墙较高时应分级修筑，根据边坡基岩或土质的好坏，每 6～10m 高为一级，并设宽度不小于 1.0m 的平台。墙背每 4～6m 高设一耳墙（错台），其宽度为 0.5～1.0m。墙基要求稳固，其埋置深度应在冰冻线以下 0.25m，墙底一般做成向内倾斜的反坡，若为软基，可设拱形结构物跨过或采用适当的加固措施。图 2-4-3 为护面墙示意图。各式护面墙墙顶均应设置 25cm 的墙帽，并使其嵌入边坡 20cm，以防雨水浸入。砌体应自下而上逐层砌筑，直至墙顶。

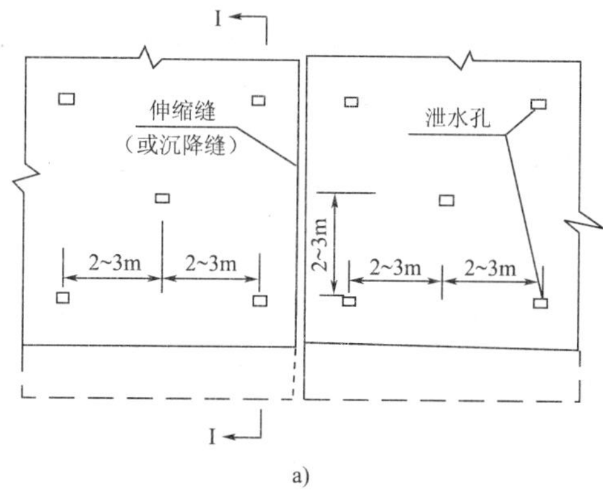

图 2-4-3

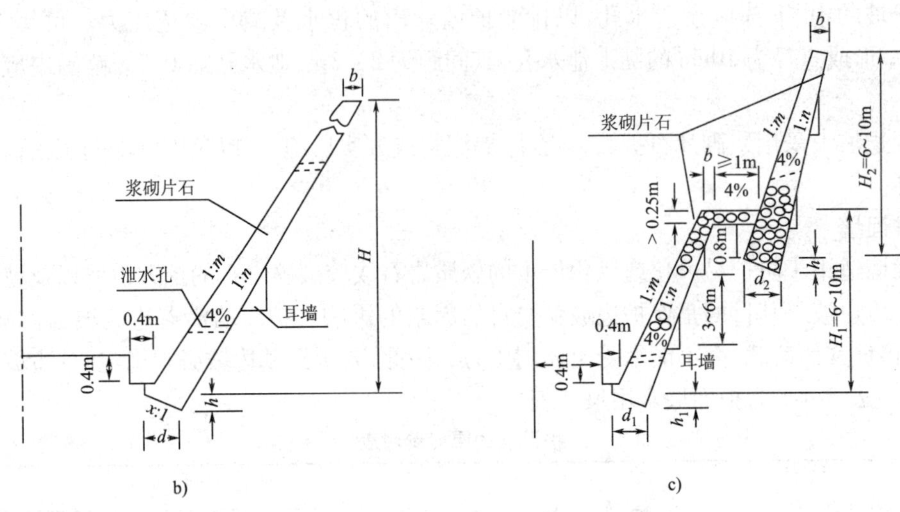

图 2-4-3　护面墙示意图

a）正面；b）剖面 I-I；c）两级护面墙

•第三节　冲刷防护•

沿河地段路基当受水流冲刷时，应根据河流特性、水流性质、河道地貌、地质等因素，结合路基位置，选用适宜的防护工程、导流或改河工程。如前所述，冲刷防护主要有直接防护或间接防护两种形式，可单独采用，也可综合采用。

一、直接防护

直接防护是在稳定的边坡上直接加固的一种措施，其特点是不干扰或很少干扰原来的水流性质。除了植物防护和石砌护坡外，抛石、石笼及浸水挡墙等均属直接防护。当水流流速为 3.0 ~5.0m/s 时，宜采用抛石防护；流速 >5.0m/s，或过多压缩河床，造成上游壅水时，则改用石笼防护或设置浸水挡土墙等支挡结构物。

1. 抛石防护

抛石防护宜用于经常浸水及水深较深的路基边坡下部或河岸防护，且河床地层承载力较好、无严重局部冲刷的地段，以防水流冲刷及淘空坡脚。抛石一般多用于抢修工程。图 2-4-4 为抛石防护示意图，类似于陡坡路堤在坡脚处设置石垛，其中：a）适用于新建道路；b）适用于旧路路堤抛石垛。抛石边坡坡度和选用石料粒径应视水深和流速和波浪情况而定，石料粒径应大于 30cm。流速大、水很深、波浪高的路段，抛石应采用较大粒径的石块。为了增加抛石的稳定性，抛石垛的边坡坡度不应陡于抛石浸水堆积后的天然休止角。在缺少较大石料的地区以及流速很大或波浪作用很强烈的地段，也可使用预制水泥混凝土方块或四面体作为抛投材料。

抛石防护除防洪抢险外，一般应于枯水季节施工。对于易受冲刷的基底（如土基）可先用碎卵石设置基底垫层，其厚度一般不小于 0.3 ~0.5m，并伸出抛石堆坡脚以外 1.5 ~2.0m。

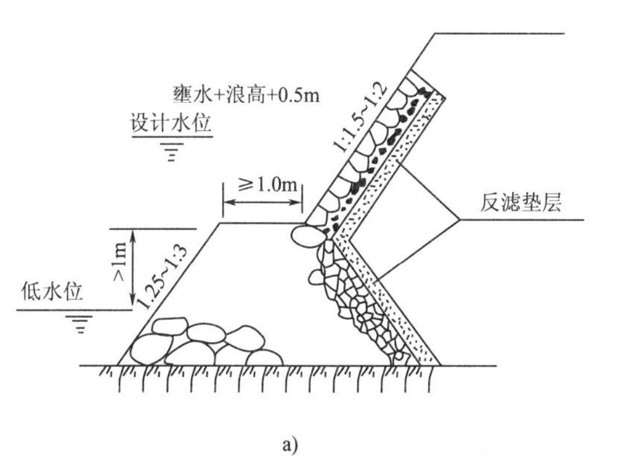

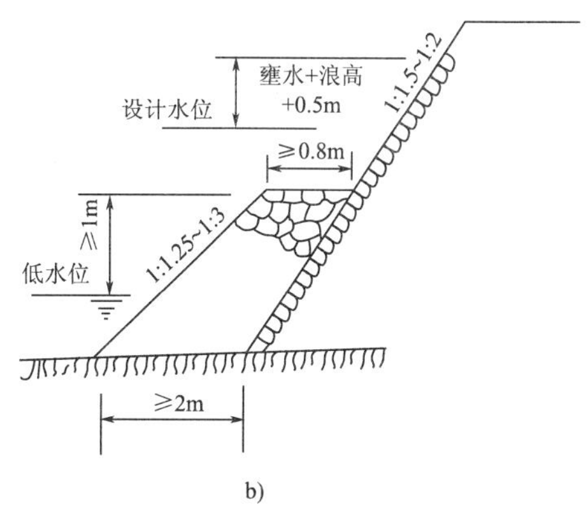

a) b)

图 2-4-4 抛石防护

2. 石笼防护

石笼防护适用于受水流冲刷和风浪侵袭，且防护工程基础不易处理或沿河挡土墙、护坡基础局部冲刷深度过大的沿河路堤坡脚或河岸。石笼防护是用铁丝编织成框架，内填石料，设置在坡脚处。图 2-4-5 为石笼形式示意图。石笼网可用镀锌铁丝或普通铁丝编制，镀锌铁丝使用年限较长，一般为 10 年左右，普通铁丝为 5 年左右。有规则形状的石笼一般用直径 6 ~ 8mm 的钢筋组成框架然后编织网格。网孔可用六角形或方形，但方形网孔强度较低，一旦破坏后易于变形，并继续扩大。常用的网孔尺寸有 6cm × 8cm、8cm × 10cm、10cm × 12cm、12cm × 15cm 等几种。采用何种规格，应视填充石料的最大粒径而定，网孔宜略小于最大粒径。石笼内所填石料，应采用重度大、浸水不崩解、坚硬且未风化的石块。笼内填石粒径不小于 4cm，一般为

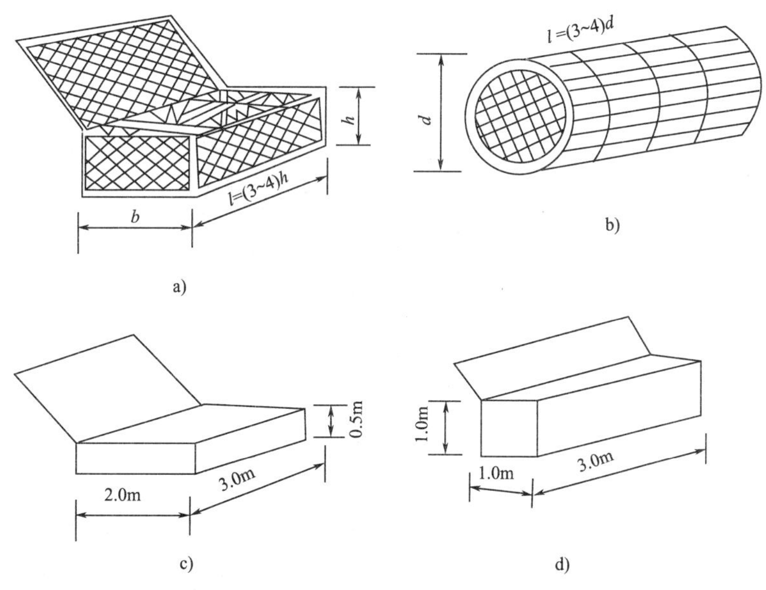

a) b) c) d)

图 2-4-5 石笼的形式

a) 箱形；b) 圆柱形；c) 扁形；d) 柱形

5～20cm，外层应选用粒径较大且有棱角的石料，内层选用粒径较小的石料填充。铺砌时，用于防止冲刷淘底的石笼，应与坡脚线垂直，且堤岸一端固定；用于防止堤岸边坡冲刷时，则垒码平铺成梯形，如图2-4-6所示。单个石笼的大小，以不被相应速度的水流冲动为宜，铺设时需用碎（砾）石垫层铺平，底层各角，可用铁棒固定于基底。石笼防护不受季节限制，也可在任何气候条件及水流情况下采用，但仍以低水位季节施工较好。当在水中安置石笼时，可用脚手架或船只按顺序投放。

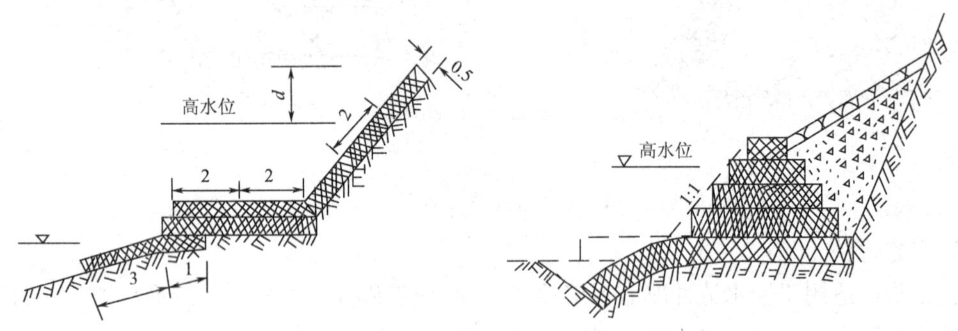

图2-4-6　铁丝石笼防护（尺寸单位：m）

二、间 接 防 护

采用导流或阻流的方法，设置导流调治结构物改变水流性质，使主流流向偏离被防护的路段，消除或减缓水流对路基边坡的直接冲刷和淘刷，改变河槽中冲刷和淤积的部位，以及必要的改河工程，均属于间接防护。导流调治结构物是桥涵和路基的重要附属工程，由于涉及水流改向，影响范围较大，工程费用亦较高，务必慎重。导流调治结构物主要设坝，按其与河道的相对位置，一般可分为丁坝、顺坝和格坝。图2-4-7为导流调治结构物综合布置图例。

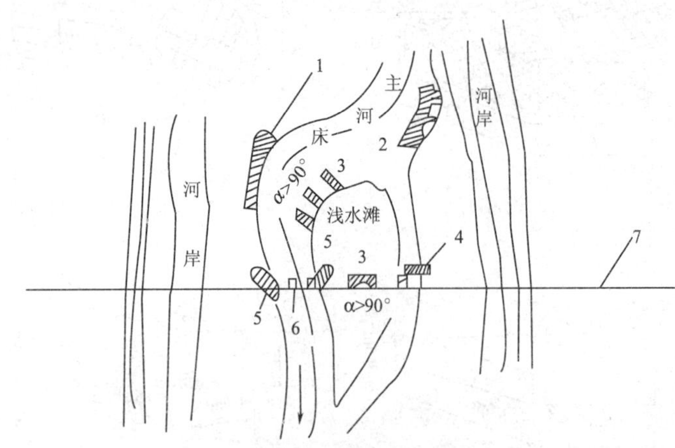

图2-4-7　导流结构物综合布置图例

1-顺水坝；2-格坝；3-丁坝；4-拦水坝；5-导流坝；6-桥墩；7-路中线

丁坝也称挑水坝，是坝体轴线与导线（河岸）正交或成较大角度的斜交的导流构造，用以挑流或减低流速，适用于宽浅变迁性河段。丁坝形式较多，按长短分，有长丁坝、短丁坝。短丁坝只干扰其附近局部水流，使水流流向河心；长丁坝则使水流冲向对岸。丁坝可由乱石堆砌而成。其横断面为梯形，坝身顶宽2～3m，坝头顶宽约3～4m，上游边坡1∶1～1∶1.5，下游边坡1∶1.5～1∶2。丁坝要求设置多个形成坝群。

由于丁坝压缩水流断面，扰乱原来水流性质，坝头附近出现强烈局部冲刷，故坝头的基础必须深埋，一般应置在冲刷线以下0.5～1.0m，坝身和坝根虽可浅些，但也不能浅于冲刷线。丁坝与顺坝均用石块修建成梯形横断面，坝体分为坝头、坝身和坝根三个组成部分，横断面尺寸依据构造要求、施工条件和使用需要而定，并应进行稳定性计算。

顺坝指坝轴线基本沿导流线边缘布置，使水流较顺缓地改变流向，起疏导水流作用。顺坝坝长与被防护段长度基本相等，构造与丁坝大体相同。丁坝和顺坝坝根均应嵌入河岸，深度为坝长的0.15～0.2倍，较坚实的河岸嵌入长度一般不长于2m。

顺坝受纵向水流影响较大，故迎水坡应比背坡缓。根据实践经验，迎水坡一般采用1∶1.5～1∶2.5，背水坡采用1∶1～1∶1.5。当顺坝较长，距离河岸间距较大时，为防止水流冲走沉积泥沙，使坝体与河岸相连，在顺水坝与河岸之间设置一道或几道横格，形成格坝。格坝一端与顺坝相连，另一端嵌入河岸，其间距视具体情况而定，以使两格坝间流速变慢为原则。

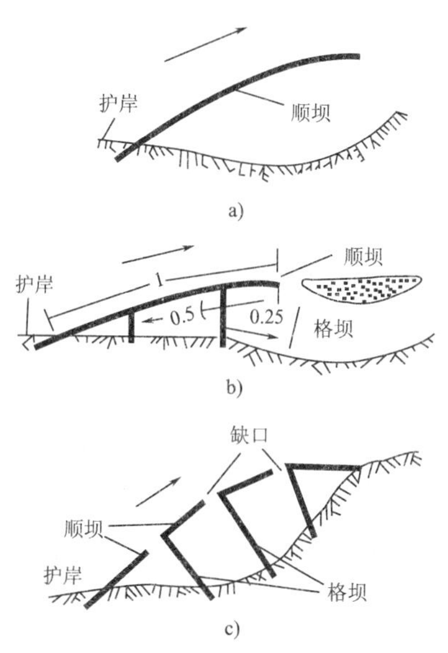

图2-4-8 顺坝与格坝的布置图例（尺寸单位：m）

a）非封闭顺坝；b）格坝；c）开口式格坝

沿河路基受水流冲刷严重，或防护工程艰巨，以及路线在短距离内多次跨越弯曲河道时，可采取改河措施。改移河道可以将直接冲刷及淘刷路基的水流引离路基。路基占用河槽后，需要拓宽河道，挖滩改河，清除孤石，有利布置路线或桥涵，通常在较短的小河段上进行，并力求顺河势，使新河槽符合自然河流特征，不致使水重归故道。对主槽摆动频繁的流动性河流或支流较多的变迁性河段，不宜进行改河。对于流速或流量较大的河段，不宜轻易改动，必要时加以全面论证比较后确定。

第四节 挡土墙的分类与布置

挡土墙是用来支撑天然边坡或人工边坡，承受土体侧压力，保持土体稳定的墙式构造物。在城市道路工程中广泛用于支撑路堤填土或路堑边坡，以及桥台、隧道洞口及河流堤岸等。

一、挡土墙的类型

挡土墙按照其布设位置、墙身材料和结构形式可划分为以下几种类型：

1. 按照挡土墙的布设位置划分

可分为路堑墙、路堤墙、路肩墙和山坡墙等类型，如图2-4-9所示。

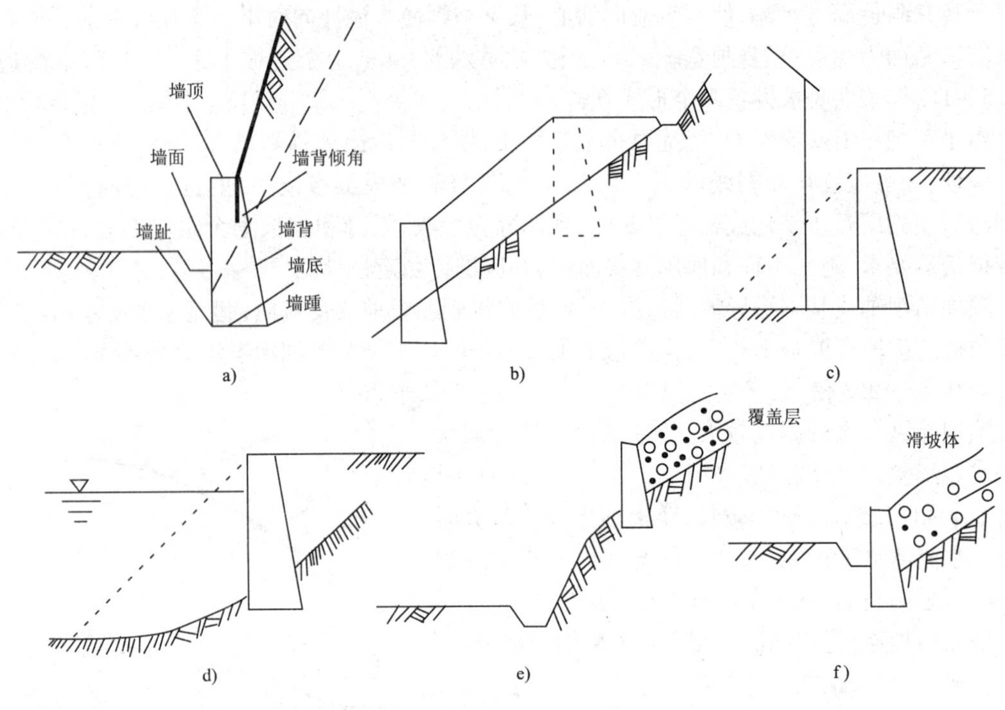

图 2-4-9 设置挡土墙的位置

a)路堑墙;b)路堤墙(虚线为路肩墙);c)路肩墙;d)驳岸(路肩墙);e)山坡挡土墙;f)抗滑挡土墙

(图中虚线表示不设挡土墙时的路基边坡)

2. 按照墙身材料划分

可分为石砌挡土墙、砖砌挡土墙、混凝土挡土墙、钢筋混凝土挡土墙和加筋土挡土墙等类型。

3. 按照挡土墙的结构形式划分

可分为重力式、衡重式、半重力式、悬臂式、扶壁式、锚杆式、锚定板式、柱板式和垛式等类型,如表 2-4-2 所示。其中,重力式、衡重式多用石砌;半重力式用混凝土浇筑,视需要也可在受拉区加少量钢筋,以节省圬工。其他类型多用钢筋混凝土就地制作或预制拼装。

二、挡土墙的特点与使用条件

1. 重力式挡土墙

重力式挡土墙依靠墙身自重支撑土压力来维持其稳定,一般多用块(片)石砌筑,在缺乏石料的地区有时也用混凝土修建。具有圬工量较大的特点,但其结构形式简单,施工方便,可就地取材,适应性较强,故被广泛应用。

为适应不同地形、地质条件及经济要求,重力式挡土墙具有多种墙背形式。其中墙背为直线形的是普通重力式挡土墙,墙背为折线的挡土墙可分为折线形墙背挡土墙(墙背不带平台即衡重台)和衡重式挡土墙(墙背带衡重台)。由于衡重台上填土的质量使全墙重心后移,增加了墙身的稳定,且因其墙面胸坡很陡,下墙墙背仰斜,故可减小墙的高度,减小开挖工作量,避免过分牵动山体的稳定，有时还可利用台后净空拦截落石，但由于基底面积较小，对地基承载力要求较高，因此应设置在坚实的地基上。

半重力式挡土墙在墙背加入少量钢筋，以减薄墙身，节省圬工；其墙趾较宽，以保证基底宽度，必要时，在墙趾处设少量钢筋，通常在缺乏石料地区的矮墙上使用。垛式挡土墙实际上是一种在钢筋混凝土杆件装配的框架内填以土石的重力式挡土墙，但其构造复杂，对构件的设计、制作和安装要求较高。

2. 轻型挡土墙

轻型挡土墙，墙身材料强度高，断面较小，自重较轻，结构的稳定性不是依靠墙体自身的质量，其受力特点因构造而异。

1）薄壁式挡土墙

薄壁式挡土墙是钢筋混凝土结构，包括悬臂式和扶壁式两种主要形式。

悬臂式挡土墙由立壁和底板组成，即由立壁、墙踵板和墙趾板构成倒"T"形钢筋混凝土结构，墙的稳定性依靠墙身自重和踵板上的填土质量来保证，而趾板的设置又显著地增加了抗倾覆力矩的力臂，因此结构形式比较经济。

悬臂式挡土墙构造简单，施工方便，能适应较松软的地基，墙高一般在 6 ~ 9m 之间，当墙高较大时，立壁下部的弯矩大，钢筋与混凝土用量剧增，影响该结构形式的经济效果，此时可沿墙长每隔一定距离筑肋板（扶壁）连接墙面板及踵板，称为扶壁式挡土墙。扶壁（肋板）的作用是把墙面板和墙踵板直接连接起来，起到加劲的作用。如图 2-4-10a）、图 2-4-10b）所示。

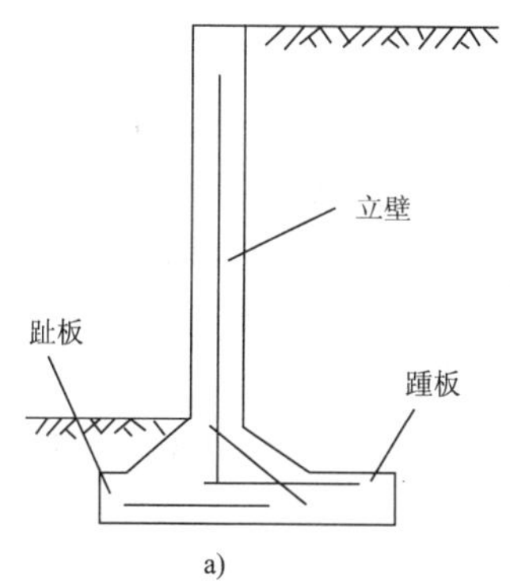

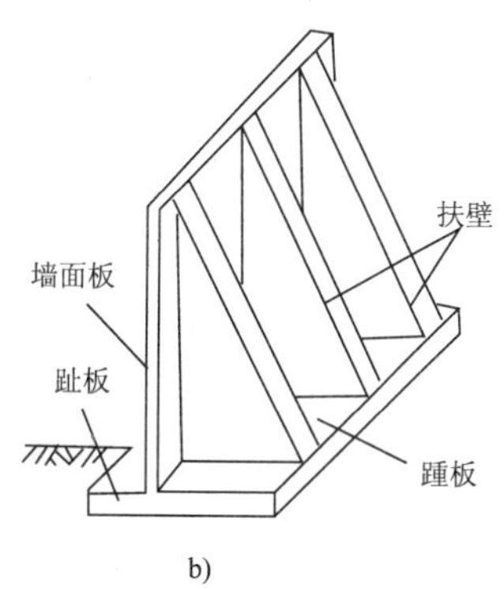

图 2-4-10 薄壁式挡土墙

a）悬臂式挡土墙；b）扶壁式挡土墙

2）锚定式挡土墙

锚定式挡土墙通常包括锚杆式和锚定板式两种，如图 2-4-11a）、图 2-4-11b）所示。

锚杆式挡土墙主要由预制的钢筋混凝土立柱、挡土板构成墙面，与水平或倾斜的钢锚杆联合组成。锚杆的一端与立柱连接，另一端被锚固在山坡深处的稳定岩层或土层中。墙后侧压力由挡土板传给立柱，由锚杆与岩体之间的锚固力，即锚杆的抗拔力，使墙获得稳定。它多用于墙高较大、石料缺乏或挖基困难地区，具有锚固条件的路堑挡土墙。

锚定板式挡土墙的结构形式与锚杆式基本相同，差别仅在于锚杆的锚固端改用锚定板，埋入墙后填料内部的稳定层中，依靠锚定板和拉杆拉住墙面，保持墙身稳定。它具有构件断面小、拼装简易、施工快、结构轻便及不受地基承载力限制等特点，有利于实现结构轻型化和施工机械化。适用于地基不良时的高路肩墙或路堤墙。

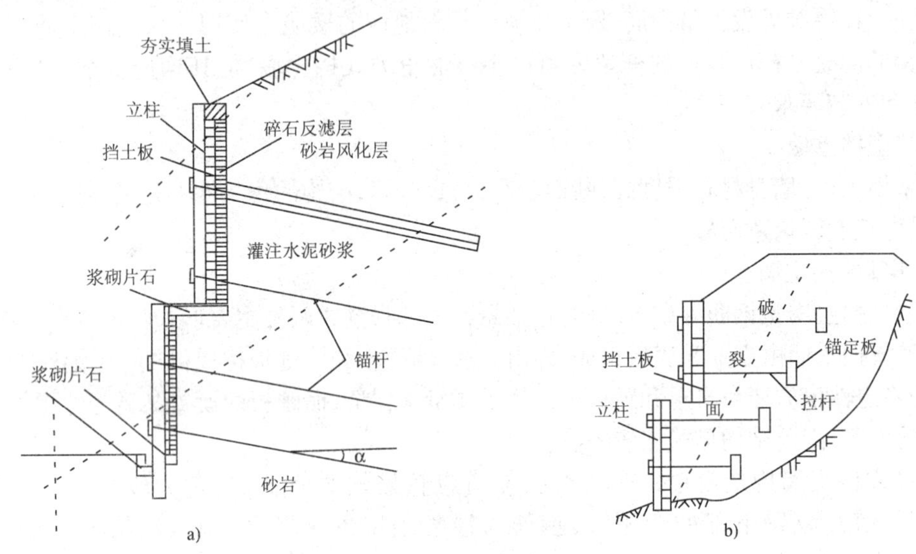

图 2-4-11 锚定式挡土墙

a)锚杆式挡土墙；b)锚定板式挡土墙

3. 加筋土挡土墙

加筋土挡土墙是由填土、填土中布置的拉筋条以及墙面板三部分组成，如图 2-4-12 所示。在垂直于墙面的方向，按一定间隔和高度水平地放置拉筋材料，然后填土压实，通过填土与拉筋间的摩擦作用，把土的侧压力传给拉筋，从而稳定土体。拉筋材料通常为镀锌薄钢带、铝合金、高强度塑料及合成纤维等。墙面板一般用混凝土预制，也可采用半圆形铝板。它具有结构简单、圬工量少、对地基变形适应性强及建筑高度大等特点，适用于填土路基。

此外，还有柱板式挡土墙（如图 2-4-13 所示）和桩板式挡土墙等。

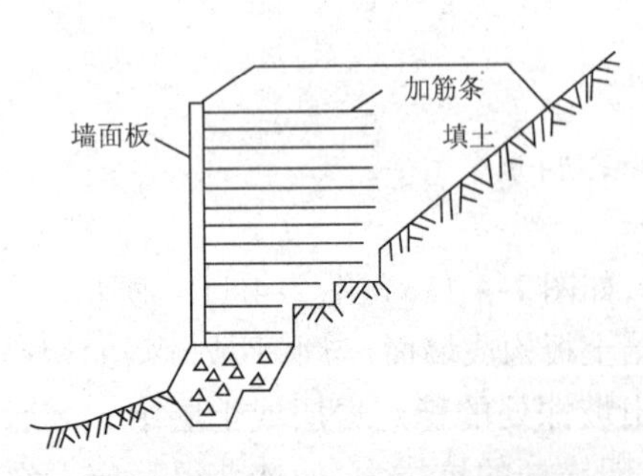

图 2-4-12 加筋土挡土墙

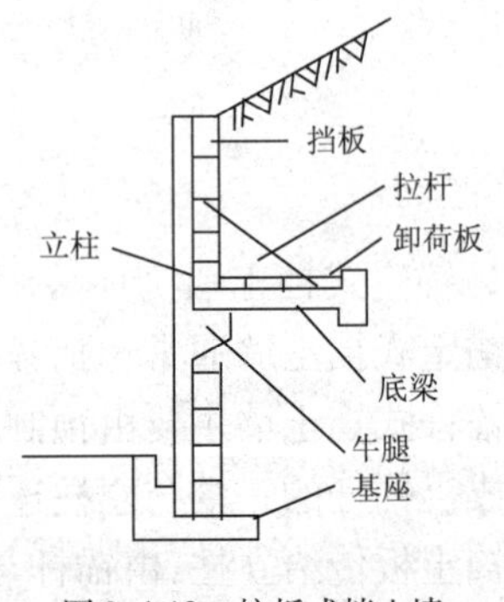

图 2-4-13 柱板式挡土墙

各类挡土墙的适用条件如表 2-4-2 所示。

各类挡土墙适用条件　　表 2-4-2

挡墙类型	适用条件
重力式挡土墙	适用于一般地区、浸水地区和地震地区的路肩、路堤和路堑等支挡工程。墙高不宜超过 12m，干砌挡土墙的高度不宜超过 6m。高速公路、一级公路不应采用干砌挡土墙
半重力式挡土墙	适用于不宜采用重力式挡土墙的地下水位较高或较软弱的地基上。墙高不宜超过 8m
悬臂式挡土墙	宜在石料缺乏、地基承载力较低的填方路段采用。墙高不宜超过 5m
扶壁式挡土墙	宜在石料缺乏、地基承载力较低的填方路段采用。墙高不宜超过 15m
锚杆挡土墙	宜用于墙高较大的岩质路堑地段。可用作抗滑挡土墙。可采用肋柱式或板壁式单级墙或多级墙。每级墙高不宜大于 8m，多级墙的上、下级墙体之间应设置宽度不小于 2m 的平台
锚定板挡土墙	宜使用在缺少石料地区的路肩墙或路堤式挡土墙，但不应建筑于滑坡、坍塌、软土及膨胀土地区。可采用肋柱式或板壁式，墙高不宜超过 10m。肋柱式锚定板挡土墙可采用单级墙或双级墙，每级墙高不宜大于 6m，上、下级墙体之间应设置宽度不小于 2m 的平台。上、下两级墙的肋柱宜交错布置
加筋土挡土墙	用于一般地区的路肩式挡土墙、路堤式挡土墙。但不应修建在滑坡、水流冲刷、崩塌等不良地质地段。高速公路、一级公路墙高不宜大于 12m，二级及二级以下公路不宜大于 20m。当采用多级墙时，每级墙高不宜大于 10m，上、下级墙体之间应设置宽度不小于 2m 的平台
桩板式挡土墙	用于表土及强风化层较薄的均质岩石地基，挡土墙高度可稍大，也可用于地震区的路堑或路堤支挡或滑坡等特殊地段的治理

三、重力式挡土墙

常用的重力式挡土墙，一般由墙身、基础、排水设施和伸缩缝等部分构成。

1. 墙身构造

1）墙身断面形式及其特点

根据墙背的倾斜方向，墙身断面形式可分为仰斜、垂直、俯斜、凸形折线和衡重式几种，如图 2-4-14 所示。

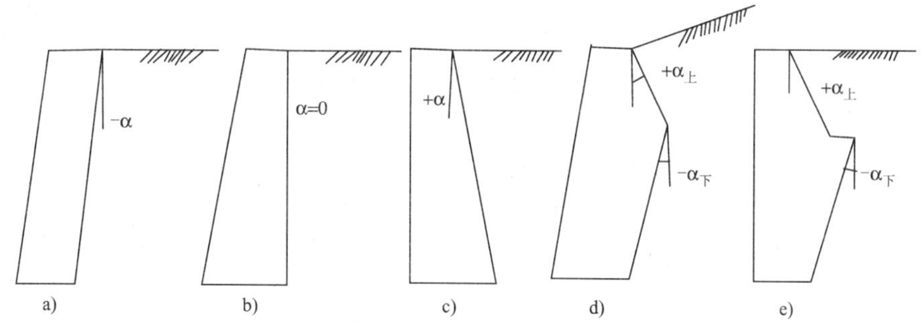

图 2-4-14　重力式挡土墙的断面形式

a）仰斜；b）垂直；c）俯斜；d）凸形折线式；e）衡重式

在其他条件相同时，仰斜墙背所承受的土压力比俯斜墙背小，故其墙身断面亦较俯斜墙背经济。同时，由于仰斜墙背的倾斜方向与开挖面边坡方向一致，故开挖量和回填量均比俯斜墙背小。然而，由于仰斜式挡土墙的基础外移，当墙趾处地面横坡较陡时，会使墙身增高，断面增大。因此，仰斜式挡墙适用于作路堑墙及墙趾处地面平坦的路堤墙或路肩墙。

俯斜墙背所承受的土压力较大。在地面横坡陡峻时，俯斜式挡土墙可用陡直的墙面，以减小墙高。俯斜墙背亦可做成台阶形,以增加墙背与填料间的摩阻力。

垂直墙背的特点介于仰斜和俯斜墙背之间。

若将仰斜式挡土墙的上部墙背改为俯斜,即构成凸形折线式。与仰斜式比较,其上部尺寸有所减少,故断面亦较节省。多用于路堑墙,也可用于路肩墙。

若在凸形折线式的上、下墙之间增设一平台,并采用陡直墙面,即为衡重式断面。在其他条件相同时,衡重式的断面积比俯斜式小而比仰斜式大,但其基底应力较大,故对地基承载力要求相对较高。

2)墙身断面尺寸

(1)墙背坡度。俯斜式墙背坡度一般为1∶0.15~1∶0.4(即$\alpha=8°32'\sim21°48'$)。仰斜式不宜缓于1∶0.3(即$\alpha \ngtr 16°42'$),以免施工困难。衡重式之上墙背为1∶0.25~1∶0.45(即$\alpha_{上}=14°02'\sim24°14'$),下墙背在1∶0.25(即$\alpha_{下}=-14°02'$)左右,上、下墙高比一般采用2∶3。

(2)墙面。墙面一般为平面,其坡度除应与墙背坡度相协调外,还应密切结合墙趾处的地面横坡合理选择。地面横坡较陡时,为减小墙高,宜采用垂直墙面或仰斜1∶0.05~1∶0.20,地面横坡较缓时,可放得更缓些,但不宜缓于1∶0.4,以免过分增加墙高。

(3)墙顶。墙顶最小宽度,浆砌挡土墙不宜小于0.5m,干砌不宜小于0.6m。浆砌路肩墙墙顶一般宜采用粗料石或低标号混凝土做成顶帽,顶帽厚约0.4m。如不做顶帽或为路堑墙或路堤墙,墙顶应以较大块石砌筑,并用砂浆勾缝,或用5号砂浆抹平顶面,砂浆厚约2cm。干砌挡土墙墙顶0.5m高度内,用2.5号砂浆砌筑,以增加墙身稳定性。

(4)护栏。为保证交通安全,在地形险峻地段,或过高过长的路肩墙,需在墙顶设置护栏。为保持路肩宽度,护栏内侧边缘距路面边缘的距离,二、三级路不小于0.75m,四级路不小于0.5m。

2.基础

在实际工程中,挡土墙的破坏在多数情况下,都是由于地基不良和基础处理不当引起的。因此,基础设计是挡土墙设计的重要内容,必须予以充分重视。

基础设计,包括选择基础类型和确定基础埋置深度两项主要内容。

1)基础形式

大多数挡土墙都是直接砌筑在天然地基上的(图2-4-15)。当地基承载力不足且墙趾处地形平坦时,为减小基底应力和增加抗倾覆稳定性,常采用扩大基础[图2-4-15a)、图2-4-15b)];当地面陡峻而地基为完整坚实的岩石时,为节省圬工和基础开挖数量,可采用切割台阶基础[图2-4-15c)];如局部地基软弱,挖基困难或需跨越沟涧时,可采用拱形基础[图2-4-15d)]跨过。

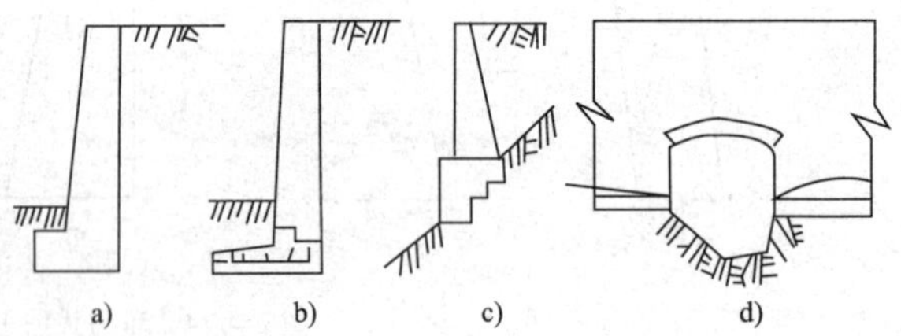

图2-4-15　挡土墙的基础形式

a)加宽墙趾;b)钢筋混凝土底板;c)台阶基础;d)拱形基础

扩大基础是将墙趾或墙踵部分加宽成台阶,也可同时将两侧加宽,以增大承压面积,减小基底应力。台阶的宽度视基底应力需要减小的程度和加宽后的合力偏心距大小而定,一般不宜小于0.2m。台阶高度按加宽部分的抗剪、抗弯和基础材料的扩散角(刚性角)要求确定。高宽比可采用3:2或2:1。

当基底应力超出地基容许承载力过多时,基底需加宽的数值较大,台阶高度亦随之增加。为减小台阶高度,基础可改为钢筋混凝土底板;底板高度根据剪应力和主拉应力的要求确定。

切割台阶基础,每一台阶的宽度需要根据地形和地质条件而定,高、宽比不宜大于2:1。最下一个台阶的底宽应满足偏心距的有关规定,一般不宜小于1.5~2.0m。其余台阶的宽度不宜小于0.5m,高度一般约为1.0m。

2)基础埋置深度

为保证挡土墙的稳定性,必须根据下列要求,将基础埋入地面以下适当深度。

(1)应保证基底土层的容许承载力大于基底可能出现的最大应力。不同深度的土层具有不同的承载力。基底应力分布因基础埋置深度不同而有所差异,埋入土中的基础,基底应力分布比置于地面的均匀。所以,将基础置到具有足够承载力的土层上,以避免地基产生剪切破坏,保证基础稳定。

(2)应保证基础不受冲刷。在墙前地基受水冲刷地段,如未采取专门的防冲刷措施,应将基础埋到冲刷线以下,以免基底和墙趾前的土层被水淘蚀。

(3)在季节性冰冻地区,应将基础埋置到冰冻线以下,以防止地基因冻融而破坏。

对于上述要求,公路上的一般规定是:

(1)当冻结深度小于或等于1m时,基底应在冻结线以下不小于0.25m,并应符合基础最小埋置深度不小于1m的要求。

(2)当冻结深度超过1m时,基底最小埋置深度不小于1.25m,还应将基底至冻结线以下0.25m深度范围内的地基土换填为弱冻胀材料。

(3)受水流冲刷时,应按路基设计洪水频率计算冲刷深度,基底应置于局部冲刷线以下不小于1m的位置。

(4)路堑式挡土墙基础顶面应低于路堑边沟底面不小于0.5m。

(5)在风化层不厚的硬质岩石地基上,基底一般应置于基岩表面风化层以下;在软质岩石地基,基底最小埋置深度不小于1m。

(6)挡土墙宜采用明挖基础。基底建筑在大于5%纵向斜坡上的挡土墙,基底应设计为台阶式。基础位于横向斜坡地面上时,前趾埋入地面的深度和距地表的水平距离应满足表2-4-3的要求。

3.排水设施

挡土墙设计一般都以天然地基容许承载力和自然状态下的墙背土体的土压力为依据。

如排水不良,地基和墙背土体将由于水分增加而改变原来的状态,导致地基承载力降低和土压力增加。同时,土体内水分过多时,将产生静水压力;在冰冻地区,还将产生冻胀压力;对黏性土,水分增加时将产生膨胀压力。显然,当附加的压力过大以致超出设计计算土压力,或地基承载力过分降低以致低于设计基底应力时,挡土墙的稳定性和强度难以保证。因此,设置有效排水设施对保证挡土墙稳定性和强度具有重要的意义。

斜坡地面基础埋置条件　　表 2-4-3

土层类别	最小埋入深度 h(m)	距地表水平距离 L(m)
较完整的硬质岩石	0.25	0.25～0.50
一般硬质岩石	0.60	0.60～1.50
软质岩石	1.00	1.00～2.00
土质	≥1.00	1.50～2.50

挡土墙常用的排水设施可分为地面排水和墙身排水两部分。

地面排水主要是防止地表水渗入墙背土体或地基。主要措施包括：在墙后地面设置排水沟、夯实地表松土，必要时采取封闭处理；对路堑挡土墙墙趾前的边沟予以铺砌加固等。

墙身排水主要是为了迅速排除土内积水。其方法是在浆砌挡土墙墙身的适当高度处设置一排或数排泄水孔，泄水孔尺寸一般为 5cm×100cm、10cm×10cm、15cm×20cm 的矩形孔，或直径为 5～10cm 的圆形孔。泄水孔间距一般为 2～3m，干旱地区可适当增大，渗水量大时可适当加密，上、下排泄水孔交错布置。为保证顺利泄水和避免墙外水流倒灌，泄水孔应向外侧倾斜，最下一排泄水孔出口应高出地面或边沟、排水沟及积水地区的常水位 0.3m。为防止水分渗入地基，最下一排的底部需铺设 30cm 厚的黏土隔水层。泄水孔的进水口附近应设置粗粒料反滤层，以免孔道阻塞。当墙背透水性差或可能发生冻胀时，应在最低一排泄水孔至墙顶以下 0.5m 高度范围内铺设砂卵石排水层(图 2-4-16)。

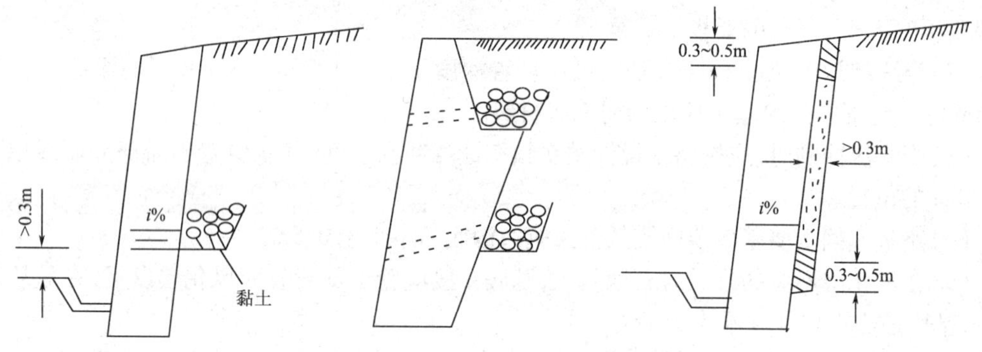

图 2-4-16　挡墙排水孔及反滤层的构造

4. 沉降缝与伸缩缝

为防止墙身因地基不均匀沉降而引起断裂，需根据地基地质条件和墙高、墙身断面变化情况设置沉降缝。为防止墙身因圬工砌体硬化收缩或温度变化所产生的温度应力引起开裂，需设置伸缩缝。

设计时，一般将沉降缝和伸缩缝合并设置，统称为伸缩缝。沿路线方向每隔 10～15m 设一道，缝宽 2～3cm，缝内可用胶泥填塞，但在渗水量大，填料容易流失或冻害严重地区，宜用沥青麻筋或涂以沥青的木板等具有弹性的材料，沿内、外、顶三方填塞，填深不宜小于 15cm。当墙背为填石且冻害不严重时可不填缝。

干砌挡土墙，缝的两侧应选用平整石料砌筑，使成垂直通缝。

四、挡土墙的布置

挡土墙的布置，通常在路基横断面图和墙趾纵断面图上进行。布置前，应现场核对路基横断面图，不足时应补测，测绘墙趾处的纵断面图，收集墙趾处的地质和水文等资料。

1. 挡土墙类型的选择

陡坡路段或岩石风化的路堑边坡路段，若开挖后的路堑边坡不能自行稳定，可在坡脚处设置路堑墙，以支撑边坡，降低挖方边坡高度，减少挖方数量，避免山体失稳坍滑[图2-4-9a)]。

在地面横坡较陡，填筑路基难以稳定，或征地、拆迁费用高的填方路段，可在路肩或填方边坡的适当位置设置路肩墙或路堤墙，以充分收缩路堤坡脚，减少填方数量[图2-4-9b)]或减少拆迁和占地面积[图2-4-9c)]，保证路堤稳定性。当路肩墙与路堤墙的墙高与圬工数量相近，基础情况也相仿时，宜做路肩墙，因为采用路肩墙可减少填方和占地；但若路堤墙的墙高或圬工数量比路肩墙显著降低，且基础也可靠时，则宜做路堤墙。

对于沿河路基，为避免沿河路基挤缩河床，防止水流冲刷路基，可在沿河一侧路基设置浸水挡土墙[图2-4-9d)]。

在某些挖方路段，原地面有较厚的覆盖层或滑坡，为增加不良地质路段边坡稳定性，可在路堑边坡上方设置山坡挡土墙，防止山坡覆盖层下滑[图2-4-9e)]和抵抗滑坡[图2-4-9f)]。

在路基工程中，挡土墙的建筑费用较高，故路基设计时，应与其他可能的工程方案进行经济比较，择优选定。

2. 挡土墙位置的选定

路堑挡土墙大多设在边沟旁。路堤墙和路肩墙的具体位置应综合考虑工程地质、水文地质、环境条件、圬工数量、减少的填方数量、拆迁数量、占地数量、施工条件和工程造价等因素经比选确定。沿河挡土墙要结合河流的水文、地质情况及河道工程来布置，注意设墙后仍保持水流顺畅，不致挤压河道，引起局部冲刷。山坡挡土墙，应考虑设在基础可靠处，墙的高度应保证墙顶以上边坡的稳定。

3. 挡土墙的纵向布置

挡土墙的纵向布置，在墙趾纵断面图上进行。布置后，绘成挡土墙正面图(图2-4-17)，布置的内容如下：

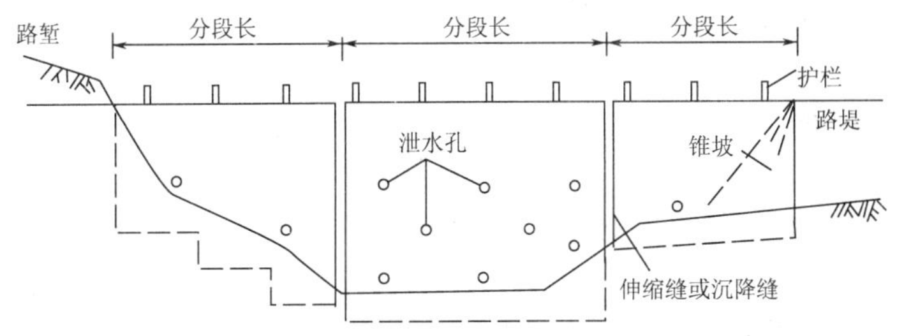

图2-4-17　挡土墙的纵向布置图

(1)确定挡土墙的起讫点和墙长，选择挡土墙与路基或其他结构物的连接方式。

路肩挡土墙端部可嵌入石质路堑中，或采用锥坡与路堤衔接。与桥台连接时，为了防止墙后回填土从桥台尾端与挡墙连接处的空隙中流出，需在台尾与挡土墙之间设置隔墙及接头墙。

(2)按地基及地形情况进行分段,确定伸缩缝与沉降缝的位置。

(3)布设各段挡土墙的基础。

墙趾地面有纵坡时,挡土墙的基底宜做成不大于5%的纵坡。但地基为岩石时,为减少开挖,可沿纵向做成台阶。台阶尺寸视纵坡大小而定,但其高宽比不宜大于1:2。

(4)确定泄水孔的位置,包括数量、间距和尺寸等。

在布置图上注明各特征点的桩号,以及墙顶、基础顶面、基底、冲刷线、冰冻线、常水位线或设计洪水位的高程等。

4. 挡土墙的横向布置

横向布置宜选择在墙高最大处、墙身断面或基础形式有变异处,以及其他必须设桩号处的横断面图上进行。根据墙型、墙高及地基与填料的物理力学指标等设计资料,进行挡土墙设计或套用标准图,确定墙身断面、基础形式、埋置深度和布置排水设施等,并绘制挡土墙横断面图。

5. 平面布置

对于个别复杂的挡土墙,如高、长的沿河曲线挡土墙,应作平面布置,绘制平面图,标明挡土墙与路线的平面位置及附近地貌与地物等情况,特别是与挡土墙有干扰的建筑物的情况。沿河挡土墙还应绘出河道及水流方向、防护与加固工程等。

第五节　湿软地基加固

所谓湿软地基主要指天然含水率高、孔隙比大、胀缩性高、透水性差、具有湿陷性、抗剪强度低、在荷载作用下容易产生滑动或固结沉降的土质地基,如软黏性土、淤泥、淤泥质土、泥炭质土、泥炭、湿陷性黄土等。湿软土在我国滨海平原、河口三角洲、湖盆地周围及山间谷地均有广泛分布。在湿软地基上修筑路基,若不加处理,往往会发生路基失稳或过量沉陷,导致路基病害产生。因此,有必要采取措施对湿软地基予以加固。湿软地基加固方法很多,国内常用的方法主要有以下几种类型:

一、改变路堤本身的结构形式,对地基不作处理

这种方法有反压护道、铺设土工织物等。这类方法施工简便易行,但不适用于高路堤。

1. 反压护道法

反压护道是借在路堤两侧填筑一定宽度和一定高度的单级或多级护道的反压作用,使路堤下的淤泥或泥炭向两侧隆起的趋势得到平衡;同时,加宽了荷载的分布宽度,减少了路堤的基底应力,从而保证路堤的稳定。但在用地或用土受限制地区,尽量少用。

2. 土工织物法

在路堤下面与地表之间铺设一层或多层具有较高抗拉强度及较大渗透性的土工聚合高分子化学材料,形成一个水平向的排水通道,利用土工聚合物的高强度韧性,从而能与地基组合形成一个整体,限制了地基的侧向变形,这种柔性滤层既能起到扩大基础分散荷载的作用,同时土工织物能承受拉力,与土体组成复合地基,增加了地基的抗剪力。新发展应用的土工格栅能很好地与土相结合,其补强加筋作用更为显著。

铺设土工聚合物的关键是要保证其连续性,不使其出现扭曲、褶皱、重叠,并应注意端头的位置和锚固。在现场施工过程中,应避免过量拉伸超过其强度和变形的极限,若发现土工聚合物有破损时,应立即修补。其存放和铺设过程应尽量避免长时间曝晒或暴露,以免其性能劣化。

木材丰富的地区常用柴排法代替土工布处理湿软地基,也取得良好的效果。

二、排水固结法

排水固结法是在湿软地基中设置竖向排水体(井),在天然湿软地基表层设置砂垫层等水平向排水体,然后运用堆载预压,挤出土中过多水分,加速土体固结,达到挤紧土粒,提高土体的抗剪强度的目的。因此,该法适用于含水率过大、土层较厚的软弱地基。

目前排水固结的主要方法有设置砂井或塑料排水板等进行竖向排水,用排水垫层进行水平向排水,采用预压(堆载、降水和真空)排水固结等方法。

1. 砂垫层法

在湿软地基顶面铺设排水砂层,以增加排水面,使软土地基在填土荷载的作用下加速排水固结,提高其强度,满足稳定性的需要。适用于软土层不很厚,有双面排水条件的路基。砂垫层施工简单,不需特殊机具设备,占地较少,但需砂料,且填土时间较长,但可加速沉降的发展,缩短固结过程。

2. 砂井排水法

在湿软地基中,用锤击、振动、螺钻、射水等方式成孔,在孔内灌以粗砂或中砂(含泥量不宜大于3%)形成砂井,利用上部荷载(逐级填筑的路基土或真空预压)作用,加速湿软地基的排水固结。砂井顶部要用0.5~1.0m厚的砂沟或砂垫层连通,构成排水系统。在湿软土层较厚、路堤较高时采用。排水固结速度与堆载量大小,加载速度,砂井直径、间距、深度等因素有关。实践证明,预压加载量大致与设计荷载相接近,可预压至80%的固结度;缩小井距要比增大砂井直径效果好得多,井距越小,固结越快,因此,当填土高、地基土的固结系数小和施工期短时,应采用较小的井距,井距一般为井径的8~10倍,砂井直径多为30~40cm,常用间距为2~4m;砂井在平面上可布置成三角形或正方形,以三角形排列较紧凑、有效;其深度以穿越地基可能的滑动面为宜。填土速度根据施工工期、地基强度增长情况分级填筑,以每昼夜地面沉降量不超过1.5cm、坡脚侧向位移不超过0.5cm来控制。

为了缩短砂井排水时间,往往预先在直径约7cm的圆筒状编织袋里装满砂,然后放入成孔中。此法称袋装砂井法,该法成孔时对土层扰动少,不会因施工操作上的误差或地基发生水平和垂直变形而丧失其密实性和连续性,并具有施工机具简单、成本低等优点。袋装砂井一般采用导管式的振动打设机械施工,井距一般为1~1.4m,施工中要准确定位,砂井垂直度要好;经常检查桩尖与导管口的密封情况,避免导管内进泥过多,影响加固深度;确定袋装砂井长度时,应考虑与砂垫层连接,避免砂井全部落入孔内,一般编织袋的长度比砂井长约2m。

3. 排水板法

用纸板、纤维、塑料或绳子代替砂井的砂做成排水井。其原理和方法完全与砂井排水法一致。目前基本上以带沟槽的塑料芯板作为排水板,因此,又称塑料板法。

4. 真空预压法

真空预压法是利用真空法所产生的负压，使地基上的孔隙水加速排出，缩短了固结时间，同时，由于孔隙水排出过程中，渗流速度增大，由渗流力引起的附加应力也随之增大，提高了加固效果。适用于渗透性比较小的饱和软黏土地基，特别是超软地基，不适用于在加固区范围内有较厚透水层并有充足水源补给的地基。

三、人 工 地 基

人工地基是在软土地基内设置各种材料制成桩，构成复合地基，或将地表换成性能良好的土料，以提高地基承载力，保证路基稳定的方法。主要包括填换土层法、侧向约束、挤密桩法等。

1. 换填土层法

换填土层法是采用人工、机械或爆破等方法，将基底一定深度及范围的湿软土层挖除，换以强度较高、稳定性较好的砂砾、卵石、碎石、石灰土、素土等回填，并分层压实至规定的压实度。此法从根本上改善了地基的性质，效果甚佳，但仅适用于一般小于3m、其上无覆盖层的较薄的湿软土层情况。

换填砂垫层，可起到加速软弱土层排水固结，提高承载力，减少沉降量。砂垫层厚度一般在0.6～1.0m之间，太厚施工难，太薄效果差。砂料以中、粗砂为宜，要求级配良好，含泥量不超过3%～5%。

在湖塘或河流等积水洼地，水量大，不易抽干，常年积水表层无硬壳，软土薄、稠度大、片石能沉达底部时，可采用抛石挤淤方法，抛填时应自路堤中部开始，渐次向两旁展开，以使淤泥挤向两旁，在片石漏出水面后用重型夯滚反复碾压，其上铺设反滤层，再行填土。

爆破排淤是将炸药放在软土或泥沼中爆炸，利用爆炸时的张力作用，把淤泥或泥炭扬弃，然后回填以强度较高的渗水性土。爆破排淤是换土的一种施工方法，较一般方法换填深度大，功效较高。采用该法时，应事先准备好充足的回填材料，于爆破后立即回填，做到随爆随填，填满再爆，爆后即填，以免回淤，造成浪费。

2. 侧向约束

在路堤两侧设置木桩、板桩、钢筋混凝土桩或片石齿墙等，以限制地基的侧向变形。此类方法在软土层厚度较小且底部有较硬土层的情况下，效果很好。特别是下卧层面具有横坡时，尤其适宜。

3. 挤密桩法

土基成孔后在孔内灌以砂、石、土、石灰土或石灰等材料，捣实而成直径较大的桩体。利用桩体横向之间的相互挤紧作用，使地基土粒相互紧密，孔隙减少，桩体与原土组合而成复合地基，提高地基承载力，达到加固地基的目的。

桩孔内灌砂，形成砂桩，它与前述砂井相比，形式相仿，但作用不同。砂井的作用是排水固结，井径较小而间距较大；砂桩的作用是将地基土挤紧，井径较大，而间距宜小。砂井适用于过湿软土层，而砂桩适用于处理松砂、杂填土和黏粒含量不大的普通黏性土，亦可有效地防止砂土基底的振动液化。

桩孔内填石灰，形成石灰桩，主要是利用生石灰的吸水、膨胀、发热及离子交换作用，使桩体硬化,降低土中含水率,提高地基强度,达到挤密软土、加固地基的目的。要求生石灰必须密封存储,最好选用新鲜的石灰,灰块必须粉碎至一定要求。

搅拌桩亦称粉喷桩,粉体深层搅拌法,是石灰桩发展的结果。该法在钻进时利用压缩空气喷射生石灰或水泥干粉,与软土强制搅拌,使粉料与软土产生物理、化学作用,以达到提高地基承载力,减少沉降的目的。

砂桩加固范围,一般要求各边比基础宽1.0m左右。桩径0.2~0.3m。砂桩间距与地基土加密的程度有关。经验表明,群桩面积约占松散土加固面积的20%,通常间距为桩径的3~5倍。桩的平面布置以梅花形较好。桩的长度与加固土层厚度及加固要求有关。软土层较薄,砂桩可穿透软土层。如软土层过厚则需要计算桩底处软土的应力,要求其值小于或等于软土容许承载力。

四、重锤夯实法

采用压实功能较大的振动压实方法,对非黏性土及松散杂填土、地表松散土,如矿渣、碎砖瓦等建筑垃圾填土,振动压实效果较好。在一定振动时间范围内,振动时间越长,效果越好,但时间过长对压实无明显提高。对含细炉渣等细颗粒填土,振动时间以3~5min为宜,有效作用深度为1.2~1.5m;对于主要以矿渣、碎砖、瓦块为主的建筑垃圾,振动碾压时间略大于1min较为合适。

重锤夯实加固地基,是利用起重设备将锤底直径为1~1.5m、质量为1.5t左右的钢筋混凝土截头圆锥体(底部垫钢板),提升2.5~4.5m高度后,令重锤自由下落,锤体夯实地基。这种方法可显著地提高地基表层土的强度,降低湿陷性黄土地表的湿陷性,使杂填土表层强度均匀一致。重锤夯击遍数,一般以最后两次的平均夯沉量不超过规定值来控制,即一般黏性土和湿陷性黄土为1~2cm;砂土为0.5~1.0cm。实践表明一般夯实8~12遍,作用深度可达锤底直径的一倍左右。

在重锤夯实的基础上,20世纪60年代以来研制出现了强夯法。它是以一定质量的重锤从一定高度落下,利用其巨大的动能对土体进行强力夯击。重锤重时可达几十吨甚至更重,落距可高达20~30m。强夯法所产生的巨大冲击力和动应力,使地基土密实,其承载力可显著地提高2~5倍,压缩性降低2~10倍,适应于杂填土、砂类土、黏质土、泥炭和沼泽土,加固厚度达10~20m。该项技术尽管迄今仍没有一套成熟、完善的理论和设计方法,但已在土木工程中得到广泛应用,且在加固饱和软黏土地基方面取得了新的成果与经验。

五、化学加固法

化学加固法,一般是采用压力灌注或搅拌混合等措施,将化学溶液或胶结剂通过注浆管均匀地注入软基土层中,使土颗粒胶结起来,经过短暂时间后,使土颗粒胶结起来凝成一个整体,达到加固地基的目的,并能起到防渗作用。此法加固效果取决于土的性质和所用化学剂,亦与施工工艺有关。

目前化学溶液主要有:以水玻璃溶液为主的浆液,其配方较多,常用的是水玻璃浆液和氯化钙浆液配合使用,价格昂贵;以丙烯酸氨为主的浆液,加固效果较好,因价高亦难以推广;水泥浆液,是由高标号的硅酸盐水泥,配以速凝剂而组成的浆液;以纸浆溶液为主的浆液,如重铬酸盐木质素和木铵等,加固效果好,但有毒性,且易污染地下水。以上四类,目前以水泥浆液使用较多。

化学加固的施工工艺主要有压力灌注、旋喷法和深层搅拌法几种。压力灌注法是将浆液以填充和渗透方式注入土中,赶走孔隙内的水分和气体,从而占据其位置,然后将土胶结成整体。旋喷法是在注浆法基础上发展起来的一项新技术,它是用钻机钻孔至设计深度,用高脉冲泵、通过安装在钻杆下端的特殊喷射装置,向土中喷射化学浆液,在喷浆的同时,钻杆以一定速度旋转并逐渐往上提升,高压射流使一定范围内的土体结构破坏,强制破坏的土体与化学浆液混合,从而在射流影响的有效范围内使土体胶结硬化成直径较匀称的圆柱桩体,桩径达0.5~1.0m。深层搅拌法,是指搅拌机螺旋片围绕纵轴回转形成圆柱状土体的搅拌法。如深层石灰搅拌法为利用特制的机具在相当大的深度范围内将生石灰和软黏土混合,利用石灰与黏土的离子交换作用和化学反应来加固软土。软土用本法加固后得到的强度比生石灰桩加固后得到的强度大得多。

为了增大加固效果,减少占地,节省材料,可采用两种或两种以上方法综合使用。例如砂垫层或砂井与反压护道并用等。在上述几种地基加固方法中,土工布、强夯、旋喷等技术国内还在研讨,关键是机械设备和料源。湿软地基加固,规模大,造价高,究竟采用何种加固方法,视具体情况而定,结合路基高程、地基土质、水文地质条件、土基的强度要求、断面形式等方面综合处治,并应注重技术经济比较。随着对软土性质研究工作的深入及新材料、新机具的不断涌现,湿软地基的加固方法在理论与实践上必将有新的发展与突破。

复习思考题

1. 路基防护与加固的意义是什么?
2. 路基防护工程如何进行分类?各种类型的防护工程有哪些应用?
3. 路基防护与加固工程的本质区别是什么?
4. 挡土墙如何进行分类?各类挡土墙有何特点及应用?
5. 湿软地基如何处理?

第五章 土质路基施工

知识目标

1. 描述路基施工的程序、施工方法和建设工程项目划分；
2. 描述路基施工组织、技术、物资准备的基本内容；
3. 描述路堤填筑过程中地基处理、填料选择、填筑方法、压实控制和路基整修的质量控制要点；
4. 描述土质路基施工的工艺、方法、压实注意事项；
5. 描述土质路基压实工艺，质量影响因素及其质量控制方法和控制指标。

能力目标

1. 进行土质路基的施工及其质量控制；
2. 进行现场压实度的测定和评定。

再好的设计也要通过施工方能实现，精心设计，精心施工是一个完整的过程。在掌握城市道路路基设计的基础上，应进一步熟练掌握路基工程的施工方法及其特点，以便在施工过程中根据不同的工程特点选用相应的施工方法，制订相应的施工计划，使我们能有预见性地考虑到在施工过程中各个环节可能出现的问题，从而较顺畅地完成从投标→开工前准备→开工→施工→验收等道路工程施工工作，在确保工程质量的前提下，应广泛开展技术创新和科学研究，认真总结经验，积极采用新技术（新材料、新结构、新工艺），以提高劳动生产率、降低成本和缩短工期。但在采用新技术时，应经过试验和鉴定后方可使用和推广。

第一节 概　　述

道路工程是线形建筑物，施工面狭长，拆迁量大，流动性大，临时工程多，道路路线中的桥涵和通道等特殊工程多，交叉道口多，配套设施多，施工中的横、纵向协调工作量大，且易受到水文、气候、地质、地形地貌等自然条件的影响及地面设施和地下管线等设施的干扰，给施工增加了困难。特别是在雨季和冬季，施工作业受到极大的限制。

城市道路施工因上述特点，决定了它的施工规律，只有研究并遵循这些规律，科学地组织道路施工，才能圆满地完成施工任务。

施工单位接受施工任务后，应根据工程性质、工程数量、施工期限以及可能获得的人力和机械设备等条件选择施工方法，进行施工前的规划组织准备工作和现场条件准备工作，进而步入正式施工阶段和竣工验收阶段等，按设计要求完成施工任务。各施工阶段的相互关系如图2-5-1所示。对于不同规模、不同性质的具体工程项目，各阶段的工作内容不尽相同。

一、接受施工任务

施工企业获得施工任务通常有三种方式，一是由上级主管单位统一接受任务，按行政隶属关系安排计划下达；二是经主管部门同意后，对外接受任务；三是自行对外投标，中标后获得任务。随着我国改革开放的深入和社会主义市场经济体制的形成和发展，施工任务将主要以参加投标的方式，在建筑市场的竞争中获得。道路施工过程如图2-5-1所示。

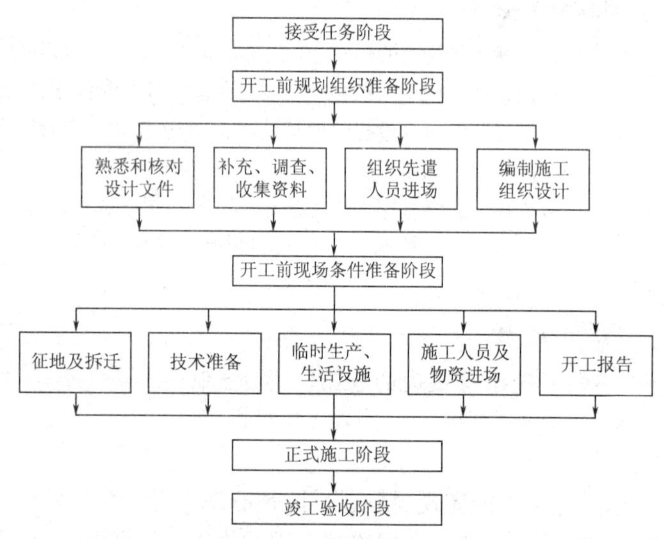

图2-5-1 道路施工过程示意图

接受工程项目的施工任务时，首先应查证核实该项目是否列入国家计划，必须有批准的可行性研究报告、初步设计文件（或施工图设计文件）及概（预）算编制文件等。国家计划以外的基本建设项目，如三资企业、合资企业、地方自筹资金工程等，亦应有国家主管部门对该项目的批复文件。

获得施工任务，从法律角度上讲，是以签订工程合同加以确认的。因此，施工企业接受的工程项目，必须同建设单位签订工程合同，明确双方的经济、技术责任，互相制约，互相促进，共同保证按质、按量、按期完成工程项目的建设任务。合同一经签订，即具有法律效力，双方都应认真履行。

工程合同的内容应包括简要说明、工程概况、承包方式、工程质量、开（竣）工日期、工程造价、物资供应与管理、工程拨款与结算办法、违约责任、奖惩条款及双方的配合协作关系等。由于工程合同的内容涉及工程经营管理的各个方面，所以要求合同条款既要遵守有关法规要求，又要符合工程实际情况，既要防止合同条款表述上的含混不清，以免引起不必要的争执，又要用词准确、简明扼要，便于执行和检查。

二、施 工 方 法

道路的施工方法有人工和简易机械化施工、水力机械化施工、爆破施工和综合机械化施工等几种。

1. 人工和简易机械化施工

使用手工工具和简易机械化施工，工效低，劳动强度大，进度慢，工程质量不易保证，适用于机械无法进场的路段，或某些工程（如砌体工程）目前尚无法开展机械化作业以及某些辅助性工作。

2. 水力机械化施工

运用水泵、水枪等水力机械，挖掘比较松散的土层或进行软土地基加固的钻孔工作等，它是机械化施工的一种，需有充足水源和电源。

3. 爆破法施工

是开挖岩石路堑的基本方法，主要用来震松岩石、坚土、冻土或采集石料。是道路施工特别是山区道路施工不可缺少的施工方法。

4. 综合机械化施工

采用推土机、铲运机、平地机、挖掘机、压路机及松土机等施工机械联合作业，可以极大地提高劳动生产率，加快施工进度，提高工程质量，降低工程造价，保证施工安全，是加速道路建设，实现道路施工现代化的根本途径。

在城市道路的施工中，已基本实现了综合机械化或半机械化施工作业，因此，必须十分注意提高机械施工技术与管理水平，充分发挥机械设备的作用，提高劳动生产率，确保工程质量。

三、道路工程基本建设的项目划分

任何一项基本建设工程，都有其自身的复杂性，要进行若干项技术的、经济的和物质形态的工作。为了加强对基本建设工作的管理，便于编制设计文件、概（预）算文件和施工组织设计文件，便于工程招投标工作和施工管理，必须对基本建设工程项目进行科学的分解和合理的划分。基本建设工程可以划分成建设项目、单项工程、单位工程、分部工程和分项工程。

1. 建设项目

建设项目也称基本建设项目，是指经批准在一个设计任务书范围内按统一总体设计进行建设的全部工程。建设项目由一个或几个单项工程组成，经济上实行统一核算，行政上实行统一管理，一般以一个企业（或联合企业）、事业单位或独立工程作为一个建设项目，道路工程基本建设以单独设计的公路路线、独立桥梁作为建设项目。

2. 单项工程

单项工程也称工程项目，是指建设项目中具有独立的设计文件，建成后可独立发挥生产能力或使用效益的工程。如民用建筑中的教学楼、图书馆、试验室，道路工程中独立合同段的路线、大桥、隧道等属于单项工程。

3. 单位工程

单位工程是单项工程的组成部分，是指在单项工程中具有单独设计文件和独立施工条件，而又单独作为一个施工对象的工程。单位工程的划分以每个独立施工招标合同段为基础，每个合同段按照《公路工程质量检验评定标准》(土建工程)(JTG F80/1—2004)(以下简称《评定标准》)规定的路基工程、路面工程、桥梁工程、互通立交、交通安全设施、房屋建筑六类进行划分。对路基、路面、交通安全设施,按标段各划分为一个单位工程;对桥梁工程(中桥、大桥),《评定标准》中是将一个标段中数座大、中桥合为一个单位工程。由此可见,单位工程一般不能独立发挥生产能力和使用效益。

4. 分部工程

分部工程是按工程结构、材料或施工方法不同所作的分类,它是单位工程的组成部分。路基单位工程中按照《评定标准》划分为路基工程、排水工程、砌筑工程、涵洞与通道、小桥、大型挡土墙六类分部工程,其中路基工程按1~3km划分成若干个分部工程;排水、砌筑、涵洞与通道也分别按1~3km划分成若干个分部工程,如1~3km路段内不管有几道涵洞,只划为一个涵洞分部工程;小桥、大型挡土墙,按每座或每处划分为一个分部工程。基于《评定标准》的划分规定,为便于对施工过程中的工程质量按《评定标准》进行动态评定控制,在划分分部工程时要与施工计划相结合,即要按连续施工的段落或在同一个时期(不要太长)施工的项目来划分分部工程,因此各类分部工程桩号范围不一定相对应,应从便于有效控制质量出发。路面单位工程中以1~3km为基本单元划分成若干个分部工程。

5. 分项工程

分项工程是指通过较为简单的施工过程就能生产出来,并且可以用适当计量单位计算的"假定"的建筑或安装产品,如100m^3块石基础、100m^2水泥混凝土路面等。一般说来,分项工程只是建筑或安装工程的一种基本构成要素,是为了确定建筑或安装工程费用而划分出来的一种假定产品,以便作为分部工程的组成部分,因此,分项工程的独立存在是没有实际意义的,它不像工程项目那样是完整的产品。

路基、路面单位工程中分部工程和分项工程的划分见表2-5-1。

路基、路面单位工程中分部工程及分项工程的划分　　表2-5-1

单位工程	分部工程	分项工程
路基工程(每10km或每标段)	路基土石方工程*①(1~3km路段)②	土方路基*,石方路基*,软土地基*,土工合成材料处治层*等
	排水工程(1~3km路段)	管节预制,管道基础及管节安装*,检查(雨水)井砌筑*,土沟,浆砌排水沟*,盲沟,跌水,急流槽*,水簸箕,排水泵站等
	小桥及符合小桥标准的通道*,人行天桥,渡槽(每座)	基础及下部构造*,上部构造预制、安装或浇筑*,桥面*,栏杆,人行道等
	涵洞、通道(1~3km路段)	基础及下部构造*,主要构件预制、安装或浇筑*,填土,总体等
	砌筑防护工程(1~3km路段)	挡土墙*,墙背填土,抗滑桩*,锚喷防护*,锥、护坡,导流工程,石笼防护等
	大型挡土墙*,组合式挡土墙*(每处)	基础*,墙身*,墙背填土,构件预制*,构件安装*,筋带,锚杆、拉杆,总体*等
路面工程(每10km或每标段)	路面工程(1~3km路段)*	底基层,基层*,面层*,垫层,联结层,路缘石,人行道,路肩,路面边缘排水系统等

注:1. 表内标注*号者为主要工程;评分时给予2的权值;不带*号者为一般工程,权值为1。

2. 按路段长度划分的分部工程,高速公路、一级公路宜取低值,二级及二级以下公路可取高值。

道路工程施工是一项复杂的系统工程,必须科学合理地组织,建立正常、文明的施工秩序,有效地使用劳动力、材料、机具、设备、资金等。施工方案要因地制宜、结合实际,施工方法要先进合理、切实可行。施工中既要注意工程质量和施工进度,又要注意保护环境、安全生产,确保优质、高效、低耗、安全地全面完成施工计划任务。

●第二节 施工前的准备工作●

在工程开工前,必须有合理的施工准备期。施工准备工作应有计划、有步骤、分阶段地贯穿于整个工程项目的施工过程中。随着工程的进展,在各个分部、分项工程施工之前,都要做好施工准备工作。施工单位接受施工任务后,即可着手进行施工前的准备工作。准备工作的基本任务是了解施工的客观条件,根据工程的特点、进度要求,合理安排施工力量,从人力、物资、技术和施工组织等方面为工程施工创造一切必要的条件。

道路施工前应做好组织、技术和物资等三大准备。

一、组 织 准 备

在启动项目管理之前,首先要建立一个能完成管理任务、令项目经理指挥灵便、运转自如的高效项目组织机构——项目经理部。一个好的组织机构,可以有效地完成施工项目管理目标,有效地应付环境的变化,有效地供给组织成员生理、心理和社会需要,形成组织力,使组织系统正常运转,产生集体思想和意识,完成项目管理任务。

施工项目组织机构的人员设置,以能实现施工项目所要求的工作任务(事)为原则,尽量简化机构,做到精干高效。根据工程的大小,一般项目经理部的组织机构设置项目经理为本工程的负责人,负责全面管理工作;项目总工负责本工程的质量与技术管理工作;临时党支部书记或指导员负责精神文明建设、安全生产、后勤供应等工作。项目经理部下设质检、工程技术、财务、材料、机务、政工、安全等管理部门。为便于组织施工及管理,在经理部统一指挥下,根据工程的特点,按工程项目类别分别设路基土石方、路面、桥梁、隧道、排水及涵洞、防护工程等专业作业组(工区)。以上各工区及施工组分别负责组织本工程范围内相应工程项目的施工。

施工管理机构组建完成后,为保证工程按设计要求的质量、计划规定的进度和低于合同价的成本,安全、顺利地完成施工任务,应建立健全施工管理制度,如施工计划管理制度、工程技术管理制度、工程成本管理制度和施工安全管理制度等,具体落实施工队伍,各级技术负责人要根据组织机构和施工任务的情况,进行技术交底,明确各自的技术责任,建立一套完整的工程质量自检体系,把安全生产、文明施工、提高工程质量、鼓励技术创新等工作放在首位。

二、技 术 准 备

技术准备是工程顺利实施的基础和保证。技术准备工作的好坏,直接影响到工程的进度、质量和经济效益,因此必须高度重视。技术准备工作的内容主要包括熟悉设计文件;现场调查核对;设计交桩和技术交底;建立工地试验室,进行各种建筑材料试验和土质试验,为施工提供可靠数据;编制实施性施工组织设计和施工预算;进行施工测量,平整场地,做好施工放样;布置施工场地等。

1. 熟悉和核对设计文件

从设计到施工通常都要间隔一段时间，勘测设计时的原始自然状况也许会由于各种原因有所变化，因此必须对设计文件和图纸进行现场核对。组织技术人员认真阅读设计图纸和技术资料，熟悉合同文件、技术规范和工艺流程。组织有关人员对路线走向、取土场及弃土场的位置、地形地貌、道路交通、桥涵位置、地质水文状况、水准点及坐标控制桩等进行全面的调查核对。

设计文件是工程施工最重要的依据，熟悉、审核设计文件是领会设计意图、明确工程内容、掌握工程特点的重要环节，应注意核对设计是否符合施工条件；施工能否达到设计规定的标准要求；图纸各构造物位置、尺寸、高程等有无错误；有无特殊的材料要求；图纸说明有无矛盾之处等，如发现设计有错误或不合理之处，应提出修改意见报上级部门审批，待核准批复后再进行现场测量、修改设计、补充图纸等工作。

2. 现场补充调查

进行现场补充调查，是为优化和修改设计、编制实施性施工组织设计、因地制宜地布置施工场地等收集资料。调查的内容主要有：工程地点的水文、气候、地形和地质条件；自采加工材料场储量、地方生产材料情况、施工期间可供利用的房屋数量；当地劳动力资源、工业生产加工能力、运输条件和运输工具；施工场地的水源、水质、电源，以及生活物资供应状况；当地民俗风情、生活习惯等。

3. 设计交桩和设计技术交底

工程在正式施工之前，应由勘测设计单位向施工单位进行交桩和设计技术交底。

交桩应在现场进行，设计单位将路线测设时所设置的导线控制点和水准控制点及其他重要点位的桩志逐一移交给施工单位，施工单位在接受这些控制点后，要采取必要措施妥善加固保护。

设计技术交底一般由建设单位主持，设计、监理和施工单位参加。交底时设计单位应说明工程的设计依据、设计意图和功能要求，并对某些特殊结构、新材料、新技术以及施工中的难点和需注意的方面详细说明，提出设计要求。施工单位则将在研究设计文件中发现的问题及有关修改设计的意见提出，由设计单位对有关问题进行澄清和解释，对于合理的修改设计的意见，经过讨论认为确有必要，可在统一认识的基础上，对所讨论的结果逐一记录，并形成纪要，由建设单位正式行文，参加单位共同会签，作为与设计文件同时使用的技术文件和指导施工及进行工程结算的依据。

在有关施工人员熟悉设计文件，充分准备的基础上，由建设单位负责人召集设计、施工、监理、科研人员参加图纸会审会议。设计人员向施工方作图纸交底，讲清设计意图和对施工的主要要求。施工人员应对图纸和有关问题提出质询。最终由设计单位对图纸会审中提出的合理化建议，按程序进行变更设计或作补充设计。

4. 建立工地试验室

城市道路工程施工过程中，必须进行各种材料性能试验，以便合理选用材料及材料性能参数，利于掌握各种材料的施工质量指标，保证结构物的施工质量。

工地试验室是为施工现场直接提供数据服务的试验室，其主要任务是配合路基、路面施工，对工地所用的各种原材料、加工材料及结构性材料等的物理力学性能以及施工结构体的几何尺寸等技术参数进行检测。按照技术规范要求，认真做好路基土的标准击实试验，确定最佳含水率和最大干密度，上报监理工程师审批。

5. 编制实施性施工组织设计和施工预算

实施性施工组织设计是指导施工的重要技术经济文件，也是对施工实行科学管理的重要手段。编制施工组织设计的目的在于全面、合理、有计划地组织施工，从而具体实现设计意图，按质、按量、按期完成施工任务。实践证明，一个工程如果施工组织设计编得好，能正确地反映客观实际，并能得到认真地执行，施工就可以有条不紊地进行，否则就会出现盲目施工的混乱局面，造成不必要的经济损失。

实施性施工组织设计应根据核实的工程量、工地条件、工期要求及施工单位机具设备情况，按照保证重点、统筹兼顾；采用先进技术、保证施工质量；科学安排施工计划、组织连续、均衡施工；严格遵守施工规范、规程和制度；因地制宜、扬长避短的原则，遵循图 2-5-2 的程序编制并报监理工程师审批。

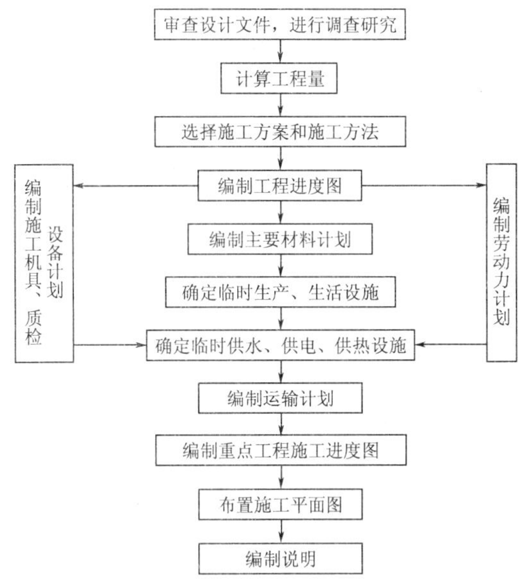

图 2-5-2　施工组织设计编制程序

为确保工程质量，加强施工管理，施工组织设计的主要内容有工程情况的概述，施工技术方案的制订，施工计划及施工总体和部分工程平面布置，土石方平衡规划，施工现场平面布置，劳动力及机械设备、施工用水和用电的供应和解决方案，施工便道、排水防洪及生活设施的建设，施工准备工作进度表等。施工组织设计用文、图、表三种形式表示，互相配合，互相补充。应有设计图纸、资料；施工规范和技术操作规程；各种定额；施工图预算；施工组织设计；工程质量检验评定标准和施工验收规范；施工安全操作规程等基本文件。

根据施工组织设计的要求，组织施工队伍，合理部署施工力量，做好后勤物资供应工作。

施工预算是在施工图预算的基础上，根据施工图纸、施工组织设计或施工方案、施工定额等文件进行编制的，是企业内部控制各项成本支出、考核用工、签发施工任务单、限额领料和进行经济核算的依据。

6. 进行测量放样

土、石方工程开工前，应根据市规划部门批准的用地图，实测边线桩、核实图内房屋、各种供电和通信线路、地下管线、坟墓、树木、农田等。

(1)开工前必须做好以下各项拆迁准备工作：

①对于各种地上、地下障碍物的拆迁，应在施工前与有关部门协商，并签订协议书。

②对有碍施工的房屋，均应在开工前拆迁完毕；对沿线未拆迁的房屋，应考虑不因施工而影响其稳固，必要时采取适当的加固措施。

③用地范围内树木、坟墓等，施工前会同有关单位清点数目，造册存查，并协商砍伐或迁移办法。

④路基填土高度小于1.5m时，应挖除树根，并认真将树坑夯实填平。一般采用机械施工的路堑及取土坑，应将所有树根予以挖除。填土高度大于1.5m时，树根可酌情处理。

(2)施工期间必须断绝现有道路交通或修建临时道路时，应事先征得有关部门的同意。

(3)开工前应编制土方施工方案，包括排水措施、土方平衡方案、取土弃土地点、机械种类、保证质量及安全措施等。

(4)道路工程开工前应进行下列测量工作：

①恢复定线测量。在地面上进行中线测量前，应由设计、勘测部门向施工单位交桩，并办理交接桩手续，如原测桩有遗失或倾斜时，应补钉校正；转角点桩及方向桩应在线外设栓点并做好标志。直线部分每隔500～1000m应加设方向桩。

沿中线作基平、中平测量以复核原有水准基点高程和中桩地面高程时，应先认真复核水准基点，如发现水准基点高程有疑问时，除及时向设计单位查询外，为使施工不受影响，可采用每两个水准点为一环进行闭合测量。

②填挖方施工测量。每一地段开工前应根据设计图纸放线，测设线路中心桩、两侧边线桩、各主要工程建筑物的位置桩。施工中应经常检查，对遗失或位置移动者随时补钉校正。

施工放样就是按设计图纸中的各种数据和控制点坐标，将公路的"中心线"、各构造物的高程及横断面位置准确无误地放到实地，指导施工作业。公路工程施工放样的主要内容有：路中心线施工放样；竖曲线施工放样；路基边桩及边坡施工放样；路面施工放样；小桥涵施工放样等。

(5)施工放样。

①路中心线的施工放样。路线中线施工放样就是利用测量仪器和设备，按设计图纸中的各项元素(如公路平纵横元素)和控制点坐标(或路线控制桩)，将公路的"中心线"准确无误地放到实地的过程。

它是保证施工质量的一个重要环节。要严格按照有关规范、规程的要求，对测量数据认真复核检查。为确保施工测量质量，在施工前必须对导线控制点和路线控制桩(又称固定点)进行复测，在施工过程中要定期检查。放样时应尽量使用精良的测量设备，采用先进的测设方法。

路中心线施工放样又称为恢复中线，一般有用导线控制点恢复中线和用路线控制桩(交点、直圆、圆直等点)恢复中线两种方法。用控制点放样中线，放样精度能得到充分的保证。在测量技术飞速发展的今天，测距仪的使用越来越普遍。现在，几乎所有的施工单位都有测距仪或全站仪，因而这种方法得到了广泛的应用，成为恢复中线的主要手段。

a.控制点复测。控制点复测是施工测量前必不可少的准备工作，它包括导线控制点和路线控制桩的复测。另外由于人为或其他原因，导线控制点和路线控制柱丢失或遭到破坏，要对其进行补测；有的导线点在路基范围以内，需将其移至路基范围以外。只有当这一切都完成无误，方能进行施工放样工作。

b.用导线控制点恢复中线。用导线控制点恢复中线，实质上就是根据导线点坐标与公路中线坐标之间的关系，借以高精度的测距手段，将公路的中线放到实地，因此又可称之为"坐标法"。

如图2-5-3，P为公路中线点，坐标为$(X_P、Y_P)$；A、B为导线点，坐标分别为$(X_A、Y_A)$、$(X_B、$

Y_B)，P 点与 A 点的极坐标关系用 A 点到 P 点的距离 S_{AP}、坐标方向 α_{AP} 表示，即

$$S_{AP}=\sqrt{(X_P-X_A)^2+(Y_P-Y_A)^2} \qquad (2\text{-}5\text{-}1)$$

$$\alpha_{AP}=\arctan\frac{Y_P-Y_A}{X_P-X_A} \qquad (2\text{-}5\text{-}2)$$

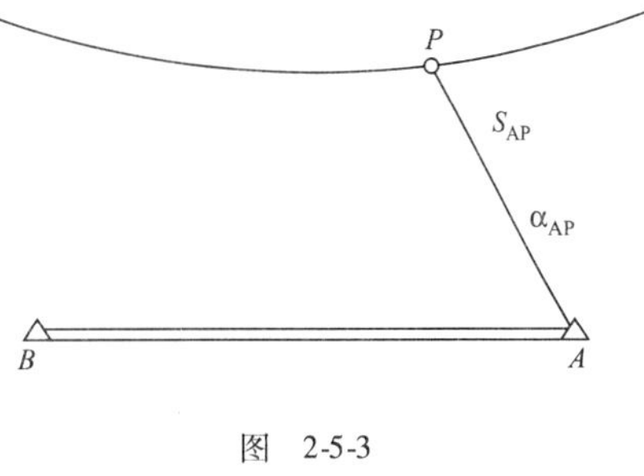

图 2-5-3

上式就是两点间距离和坐标方位的计算公式，式中，导线点的坐标通过控制测量求得。

c. 用路线控制桩恢复中线。当原勘测设计时的交点桩保存基本完好时，恢复路线中线的测量工作就比较简单。对于个别丢失的交点桩可采用交会法恢复，然后根据设计文件上的有关数据可直接恢复直线上的中桩；对圆曲线和缓和曲线段上的中桩也可采用偏角法或切线支距法恢复。

②路基边桩放样。路基边桩放样就是在地面上将每一个横断面的路基边坡线与地面的交点，用木桩标定出来。边桩的位置由两侧边桩至中桩的距离来确定。常用的边桩放样方法有图解法与解析法两种。

a. 图解法。在填挖方不大时，可直接在横断面上量取中桩至边桩的距离，然后在实地用皮尺沿横断面方向将边桩丈量并标定出来。

b. 解析法。根据路基填挖高度、边坡率、路基宽度和横断面地形情况，先计算出路基中心桩至边桩的距离；然后，在实地沿横断面方向按距离将边桩放出来。

③竖曲线施工放样。竖曲线起点、终点的测设方法与圆曲线相同，而竖曲线上辅点的测设，实质上是在曲线范围内的里程桩上测出竖曲线的高程。因此，在实际工作中测设竖曲线与测设路面高程桩一起进行。测设时，只需把已算出的各点坡道高程再加上(凹形竖曲线)或减去(凸形竖曲线)相应点上的高程改正值即可。

④路面施工放样。路面施工放样主要有路槽放样与路拱放样。

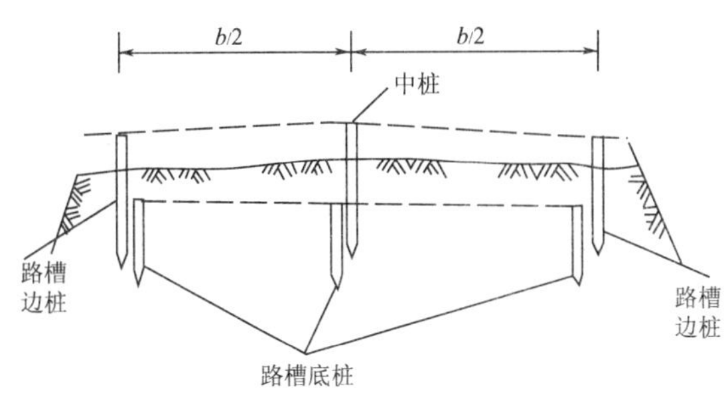

图 2-5-4 路槽施工放样示意图

a. 路槽的放样。在铺筑道路路面时，首先应进行路槽的放样，在已恢复的路线中线的百米桩和加桩上，从最近的水准点出发，进行路线水准测量，测出各桩的路基高程，并与设计高程相比较，看是否在规范规定的容许范围内，然后在路线中线上每隔 10m 设立高程桩，用放样已知高程点的方法使各桩顶高程等于铺筑的路面高程。如图 2-5-4 所示，用皮尺由高程桩沿横断面方向左、右各量出等于路槽宽度一半的长度，定出路槽边桩，使桩顶的高程亦等于铺筑后的路面高程(考虑路面横坡)。在上述这些桩的旁边挖一小坑，在坑中钉桩，使桩顶符合于考虑路槽横向坡度后槽底的高程，以指导路槽的开挖。

b. 路拱的放样。为有利于路面排水，在保证行车平稳条件下，路面应做成中间高两侧低的形式，称为路拱。路拱一般做成下列两种形式：

a) 整个路拱为抛物线形(图 2-5-5)。

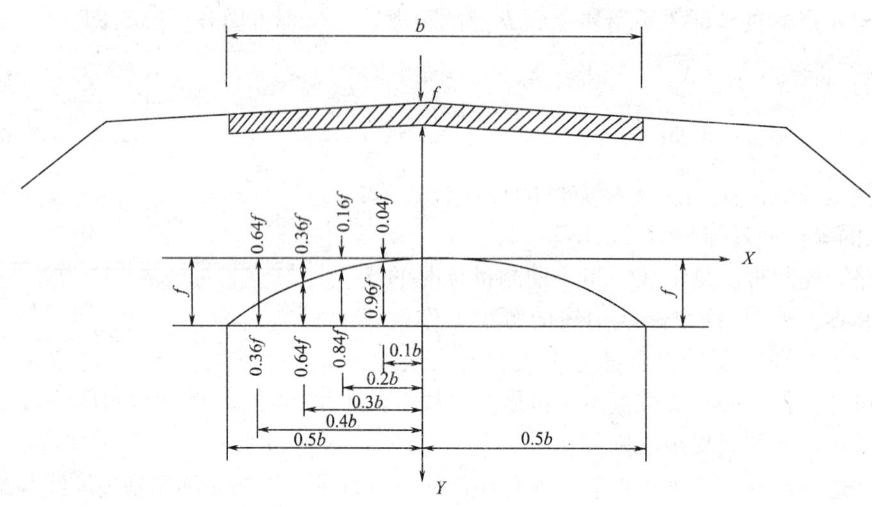

图 2-5-5　抛物线形路拱

图 2-5-5 所示抛物线的形状可用下列方程式表示：

$$X^2 = 2PY \tag{2-5-3}$$

当 $X = b/2$ 时，$Y = f$

由此得
$$Y = \frac{X^2}{2P} = \frac{4f}{b^2}X^2$$

式中：X——横距；

Y——纵距；

b——路面宽度；

f——拱高，可按路拱坡度 i_1 确定，即 $f = \frac{b}{2}i_1$。

b）两个斜面中间用曲线连接（图 2-5-6）。

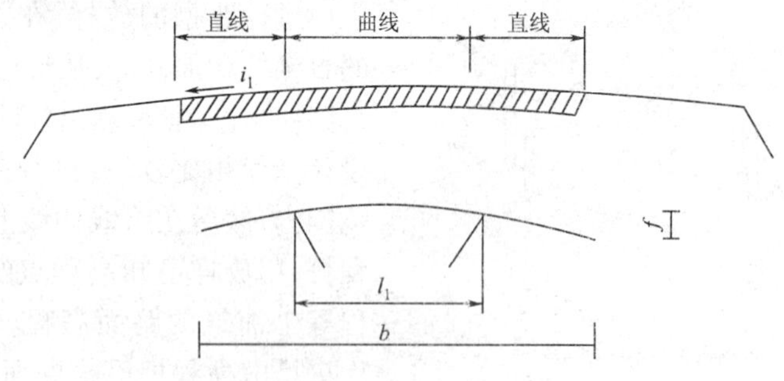

图 2-5-6　圆顶直线形路拱

如图 2-5-6 所示，中间部分可用抛物线或圆曲线连接。拱高 f 可按下式计算：

$$f = \left(\frac{b}{2} - \frac{l_1}{4}\right)i_1 = \left(b - \frac{l_1}{2}\right)\frac{i_1}{2} \tag{2-5-4}$$

式中：l_1——曲线段的水平距离。

其他符号意义同前。

道路路面路拱的放样一般采用路拱板进行，在施工过程中逐段检查，放样误差应满足相应规范要求。

施工前，认真做好路线、高程等的复测工作，包括路基坡顶、坡脚、边沟、红线、弃土场、借土场、桥涵等具体位置，上报监理工程师。

会同监理工程师测量路基横断面，计算土、石方工程数量，报监理工程师审批，并进一步优化土、石方数量。

7. 布置施工场地

施工范围内的各种地下管线包括上水、下水、煤气、通信缆、电线等隐蔽设施，必须按设计图纸标注的种类和位置，在施工前与有关单位联系，弄清具体管线种类、尺寸、位置、覆土深度，重要管线应插牌标记，并要求所属单位派员现场监护，层层进行管线交底落实到单位和个人，并留原始记录。一般管线每侧各1m范围内，不得使用推土机推土或挖掘机挖土；60cm覆土深度内，不得使用压路机碾压，煤气属于无压管，除应按设计和管理单位加固要求施工外，严禁重型压路机和振动压路机碾压。

落实各工点的施工方案以及相应的供水、供电设施；各种施工物资的调查与准备，包括建筑材料、机具设备、工具等的货源安排，进场后的堆放、入库、保管及安全工作等。

填土前，原地面的草皮、芦苇、树根、垃圾、淤泥及其他杂物应清除干净。对原有排水沟及坑穴要填平并用压路机及时分层压实，达到规范要求的压实度标准。填土前要先将因施工打乱的排灌系统进行改造，以免影响农田灌溉及排水或使工程遭受损失。

沿线永久性或临时性水准点及测量桩，应妥善加以保护，不得掩埋或碰动，已经碰动或必须移动时，应通知测量人员补桩或联系有关单位办理。

三、物资准备

物资准备包括：工程房屋修建或租赁，机具设备购置或租赁；各种材料的采集、调配、运输、存储及临时生活和生产设施的建立，如修建便道、便桥，搭盖工棚；选址修建预制场、机修厂、沥青拌和基地、混凝土搅拌站等大型临时设施；临时供电、供水、供热及通信设备的安装、架设与试运；消防安全设施及必须的生活设施等。

工程现场应设有宿舍、会议室、浴室、食堂、厨房、管理室、经理部办公室、工人休息室、搅拌站、水泥及其他材料库、各种材料堆放场、看守房、水池、机房、试验及测量用房、厕所等。项目经理部应考虑监理工程师用房及设置医务室，各工点应有巡回医生。

机械停放场、检修厂及油库，应设有停车场、检修棚、检修地沟、零件库、油库、发电机房、水池等。

办公室应配备电脑、打印机、复印机、传真机及各种资料柜等日常办公用品。项目经理部经理室、工程师（监理工程师）办公室、调度室应按工程需要设国内长途直拨电话，各施工队安装分机。各主要负责人配备手提移动电话。按工程需要配备指挥车、工程师（监理工程师）专用车、交通车、测量试验专用车。工程规模大的尚应配备医务急救车。

路基的施工机械包括土、石方机械和压实机械两大类。主要指推土机、装载机、挖掘机、铲运机、平地机、自卸汽车、凿岩机、压路机等。路基土方机械担负着开挖、铲装、运输、整平、压实的任务。石质路堑尚包括各种型号的松土器、凿岩机、爆破器材。路面的施工机械主要有半刚性基层材料拌和机械、沥青混合料拌和及摊铺设备、水泥混凝土拌和及摊铺设备等，另外还包括运输和碾压机械。施工机械的合理配套是工程能否按时完成及经济效益的保障。

工地试验室所购置的各种重要试验设备仪器，应通过当地政府计量部门标定，交通质量监督部门认证合格后才能投入使用。工地试验室认证工作应在接到中标通知书后即开始申办，在工程开工前办理完毕各种证件。此外，工地必须具备最新版本的各种试验规程，设计、施工规范及其他参考书籍等。

在施工准备工作完成、提交开工报告之后，才能按批准的日期开始正式施工。施工应严格按照设计图纸进行，如需要变更，必须事先按规定程序报经建设单位或监理工程师批准，方可进行施工。各分项工程，特别是地下工程和隐蔽工程，要逐道工序检查合格，做好施工原始记录，才能进行下一道工序的施工。施工要严格按照设计要求和施工技术规范、验收规程进行，保证质量，安全操作，不留隐患、不留尾工，发现问题及时解决。

对大、中型工程建设项目，必须严格执行施工监理制度，按监理的规定或要求实行进度控制、质量控制和费用控制。

第三节　路堤填筑施工

路基是路面的基础，是按道路中心线的位置和规范设计要求，在原地面上填、挖修筑而成的结构物。路基在道路建设项目中，不仅工程量和投资额巨大，而且是占用土地最多、使用劳动力及机械设备数量最大、牵涉面最广的工程。在工程量集中、地质与水文地质条件复杂的地段，遇到的技术问题更多、更难，常常成为左右道路能否如期完成的关键。因此，对路基项目的施工，必须予以高度重视，认真对待。

路堤填筑不当，会导致沉陷、边坡塌方和纵向裂缝等病害的发生，直接影响乘车的安全性和舒适性，降低行车速度和车辆使用寿命，增加城市道路的维修养护费用，缩短道路的使用寿命。新建的城市道路，若病害太多，不仅影响交通畅通还直接影响路容美观，造成不良的社会影响。实践经验证明，路堤的填筑质量主要取决于基底处理、填料性质、填筑方式和路堤压实等基本环节。

一、基底处理

路基基底是指路堤填料与原地面的接触部分。在路堤填筑前进行基底处理，使路堤填土与原地表土紧密结合，避免路堤沿基底发生滑动，防止因草皮、树根腐烂等引起的路堤沉陷，保证路堤填筑的质量，应视基底的土质、水文、坡度、植被情况和路基的填筑高度采取相应的处理措施。基底处理应符合如下规定：

(1)填土前，需将原地面的草皮、芦苇、树根、垃圾、淤泥及其他杂物应清除换填，换填厚度视具体情况而定，一般不小于30cm为宜，并予以分层压实；对土质路基原地面以下的坑穴、井洞及排水沟等应用原地的土或砂性土等透水性较好的土回填平整并分层压实；对原地面的坟坑、水井等较大坑穴，应先分层填土夯实至原地面高程，其压实度均应满足标准要求。

(2)地面横向坡度在1∶10～1∶5时，应先翻松表土再进行填土，坡度陡于1∶5时应做成台阶形，每级台阶宽度不小于1m，高度不宜大于30cm，如图2-5-7所示。台阶顶面均向内倾斜，在砂土地段可不做台阶，只翻松表层；若地面横坡陡于 1∶2.5 时，外侧坡脚应进行加固处理，如修筑护墙和护脚。

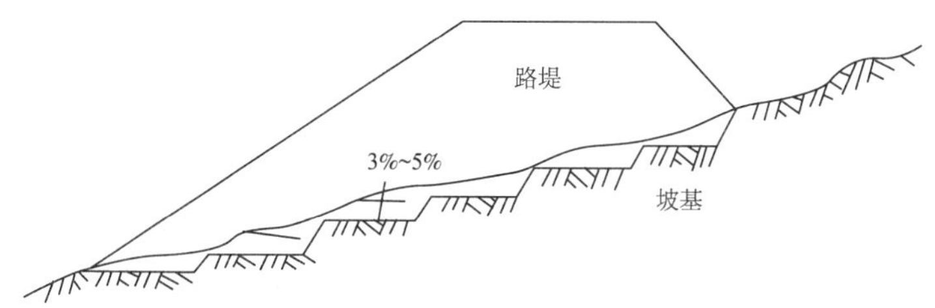

图 2-5-7　横坡较大时的台阶形基底

(3) 路基受到地下水影响时，应予以拦截或排除，引地下水至路堤基础范围之外。当路基经过水田、池塘或洼地时，应根据具体情况进行排水疏干，可采用翻晒土质法、挖换干土法、掺石灰(水泥)法、粒料加固法、排水固结法(详见本篇第四章第五节)等湿软地基加固处理措施，以保持基底稳固。

①翻晒土质法。挖方路基，土质含水率大，一般处理深度为 60cm，可将表层 40cm 用推土机推出，底层 20cm 采取原地翻晒，大面积宜采用铧犁翻晒，小面积也可用人工翻晒，待含水率接近最佳含水率时，整平压实，表层 40cm 再分两步摊铺、翻晒、压实。

②挖换干土法。路基土质含水率大，路基弹软需改换深度为 60cm 时，可用机械或人工深挖 60cm，若底层含水率仍很大或地下水位很高，应采取措施降低地下水位，并按原地翻晒方法处理，降低下层土质含水率。避免回填干土时下层弹软使回填土达不到压实度要求。此法适用于附近有含水率适当的干土地段。

③掺石灰法。可用推土机将土质推出 60cm，掺入一定比例(可用土质质量 4%)的生石灰粉或较干的熟石灰粉(与土质质量比为 5%)后拌和均匀，然后分层回填压实，每层压实厚度不大于 20cm，顶层用 12t 以上大碾碾压，不得有弹软现象。掺石灰亦可根据土质含水率酌量增加用灰量。此法适用于多雨、蒸发量小、地下水位高、工期要求紧迫和无干土改换的地段。

④粒料加固法。粒料加固的材料必须具有水稳定性好，干湿循环或水浸泡不易分解的材料，如碎(砾)石、砂砾、块石、混凝土块、碎砖、矿渣、拆房土(粒料占 70% 以上)等，最大粒径不得大于 30cm。对水塘、洼地、沟渠排水清淤后填土不能上碾或因下层土含水率大，填土碾压达不到压实度要求，可采用粒料加固法进行加固。

用块石、混凝土加固时，每层铺筑厚度不得大于 30cm，并且下层最好铺筑一层粒径不大于 25mm 的小颗粒碎(砾)石、砂砾的垫层，厚度不小于 5cm，块石、混凝土块要码放整齐，不能驾空，并用碎石灌满空隙，碾压挤实，防止填土加载后块石等挤入泥中，竣工后路面产生较大变形。

(4) 路基加宽时，应将加宽一侧边坡上的草皮、树根及一切杂物清除，并应切成台阶，表面向内做成斜坡，台阶高 20cm，宽 30cm；采用推土机开挖，台阶高 40cm，宽 60cm，可从底层开始，边开挖边填土，但层次要分明，以利新旧路基搭接。砂质土质可以不做台阶。

(5) 路基加宽时，遇有排水边沟或水槽，应先分段打坝，排水清淤，至见原状土为止，待晾干或填筑 60cm 集料压实后，再行分层填筑。

二、填筑材料的选择

在选择路基的填筑材料时，由于各类用土具有不同的工程性质和状态，用它们填筑起来的路堤稳定性亦有很大的差异，为保证路堤的强度和稳定性，需尽可能选择当地稳定性良好并具有一定强度的土石作为填料。选择填筑材料时，一般应遵循如下要求：

(1)路堤填土不得使用腐殖土、生活垃圾土、淤泥质土、沼泽土、冻土、有机土和含草皮土等。采用盐渍土、黄土、膨胀土填筑路堤时，应遵照有关规定执行。

(2)液限大于50、塑性指数大于26的土，以及含水率超过规定的土，不得直接作为路堤填料；需要应用时，必须采取满足设计要求的技术处理，经检查合格后方可使用。

(3)应选用易干、透水性良好的土质填筑，如采用透水性不良或不透水的土质须在含水率接近最佳含水率时再行压实。

(4)钢渣、粉煤灰等材料，可用作路堤填料，其他工业废渣在使用前应进行有害物质的含量试验，避免有害物质超标，污染环境。

(5)填方一般应采用同类土进行。如必须采用不同种类土质填筑时，应遵守下列条件：

①应按不同种类土质分层填筑，不得任意乱填，并应尽量减少填筑层数。

②透水性较差的土质，在透水性较差的土质下层时，其表面应自道路中心线向两侧做4%的坡度。

③透水性较大土质的边坡不应被透水性较小的土质所覆盖。

(6)受潮湿及冻融影响较小的优良土质应填筑在路基的上层，形变模量小的土质填在下层。

(7)捣碎后的种植土，可用于路堤边坡表层。

(8)旧路拓宽改造需加宽路堤时，所用填土应与原路堤用土尽量接近或为透水性良好的土，并将原路堤边坡挖成向内倾斜的台阶，分层填筑，碾压到规定的密实度，严禁将薄层新填土贴在原边坡的表面。

三、路基填筑方式

将选定的路基填料运送到路基上逐层填起，进行铺平并碾压密实的过程称为路基填筑。路基填筑方式可分为：水平分层填筑法、纵向分层填筑法、横向填筑法和混合填筑法等。

1. 水平分层填筑法

填筑时按照横断面全宽分成水平层次，逐层向上填筑的方法为水平分层填筑法，如图2-5-9所示。如原地面不平，应由最低处分层填起，每填一层，经压实合格后再填上一层。此法施工操作方便、安全，压实质量容易保证。

采用不同性质的土混合填筑时，应采取有利于排水和路基稳定的方式，视土的透水能力的大小，进行分层填筑压实，不得任意混填，否则，会造成路基病害。一般应遵循以下原则：

(1)不同性质的土应分别填筑，层次应尽量减少，每层总厚度不宜小于0.5m，不得混杂乱填，以免形成滑动面。

(2)透水性差的土填筑在路堤下层时，其表面应做成一定的双向排水横坡，如图2-5-8a)所示，以保证来自上层透水性填土的水分及时排出。但尽量不应用于路堤底部填筑。

(3)为保证水分蒸发和排除,路堤不宜被透水性差的土层封闭,也不应覆盖在透水性较大的土所填筑的下层边坡上。

(4)凡不因潮湿及冻融而变更其体积的优良土应填在上层,强度较小的土应填在下层。

(5)为防止相邻两段用不同土质填筑的路堤在交接处发生不均匀变形,交接处应做成斜面,并将透水性差的土填在斜面的下部。

用不同土质填筑路堤的正确和错误方式见图 2-5-8 所示。

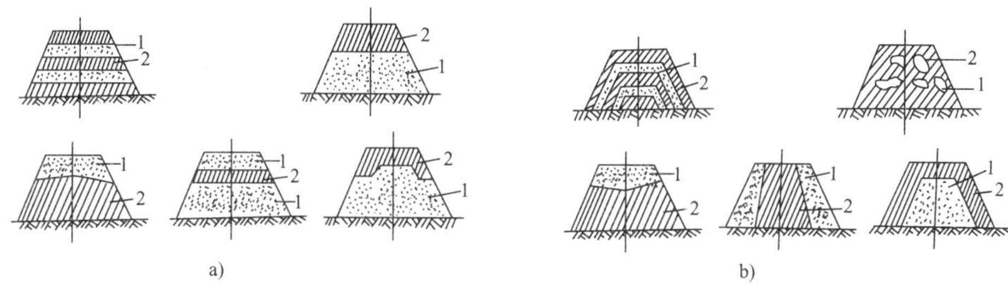

图 2-5-8 路堤内不同土质的填筑方式

a)正确方案;b)错误方案

1-透水性较大土质;2-透水性较小土质

2. 纵向分层填筑法

适用于推土机或铲运机从路堑取土、填筑运距较短的路堤或较窄、较深的沟壑及原地面横坡大于 12% 的地段,不适合采用水平分层填筑法施工的路段,可采用纵向分层填筑法施工。是依纵坡方向分层、逐层推土填筑的方法,如图 2-5-10 所示。

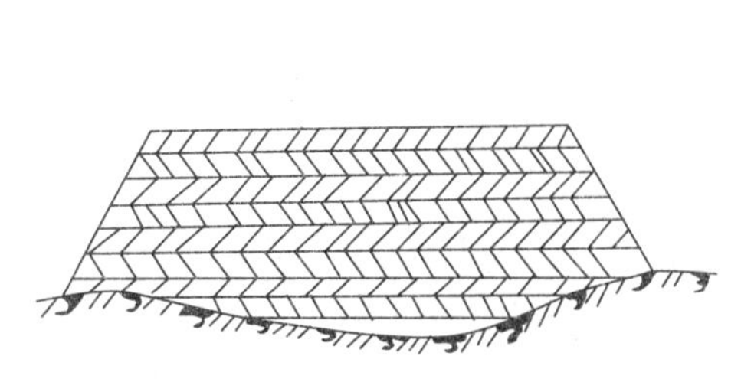

图 2-5-9 水平分层填筑法

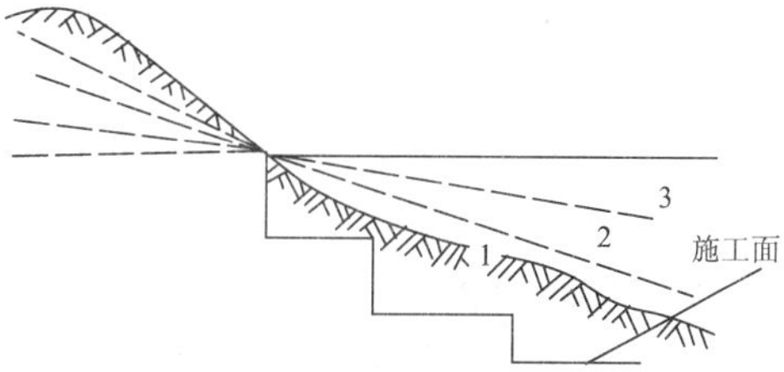

3
2
1
施工面

图 2-5-10 纵向分层填筑法

1、2、3-铲土作业顺序

3. 横向填筑法

横向填筑从路基一端按各横断面的全部高度,逐步推进填筑的方法,如图 2-5-11 所示,适用于无法自下而上,分层填土的陡坡、断岩或泥沼地区。此法不易压实,且还有沉陷不均匀的缺点。为此,应采用必要的技术措施,如选用高效能的压实机械(振动压路机)碾压;采用沉陷量较小的砂性土或废石方作填料等。

4. 混合填筑法

当道路路线穿过深谷陡坡,尤其是路堤上部的压实度标准要求较高时,施工时下层采用横向填筑,上层采用水平分层填筑,此种方法称为混合填筑法,如图 2-5-12 所示。

上述方法中,由于纵向、横向和混合路堤填筑方法中工程质量较难保证,同时也不易检测,因此,除非工程特殊要求外,一般应尽可能采用第 1 种方法施工。

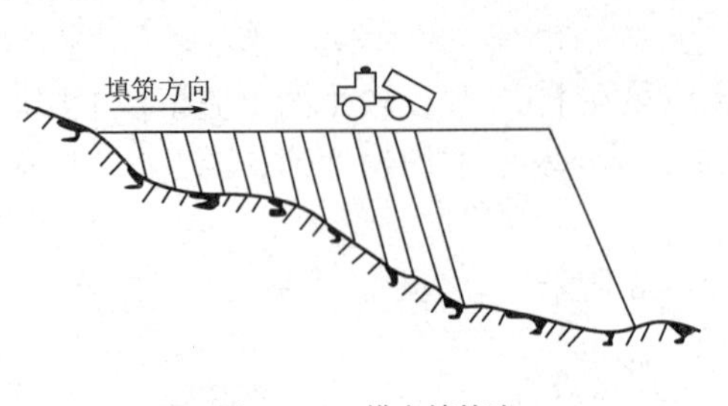

图 2-5-11　横向填筑法

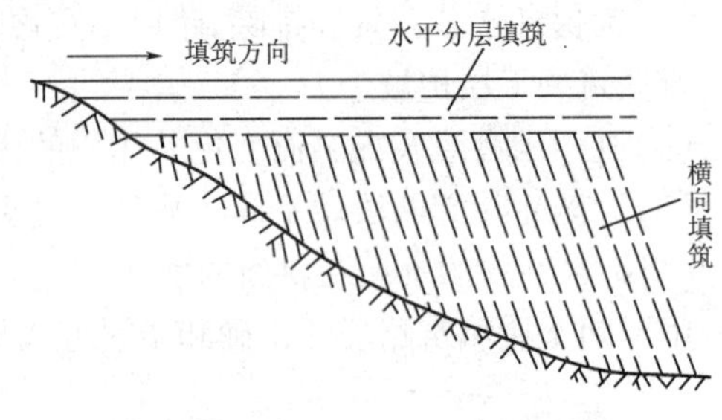

图 2-5-12　混合填筑法

四、路 堤 压 实

路基填土要分层碾压，含水率要适度，过湿应进行翻晒，过干应洒水翻拌均匀，各种压路机碾压遍数根据要求压实度而定，检验合格后方准继续上土。使用压路机压实，路边要留出适当宽度，防止车翻伤人；碾压从路边开始逐渐移向路中，并于全宽内顺序均匀压实，坑洼要随时填补平整，发现弹软现象，应进行翻晒或改换干土，路边碾压不到之处，要用人工夯实或用小型压实机具压实；不能上碾部位，用重型履带机械压实，履带板错 1/3，速度为 1 ~ 2 挡，排压至少 4 遍以上，如有特殊要求，应采取加固措施；用双轮压路机或双轮振动压路机碾压，轮迹重叠宽度至少为 30cm，碾压速度不超过 30m/min；用三轮压路机碾压，每次错半轴；使用轮胎压路机，每次轮胎应重叠半轮，碾速不超过 30m/min。有关路基压实原理及标准将在本章第五节讲述。

路基经过填土、压实后，要进行整形作业，除路基顶面以外，施工作业较复杂的是边坡面的整形，可用平地机或推土机进行。

五、路 基 整 修

路基土石方工程基本完工后，施工单位应会同监理人员，按设计文件要求检查路基中线、高程、宽度、边坡坡度和截（排）水系统，并根据检查结果编制整修计划，进行路基整修。

1. 路基表面整修

土质路基表面的整修，可用机械配合人工切土或补土，并配合压路机械碾压，不得有松散、软弹、翻浆及表面不平整现象。石质路基表面应用石屑嵌缝紧密、平整、不得有坑槽和松石。

2. 路基边坡整修

整修边坡时，应自上而下进行边坡整修。填方路基边坡受雨水冲刷形成冲沟或坍塌缺口时，应自上而下，分层挖台阶加宽补填夯实，再按设计坡面削坡，弯道内侧路肩边缘，应修建路肩拦水带，在整修路堤边坡表面过程中，还应将其两侧的超宽切除。如遇边坡缺土时，亦分层补填夯实。

● 第四节　土质路堑施工 ●

土质路堑施工是按设计要求进行挖掘，并将挖掘出来的土方用作路堤填料，或者运往弃土地点。由于挖方路堑是由天然地层构成的，路基质量难以控制，挖方路基路段易发生变形和破坏，常常是控制工程进度的关键，道路建成后，又是养路部门养护的重点。故路堑开挖，应综合考虑开挖段的地形、地质、地貌等自然因素，充分考虑各种施工机械的使用性能，做好各项准备工作，根据路堑开挖的深度、纵向长度和土石方调配等情况，合理选择路堑开挖方案，合理组配施工机具，保证施工安全、顺利地进行，确保土质路堑的施工质量。

土质路堑开挖前，应对沿线土质进行检测试验，并应插牌标示地下管线种类、尺寸、位置和覆土深度。管顶上部覆土电缆、煤气管线不足100cm，上下水道不足50cm，不得使用机械开挖，重要管线要请主管单位派员现场监护，指导施工。

一、开 挖 方 式

根据路堑深度和纵向长度及现场的施工条件，开挖方式可以分为全断面横挖法、纵挖法、混合式开挖法三种。

1. 全断面横挖法

全断面横挖法是以路堑整个横断面的宽度和深度从一端或两端逐渐向前开挖的方式。全断面横挖法可分为单层横向全宽挖掘法和多层横向全宽挖掘法两种方式，如图2-5-13所示。

单层横向全宽挖掘法适用于开挖深度小且较短的路堑，如图2-5-13a)；多层横向全宽挖掘法适用于开挖深而短的路堑，如图2-5-13b)。土方工程数量较大时，可在不同高度分几个台阶开挖，人力施工时，每层台阶高度以1.5～2.0m为宜；机械施工时，可增加到3～4m，无论自两端一次横挖到路基高程或分台阶横挖，均应设单独的运土通道及临时排水设施。

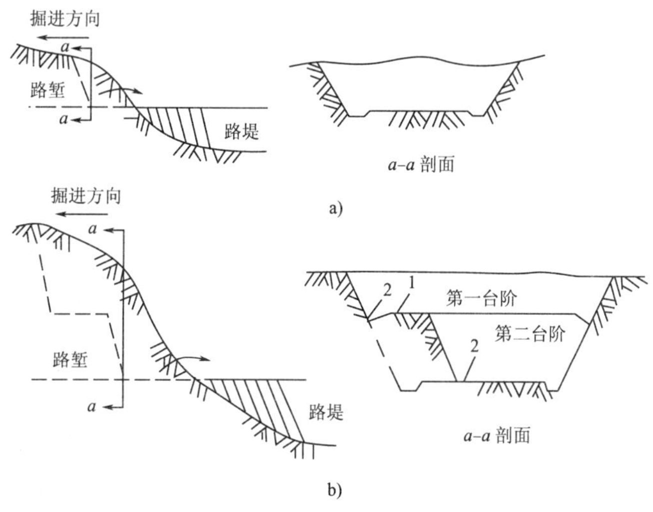

图2-5-13　全断面横挖法

a)一层横向全宽挖掘法；b)多层横向全宽挖掘法

1-第一台阶运土道；2-临时排水沟

2. 纵挖法

是沿道路的纵向进行挖掘。纵挖法分为分层纵挖法、通道纵挖法及分段纵挖法三种方式(图2-5-14)。

1)分层纵挖法

沿路堑全宽，以深度不大的纵向分层挖掘前进的作业方式称为分层纵挖法，如图2-5-14a)

所示。分层纵挖法适用于较长的路堑开挖。

2）通道纵挖法

先沿路堑纵向挖掘一通道，然后将通道向两侧拓宽，上层通道拓宽至路堑边坡后，再开挖下层通道，如此向纵深开挖至路基顶面高程，称为通道纵挖法，如图2-5-14b）所示。本法适用于路堑较长、较深，两端地面纵坡较小的路堑开挖。

3）分段纵挖法

沿路堑纵向选择一个或几个适宜处，将较薄一侧山壁横向挖穿，使路堑分成两段或数段，各段再纵向开挖称为分段纵挖法，如图2-5-14c）所示。此法适用于路堑过长，弃土运距过远的傍山路堑，或一侧的山壁不厚的路堑开挖。

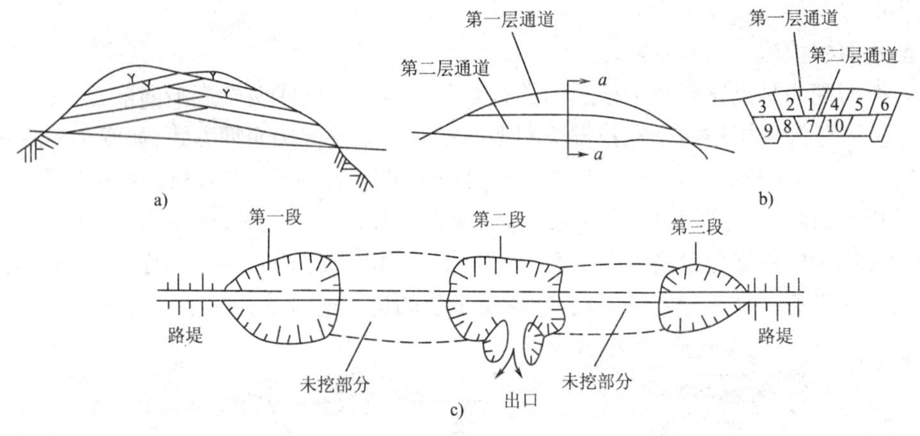

图2-5-14　纵挖法

3. 混合式开挖法

将横挖法与通道纵挖法混合使用称为混合式开挖法。当路堑纵向长度和挖深都很大时，宜采用此法。即先将路堑纵向挖通后，然后沿横向坡面挖掘，以增加开挖坡面，如图2-5-15所示。每一坡面应设一个机械班组作业。

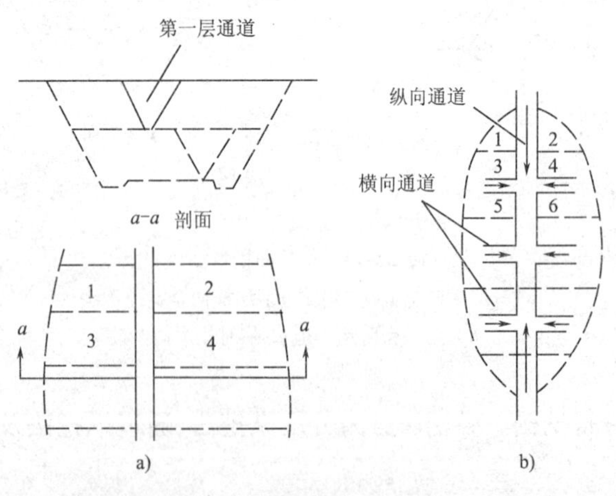

图2-5-15　混合式开挖法

a）横面和平面；b）平面纵、横通道示意

不论采用何种作业方式进行路堑开挖，都要注意不允许路堑的中部下凹，以免积水。在整个开挖段上，应做出排水方向的坡度以利排除降雨积水。挖方接近设计高程时，应根据土质适当预留虚高，随时复核路基的高程和宽度，避免出现超挖或欠挖。有条件时应用平地机找平，以便压实后符合设计高程及横坡，并应根据道路中心线检查两侧路基宽度，防止偏移。

二、开挖机械的选择

常用的开挖机械有推土机、铲运机、挖掘机及推土机和铲运机联合作业等，选择机械时一般应遵循如下原则：

①能与工地的土质、地形相适应。

②可以满足工程质量标准。

③不会损坏施工现场周围已建好的建筑设施。

④能高效地完成既定的工程量。

⑤尽量减少机械使用费用，降低施工成本。

⑥更容易操作，方便维修，提高可靠性。

⑦可以实现自动化或节省劳动力。

⑧安全性能好，对环境不会造成污染和破坏。

⑨安装调试简便，转场运输容易。

1. 推土机作业

推土机具有操作灵活、运转方便，既可开挖土方，又能短距离运输土料的特点，在路堑开挖作业中被广泛应用。当挖方运距在100m以内可使用推土机推土，视路面宽度，人行边道或路肩宽度、土方量及现场存土条件，可采用不同的操作方法。

(1)纵向推土法。当道路宽度较窄，路边无存土条件时，推土机可沿平行道路中心线方向，将土推至指定地点堆存。此法在推运松土时，效率较高，且故障少，也有利于边坡的控制及分层铲土。

(2)横向推土法。当道路较宽，两旁有存土条件时，推土机与道路中心垂直或呈一适当角度由路中心向两侧路边推土，行驶距离较小，效率更高。

(3)混合推土法。当路肩两侧无存土条件，推土机从相对两端采用纵向推土法将开槽土方推至指定地点或路口，然后垂直路中心线将堆存土方推至两侧路口或有条件存土的路边堆存。

(4)拉槽推土或多机并列推土法。采用单机作业，推土机可沿同一轨迹进行推土，将路基推出一沟槽；或采用几台推土机并列推土，推土板之间保持15～30cm间距，此法可减少土壤从推土板两侧流失，提高机械效率。

推土机动作灵活，可正驶推运、倒驶空返，当推运翻松土壤时效率较高，其中大型推土机载运土量较大、爬坡性能最好；而中型推土机，进退速度较快。当推土机增设侧挡板后推运翻松土壤，可提高经济运距和载土量。

2. 铲运机作业

铲运机能下坡铲土入斗，上坡可以斜驶使上料损失最小，具有较好的整形性能，当路堑长度超过100m，或运距超过100m，移挖作填，土方量较大时，可采用铲运机挖运土，作业时要保持施工现场内道路畅通，并应注意维护电杆、地上结构物及周围的人身安全。

铲运机开挖路堑有横向开挖和纵向开挖两种。当路堑中纵向运土距离太长，超过铲运机的经济运距，严重影响工效或长路堑由于受施工条件的限制，机械只承担其中一段，两端又无法纵向送土时，宜采用横向开挖，即从两侧开始分层开挖，每层厚15～20cm，这样做既能控制边坡，又能使取土场保持平整，同时还应沿路堑两侧做出排水纵坡。当路堑需向堑口外相接的路堤处运土填筑时，宜采用纵向开挖，即铲运机利用纵坡自路堑端部开始作下坡铲土，移挖作填。

铲运机开挖路堑作业，应先从两侧开始，如图2-5-16所示，避免造成超挖欠挖，否则将大大增加边坡修整的工作量。此外采取先挖两侧的顺序，利于雨后排水。

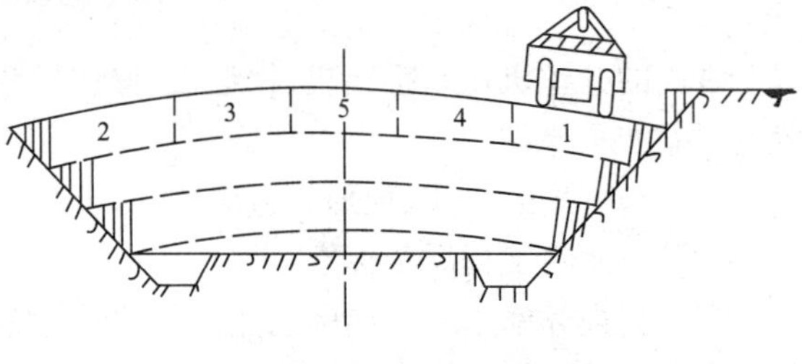

图2-5-16 铲运机开挖路堑顺序

3. 挖掘机作业

挖掘机是在道路工程中用于挖掘和装载土、石、砂砾和散粒材料的重要施工机械。它具有效率高、产量大、机动性差的特点，遇到开挖量较大的路堑等大工程量作业时，选用挖掘机配合运输车辆组织施工是比较合理的。

挖掘机开挖路堑，可采用全断面开挖和分层开挖两种方式，当路堑深度在5m以下时，可采用全断面开挖，即挖掘机一次向前开挖路堑全宽至设计高程，运输车辆停在与挖掘机同一平面，且并列布置，或在挖掘机后侧，如图2-5-17所示。此法施工简单，但挖掘机需横向位移，方可挖掘到设计宽度。

当路堑深度超过5m时，宜采用分层开挖，即挖掘机在纵向行程中，先将路堑开挖一部分，运输车辆在挖掘机一侧布置，并与开挖路线平行，可以利用前次挖好的开挖道作为运输车辆的行驶路线，如此往返几个行程，直至将路堑全部开通，如图2-5-18所示。挖掘机各次开挖后在边坡上留下的土角，可以用推土机修整。

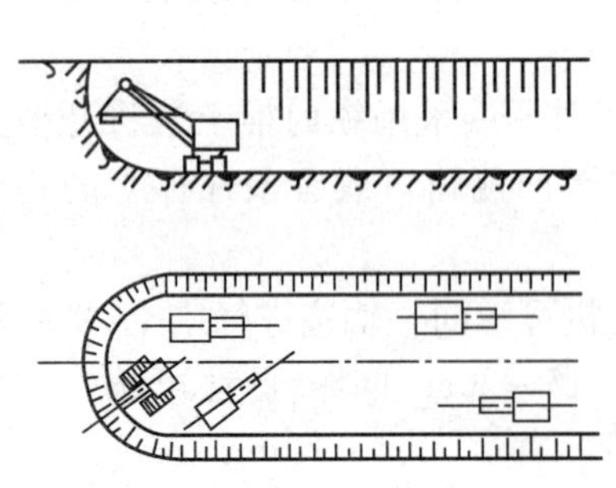

图2-5-17 正铲挖掘机全断面开挖路堑

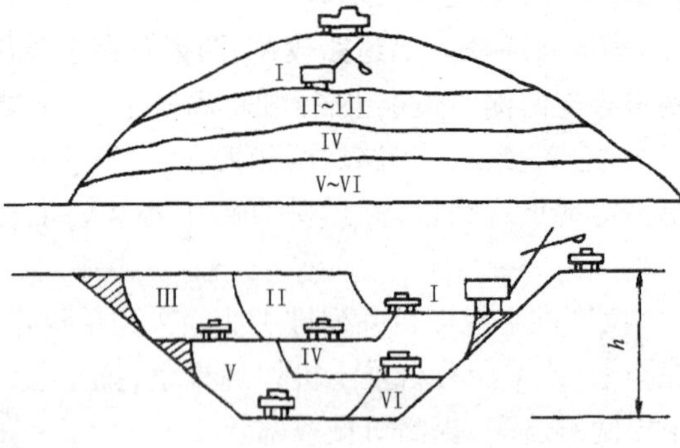

图2-5-18 正铲挖掘机分层开挖深路堑

4. 多机联合作业

在组织大型土方机械开挖路堑作业时，往往投入作业的机型较多，各自又有不同的运用范围和作业效果，为多机联合作业提供了可能性，在组织推土机与铲运机联合开挖作业时，应根据各自的特点将它们安排在最能发挥各自优势的部位作业。如可将中型推土机安排在开挖段的上层，大型推土机放在中层，铲运机放在底层，尽量坚持分段、分层铲土和运土，随时保持弃土堆的平整密实，为了均衡各机作业，在作业中可随时调整分段长度，要坚持由低地段向高地段开挖，各机流水作业，以挖成一段、成型一段为原则，以利排除积水和便于雨后继续作业。

此外，在多种机械联合作业中，各种机型数量配备，要保证前机（例如中型推土机）的作业量满足后机（例如大型推土机）作业量的要求。

实践表明，多机联合作业具有工程质量好、工效高、受降雨影响小、现场管理方便等优点，在有条件的情况下，是值得推广的一种较好的作业方式。

三、土质路堑开挖中应注意的问题

（1）施工中路基边坡的稳定性至关重要。不论开挖工程量和开挖深度大小，均应按原有自然坡面自上而下分层开挖至坡脚，不得乱挖超挖，严禁掏洞取土，防止因开挖顺序不当而引起边坡失稳崩塌；严格禁止用爆破施工。对于地质不良拟设防护或加固设施的路堑边坡，应分段挖掘，分段修筑防护或加固设施，应开挖纵向或横向排水沟，使雨水及时排出；低于附近地面的施工路段，应在路基外设排水设施及时排出积水，切实做好排水工作，确保施工安全和边坡的稳定。

（2）路堑开挖应根据地势情况、路堑尺寸及土质种类，确定施工方法。施工中，如遇土质变化需修改施工方案时，应及时报批；如因冬季或雨季影响，使挖出的土方不能及时用于填筑路堤时，应按路基季节性施工的有关方法进行处理，必要时应清除换填；如遇到特殊土质（盐渍土、黄土、膨胀土等）以及易于坍滑的土时，应按特殊土的有关要求施工。

（3）开挖路堑距规定高程差40cm左右时，应注意预留碾压沉落厚度。其具体数值应根据土质性质通过试验决定。挖方路基的压实密度应符合质量标准规定。

（4）严禁在岩溶漏斗处，暗河口处，贴近桥墩、台处弃土。岩溶地区的漏斗处多已成为地面水排泄通道，暗河口则成为地下水的出口通道，如将弃土堆弃在这些地方，会造成地面水和地下水无法排走，形成水灾，影响路基安全。若在贴近墩、台处弃土，将会造成桥墩、台承受偏压，影响桥墩、台的安全稳定。

（5）路基开挖工程接近完工时，应恢复和仔细检查道路中线、路基边缘及纵横断面，在重要桩号及坡度变更处用水平仪复核高程，随后按要求进行路床、路肩、边沟、边坡等路基整修工作。

（6）对居民区范围内的路基开挖，采取有效措施保证居民及施工人员的安全，并为附近居民的生活及交通提供临时便道或便桥。

•第五节　路基的压实与质量控制•

城市道路路基内密布着各种管道、检查井、雨水口等地下设施，这些设施把路基从平面上分割成大小不等的格网，竖向又有许多难以贴近的墙壁，客观上为路基压实设置了重重障碍。而路基压实是保证路基质量的重要环节。在路基压实过程中，路基经受压实机械的短时荷载和振动荷载作用，使单位体积内固体颗粒的数量增加，填料的密实度（单位体积内固体颗粒排列紧密的程度）和密度（单位体积质量）提高，孔隙率减小，填料颗粒之间的接触面增强，凝聚力或嵌挤力增大，内摩阻力提高，形变减少，为路基的工作提供良好的基础，有效地压实路基填筑土,才能保证路基工程的施工质量。

一、土质路基的压实

路基土由固体土颗粒、水和空气三部分组成,通常被称为三相体,填土路基的压实过程是土的三相材料重新组合的过程。其压实特性与土的结构组成、土粒的表面特性、毛细水压力和孔隙水、气压力等因素均有关系。由于水为不可压缩体,故单位体积的土体在压力作用下,空气被逐渐排出,使单个土颗粒重新排列和互相靠近,大颗粒之间的间隙被小颗粒所填充,变成密实状态,达到新的平衡。某一含水率的土的理论最大密度就是土中空气体积等于零,土接近二相体。在压实过程中,表现为土的体积被压缩,而达到一定程度后,这个过程不再持续。这是因为在颗粒重新排列后,土中气体被挤出由快变缓,最终趋于结束,而压力过大,超过土体抗剪强度时,则易使土体产生剪切破坏。填土路堤压实施工工序流程如图 2-5-19 所示。

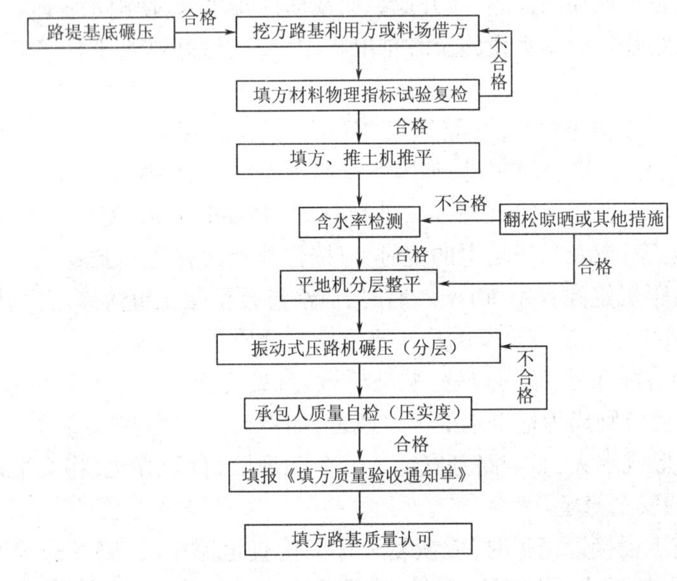

图 2-5-19　填方路堤压实工序流程

二、影响压实效果的主要因素

影响路基压实效果的因素是多方面的,有内因和外因两方面。内因指土质和湿度,外因指压实功能(如机械性能、压实时间与速度、土层厚度)、及压实时外界自然因素(如施工季节等)和人为的其他因素等。

1. 含水率对压实效果的影响

1) 含水率 w 与干密度的关系

在压实过程中,土的含水率对所能达到的密实度起着非常大的作用。锤击或碾压的功需要克服土颗粒间内摩阻力和黏结力才能使土颗粒产生位移并互相靠近。土的摩阻力和黏结力是随着密实度而增加的。对同一种土在相同击实标准下进行击实试验,得到如图 2-5-20 所示的驼峰曲线(曲线 1),表明干重度 γ 随含水率 w 而变的规律性。在同等条件下,一定含水率之前，γ 随 w 增加而提高，主要原因在于土的含水率小时，土颗粒间的内摩阻力大，压实到一定程度后，某一压实功不再能克服土的抗力，压实所得的干密度小；当土的含水率逐渐增加时，颗粒间水膜随之变厚，水在土颗粒间起润滑作用，使土粒间内摩阻力减小，施加外力后，孔隙减小，土粒易于被挤紧，γ 得以提高。在此过程中，单位体积中空气的体积逐步减少，而固体体积和水的体积逐渐增加，因此同样的压实功可以得到较大的干密度，当土的含水率继续增大，超过某一限度时，土体孔隙中出现自由水，虽然土的内摩阻力还在减小，单位土体中的空气已减到最小限度，而水的体积却在不断增加，土粒孔隙被水分占据，水在压实时会阻碍空气排出，同时孔隙水压力较为明显，抵消了部分压实功能，导致路基土的黏聚力和摩擦力下降，因此在相同压实功下，土的干密度反而逐渐减小。因而图 2-5-21 中的曲线 1 出现峰值。即 γ 值存在最大值 γ_0。通常在一定压实条件下干重度的最大值，称为最大干重度 γ（驼峰曲线的最高点），相应的含水率称为最佳含水率 w_0。由此可见，压实时，若能控制土的最佳含水率 w_0，则压实效果最好。

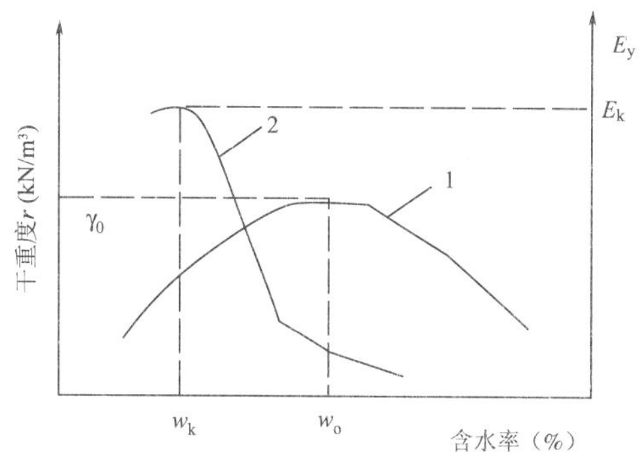

图 2-5-20　土基的 E、γ 与 w 关系示意图
1-γ 与 w 关系；2-E 与 w 关系

2）含水率 w 与土的水稳定性的关系

如果以形变模量 E_γ 代替 γ，它与 w 亦具有类似的驼峰型曲线关系，而且最高点的 E_k 及其相应的 w_k 值，与 γ_0 及 w_0 均有区别。曲线 2 表明，土体含水率未达到最佳值 w_0 之前，强度已达最高值 E_k，这是因为土中含水率较少时，土粒间的阻力较大，欲使土粒继续压缩位移，需要更大的外力，所以表现为 E_k 最高。而土中含水率在 w_k 值前后的减少或增加，相应的 E_γ 随之有所降低。

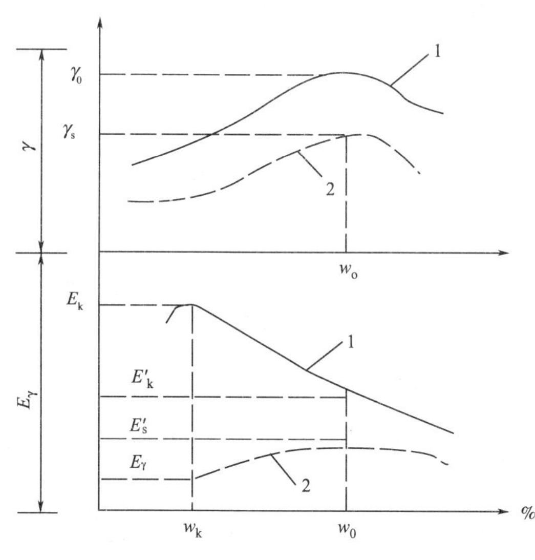

图 2-5-21　饱水前后土基压实指标对照
1-饱水前；2-饱水后

图 2-5-21 是饱水前后土基的压实试验结果对照曲线关系图，它可反映出含水率 w 与土的水稳定性的关系。图中曲线 1 和曲线 2 对比可见，饱水后，γ 与 E 均有所降低，但在 w_0 时，两曲线间的降低值（$\gamma_0 - \gamma_s$ 或 $E'_k - E'_s$）均最小，这种状态称为水稳定性好。换言之，控制最佳含水率 w_0 压实的土基，其强度和稳定性最好。如果以 w_k 为准，尽管相应的 E_k 值最高，但饱水后的 E_s 值却大大降低，表明水稳性极差。从这里也可看出选用 w_0 及相应的 γ_0 作为控制土基压实指标的机理所在。

2. 土质对压实效果的影响

土质对压实效果的影响很大，一般规律是：土质不同，最佳含水率 w_0 及最大干重度 γ_0 不同，压实效果不同。一般土中粉粒和黏粒含量较多时，土的最佳含水率也就越大，同时其干密度越小，因此一般砂性土的最佳含水率小于黏性土，而砂性土的最大干密度则大于黏性土。

从图2-5-22中可见，颗粒分散性（液限、黏性）较高的土，其ω_0值较高，γ_0值较低。同时通过对比可见，砂性土的压实效果优于黏性土。其机理在于土粒越细，比表面积越大，土粒表面水膜所需的含水量就越多，加之黏土中含有亲水性较高的胶体物质从而导致这一结果。另外，至于砂土的颗粒组，由于呈松散状态，水分极易散失，对其最佳含水率的概念没有实际意义。

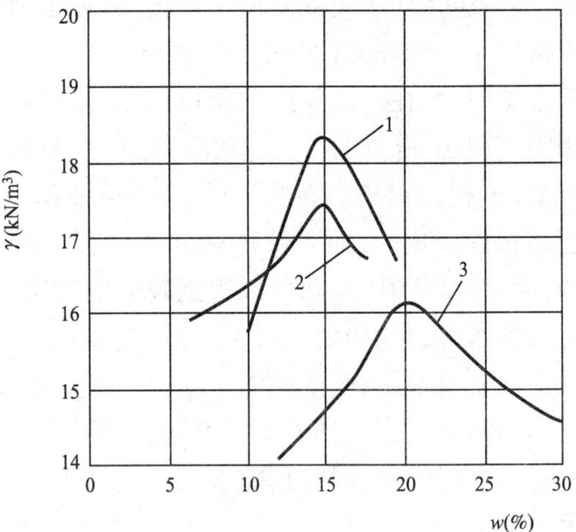

图2-5-22　几种土质的压实曲线对照图

1-亚砂土；2-亚黏土；3-黏土

3. 压实厚度对压实效果的影响

由相同压实条件下（土质、含水率与压实功能不变）实测土层不同深度的密实度（γ或压实度）可知，密实度随深度递减，表层5cm最高。故碾压应有适当的厚度，若碾压层过厚，不但该层的下部压实度达不到要求，而且该层上部的压实度也会受到不利的影响。因此，为保证路基的强度和稳定性，使路面有一个必要的稳固土基，在填筑土质路堤时，应将填土分层压实。不同压实工具的有效压实深度有所差异，根据压实工具类型、土质及土基压实的基本要求，路基分层压实的厚度有具体的规定数值。一般情况下，夯实不宜超过20cm，12～15t光面压路机，不宜超过25cm，振动压路机或夯击机，宜以50cm为限。实际施工时的压实厚度应通过现场试验确定合适的摊铺厚度。在路基施工中，填土的松铺厚度往往不被施工单位重视，过厚碾压的现象普遍存在。由于超厚填土，造成虽然路基填土上层符合要求，但开挖后下层仍比较松散，这就为以后路基的稳定埋下隐患。所以正确控制碾压厚度，对于提高压实机械生产效率和填筑路基质量十分重要。

施工中采用灌砂法进行压实度检测时，要求取样深度必须达到下层的顶部。另外，路基填土也不宜过薄，填土厚度不应小于15cm。在路基施工前，必须做试验路段，确定碾压遍数、碾压速度、松铺系数，以便指导施工。

4. 压实功能对压实效果的影响

压实功能（指压实工具的质量、碾压次数或锤落高度、作用时间等）对压实效果的影响，是除含水率之外的另一个重要因素。同一种土的最佳含水率和最大干密度是随击实功的增大而变化的。击实功对最佳含水率与最大干密度的影响如图2-5-23所示。图2-5-23是同一种土的压实功能与压实效果的关系曲线。通过对比表明：同一种土的最佳含水率ω_0随压实功能的增大而减小，最大干重度γ_0则随压实功能的增大而提高；在相同含水率条件下，压实功能越高，土基密实度（即γ）越高。即如果保持压路机的质量不变而增加碾压遍数或延长作用时间，都可以得出与室内试验相一致的含水率—密实度关系曲线。因此随着压实功能的增加，土的最佳含水率降低而最大密度增加，但必须指出，用增加压实功能的办法，赖以提高土基强度的效果，有一定限度，超过这一限度，压实功能增到一定限度以上，效果提高越缓慢，即使继续增加碾压遍数或用更重的压路机也不会明显降低含水率和增加最大干密度，而在经济效益和施工组织上也不尽合理，甚至压实功能过大，会破坏土基结构。

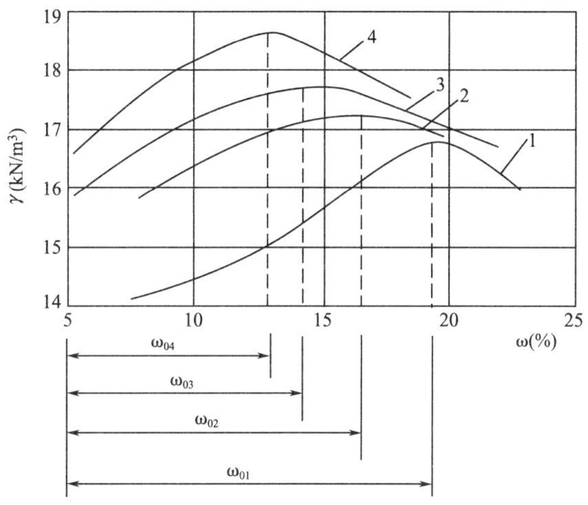

图 2-5-23 不同压实功能的压实曲线对照图

图中：1、2、3、4 曲线的功能分别为 600、1150、2300、3400（kN·m）

比较而言，严格控制最佳含水率，要比增加压实功能收效大得多。如表 2-5-2 所列，是在最佳含水率 ω_0 条件下，土质在几类压实机具作用下的强度，可供选择机具和控制压实功能时参考。

在最佳含水率时土的极限 表 2-5-2

种 类	极 限 强 度 （MPa）		
	滚 压		夯 实
	钢筒式	轮胎式	夯板直径 70～100cm
低黏质土	0.3～0.6	0.3～0.4	0.3～0.7
中等黏质土	0.6～1.0	0.4～0.6	0.7～1.2
高黏质土	1.0～1.5	0.6～0.8	1.2～2.0
极黏质土	1.5～1.8	0.8～1.0	2.0～2.3

气候因素影响施工的质量，不同地区应根据本地区气候特点选择合理的施工季节。如海南省四季差别不明显，但夏、秋季多雨，路基填土含水率难以控制，故不是理想的施工季节。其他时间降水较少，气温适度，便于路基填土含水率及路基压实度的控制。

三、压实机具的选择和操作

压实机具的选择以及合理的操作，是影响土基压实效果的另一综合因素。土基压实机具的类型较多，大致分为碾压式、夯击式和振动式三大类型。碾压式（又称静碾压式），包括光面碾（普通的两轮和三轮压路机）、羊足碾和气胎碾等几种。夯击式中除人使用的石硪、打夯外，机动设备中有夯锤、夯板、风动夯及蛙式夯机等。振动式中有振动器、振动压路机等。不同压实机具，适用于不同土质及不同土层厚度等条件，这些都是压实机具的主要依据，正常条件下，对于砂性土的压实效果，振动式较好，夯击式次之，碾压式较差。对于黏性土，则宜选用碾压式或夯击式,振动式较差甚至无效。表2-5-3是各种土质适宜的碾压机械的建议。不同压实机具,在最佳含水率条件下,适应于一定的最佳压实厚度以及通常的压实遍数,表2-5-4是路基土方分层厚度与碾压遍数参考值。

压路机的碾压遍数和碾压速度对路基土密度的影响是很大的,用同一压路机对同一种路基土进行碾压时最初的若干遍碾压对增大其密实度影响很大,随碾压遍数的增加,其影响力会越来越小。无论使用哪种形式或质量的压路机进行碾压,其碾压速度对路基土所能达到的密实度有明显影响。对振动压路机,碾压速度影响振动轮对单位面积内土的压实时间。碾压速度过快,容易导致被压层的平整度变差;碾压速度过慢,作用于路基单位面积内的振动次数增多,即传递到被压材料层内的能量增加,其与碾压速度成反比。如果欲使路基土达到规定密实度所需能量不变,碾压速度加倍时,则碾压遍数大致也要加倍。在施工现场应针对具体路基土和所用的压路机通过铺筑试验段选择合适的碾压速度和碾压遍数。

实践经验表明:土基压实时,在机具类型、土层厚度及行程遍数已经选定的条件下,压实操作时宜遵循先轻后重、先稳后振,先慢后快,先边缘后中间(超高路段宜先低后高),即先低后高,轮迹重叠的碾压方法,碾压速度控制在1.5~2.5km/h,碾压遍数控制在4~6遍,相邻两次的轮迹应重叠轮宽的1/3,保持压实均匀,对于压不到的边角,如道路边缘、检查井、雨水口周围以及沟槽回填土等不能使用压路机碾压的部位,应辅以人力或小型机具夯实,防止漏压,并要求夯击面积重叠1/4~1/3。在压实全过程中,经常检查含水率和密实度,以达到符合规定压实度的要求。

各种土质适宜的碾压机械　　表2-5-3

土的分类 / 机械名称	细粒土	砂类土	砾石土	巨粒土	备　注
6~8t两轮光轮压路机	★	★	★	★	用于预压整平
12~18t两轮光轮压路机	★	★	★	☆	最常使用
25~50t轮胎压路机	★	★	★	★	最常使用
羊足碾	★	*或☆	*	*	粉黏土质砂可用
振动压路机	☆	★	★	★	最常使用
凸块式振动压路机	★	★	★	★	最宜使用含水率较高的细粒土
手扶式振动压路机	☆	★	★	*	用于狭窄地点
振动平板夯	☆	★	★	☆或*	用于狭窄地点,机械质量800kN的可用于巨粒土
手扶式振动夯	★	★	★	☆	用于狭窄地点
夯锤(板)	★	★	★	★	夯击影响深度最大
推土机,铲运机	★	★	★	★	仅用于摊平土层和预压

注:1.表中符号:★代表适用;☆代表无适当机械时可用;*代表不适用。

2.土的类别按《公路土工试验规程》(JTG E40—2007)的规定划分。

3.对特殊土和黄土(CLY)、膨胀土(CHE)、盐渍土等的压实机械选择可按细粒土考虑。

4.自行式压路机宜用于一般路堤路堑基底的换填等的压实,宜采用直线式进退运行。

5.羊足碾(包括凸块碾、条式碾)应有光轮压路机配合使用。

土方分层厚度与碾压遍数参考值　　表 2-5-4

压实机械名称		每层填土松铺厚度(cm)	有效碾压(夯实)遍数				合理采用压实机械的条件
			非塑性土壤		塑性土壤		
			最佳含水率时	低于最佳含水率时	最佳含水率时	低于最佳含水率时	
拖式光面碾(5t 以内)		10～15	6	9	9	15	碾压段长度不宜小于 100m,宜于压实塑性土
羊脚碾(6～8t)		20～30	4	6	8	12	
钢筒轮压路机	轻型(6～8t)	15～20	4	6	8	12	碾压段长度不宜小于100m,宜于压实塑性土
	中型(9～12t)	20～30	4	6	8	12	
	重型(12～15t)	25～35	4	6	8	12	
轮胎压路机(16t)		30～35	4	6	8	18	适用于压实非塑性土
振动压路机	2t	11～20	3	4	5	7	碾压段长度不宜小于 100m,宜于压实非塑性土,也可压实塑性土
	4. 5t	25～35	3	4	5	7	
	10t	30～50	3	4	4	6	
	12t	40～55	3	4	4	6	
	15t	50～70	3	4	4	6	
重锤(夯击板)	1t 举高 2m	65～80	3	4	5	7	用于工作而受限制时,宜于夯实非塑性土,亦可夯实塑性土
	1. 5t 举高 1m	60～70	3	4	5	7	
	1. 5t 举高 2m	70～90	3	4	4	6	
重夯机	0. 3t	30～50	3				用于工作而受限制及结构物接头处
重夯机	1t	35～65	3				
人力夯	0. 04t	20～25	3				
振动器(2t)		60～75	1～3min	2～4min	3～5min	5～7min	适用于压实非塑性土

注:1. 非塑性土是指砂、砾等无塑性的土。

2. 非塑性土的每层松铺厚度可取稍高的值,反之塑性土的每层松铺厚度可取稍低的值。

3. 颗粒不同的松砂可采用洒水夯实或振动压路机压实,颗粒大小一致的砂,可用夯机夯实。

4. 夯板宜用于松散土、砾石及石质土的压实。

总之,土基压实的分层厚度、压实机具类型以及碾压(夯击)遍数等,均依土类、湿度、设备及场地条件等情况而异,应根据碾压试验正确选择确定。

四、土基压实标准

土基室外施工,受种种条件限制,不能达到室内标准击实试验所得的最大干重度 γ_0,应予以适当降低。令工地实测干重度为 γ,它与室内标准击实试验得到的 γ_0 值之比的相对值,称为压实度 K。

$$K = \frac{\gamma}{\gamma_0} \times 100\% \tag{2-5-5}$$

压实度 K 是现行规范规定的路基压实标准。土质路基的压实标准见表 2-5-5 所示。表中给出轻、重两种击实标准的压实度，一般情况下应采用重型击实标准，特殊情况下，可采用轻型击实标准。

路基土方压实度标准应符合表 2-5-5 规定。

土质路基的压实标准 表 2-5-5

序 号	项 目				压 实 度(%)	
					重型	轻型
1	路床以下深度(cm)	△填方	0～80	快速路和主干路	≥95	
				次干路	≥93	≥98
				支路	≥90	≥95
2			80～150	快速路和主干路	≥93	
				次干路	≥90	≥95
				支路	≥87	≥92
3			>150	快速路和主干路	≥90	
				次干路	≥87	≥92
				支路	≥87	≥92
4		△挖方	0～30	快速路和主干路	≥93	
				次干路	≥93	≥95
				支路	≥90	≥92

注：1. 正常情况下路基土方施工，均应符合本表所列标准(重型击实)。

2. 表中所列的压实度以相应的标准击实试验求得的最大干质量密度为 100%。

3. 道路的类型，根据设计或《城市道路设计规范》(CJJ 37—90)确定；分期扩建的道路应按永久规划确定。

当前现场测定路基土密度的主要方法有：

(1)环刀法。它是一种破坏性的量测方法。优点是设备简单、使用方便。但此法只适宜于测定细粒土及无机结合料稳定细粒土的密度测试。

(2)灌砂法。是一种破坏性量测方法，它适宜于细粒土、中粒土的密实度测定。试验时先在拟测量的地点，以层厚为开挖深度，凿一试洞，开挖时仔细将全部土料收集于一个带盖容器中，并采取密封措施使其含水量不致受损失，及时称质量和取有代表性的样品做含水率试验，然后采用灌砂法测定试洞的容积。

(3)核子密度湿度仪法。这是一种非破坏测定方法。它利用放射性元素(γ 射线和中子射线)测量土的密度和含水率。这些仪器能在现场快速测定土基密度、含水率，满足施工现场土基压实度快速、无破损检测的要求，同时还具有操作方便、明显直观的优点。适用于施工质量的现场快速评定，但不宜用作仲裁试验或评定验收试验。

压实度由标准干密度和现场压实后的干密度所决定。一般来说对某种土类的标准击实密度变化是不大的，由此可知压实度与现场实测的密度有着密切的关系。根据试验资料，一般土的最大干密度介于 1.7～1.9g/cm^3 之间。如果以压实度为 95% 要求值考虑，则压实度差 1% 时，反应在干密度的绝对值只差 0.017～0.019g/cm^3，因此要求准确测定土基的现场压实密度，对正确评定压实度尤为重要。

五、碾压质量控制

碾压质量控制包括选取合适的压路机吨位、型号、压实遍数、压实方法及压实的均匀性等。城市道路采用重型击实标准和要求较高的压实度，这就要求大吨位的压路机与之相配套。不同种类的压路机对不同土质的压实有不同效果。振动碾压砂砾土能得到良好的压实效果，而振动碾压黏性土能得到最佳压实效果。同一种型号的压路机对不同土质的压实效果也不一样。这就要求对不同土质，同一压路机碾压采用不同的压实遍数。压实方法对压实效果也有影响，压实均匀性要求控制被碾压路段的压实度一致，不至于出现一部分超密，而另一部分欠密的不均匀现象。填土表面平整性也是影响压实均匀性的因素之一，因此，严格控制路基碾压前的填土表面平整性也是很有必要的。

为了有效地压实路基填筑土，必须注意如下几点：

(1)路基修筑前应在取土地点取样进行标准击实试验，确定其最佳含水率和最大干密度，作为检验各种土质填土压实度的依据。路基填土应按规定分段分层系统地检验压实度，并填写记录，竣工后由测试人员负责整理齐全，作为竣工验收质量的依据。

(2)摊铺碾压前，应测定土的实际含水率，过湿应予以晾晒，过干应洒水翻拌均匀，控制其含水率在最佳含水率的 ±2% 范围内。路基填土要分层碾压，含水率要适度，各种压路机碾压遍数根据要求压实度而定，检验合格后方准继续上土。

(3)使用压路机压实，路边要留出适当宽度，防止车翻伤人；碾压从路边开始逐渐移向路中，并于全宽内顺序均匀压实，坑洼要随时填补平整，在压实过程中应随时检查有无软弹、起皮、推挤、波浪及裂纹等现象，如发现上述情况，应及时采取处治措施。

(4)碾压(夯击)完成后，立即测定其含水率和湿密度，计算干密度和压实度，并按表 2-5-4 规定，判断是否达到压实度标准。当验收测点大于或等于 20 时，应满足下式要求，且任一点不得小于规定绝对值的 0.05 为合格。

$$\overline{X}-1.0S \geq \text{规范规定值}$$

式中：$\overline{X}$——测定平均值；

S——标准差。

(5)随时抽检压实度。测定压实度要及时取样试验，取样位置应是随机性的，对存在疑问的地段可以补验或多检，压实度不足时应认真分析原因，采取相应措施，从而指导施工，使压实度达到最佳状态。

(6)路床允许偏差应符合表 2-5-6 的规定。执行重型击实标准用 12t 以上压路机(轻型击实标准用 10t 以上压路机)，压路机碾压后轮迹深度不得大于 5mm。

路床允许偏差表 表 2-5-6

<table>
<tr><th rowspan="2">序号</th><th rowspan="2" colspan="2">项　目</th><th colspan="2">压实度(%)及允许偏差</th></tr>
<tr><th>土 路 床</th><th>石 路 床</th></tr>
<tr><td rowspan="5">1</td><td rowspan="5">△压实度
深度
0 ~ 30cm</td><td>快速路和主干路</td><td>重型击实</td><td>≥95</td></tr>
<tr><td rowspan="2">次干路</td><td>轻型击实</td><td>≥98</td></tr>
<tr><td>重型击实</td><td>≥93</td></tr>
<tr><td rowspan="2">支路</td><td>轻型击实</td><td>≥95</td></tr>
<tr><td>重型击实</td><td>≥90</td></tr>
</table>

续上表

序号	项目	压实度(%)及允许偏差	
		土路床	石路床
2	△中线高程	±20mm	±20mm
3	平整度	≤10mm	30mm
4	宽度	不小于设计规定 +β	+100mm 0
5	横断高程	±20mm 且横坡差不大于 ±0.3%	横坡差 ±0.5%

注:1. 宽度中β值为上层结构施工对本层要求加宽的必要附加宽度。

2. 路床表面实测弯沉值,不大于设计计算值。

进行路床整修时,可利用人工对路段中的横向坡度和超高段进行削坡作业,削坡作业要分几次完成,此时测量人员要密切配合,每削一次测量一次,最后还要进行人工修整。

(7)路肩修筑的要求。

①肩线必须直顺,表面必须平整,不得有裂缝、狼窝及阻水现象。

②路肩允许偏差应符合表 2-5-7 的规定。

(8)边沟、边坡修筑的要求。

①边坡必须平整、坚实、稳定、严禁贴坡。

②边沟上口线应整齐、直顺,沟底应平整,边沟排水应畅通。

③土质、石质边沟、边坡允许偏差应符合表 2-5-8 的规定。

路肩允许偏差表 表 2-5-7

序号	项目	压实度与允许偏差
1	压实度(%)	≥92 轻型击实
2	宽度	不小于设计规定
3	横坡	±1%

土质、石质边沟、边坡允许偏差表 表 2-5-8

序号	项目	允许偏差
1	边坡坡度	不陡于设计规定
2	沟底高程	0 -30mm
3	沟宽度	不小于设计规定

注:1. 硬质路肩应补充相应的检查项目。

2. "宽度"为压实削坡后的宽度。

(9)管、涵顶面填土厚度,必须大于 30cm 方能上压路机。

(10)桥台和路基结合部填土应分层仔细压实,层铺虚厚不得大于 20cm,路床顶以下 2.5cm 以内应采用砂砾等透水性材料或石灰土,压实度不得低于填土规定的数值。

路基达到碾压遍数后,均由施工队(承包人)按上述规定自己检测,检验不合格时,自行补压、若检验合格,应填写工序报验单,附上检测记录,监理工程师进行抽验,或者在碾压到规定遍数后,施工队(承包人)会同监理工程师共同到达工地,监理工程师旁站监督检验(两种检测方法各有所长,施工中均有采用)、旁站检测合格时即可签订认可,不合格时承包人自费进行补压或返工,无论何时,在摊铺一层之前,每一层的压实都必须经监理工程师批准。

为确保路基达到规定的压实度要求,必须认真做好压实质量的检查与监理工作。压实度与弯沉值的检查应遵照下述要求:

(1)每一压实层均应检验压实度,合格后方可填筑其上一层。检验频率每 $2000m^2$ 检验

8点,不足$200m^2$时,至少应检查2点。必要时可根据需要增加检验点。

(2)弯沉检验频率应为每一幅双车道每54m检验4点,左右两后轮隙下各一点。路床顶面的检测弯沉值在考虑季节影响之后应符合设计要求,当设计仅提供路基回弹模量时,则应采用设计规范规定的换算公式,计算设计要求的弯沉值L。

复习思考题

1. 路基施工前应做好哪些准备工作?
2. 路堤填筑前为什么要进行基底处理?如何进行基底处理?
3. 常用的路基填料有哪些?如何选择路基填料?
4. 土质路基压实时含水率应如何控制?
5. 土质路基填筑压实中应注意哪些问题?压路机在进行土方压实时应遵循哪些规定?
6. 路基压实机械分为哪几种?如何根据不同条件选择压实机械?

第六章

石质路基与土石混填路基施工

知识目标

1. 描述填石路堤的填筑要求及压实方法和压实度要求；
2. 描述土石混填路基填料要求、填筑方法、压实质量控制及要求。

能力目标

能按石质路基施工质量控制要求进行石质路基施工。

我国西部地区多为山岭重丘区，各种岩性的石料资源丰富。在盛产石料或天然土石混合料的地区，可采用填石路基或土石混填路基。由于目前施工现场中石料爆破后的粒径较大，变化差异复杂，且细粒土的含量较少，从而导致填料的粒径组成不佳，大块石之间点面接触容易松动，不易嵌锁紧密，再加上路基所处地形一般较复杂，如果施工管理上存在一定的疏漏，将使填石路基或土石混填路基不易压实达到稳定的状态，给竣工后道路的正常使用留下较大的隐患。所以，填石路基或土石混填路基的填筑和压实质量，是确保路基施工质量的关键。

●第一节　填石路堤的填筑与压实●

石质路基主要是指利用爆破开采出来的石料或其他弃石料填筑的路基，其填料的粒径较大，且具有抗剪强度高、孔隙率大、透水性强的特点。在填料的工程特性、路基结构、施工工艺、质量检验与控制方面与常规的土质路基及土石混填路基有较大区别，是一种特殊结构形式的路基。

一、填石路堤的填筑

1. 填料要求

填石路堤的石料来源主要是路堑和隧道爆破后的石料，施工时应检测其强度和风化程度是否符合要求。石料强度是指饱水试件的极限抗压强度，填石路堤中的石料强度不应小于15MPa（用于护坡不应低于20MPa），且石料的最大粒径不宜超过层厚的2/3，城市快速路和主干路中路床顶面以下50cm范围内，路基填料的最大粒径一般不宜大于10cm；其他城市道路路床顶面以下30cm范围内，填料的最大粒径一般不宜大于15cm。若填石路基的填料粒径较大，均匀性较差，宜产生离析现象，这会导致路基不同部位的密度和物理力学性能有很大的差别。

利用强风化石料或软质岩石填筑路堤，当用重型压路机或夯锤压实时，石料可能被碾压成碎屑、碎粒，改变原有的粒径组成，故对石料的破碎特性应给予高度重视，这类石料应按土质路堤施工规定检验其 CBR 值，符合要求时才准许使用，以保证路堤填筑压实后的浸水整体强度和稳定性要求。

2. 填石路基填料的压实特性

由于石料本身特有的工程性质，填石路基的压实特性与填土路基有着显著区别。

(1) 填石路基的碎石填料属于散体材料，其本身是密实而不可压缩的，颗粒多呈单粒状排列，颗粒间的联结方式是简单的邻接接触和咬合连接。填石路基的压实过程实际上是石料颗粒在压实功能的作用下，克服颗粒间的阻力，大小颗粒重新排列，相互靠近密实，使孔隙体积减小，密度增加的过程。

(2) 与填土路基相比，由于填料的粒径较大，现场施工时的离散性较大。一般在缺少足够细料进行填充的条件下，石块之间会产生架空现象，导致填石路基的空隙尺寸较大，渗透性强，一般认为在压实过程中不存在孔隙气体和孔隙水的排出，仅仅只是克服颗粒间相互作用力之后的颗粒密实过程。

(3) 由于填料的粒径大，透水性强，具有自由排水能力，很难保持水分。所以，与填土路基不同，含水率在填石路基施工过程中的作用不甚明显。

(4) 由于填石路基在压实过程中经常会伴有颗粒破碎，从而导致填料组成不断发生变化。故填石路基的压实过程属动态稳定过程。

填石路基压实的根本目的在于使碎石填料之间由松散状态变为接触状态，再变为坚实咬合状态，从而形成稳定的结构状态。总之，填石路基的强度、刚度和水稳定性主要取决于填料颗粒之间相互嵌锁挤紧的程度。若施工质量控制不好，在路基和路面的重力及行车荷载作用下，加上外界如雨水冲刷、交替冻融等作用，碎石填料有可能被压碎，重新排列，产生较大沉降、收缩等不均匀变形等路基病害；由于填料的透水性良好，填石路基宜产生孔隙，在雨水冲刷等条件下，易导致路基填筑体中的细粒料流失，从而产生较大的沉陷，所以应采取必要的措施加以防范。

为适应填石路堤的压实特性，施工中应注意选择正确的填筑方法，以确保路堤达到应有的密实度与稳定性。

3. 填石路基的填筑

填石路堤的填筑施工方式分为倾填（含抛填）和逐层填筑两种。城市快速路和主干路的填石路堤均应分层填筑，分层压实。在陡峻山坡地段施工特别困难或大量爆破以挖作填时，可采用倾填方式将石料填筑于路堤下部。倾填时，路堤边坡坡脚应用直径大于 30cm 的硬质石料码砌。码砌的厚度：填石路堤高度小于或等于 6m 时应不小于 1m，高度大于 6m 时，应不小于 2m 或按设计规定。倾填只能在路基下部进行，而在路床底面下不小于 1.0m 的范围内仍应分层填筑压实。

填石路基对地基的沉降要求较为严格，在填石路基填筑前应对地基的承载力进行测试（具体测试方法可参照桥梁基础的规定进行），研究表明，地基的承载力应满足路基不同填筑高度的要求：当填石路基填筑高度小于 10m 时，地基承载力不宜低于 150kPa；当路基填筑高度为 10 ~ 20m 时，地基承载力不宜低于 200kPa；当路基填筑高度大于 20m 时，路基应填筑在岩石基底上。填石路基对地基的不均匀沉降较为敏感,保证地基强度的均匀性和平整度是地基处理时的关键问题。基底处理同土质路基。

填石路堤应分层填筑,分层压实,分层松铺厚度不宜大于0.3~0.5m,填石最大粒径不得大于层厚的0.7倍。填石路基逐层填筑时,应要求填料的卸料与摊铺同步进行,由专人指挥,按自卸车预先安排好的石料运行路线,按水平分层填筑,先低后高,先两侧后中央卸料,并用大功率的推土机摊出一个工作面,面积为50~100m^2,这可使较大粒径碎石有一个较为充分的寻求最佳位置的过程,其间大粒径石料相互滚动、摩擦,达到一个较为稳定的位置,个别不平处应配合人工用细石填隙、石屑找平,当石料级配差、粒径较大、填层较厚、石块间空隙较大时,可在每层表面的空隙里扫入石渣、石屑、中粗砂,再用压力水将其冲入下部,反复数次,使空隙填满至初平;当用块径25cm以下石料人工分层铺筑时,可直接分层碾压;当用人工铺填块径大于25cm石料时,应先铺填大块石料,大面向下,小面向上,摆平放稳。再用小石块找平,石屑塞缝,最后压实。填石路堤的填料如其岩性相差悬殊,则应将不同岩性的填料分层或分段填筑。水田或软土地区的填石路堤在处理完地基后,再将石块铺填于路堤下层。先填大块石料,再用小石块或石渣嵌缝,找平后压实。对于岩性相差较大的填料应分层或分段填筑,严禁将软质与硬质石料混合使用。

填石路堤的松铺厚度应在现场试验段结果的基础上结合路基填料的岩性、最大粒径等填料的工程特性和压实机械、碾压遍数等压实条件以及工程经济性等多方面因素综合考虑后加以确定。松铺系数应在正式施工前通过填筑试验段加以确定,松铺系数的建议值为1.10~1.20。

填石路基填料整平工艺的关键是保证使较大的石块居于每层的底部,较细的颗粒居于顶部,并填充其间的孔隙,以确保最佳的嵌锁和压力传递,同时提供一个不会致使压路机的碾轮在行驶时受损的压实表面。

二、填石路基的压实

不同填料的路基压实有着各自不同的压实特点。所以对压实方式、压实机械的规格及其性能参数也有不同的要求,只有合理地配置和使用压实机械,才能对填石路基的压实质量取得最好的效果。

1. 压实方式与压实机具的选择

对于坚硬类岩石的填料,宜采用振动或冲击方式压实。路基填料的压实效果应是填料在外力作用下,路基中的压实应力超过其内部颗粒间的阻力,填料颗粒产生位移才实现的。所以,设法增加压实时路基中的应力或减小颗粒间的内部阻力是有效的压实方法。静力压实只能增加路基中的应力,而无助于颗粒间阻力的减小。而振动压实方式则对于填石路基兼有增加应力与减小阻力之双重优势作用。一是振动压实时,石料颗粒处于运动状态,填料内部阻力大大减少甚至完全消失,这有利于填料的压实;二是由于振动的压实机械静重作用和压力波形式的动力作用,在填料中产生压应力和剪应力,促使颗粒克服粒间阻力,产生移动,重新排列直到密实。由于填石路基填料的粒径较大,同时强度较大,需要较大的压实功能才能使其达到较为满意的稳定状态,宜选用激振力大、振动频率合适(30~35Hz)、高振幅(1.8mm以上)的机型。研究表明:最好选用18t以上的拖式凸块振动压路机,若无此型机械时,可考虑使用18t拖式振动光轮压路机与18t自行式振动压路机的组合。冲击式压路机宜选用静压实能在25kJ以上的,但要控制压实遍数,以免冲击压实过度,影响压实质量。

2. 填石路基压实施工

填石路基压实时的操作要求,应先压两侧后压中间,压实路线对于轮碾压应纵向相互平行,每层的铺填厚度在0.4m左右,碾压速度宜为3~6km/h之间,碾压遍数应结合填料具体的工程性质和现场压实机械情况通过试验路段来确定。要求均匀压实,不得漏压。

当缺乏上述压实机具采用夯锤时,夯锤应成弧形,当夯实密实程度达到要求后,再向后移动一夯锤位置。行与行之间应重叠40~50cm;前后相邻区段应重叠100~150cm,其余注意事项应按照土质填方路堤压实的规定办理。

3. 压实标准

填石路堤不能用土质路基的压实度来判定路基的密实程度,其判定方法目前国内外尚无统一规定。国外填石路堤曾采用在振动压路机的驾驶台上装设的压实计反映的计数值,来判定是否达到要求的紧密程度,但无定量值的规定,且只限于此种装置的压路机。我国现行城市道路规定的压实标准为:在规定深度范围内,以12t以上振动压路机压实,当压实层顶面稳定,不再下沉(无轮迹)时,可判为达到密实状态。

填石路堤上边坡必须稳定,严禁有松石、险石,路基石方允许偏差应符合表2-6-1的规定。

路床允许偏差应符合表2-5-6的规定。

路基石方允许偏差表　　　　表2-6-1

序　　号	项　　目		允许偏差(mm)
1	△高程		+50 -200
2	路基宽	路堑挖深≤3m	+100 0
		路堑挖深>3m	+200 -50
		填方	不小于设计规定
3	边坡		不小于设计规定

第二节　土石混填路堤施工

填筑路段石料不足时,可在路基外部填石、内部填土、或下部填石、上部填土。土、石上下结合面应设置反滤层。对于天然土石混合料可混合填筑。

1. 填料要求

天然土石混合料中所含石料强度大于20MPa时,石块最大粒径不得超过压实层厚度的2/3,否则应予剔除。当石料强度小于15MPa或所含石料为软质岩时,石料最大粒径不得超过压实层厚度,超过的应打碎。

土石混合料填筑城市快速路和主干路时,其路床顶面以下30~50cm范围内仍应填筑符合路床要求的土并分层压实,填料最大粒径不大于10cm。其他道路在路床顶面以下填筑30cm的砂类土,最大粒径不大于15cm。

2. 填筑方法

土石路堤不得采用倾填方法，均应分层填筑、分层压实，每层铺填厚度应视压实机械类型和规格确定，但不宜超过40cm。压实后渗水性差异较大的土石混合料应分层或分段填筑，一般不宜纵向分幅填筑。当土石混合料其岩性或土石混合比相差较大时，应分层或分段填筑，否则应将含石质石块的混合料铺于填筑层的下面，巨石块不得过分集中或重叠，上面铺软质混合料，再进行整平碾压。混合料中石料的含量多少将影响压实效果。因此，当土石混合料中石料含量超过70%时，应先铺填大石块料，大面向下，放置平稳，再铺小块石料、石渣或石屑等嵌缝找平，然后碾压密实，当石料含量小于70%时，土石可混合铺填，但应消除硬质石块集中的现象。

3. 压实方法

土石混填路堤的压实效果取决于混合料中巨粒土含量的多少，当巨粒土含量较少（低于70%）时，应按填土路堤的压实方法进行压实，当巨粒土含量较大（高于70%）时，应按填石路堤的压实方法压实。无论采用何种路堤，碾压都必须确保均匀密实。

对填石及土石路堤如设计规定需在路床顶面进行强度试验时应按设计规定办理。压实度评定以一个工班完成的路段压实层为检验评定单元比较恰当。如检验不合格应及时补压，不致等待过久而含水率变化过大。填筑碾压完成的路基，其路床顶面的回弹模量应满足设计的要求，然而实测土基回弹模量E_0操作比较复杂，费时较多，故可用弯沉值测试E_0，而弯沉值与回弹模量有如下关系：

$$L_0 = 9308E_0 - 0.9380$$

式中：L_0——以BZZ—100标准轴载试验车实测的弯沉值，1/100mm；

E_0——土基回弹模量，MPa。

弯沉值测试在不利季节进行，若在非不利季节测定时，应乘以季节影响系数。

在软土地段填筑路堤应进行沉降和稳定监测，并严格控制路堤填筑速度，沉降量及侧向位移大于设计要求时，应采取措施防止塌方。

复习思考题

1. 填石路基施工中对石料有何要求？
2. 如何确保填石路基的施工质量？
3. 如何做好填石混填路基的压实控制与检测？
4. 如何确保填石路基的施工质量？
5. 如何确保土石混填路基的施工质量？

第七章

路基工程质量验收的主要内容

知识目标

1. 描述路基工程质量检验的评定方法；
2. 描述路基工程质量验收的主要内容和标准。

能力目标

能进行路基工程质量检验与评定。

施工企业所承担的工程项目按设计的要求全部建成后，施工企业应自行初验，即交工验收。初验时，要进行竣工测量，编制竣工图表；认真检查各分部工程，发现有不符合设计要求和验收标准之处应及时修竣；整理好原始记录、工程变更设计记录、材料试验记录等施工资料；提出初验报告，初验符合设计要求后，应及时报请上级领导单位组织竣工验收。

道路基本建设项目的竣工验收是全面考核道路设计成果，检验设计和施工质量的重要环节。做好竣工验收工作，对于确保工程质量，保证工程及时投入使用，发挥投资效益，总结建设经验，提高建设质量和管理水平都有着重要的作用。

根据建设项目的规模大小，分别由国家建设部或行业协会，或省、直辖市、自治区以及建设主管部门组织验收。参加竣工验收的人员，应包括设计、施工、监理、养护、建设单位代表和建设银行、当地有关部门代表以及特邀专家。

竣工验收的具体工作，由验收委员会负责完成。验收委员会在听取施工单位的施工情况和初验情况汇报并审查各项施工资料之后，采取全面检查、重点复查的办法进行验收。对初验时有争议的工程及确定返工或补做的工程、大桥、隧道和大型构造物，应全面检查和复测，对高填、深挖、急弯、陡坡路段，应重点抽查，小桥涵及一般构造物、一般路段路基及路面、排水及安全设施等，可采取随机抽查的方式进行检查。检查过程中，必要时可采用挖探、取样试验等手段。

验收工作以设计文件为依据，按照国家有关规定，分析检查结果，评定工程质量等级，形成竣工验收鉴定书，并经监理工程师签认。对需要返工的工程，应查明原因，提出处理意见，由施工单位负责按期修竣。

●第一节　市政道路工程检验评定方法和等级标准●

一、市政道路工程质量评定方法

根据《市政道路工程质量检验评定标准》(CJJ 1—90)(以下简称《标准》)规定,市政道路工程的质量评定,分为“合格”与“优良”两个等级。

市政道路工程以工序、部位、单位工程为基本评定单元的单元工程质量评定体系,建立计算机辅助评定管理系统,落实每个单元工程的监理、施工责任人。《标准》中对工序、部位、单位工程的划分规定如下:

(1)工序。工序划分为路基、基层、面层、附属构筑物等。

(2)部位。市政道路工程不宜划分部位,但也可以按长度划分为若干个部位。

(3)单位工程。市政道路工程中的独立核算项目,应是一个单位工程。采用分期单独核算的同一市政道路工程,应是若干个单位工程。

检验评定必须经外观项目检查合格后,才能进行允许偏差项目的检验。

市政道路工程质量的检验及评定应按工序、部位及单位工程三级进行,当该工程不划分部位时,可按工序、单位工程两级进行。其评定标准的主要依据是合格率。合格率的计算如下:

$$合同率=\frac{同一检查项目中的合格点(组)数}{同一检查项目中的应检点(组)数}\times 100\%$$

1. 工序、部位、单位工程的质量检验评定

1)工序

凡完工工序符合下列条件者,应评为“合格”。

(1)主要检查项目(在项目内列有△者)的合格率应达到100%。

(2)非主要检查项目的合格率均应达到70%,且不符合本标准要求的点,其最大偏差应在允许偏差的1.5倍,但不影响下道工序施工、工程结构和使用功能,仍可评定为合格。

符合下列要求者应评为“优良”。

(1)符合合格标准的条件。

(2)全部检查项目合格率的平均值,应达到85%。

2)部位

合格:所有工序合格,则该部位应评为“合格”。

优良:在评定为合格的基础上,全部工序检查项目合格率的平均值达到85%,则该部位应评为“优良”(在评定部位时,模板工序不参加评定)。

3)单位工程

合格:所有部位的工序均为合格,则该单位工程应评为“合格”。

优良:在评定合格的基础上,全部部位(工序)检验项目合格率的平均值达到85%,则该单位工程应评为“优良”。

工序的质量如不符合本标准规定,应及时进行处理。返工重做的工程,应重新评定其质量等级。加固补强后改变结构外形或造成永久缺陷(但不影响使用效果)的工程,一律不得评为

优良。

2. 市政道路工程质量检验及评定必须符合的规定

(1)工序交接检验。在施工班组自检互检的基础上，由检验人员(专职或兼职)进行工序交接检验，评定工序质量等级，填写表格(见《标准》表2.0.7-1)。

(2)部位交接检验。检验人员在工序交接的基础上进行部位交接检验，评定部位质量等级，填写表格(见《标准》表2.0.7-2)。

(3)单位工程交接检验。检验人员在部位或工序交接检验的基础上进行单位工程交接检验，评定单位工程质量等级，填写表格(见《标准》表2.0.7-3)。

第二节 路基工程质量验收

路基土石方工程施工中，应严格控制路基的施工质量，满足规范及设计文件中各项指标的要求，并在工程基本完工后，进行质量验收与评定。施工单位应会同监理人员，按设计文件和规范要求检查路基工程的施工质量，检查路基中线、高程、宽度、压实度、平整度和边坡坡度等。根据检查结果对路基工程的施工质量进行评定、竣工验收等工作。

路基工程如作为独立项目验收时，必须具备完整的竣工详图、路基压实度测试记录表、换土位置图(特别是湿软土、膨胀土、杂填土等土类)。施工中临时处理隐蔽工程的典型结构图或典型断面图，必须标明其深度、数量，以及所换入土质或材料的名称，以备抽查。

在正式交验之前，必须先经外观检查合格，方能检验。发现不符合标准规定时，应及时处理，经重验合格并办好验收手续后，方可进行下道工序。

交验工程必须具备施工单位的自检、互检、专检手续，完整的施工交接记录、高程、坡度复核记录及其他各种测试记录等。如发现受检资料不符合要求，必须补全改正，否则不予验收。

一、土质路基的质量验收

1. 基本要求

(1)填土经压实后，不得有松散、软弹、翻浆及表面不平整现象。

(2)凡有影响路基质量及设计要求换土的路段，必须选点抽查，挖坑检验。坑深至0.8m，如发现不合格，必须重新处理。

(3)填方路基须分层填筑压实，每层表面平整，路拱合适，排水良好。土质路基的压实度必须满足规范要求。检验频率：每摊铺层每1000m^2为一组，每组至少为三点，必要时可根据需要加密。检验方法可用环刀法或灌砂法。

(4)各类沟槽的回填土不得含污泥、腐殖土及其他有害物质。

(5)施工临时排水系统应与设计排水系统结合，避免冲刷边坡，勿使路基附近积水。

(6)在设定取土区内合理取土，不得滥开滥挖。完工后应按要求对取土坑和弃土场进行修整，保持合理的几何外形。

2. 实测项目及质量允许偏差

土质路基的实测项目及质量允许偏差可参见表2-7-1。

土方路基实测项目　　表 2-7-1

项次	检查项目			规定值或允许偏差			检查方法和频率	权值
				快速路及主干路	城市其他道路			
					次干路	支路		
1	压实度（%）	零填及挖方（m）	0～0.30	≥93	≥93	≥90	按环刀法检验。每 $1000m^2$ 每一层一组（三点）	3
		填方（m）	0～0.80	≥98	≥95	≥92		
			0.80～1.50	≥93	≥90	≥87		
			>1.50	≥87	≥87	≥87		
2	弯沉（0.01mm）			不大于设计要求值			按有关方法检查	3
3	纵断高程（mm）			+10，-15	+10，-20		水准仪：每 200m 测 4 断面	2
4	中线偏位（mm）			50	100		经纬仪：每 200m 测 4 点，弯道加 HY、YH 两点	2
5	宽度（mm）			符合设计要求			米尺：每 200m 测 4 处	2
6	平整度（mm）			15	20		3m 直尺：每 200m 测 2 处×10 尺	2
7	横坡（%）			±0.3	±0.5		水准仪：每 200m 测 4 个断面	1
8	边坡			符合设计要求			尺量：每 200m 测 4 处	1

注：1. 表列压实度以重型击实试验法为准，所定压实度均以相应的标准击实试验法（见《标准》附录四）求得最大压实度为 100%。

2. 填方高度小于 80cm 及不填不挖路段，原地面以下 0～30cm 范围内土的压实度不低于表中所列挖方的要求。

3. 道路的类型应根据设计要求来确定，分期扩建的道路需按永久规划的道路类型设计。

二、石质路基的质量验收

1. 基本要求

（1）边坡必须稳定，严禁有松石、危石。

（2）修筑填石路堤时，应进行地表清理，逐层水平填筑石块，摆放平稳，码砌边部。填筑层厚度及石块尺寸应符合设计和施工规范规定。填石空隙用石渣、石屑嵌压稳定。上、下路床填料和石料最大尺寸应符合规范规定。经重型振动压路机分层碾压，压至填筑层顶面石块稳定，表面不得有波浪、松动等现象。

2. 实测项目及质量允许偏差

石质路基的实测项目及质量允许偏差可参见表 2-7-2。

石方路基实测项目　　表 2-7-2

项次	检查项目	规定值或允许偏差		检查方法和频率	权值
		快速路及主干路	城市其他道路		
1	压实	层厚和碾压遍数符合要求		查施工记录	3
2	纵断高程（mm）	+10，-20	+10，-30	水准仪：每 200m 测 4 断面	2
3	中线偏位（mm）	50	100	经纬仪：每 200m 测 4 点，弯道加 HY、YH 两点	2

续上表

<table>
<tr><th rowspan="2">项次</th><th rowspan="2" colspan="2">检查项目</th><th colspan="2">规定值或允许偏差</th><th rowspan="2">检查方法和频率</th><th rowspan="2">权　值</th></tr>
<tr><th>快速路及主干路</th><th>城市其他道路</th></tr>
<tr><td>4</td><td colspan="2">宽度(mm)</td><td colspan="2">符合设计要求</td><td>米尺:每200m测4处</td><td>2</td></tr>
<tr><td>5</td><td colspan="2">平整度(mm)</td><td>20</td><td>30</td><td>3m直尺:每200m测2处×10尺</td><td>2</td></tr>
<tr><td>6</td><td colspan="2">横坡(%)</td><td>±0.3</td><td>±0.5</td><td>水准仪:每200m测4断面</td><td>1</td></tr>
<tr><td rowspan="2">7</td><td rowspan="2">边坡</td><td>坡度</td><td colspan="2">符合设计要求</td><td rowspan="2">每200m抽查4处</td><td rowspan="2">1</td></tr>
<tr><td>平顺度</td><td colspan="2">符合设计要求</td></tr>
</table>

注:土石混填路基压实度或固体体积率可根据实际可能进行检验,其他检测项目与石方路基相同。

随着城市交通量的增大及交通车辆载质量的提高,对城市道路质量的要求越来越高,我们也用弯沉值作为评定城市道路质量的一项指标。(回弹)弯沉值是指结构层在垂直荷载下的(弹性)变形值,它是反映结构层整体强度的指标。路基压实度反映路基每一层的密实状态,当两者都达到合格要求时,路基的整体强度、稳定性和耐久性才能符合要求。

三、软土地基处治的质量要求

1. 基本要求

(1)换填地基的填筑压实要求同土方路基。

(2)砂垫层:砂的质量和规格必须符合设计要求和规范规定;适当洒水,分层压实;砂垫层宽度应宽出路基边脚0.5~1.0m,两侧端以片石护砌;砂垫层厚度及其上铺设的反滤层应符合设计要求。

(3)反压护道:填筑材料、护道高度、宽度应符合设计要求,压实度不低于90%。

(4)袋装砂井、塑料排水板:砂的质量、规格、砂袋织物质量和塑料排水板质量必须符合设计要求;砂袋和塑料排水板下沉时不得出现扭结、断裂等现象;井(板)底高程必须符合设计要求,其顶端必须按规范要求伸入砂垫层。

(5)碎石桩:碎石材料应符合设计要求;应严格按试桩结果控制电流和振冲器的留振时间;分批加入碎石,注意振密挤实效果,防止发生“断桩”或“颈缩桩”。

(6)砂桩:砂料应符合规定要求;砂的含水率应根据成桩方法合理确定;应确保桩体连续、密实。

(7)粉喷桩:水泥应符合设计要求;根据成桩试验确定的技术参数进行施工;严格控制喷粉时间、停粉时间和水泥喷入量,不得中断喷粉,确保粉喷桩长度;桩身上部范围内必须进行二次搅拌,确保桩身质量;发现喷粉量不足时,应整桩复打;喷粉中断时,复打重叠孔段应大于1m。

(8)软土地基上的路堤,应在施工过程中进行沉降观测和稳定性观测,并根据观测结果对路堤填筑速率和预压期等作必要调整。

2. 实测项目及质量允许偏差

软土地基处治的实测项目及质量允许偏差可参见表2-7-3~表2-7-6。

砂垫层实测项目　　表 2-7-3

项次	检查项目	规定值或允许偏差	检查方法和频率	权值
1	砂垫层厚度	不小于设计	每 200m 检查 4 处	3
2	砂垫层宽度	不小于设计	每 200m 检查 4 处	1
3	反滤层设置	符合设计要求	每 200m 检查 4 处	1
4	压实度(%)	90	每 200m 检查 4 处	2

袋装砂井、塑料排水板实测项目　　表 2-7-4

项次	检查项目	规定值或允许偏差	检查方法和频率	权值
1	井(板)间距(mm)	±150	抽查 2%	2
2	井(板)长度	不小于设计	查施工记录	3
3	竖直度(%)	1.5	查施工记录	2
4	砂井直径(mm)	+10，-0	挖验 2%	1
5	灌砂量(%)	-5	查施工记录	2

碎石桩(砂桩)实测项目　　表 2-7-5

项次	检查项目	规定值或允许偏差	检查方法和频率	权值
1	桩距(mm)	±150	抽查 2%	1
2	桩径(mm)	不小于设计	抽查 2%	2
3	桩长(m)	不小于设计	查施工记录	3
4	竖直度(%)	1.5	查施工记录	2
5	灌石(砂)量	不小于设计	查施工记录	2

粉喷桩实测项目　　表 2-7-6

项次	检查项目	规定值或允许偏差	检查方法和频率	权值
1	桩距(mm)	±100	抽查 2%	1
2	桩径(mm)	不小于设计	抽查 2%	2
3	桩长(m)	不小于设计	查施工记录	3
4	竖直度(%)	1.5	查施工记录	1
5	单桩喷粉量	符合设计要求	查施工记录	3
6	强度(kPa)	不小于设计	抽查 5%	3

竣工验收通过后，施工单位应认真做好工程施工的技术总结并建立技术档案，以利于不断提高施工技术水平和管理水平，吸取经验教训，促进企业的发展。对于施工中采用的新技术和重大技术革新项目，以及施工组织、技术管理、工程质量、安全工作等方面的成绩，应进行专题总结。

技术档案包括设计文件、施工图表、原始记录、竣工文件、验收资料、专题施工技术总结等。

这些文件在工程竣工验收后由施工单位汇集整理、装订成册并按管理等级建档保存。保密工程的图纸资料,按有关保密制度办理。

路基施工的技术要求并不复杂,只要我们严格执行规程,在施工中认真负责,一定能够生产出高质量的道路。

●第三节 随机取样与选点●

对城市道路路基路面各个层次进行各种测定时,为采取代表性试验数据,往往用随机取样选点的方法确定测点区间、测定断面、测定位置。随机取样选点法是按照数理统计原理,在路基路面现场测定时决定测定区间、测定断面、测点位置的方法。

随机取样选点法需要的材料有:钢尺、皮尺、硬纸片(编号 1~28,共 28 块,每块大小 2.5cm×2.5cm,装在一个布袋内)、骰子(2 个)、毛刷、粉笔等。

一、确定测定断面或测定区间

测定区部或称为检测路段,可以是一个作业段、一天完成的路段或路线全程。在路基、路面工程检查验收时,通常取 1km 为一个检测路段。下面主要介绍测定断面的确定步骤,检测路段的确定与此相同。

(1)将检测路段按桩号间距(一般为 20m)分成若干个断面,依次编号为 1,2,…,n,总的断面数为 T 个。

(2)从布袋中随机摸出一块硬纸片,硬纸片上的号数即为《公路路基路面现场测试规程》(JTJ 059—95)中的表 A.0.3-1 中的栏号。从 1~28 栏中选出该栏号对应的一栏。

(3)按照检测频度的要求,确定测定断面的取样总数 n。依次找出与 A 列中 01,m,…,n 对应的 B 列中的值,共 n 对对应的 A、B 值。当 n 大于 30 时,应分次进行。

(4)将 n 个 B 值与总的断面数 T 相乘,乘积四舍五入取整数后即得到 n 个断面的编号,与 A 样的 1,2,…,n 对应。

(5)查断面编号对应的桩号,即为拟检测的断面。

【例 2-7-1】 拟从 K18+000~K19+000 的检测路段中选择 20 个断面测定路面宽度、高程、横坡度等外形尺寸,试决定测定断面桩号。

解:测定断面桩号的确定步骤如下:

(1)1km 总长的断面数 $T=1000/20=50$ 个,编号为 1,2,…,50。

(2)从布袋中摸出一块硬纸片,其编号为 5,即采用《公路路基路面现场测试规程》(JTJ 059—95)中表 A.0.3-1 的第 5 栏。

(3)从第 5 栏中 A 列中挑出小于 20 所对应的 B 列数值,将 B 与 T 相乘,四舍五入得到 20 个编号,并得到 20 个断面的桩号(计算结果略)。

二、测点位置确定方法

(1)从布袋中任意取出一块硬纸片,纸片上的号数即为《公路路基路面现场测试规程》(JTJ 059—95)中表 A.0.3-1 中的栏号。从 1~28 栏中选出该栏号对应的一栏。

(2)按照检测频度的要求(总的取样为 n)依次找出栏号取样位置数,每个栏号均有 A、B、C 三列。根据检验数量 n,在所定栏号的 A 列中找出等于所需取样位置数的全部数,如 01、02、…、n。

(3)确定取样位置的纵向距离,找出与 A 列中相对应的 B 列中数值,以此数乘以检测区间的总长度,并加上该段起点桩号,即得出取样位置距该段起点的距离或桩号。

(4)确定取样位置的横向距离,找出与 A 列中相对应的 C 列中的数值,以此数乘以检查路面的宽度,再减去宽度的一半,即得出取样位置离路面中心线的距离。如差值是正值,表示在中心线的右侧,如差值是负值,表示在中心线的左侧。

例如:按照有关规范规定,检查验收时拟在 K18 +000 ~ K19 +000 的检测路段中选择 6 个测点进行钻孔取样检验压实度,钻孔位置决定方法如下:

(1)选定的随机数栏为栏号 3。

(2)栏号中从上至下的数为:01、06、03、02、04 及 05。

(3)表 A. 0. 3-1 的 B 列中与这 6 个数相应的 6 个小数为 0. 175、0. 310、0. 494、0. 699、0. 838 和 0. 977。

(4)取样路段长度 1000m,计算得出 6 个乘积(取样位置与该距离)分别为 175m、310m、494m、699m、838m、977m。

(5)《公路路基路面现场测试规程》(JTJ 059—95)中的表 A. 0. 3-1C 列中与 B 列数值相应的数为 0. 641、0. 063、0. 929、0. 073、0. 166 及 0. 494。

(6)路面宽度为 10m,计算得 6 个乘积分别是 6. 41m、0. 63m、9. 29m、0. 73m、1. 66m 及 4. 94m。

因此,6 个取样的横向位置分别 是右 1. 41mm、左 4. 37mm、右 4. 29mm、左 4. 27mm、左 3. 34mm 及左 0. 06mm。

上述计算结果可采用表 2-7-7 的方式表示。

钻孔位置随机取样选点计算 表 2-7-7

栏 号 3		取样路段长 1000m			路面宽度 10m		测点数 6 个
测点位置	A 列	B 列	距起点距离(m)	桩号	C 列	距路边缘距离(m)	距中线位置(m)
No. 1	01	0. 175	175	K1 +175	0. 641	6. 41	右 1. 41
No. 2	06	0. 310	310	K1 +310	0. 063	0. 63	左 4. 37
No. 3	03	0. 494	494	K1 +494	0. 929	9. 29	右 4. 29
No. 4	02	0. 699	699	K1 +699	0. 073	0. 73	左 4. 27
No. 5	04	0. 838	838	K1 +838	0. 166	1. 66	左 3. 34
No. 6	05	0. 977	977	K1 +977	0. 494	4. 94	左 0. 06

随机取样与选点方法可参见《公路路基路面现场测试规程》(JTJ 059—95)附录 A 公路路基路面现场测试随机选点方法(T0991—95)。此处摘录附录 A 表 A. 0. 3-1 的其中一部分,见表 2-7-8。

一般取样的随机数　　表2-7-8

栏号 1			栏号 2			栏号 3			栏号 4			栏号 5		
A	*B*	*C*	*A*	*B*	*C*	*A*	*B*	*C*	*A*	*B*	*C*	*A*	*B*	*C*
15	0.033	0.578	05	0.048	0.879	21	0.013	0.220	18	0.089	0.716	17	0.024	0.863
21	0.101	0.300	17	0.074	0.156	30	0.036	0.853	10	0.102	0.330	24	0.060	0.032
23	0.129	0.916	18	0.102	0.191	10	0.052	0.746	14	0.111	0.925	26	0.074	0.639
30	0.158	0.434	06	0.105	0.257	25	0.061	0.954	28	0.127	0.840	07	0.167	0.512
24	0.177	0.397	28	0.179	0.447	29	0.062	0.507	24	0.132	0.271	28	0.194	0.776
11	0.202	0.271	26	0.187	0.844	18	0.087	0.887	19	0.285	0.089	03	0.219	0.166
16	0.204	0.012	04	0.188	0.482	24	0.105	0.849	01	0.326	0.037	29	0.264	0.284
08	0.208	0.418	02	0.208	0.577	07	0.139	0.159	30	0.334	0.938	11	0.282	0.262
19	0.211	0.798	03	0.214	0.402	01	0.175	0.647	22	0.405	0.295	14	0.379	0.994
29	0.233	0.070	07	0.245	0.080	23	0.196	0.873	05	0.421	0.282	13	0.394	0.405
07	0.260	0.073	15	0.248	0.831	26	0.240	0.981	13	0.451	0.212	06	0.410	0.157
17	0.262	0.308	29	0.261	0.037	14	0.255	0.374	02	0.461	0.023	15	0.438	0.700
25	0.271	0.180	30	0.302	0.883	06	0.310	0.043	06	0.487	0.539	22	0.453	0.635
06	0.302	0.672	21	0.318	0.088	11	0.316	0.653	08	0.497	0.396	21	0.472	0.824
01	0.409	0.406	11	0.376	0.936	13	0.324	0.585	25	0.503	0.893	05	0.488	0.118
13	0.507	0.693	14	0.430	0.814	12	0.351	0.275	15	0.594	0.603	01	0.525	0.222
02	0.575	0.654	27	0.438	0.676	20	0.371	0.535	27	0.620	0.894	12	0.561	0.980
18	0.591	0.318	08	0.467	0.205	08	0.409	0.495	21	0.629	0.841	08	0.652	0.508
20	0.610	0.821	09	0.474	0.138	16	0.445	0.740	17	0.691	0.583	18	0.668	0.271
12	0.631	0.597	10	0.492	0.474	03	0.494	0.929	09	0.708	0.689	30	0.736	0.634
27	0.651	0.281	13	0.498	0.892	27	0.543	0.387	07	0.709	0.012	02	0.763	0.253
04	0.661	0.953	19	0.511	0.520	17	0.625	0.171	11	0.714	0.049	23	0.804	0.140
22	0.692	0.089	23	0.591	0.770	02	0.699	0.073	23	0.720	0.695	25	0.828	0.425
05	0.779	0.346	20	0.604	0.730	19	0.702	0.934	03	0.748	0.413	10	0.843	0.627
09	0.787	0.173	24	0.654	0.330	22	0.816	0.802	20	0.781	0.603	16	0.858	0.849
10	0.818	0.837	12	0.728	0.523	04	0.838	0.166	26	0.830	0.384	04	0.903	0.327
14	0.905	0.631	16	0.753	0.344	15	0.904	0.116	04	0.843	0.002	09	0.912	0.382
26	0.912	0.376	01	0.806	0.134	28	0.969	0.742	12	0.884	0.582	27	0.935	0.162
28	0.920	0.163	22	0.878	0.884	09	0.974	0.046	29	0.926	0.700	20	0.970	0.582
03	0.945	0.140	25	0.930	0.162	05	0.977	0.494	16	0.951	0.601	19	0.975	0.327

注：此表共28个栏号，第6～28栏号中的*A*、*B*、*C*值可参照有关规程、规范或标准。

复习思考题

1. 如何组织竣工验收？
2. 土质路基竣工验收内容有哪些？
3. 石质路基竣工验收内容有哪些？

第三篇

路面工程

第一章

绪　论

知识目标

1. 描述路面的分类和分级；
2. 描述道路运输对路面的基本要求；
3. 描述路面的结构组成。

●第一节　路面分类分级●

一、路面分类

路面类型可以从不同角度来划分，但是一般都按面层所用的材料区划，如水泥混凝土路面、沥青路面、砂石路面等。但是在工程设计中，主要从路面结构的力学特性和设计方法的相似性出发，将路面划分为柔性路面、刚性路面和半刚性路面三类。

1. 柔性路面

柔性路面的总体结构刚度较小，在车辆荷载作用之下产生较大的弯沉变形，路面结构本身的抗弯拉强度较低，它通过各结构层将车辆荷载传递给土基，使土基承受较大的单位压力。路基路面结构主要靠抗压强度和抗剪强度承受车辆荷载的作用。柔性路面主要包括各种未经处理的粒料基层和各类沥青面层、碎（砾）石面层或块石面层组成的路面结构。

2. 刚性路面

刚性路面主要指用水泥混凝土作面层或基层的路面结构。水泥混凝土的强度高，与其他筑路材料比较，它的抗弯拉强度高，并且有较高的弹性模量，故呈现出较大的刚性，在车辆荷载作用下，水泥混凝土结构层处于板体工作状态，竖向弯沉较小，路面结构主要靠水泥混凝土板的抗弯拉强度承受车辆荷载。通过板体的扩散分布作用，传递给基础的单位压力较柔性路面小得多。

3. 半刚性路面

用水泥、石灰等无机结合料处治的土或碎（砾）石及含有水硬性结合料的工业废渣修筑的基层，在前期具有柔性路面的力学性质，后期的强度和刚度均有较大幅度的增长，但是最终的强度和刚度仍远小于水泥混凝土。由于这种材料的刚性处于柔性路面与刚性路面之间，因此把这种基层和铺筑在它上面的沥青面层统称为半刚性路面。这种基层称为半刚性基层。

刚性路面、柔性路面和半刚性路面,这种以力学特性为标准的分类方法主要是为了便于从功能原理和设计方法出发进行区分,并没有绝对的定量分界界限。近年来材料科学的发展正在逐步改变这种属性,如水泥混凝土的增塑研究正在使它的刚性降低而保留它的高强性质,沥青的改性研究使得沥青混凝土随气候而变化的力学性质趋向于稳定,并且大幅度提高其刚度。

二、路面分级

通常按路面面层的使用品质、材料组成类型以及结构强度和稳定性,将路面分为四个等级,如表3-1-1所示。

各等级路面所具有的面层类型及其所适用的道路　　表3-1-1

路面等级	面层类型	所适用的道路
高级	水泥混凝土、沥青混凝土、厂拌沥青碎石、整齐石块或条石、沥青贯入碎(砾)石、路拌沥青碎(砾)石、沥青表面处治	快速路、主干路
次高级	半整齐石块	次干路、支路
中级	泥结或级配碎(砾)石、水结碎石、不整齐石块、其他粒料	支路
低级	各种粒料或当地材料改善土,如炉渣土、砾石土或砂砾土等	不采用

1. 高级路面

高级路面的特点是强度高、刚度大、稳定性好、使用寿命长,能适应较繁重的交通量,路面平整、无尘埃,能保证高速行车。高级路面养护费用少,运输成本低,但初期建设投资高,需要用质量高的材料来修筑。

2. 次高级路面

次高级路面与高级路面相比,强度和刚度较差,使用寿命较短,所适应的交通量较小,行车速度也较低,次高级路面的初期建设投资虽较高级路面低些,但要求定期修理。养护费用和运输成本也较高。

3. 中级路面

中级路面的强度和刚度低,稳定性差,使用期限短,平整度差,易扬尘,仅能适应较小的交通量,行车速度低。中级路面的初期建设投资虽然很低,但是养护工作量大,需要经常维修和补充材料,才能延长使用年限。运输成本也高。

4. 低级路面

低级路面的强度和刚度最低,水稳定性差,路面平整性差,易扬尘,故只能保证低速行车,所适应的交通量最小,在雨季有时不能通车。低级路面的初期建设投资最低,但要求经常养护修理,而且运输成本最高。

•第二节　对路面的基本要求•

现代化城市道路运输不仅要求道路能全天候通行车辆,而且要求车辆能以一定的速度,安全、舒适而经济地在道路上运行。这就要求路面具有良好的使用性能,提供良好的行驶条件和服务水平。

为了保证城市道路最大限度地满足车辆运行的要求,提高车速、增强安全性和舒适性、降

低运输成本和延长道路使用年限,要求路面具有下述一系列基本性能:

1. 承载能力

行驶在路面上的车辆,通过车轮把荷载传给路面,由路面传给路基,在路基路面结构内部产生应力、应变及位移。如果路基路面结构整体或某一组成部分的强度或抗变形能力不足以抵抗这些应力、应变及位移,则路面会出现断裂,路基路面结构会出现沉陷,路面表面会出现波浪或车辙,使路况恶化,服务水平下降。因此要求路基路面结构整体及其各组成部分都具有与行车荷载相适应的承载能力。

结构承载能力包括强度与刚度两方面。路面结构应具有足够的强度以抵抗车轮荷载引起的各个部位的各种应力,如压应力、拉应力、剪应力等,保证不发生压碎、拉断、剪切等各种破坏。路基路面整体结构或各个结构层应具有足够的刚度,使得在车轮荷载作用下不发生过量的变形。保证不发生车辙,沉陷或波浪等各种病害。

2. 稳定性

在天然地表面建造的道路结构物改变了自然的平衡,在达到新的平衡状态之前,道路结构物处于一种暂时的不稳定状态。新建的路基路面结构袒露在大气之中,经常受到大气温度、降水与湿度变化的影响,结构物的物理、力学性质将随之发生变化,处于另外一种不稳定状态。路基路面结构能否经受这种不稳定状态,而保持工程设计所要求的几何形态及物理力学性质,称为路基路面结构的稳定性。

在地表上开挖或填筑路基,必然会改变原地面地层结构的受力状态。原来处于稳定状态的地层结构,有可能由于填挖筑路而引起不平衡,导致路基失稳。如在软土地层上修筑高路堤,或者在岩质或土质山坡上开挖深路堑时,有可能由于软土层承载能力不足,或者由于坡体失去支承,而出现路堤沉落或坡体坍塌破坏。路线如选在不稳定的地层上,则填筑或开挖路基会引发滑坡或坍塌等病害出现。因此在选线、勘测、设计、施工中应密切注意,并采取必要的工程措施,以确保路基有足够的稳定性。

大气降水使得路基路面结构内部的湿度状态发生变化,低洼地带路基排水不良,长期积水,会使得矮路堤软化,失去承载能力。山坡路基,有时因排水不良,会引发滑坡或边坡滑塌。水泥混凝土路面,如果不能及时将水分排出结构层,会发生唧泥现象,冲刷基层,导致结构层被提前破坏。沥青混凝土路面中水分的侵蚀,会引起沥青结构层剥落,结构松散。砂石路面,在雨季时,会因雨水冲刷和渗入结构层,而导致强度下降,产生沉陷、松散等病害。因此防水、排水是确保路基路面稳定的重要方面。

大气温度周期性的变化对路面结构的稳定性有重要影响,高温季节沥青路面软化,在车轮荷载作用下产生永久性变形,水泥混凝土结构在高温季节因结构变形产生过大内应力,导致路面压曲破坏。北方冰冻地区,在低温冰冻季节,水泥混凝土路面、沥青路面、半刚性基层由于低温收缩产生大量裂缝,最终失去承载能力。在严重冰冻地区,低温引起路基的不稳定是多方面的,低温会引起路基收缩裂缝,地下水源丰富的地区,低温会引起冻胀,路基上面的路面结构也随之发生断裂。春天融冻季节,在交通繁重的路段。有时引发翻浆,路基路面发生严重的破坏。

3. 耐久性

路基路面工程投资昂贵,从规划、设计、施工至建成通车需要较长的时间,对于这样的大型工程都应有较长的使用年限，一般的道路工程使用年限至少数十年。承重并经受车辆直接碾压的路面部分要求使用年限在20年以上，因此路基路面工程应具有耐久的性能。

路基路面在车辆荷载的反复作用与大气水温周期性的重复作用下，路面使用性能将逐年下降，强度与刚度将逐年衰变，路面材料的各项性能也可能由于老化衰变而引起路面结构的损坏。至于路基的稳定性也可能在长期经受自然因素的侵袭后，逐年削弱。因此，提高路基路面的耐久性，保持其强度、刚度、几何形态经久不衰，除了精心设计、精心施工、精选材料之外，要把长年的养护、维修、恢复路用性能的工作放在重要的位置。

4. 表面平整度

路面表面平整度是影响行车安全、行车舒适性以及运输效益的重要使用性能。特别是城市道路快速路，对路面平整度的要求更高。不平整的路表面会增大行车阻力，并使车辆产生附加的振动作用。这种振动作用会造成行车颠簸，影响行车的速度和安全、驾驶的平稳和乘客的舒适。同时，振动作用还会对路面施加冲击力，从而加剧路面和汽车机件的损坏和轮胎的磨损，并增大油料的消耗。而且，不平整的路面还会积滞雨水，加速路面的破坏。因此，为了减少振动冲击力，提高行车速度和增进行车舒适性、安全性，路面应保持一定的平整度。

优良的路面平整度，要依靠优良的施工装备、精细的施工工艺、严格的施工质量控制以及经常和及时的养护来保证。同时，路面的平整度同整个路面结构和路基顶面的强度和抗变形能力有关，同结构层所用材料的强度、抗变形能力以及均匀性有很大关系。强度和抗变形能力差的路基路面结构和面层混合料，经不起车轮荷载的反复作用，极易出现沉陷、车辙和推挤破坏，从而形成不平整的路面表面。

5. 表面抗滑性能

路面表面要求平整，但不宜光滑，汽车在光滑的路面上行驶时，车轮与路面之间缺乏足够的附着力或摩擦力。雨天高速行车，或紧急制动或突然起动，或爬坡、转弯时，车轮也易产生空转或打滑，致使行车速度降低，油料消耗增多，甚至引起严重的交通事故。通常用摩擦系数表征抗滑性能，摩擦系数小，则抗滑能力低，容易引起滑溜交通事故。对于城市快速路高速行车道，要求具有较高的抗滑性能。

路面表面的抗滑能力可以通过采用坚硬、耐磨、表面粗糙的粒料组成路面表层材料来实现，有时也可以采用一些工艺措施来实现，如水泥混凝土路面的刷毛或刻槽等。此外，路面上的积雪、浮冰或污泥等，也会降低路面的抗滑性能，必须及时予以清除。

6. 少尘性及低噪声

汽车在砂石路面上行驶时，车身后面所产生的真空吸引力会将表层较细材料吸出而飞扬尘土，甚至于导致路面松散、脱落和坑洞等破坏。扬尘还会加速汽车机件的损坏，减短行车视距，降低行车速度，而且对旅客和沿路居民的环境卫生以及货物和路旁农作物均带来不良影响。因此，要求路面在行车过程中尽量减少扬尘。

汽车在路面上行驶时，除发动机等噪声外，路面不平整引起车身的振动是噪声的又一来源。为降低噪声，应提高路面施工的平整度工艺。

第三节　路面的结构组成

一、路面横断面

在路基顶面铺筑面层结构，沿横断面方向由行车道、硬路肩和土路肩所组成。路面横断面的形式随道路等级的不同，可选择不同的形式，通常分为槽式横断面和全铺式横断面。

1. 槽式横断面

在路基上按路面行车道及硬路肩设计宽度开挖路槽，保留土路肩，形成浅槽，在槽内铺筑路面。也可采用培槽方法，在路基两侧培槽，或半填半挖的方法培槽。

2. 全铺式横断面

在路基全部宽度内都铺筑路面。在城市道路建设中，有时为了将路面结构内部的水分迅速排出，在全宽范围内铺筑基层材料保证水分由横向排入雨水管道。

为了保证路面上雨水及时排出，减少雨水对路面的浸润和渗透，减弱路面结构强度，路面表面应做成直线形或抛物线形的路拱。等级高的路面，平整度和水稳定性较好，透水性也小，通常采用直线形路拱和较小的路拱横坡度。等级低的路面，为了有利于迅速排除路表积水，一般采用抛物线形路拱和较大的路拱横坡度。表 3-1-2 列出了各种不同类型路面的路拱平均横坡度。

各类路面的路拱平均横坡度　　表 3-1-2

路 面 类 型	路拱平均横坡度(%)
沥青混凝土、水泥混凝土	1～2
厂拌沥青碎石、路拌沥青碎(砾)石、沥青贯入碎(砾)石、沥青表面处治、整齐石块	1.5～2.5
半整齐石块，不整齐石块	2～3
碎石、砾石等粒料路	2.5～3.5
炉渣土、砾石土、砂砾土等	3～4

选择路拱横坡度，应充分考虑有利于行车平稳和横向排水两方面的要求。在干旱和有积雪、浮冰地区，应采用低值，多雨地区采用高值；当道路纵坡较大或路面较宽、行车速度较高或交通量和车辆载重较大时，或常有拖挂汽车行驶时，应采用平均横坡度的低值；反之则应取用高值。

二、路面结构分层及层位功能

行车荷载和自然因素对路面的影响，随深度的增加而逐渐减弱。因此，对路面材料的强度、抗变形能力和稳定性的要求也随深度的增加而逐渐降低。为了适应这一特点，路面结构通常是分层铺筑的，按照使用要求、受力状况、土基支承条件和自然因素影响程度的不同，分成若干层次。通常按照各个层位功能的不同，划分为三个层次，即面层、基层和垫层。

1. 面层

面层是直接同行车和大气接触的表面层次，它承受较大的行车荷载的垂直力，水平力和冲击力的作用。同时还受到降水的侵蚀和气温变化的影响。因此,同其他层次相比,面层应具备较高的结构强度、抗变形能力、较好的水稳定性和温度稳定性,而且应当耐磨、不透水,其表面还应有良好的抗滑性和平整度。

修筑面层所用的材料主要有水泥混凝土、沥青混凝土、沥青碎(砾)石混合料、砂砾或碎石掺土或不掺土的混合料以及块料等。

面层有时分两层或三层铺筑,如城市主干道沥青面层总厚度 18 ~ 20cm,可分为上、中、下三层铺筑,并根据各分层的要求采用不同的级配等级。水泥混凝土路面也有分上、下两层铺筑,分别采用不同标号的水泥混凝土材料。水泥混凝土路面上加铺 4cm 沥青混凝土这样的复合式结构也是常见的。但是砂石路面上所铺的 2 ~ 3cm 厚的磨耗层或 1cm 厚的保护层,以及厚度不超过 1cm 的简易沥青表面处治,不能作为一个独立的层次,应看作为是面层的一部分。

2. 基层

基层主要承受由面层传来的车辆荷载的垂直力,并扩散到下面的垫层和土基中去,实际上基层是路面结构中的承重层,它应具有足够的强度和刚度,并具有良好的扩散应力的能力。基层遭受大气因素的影响虽然比面层小,但是仍然有可能经受地下水和通过面层渗入雨水的浸湿,所以基层结构应具有足够的水稳定性。基层表面虽不直接供车辆行驶,但仍然要求有较好的平整度,这是保证面层平整性的基本条件。

修筑基层的材料主要有各种结合料(如石灰、水泥或沥青等)稳定土或稳定碎(砾)石、贫水泥混凝土、天然砂砾、各种碎石或砾石、片石、块石或圆石,各种工业废渣(如煤渣、粉煤灰、矿渣、石灰渣等)和土、砂、石所组成的混合料等。

基层厚度太厚时,为保证工程质量可分为两层或三层铺筑。当采用不同材料修筑基层时,基层的最下层称为底基层,对底基层材料质量的要求较低,可使用当地材料来修筑。

3. 垫层

垫层介于土基与基层之间,它的功能是改善土基的湿度和温度状况,以保证面层和基层的强度、刚度和稳定性不受土基水温状况变化所造成的不良影响。另一方面的功能是将基层传下的车辆荷载应力加以扩散,以减小土基产生的应力和变形。同时也能阻止路基土挤入基层中,影响基层结构的性能。

修筑垫层的材料,强度要求不一定高,但水稳定性和隔温性能要好。常用的垫层材料分为两类,一类是由松散粒料,如砂、砾石、炉渣等组成的透水性垫层;另一类是用水泥或石灰稳定土等修筑的稳定类垫层。

复习思考题

1. 从路面结构力学特性可将公路路面划分为哪三类?
2. 道路运输对路面的基本要求有哪些?
3. 路面结构如何分层及各层的作用是什么?

第二章

路面设计有关资料和参数的确定

知识目标

1. 描述作用在路面上的荷载及其作用方式;
2. 描述路面的受力特性及其强度指标。

能力目标

按标准轴载进行车辆荷载的轴载换算。

●第一节　行 车 荷 载●

一、沥青路面的标准轴载与轴载换算

路面设计时使用累计当量轴次的概念。但路上行驶的车辆类型很多,所以必须选定一种标准轴载,把不同类型轴载的作用次数换算为这种标准轴载的作用次数。考虑到城市道路汽车运输车辆的现状及发展趋势。我国路面设计以双轮组单轴载100kN为标准轴载,以BZZ-100表示。标准轴载的计算参数按表3-2-1确定。

标准轴载计算参数　　表3-2-1

标 准 轴 载	BZZ-100
标准轴载 P(kN)	100
轮胎接地压强 p(MPa)	0.70
单轮传压面当量圆直径 d(cm)	21.30
两轮中心距(cm)	$1.5d$

当把各种轴载换算为标准轴载时,为使换算前后轴载对路面的作用达到相同的效果,应该遵循两项原则:第一,换算以达到相同的临界状态为标准,即对同一种路面结构,甲轴载作用 N_1 次后路面达到预定的临界状态,路面弯沉为 L_1;乙轴载作用使路面达到相同临界状态的作用次数为 N_2,弯沉为 L_2,此时甲乙两种轴载作用是等效的,则应按此等效原则建立两种轴载作用次数之间的换算关系;第二,对某一种交通组成,不论以哪种轴载的标准进行轴载换算,由换算所得轴载作用次数计算的路面厚度是相同的。

(1)当以设计弯沉值为设计指标及沥青层层底拉应力验算时,凡轴载大于25kN的各级轴载(包括车辆的前、后轴)P_i 的作用次数 n_i,均按公式(3-2-1)换算成标准轴载 P 的当量作用次数 N。

$$N = \sum_{i=1}^{k} C_1 C_2 n_i \left(\frac{P_i}{P}\right)^{4.35} \tag{3-2-1}$$

式中:N——标准轴载的当量轴次,次/日;

n_i——被换算车辆的各级轴载作用次数,次/日;

P——标准轴载,kN;

P_i——被换算车辆的各级轴载,kN;

k——被换算车辆的类型数;

C_1——轴数系数,$C_1 = 1 + 1.2(m - 1)$,m 是轴数。当轴间距大于 3m 时,按单独的一个轴载计算,当轴间距小于 3m 时,应考虑轴数系数;

C_2——轮组系数,单轮组为 6.4,双轮组为 1,四轮组为 0.38。

(2)当进行半刚性基层层底拉应力验算时,凡轴载大于 50kN 的各级轴载(包括车辆的前后轴)P_i的作用次数 n_i,均按公式(3-2-2)换算成标准轴载 P 的当量作用次数 N'。

$$N' = \sum_i^k C'_1 C_2 n_i \left(\frac{P_i}{P}\right)^8 \tag{3-2-2}$$

式中:C'_1——轴数系数,$C'_1 = 1 + 2(m - 1)$;

C_2——轮组系数,单轮组为 18.5,双轮组为 1.0,四轮组为 0.09。

二、水泥混凝土路面的标准轴载与轴次换算

1. 标准轴载与轴载换算

我国公路水泥混凝土路面设计规范规定以汽车车轴重为 100kN 的单轴荷载作为设计标准轴载。对于各种不同汽车轴载的作用次数,可按等效疲劳损伤原则换算成标准轴载的作用次数,并根据标准轴载的作用次数判断道路的交通繁重程度。水泥混凝土路面的轴载换算公式是在混凝土疲劳方程的基础上建立的。凡是前、后轴载大于 40kN 的轴数均应换算成标准轴数。对于轴载小于或等于 40kN 的轴数,因为它在混凝土板内产生的应力很小,引起的疲劳损伤也很轻微,因此可以略去不计。轴载换算公式见本篇第五章。

在具体进行轴次换算时,汽车路面设计使用的各种主要参数可参考表 3-2-2。

路面设计用汽车参数 表 3-2-2

序号	汽车型号	总重(kN)	载重(kN)	前轴重(kN)	后轴重(kN)	后轴数	轮组数	轴距(cm)
1	解放 CA10B	80.25	40.0	19.40	60.85	1	双	
2	解放 CA15	91.35	50.0	20.97	70.38	1	双	
3	解放 CA30A	103.00	46.50	29.50	2×36.75	2	双	
4	解放 CA50	92.90	50.00	28.70	68.20	1	双	
5	解放 CA340	78.70	36.60	22.10	56.60	1	双	
6	解放 390	105.15	60.15	35.00	70.15	1	双	
7	东风 EQ090	92.90	50.00	23.70	60.20	1	双	
8	黄河 JN150	150.60	82.60	49.00	101.60	1	双	
9	黄河 JN162	174.50	100.00	59.50	115.00	1	双	
10	黄河 JN162A	178.50	100.00	62.28	116.22	1	双	
11	黄河 JN253	187.50	100.00	55.00	2×66.00	2	双	
12	黄河 JN360	270.00	150.00	50.00	2×110.00	2	双	
13	黄河 QD351	145.65	70.00	48.50	97.15	1	双	

续上表

序号	汽车型号	总重(kN)	载重(kN)	前轴重(kN)	后轴重(kN)	后轴数	轮组数	轴距(cm)
14	延安 SX161	237.10	135.00	54.64	2×91.25	2	双	135.0
15	长征 XD160	213.00	120.00	42.60	2×85.20	2	双	
16	长征 XD250	189.00	100.00	37.80	2×72.60	2	双	
17	长征 XD980	182.40	100.00	37.10	2×72.65	2	双	122.0
18	长征 XZ361	229.00	120.00	47.60	2×90.70	2	双	132.0
19	交通 SH141	80.65	43.25	25.55	55.10	1	双	
20	交通 SH361	280.00	150.00	60.00	2×110.0	2	双	130.0
21	南阳 351	146.00	70.00	48.70	97.30	1	双	
22	齐齐哈尔 QQ560	177.00	100.00	56.00	121.00	1	双	
23	太脱拉 111	186.70	102.40	38.70	2×74.00	2	双	120.0
24	太脱拉 111R	188.40	102.40	37.40	2×75.50	2	双	122.0
25	太脱拉 111S	194.40	102.40	38.50	2×78.20	2	双	122.0
26	太脱拉 138	211.40	120.00	51.40	2×80.00	2	双	132.0
27	太脱拉 130S	218.40	120.00	50.60	2×88.90	2	双	132.0
28	斯柯达 706R	140.00	73.00	50.00	90.00	1	双	
29	日野 KB222	154.50	80.00	50.20	104.30	1	双	
30	日野 KF300D	198.75	106.65	40.75	2×79.00	2	双	127.0
31	尼桑 CK20L	149.85	85.25	49.85	100.000		双	
32	尼桑 CW(L)40HD	237.60	141.75	50.00	2×93.80	2	双	
33	扶桑 FP101	154.00	94.10	54.00	100.00	1	双	
34	扶桑 FV102N	254.00	164.95	54.35	2×100.00	2	双	
35	菲亚特 682N3	140.00	75.50	30.00	100.00	1	双	

2. 累计当量轴次计算

道路上通行的车辆不仅具有不同的类型和不同的轴重。而且通行的车辆数目也是变化的。路面结构设计中,要考虑设计年限内车辆对路面的综合累计损伤作用,必须对现有的交通量、轴载组成以及增长规律进行调查和预估,并通过适当的方式将它们换算成当量标准轴载的累计作用次数。

交通量是指一定时间间隔内各类车辆通过某一道路横断面的数量。可以通过现有的交通流量观测站的调查资料,得到该道路设计的初始年平均日交通量,也可以根据需要,临时设站进行观测,并将实际的混合交通量转化换算为标准轴载,可得到以当量轴次表示的该公路的初始年平均日交通量 N_1。

$$N_1 = \sum_{i=1}^{365} \frac{N_i}{365} \tag{3-2-3}$$

式中:N_1——初始年平均日交通量,次/日;

N_i——每日实际交通量，沥青路面设计中为 N 或 N_1，水泥混凝土路面设计是 N_S，次/日。

累计远景交通量是指从路面开始使用起，一直到标准轴载当量轴次年限末通过一条车道的总量。由于它是建立在累积疲劳的基础上的，因此累计远景交通量被作为路面设计的一个重要依据。设计年限内一个车道上的累计当量轴次 N_e 可用下式计算：

$$N_e = \frac{N_1[(1+\gamma)^t - 1] \times 365}{\gamma}\eta \tag{3-2-4}$$

式中：N_e——设计年限内一个车道内的累计当量轴次，次；

N_1——设计的初始年平均日交通量，次/日；

γ——设计年限内交通量年平均增长率，%；

t——设计年限，年；

η——车道系数，可按表 3-2-3 确定。

车道系数　表 3-2-3

车道特征系数	单车道	双车道		四车道	六车道
		有分隔	无分隔		
η	1.0	0.5	0.6~0.7	0.4~0.5	0.3~0.4

第二节　路面材料的力学特性和强度指标

城市道路在初步设计阶段应选用沿线筑路材料和外购材料进行混合料配合比设计。在选定配合比的基础上，按有关规程的规定实测材料设计参数，并确定各层材料回弹模量和抗拉强度的设计值。

我国《公路沥青路面设计规范》(JTG D50—2006)中规定，以设计弯沉值计算路面厚度，并对高速公路、一级公路、二级公路沥青类面层和半刚性材料的基层、底基层，应验算层底拉应力。城市道路也参照执行。此时各层材料的计算模量均采用抗压回弹模量。由于弯沉值是以20℃为标准温度，因此，以路面设计弯沉值计算路面结构厚度时，采用的是20℃抗压回弹模量；验算层底拉应力是以15℃为标准温度，故采用15℃的抗压模量。沥青类面层和半刚性材料的抗拉强度采用劈裂试验测得的劈裂强度。

沥青类面层材料参数见表 3-2-4；基层、底基层材料的参数见表 3-2-5。

沥青混合料设计参数参考值　表 3-2-4

材料名称		抗压模量 E(MPa)		劈裂强度 σ(MPa) 15℃	备注
		20℃(弯沉)	15℃(弯拉)		
细粒式沥青混凝土	密级配	1200~1600	1800~2200	1.2~1.6	AC-10，AC-13
	开级配	700~1000	1000~1400	0.6~1.0	OGFC
沥青玛蹄脂碎石		1200~1600	1200~1500	1.4~1.9	SMA
中粒式沥青混凝土		1000~1400	1600~2000	0.8~1.2	AC-16，AC-20
粗粒式密级配沥青混凝土		800~1200	1000~1400	0.6~1.0	AC-25

续上表

材料名称		抗压模量 E(MPa)		劈裂强度 σ(MPa)	备注
		20℃(弯沉)	15℃(弯拉)	15℃	
大粒径沥青碎石基层	密级配	1000 ~ 1400	1200 ~ 1600	0.6 ~ 1.0	LSM-25 ~ 35
	开级配	600 ~ 800	—	—	AM-25 ~ 35
沥青贯入式		400 ~ 600	—	—	—

注:沥青为$90^{\#}$或$70^{\#}$。

水泥混凝土路面面层在行车荷载和稳定变化等因素的作用下,将产生压应力和弯拉应力,混凝土面板的压应力与混凝土的抗压强度相比很小,一般不用验算;而所受的弯拉应力则很大,当超过抗弯拉强度时,可能导致混凝土面板开裂破坏。因此,在设计水泥混凝土面板厚度时,应以弯拉强度为其设计控制指标。

水泥混凝土的设计强度以龄期28d的弯拉强度为标准。各级交通要求的混凝土设计弯拉强度不得低于表3-2-6的规定。当混凝土浇筑后90d内不开放大交通时,可采用90d龄期强度。其值一般可按28d龄期强度的1.1倍计。

基层、底基层材料设计参数　　表3-2-5

材料名称	配合比或规格要求	抗压模量(弯沉计算)E(MPa)	抗压模量(弯拉应力计算)E(MPa)	劈裂强度 σ(MPa)
贫混凝土	8% ~10% 水泥	弯拉模量 15000 ~ 25000;弯拉强度 1.5 ~ 2.5		
二灰砂砾	7:13:80	1100 ~ 1500	3000 ~ 4200	0.6 ~ 0.8
二灰碎石	8:17:75	1300 ~ 1700	3000 ~ 4200	0.5 ~ 0.8
水泥砂砾	4% ~6%	1100 ~ 1500	3000 ~ 4200	0.4 ~ 0.6
水泥碎石	4% ~6%	1300 ~ 1700	3000 ~ 4200	0.4 ~ 0.6
石灰水泥粉煤灰砂砾	6:3:16:75	1200 ~ 1600	2700 ~ 3700	0.4 ~ 0.55
水泥粉煤灰碎石	4:16:80	1300 ~ 1700	2400 ~ 3000	0.4 ~ 0.55
石灰土碎石	粒料 > 60%	700 ~ 1100	1600 ~ 2400	0.3 ~ 0.4
碎石灰土	粒料 > 40% ~50%	600 ~ 900	1200 ~ 1800	0.25 ~ 0.35
水泥石灰砂砾土	4:3:25:68	800 ~ 1200	1500 ~ 2200	0.3 ~ 0.4
二灰土	10:30:60	600 ~ 900	2000 ~ 2800	0.2 ~ 0.3
石灰土	8% ~12%	400 ~ 700	1200 ~ 1800	0.2 ~ 0.25
石灰土路基处理	4% ~7%	200 ~ 350	—	—
级配碎石	上基层级配	300 ~ 350	—	—
		300 ~ 800		
	底基层、垫层	200 ~ 250		
填隙碎石	底基层	200 ~ 280	—	—
未筛分碎石	做底基层用	180 ~ 220	—	—
级配砂砾、天然砂砾	做底基层用	150 ~ 200		
中、粗砂	垫层	80 ~ 100		

水泥混凝土弯拉弹性模量的测试工作,很费时而又不易准确,且其数值的变化对荷载应力

计算结果的影响不大,因此,在无条件测试时,可直接采用表3-2-6所列数值,或者对照下述经验公式推算弯拉回弹模量:

$$E_c = 1.44 f_{cm}^{0.459}(\times 10^4 \text{MPa}) \quad (3\text{-}2\text{-}5)$$

式中:f_{cm}——水泥混凝土的弯拉强度,MPa。

水泥混凝土设计弯拉强度和回弹模量　表3-2-6

交通等级	特重	重	中等	轻
设计弯拉强度 f_{cm}(MPa)	5.0	5.0	4.5	4.0
弯拉弹性模量 E_c($\times 10^3$MPa)	30	30	28	27

复习思考题

1. 何谓标准轴载?我国路面规范中规定路面设计标准轴载是什么?

2. 车辆荷载当量轴次换算的原则是什么?

3. 路面结构层材料需确定哪些主要参数?

4. 已知某二级公路现有日交通量解放CA-10B为10000辆/日,增长率$r=7\%$,$T=10$年,$\eta=0.55$,$A_s=1.0$,$A_b=1.0$,$A_c=1.1$,试求该柔性路面设计指标。(解放CA-10B:前轴重20.25kN;单后轴重60kN,双轮组。)

第三章

常用的路面基层、垫层

知识目标

1. 描述碎石、砾石类结构层的特点及其强度形成原理；
2. 描述各类常用无机结合料稳定类结构层的特性、强度形成原理、强度影响因素及其施工要求。

能力目标

进行路面基层、底基层结构层的选择取用。

• 第一节　碎石、砾石类结构层 •

一、碎、砾石类结构层的特性

碎石、砾石类结构层是用粗、细碎（砾）石、黏土（或不含黏土）按照嵌锁原理或级配原理铺筑而成的结构层。嵌锁型的碎石结构层包括泥结碎石、泥灰结碎石、水结碎石和填隙碎石等；级配型的碎（砾）石结构层包括级配碎石、级配砾石、符合级配要求的天然砂砾、部分砾石经轧制掺配而成的级配碎砾石等。

嵌锁原理是采用分层撒铺矿料（同层矿料的粒径大小基本相同）并经严格碾压而成的结构层（或采用开级配矿料进行拌和）。用这种方法修筑的路面结构，其强度构成主要依靠矿料之间相互嵌挤锁结作用而产生较大的内摩阻力。但黏结力较小，仅起着辅助作用，有时黏结力几乎为零。因此，采用嵌挤原理修筑的结构，必须使用强度比较高的石料（Ⅰ、Ⅱ级），摊铺时每层矿料的颗粒尺寸必须大小均匀，形状近似立方体并有棱角、表面粗糙。各层矿料的尺寸自下而上逐渐减小，上、下层矿料的粒径比一般按 1/2 递减。粗料作主层料，细料作为嵌缝料。为了增加其联结强度，可在矿料中掺入不同的结合料，以使其产生一定的黏结力。

级配原理是采用颗粒大小不同的矿料按一定比例（连续或间断级配）配合，并掺入一定数量的结合料，拌和制成混合料，经过摊铺、碾压而形成的路面结构层。这种结构具有较大的密实度。按级配原则修筑的结构层，其强度来源于内摩阻力和黏结力，但由于矿料没有较强的嵌挤锁结作用，以及受结合料的影响，一般来讲内摩阻力较小。

碎、砾石路面结构强度形成的特点是：矿料颗粒之间的联结强度，一般都要比矿料本身的强度小得多。在外力作用下，材料首先将在颗粒之间产生滑动和位移，使其失去承载能力而遭到破坏。因此,对于这种松散材料组成的路面结构强度,矿料颗粒本身强度固然重要,但是起决定作用的则是颗粒之间的联结强度。总之,由材料的黏结力和内摩阻角所表征的内摩擦力所决定的颗粒之间的联结强度,即构成了松散材料组成的路面的结构强度。

碎、砾石类结构层既可作面层,也可作基层或底基层。由于碎、砾石类结构层作路面面层平整度较差,易扬尘,雨天泥泞,一般在城市道路使用很少。其中级配碎石适用于各级城市道路的基层和底基层。级配砾石、级配碎砾石以及符合级配、塑性指数等技术要求的天然砂砾,可用作城市道路次干道的基层,也可用作各级城市道路的底基层。填隙碎石适用于各级城市道路的底基层和支路的基层。

二、泥 结 碎 石

泥结碎石结构层是以碎石作为集料,黏土作为填充料,经压实修筑成的一种结构。泥结碎石结构层的厚度一般为 8 ~ 20cm;当总厚度等于或超过 15cm 时,一般分两层铺筑,上层厚度 6 ~ 10cm,下层 9 ~ 14cm。泥结碎石结构层的力学强度和稳定性不仅取决于碎石的相互嵌锁作用,同时也有赖于土的黏结作用。泥结碎石结构虽用同一尺寸石料修筑,但在使用过程中由于行车荷载的反复作用,石料会被压碎而向密实级配转化。

泥结碎石层所用的石料,其等级不宜低于 Ⅳ 级,长条、扁平状颗粒不宜超过 20%。不产石料地区的次要道路,交通量少时,可采用礓石和碎砖等材料。碎砖粒径宜稍大,一般为路面厚度的 0.8 倍。泥结碎石层所用黏土,应具有较高的黏性,塑性指数以 12 ~ 15 为宜。黏土内不得含腐殖质或其他杂物。黏土用量一般不超过混合料总重的 15% ~ 18%。

泥结碎石结构层适用于四级公路的路面面层,并宜在其上设置砂土磨耗层和保护层。泥结碎石亦可作二级以下公路路面基层,但由于是黏土作结合料,其水稳性较差,如作沥青路面的基层时,只能用于干燥路段,不能用于中湿和潮湿路段。由于此类路面使用性能较差,尘多噪声大,所以在城市道路中很少使用。

三、泥灰结碎石

泥灰结碎石路面是以碎石为集料,用一定数量的石灰和土作黏结填缝料的碎石路面。因为掺入石灰,泥灰结碎石路面的水稳定性比泥结碎石为好。泥灰结碎石路面的黏土质量规格要求与泥结碎石相同;石灰质量不低于 3 级。石灰与土的用量不应大于混合料总重的 20%,其中石灰剂量为土重的 8% ~ 12%。泥灰结碎石结构因掺入石灰,其水稳定性要比泥结碎石好,故可用于潮湿与中湿路段作为次干路沥青路面的基层,亦可作为支路路面的基层。

四、水 结 碎 石

水结碎石结构层是用大小不同的轧制碎石从大到小分层铺筑,经洒水碾压后形成的一种结构层。此种结构层属于典型的嵌锁结构,它的强度是由碎石之间的嵌锁作用以及碾压时所产生的石粉与水形成的石粉浆的黏结作用而成的。考虑黏结力较强,所以经常用石灰岩碎石来铺筑。水结碎石结构的厚度一般为 10 ~ 16cm。

五、填隙碎石

用单一尺寸的粗碎石作主集料，形成嵌锁作用，用石屑填满碎石间的空隙，增加密实度和稳定性，这种结构称为填隙碎石，但是由于其抗磨能力较差，宜在其上设置砂土磨耗层和保护层。

我国过去曾广泛采用的嵌锁型碎石基层，是用筛分成几种不同规格的大、中、小单一尺寸碎石分层摊铺、分层碾压而成的。通常首先铺大碎石，经碾压稳定后，撒铺嵌缝碎石，继续碾压稳定，然后再撒铺小碎石，并碾压成型。某些地区使用的干压碎石或“水结”碎石也属于这种类型。

填隙碎石上不能直接通车，上面必须有面层。填隙碎石基层质量好坏的两个关键是：一是从上到下粗碎石间的空隙一定要填满，即达到规定的密实度；二是表面粗碎石间既要填满，但填隙料又不能覆盖粗碎石自成一层，即表面应看得见粗碎石，其棱角可外露 3 ~ 5mm。这样要保证薄沥青面层与基层黏结良好，避免沥青面层在基层顶面发生推移破坏。

由于干法施工填隙碎石不需要用水，在缺水地区，采用这种基层结构，特别显示其优越性。填隙碎石适用于各级城市道路的底基层和次干路、支路的基层，其施工最小厚度为 10cm，结构层适宜的厚度为 10 ~ 12cm。

六、级配碎(砾)石

级配碎(砾)石路面，是由各种集料(砾石、碎石)和土，按最佳级配原理修筑而成的路面层或基层。由于级配碎(砾)石是用大小不同的材料按一定比例配合、逐渐填充空隙，并用黏土黏结，故经过压实后，能形成密实的结构。级配碎(砾)石路面的强度是由摩阻力和黏结力构成，具有一定的水稳性和力学强度。

在实际工作中，对于级配集料，主要是控制颗粒的级配组成，特别是其中的最大粒径、4.75mm以下、0.6mm 以下和 0.075mm 以下的颗粒含量，以及塑性指数等。同时，在施工中要严格控制级配集料的均匀性和压实度。

级配碎石可用作各级城市道路路面的基层和底基层；级配碎砾石、级配砾石可用作 II 级以下城市道路路面的基层，也可用作各级城市道路路面的底基层。适宜用作面层的级配集料，不适宜用作沥青路面和水泥混凝土路面的基层和底基层。

级配碎(砾)石结构层的厚度一般为 8 ~ 16cm，当厚度大于 16cm 时应分两层铺筑，下层厚度为总厚度的 0.6 倍，上层厚度为总厚度的 0.4 倍。

• 第二节　无机结合料稳定类结构层 •

一、无机结合料稳定土结构层的特性

在粉碎的或原状松散的土中掺入一定量的无机结合料(包括水泥、石灰或工业废渣等)和水，经拌和得到的混合料在压实与养生后，其抗压强度符合规定要求的材料称为无机结合料稳定材料，以此修筑的路面称为无机结合料稳定路面。

无机结合料稳定路面具有稳定性好、抗冻性能强、结构本身自成板体等特点，但其耐磨性差，因此广泛用于修筑路面结构的基层和底基层。

稳定土中的土按照土中单个颗粒（指碎石、砾石和砂颗粒）的粒径大小和组成，可将其分为下列3种：

（1）细粒土。颗粒的最大粒径小于9.5mm，且其中小于2.36mm的颗粒含量不少于90%。

（2）中粒土。颗粒的最大粒径小于26.5mm，且其中小于19mm的颗粒含量不少于90%。

（3）粗粒土。颗粒的最大粒径小于37.5mm，且其中小于31.5mm的颗粒含量不少于90%。

无机结合料稳定土种类较多，其物理、力学性质各有特点，使用时应根据结构要求、掺加剂量和原材料的供应情况及施工条件进行综合技术、经济比较后选定。

由于无机结合料稳定土的刚度介于柔性路面材料和刚性路面材料之间，常称为半刚性材料。以此修筑的基层或底基层称为半刚性基层或半刚性底基层。

（1）无机结合料稳定土经拌和压实后，由于水分挥发和混合料内部的水化作用，混合料的水分会不断减少。由此发生的毛细作用、吸附作用、分子间力的作用、材料矿物晶体或凝胶体间层间水的作用和碳化收缩作用等，会引起无机结合料稳定土体积的收缩，严重时将产生干缩裂缝。

对于稳定细粒土，几种常用的半刚性材料的干缩特性的大小排列为：石灰土 > 水泥土和水泥石灰土 > 石灰粉煤灰土。

对于稳定粒料类，三种常用的半刚性材料的干缩特性的大小排列为：石灰稳定粒料 > 水泥稳定粒料 > 石灰粉煤灰稳定粒料。

（2）无机结合料稳定土是由固相、液相和气相组成。因此，无机结合料稳定土的外观胀缩性是三相的不同温度收缩性综合效应的结果。气相一般与大气贯通，在综合效应中影响较小，可以忽略。原材料是砂粒以上颗粒的温度收缩系数较小，而粉粒以下的颗粒温度收缩性较大。

半刚性材料温度收缩的大小与结合料类型和剂量、被稳定材料的类别、粒料含量、龄期等因素有关。

无机结合料稳定土结构层一般在高温季节修筑，成形初期的基层内部含水率大，且尚未被面层所封闭，基层内部的水分必须要蒸发，从而主要发生由表及里的干燥收缩。同时，环境温度也存在昼夜温度差，修筑初期的半刚性基层也受到温度收缩的作用，因此，必须注重养生保护。经过一定龄期的养生，特别是半刚性基层上铺筑面层之后，基层内相对湿度略有增大，使材料的含水率趋于平衡，这时半刚性基层的裂缝变形以温度收缩为主。

二、石灰稳定土

在粉碎的土和原状松散的土（包括各种粗、中、细粒土）中，掺入适量的石灰和水，按照一定技术要求，经拌和，在最佳含水率下摊铺、压实及养生，其抗压强度符合规定要求的路面基层称为石灰稳定类基层。用石灰稳定细粒土得到的混合料简称石灰土，所做成的基层称石灰土基层（底基层）。

石灰稳定土常用的种类有：石灰土（石灰稳定细粒土的简称）、石灰砂砾土、石灰碎石土、石灰砂砾、石灰碎石等。

1. 石灰稳定土强度形成原理

在土中掺入适量的石灰，并在最佳含水率下拌匀压实，使石灰与土发生一系列的物理、化学作用，从而使土的性质发生根本的变化。一般分四个方面即离子交换作用、结晶硬化作用、火山灰作用和碳酸化作用。

1）离子交换作用

土的微小颗粒具有一定的胶体性质，它们一般都带有负电荷，表面吸附着一定数量的钠、氢、钾等低价阳离子（Na^+、H^+、K^+）。石灰是一种强电解质，在土中加入石灰和水后，石灰在溶液中电离出来的钙离子（Ca^{2+}）就与土中的钠、氢、钾离子产生离子交换作用。原来的钠（钾）土变成钙土，土颗粒表面所吸附的离子由一价变成了二价，减少了土颗粒表面吸附水膜的厚度，使土粒相互之间更为接近，分子引力随着增加，许多单个土粒聚成小团粒，组成一个稳定结构。

2）结晶作用

在石灰土中只有一部分熟石灰 $Ca(OH)_2$进行离子交换作用，绝大部分饱和的 $Ca(OH)_2$自行结晶。熟石灰与水作用生成熟石灰结晶网格。其化学反应式为：

$$Ca(OH)_2 + nH_2O \longrightarrow Ca(OH)_2 \cdot nH_2O$$

3）火山灰作用

熟石灰的游离 Ca^{2+} 与土中的活性氧化硅 SiO_2和氧化铝 Al_2O_3作用生成含水的硅酸钙和铝酸钙的化学反应就是火山灰作用，其反应式为：

$$xCa(OH)_2 + SiO_2 + nH_2O \longrightarrow xCaO \cdot SiO_2(n+1)H_2O$$

$$xCa(OH)_2 + Al_2O_3 + nH_2O \longrightarrow xCaO \cdot Al_2O_3(n+1)H_2O$$

上述所形成的熟石灰结晶网格和含水的硅酸钙和铝酸钙结晶都是胶凝物质，它具有水硬性并能在固体和水两相环境下发生硬化。这些胶凝物质在土微粒团外围形成一层稳定保护膜，填充颗粒空隙，使颗粒间产生结合料，减少了颗粒间的空隙与透水性，同时提高密实度，这是石灰土获得强度和水稳定性的基本原因，但这种作用比较缓慢。

4）碳酸化作用

在土中的 $Ca(OH)_2$与空气中的二氧化碳作用，其化学反应式为：

$$Ca(OH)_2 + CO_2 \longrightarrow CaCO_3 + H_2O$$

$CaCO_3$是坚硬的结晶体，它和其他生成的复杂盐类把土粒胶结起来，从而大大提高了土的强度和整体性。

由于石灰与土发生了一系列的相互作用，从而使土的性质发生根本的改变。在初期，主要表现为土的结团、塑性降低、最佳含水率增加和最大密实度减少等。后期主要表现为结晶结构的形成，从而提高其板体性、强度和稳定性。

2. 影响强度的因素

1）土质

各种成因的土都可以用石灰来稳定，但生产实践说明，黏性土较好，其稳定的效果显著，强度也高。当采用高液限黏土时施工不易粉碎；采用粉性土的石灰土早期强度较低，但后期强度也可满足行车要求；采用低液限土质时易拌和，但难以碾压成型，稳定的效果不显著。采用的土质,既要考虑其强度,还要考虑到施工时易于粉碎便于碾压成型。一般采用塑性指数12~18(100g平衡锥测液限,搓条法测塑限)的黏性土为好。塑性指数偏大的黏性土,要加强粉碎,粉碎后,土中15~25mm的土块不宜超过5%。经验证明塑性指数小于12的土不宜用石灰稳定。对于硫酸盐类含量超过0.8%或腐殖质含量超过10%的土,对强度有显著影响,不宜直接采用。

2)灰质

石灰应是消石灰粉或生石灰粉,对高速公路或一级公路宜用磨细生石灰粉。

石灰质量应符合III级以上的技术指标,并要尽量缩短石灰的存放时间。在同等石灰剂量下,质量好的石灰,稳定效果好。如采用质量差的石灰,为了满足石灰土的技术要求,就得适当增加石灰剂量。

3)石灰剂量

石灰剂量对石灰土强度影响显著,石灰剂量较低(小于3%~4%)时,石灰主要起稳定作用,土的塑性、膨胀、吸水量减小,使土的密实度、强度得到改善。随着剂量的增加,强度和稳定性均提高,但剂量超过一定范围时,强度反而降低。生产实践中常用的最佳剂量范围,对于黏性土及粉性土为8%~14%;对砂性土则为9%~16%。剂量的确定应根据结构层技术要求进行混合料组成设计。

4)含水率

水是石灰土的重要组成部分。它促使石灰土发生物理化学变化,形成强度,便于土的粉碎、拌和与压实,并且有利于养生。不同土质的石灰土有不同的最佳含水率。需通过标准击实试验确定,并用以控制施工中的实际加水量,所用水应是干净可供饮用的水。

5)密实度

石灰土的强度随密实度的增加而增长。实践证明,石灰土的密实度每增减1%,强度约增减4%左右。而密实的石灰土,其抗冻性、水稳定性也好,缩裂现象也少。

6)石灰土的龄期

石灰土强度具有随龄期增长的特点。一般石灰土初期强度低,前期(1~2个月)增长速率较后期为快。一般情况下石灰稳定土的强度在90d以前增长比较显著,以后就比较缓慢。

7)养生条件

养生条件主要指温度与湿度。养生条件不同,其强度也有差异。当温度高时,物理化学反应、硬化、强度增长快,反之强度增长慢,在负温条件下甚至不增长,因此,要求施工期的最低温度应在5℃以上,并在第一次重冰冻(-3~-5℃)到来之前1个月~1个半月完成。

多年的施工经验证明,热季施工的灰土强度高,质量可以保证,一般在使用中很少损坏。

养生的湿度条件对石灰土的强度也有很大影响。实践证明:在一定潮湿条件下养生强度的形成比在一般空气中养生要好。

3. 石灰土基层的应用

石灰稳定土不但具有较高的抗压强度,而且也具有一定的抗弯强度,且强度随龄期逐渐增加。因此,石灰稳定土一般可以用于各类路面的基层或底基层。但石灰稳定土因其水稳定性较差不应作城市快速路的基层,必要时可以用作底基层。在冰冻地区的潮湿路段以及其他地区的过分潮湿路段，也不宜采用石灰土作基层。

三、水泥稳定土

在粉碎的或原状松散的土（包括各种粗、中、细粒土）中，掺入适当水泥和水，按照技术要求，经拌和摊铺，在最佳含水率时压实及养护成型，其抗压强度符合规定要求，以此修建的路面基层称水泥稳定类基层。当用水泥稳定细粒土（砂性土、粉性土或黏性土）时，简称水泥土。

水泥稳定土常用的种类有：水泥土、水泥砂、水泥碎石、水泥砂砾等。

水泥稳定土能适应各种不同的气候条件与水文地质条件，特别是在潮湿寒冷地区的适应性较其他稳定土更强。水泥稳定类基层具有良好的整体性、足够的力学强度、抗水性和耐冻性。其初期强度较高，且随龄期增长而增长，所以应用范围很广。

1. 水泥稳定土强度形成原理

在利用水泥来稳定土的过程中，水泥、土和水之间发生了多种非常复杂的作用，从而使土的性能发生了明显的变化。这些作用可以分为：

1）水泥的水化作用

在水泥稳定土中，首先发生的是水泥自身的水化反应，从而产生出具有胶结能力的水化产物，这是水泥稳定土强度的主要来源。

水泥水化生成的水化产物，在土的孔隙中相互交织搭接，将土颗粒包覆连接起来，使土逐渐丧失了原有的塑性等性质，并且随着水化产物的增加，混合料也逐渐坚固起来。但水泥稳定土中水泥的水化与水泥混凝土中水泥的水化之间还有所不同。这是因为：

（1）土具有非常高的比表面积和亲水性；

（2）水泥稳定土中的水泥含量较少；

（3）土对水泥的水化产物具有强烈的吸附性；

（4）在一些土中常存在酸性介质环境。

由于这些特点，在水泥稳定土中，水泥的水化硬化条件较混凝土中差得多；特别是由于黏土矿物对水化产物中的 $Ca(OH)_2$ 具有极强的吸附和吸收作用，使溶液中的碱度降低，从而影响了水泥水化产物的稳定性；水化硅酸钙中的 C/S 会逐渐降低析出 $Ca(OH)_2$，从而使水化产物的结构和性能发生变化，进而影响到混合料的性能。因此在选用水泥时，在其他条件相同时，应优先选用硅酸盐水泥，必要时还应对水泥稳定土进行“补钙”，以提高混合料中的碱度。

2）离子交换作用

在硅酸盐水泥中，硅酸三钙和硅酸二钙占主要部分，其水化后所生成的氢氧化钙所占的比例也较高，可达水化产物的25%，大量的氢氧化钙溶于水以后，在土中形成了一个富含 Ca^{2+} 的碱性溶液环境。Ca^{2+} 取代了 K^+、Na^+，使黏土颗粒之间的距离减小，相互靠拢，导致土的凝聚，从而改变土的塑性，使土具有一定的强度和稳定度。这种作用就称为离子交换作用。

3）化学激发作用

钙离子的存在不仅影响到了黏土颗粒表面双电层的结构，而且在这种碱性溶液环境下，土本身的化学性质也将发生变化。

土的矿物组成基本上都属于硅铝酸盐，其中含有大量的硅氧四面体和铝氧八面体。在通常情况下，这些矿物具有比较高的稳定性，但当黏土颗粒周围介质的 pH 值增加到一定程度时，黏土矿物中的部分 SiO_2 和 Al_2O_3 的活性将被激发出来，与溶液中的 Ca^{2+} 进行反应，生成新的矿物，这些矿物的组成和结构与水泥的水化产物都有很多类似之处，并且同样具有胶凝能力。生成的这些胶结物质包裹着黏土颗粒表面，与水泥的水化产物一起，将黏土颗粒凝结成一个整体。因此，氢氧化钙对黏土矿物的激发作用，将进一步提高水泥稳定土的强度和水稳定性。

4）碳酸化作用

水泥水化生成的 $Ca(OH)_2$，除了可与黏土矿物发生化学反应外，还可以进一步与空气中的 CO_2 发生碳化反应并生成碳酸钙晶体。碳酸钙生成过程中产生体积膨胀，也可以对土的基体起到填充和加固作用；只是这种作用相对来讲比较弱，并且反应过程缓慢。

2. 影响水泥稳定土强度的因素

1）土质

土的类别和性质是影响水泥稳定土强度的重要因素，各类砂砾土、砂土、粉土和黏土均可用水泥稳定，但稳定效果不同。试验和生产实践证明，用水泥稳定级配良好的碎（砾）石和砂砾，效果最好，不但强度高，而且水泥用量少；其次是砂性土；再次之是粉性土和黏性土。重黏土难以粉碎和拌和，不宜单独用水泥来稳定，因此，一般要求土的塑性指数不大于17。

2）水泥的成分和剂量

各种类型的水泥都可以用于稳定土。但试验研究证明，水泥的矿物成分和分散度对其稳定效果有明显影响。对于同一种土，通常情况下硅酸盐水泥的稳定效果好，而铝酸盐水泥较差。

水泥土的强度随水泥剂量的增加而增长，但过多的水泥用量，虽获得强度的增加，在经济上却不一定合理，在效果上也不一定显著，且容易开裂。试验和研究证明，水泥剂量为4%～8%较为合理。

3）含水率

含水率对水泥稳定土强度影响很大，当含水率不足时，水泥不能在混合料中完全水化和水解，发挥不了水泥对土的稳定作用，影响强度形成。同时，含水率小，达不到最佳含水率也影响水泥稳定土的压实度。因此，使含水率达到最佳含水率的同时，也要满足水泥完全水化和水解作用的需要为好。

水泥正常水化所需的水量约为水泥重的20%，对于砂性土，完全水化达到最高强度的含水率较最佳密度的含水率为小；而对于黏性土则相反。

4）施工工艺过程

水泥、土和水拌和得均匀，且在最佳含水率下充分压实，使之干密度最大，其强度和稳定性就高。水泥土从开始加水拌和到完成压实的延迟时间要尽可能最短，一般要在6h以内。若时间过长，则水泥凝结，在碾压时，不但达不到压实度要求，而且也会破坏已结硬水泥的胶凝作用，反而使水泥稳定土强度下降。在水泥终凝时间达不到规定要求时，可以使用一定剂量的缓凝剂，但缓凝剂的品种和具体数量应根据试验确定。

水泥稳定土需湿法养生，以满足水泥水化形成强度的需要。养生温度越高，强度增长得越快。因此，要保证水泥稳定土养生的温度和湿度条件。

3. 水泥稳定土的用途

水泥稳定土的水温稳定性和抗冻性都较石灰稳定土好，暴露的水泥稳定土因干缩和冷缩也易产生裂缝。水泥土与水泥稳定砂砾、水泥稳定碎石相比有三个不利的特征：一是水泥土容易产生严重的收缩裂缝，并影响面层；二是水泥土的强度没有充分形成时其表层遇水会发生软化；三是水泥土的抗冲刷能力小，表面水由面层裂缝渗入后易产生唧泥现象。

近年来，在我国一些路面工程中，水泥稳定土可用于路面结构的基层和底基层，在保证路面使用品质上取得了满意的效果。但水泥土禁止作为城市快速路路面的基层，只能用作底基层。在高等级公路的水泥混凝土路面板下，水泥土也不应作基层。水泥稳定粗、中粒土可用于各级城市道路路面结构的基层和底基层。但水泥土禁止用作沥青路面的基层，只能用作底基层。

水泥稳定土结构层的施工最小厚度为15cm，结构层适宜的厚度为16～20cm。

四、石灰工业废渣稳定土

随着工业的发展，工业废渣逐渐增多，怎样综合利用工业废渣引起了国内外的重视。近年来，我国利用工业废渣铺筑路面基层，取得显著成效，不但提高了路面使用品质，而且降低了工程造价，“变废为宝”，具有很大的经济意义。

城市道路上常用的工业废渣有：火力发电厂的粉煤灰和煤渣，钢铁厂的高炉渣和钢渣，化肥厂的电石渣，以及煤矿的煤矸石等。工业废渣材料主要用石灰与之综合稳定，即石灰工业废渣材料，主要有石灰粉煤灰类及石灰其他废渣类。

一定数量的石灰和粉煤灰（或石灰和煤渣）与其他集料相结合，加入适量的水，通过拌和得到的混合料，经摊铺、压实及养生后，当其抗压强度符合规定要求时，称为石灰工业废渣稳定土。

石灰稳定工业废渣基层具有水硬性、缓凝性、强度高、稳定性好，成板体、且强度随龄期不断增加，抗水、抗冻、抗裂而且收缩性小，适应各种气候环境和水文地质条件等特点。所以，近几年来，修筑高等级公路，常选用石灰稳定工业废渣作高级或次高级路面的基层或底基层。结构层的施工最小厚度为15cm，结构层适宜的厚度为16～20cm。

复习思考题

1. 叙述无机结合料稳定类结构层的优点与缺点。
2. 叙述石灰稳定土、水泥稳定土、石灰工业废渣稳定土的基本概念。
3. 叙述石灰稳定土的强度形成原理。影响石灰稳定土强度的因素是什么？
4. 叙述石灰稳定土的强度形成原理。影响石灰稳定土强度的因素是什么？

第四章

沥青路面设计

知识目标

1. 描述沥青路面设计理论及其设计指标；
2. 描述沥青路面结构层的选择、各结构层的组合原则和要求；
3. 描述新建沥青路面的设计方法、步骤。

能力目标

1. 进行沥青路面结构层的选择；
2. 进行新建沥青路面结构层的设计计算；
3. 进行旧路补强厚度计算。

•第一节　沥青路面设计理论及指标•

一、沥青路面设计理论

由不同材料的结构层及土基组成的路面结构，在荷载作用下其应力形变关系一般呈非线性特性，且形变随应力作用时间而变化，同时应力卸除后常有一部分变形不能恢复。因此，严格地说，沥青路面在力学性质上属于非线性的弹—黏—塑性体。但是考虑到行驶车轮作用的瞬时性（百分之几秒），在路面结构中产生的黏—塑性变形数量很小，所以对于厚度较大、强度较高的高等级路面，将其视作线性弹性体，并应用弹性层状体系理论进行分析计算将是合适的。我国沥青路面设计规范规定采用以双圆均布荷载作用下的弹性层状体系理论为基础进行路面的结构分析和设计。

弹性层状体系是由若干个弹性层组成，上面各层具有一定厚度，最下一层为弹性半空间体，如图 3-4-1。应用弹性力学方法求解弹性层状体系的应力、变形和位移等分量时，引入如下一些假设：

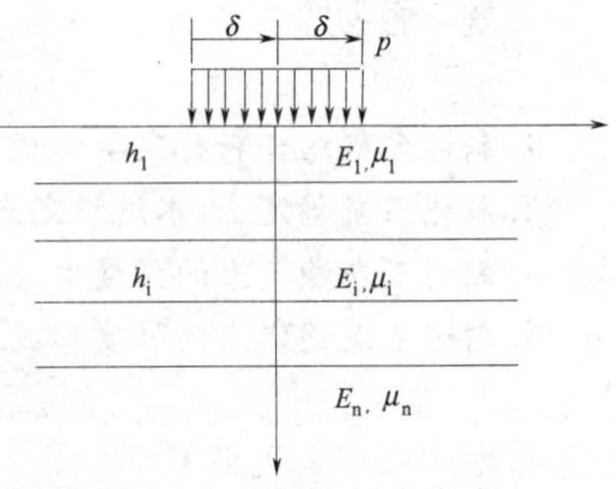

图 3-4-1　弹性层状体系示意图

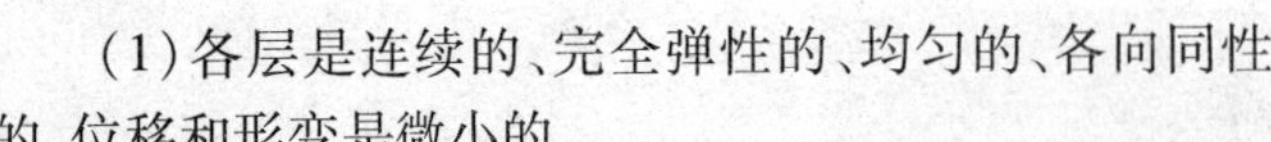

（1）各层是连续的、完全弹性的、均匀的、各向同性的，位移和形变是微小的。

（2）最下一层在水平方向和垂直向下方向为无限大，其上各层厚度为有限，水平方向为无限大。

(3)各层在水平方向无限远处及最下一层向下无限深处，其应力、形变和位移为零。

(4)层间接触情况，或者位移完全连续(称连续体系)，或者层间仅竖向应力和位移连续而无摩阻力(称滑动体系)。

(5)不计自重。

按照上述假定条件，可以直接计算弹性层状体系内任一点的应力、应变和位移，但工作量很大。我国已通过电子计算机进行了计算。

二、沥青路面的设计指标

沥青路面在行车荷载的反复作用和自然因素的不断影响下，会逐渐出现损坏。由于环境、材料组成、结构层组合、荷载、施工和养护等条件的变异，损坏的形态多种多样，常见的有沉陷、车辙、推移、开裂、松散和坑槽、表面磨光、低温缩裂和反射裂缝等模式。鉴于破坏模式的多样化，欲控制或限制路面结构性能在预定的使用年限内不恶化到某一程度，应制订出相应的多种设计指标来控制路面设计。

1. 弯沉设计指标

为了控制路基路面的总变形，防止开裂、沉陷、车辙等整体强度不足的损坏，采用弯沉设计指标——路基路面结构表面在圆形均布垂直荷载作用下轮隙中心处的实测路表弯沉值 L_s 小于或等于设计弯沉值 L_d。

2. 拉应力指标

为了防止沥青混凝土或半刚性基层、底基层的疲劳开裂，采用拉应力指标——沥青混凝土面层或半刚性材料基层、底基层底面计算点的拉应力 σ_m 应小于或等于该层材料的容许拉应力 σ_r。

3. 剪应力指标

为了防止高温季节道路交叉口、停车场等车辆频繁起动、制动地段的沥青面层表面产生推移和拥起等破坏现象，采用剪应力指标——沥青路面面层在车轮的垂直力和水平力的共同作用下，可能产生的最大剪应力 τ_{max}，应不超过材料的容许剪应力 τ_r。

我国《城市道路设计规范》(CJJ 37—90)规定上述三项设计指标的使用范围为：

(1)除交通量小的支路上铺筑沥青混凝土面层时可仅用设计弯沉值指标设计外，在其他道路上铺筑沥青混凝土面层应用上述三项指标设计。

(2)对沥青碎石面层采用设计弯沉值和剪应力两项指标设计，对沥青贯入式、沥青表面处治和粒料路面，只用设计弯沉值指标设计。

(3)采用半刚性基层时，应对基层按拉应力指标设计。

三、路面弯沉设计标准

路面设计弯沉值是表征路面整体刚度大小的指标，它是根据设计年限内一个车道上预测通过的累计当量轴次、道路等级、面层和基层类型而确定的路面弯沉设计值，是路面厚度计算的主要依据。路面设计弯沉值可以作为路面竣工后第一年不利季节、路面温度为20℃时在标准轴载100kN作用下，竣工验收的最大回弹弯沉值，它与交通量、道路等级、面层和基层类型有关。

$$L_d = 600N_e^{-0.2}A_cA_sA_b$$

式中：L_d——路面设计弯沉值(0.01mm)，该值是在标准温度、标准轴载作用下，测定的路表回弹弯沉值，对半刚性基层用5.4m弯沉仪，对柔性基层为3.6m弯沉仪；若用自动弯沉车或落锤式弯沉仪测定时，应建立相应的换算关系进行换算；

N_e——设计年限内一个车道上累计当量轴次；

A_c——道路等级系数，城市快速路、I级城市道路为1.0，II级城市道路为1.1，III级城市道路为1.2；

A_s——面层类型系数，沥青混凝土面层为1.0；热拌沥青碎石、乳化沥青碎石、上拌下贯或贯入式路面为1.1；沥青表面处治为1.2；中低级路面为1.3；

A_b——基层类型系数，对半刚性基层、底基层总厚度等于或大于20cm时，A_b=1.0，若面层与半刚性基层之间设置等于或小于15cm级配碎石层、沥青贯入碎石、沥青碎石的半刚性基层结构时，仍为1.0；柔性基层、底基层或柔性基层厚度大于15cm，底基层为半刚性下卧层时为1.6。

四、结构层材料的容许拉应力

结构层材料的容许拉应力是路面结构在行车荷载反复作用下达到疲劳临界破坏状态时容许的最大拉应力。容许拉应力可按下列公式计算：

$$\sigma_R = \frac{\sigma_{sp}}{K_s} \tag{3-4-1}$$

式中：σ_R——路面结构层材料的容许拉应力，MPa；

σ_{sp}——结构层材料的极限抗拉强度，MPa；由试验确定。我国沥青路面设计规范采用极限劈裂强度；

K_s——抗拉强度结构系数。

对沥青混凝土面层：

$$K_s = 0.09A_a \cdot N_e^{0.22}/A_c \tag{3-4-2}$$

对无机结合料稳定集料类：

$$K_s = 0.35N_e^{0.11}/A_c \tag{3-4-3}$$

对无机结合料稳定土类：

$$K_s = 0.45N_e^{0.11}/A_c \tag{3-4-4}$$

对贫混凝土：

$$K_s = 0.51N_e^{0.07}/A_c \tag{3-4-5}$$

式中：A_a——沥青混合料级配的系数；细、中粒式沥青混凝土为1.0，粗粒式沥青混凝土为0.9；

A_c——道路等级系数。

•第二节 沥青路面结构设计•

沥青路面设计应包括路面结构层原材料的选择、混合料配合比设计、设计参数的测试与确定、路面结构层组合与厚度计算，路面结构的方案比选等内容，以及路面排水系统设计和路肩加固等的设计。

一、结构设计的一般原则

在沥青路面结构设计工作中,应该遵循下述的技术经济原则:

1. 因地制宜、合理选材

路面各结构层所用的材料,尤其是用量最大的基层、垫层材料,应充分利用当地的天然材料、加工材料或工业副产品,以减少运输费用,降低工程造价。同时还要注意吸取和应用当地路面设计在选择材料方面的成功经验。

2. 方便施工、利于养护

选择各结构层时还应考虑在现有机具设备和施工条件下,在可能的条件下,应尽量采用机械化施工,并考虑建成通车后的养护问题。特别是对于高等级公路来说,要求平时养护工作量越少越好,以免影响大交通量的通行。

3. 分期修建、逐步提高

交通量是确定路面等级和路面类型的最主要的因素之一,而交通量是随时间而逐步增长的。当资金不足时,一般应按近期使用要求进行路面设计,先以满足近期需要为主。以后随着交通量的增长,车型的加重和投资的增多,逐步提高路面等级,增加路面厚度。但在建造时必须注意使前期工程能为后期工程奠定基础,即能为后期工程所充分利用。

4. 整体考虑、综合设计

在路面结构设计时,对土基、垫层、底基层、基层和面层都应看作是一个有机的整体。按照土基稳定、基层坚实、面层耐久的要求,充分发挥各结构层的作用,合理选用路面材料,确定适当的结构层厚度,使路面设计既能在整体上满足强度和稳定性的要求,又能做到经济、合理和耐久。

5. 考虑气候因素和水温状况的影响

路面结构设计要求保证在自然因素和车轮荷载反复作用下,路面整体结构具有足够的水稳性、干稳定性、冰冻稳定性和高温稳定性,应预测并要重视当地气候和水温状况可能对路面造成的不利影响。

二、沥青路面各分层结构设计

1. 路面等级和面层类型的选择

路面等级、面层类型应与道路等级、交通量相适应。确定路面等级和面层类型应以政治、经济、国防、旅游以及经济发展的需要和设计交通量为主要依据。此外,还应考虑使用需要、材料供应、施工机械设备、地区特点、施工养护工作条件等因素,参考表3-4-1确定。

路面类型的选择 表3-4-1

道路等级	路面等级	面层类型	设计年限(年)	设计年限内累计标准轴次(万次/一车道)
城市快速路	高级路面	沥青混凝土	15	>400
主干路	高级路面	沥青混凝土	12	>200
	次高级路面	热拌沥青碎石混合料、沥青贯入式	10	100~200

续上表

道路等级	路面等级	面层类型	设计年限（年）	设计年限内累计标准轴次（万次/一车道）
次干路	次高级路面	乳化沥青碎石混合料、沥青表面处治	8	10～100
支路及其他	中级路面	水结碎石、泥结碎石、级配碎（砾）石、半整齐石块路面	5	≤10
	低级路面	粒料改善土	5	

对有特殊使用要求的城市道路如厂矿道路，其路面等级与面层类型的选择可根据实际情况选用。

路面面层因直接承受行车和自然因素的反复作用，要求强度高（抗拉和抗剪切）、耐磨耗、抗滑、热稳性好和不透水，因而通常选用黏结力较强的结合料和强度高的集料作为面层材料。交通量越大，城市道路等级越高，则路面等级也应该越高，厚度也越大，相应的面层层次一般也越多。

在选择面层类型时，特别应考虑当地的气候特征。如在气候干旱地区、不宜采用砂砾路面，以免产生严重的搓板现象。在多雨地区，要特别重视路面结构层的水稳性和面层透水性问题。对于沥青路面，还要考虑寒冷地区的低温抗裂性和高温地区的热稳性问题，同时还要考虑抗滑性能等问题。

2. 基层类型的选择

基层是主要的承重层、应具有足够的强度、刚度和水稳定性。目前常用的基层类型有沥青、水泥及工业废渣稳定类、碎（砾）石嵌挤类和土、石级配类三种。每一类型都有各自的特点，沥青、水泥和二灰稳定类适用于交通量繁重的道路，其他类型可适用于一般交通道路。在选择基层类型时，首先要考虑充分利用当地材料这一原则。即使当地某些材料不能直接使用，也要从施工工艺、材料组成等方面采用适当措施加以改进，使之得到合理应用。如果所需基层厚度较大时，为了降低造价，可增设底基层，用成本较低、来源较广、性能稍差的当地材料铺筑底基层。

沥青类路面的基层水稳性问题应给予重视，以土作为结合料的基层，水稳定性较差，故在潮湿和中湿路段上，应选用碎石、片石、块石、工业废渣、不含土的天然砂砾、石灰土、二灰土及水泥稳定砂砾等水稳性好的基层。对于泥结碎（砾）石和级配碎（砾）石属于水稳定性差的基层，仅限用于干燥路段，不得用于中、潮湿路段，否则将会引起基层含水率增大而导致沥青路面的严重破坏。

三、结构层组合设计

沥青路面结构层次的合理选择和安排，是整个路面结构是否能在设计使用年限里承受行车荷载和自然因素的共同作用的主要因素，同时又能发挥各结构层的最大效能，是整个路面结构经济合理的关键。根据理论分析和多年的使用经验，在路面结构组合设计中要遵循下列原则：

1. 适应行车荷载作用的要求

作用在路面上的行车荷载，通常包括垂直力和水平力。路面在垂直力作用下，内部产生的应力和应变随深度向下而递减。水平力作用产生的应力、应变，随深度递减的速率更快。路面表面还同时承受车轮的磨耗作用，因此，要求路面面层具有足够的强度和抗变形能力，在其下各层的强度和抗变形能力可自上而下逐渐减小。这样，在进行路面结构组合时，各结构层应按强度和刚度自上而下递减的规律安排，以使各结构层材料的效能得到充分发挥。

按照这种原则组合路面时,结构层的层数越多越能体现强度和刚度沿深度递减的规律。但就施工工艺、材料规格和强度形成原理而言,层数又不宜过多,也就是不能使结构层的厚度过小。表3-4-2是各种结构层的适宜厚度以及考虑施工因素的最小厚度,可供设计时参考。适宜的结构层厚度需结合材料供应、施工工艺并按该表的规定确定,从强度要求和造价考虑,宜自上而下由薄到厚。

路面设计时,沥青面层厚度与道路等级、交通量及组成、沥青品种和质量有关,沥青面层推荐厚度列于表3-4-3,设计时应根据城市道路等级、交通量大小、重车所占的比例、选用沥青质量等因素,综合考虑确定沥青层厚度。基层、底基层厚度应根据交通量大小、材料力学性能和扩散应力的效果,发挥压实机具的功能以及有利于施工等因素选择各结构层的厚度。

各类结构层的最小厚度和适宜厚度 表3-4-2

结构层类型		施工最小厚度(cm)	结构层的适宜厚度(cm)
沥青混凝土 热拌沥青碎石	粗粒式	5.0	6~8
	中粒式	4.0	4~6
	细粒式	2.5	2.5~4
沥青石屑		1.5	1.5~2.5
沥青砂		1.0	1.0~1.5
沥青贯入式		4.0	4~8
沥青上拌下贯式		6.0	6~10
沥青表面处治		1.0	层铺1~3,拌和2~4
水泥稳定类		15.0	16~20
石灰稳定类		15.0	16~20
石灰工业废渣类		15.0	16~20
级配碎、砾石		8	10~15
泥结碎石		8	10~15
填隙碎石		10	10~12

沥青层推荐厚度 表3-4-3

城市道路等级	推荐厚度(cm)	城市道路等级	推荐厚度(cm)
城市快速路、主干路	12~18	支路	2~4
城市次干路	10~15	小区道路、校园道路	1~2.5
次干路	5~10		

沥青路面相邻结构层材料的模量比对路面结构的应力分布有显著影响,是合理确定结构层层数,选定适宜结构层材料的重要考虑因素。根据分析和经验,基层与面层的模量比应不小于0.3,土基与基层或底基层的模量比宜为0.08~0.40。

2. 在各种自然因素作用下的稳定性

如何保证沥青路面的水稳性,是路面结构层选择与组合需要解决的重要问题。在潮湿和某些中湿路段上修筑沥青路面时,由于沥青层不透气,使路基和基层中水分蒸发的通路被隔断,因而向基层积聚。如果基层材料中含土量多(如泥结碎石、级配砾石),尤其是土的塑性指数较大时，遇水变软，强度和刚度急剧下降，结果导致路面开裂破坏。所以沥青路面的基层一般应选择水稳性好的材料，在潮湿路段及中湿路段尤应如此。

在季节性冰冻地区，当冻深较大，路基土为易冻胀土时，常常产生冻胀和翻浆。在这种路段上，路面结构中应设置防止冻胀和翻浆的垫层。路面总厚度的确定，除满足强度要求外，还应满足防冻厚度的要求，以避免在路基内出现较厚的聚冰带，防止产生导致路面开裂的不均匀冻胀。防冻的厚度与路基潮湿类型，路基土类、道路冻深以及路面结构层材料热物理性有关。根据经验及试验观测，表 3-4-4 给出路面防冻最小厚度推荐值，可供生产使用。如按强度计算的路面总厚度小于表列厚度规定时，应增设或加厚垫层使路面总厚度达到表列要求。

在冰冻地区和气候干燥地区，无机结合料稳定土或粒料的基层常常产生收缩裂缝。如果沥青面层直接铺筑其上，会导致面层出现反射裂缝，为此可在其间加设一层粒料或优质沥青材料层，或者适当加厚面层。

3. 考虑结构层的特点

路面结构层通常是用密实级配、嵌挤以及形成板体等方式构成的，因而如何构成具有要求强度和刚度并且稳定的结构层是设计和施工都必须注意的问题。影响结构层构成的因素，除材料选择、施工工艺之外，路面结构组合也是十分重要的。例如沥青面层不能直接铺筑在铺砌片石基层上，而应在其间加设碎石过渡层，否则铺砌片石不平稳或片石可能的松动都会反映到沥青面层上，造成面层不平整甚至沉陷开裂。这类片石也不能直接铺在软弱的路基上，而应在其间铺粒料层。又如沥青混凝土或热拌沥青碎石之类的高级面层与粒料基层或稳定土基层之间应设沥青碎石，并保证有一定的厚度，以提高其抗疲劳性能。

为了保证路面结构的整体性和结构层之间应力传递的连续性，应尽量使结构层之间结合紧密、稳定。

在进行路面设计时，要按照面层耐久、基层坚实、土基稳定的要求，贯彻因地制宜、合理选材、方便施工、利于养护的原则以及上述结构组合原则，结合当地经验拟订几种路面结构方案，进行分析比较，并优先选用便于机械化施工和质量管理的方案，做到技术先进，经济合理。

路面最小防冻厚度（cm）　　表 3-4-4

路基类型	土质	黏性土、细亚黏土			粉性土		
	基层、垫层类型 / 道路冻深(cm)	砂石类	稳定土类	工业废料类	砂石类	稳定土类	工业废料类
中湿	50 ~ 100	40 ~ 45	35 ~ 40	30 ~ 35	45 ~ 50	40 ~ 45	30 ~ 40
	100 ~ 150	45 ~ 50	40 ~ 45	35 ~ 40	50 ~ 60	45 ~ 50	40 ~ 45
	150 ~ 200	50 ~ 60	45 ~ 55	40 ~ 50	60 ~ 70	50 ~ 60	45 ~ 50
	大于 200	60 ~ 70	55 ~ 65	50 ~ 55	70 ~ 75	60 ~ 70	50 ~ 65
	60 ~ 100	45 ~ 55	40 ~ 50	35 ~ 45	50 ~ 60	45 ~ 55	40 ~ 50
潮湿	100 ~ 150	55 ~ 60	50 ~ 55	45 ~ 50	60 ~ 70	55 ~ 65	50 ~ 60
	150 ~ 200	60 ~ 70	55 ~ 65	50 ~ 55	70 ~ 80	65 ~ 70	60 ~ 65
	大于 200	70 ~ 80	65 ~ 75	55 ~ 70	80 ~ 100	70 ~ 90	65 ~ 80

注：1. 对潮湿系数小于 0.5 的地区，II、III、IV 等干旱地区防冻厚度应比表中值减少 15% ~ 20%。

2. 对 II 区砂性土路基防冻厚度应相应减少 5% ~ 10%。

●第三节　新建路面的结构层厚度计算●

我国新建城市道路沥青路面设计采用双圆垂直均布荷载作用下的多层弹性层状体系理论,以容许回弹弯沉、弯拉应力和剪应力三项指标设计,计算路面结构所需的厚度。对沥青碎石面层采用容许回弹弯沉和剪应力两项指标设计;对沥青贯入式碎(砾)石面层、浇洒式施工的沥青表面处治和粒料路面,只用容许回弹弯沉值指标设计。下面介绍路面结构层厚度设计的有关内容。

一、理论弯沉值与实测弯沉值

1. 理论弯沉值

在弹性层状体系前提条件下,路面结构表面在荷载作用下产生的弯沉,即理论弯沉值。应用弹性层状体系理论计算双圆荷载轮隙理论弯沉时,由于弹性层状体系理论计算过程的复杂性,一般均需通过计算机进行求解。

当计算体系为弹性双层体系时,理论弯沉的计算公式为:

$$l_1 = 1000 \times \frac{2p\,\delta}{E_0}\alpha_1 \tag{3-4-6}$$

当计算体系为弹性三层体系时,理论弯沉的计算公式为:

$$l_1 = 1000 \times \frac{2p\,\delta}{E_1}\alpha_1 \tag{3-4-7}$$

式中:l_1——理论弯沉值(0.01mm);

p、δ——标准车型的轮胎接地压强,MPa;当量圆半径,cm;

E_0——土基回弹模量值,MPa;

E_1——路面材料回弹模量值,MPa;

α_1——理论弯沉系数,分别由弹性双层和三层体系理论计算求得。

2. 实测弯沉值

应用弹性层状体系理论可求得已知路面结构表面在荷载作用下产生的理论弯沉,但大量试验验证结果表明,理论计算值与路表实测弯沉值之间存在一定偏差,故应加以修正。根据弹性多层体系理论,层间接触状态为完全连续,在双圆均布荷载作用下,轮隙中心处实测路表弯沉值按下式计算:

$$F = 1.63\left(\frac{l_s}{2000\delta}\right)^{0.38}\left(\frac{E_0}{p}\right)^{0.36} \tag{3-4-8}$$

由此,路表回弹弯沉的计算公式便修正为:

$$l_s = 1000 \times \frac{2p\,\delta}{E_0}\alpha_c F \tag{3-4-9}$$

式中:l_s——路面实测弯沉值,0.01mm;

p、δ——标准轴的轮胎接触压力,MPa;当量圆半径,cm;

α_c——理论弯沉系数;

$$\alpha_c = f\left(\frac{h_1}{\delta},\frac{h_2}{\delta},\cdots,\frac{h_{n-1}}{\delta};\frac{E_2}{E_1},\frac{E_3}{E_2},\cdots,\frac{E_0}{E_{n-1}}\right)$$

E_0——土基回弹模量值，MPa；
$E_1, E_2, \cdots, E_{n-1}$——各层材料回弹模量，MPa；
$h_1, h_2, \cdots, h_{n-1}$——各结构层厚度，cm。

二、结构层底拉应力计算

根据多层弹性理论，层间为完全连续体系，在双圆荷载作用下层底最大拉应力按下式计算：

$$\sigma_m = p\,\overline{\sigma}_m \tag{3-4-10}$$

式中：$\overline{\sigma}_m$——理论最大拉应力系数。

$$\overline{\sigma}_m = f\left(\frac{h_1}{\delta}, \frac{h_2}{\delta}, \cdots, \frac{h_{n-1}}{\delta}; \frac{E_2}{E_1}, \frac{E_3}{E_2}, \cdots, \frac{E_0}{E_{n-1}}\right)$$

可应用括号内的参数为输入数据，通过软件计算得到。

三、新建路面结构设计步骤

新建沥青路面通常按以下步骤进行路面结构设计：

(1)根据设计任务书的要求，确定路面等级和面层类型，计算设计年限内一个车道的累计当量轴次和设计弯沉值。

(2)按路基土类与干湿类型，将路基划分为若干路段(在一般情况下路段长度不宜小于500m，若为大规模机械化施工，不宜小于1km)，确定各路段的土基回弹模量值。

(3)根据已有经验和规范推荐的路面结构，拟订几种可能的路面结构组合与厚度方案，根据选用的材料进行配合比试验，并测定各结构层材料的抗压回弹模量、劈裂强度，确定各结构层的设计参数。

一般来说，设计时，应先拟订某一层作为设计层，拟订面层和其他各层的厚度。当采用半刚性基层和底基层结构层时，可选任一层为设计层；当采用半刚性基层和粒料类材料为底基层时，应拟订面层、底基层厚度，以半刚性基层为设计层才能得到合理的结构；当采用柔性基层和底基层的沥青路面时，宜拟订面层和底基层的厚度，求算基层厚，当求得基层太厚时，可考虑选用沥青碎石或乳化沥青碎石作上基层，以减薄路面总厚度，增加结构强度和稳定性。

对于季节性冰冻地区的高级和次高级路面，所拟订的路面结构层组合和厚度方案应验算防冻厚度是否满足要求。

(4)根据设计弯沉值计算路面厚度。路面厚度根据弹性多层体系理论、层间接触状态为完全连续，在双圆均布荷载作用下，轮隙中心处实测路表弯沉值 l_s 等于设计弯沉值 l_d 的原则进行计算，即 $l_s = l_d$，若已知某车道累计轴次或设计弯沉值、各结构层的回弹模量与劈裂强度、土基回弹模量以及已知结构层的厚度，利用专用设计程序即可求得某一结构层的厚度。但在不具备电算条件时可以利用 $l_s = l_d$ 的原则，按弯沉等效原理将多层转化为三层体系后(若是多层体系)，通过查弯沉系数诺谟图进行路面厚度的计算。

(5)验算结构层层底拉应力。对于城市快速路、主次干道的沥青混凝土面层和半刚性基层材料的基层、底基层，应验算拉应力是否满足容许拉应力的要求，即要求结构层底面计算点的最大弯拉应力 σ_m 不大于该结构层材料的容许拉应力 σ_m。如不满足要求，则调整路面结构层厚度，或变更路面结构组合,或调整材料配合比,提高材料极限抗拉强度,再重新计算。该验算应采用弹性多层体系理论编制的程序进行,无电算条件时,也可通过查层底拉应力系数诺谟图进行验算。

(6)进行技术经济比较,确定采用的路面结构方案。

【例3-4-1】 甲乙两地之间计划修建一条四车道的城市道路主干路,在使用期内交通量的年平均增长率为10%。该路段处于IV_7区,为粉质土,稠度为1.00,沿途有大量碎石集料,并有石灰供给。预测该路竣工后第一年的交通组成如下表3-4-5所示,试进行路面结构设计。

预测交通组成表

表3-4-5

车　型	前轴重(kN)	后轴重(kN)	后轴数	后轴轮组数	后轴距	交通量(次/日)
三菱T653B	29.3	48.0	1	双轮组	—	300
黄河JN163	58.6	114.0	1	双轮组	—	400
江淮HF150	45.1	101.5	1	双轮组	—	400
解放SP9200	31.3	78.0	3	双轮组	>3m	300
湘江HQP40	23.1	73.2	2	双轮组	>3m	400
东风EQ155	26.5	56.7	2	双轮组	≤3m	400

解:1.轴载分析

路面设计以双轮组单轴载100kN为标准轴载。

1)以设计弯沉值为指标及验算沥青层层底拉应力中的累计当量轴次

(1)轴载换算。

轴载换算采用如下的计算公式:

$$N=\sum_{i=1}^{k}C_1C_2n_i\left(\frac{P_i}{P}\right)^{4.35}$$

计算结果如表3-4-6所列。

轴载换算结果表(弯沉)

表3-4-6

车　型		P_i(kN)	C_1	C_2	n_i(次/日)	$C_1C_2n_i\left(\frac{P_i}{P}\right)^{4.35}$(次/日)
三菱T653B	前轴	29.3	1	1	300	1.4
	后轴	48.0	1	1	300	12.3
黄河JN163	前轴	58.6	1	1	400	39.1
	后轴	114.0	1	1	400	707.3
江淮HF150	前轴	45.1	1	1	400	12.5
	后轴	101.5	1	1	400	426.8
解放SP9200	前轴	31.3	1	1	300	1.9
	后轴	78.0	3	1	300	305.4
湘江HQP40	后轴	73.2	2	1	400	205.9
东风EQ155	前轴	26.5	1	1	400	1.2
	后轴	56.7	2.2	1	400	74.6
$N=\sum_{i=1}^{k}C_1C_2n_i\left(\frac{P_i}{P}\right)^{4.35}$						1788.4

注:轴载小于25kN的轴载作用不计。

(2)累计当量轴次计算。

根据《公路沥青路面设计规范》(JTG D50—2006)[以下简称《规范》(JTG D50—2006)],主干路沥青路面的设计年限取15年,四车道的车道系数是0.4~0.5,取0.45。

累计当量轴次为:

$$N_e = \frac{[(1+\gamma)^t - 1] \times 365}{\gamma} = \frac{[(1+0.1)^{15} - 1] \times 365 \times 1788.4 \times 0.45}{0.1}$$

$$= 9332998 \text{ 次}$$

2)验算半刚性基层层底拉应力中的累计当量轴次

(1)轴载换算。

验算半刚性基层层底拉应力的轴载换算公式为:

$$N = \sum_{i=1}^{k} C_1 C_2 n_i \left(\frac{P_i}{P}\right)^8$$

计算结果如表3-4-7所列。

轴载换算结果表(半刚性基层层底拉应力) 表3-4-7

车型		P_i	C'_1	C'_2	n_i	$C'_1 C'_2 n_i \left(\frac{P_i}{P}\right)^8$
黄河 JN163	前轴	58.6	1	1	400	5.6
	后轴	114.0	1	1	400	1141.0
江淮 HF150	后轴	101.5	1	1	400	450.6
解放 SP9200	后轴	78.0	3	1	300	123.3
湘江 HQP40	后轴	73.2	2	1	400	65.9
东风 EQ155	后轴	56.7	3	1	400	12.8
$N' = \sum_{i=1}^{k} C'_1 C'_2 n_i \left(\frac{P_i}{P}\right)^8$						1799.2

注:轴载小于50kN的轴载作用不计。

(2)累计当量轴次计算。

参数取值同上,设计年限是15年,车道系数取0.45。

累计当量轴次为:

$$N_e = \frac{[(1+\gamma)^t - 1] \times 365}{\gamma} = \frac{[(1+0.1)^{15} - 1] \times 365 \times 1799.2 \times 0.45}{0.1}$$

$$= 9389359 \text{ 次}$$

2. 结构组合与材料选取

由上面的计算得到设计年限内一个行车道上的累计标准轴次为九百万次左右。根据《公路沥青路面设计规范》(JTG D50—2006)推荐结构,并考虑到道路沿途有大量碎石且有石灰供应,路面结构面层采用沥青混凝土(15cm),基层采用水泥碎石(取25cm),底基层采用石灰土(厚度待定)。

《公路沥青路面设计规范》(JTG D50—2006)规定城市快速路、主干路的面层由二层至三层组成。查《公路沥青路面设计规范》(JTG D50—2006)中的第四节沥青路面的4.2高级路面中的表4.2.1"沥青混合料类型的选择(方孔筛)",采用三层式沥青面层,表面层采用细粒式密级配沥青混凝土(厚度4cm),中面层采用中粒式密级配沥青混凝土(厚度5cm),下面层采用粗粒式密级配沥青混凝土(厚度6cm)。

3. 各层材料的抗压模量与劈裂强度

查《公路沥青路面设计规范》(JTG D50—2006)的表2-4,表2-5,得到各层材料的抗压模量和劈裂强度。抗压模量取20℃的模量,各值均取给定范围的中值,因此得到20℃的抗压模量:细粒式密级配沥青混凝土为1400MPa,中粒式密级配沥青混凝土为1200MPa,粗粒式密级配沥青混凝土为1000MPa,水泥碎石为1500MPa,石灰土为550MPa。各层材料的劈裂强度:细粒式密级配沥青混凝土为1.4MPa,中粒式密级配沥青混凝土为1.0MPa,粗粒式密级配沥青混凝土为0.8MPa,水泥碎石为0.5MPa,石灰土为0.225MPa。

4. 土基回弹模量的确定

该路段处于IV_7区,为粉质土,稠度为1.00,查表“二级自然区划各土组土基回弹模量参考值(MPa)”查得土基回弹模量为40MPa。

5. 设计指标的确定

对于交通量大的道路,规范要求以设计弯沉值作为设计指标,并进行结构层底拉应力验算。

1)设计弯沉值

本道路为I级城市主干路,道路等级系数取1.0,面层是沥青混凝土,面层类型系数取1.0,半刚性基层,底基层总厚度大于20cm,基层类型系数取1.0。

设计弯沉值为:

$$l_d = 600N_e^{-0.2}A_c \cdot A_s \cdot A_b = 600 \times 9332998^{-0.2} \times 1.0 \times 1.0 \times 1.0$$
$$= 24.22(0.01\text{mm})$$

2)各层材料的容许层底拉应力

$$\sigma_R = \sigma_{sp}/K_s$$

细粒式密级配沥青混凝土:

$$K_s = 0.09A_a \cdot N_e^{0.22}/A_c = 0.09 \times 1.0 \times 9332998^{0.22}/1.0 = 3.07$$
$$\sigma_R = \sigma_{sp}/K_s = 1.4./3.07 = 0.4560(\text{MPa})$$

中粒式密级配沥青混凝土:

$$K_s = 0.09A_a \cdot N_e^{0.22}/A_c = 0.09 \times 1.0 \times 933298^{0.22}/1.0 = 3.07$$
$$\sigma_R = \sigma_{sp}/K_s = 1.0/3.07 = 0.3257(\text{MPa})$$

粗粒式密级配沥青混凝土:

$$K_s = 0.09A_a \cdot N_e^{0.22}/A_c = 0.09 \times 1.1 \times 9332998^{0.22}/1.0 = 3.38$$
$$\sigma_R = \sigma_{sp}/K_s = 0.8/3.38 = 0.2367(\text{MPa})$$

水泥碎石:

$$K_s = 0.35N_e^{0.11}/A_c = 0.35 \times 9389359^{0.11}/1.0 = 2.05$$
$$\sigma_R = \sigma_{sp}/K_s = 0.5/2.05 = 0.2439(\text{MPa})$$

石灰土:

$$K_s = 0.45N_e^{0.11}/A_c = 0.45 \times 9389359^{0.11}/1.0 = 2.63$$
$$\sigma_R = \sigma_{sp}/K_s = 0.225/2.63 = 0.0856(\text{MPa})$$

6. 总结设计资料

设计弯沉值为24.22(0.01mm),相关设计汇总如表3-4-8。

设计资料汇总表　　表3-4-8

材料名称	h(cm)	20℃模量(MPa)	容许拉应力(MPa)
细粒式沥青混凝土	4	1400	0.4560
中粒式沥青混凝土	5	1200	0.3257
粗粒式沥青混凝土	6	1000	0.2367
水泥碎石	25	1500	0.2439
石灰土	?	550	0.0856
土基	—	40	—

7. 确定石灰土层厚度

通过计算机设计计算得到,石灰土的厚度为24.5cm,实际路面结构的路表实测弯沉值为24.19(0.01mm),沥青面层的层底均受压应力,水泥碎石层底的最大拉应力为0.1223MPa,石灰土层底最大拉应力为0.075MPa。

上述设计结果满足设计要求。

在不具备电算条件时,先分别将多层体系转化为三层体系,通过查弯沉和弯拉应力的诺谟图方法进行路面结构层厚度和结构层层底拉应力的计算,并验证结构层层底拉应力是否满足要求。

•第四节　改建路面补强厚度计算•

沥青路面随着使用时间的延续,其使用性能和承载能力不断降低,超过设计使用年限后便不能满足正常行车交通的要求,而需补强或改建。路面补强设计工作包括现有路面结构状况调查、弯沉评定以及补强厚度计算。当原有路面需要提高等级时,对不符合技术标准的路段应先进行线形改善,改线路段应按新建路面设计。加宽路面、提高路基高程、调整纵坡的路段应视具体情况按新建或改建路面设计。在原有路面上补强时,按改建路面设计。路面补强设计工作包括现有路面结构状况调查、弯沉评定以及补强厚度计算。

一、路面结构状况调查与评定

对使用中的路面进行结构状况的调查与评定,其目的主要是了解路面现有结构状况和强度,据以判断是否需要加强或预估剩余使用寿命,分析路面损坏的原因及提出处理措施。

现有路面状况调查工作包括如下内容:

1. 交通调查

对于当前的交通量和车型组成进行实地观测。通过调查分析预估交通量增长趋势,确定年平均增长率。

2. 路基状况调查

调查沿线路基土质、填挖高度、地面排水情况、地下水位,以确定路基土组和干湿类型。

3. 路面状况调查

调查路面结构类型、组合和各层厚度，为此需开挖试坑进行量测和取样试验。量测路基和路面宽度。详细记载路表状况及路拱大小。对路面的病害和破坏应详加记述并分析产生的原因。

4. 路面修建和养护历史调查

路面结构强度的评定，通常采用测量路表轮隙回弹弯沉的方法。由于路面在一年内的不同时期具有不同的强度，而经补强设计的路面必须保证在最不利季节具有良好的使用状态，因此原有路面的弯沉值应在不利季节测定，若在非不利季节测定，应按各地的季节影响系数进行修正。如在原砂石路面上加铺沥青面层时，因补强后对路基的湿度有影响，路基和基层中的水分蒸发较以前困难，致使路基和基层中湿度增加，强度降低，弯沉增大，因此还应根据当地经验进行湿度影响的修正。

当原路面为沥青面层时，弯沉测定值还随路面温度的变化而变化。为了使不同温度时测定的弯沉结果可资比较，以及便于进行补强设计，需把不同温度测定的结果换算为标准温度20℃的弯沉值 l_{20}，其换算系数或弯沉温度修正系数为：

$$K_3 = \frac{l_{20}}{l_{T1}} \tag{3-4-11}$$

式中：l_{T1}——测定时沥青面层平均温度 T_1 时的弯沉值。T_1 可根据各地的经验公式确定，下面是某地区总结的经验公式：

$$T_1 = a + bT_0$$

式中：$a = -2.14 + 0.52h$

$b = 0.62 - 0.008h$

h——沥青面层厚度，cm；

T_0——测定时路表温度与前5h（小时）平均气温之和，℃。

经过标准温度20℃与测定温度 T_1 时两种弯沉测定值之比的统计加工得到如下弯沉温度修正系数经验公式：

当 $T_1 \geq 20$℃时，

$$K_3 = \exp\left[h\left(\frac{1}{T_1} - \frac{1}{20}\right)\right] \tag{3-4-12}$$

当 $T_1 < 20$℃时，

$$K_3 = \exp[0.002h(20 - T_1)] \tag{3-4-13}$$

在确定原路面的计算弯沉时，应将全线分段，分段时应考虑下列因素：

（1）同一路段路基的干湿类型与土质基本相同。

（2）同一路段内各测点的弯沉值比较接近，若局部路段弯沉值很大，应先进行修补处理，再进行补强。

（3）各路段的最小长度应与施工方法相适应。

一般不小于500m，机械化施工时不小于1km。在水文、土质条件复杂或需特殊处理的路段，其分段长度可视实际情况确定。

在对原有路面进行弯沉检测时，每一车道、每路段的测点数不少于20点，且应以标准轴载车辆测定为准,如用非标准轴载测定则按式(3-4-14)将非标准轴载的检测结果换算为标准轴载下的弯沉值。

$$\frac{l_{100}}{l_{\mathrm{i}}}=\left(\frac{P_{100}}{P_{\mathrm{i}}}\right)^{0.87} \tag{3-4-14}$$

式中:P_{100}、l_{100}——分别为标准轴载100kN的轴重和弯沉值;

P_{i}、l_{i} ——分别为非标准轴载测定车的轴重和弯沉值。

各路段的计算弯沉值按式(3-4-15)计算。

$$l_0=(\bar{l}_0+Z_{\mathrm{a}}S)k_1\cdot k_2\cdot k_3 \tag{3-4-15}$$

式中:l_0——路段的计算弯沉值(1/100mm);

$\bar{l}_0$——路段内原路面上实测弯沉的平均值(1/100mm);

S——路段内原路面上实测弯沉的标准差(1/100mm);

Z_{a}——保证率系数,补强快速路、主干路路面时,Z_{a}取1.5,补强次干路、支路时取1.3;

k_1,k_2——分别为季节影响系数和湿度影响系数,可根据当地经验选用;

k_3——温度修正系数。

二、原路面当量回弹模量的计算

用理论法进行路面的补强计算时,需要将原路面计算弯沉值换算成综合回弹模量值。进行这种换算时,将原路基路面体系看作为计算弯沉相等的匀质体,同时考虑承载板测定回弹模量与弯沉测定回弹模量之间的差异,得到如下综合回弹模量E_{z}的计算公式:

$$E_{\mathrm{z}}=\frac{1000pD}{l_0}m_1m_2 \tag{3-4-16}$$

式中:p——弯沉测定车的轮胎压力;

D——与弯沉测定车双圆轮迹面积相等的承载板直径,即$D=1.414d$,d为轮迹单圆直径;

l_0——原路面计算弯沉值;

m_1——用标准轴载的汽车在原有路面上测得的弯沉值与用承载板在相同压强条件下所测得的回弹变形值之比,即轮板对比值,$m_1=L_{轮}/L_{板}$,一般情况下,应通过在旧路面上进行对比试验确定。20世纪80年代中期,有关科研单位的试验结果表明,在相当大的范围内m_1均十分接近1.1。故在没有对比资料的情况下,推荐m_1取值为1.1;

m_2——原路面当量回弹模量扩大系数。计算与原有路面接触的补强层层底拉应力时,m_2按式(3-4-17)计算,计算其他补强层层底拉应力及弯沉值时,$m_2=1.0$。

引入修正系数的原因是因为按照拉应力验算的原则,在进行与旧路面接触的补强层层底弯拉应力验算时,与计算层的结构层(即旧路面面层)的材料参数应维持不变。但旧路面当量回弹模量相当于在弯沉等效的基础上将由数层不同材料组成的旧路面等效视作一均质弹性半空间体时所对应的等效模量。显然,该模量值不同于和计算层相邻的原路面面层的回弹模量,因此,在进行与旧路面接触的补强层层底拉应力验算时,应对旧路面当量回弹模量进行修正,根据研究,规范给出如下公式:

$$m_2=\mathrm{e}^{0.037\frac{h'}{\delta}\left(\frac{E_{\mathrm{n-1}}}{p}\right)^{0.25}} \tag{3-4-17}$$

式中：E_{n-1}——与原路面接触层材料的抗压回弹模量，MPa；

h'——各补强层等效与原路面接触层 E_{n-1} 相当的等效厚度，cm；h'按式（3-4-18）计算：

$$h' = \sum_{i=1}^{n-1} h_i \left(E_i \sqrt{E_{n-1}} \right)^{0.25} \tag{3-4-18}$$

h_i——第 i 层补强的厚度，cm；

E_i——第 i 层补强层材料的抗压回弹模量，MPa；

$n-1$——补强层层数。

三、补强厚度的计算

在确定原有路面的当量回弹模量后，可用弹性层状体系理论进行补强层厚度的计算，若补强单层时，以双层弹性体系为设计计算的力学模型，补强 n 层时，以 $n+1$ 层弹性体系为力学模型计算。补强设计时，仍以设计弯沉值作为路面整体刚度的控制指标；对于交通量较大的道路，还应进行补强层底面拉应力的验算。设计弯沉值、各补强层底面的容许拉应力的计算方法、弯沉综合修正系数及补强层材料参数的确定与新建路面设计时的各项方法相同。

复习思考题

1. 沥青路面设计指标有哪些？说明各设计指标的意义。

2. 路面各结构层次的组合要遵循哪些原则？

3. 简述新建路面结构层设计步骤。

4. 对某旧沥青路面进行质量评定，在 20℃利用轴重为 60kN 的双轮组单轴测得轮隙处弯沉，杠杆弯沉百分表初读数 $d_{初}=580$，$d_{终}=500$，该路面的控制标准 $l_d=0.20$cm，

问：(1)路面上该点强度是否合格？

(2)若对该旧路改建为水泥混凝土路面，是否可直接铺筑水泥混凝土，还是需铺设基层（要求 E_t 大于等于 80MPa）？

第五章

水泥混凝土路面设计

知识目标

1. 描述水泥混凝土路面的特点；
2. 描述水泥混凝土路面结构组成及其各自的特点及要求；
3. 描述水泥混凝土路面的力学特性及其设计理论；
4. 描述水泥混凝土路面厚度计算方法、步骤。

● 第一节　水泥混凝土路面构造 ●

水泥混凝土路面，包括普通混凝土、钢筋混凝土、连续配筋混凝土、预应力混凝土、装配式混凝土和钢纤维混凝土等面层板和基（垫）层所组成的路面。目前采用最广泛的是就地浇筑的普通混凝土路面，简称混凝土路面。

所谓普通混凝土路面，是指除接缝区和局部范围（边缘和角隅）外不配置钢筋的混凝土路面。与其他类型路面相比，混凝土路面具有以下优点：

①强度高，混凝土路面具有很高的抗压强度和较高的抗弯拉强度以及抗磨耗能力。

②稳定性好，混凝土路面的水稳性、热稳性均较好，特别是它的强度能随着时间的延长而逐渐提高，不存在沥青路面的那种“老化”现象。

③耐久性好，由于混凝土路面的强度和稳定性好，所以它经久耐用，一般能使用 20 ~ 40 年，而且它能通行包括履带式车辆等在内的各种运输工具。

④有利于夜间行车，混凝土路面色泽鲜明，能见度好，对夜间行车有利。

但是，混凝土路面也存在一些缺点，主要有以下几方面：

①对水泥和水的需要量大，修筑 0.2m 厚、7m 宽的混凝土路面，每 1000m 要耗费水泥约 400 ~ 500t 和水约 250t，尚不包括养生用的水在内，这对水泥供应不足和缺水地区带来较大困难。

②有接缝，一般混凝土路面要建造许多接缝，这些接缝不但增加施工和养护的复杂性，而且容易引起行车跳动，影响行车的舒适性，接缝又是路面的薄弱点，如处理不当，将导致路面板边和板角处破坏。

③开放交通较迟，一般混凝土路面完工后，要经过 28d 的湿法养生，才能开放交通，如需提早开放交通，则需采取特殊措施。

④修复困难，混凝土路面损坏后，开挖很困难，修补工作量也大，且影响交通。

一、结构组合设计

1. 路基

(1)路基应稳定、密实、均质,对路面结构提供均匀的支承。

(2)地下水位高时,宜提高路堤设计高程。在设计高程受限制,未能达到中湿状态的路基临界高度时,应选用粗粒土或低剂量石灰或水泥稳定细粒土作路床或上路床填料;未能达到潮湿状态的路基临界高度时,除采用上述填料措施外,还应采取在边沟下设置排水渗沟等降低地下水位的措施。

(3)路基压实度应符合《城市道路路基工程施工及验收规范》(CJJ 44—91)的要求。多雨潮湿地区,对于高液限土及塑性指数大于16或膨胀率大于3%的低液限黏土,宜采用由轻型压实标准确定的压实度,并在含水率略大于其最佳含水率时压实。

(4)岩石或填石路床顶面应铺设整平层。整平层可采用未筛分碎石和石屑或低剂量水泥稳定粒料,其厚度视路床顶面不平整程度而定,一般为100~500mm。

2. 垫层

(1)遇有下述情况时,需在基层下设置垫层:

①季节性冰冻地区,路面总厚度小于最小防冻厚度要求(表3-4-4),其差值应以垫层厚度补足。

②水文地质条件不良的土质路堑,路床土湿度较大时,宜设置排水垫层。

③路基可能产生不均匀沉降或不均匀变形时,可加设半刚性垫层。

(2)垫层的宽应与路基同宽,其最小厚度为150mm。

(3)防冻垫层和排水垫层宜采用砂、砂砾等颗粒材料。半刚性垫层可采用低剂量无机结合料稳定粒料或土。

3. 基层

(1)基层应具有足够的抗冲刷能力和一定的刚度。

(2)基层类型宜依照交通等级按表3-5-1选用。混凝土预制块面层应采用水泥稳定粒料基层。

适宜各交通等级的基层类型 表3-5-1

交通等级	基层类型
特重交通	贫混凝土、碾压混凝土或沥青混凝土基层
重交通	水泥稳定粒料或沥青稳定碎石基层
中等或轻交通	水泥稳定粒料、石灰粉煤灰稳定粒料或级配粒料基层

(3)湿润和多雨地区,路基为低透水性细粒土道路,宜采用排水基层。排水基层可选用多孔隙的开级配水泥稳定碎石、沥青稳定碎石或碎石,其孔隙率约为20%。

(4)基层的宽度应比混凝土面层每侧至少宽出300mm(采用小型机具施工时)或500mm(轨模式摊铺机施工时)或650mm(滑模式摊铺机施工时)。级配粒料基层的宽度也宜与路基同宽。

(5)各类基层厚度和适宜范围见表3-5-2。

各类基层厚度的适宜范围 表 3-5-2

基层类型	厚度适宜的范围(mm)
贫混凝土或碾压混凝土基层	120~200
水泥或石灰粉煤灰稳定粒料基层	150~250
沥青混凝土基层	40~60
沥青稳定碎石基层	80~100
级配粒料基层	150~200
多孔隙水泥稳定碎石排水基层	100~140
沥青稳定碎石排水基层	80~100

(6)碾压混凝土基层应设置与混凝土面层相对应的接缝。贫混凝土基层在其弯拉强度超过 1.8MPa 时,应设置与混凝土面层相对应的横向缩缝;一次摊铺宽度大于 7.5m 时,应设置纵向缩缝。

(7)基层下未设垫层,上路床为细粒土、黏土质砂或级配不良砂(承受特重或重交通时),或者为细粒土(承受中等交通时),应在基层下设置底基层。底基层可采用级配粒料、水泥稳定粒料或石灰粉煤灰稳定粒料,厚度一般为 200mm。

(8)排水基层下应设置由水泥稳定粒料或者密级配粒料组成的不透水底基层,厚度一般为 200mm。底基层顶面宜铺设沥青封层或防水土工织物。

4. 面层

(1)水泥混凝土面层应具有足够的强度、耐久性,表面抗滑、耐磨、平整。

(2)面层一般采用设接缝的普通混凝土;面层板的平面尺寸较大或形状不规则,路面结构下埋有地下设施,高填方、软土地基、填挖交界段的路等有可能产生不均匀沉降时,应采用设置接缝的钢筋混凝土面层。其他面层类型可根据适用条件按表 3-5-3 选用。

其他面层类型选择 表 3-5-3

面层类型	适用条件
连续配筋混凝土面层	广场道路
沥青上面层与连续配筋混凝土或横缝设传力杆的普通混凝土下面层组成的复合式路面	特重交通的道路
碾压混凝土面层	服务区停车场
钢纤维混凝土面层	高程受限制路段、收费站、混凝土加铺层和桥面铺装
矩形或异形混凝土预制块面层	服务区停车场

(3)混凝土、钢筋混凝土、碾压混凝土或钢纤维混凝土面层板一般采用矩形。其纵向和横向接缝应垂直相交,纵缝两侧的横缝不得相互错位。

(4)纵向接缝的间距按路面宽度在 3.0~4.5m 范围内确定。碾压混凝土、钢纤维混凝土面层在全幅摊铺时,可不设纵向缩缝。

(5)横向接缝的间距按面层类型和厚度选定。

①普通混凝土面层一般为 4~6m,面层板的长宽比不宜超过 1.30,平面尺寸不宜大

于 $25m^2$。

②碾压混凝土或钢纤维混凝土面层一般为 6 ~ 10m。

③钢筋混凝土面层一般为 6 ~ 15m。

(6)在季节性冰冻地区,路面的总厚度不应小于表 3-5-4 规定的最小防冻厚度。

水泥混凝土路面最小防冻厚度(m) 表 3-5-4

路基干湿类型	路 基 土 质	当地最大冰冻深度(m)			
		0.50 ~ 1.00	1.01 ~ 1.50	1.50 ~ 2.00	>2.00
中湿路基	低、中、高液限黏土	0.30 ~ 0.50	0.40 ~ 0.60	0.50 ~ 0.70	0.60 ~ 0.95
	粉土,粉质低、中液限黏土	0.40 ~ 0.60	0.50 ~ 0.70	0.60 ~ 0.85	0.70 ~ 1.10
潮湿路基	低、中、高液限黏土	0.40 ~ 0.60	0.50 ~ 0.70	0.60 ~ 0.90	0.75 ~ 1.20
	粉土,粉质低、中液限黏土	0.45 ~ 0.70	0.55 ~ 0.80	0.70 ~ 1.00	0.80 ~ 1.30

注:1. 冻深小或填方路段,或者基层、垫层为隔湿性能良好的材料,可采用低值;冻深大或挖方及地下水位高的路段,或者基层、垫层为隔湿性能较差的材料,应采用高值。

2. 冻深小于 0.50m 的地区,一般不考虑结构层防冻厚度。

二、接缝的构造与布置

混凝土面层是由一定厚度的混凝土板所组成,它具有热胀冷缩的性质。由于一年四季气温的变化,混凝土板会产生不同程度的膨胀和收缩。而在一昼夜中,白天气温升高,混凝土板顶面温度较底面为高,这种温度坡差会形成板的中部隆起的趋势。夜间气温降低,板顶面温度较底面为低,会使板的周边和角隅发生翘起的趋势[图 3-5-1a)]。这些变形会受到板与基础之间的摩阻力和黏结力,以及板的自重车轮荷载等的约束,致使板内产生过大的应力,造成板的断裂[图 3-5-1b)]或拱胀等破坏。

从图 3-5-1 可见,由于翘曲而引起的裂缝,则在裂缝发生后被分割的两块板体尚不致完全分离,倘若板体温度均匀下降引起收缩,则将使两块板体被拉开[图 3-5-1c)],从而失去荷载传递作用。

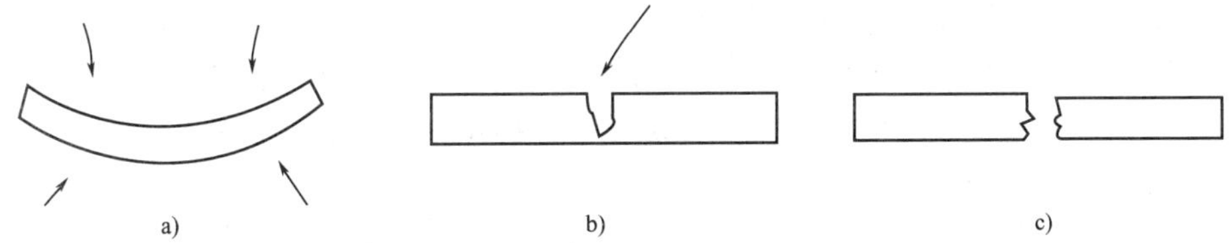

图 3-5-1 混凝土由于温度坡差引起的变形及开裂

a)板的周边和角隅发生翘起;b)板断裂或拱胀破坏;c)两块板体被拉开

为避免这些缺陷,混凝土路面不得不在纵横两个方向设置许多接缝,把整个路面分割成许多板块(图 3-5-2)。

横向接缝是垂直于行车方向的接缝,共有三种:缩缝、胀缝和施工缝。缩缝保证板因温度和湿度的降低而收缩时沿该薄弱断面缩裂,从而避免产生不规则的裂缝。胀缝保证板在温度升高时能部分伸张,从而避免产生路面板在热天的拱胀和折断破坏,同时胀缝也能起到缩缝的作用。另外,混凝土路面每天完工以及因雨天或其他原因不能继续施工时,应尽量做到胀缝

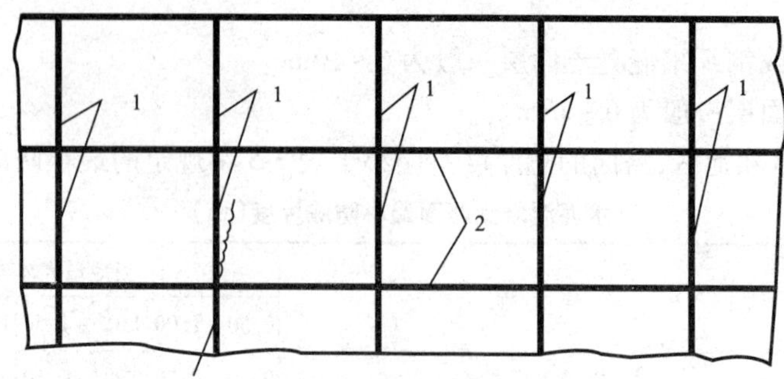

图 3-5-2　路面接缝设置

1-横缝;2-纵缝

处。如不可能,也应做至缩缝处,并做成施工缝的构造形式。

在任何形式的接缝处板体都不可能是连续的,其传递荷载的能力总不如非接缝处。而且任何形式的接缝都不免要漏水。因此,对各种形式的接缝,都必须为其提供相应的传荷与防水的设施。

1. 横缝的构造与布置

1)胀缝的构造

缝隙宽约 20 ~ 25mm。如施工时气温较高,或胀缝间距较短,应采用低限;反之用高限。缝隙上部 3 ~ 4cm 深度内浇灌填缝料,下部则设置富有弹性的嵌缝板,它可由油浸或沥青浸制的软木板制成。

对于交通繁重的道路,为保证混凝土板之间能有效地传递荷载,防止形成错台,应在胀缝处板厚中央设置传力杆。传力杆一般为长 40 ~ 60cm,直径 20 ~ 25mm 的光圆钢筋,每隔 30 ~ 50cm 设一根。杆的半段固定在混凝土内,另半段涂以沥青,套上长约 8 ~ 10cm 的铁皮或塑料套筒,筒底与杆端之间留出宽约 3 ~ 4cm 的空隙,并用木屑与弹性材料填充,以利板的自由伸缩[图 3-5-3a)]。在同一条胀缝上的传力杆,设有套筒的活动端最好在缝的两边交错布置。

由于设置传力杆需用钢材,故有时不设传力杆,而在板下用 100 号混凝土或其他刚性较大的材料,铺成断面为矩形或梯形的垫枕[图 3-5-3b)]。当用炉渣石灰土等半刚性材料作基层时,可将基层加厚形成垫枕[图 3-5-3c)],结构简单,造价低廉。为防止水经过胀缝渗入基层和土基,还可在板与垫枕或基层之间铺一层或两层油毛毡或 2cm 厚沥青砂。

2)缩缝的构造

缩缝一般采用假缝形式[图 3-5-4a)],即只在板的上部设缝隙,当板收缩时将沿此最薄弱断面有规则地自行断裂。缩缝缝隙宽 3 ~ 8mm,深度约为板厚的 1/4 ~ 1/5,一般为 5 ~ 6cm,近年来国外有减小假缝宽度与深度的趋势。假缝缝隙内亦需浇灌填缝料,以防地面水下渗及石砂杂物进入缝内。

由于缩缝缝隙下面板断裂面凹凸不平,能起一定的传荷作用,一般不必设置传力杆,但对交通繁重或地基水文条件不良路段,也应在板厚中央设置传力杆。这种传力杆长度为 30 ~ 40cm,直径 14 ~ 16mm,每隔 30 ~ 60cm 设一根[图 3-5-4b)]一般全部锚固在混凝土内,以使缩缝下部凹凸面的传荷作用有所保证;但为便于板的翘曲,有时也将传力杆半段涂以沥青,称为滑动传力杆,而这种缝称为翘曲缝。

应当补充指出，当在胀缝或缩缝上设置传力杆时，传力杆与路面边缘的距离，应较传力杆间距小些。

3）施工缝的构造

施工缝采用平头缝或企口缝的构造形式。平头缝上部应设置深为 3 ~4cm，宽为 5 ~10mm 的沟槽，内浇灌填缝料。为利于板间传递荷载，在板厚的中央也应设置传力杆［图 3-5-4c）］。传力杆长约 40cm，直径 20mm，半段锚固在混凝土中，另半段涂沥青或润滑油，亦称滑动传力杆。如不设传力杆，则需用专门拉毛模板，把混凝土接头处作成凹凸不平的表面，以利于传递荷载。另一种形式是企口缝［图 3-5-4d）］。

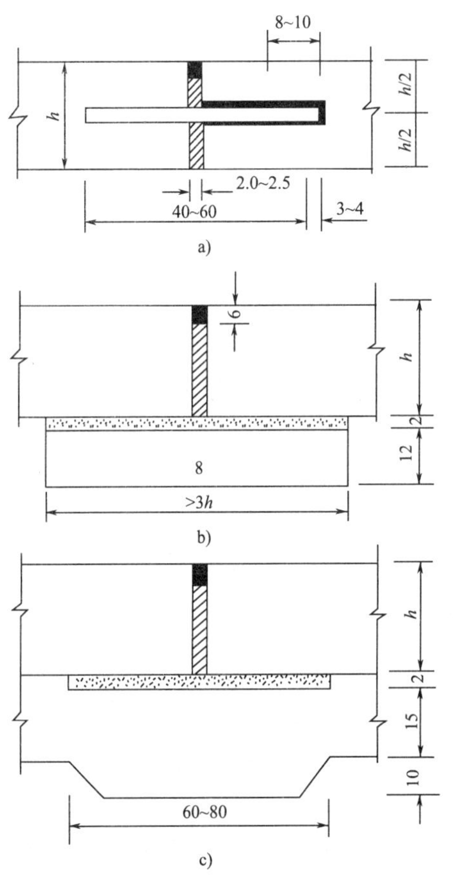

图 3-5-3　胀缝的构造形式（尺寸单位：cm）

a）套筒式传力杆；b、c）垫枕式传力杆

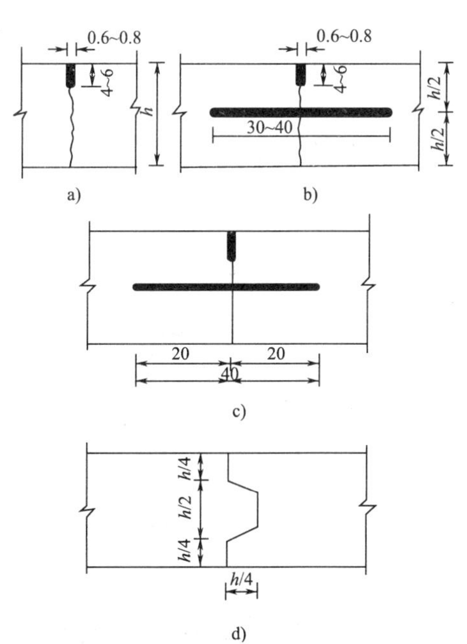

图 3-5-4　缩缝与工作缝的构造形式（尺寸单位：cm）

a）假缝；b、c）传力杆；d）企口缝

4）横缝的布置

缩缝间距一般为 4 ~6m（即板长），在昼夜气温变化较大的地区，或地基水文情况不良路段，应取低限值，反之取高限。

在桥涵两端以及小半径平、竖曲线处应设置胀缝。胀缝是混凝土路面的薄弱环节，它不仅给施工带来不便，同时，由于施工时传力杆设置不当（未能正确定位），使胀缝处的混凝土常出现碎裂等病害；当雨水通过胀缝渗入地基后，易使地基软化，引起唧泥、错台等破坏；当砂石进入胀缝后，易造成胀缝处板边挤碎、拱胀等破坏。同时，胀缩容易引起行车跳动，其中的填缝料又要经常补充或更换，增加了养护的麻烦。因此，近年来国内外修筑的混凝土路面均有减少胀缝的趋势。我国现行刚性路面设计规范规定，胀缝应尽量少设或不设；但在邻近桥梁或固定建筑物处、或与其他类型路面相连接处、板厚变化处、隧道口、小半径曲线和纵坡变换处，均应设置胀缝。在其他位置，当板厚等于或大于20cm并在夏季施工时，也可不设胀缝。

但是，采用长间距胀缝或无胀缝路面结构时，需注意采取一些相应的措施，如增大基层表面的摩阻力，以约束板在高温或潮湿时伸长的趋势；在气温较高时施工，以尽量减小水泥混凝土板的胀缩幅度；相对地缩短缩缝间距，以便减少板的温度翘曲应力，缩小缩缝缝隙的宽度以提高传荷能力，并增进板对地基变形的适应性。

2. 纵缝的构造与布置

纵缝是指平行于混凝土路面行车方向的那些接缝。纵缝间距一般按3～4.5m设置，这对行车和施工都较方便。当双车道路面按全幅宽度施工时，纵缝可做成假缝形式。对这种假缝，国外规定在板厚中央应设置拉杆，拉杆直径可小于传力杆，间距为1.0m左右，锚固在混凝土内，以保证两侧板不致被拉开而失掉缝下部的颗粒嵌锁作用[图3-5-5a)]。当按一个车道施工时，可做成平头式纵缝。为利于板间传递荷载，也可采用企口式纵缝[图3-5-5c)]，缝壁应涂沥青，缝的上部也应留有宽6～8mm的缝隙，内浇灌填缝料。为防止板沿两侧路拱横坡爬动拉开和形成错台，以及防止横缝错开，有时在平头式及企口式纵缝上设置拉杆[图3-5-5c)、图3-5-5d)]，拉杆长50～70cm，直径18～20mm，间距1.0～1.5m。

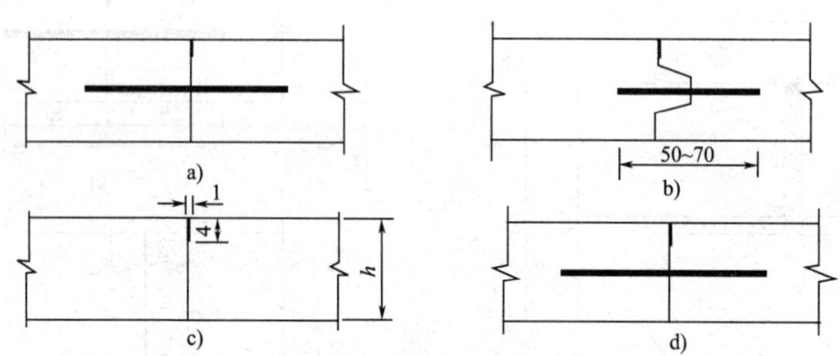

图3-5-5　纵缩缝的构造形式(尺寸单位：cm)

a)假缝带拉杆；b)平头缝；c)企口缝加拉杆；d)平头缝加拉杆

对多车道路面，应每隔3～4个车道设一条纵向胀缝，其构造与横向胀缝相同。当路旁有路缘石时，缘石与路面板之间也应设胀缝，但不必设置传力杆或垫枕。

3. 纵横缝的布置

纵缝与横缝一般做成垂直正交，使混凝土板具有90°的角隅。纵缝两旁的横缝一般成一条直线。实践证明，如横缝在纵缝两旁错开，将导致板产生从横缝延伸出来的裂缝(图3-5-6)。在交叉口范围内，为了避免板形成较锐的角并使板的长边与行车方向一致，大多采用辐射式的接缝布置形式(图3-5-7)。

应当补充指出，目前国外流行一种新的混凝土路面接缝布置形式，即胀缝甚少，缩缝间距

不等,按 4m、4.5m、5m、5.5m 和 6m 的顺序设置,而且横缝与纵缝交成 80°左右的斜角,如设传力杆,则传力杆与路中线平行,其目的是使一辆车只有一个后轮横越接缝,减轻由于共振作用所引起的行车跳动的幅度,同时也可缓和板伸张时的顶推作用。

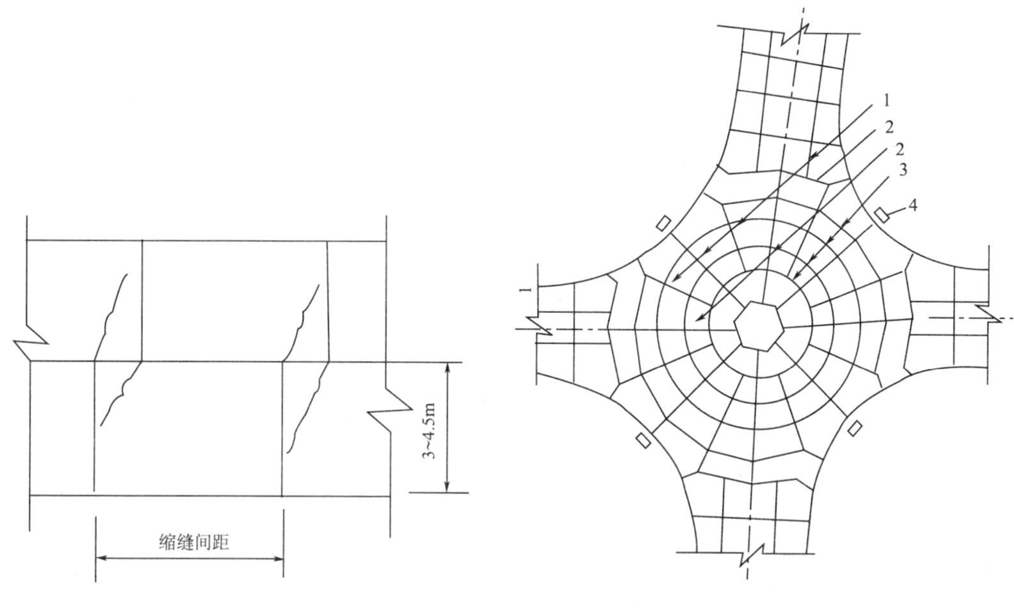

图 3-5-6　横缝错开时引起的裂缝

图 3-5-7　交叉口接缝布置
1-纵缝(企口式);2-胀缝;3-缩缝;4-进水口

至于缩缝传力杆的设置问题,国外一般认为:①对低交通量道路,当缩缝间距小于 4.5 ~ 6.0m,可不设传力杆;②对大交通量道路,任何时候都应该设置传力杆,采用间距小的缩缝和稳定类基层时则例外。

4. 接缝材料及技术要求

接缝材料按使用性能分接缝板和填缝料两类。接缝板要求能适应混凝土面板的膨胀与收缩,且施工时不变形、耐久性良好。填缝料要求能与混凝土面板缝壁黏结力强,且材料的回弹性好、能适应混凝土面板的膨胀与收缩、不溶于水、不渗水、高温时不溢出、低温时不脆裂和耐久性好。

接缝板可采用杉木板、纤维板、泡沫树脂板等。其技术性质见表 3-5-5。

表 3-5-5

试验项目	接缝板种类			备注
	木材类	塑料泡沫类	纤维类	
压缩应力(MPa)	5.0 ~ 20.0	0.2 ~ 0.6	2.0 ~ 10.0	
复原率(%)	>55	>90	>65	吸水后不应小于不吸水的 90%
挤出量(mm)	<5.5	<5.0	<4.0	
弯曲荷载(N)	100 ~ 400	0 ~ 50	5 ~ 40	

填缝料按施工温度分加热施工式和常温施工式两类。

加热施工式填缝料主要有沥青橡胶类、聚氯乙烯胶泥类和沥青马蹄脂类等。其技术性质见表3-5-6。

表3-5-6

试验项目	低弹性型	高弹性型	试验项目	低弹性型	高弹性型
针入度(锥针法)(mm)	<5	<9	流动度(mm)	<5	<2
弹性[复原率(%)]	>30	>60	拉伸量(mm)	>5	>15

常温施工式填缝料有聚氨酯胶泥类、氯丁橡胶类、乳化沥青橡胶类等。其技术性质见表3-5-7。

表3-5-7

试验项目	技术要求	试验项目	技术要求
灌入稠度(s)	<20	流动度(mm)	0
失黏时间(h)	6~24	拉伸量(mm)	>15
弹性[复原率(%)]	>75		

三、钢筋的布置

当采用板中计算厚度的等厚式板时,或混凝土板纵、横向自由边缘下的基础有可能产生较大的塑性变形时,应在其自由边缘和角隅处设置下述两种补强钢筋:

1. 边缘钢筋

一般用两根直径12~16mm的螺纹钢筋或圆钢筋,设在板的下部板厚的1/4~1/3处,且距边缘和板底均不小于5cm,两根钢筋的间距不应小于10cm[图3-5-8a)]。纵向边缘钢筋一般只做在一块板内,不得穿过缩缝,以免妨碍板的翘曲;但有时亦可将其穿过缩缝,但不得穿过胀缝。为加强锚固能力,钢筋两端应向上弯起。在横胀缝两侧板边缘以及混凝土路面的起终端处,为加强板的横向边缘,亦可设置横向边缘钢筋。

2. 角隅钢筋

设置在胀缝两侧板的角隅处,一般可用两根直径12~14mm、长2.4m的螺纹钢筋弯成如图3-5-8b)的形状。角隅钢筋应设在板的上部,距板顶面不小于5cm,距胀缝和板边缘各为10cm。在交叉口处,对无法避免形成的锐角,宜设置双层钢筋网补强[图3-5-8c)],以避免板角断裂。钢筋布置在板的上、下部,距板顶(底)5~7cm为宜。

当混凝土路面中必须设置窨井、雨水口等其他构造物时,则宜设在板中或接缝处,在井口边设置胀缝同混凝土面板分开,构造物周围的混凝土面板需用钢筋加固。如构造物不可避免地布置在离板边小于1m时,则应在混凝土板薄弱断面处增设加固钢筋。

混凝土路面同桥梁相接处,宜设置钢筋混凝土搭板。搭板一端放在桥台上,并加设防滑锚固钢筋和在搭板上预留灌浆孔。如为斜交桥梁,尚应设置钢筋混凝土渐变板。渐变板的块数,当桥梁斜角大于70°时设一块;45°~70°时设两块;小于45°至少设三块(图3-5-9)。渐变板的短边最小为5m,长边最大为10m。

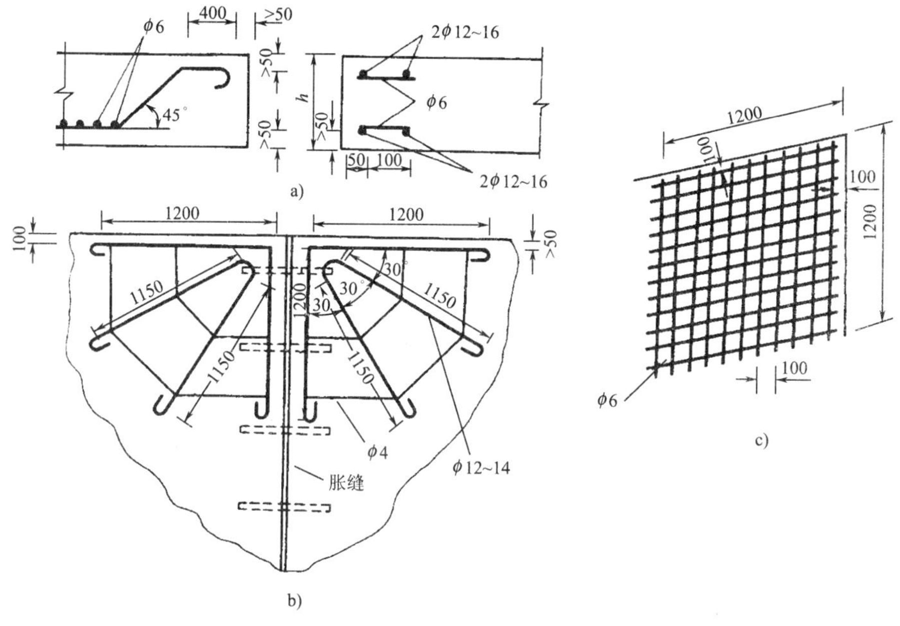

图 3-5-8 边缘和角隅钢筋的布置(尺寸单位:mm)

a)边缘钢筋;b)、c)角隅钢筋

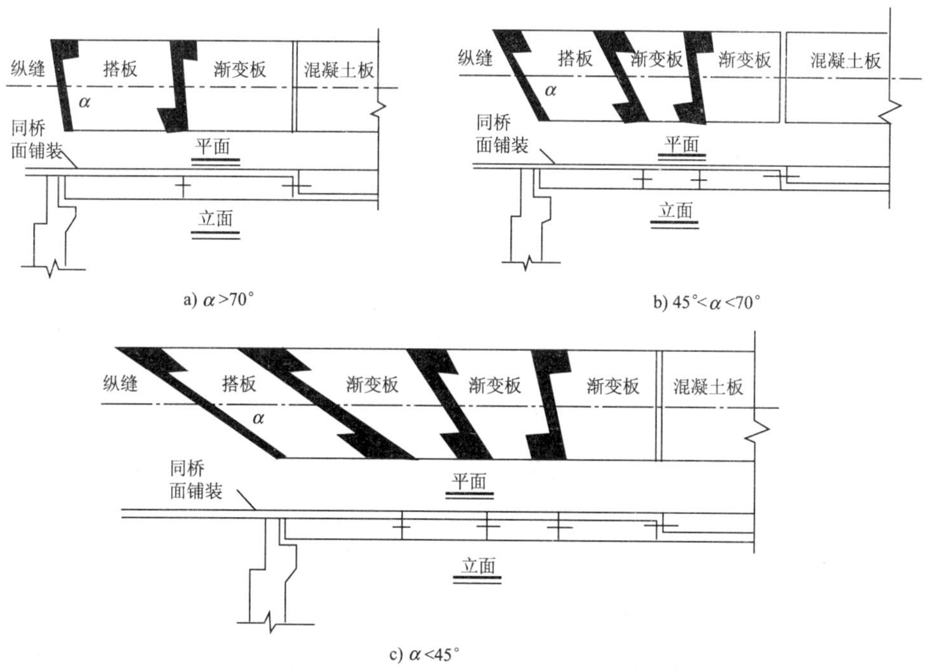

图 3-5-9 混凝土路面斜交桥梁相接时的构造示意

四、特殊部位混凝土路面的处理

混凝土路面同柔性路面相接处,为避免出现沉陷和错台,或柔性路面受顶推而拥起,宜按图 3-5-10 的方式处理;或将混凝土板埋入柔性路面内,如图 3-5-11 所示。

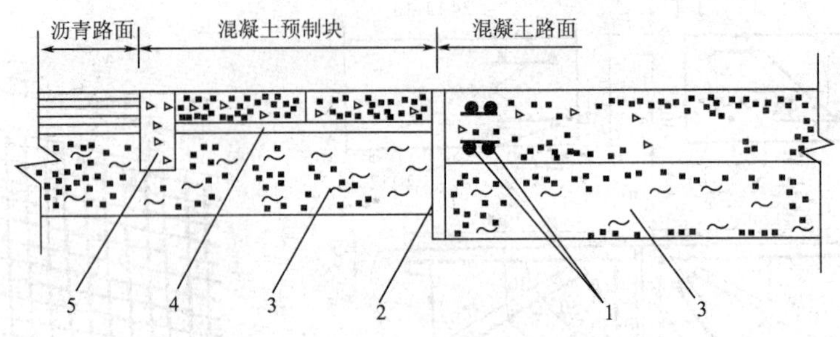

图 3-5-10　混凝土路面同柔性路面相接处的示例

1-端部边缘钢筋;2-胀缝;3-基层;4-卧层(50°混合砂浆);5-混凝土平道牙

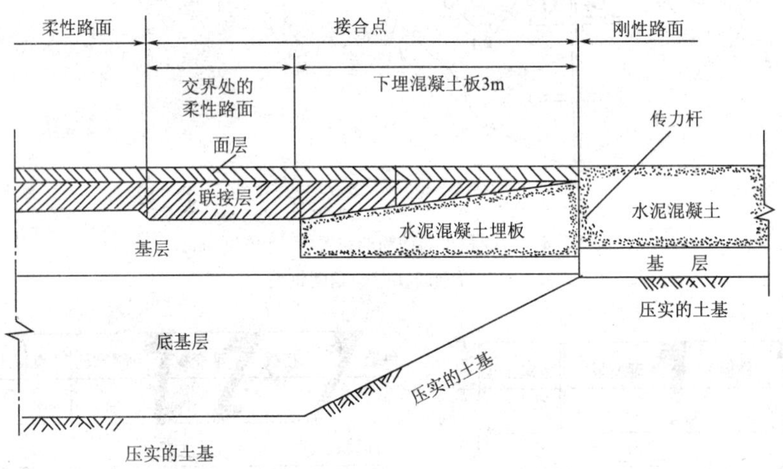

图 3-5-11　混凝土板埋入柔性路面的连接方法

第二节　水泥混凝土路面力学特性及设计理论

一、水泥混凝土路面力学特性

水泥混凝土路面板具有较高的力学强度,在车轮荷载作用下变形小,同时按照现行的设计理论,混凝土板工作在弹性阶段,也就是在计算汽车荷载作用下,板内产生的最大应力不超过水泥混凝土的比例极限应力。当水泥混凝土板工作在弹性阶段时,基层和土基所承受的荷载单位压力及产生的变形也微小,它们也都工作于弹性阶段,因此从力学体系上看,水泥混凝土路面结构也属于弹性层状体系。

然而,作为刚性路面的水泥混凝土路面,同柔性路面相比,有其自己的特性。首先,混凝土路面板的弹性模量及力学强度大大高于基层和土基的相应模量和强度;其次,混凝土的抗弯拉强度远小于抗压强度,约为其 1/6 ~ 1/7,因此决定水泥混凝土板尺寸的强度指标是抗弯拉应力;同时,由于混凝土板与基层或土基之间的摩阻力一般不大,所以在力学图式上可把水泥混凝土路面结构看作是弹性地基板,用弹性地基板理论进行分析计算。

由于混凝土的抗弯拉强度比抗压强度低得多，在车轮荷载作用下当弯拉应力超过混凝土的极限抗弯拉强度时，混凝土板便产生断裂破坏。且在车轮荷载的重复作用下，混凝土板会在低于其极限抗弯拉强度时出现破坏。此外，由于板顶面和底面的温差会使板产生温度翘曲应力，板的平面尺寸越大，翘曲应力也越大。另外，水泥混凝土又是一种脆性材料，它在断裂时的相对拉伸变形很小。因此，在荷载作用下土基和基层的变形情况对混凝土板的影响很大，不均匀的基础变形会使混凝土板与基层脱空，在车轮荷载作用下板产生过大的弯拉应力而遭破坏。

基于上述原因，为使路面能够经受车轮荷载的多次重复作用、抵抗温度翘曲应力并对地基变形有较强的适应能力，混凝土板必须具有足够的抗弯拉强度和厚度。

水泥混凝土路面在行车荷载和环境因素的作用下可能出现的破坏类型主要有：断裂；唧泥；错台；拱起；接缝挤碎等。从水泥混凝土路面的几个主要破坏类型可以看出，影响混凝土路面的使用性能的因素是多方面的，如轮载、温度、水分、基层、接缝构造、材料以及施工和养护情况等。从保证路面结构承载能力的角度，混凝土路面结构设计应以防止面层板断裂为主要设计标准；从保证汽车行驶性能的角度，应严格控制接缝两侧的错台量。产生断裂、错台等的原因是多方面的，如基层的冲刷和排水条件。因此，混凝土路面设计必须从多方面采取措施来保证它的使用寿命。

混凝土路面在经受到车轮荷载重复作用的同时，还经受大气温度周期性变化的影响。因此，混凝土路面板的疲劳破坏不仅与荷载重复次数有关，而且与温度周期性变化产生的温度翘曲应力重复作用有关。因此，水泥混凝土路面结构设计以行车荷载和温度梯度综合作用产生的疲劳断裂作为设计的极限状态，即

$$\gamma(\sigma_{pr}+\sigma_{tr})\leqslant f_r \tag{3-5-1}$$

为了防止混凝土路面拱起、错台、接缝挤碎和唧泥，除了采用排水基层、耐冲刷基层和增强接缝传荷能力外，还可加强日常养护等。

二、水泥混凝土路面设计理论

水泥混凝土路面是一种弹性层状结构，可应用弹性层状体系理论求解水泥混凝土路面问题。当混凝土面层下具有基层、底基层或垫层的层状地基时，可用弹性层状体系理论求解基层顶面的当量回弹模量。水泥混凝土面板在荷载作用下变形微小，在力学分析时常将其视为弹性板，地基视为弹性地基，因此水泥混凝土面板在力学上可视为弹性地基上的弹性板，简称弹性地基板。

第三节　普通水泥混凝土路面板厚计算

一、设 计 内 容

水泥混凝土路面设计，应根据道路的使用任务、性质和要求，结合当地气候、水文、土质、材料、施工技术、实践经验以及环境保护要求等，通过技术经济分析，以最低的寿命周期费用提供一种合适的路面结构。水泥混凝土路面是一种复合结构，其设计内容包括结构组合、材料组成、接缝构造、钢筋配置及排水设计等。

二、设 计 依 据

1. 混凝土路面结构可靠度

（1）各级道路水泥混凝土路面结构的设计安全等级及相应的设计基准期、目标可靠指标和目标可靠度，应符合表3-5-8的规定。各等级路面的材料性能和结构尺寸参数的变异水平等级宜按表3-5-9的建议选用。

可靠度设计标准　表3-5-8

公路技术等级	快速路	主干路	次干路	支　路
安全等级	一级	二级	三级	四级
设计基准期(a)	30	30	20	20
目标可靠度(%)	95	90	85	80
目标可靠指标	1.64	1.28	1.04	0.84
变异水平等级	低	低～中	中	中～高

（2）材料性能和结构尺寸参数的变异水平分为低、中和高三级。各变异水平等级主要设计参数的变异系数变化范围应符合表3-5-10的规定。

可 靠 度 系 数　表3-5-9

变异水平等级	目标可靠度(%)			
	95	90	85	80
低	1.20～1.33	1.09～1.16	1.04～1.08	—
中	1.33～1.50	1.16～1.23	1.08～1.13	1.04～1.07
高	—	1.23～1.33	1.13～1.18	1.07～1.11

注：变异系数在表所示的变化范围的下限时，可靠度系数取低值；上限时，取高值。

（3）水泥混凝土路面结构设计以行车荷载和温度梯度综合作用产生的疲劳断裂作为设计的极限状态，其表达式如下式：

$$\gamma(\sigma_{pr}+\sigma_{tr})\leqslant f_r \tag{3-5-2}$$

变异系数 c_v 的变化范围　表3-5-10

变异水平等级	低	中	高
水泥混凝土弯拉强度、弯拉弹性模量	$c_v\leqslant 0.10$	$0.10<c_v\leqslant 0.15$	$0.15<c_v\leqslant 0.20$
基层顶面当量回弹模量	$c_v\leqslant 0.25$	$0.25<c_v\leqslant 0.35$	$0.35<c_v\leqslant 0.55$
水泥混凝土面层厚度	$c_v\leqslant 0.04$	$0.04<c_v\leqslant 0.06$	$0.06<c_v\leqslant 0.08$

2. 标准轴载与轴载换算

（1）水泥混凝土路面结构设计以100kN的单轴—双轮组荷载作为标准轴载。不同轴轮型和轴载的作用次数，按式(3-5-3)换算为标准轴载的作用次数。

$$N_s=\sum_{i=1}^{n}\delta_i N_i\left(\frac{P_i}{100}\right)^{16} \tag{3-5-3}$$

$$\delta_i=2.22\times10^3 P_i^{-0.43} \tag{3-5-4}$$

或 $$\delta_i = 1.07 \times 10^{-5} P_i^{-0.22} \tag{3-5-5}$$

或 $$\delta_i = 2.24 \times 10^{-8} P_i^{-0.22} \tag{3-5-6}$$

式中：N_s——100kN 的单轴—双轮组标准轴载的作用次数；

P_i——单轴—单轮、单轴—双轮组或三轴—双轮组轴型 i 级轴载的总重，kN；

n——轴型和轴载级位数；

N_i——各类轴型 i 级轴载的作用次数；

δ_i——轴—轮型系数，单轴—双轮组时，$\delta_i = 1$；单轴—单轮时，按式(3-5-4)计算；双轴—双轮组时，按式(3-5-5)计算；三轴—双轮组时，按式(3-5-6)计算。

(2)水泥混凝土路面所承受的轴载作用，按设计基准期内设计车道所承受的标准轴载累计作用次数分为四级，分级范围如表 3-5-11。

交 通 分 级 表 3-5-11

交通等级	特重	重	中等	轻
设计车道标准轴载累计作用次数 N_e(10^4)	>2000	100～2000	3～100	<3

注：交通调查和分析及 N_e 计算，参照《公路水泥混凝土路面设计规范》(JTG F40—2002)附录 A。

3. 设计强度

水泥混凝土的强度以 28d 龄期的弯拉强度控制。当混凝土浇筑后 90d 内不开放交通时，可采用 90d 龄期的弯拉强度。各交通等级要求的混凝土弯拉强度标准值不得低于表 3-5-12 的规定。

混凝土弯拉强度标准值 表 3-5-12

交通等级	特重	重	中等	轻
水泥混凝土的弯拉强度标准值(MPa)	5.0	5.0	4.5	4.0
钢纤维混凝土的弯拉强度标准值(MPa)	6.0	6.0	5.5	5.0

4. 温度梯度

水泥混凝土面层的最大温度梯度标准值 T_g，可按照公路所在地的公路自然区划按表 3-5-13选用。

最大温度梯度标准值 T_g 表 3-5-13

公路自然区划	II、V	III	IV、VI	VII
最大温度梯度(℃/m)	88～83	90～95	86～92	93～98

注：海拔高时，取高值；湿度大时，取低值。

5. 基层顶面当量回弹模量 E_t

(1)新建公路的基层顶面当量回弹模量计算。

$$E_t = a h_x^b E_0 \left(\frac{E_x}{E_0}\right)^{1/3} \tag{3-5-7}$$

$$E_x = \frac{h_1^2 E_1 + h_2^2 E_2}{h_1^2 + h_2^2} \tag{3-5-8}$$

$$h_x = \left(\frac{12 D_x}{E_x}\right)^{1/3} \tag{3-5-9}$$

$$D_x=\frac{E_1h_1^3+E_2h_2^3}{12}+\frac{(h_1+h_2)^2}{4}\left(\frac{1}{E_1h_1}+\frac{1}{E_2h_2}\right)^{-1} \tag{3-5-10}$$

$$a=6.22\left[1-1.51\left(\frac{E_x}{E_0}\right)^{-0.45}\right] \tag{3-5-11}$$

$$b=1-1.44\left(\frac{E_x}{E_0}\right)^{-0.55} \tag{3-5-12}$$

式中：E_t——基层顶面的当量回弹模量，MPa；

E_0——路床顶面的回弹模量，MPa；

E_x——基层和底基层或垫层的当量回弹模量，MPa；

E_1、E_2——基层和底基层或垫层的回弹模量，MPa；

h_x——基层和底基层或垫层的当量厚度，m；

D_x——基层和底基层或垫层的当量弯曲刚度，MN·m；

h_1、h_2——基层和底基层或垫层的厚度，m；

a、b——与 E_x/E_0 有关的回归系数。

底基层和垫层同时存在时，可先按式(3-5-8)～式(3-5-10)将底基层和垫层换算成具有当量回弹模量和当量厚度的单层，然后再与基层一起按上述各式计算基层顶面当量回弹模量。无底基层和垫层时，相应层的厚度和回弹模量分别将零值代入上述各式进行计算。

(2)在旧柔性路面上铺筑水泥混凝土面层时，原柔性路面顶面的当量回弹模量计算。

$$E_t=13739\omega_0^{-1.04} \tag{3-5-13}$$

式中：ω_0——以后轴重100kN的车辆进行弯沉测定，经统计整理后得到的原路面计算回弹弯沉值(0.01mm)。

三、荷载应力分析

(1)选取混凝土板的纵向边缘中部作为产生最大荷载和温度梯度综合疲劳损坏的临界荷位。

(2)标准轴载 P_s 在临界荷位产生的荷载疲劳应力为：

$$\sigma_{pr}=K_rK_fK_c\sigma_{ps} \tag{3-5-14}$$

式中：σ_{pr}——标准轴载在临界荷位处产生的荷载疲劳应力；

σ_{ps}——标准轴载在四边自由板的临界荷位处产生的荷载应力；

$$\sigma_{ps}=0.077r^{0.60}h^{-2} \tag{3-5-15}$$

$$r=0.537h(E_c/E_t)^{1/3} \tag{3-5-16}$$

K_r——考虑接缝传荷能力的应力折减系数，纵缝为设拉杆的平缝时，$K_r=0.87\sim0.92$(刚性和半刚性基层取低值，柔性基层取高值)；纵缝为不设拉杆的平缝或自由边时，$K_r=1.0$；纵缝为设拉杆的企口缝时，$K_r=0.76\sim0.84$；

K_f——考虑设计基准期内荷载应力累计疲劳作用的疲劳应力系数，

$$K_f=N_e^{0.057} \tag{3-5-17}$$

K_c——考虑偏载和动载等因素对路面疲劳损坏影响的综合系数按表3-5-14取值。

综合系数 K_c　　表 3-5-14

道路等级	快速路	主干路	次干路	支　路
K_c	1.30	1.25	1.20	1.10

四、温度应力分析

在临界荷位处的温度疲劳应力为：

$$\sigma_{tr} = K_t \sigma_{tm} \tag{3-5-18}$$

式中：σ_{tr}——临界荷位处的温度疲劳应力，MPa；

K_t——温度疲劳应力系数；

$$K_t = \frac{f_r}{\sigma_{\varepsilon\omega}}\left[a\left(\frac{\sigma_{\varepsilon\omega}}{f_r}\right)^c - b\right] \tag{3-5-19}$$

式中 a、b、c 取值见表 3-5-15。

回归系数 a、b、c　　表 3-5-15

系　数	公路自然区划					
	II	III	IV	V	VI	VII
a	0.828	0.855	0.841	0.871	0.837	0.834
b	0.041	0.041	0.058	0.071	0.038	0.052
c	1.323	1.355	1.323	1.287	1.382	1.270

σ_{tm}——最大温度梯度时混凝土板的温度翘曲应力；

$$\sigma_{tm} = \frac{\alpha_c E_c h T_g}{2} B_x \tag{3-5-20}$$

α_c——混凝土的线膨胀系数（1/℃），通常取 1×10^{-5}/℃；

T_g——最大温度梯度查表 3-5-13；

B_x——综合温度翘曲应力和内应力作用的温度应力系数（查图 3-5-12）。

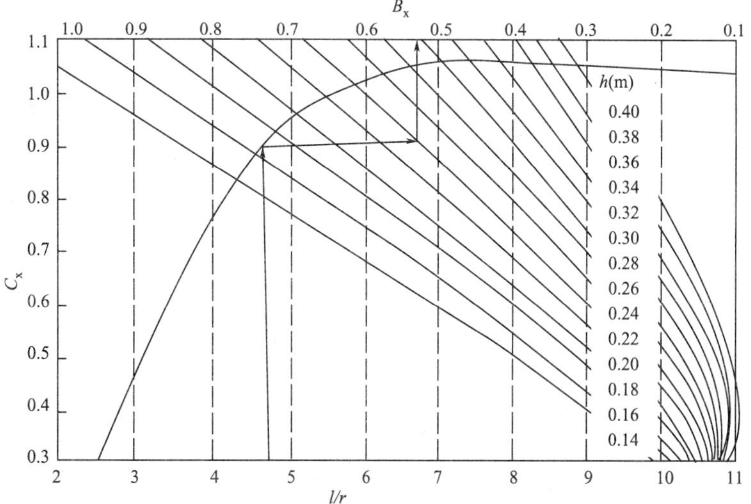

图 3-5-12　温度应力系数 B_x

五、混凝土板厚度计算流程

考虑荷载应力和温度翘曲应力综合疲劳损伤作用的混凝土面层厚度和板平面尺寸确定方法，可遵循下述设计步骤：

(1)收集并分析交通参数——收集日交通量和轴载组成数据，确定轮迹分布系数，计算设计车道标准轴载日作用次数；由此确定道路的交通等级，并进而选定设计年限、选定交通量年平均增长率，计算使用年限内标准轴载的累计作用次数。

(2)初拟路面结构——初选路面结构层次、类型和材料组成；拟定各层的厚度、面层板平面尺寸和接缝构造。

(3)确定材料参数——试验确定混凝土的设计弯拉强度和弹性模量，基层、垫层和路基的回弹模量，基层顶面的当量回弹模量。

(4)计算荷载疲劳应力——由应力计算图或公式得到标准轴载作用下板边缘中部的最大荷载应力；按接缝类型选定接缝传荷系数；按标准轴载累计作用次数计算得到疲劳应力系数；按交通等级选定综合系数；综合上述计算结果可得到荷载疲劳应力 σ_p。

(5)计算温度应力——由所在地公路自然区划选择最大温度梯度；按路面结构和板平面尺寸计算最大温度梯度时的温度翘曲应力；按自然区划和 σ_{tm}/f_{cm}，确定温度应力累计疲劳作用系数；由此计算确定温度疲劳应力 σ_t。

(6)检验初拟路面结构——按下述条件检验：

$$\gamma(\sigma_{pr}+\sigma_{tr})\leqslant f_r$$

式中：f_{cm}——混凝土的设计抗弯拉强度，MPa；一般采用 28d 龄期的强度，在混凝土浇筑后 90d 内不开放交通时，可采用 90d 龄期的强度，其值为 28d 龄期的 1.15 倍。

上述检验条件如不符合，则重新拟定路面结构或板平面尺寸，按第(2)～第(5)步重新计算，直到满足为止。

第六章

路面施工概论

知识目标

1. 描述路面施工的特点及其要求；
2. 描述路面施工的前期工作。

●第一节　路面工程的特点及基本要求●

路面是道路的重要组成部分,是在路基顶面的行车部分用各种混合料铺筑而成的层状结构物。路面的好坏直接影响行车速度、运输成本、行车安全和舒适性。相同等级城市道路的沥青路面同砂石路面相比,行车速度一般可以提高80%~200%,油料消耗降低约15%~20%,轮胎行驶里程增加约20%,运输成本下降约18%~20%。同一类型路面,因施工和养护质量的优劣,也会使运输效率与成本以及服务质量产生很大的差异。路面在道路造价中占很大比重,一般高级路面修建投资约占总投资的60%~70%,低级路面约占20%~30%。所以,修好路面对发挥整个公路的运输经济效益,具有十分重要的意义。路面必须满足下述各项基本要求。

1. 具有足够的强度和刚度

行驶在路面上的车辆,通过车轮把垂直力和水平力等传给路面。水平力又分为纵向和横向两种。由于汽车发动机的机械振动和车辆与悬挂系统的相对运动,路面还受到车辆的振动力和冲击力作用;在车身后面还会产生真空吸力作用。

在上述各种力的综合作用下,路面将逐渐出现磨损、开裂、坑槽、沉陷和波浪等病害,这就会影响公路的使用质量,严重时还可能中断交通。因此,路面结构整体及各组成部分必须具备足够的强度以抵抗行车荷载的作用,避免路面产生过大的变形与破坏。

所谓刚度,是指路面抵抗变形的能力。具体来说是指路面结构整体或某一组成部分抵抗变形的能力。如刚度不足,即使强度足够,在车轮荷载作用下也会产生过量的变形,而形成车辙、沉陷或波浪等破坏。

2. 具有足够的稳定性

路面结构袒露于大气之中,经常受到温度和水分变化的影响,其力学性能随之不断发生变化,强度和刚度不稳定,路况时好时坏。例如:沥青路面在夏季高温时会变软而产生车辙和推挤,冬季低温时又可能因收缩或变脆而产生开裂;水泥混凝土路面在高温时可能发生拱胀现象,温度急剧变化时会因翘曲而产生破坏;砂石路面在雨季时因雨水渗入路面结构而强度下降,产生沉陷、车辙或波浪。因此,要求路面结构在气候条件下应能够保持其强度。

3. 具有足够的平整度

不平整的路面表面会增大行车阻力,并使车辆产生附加的振动作用。振动作用会造成行车颠簸,影响行车速度、行车安全和舒适性。振动作用还会对路面施加冲击力,从而加剧路面和汽车机件的损坏与轮胎的磨耗,并增大油料的消耗。不平整的路面还会积滞雨水,加速路面的破坏。

为了减小车辆对路面的冲击力,提高行车速度和增进行车舒适性、安全性,路面应保持一定的平整度。道路等级越高,设计行车速度越大,对路面平整度的要求也越高。

平整的路表面,要依靠优良的施工机具、精细的施工工艺、严格的施工质量控制以及经常和及时的养护来保证。路面的平整度还与整个路面结构和面层材料的强度和抗变形能力有关。强度和抗变形能力差的路面结构和面层混合料,经不起车轮荷载的反复作用,极易出现沉陷、车辙和推挤等破坏,从而形成不平整的路表面。

4. 具有足够的抗滑性能

汽车在光滑的路面上行驶时,车轮与路面之间缺乏足够的附着力(或摩擦阻力)。在雨天高速行车、紧急制动、突然起动、爬坡或转弯时,车轮易产生空转或打滑,致使行车速度降低,油料消耗增多,甚至引起严重的交通事故。因此,路面表面应具有足够的抗滑性能,即具有足够的粗糙度。设计车速越大,对路面抗滑性能的要求也越高。

5. 具有足够的耐久性

路面结构承受行车荷载和冷热、干湿气候因素的多次重复作用,由此而逐渐产生疲劳破坏和塑性形变累积。路面材料还可能由于老化衰变而导致破坏。这些都将缩短路面的使用年限,增加养护工作量。因此,路面结构必须具备足够的抗疲劳强度、抗老化和抗形变累积的能力,以保持或延长路面的使用寿命。

6. 具有尽可能低的扬尘性

汽车在砂石路面上行驶时,车身后面所产生的真空吸力会将面层表面或其中的细粒料吸起而飞扬尘土,甚至导致路面松散、脱落和坑洞等破坏。扬尘还会加速汽车机件的损坏,影响行车视距和旅客的舒适及沿线居民的卫生条件。因此,应尽量减少路面的扬尘性。

●第二节 路面施工的前期工作●

一、组织准备

组织准备包括路面工程项目的施工组织机构和施工劳动组织两方面。

1. 建立施工组织机构

根据路面工程及项目的特点,组建技术配备精良、设备先进齐全、生产快速高效的施工组织管理机构,建立工程项目分工责任制,完善工程质量分级管理体系。

2. 建立劳动组织体系

根据确定的工程施工进度、工期计划安排及劳动力的调配,合理地组织安排施工环节和施工过程,严格劳动纪律,严把工程质量关,实施奖惩制度,最大限度地创造最佳效益。

二、技术准备

1. 熟悉设计文件

设计文件是工程施工最重要的依据，组织技术人员熟悉和了解设计文件，是为了明确设计者的设计意图，掌握图纸、资料的主要内容及有关的原始资料。此外，从设计到施工通常都要间隔几年时间，勘测设计时的原始自然状况由于各种原因已经变化，因此，必须对设计文件和图纸进行现场核对。

2. 编制施工方案

道路施工是野外作业，又是线形工程，各地自然地理状况和施工条件差异很大，不可能采用一种定型的、一成不变的施工方案和施工方法，每项工程的施工都需要通过深入细致的工作，个别确定施工方案和施工方法，因此，施工阶段必须编制实施性施工组织设计，并报工程监理和建设业主批准。

3. 技术咨询

施工前，应对技术人员统一施工技术规范和操作规程的认识，对于采用的新技术、新工艺应组织专家进行充分论证，以免施工时出现工程事故。

4. 施工放样

路面施工前，应根据路线导线点或控制点，恢复路中线，钉设中心桩和边线桩。一般直线段桩距为20~30m，曲线段为10~15m，并在两侧路肩边缘外0.3~0.5m处设置指示桩。此外还应测量原有路基顶面的断面高程，在两侧的指示桩上标记路面基层（底基层）的顶面高程位置线。

三、现场准备

施工现场的准备，直接影响工程质量和工程进度，应做好以下工作：

1. “三通一平”

根据施工方向、运输路线、生活场所、料场及水电供应等临时设施，做好相应区域的通电、通水、通路及场地平整的工作。

2. 原有路基的检查

路面施工前，应根据《城市道路路基工程施工及验收规范》（CJJ 44—91）对原有路基进行严格的检查，测定其顶面的强度。如不合格，则必须采取措施进行处理，并应及时向工程监理和建设业主作书面汇报。

3. 交通管理

对施工范围内的道路交叉口、部分设施设置施工标志，进行交通管制，对于附近人群进行施工安全宣传。

四、物资准备

1. 机械设备准备

根据实施性施工组织计划，一次或分批配齐足够的施工机械或工具。机械设备的放置，应考虑到施工的要求。

2. 材料准备

路面用自采材料、外用材料，经检验和选择，按需要的规格和数量运到现场，堆放位置应根据实施性施工组织计划合理地设计。

3. 生活设施准备

工地人员的食宿位置、办公地点、房舍区域和生活必需设备、安全及劳动防护用品等的准备。

复习思考题

1. 路面应具有哪些基本要求？
2. 路面施工的前期工作包括哪些内容？

第七章

路面基层(底基层)施工

知识目标

1. 描述路面基层(底基层)对材料的要求;
2. 描述路面基层(底基层)施工程序和施工要点;
3. 描述路面基层(底基层)施工质量控制指标及验收标准。

能力目标

进行路面基层(底基层)的施工。

• 第一节 路面基层(底基层)、垫层常用材料的要求 •

一、固化类基层(底基层)质量要求

路面基层施工所用材料要求的目的,就是要保证路面在交付使用后不致因基层质量不符合要求而提早破坏。科学研究和工程实践证明:要铺筑满足质量要求的路面基层,必须使用质量符合要求的原材料,采用性能优良的施工机械和先进的施工工艺,在施工过程中实行科学的施工组织管理。使用质量符合要求的原材料及合理、正确的混合料组成设计是铺筑高质量路面基层的重要物质保证。因此,施工前应对组成半刚性基层的所有原材料进行质量检验,通过试验选择符合要求的原材料,然后进行配合比设计,在证明混合料强度和稳定性均符合要求后才能用于铺筑基层。

1. 原材料试验项目

1)土的试验项目

对于固化混合料用土,在进行混合料配比设计前,应取有代表性的试样,抽取有代表性的原材料样品进行试验,以试验结果作为判定是否选用该种材料的主要技术依据。主要的试验项目有:

(1)颗粒筛析。用筛分法分析砂砾、碎石等集料的颗粒组成情况,检验所用材料的级配是否符合要求,为集料配合比设计提供依据。

(2)液限和塑限试验。计算土的塑性指数并判定该种土是否适用。

(3)有机质含量。对土有怀疑时做该项试验,判断土是否适宜用石灰和水泥稳定。

(4)含水率。

(5)pH 值。

(6)压碎值试验。评定碎石、砂砾等的抗压碎值能力是否符合要求。

2)水泥试验项目

水泥标号、强度等级和终凝时间测定:确定水泥质量是否满足设计强度和施工时间要求。

3)石灰试验项目

石灰有效氧化钙和氧化镁含量测定:确定石灰有效成分含量,评定石灰的质量,以便确定结合料剂量。

在公路上,还有包括相对密度、吸水率试验(测定砂砾、碎石等粒料的相对密度与吸水率,评定其质量,计算固体体积率),有机质和硫酸盐含量试验,粉煤灰、煤渣等的烧失量测定,粉煤灰化学成分及细度测定等。

2. 原材料的选择与技术要求

1)土壤固化类

(1)土壤固化剂可分为液粉土壤固化剂和粉状土壤固化剂两类。

(2)土壤固化剂的技术性能指标应符合现行行业标准《土壤固化剂》(CJ/T 3073)的规定。

(3)液粉土壤固化剂中溶液的固体含量不得大于3%,不得有沉淀或絮状现象,粉状土壤固化剂的细度在0.074mm标准筛上筛余量不得超过15%。

2)水泥、石灰

(1)普通硅酸盐水泥、矿渣硅酸盐水泥、火山灰硅酸盐水泥,均可用于固化路面基层和底基层。但水泥强度等级不得低于32.5,且应选用终凝时间等于或大于6h的水泥。

(2)固化路面基层和底基层,不得使用快硬水泥、早强水泥及受潮变质过期水泥。

(3)石灰应采用消石灰或生石灰粉;消石灰中不得含有未消解的生石灰颗粒。

(4)石灰等级应符合现行行业标准《建筑生石灰》(JC 497)的规定。

3)土

(1)凡能被粉碎的或原来松散的土,都可用作固化类混合料基料。

(2)土中石料的最大粒径:基层,不应大于30mm;底基层,不应大于40mm。

(3)基层和底基层用土,土中石料的压碎值不得大于40%。

(4)土中有机质含量(质量比)不宜超过10%。

(5)土的检测方法应符合现行国家标准《土工试验方法标准》(GBJ 123)的规定。

4)水

一般人、畜饮用水均可使用。基层和底基层用水应采用pH值大于或等于6的水。

3. 公路用半刚性基层原材料质量要求

1)集料和土

对集料和土的一般要求是能被经济地粉碎,满足一定级配要求,便于碾压成型,并应满足以下指标要求:

(1)液限和塑限。水泥稳定土用作底基层时,土的均匀系数应大于5,细粒土的液限不应超过40,塑性指数不应超过17。对于中粒土和粗料土,如土中小于0.6mm的颗粒含量在30%以下,塑性指数可稍大。实际工作中,宜选用均匀系数大于10、塑性指数小于12的土。塑性指数大于17的土,宜采用石灰稳定,或用水泥和石灰综合稳定。

结合料为石灰时,应选用塑性指数为15~20的黏质土或含有一定量黏质土的中、粗粒土。

塑性指数小于10的土宜用水泥稳定,塑性指数大于15的土宜用石灰和水泥综合稳定。用工业废渣稳定土时,细粒土的塑性指数宜为12~20,中、粗粒土应少含或不含高塑性的土。

(2)颗粒组成。集料粒径对半刚性基层(底基层)的路用性能影响很大。如果集料粒径过大,则在拌和、摊铺混合料时难以达到均匀,容易出现集料离析现象,密实度、平整度不易达到要求。如果集料粒径过小,则基层(底基层)刚度不足,而且集料比表面积增加后会使结合料用量增加,使工程投资增大。用半刚性材料做底基层时,集料最大粒径不应超过53mm,做基层时,最大粒径不应超过37.5mm。用水泥稳定类混合料做基层时,土的均匀系数(集料通过率为60%的筛孔与通过率为10%的筛孔尺寸的比值)应大于5,一般选用均匀系数大于10的土。水泥稳定类混合料的集料颗粒组成应符合表3-7-1的要求。

水泥稳定土的颗粒组成范围　　表3-7-1

项目 \ 通过质量百分率(%) \ 道路等级		城市快速路、主干路		其他城市道路	
		基层	底基层	基层	底基层
筛孔尺寸(mm)	53	—	—	—	100
	37.5	100	100	90~100	—
	31.5	100	—	—	—
	26.5	90~100	—	66~100	—
	19	72~89	—	54~100	—
	9.5	47~67	—	39~100	—
	4.75	29~49	50~100	28~84	50~100
	2.36	17~35	—	20~70	—
	1.18	—	—	14~57	—
	0.6	8~22	17~100	8~47	17~100
	0.075	0~7①	0~30	0~30	0~50
	0.002	—	—	—	0~30
液限(%)		<28	—	—	—
塑性指数		<9	—	—	—

注:集料中0.5mm以下细粒土有塑性指数时,小于0.075mm的颗粒含量不应超过5%;细粒土无塑性指数时,小于0.075mm的颗粒含量不应超过7%。

(3)压碎值。用于半刚性基层的碎石、砾石应具有足够的抗压碎能力。用作城市快速路的半刚性基层集料压碎值不应大于30%,用作其他城市道路的半刚性基层集料压碎值不应大于35%(底基层可放宽到40%)。

(4)硫酸盐及腐殖质。用水泥稳定作结合料时,土中硫酸盐含量不应超过0.25%,有机质含量不应超过2%;超过上述规定时,不应单纯用水泥稳定,可先用石灰与土混合均匀,闷料一昼夜后再用水泥稳定。用工业废渣稳定土时,土中硫酸盐含量不应超过0.8%,有机质含量不应超过10%。

2)无机结合料

常用的无机结合料为水泥、石灰、粉煤灰及煤渣等。

(1)水泥。普通硅酸盐水泥、矿渣硅酸盐水泥和火山灰质硅酸盐水泥都可用于稳定土,但应选用初凝时间3h以上和终凝时间较长(宜在6h以上)的水泥。不应使用快硬水泥、早强水泥以及已受潮变质的水泥。宜采用强度等级32.5或42.5的水泥。

(2)石灰。石灰质量应符合三级以上消石灰或生石灰的质量要求。准备使用的石灰应尽量缩短存放时间,以免有效成分损失过多,若存放时间过长则应采取措施妥善保管。对于城市快速路,宜采用磨细生石灰粉。

(3)粉煤灰。粉煤灰的主要成分是SiO_2、Al_2O_3和Fe_2O_3,三者总含量应超过70%,烧失量不应超过20%,若烧失量过大,则混合料强度将明显降低,甚至难以成型。粉煤灰比表面积宜大于2500cm^2/g,粒径变化范围为0.001~0.3mm。干湿粉煤灰均可使用,但湿粉煤灰含水率不宜超过35%;干粉煤灰露天堆放时应洒水湿润,防止随风飞扬造成污染。使用时结团的灰块应打碎或过筛,并清除有害杂质。

(4)煤渣。煤渣是煤燃烧后的残留物,主要成分是SiO_2和Al_2O_3,松干密度为700~100 kg/m^3,粒径不应大于30mm,颗粒组成以有一定级配为佳,且不宜含杂质。

二、粒料类基层及其材料质量要求

1. 级配碎石基层

级配碎石基层由粗、细碎石和石屑各占一定比例、级配符合要求的碎石的混合料铺筑而成。级配碎石基层适用于各级城市道路的基层和底基层,还用作较薄沥青面层与半刚性基层之间的中间层,以减轻和消除半刚性基层开裂对沥青面层的影响,避免出现反射裂缝。符合级配强度要求的碎石可用几组颗粒组成不同的碎石或未筛分碎石与石屑掺配而成,用于基层时,碎石的最大粒径及颗粒组成等应符合表3-7-2的要求,级配曲线应连续圆滑。

级配碎石的颗粒组成范围　　表3-7-2

项目 \ 通过质量百分率(%) \ 道路等级		基层		底基层	
		其他道路	城市快速路	其他城市道路	城市快速路
筛孔尺寸(mm)	53	—	100	—	—
	37.5	100	85~100	100	—
	31.5	90~100	69~88	83~100	100
	19.0	73~88	40~65	54~84	85~100
	9.5	49~69	19~43	29~59	52~74
	4.75	29~54	10~30	17~45	29~54
	2.36	17~37	8~25	11~35	17~37
	0.6	8~20	6~18	6~21	8~20
	0.075	0~7②	0~10	0~10	0~7②
液限(%)		<28			
塑料指数		<6(或9①)			

注:①潮湿多雨地区塑性指数宜小于6,其他地区塑性指数宜小于9。

②对于无塑性的混合料,小于0.075mm的颗粒含量应接近高限。

级配碎石基层的强度主要由碎石颗粒间的密实、填充作用形成,对碎石颗粒的强度要求很高。石屑和其他细集料可以采用碎石场的筛余细料、专门轧制的细碎石集料、天然砂砾等。若级配碎石中所含细料的塑性指数偏大,则塑性指数与0.5mm以下细料含量的乘积应符合以下要求:年降雨量小于600mm的中干和干旱地区,地下水对土基无影响时,该乘积不大于120;在潮湿多雨地区,该乘积不大于100。

2. 级配砾石基层

级配砾石基层是用粗、细砾石和砂按一定比例配制的混合料铺筑而成的具有规定强度的路面结构层。级配砾石基层适用于各类城市道路的基层和底基层,级配砾石基层的颗粒组成应符合表3-7-3规定的级配要求。级配不符合要求的可用其他粒料掺配,达到规定的级配后,同样可作为级配砾石基层,塑性指数在6(潮湿多雨地区)或9(其他地区)以下的天然砂砾可直接作用于基层。对于细料含量较多的砾石,可先筛除部分细料后再使用。塑性指数偏大的可掺加少量石灰土或无塑性砂土。

级配砾石混合料颗粒级配范围　　表3-7-3

项目 \ 通过质量百分率(%) \ 层位		基层			底基层
筛孔尺寸(mm)	53	100	—	—	100
	37.5	90~100	100	—	80~100
	31.5	81~94	90~100	100	—
	19.0	63~81	73~88	85~100	—
	9.5	45~66	49~69	52~74	40~100
	4.75	27~51	29~54	29~54	25~85
	2.36	16~35	17~37	17~37	—
	0.6	8~20	8~20	8~20	8~45
	0.075	0~7②	0~7②	0~7②	0~15
液限(%)		<28	—	<28	<28
塑性指数		<6(或9①)	<6(或9①)	<6(或9①)	<9

注:①潮湿多雨地区塑性指数宜小于6,其他地区塑性指数宜小于9。

②对于无塑性的混合料,小于0.075mm的颗粒含量应接近高限。

级配砾石颗粒的级配曲线应连续圆滑。当塑性指数偏大时,塑性指数与0.5mm以下细料含量的乘积应符合下列规定:在年降雨量小于600mm的中干和干旱地区,地下水位对土基没有影响时,乘积不应大于120;在潮湿多雨地区,乘积不应大于100。

3. 填隙碎石基层

填隙碎石基层是用单一尺寸的粗碎石作主集料,用石屑作填隙料铺筑而成的结构层。填隙碎石的颗粒组成等技术指标应符合表3-7-4和表3-7-5的要求。填隙碎石基层以粗碎石作嵌锁骨架,石屑填充粗碎石间的空隙,使密实度增加,从而提高强度和稳定性。当缺乏石屑时,可用细砂砾或粗砂代替。粗碎石应用坚硬的各类岩石或漂石轧制而成,但漂石的粒径应为粗碎石最大粒径的3倍以上;也可以用稳定的矿渣轧制,矿渣的干密度和质量应比较均匀,且其干密度不小于960kg/m^3。材料中的扁平、长条和软弱颗粒的含量不应超过15%。压碎值应符合下列要求:用作基层,不大于26%,用作底基层,不大于30%。若抗压碎能力不能满足上述要求,则填隙碎石基层的整体强度将难以得到保证。

填隙碎石、粗碎石的颗粒组成　　表3-7-4

编号	通过质量百分率(%) / 标称尺寸(mm)	筛孔尺寸(mm)							
		63	53	37.5	31.5	26.5	19	16	9.5
1	30~60	100	25~60	—	0~15	—	0~5	—	—
2	25~50	—	100	—	25~50	0~15	—	0~5	—
3	20~40	—	—	100	35~70	—	0~15	—	0~5

填隙料的颗粒组成　　表3-7-5

筛孔尺寸(mm)	9.5	4.75	2.36	0.6	0.075	塑性指数
通过质量百分率(%)	100	85~100	50~70	30~50	0~10	<6

第二节　路面基层(底基层)的施工程序和施工要点

一、半刚性基层施工

半刚性基层的混合料可在拌和厂(场)集中拌和,也可沿路拌和,故施工方法有厂拌法和路拌法之分。城市快速路的半刚性基层对强度、平整度等技术性能有很高的要求,应采用施工质量好、进度快的厂拌法施工,其他道路的半刚性基层可用路拌法施工。

1. 铺筑试验路

城市快速路或使用新技术、新材料及新工艺的半刚性基层,在大面积施工前,应先铺筑一定长度的试验路。通过试验路的铺筑,施工单位可进行施工工艺的优化,找出施工过程中存在的主要问题;取得成功施工的经验,为大面积基层的铺筑确定合适的施工方法。同时还可检验拌和、运输、碾压、养生等施工设备的可靠性。根据试验路铺筑的具体情况,制订合理可行的施工组织计划,检验铺筑的半刚性基层质量是否符合设计和规范要求,并提出质量控制措施,此外,设计和建设单位也可对试验路的实际使用效果进行分析,对所设计的路面结构形式、混合料组成设计、基层的路用性能等一系列指标进行再次论证,从而优选出经济、适用的路面结构方案,并确定最终采用的基层类型及混合料配合比。

2. 厂拌法施工

厂拌法施工是在中心拌和厂(场)用强制式拌和机、双转轴桨叶式拌和机等拌和设备将原材料拌和成混合料,然后运至施工现场进行摊铺、碾压、养生等工序作业的施工方法。无拌和设备时,也可用路拌机械或人工在现场分批集中拌和,之后再进行其他工序的作业。

对于城市快速路,应采用专用稳定土集中厂拌机械拌制混合料。在正式拌制混合料之前,必须先调试所用的设备,使混合料的颗粒组成和含水率都达到规定的要求。原集料的颗粒组成发生变化时,应重新调试设备。在潮湿多雨地区或其他地区的雨季施工时,应采取措施,保护集料,特别是细集料(如石屑和砂等)应有覆盖,防止雨淋。在现场应根据集料和混合料含水率的大小,及时调整加水量。混合料拌制好后,应尽快将成品运送到铺筑现场。车上的混合料应覆盖,减少水分损失。对于石灰工业废渣稳定土材料,拌成混合料的堆放时间不宜超过24h,宜在当天将拌成的混合料运送到铺筑现场,不应将拌成的混合料长时间堆放。

摊铺时应采用沥青混凝土摊铺机或稳定土摊铺机摊铺混合料。如下承层是稳定细粒土,应先将下承层顶面拉毛,再摊铺混合料。拌和机与摊铺机的生产能力应互相匹配。对于城市快速路,摊铺机宜连续摊铺,拌和机的产量宜大于400t/h。如拌和机的生产能力较小,在用摊铺机摊铺混合料时,应采用最低速度摊铺,减少摊铺机停机待料的情况。在摊铺机后面应设专人消除粗细集料离析现象,特别应该铲除局部粗集料"窝",并用新拌混合料填补。

碾压时,宜先用轻型两轮压路机跟在摊铺机后及时进行碾压,后用重型振动压路机、三轮压路机或轮胎压路机继续碾压密实。

集中厂拌法施工时的横向接缝应符合下列要求:

(1)用摊铺机摊铺混合料时,不宜中断,如因故中断时间超过2h,应设置横向接缝,摊铺机应驶离混合料末端。

(2)人工将末端含水率合适的混合料修整齐,紧靠混合料放两根方木,方木的高度应与混合料的压实厚度相同;整平紧靠方木的混合料。

(3)方木的另一侧用砂砾或碎石回填约3m长,其高度应高出方木几厘米。

(4)将混合料碾压密实。

(5)在重新开始摊铺混合料之前,将砂砾或碎石和方木除去,并将下承层顶面清扫干净。

(6)摊铺机返回到已压实层的末端,重新开始摊铺混合料。

(7)如摊铺中断后,未按上述方法处理横向接缝,而中断时间已超过2h,则应将摊铺机附近及其下面未经压实的混合料铲除,并将已碾压密实且高程和平整度符合要求的末端挖成与路中心线垂直并垂直向下的断面,然后再摊铺新的混合料。

对于石灰工业废渣稳定土基层,如压实层末端未用方木作支撑处理,在碾压后末端成一斜坡,则在第二天开始摊铺新混合料之前,应将末端斜坡挖除,并挖成一横向(与路中心线垂直)垂直向下的断面。挖出的混合料加水到最佳含水率拌匀后仍可使用。

应避免纵向接缝。城市快速路的基层应分两幅摊铺,宜采用两台摊铺机一前一后相隔约5~10m同步向前摊铺混合料,并一起进行碾压。

水泥稳定土底基层分层施工时,下层水泥稳定土碾压完后,在采用重型振动压路机碾压时,宜养生7d后铺筑上层水泥稳定土。在铺筑上层稳定土之前,应使基层表面保持湿润或潮湿,一般可洒水或用湿砂、湿麻布、湿草帘、低黏质土覆盖,基层表面还可采用沥青乳液做下封层进行养生。水泥稳定类混合料需分层铺筑时,下层碾压完毕,待养生1d后即可铺筑上层;石灰或工业废渣稳定类混合料需分层铺筑时,下层碾压完即可进行铺筑,下层无需经过7d养生。养生期间应尽量封闭交通,若必须开放交通时,应限制重型车辆通行并控制行车速度,以减少行车对基层的扰动。

3. 路拌法施工

路拌法施工是将集料或土、结合料按一定顺序均匀平铺在施工作业面上,用路拌机械拌和均匀并使混合料含水率接近最佳含水率,随后进行碾压等工序的作业。路拌法施工的流程为:

下承层准备→施工测量→备料→摊铺→拌和→整形→碾压→养生。其中,下承层准备、施工测量、碾压及养生的施工方法和要求与厂拌法施工相同。

路拌法施工时,备料在准备完毕的下承层上进行。首先根据铺筑层的宽度、厚度及预定达到的干密度计算各施工段所需干集料的数量。其次是根据混合料的配合比、原材料含水率及运输车辆的吨位计算各种原材料每车的堆放距离,对于水泥、石灰等结合料,当以袋(或小翻斗车)为计量单位时,应计算每计量单位结合料的堆放距离。这样分层堆放的原材料经摊平、拌和后得到的混合料更容易符合规定的配合比要求。

通常先堆放集料或土,用自动平地机等适合的机械或人工按铺筑试验路确定的松铺系数摊铺均匀,然后按上述计算结果堆放结合料并摊平,摊铺应使混合料层厚度均匀。摊铺完毕,用稳定土拌和机、农用旋耕机或多铧犁进行拌和,拌和深度应达到稳定层底部,略扰动下承层,使基层与下承层结合良好。在拌和过程中,应设专人跟随拌和机行进,以便随时调整拌和深度并检查拌和质量。混合料应充分拌和均匀,严禁在拌和层底留有"素土"或夹层,否则会严重影响稳定层的强度和稳定性。拌和时应适时检查混合料的含水率,若含水率不符合设计要求,应通过自然蒸发或补充洒水使之处于最佳值,并再次拌和均匀。

混合料拌和均匀后,立即用平地机初平、整型。在直线段,平地机由两侧向路中心刮平,在曲线段,平地机由内侧向外侧刮平。初平后,用拖拉机、平地机或轮胎式压路机快速碾压1~2遍,使可能的不平整部位暴露出来,再用平地机整形,如此反复1~2遍。整形过程中要及时消除集料离析现象,特别是粗集料集中的部位。低洼处应用齿耙将距表面5cm深度范围内的混合料耙松,再用新拌和的混合料找平。初步整形后,应检查混合料松铺厚度,并进行必要的补料和减料。碾压作业与厂拌法施工相同。碾压结束前,用平地机再终平一次,使基层纵向顺适,路拱、超高、高程等符合设计要求,特别要将高出部分刮除并扫出路外,以保证上层路面结构的有效厚度。

4. 施工应注意的问题

1)施工季节

半刚性基层宜在春末或夏季组织施工。施工期间的最低气温应在5℃以上,在冰冻地区,应保证在结冻前有一定成型时间,即在第一次重冰冻(-3~-5℃)到来之前的半个月到一个月(水泥稳定类)或一个月到一个半月(石灰、工业废渣稳定类)完成。若不能达到上述要求,则碾压成型的半刚性基层应采取覆盖措施以防冻融破坏。多雨地区应避免在雨季施工石灰土结构层。雨季施工水泥稳定土或石灰稳定中、粗粒土时,应特别注意气候变化,采取措施避免结合料或混合料遭雨淋。降雨时应停止施工,及时排除地表水,使运到路上的材料不过分潮湿。已经摊铺的混合料应尽快碾压密实。

2)接缝及"调头"处的处理

无论用厂拌法还是路拌法施工,均应尽量减少横向接缝和纵向接缝,必须设置接缝时,应妥善处理。对于水泥稳定类基层,同一天施工的两个作业段衔接处应搭接拌和,即前一段拌和后留下5~8m长的混合料不碾压,待后一段施工时,在前一段未碾压的混合料中加入水泥,并拌和均匀。每一工作日的最后一段水泥稳定类基层完工后,应将末端设置成垂直端面以保证接缝处有良好的传荷能力。对于石灰稳定类和工业废渣稳定类基层,同一天施工的两作业段衔接处可按前述方法处理,但不再添加结合料。施工过程中出现的纵向接缝应设置垂直接缝,接缝区的混合料应充分碾压密实。

拌和机等施工机械不应在已碾压成型的稳定类基层上“调头”、制动或突然起动,若必须进行这些操作时,应采取有效的措施保护基层。

3)水泥稳定类混合料基层施工作业段长度的确定

确定水泥稳定类混合料基层的施工作业段长度应考虑水泥的终凝时间、延迟时间、工程质量要求、施工机械效率及气候条件等因素。延迟时间宜控制在3~4h内,不得超过水泥的终凝时间。在保证混合料强度符合要求的前提下,尽可能增长施工作业段长度。为此,水泥稳定类基层应采用流水作业法组织施工,使各工序紧密衔接,尽可能缩短延迟时间以增加施工流水段长度。一般条件下,每作业段长度以200m为宜,但每天的第一个作业段宜稍短,可为150m。如稳定土层较宽,则作业段应再缩短。

二、粒料类基层施工

粒料类基层是由有一定级配的矿质集料经拌和、摊铺、碾压,当强度符合规定时得到的基层。按强度形成原理的不同,矿质集料分为嵌锁型和密实型两种类型。嵌挤型粒料包括泥结碎石、泥灰结碎石、填隙碎石等,强度靠颗粒之间的摩擦和嵌挤锁结作用形成。密实型粒料具有连续级配,故也称级配型基层,材料包括级配碎(砾)石、符合级配要求的天然砂砾等。本节主要介绍级配碎石、级配砾石和填隙碎石基层的施工技术。

1.级配碎(砾)石基层施工

级配碎(砾)石基层大都采用路拌法施工,施工次序为:准备下承层→施工放样→运输和摊铺主集料→运输和摊铺掺配集料→洒水拌和→整形→碾压→做封层。采用集中厂拌法施工,施工次序为:准备下承层→施工放样→混合料拌和与摊铺→整形→碾压→做封层。

下承层准备与施工放样按半刚性基层施工的方法和要求进行,运输和摊铺集料是确保级配碎(砾)石基层施工质量的关键工序之一,通过准确配料、均匀摊铺可使碎(砾)石混合料具有规定的级配,从而达到规定的强度等技术要求。施工时根据拟订的混合料配合比、基层宽度与厚度及预定达到的干密度等计算确定各规格集料的用量,以先粗后细的顺序将集料分层平铺在下承层上,然后用人工或平地机进行摊平,级配碎(砾)石混合料可用稳定土拌和机、自动平地机、多铧犁与缺口圆盘耙相配合拌和,拌和应均匀,避免出现集料离析现象,确保级配碎(砾)石基层具有良好的整体强度。应边拌和边洒水,使混合料达到最佳含水率。混合料拌和均匀即可按松铺厚度摊平,级配碎石的松铺系数为1.4~1.5,级配砾石的松铺系数为1.25~1.35。使用在料场已拌和均匀的级配碎石混合料时,摊铺后混合料如有粗细颗粒离析现象,应用平地机进行补充拌和。用平地机将拌和均匀的混合料按规定的路拱进行整平和整形,在整形过程中,应注意消除粗细集料离析现象。用拖拉机、平地机或轮胎压路机在已初平的路段上快速碾压一遍,以暴露潜在的不平整。再用平地机进行整平和整形。

整形后,当混合料的含水率等于或略大于最佳含水率时,用12t以上三轮压路机或振动压路机碾压。在直线段,由路肩开始向路中心碾压;在平曲线段,由弯道内侧向外侧碾压,碾压轮重叠1/2轮宽,后轮超过施工段接缝。后轮压完路面全宽即为一遍,一般应碾压6~8遍,直到符合规定的密实度,表面无轮迹为止。压路机碾压头两遍的速度为1.5~1.7km/h,然后为2.0~2.5km/h。路面外侧应多压2~3遍。对于含细土的级配碎(砾)石,应进行滚浆碾压,一直到碎(砾)石基层中无多余细土泛到表面为止,泛到表面的泥浆应清除干净。两作业段的衔接处,应搭接拌和。第一段拌和后,留 5 ~ 8m 不进行碾压,第二段施工时,前段留下未压部分与第二段一起拌和整平后进行碾压。应避免纵向接缝。在必须分两幅铺筑时,纵缝应搭接拌和。前一幅全宽碾压密实,在后一幅拌和时,应将相邻的前幅边部约 30cm 搭接拌和,整平后一起碾压密实。用级配碎石作基层时,压实度不应小于 98%;作底基层时,压实度不应小于 96%。用级配砾石作基层时,压实度不应小于 98%,CBR 值不应小于 60%;作底基层时,压实度不应小于 96%,中等交通条件下 CBR 值不应小于 60%,轻交通条件下 CBR 值不应小于 40%。

级配碎石用作薄沥青面层与半刚性基层间的中间层时,主要起防治反射裂缝的作用。碎石混合料应采用强制式拌和机、卧式双转轴桨叶式拌和机或普通水泥混凝土拌和机等集中拌和,用沥青混凝土摊铺机、水泥混凝土摊铺机或稳定土摊铺机摊铺,这样可使其具有良好的强度和稳定性,表面平整,质量明显高于路拌法施工的基层。

2. 填隙碎石基层施工

填隙碎石基层施工的顺序为:准备下承层→施工放样→运输和摊铺粗集料→稳压→撒布石屑→振动压实→第二次撒布石屑→振动压实→局部补撒石屑并扫匀→振动压实,填满空隙→洒水饱和(湿法)或洒少量水(干法)→碾压。其中,运输和摊铺粗集料及振动压实是确保施工质量的关键。

填隙碎石施工时,细集料应干燥,采用振动压路机充分碾压,尽量使粗碎石集料的空隙被细集料填充密实,而填隙料又不覆盖粗碎石表面自成一层,粗碎石应"露子"。填隙碎石的压实度用固体体积率来表示,用作基层时,不应小于 83%;用作底基层时,不应小于 85%。填隙碎石基层碾压完毕,铺封层前禁止开放交通。

第三节　路面基层、底基层施工的质量要求与检查验收

一、基层(底基层)施工质量控制

确保基层(底基层)的施工质量符合设计文件和技术规范要求是基层(底基层)施工的首要任务,施工过程中应采取有效措施控制施工质量,如建立健全工地现场试验、质量检查与工序间的交接验收制度。各工序完成后应进行相应指标的检查验收,上一道工序完成且质量符合要求方可进入下一道工序的施工。施工质量控制的内容包括原材料与混合料技术指标的检验、试验路铺筑及施工过程中的质量控制与外形管理三大部分。

1. 一般要求

(1)施工中,应建立健全工地试验、质量检查以及工序间的交接验收等规章制度。试验、检测、验收,应做到原始记录齐全、数据准确和资料完整。

(2)施工单位应有对压实度、平整度等各项试验进行检测的设备和仪器。

(3)每道工序完成后,均应进行检查验收,合格后方可进行下道工序。经检测不合格的,应进行翻修,达到合格要求。

2. 材料试验

1)原材料试验

固化类基层和底基层使用的原材料,其试验目的和方法应符合表 3-7-6 的规定要求。

固化类基层和底基层原材料的试验项目和方法 表 3-7-6

试验项目	材料名称	取样	仪器和试样方法
含水率	土、砂砾、碎石等集料	每天使用前测 2 个样品	烘干法或含水率快速测定仪、酒精法
液限、塑限	土、级配砾石或级配碎石中 0.5mm 以下的细粒土	每种土使用前测 2 个样品,使用过程中每 $2000m^2$ 测 2 个样品	100g 平衡锥液限、搓条法塑限
压碎值	砂砾、碎石等	使用前测 2 个样品,砂砾使用过程中每 $2000m^2$ 测 2 个样品	压碎值仪
pH 值	土	—	—
有效钙、氧化镁的测定	石灰	做材料组成设计和生产使用时,分别测定 2 个样品,以后每月测 2 个样品	—
水泥标号和终凝时间	水泥	做材料组成设计时测一个样品,料源或标号变化时重测	—
颗粒分析	砂砾、碎石等集料	每种土使用前测 2 个样品,使用过程中每 $2000m^2$ 测 2 个样品	筛分法(含土材料用湿筛分法)
有机质含量	土	对土有怀疑时做此试验	—

2)混合料试验

混合料试验的仪器及方法见表 3-7-7。

固化类基层混合料的试验项目 表 3-7-7

试验项目	仪器和试验方法
重型击实试验	重型击实试验仪(手动或电动)
抗压强度	路面材料测试仪或其他合适的压力仪

3. 质量要求

(1)施工过程中的质量要求应包括外形尺寸的控制和检查以及质量的控制和检查。

(2)外形尺寸的测量频率和质量标准应符合表 3-7-8 的规定。

(3)施工单位应进行质量控制。质量控制的项目、频率和标准应符合表 3-7-9 的规定。

外形管理的测量频率和质量标准 表 3-7-8

工程类别	项目		频度	质量标准	
				城市快速路和城市主干路	城市次干路和支路
底基层	纵断高程(m)		城市次干路每 20 延米 1 点;城市快速路和主干路每 20 延米 1 个断面,每个断面 3~5 个点	+5,-15	+5,-20
	厚度(mm)	均值	每 1500~$2000m^2$ 6 个点	-10	-12
		单个值		-25	-30
	宽度(mm)		每 40 延米 1 处	0 以上	0 以上
	横坡度(%)		每 100 延米 3 处	±0.3	±0.5
	平整度(mm)		每 200 延米 2 处,每处连续 10 尺(3m 直尺)	15	20

续上表

工程类别	项　目		频　度	质量标准	
				城市快速路和城市主干路	城市次干路和支路
基层	纵断高程(m)		城市次干路每20延米1点；城市快速路和主干路每20延米1个断面，每个断面3～5个点	+5，-10	+5，-15
	厚度(mm)	均值	每1500～2000$m^2$6个点	-8	-15
		单个值		-10	-25
	宽度(mm)		每40延米1处	0以上	0以上
	横坡度(%)		每100延米3处	±0.3	±0.5
	平整度(mm)		每200延米2处，每处连续10尺(3m直尺)	10	15

质量控制的项目、频率和标准　　表3-7-9

工程类别	项　目	频　率	标　准	达不到要求时的处理措施
固化类基层与底基层	含水率	据观察，异常时随时试验	最佳含水率-1%～+2%	含水率多时晾晒，过干时补充洒水
	级配	据观察，异常时随时试验	在固定范围内	调查原材料，按需要修正现场配合比
	均匀性	随时观察	整体颜色均匀，无粗细集料离析现象	局部添加所缺材料，补充拌和或换填新料
	压实度	每一作业段或不大于2000m，检查6次以上	30%以上填隙碎石以固体体积率表示，不小于83%	继续碾压，局部含水率过大或材料不良地点，挖除并换填固化类混合料
	抗压强度	固化土每天两组，每组6个试件	符合规定要求	调查原材料配合比，按需要增加水泥或石灰用量及固化剂掺量，调整配合比，提高压实度或采用其他措施

注：含水率应在开始碾压时及碾压过程中进行。在料场和施工现场，含土集料应用湿筛分法测定级配。在摊铺、拌和和整平过程中观察均匀性。压实度以灌砂法为准，每个点受压路机的作用次数力求相等。测定抗压强度时，试件密度与现场达到的密实度应相同。

二、检查验收

基层施工完毕应进行竣工检率验收，内容包括竣工后的现场取样质量和路基外形质量。检查验收过程中的试验、检验应做到原始记录齐全、数据真实可靠，为质量评定提供客观、准确的依据。检查验收应随机抽样进行，不能带有任何倾向性，通常以1km长的路段为一个评定单位或以每天完成的路段为检验单位。

竣工后外形检查数量与允许误差应符合下列规定：

(1)竣工后外形的检查数量与允许误差应符合表3-7-10的规定。其中厚度算术平均值的下置信限$\bar{x}_1$不应小于设计厚度平均值的允许误差(如城市快速路及城市主干路路面基层为设计厚度减8mm)；其中宽度算术平均值的下置信限$\bar{x}_1$不应小于设计宽度。

(2)算术平均值的下置信限$\bar{x}_1$应按下式计算：

竣工后外形的检查数量和允许误差　　表 3-7-10

工程类别	项目		检查取样	合格允许误差	
				城市快速路和主干路	城市次干路和支路
底基层	高程(mm)		每 200m 取 4 点	+5 ~ −15	+5 ~ −20
	厚度(mm)	均值 单个值	每 200m 每车道取 1 点	−10 −25	−12 −30
	宽度(mm)		每 400m 取 4 处	0 以上	0 以上
	横坡度(%)		每 200m 取 4 个断面	±0.3	±0.5
	平整度(mm)		每 200m² 设一处,每处连续丈量	15	20
基层	高程(mm)		每 200m 取 4 点	+5 ~ −10	+5 ~ −15
	厚度(mm)	均值 单个值	−10 −25	−8 −15	−10 −20
	宽度(mm)		每 400m 取 4 处	0 以上	0 以上
	横坡度(%)		每 200m 取 4 个断面	±0.3	±0.5
	平整度(mm)		每 200m² 设一处,每处连续丈量	10	15

$$\bar{x}_1 = \bar{x} - t_a \frac{s}{\sqrt{n}} \tag{3-7-1}$$

式中:t_a——t 分布表中随自由度和保证率(或置信度)而变的系数,城市快速路和主干路取 99%,其他道路取 95%;

n——检查样本数;

$\bar{x}$——算术平均值;

s——标准差。

(3)厚度和宽度检查后,应按下式计算其平均值 $\bar{x}$ 和标准差 s。

$$\bar{x} = \frac{x_1 + x_2 + \cdots + x_n}{n} \tag{3-7-2}$$

$$s = \sqrt{\frac{(x_1 - x)^2 + (x_2 - x)^2 + \cdots + (x_n - x)^2}{n - 1}} \tag{3-7-3}$$

式中:$x_1, x_2, \cdots, x_n$——每次检查所得的值;

n——样本的数量。

复习思考题

1. 简述半刚性基层原材料的质量要求。
2. 简述半刚性基层路拌法施工工艺及流程。
3. 简述路面基层施工质量控制的主要内容。
4. 简述对路面基层质量评定的要求。

第八章

沥青路面施工

知识目标

1. 描述沥青路面的分类及其特点；
2. 描述沥青路面对常用材料的要求；
3. 描述各类沥青路面的施工方法、程序及要点；
4. 描述沥青路面的常见病害及其处治方法和措施。

能力目标

能进行沥青路面的施工。

•第一节　沥青路面的分类•

一、沥青路面的基本特性

沥青路面是用沥青材料作结合料黏结矿料修筑面层与各类基层和垫层所组成的路面结构。

由于沥青面层使用沥青结合料，因而增强了矿料间的黏结力，提高了混合料的强度和稳定性，使路面的使用质量和耐久性都得到提高。与水泥混凝土路面相比，沥青路面具有表面平整、无接缝、行车舒适、耐磨、振动小、噪声低 、施工期短、养护维修简便、适宜于分期修建等优点，因而得到越来越广泛的应用。20 世纪 50 年代以来，各国修建沥青路面的数量迅猛增长，所占比重很大。我国的公路和城市道路近 20 年来使用沥青材料修筑了相当数量的沥青路面。沥青路面是我国城市道路的主要路面形式。随着国民经济的发展和现代化道路交通运输的需要，沥青路面必将有更大的发展。

沥青路面属柔性路面，其强度与稳定性在很大程度上取决于土基和基层的特性。沥青路面的抗弯强度较低，因而要求路面的基础应具有足够的强度和稳定性。所以，在施工时必须掌握路基土的特性进行充分的碾压。对软弱土基或翻浆路段，必须预先加以处理。在低温时，沥青路面的抗变形能力很低，在寒冷地区为了防止土基不均匀冻胀而使沥青路面开裂，需设置防冻层。沥青面层修筑后，由于它的透水性小，从而使土基和基层内的水分难以排出，在潮湿路段易发生土基和基层变软，导致路面破坏。因此，必须提高基层的水稳性，尽可能采用结合料处治的整体性基层。对交通量较大的路段，为使沥青路面具有一定的抗弯拉和抗疲劳开裂的能力，宜在沥青面层下设置沥青混合料的联结层。采用较薄的沥青面层时，特别是在旧路面上加铺面层时，要采取措施加强面层与基层之间的黏结，以防止水平力作用而引起沥青面层的剥落、推挤、壅包等破坏。

二、沥青路面的分类

(1)按强度构成原理可将沥青路面分为密实类和嵌挤类两大类。

密实类沥青路面要求矿料的级配按最大密实原则设计，其强度和稳定性主要取决于混合料的黏聚力和内摩阻力。密实类沥青路面按其空隙率的大小可分为闭式和开式两种：闭式混合料中含有较多的小于0.5mm和0.074mm的矿料颗粒，空隙率小于6%，混合料致密而耐久，但热稳定性较差；开式混合料中小于0.5mm的矿料颗粒含量较少，空隙率大于6%，其热稳定性较好。

嵌挤类沥青路面要求采用颗粒尺寸较为均一的矿料，路面的强度和稳定性主要依靠骨料颗粒之间相互嵌挤所产生的内摩阻力，而黏聚力则起着次要的作用。按嵌挤原则修筑的沥青路面，其热稳定性较好，但因空隙率较大、易渗水，且耐久性较差。

(2)按施工工艺的不同，沥青路面可分为层铺法、路拌法和厂拌法三类。

层铺法是用分层洒布沥青，分层铺撒矿料和碾压的方法修筑，其主要优点是工艺和设备简便、功效较高、施工进度快、造价较低，其缺点是路面成型期较长，需要经过炎热季节行车碾压之后路面方能成型。用这种方法修筑的沥青路面有沥青表面处治和沥青贯入式两种。

路拌法是在路上用机械将矿料和沥青材料就地拌和摊铺和碾压密实而成的沥青面层。此类面层所用的矿料为碎(砾)石者称为路拌沥青碎(砾)石；所用的矿料为土者则称为路拌沥青稳定土。路拌沥青面层，通过就地拌和，沥青材料在矿料中分布比层铺法均匀，可以缩短路面的成型期。但因所用的矿料为冷料，需使用黏稠度较低的沥青材料，故混合料的强度较低。

厂拌法是有一定级配的矿料和沥青材料在工厂用专用设备加热拌和，然后送到工地摊铺碾压而成的沥青路面。矿料中细颗粒含量少，不含或含少量矿粉，混合料为开级配的，(空隙率达10% ~15%)，称为厂拌沥青碎石；若矿料中含有矿粉，混合料是按最佳密实级配配制的(空隙率10%以下)称为沥青混凝土。厂拌法按混合料铺筑时根据温度的不同，又可分为热拌热铺和热拌冷铺两种：热拌热铺是混合料在专用设备加热拌和后立即趁热运到路上摊铺压实；如果混合料加热拌和后储存一段时间再在常温下运到路上摊铺压实，即为热拌冷铺。厂拌法使用较黏稠的沥青材料，且矿料经过精选，因而混合料质量高，使用寿命长，但修建费用也较高。

(3)根据沥青路面的技术特性，沥青面层可分为沥青混凝土热拌、沥青碎石乳化、沥青碎石混合料、沥青贯入式、沥青表面处治五种类型。此外，沥青玛蹄脂碎石近年在许多国家也得到广泛应用。

沥青表面处治路面是指用沥青和集料按层铺法或拌和法铺筑而成的厚度不超过3cm的沥青路面。沥青表面处治的厚度一般为1.5 ~3.0cm。层铺法可分为单层、双层、三层。单层表处厚度为1.0 ~1.5cm，双层表处厚度为1.5 ~2.5cm，三层表处厚度为2.5 ~3.0 cm。沥青表面处治适用于城市道路的支路、县镇道路以及在旧沥青面层上加铺罩面或抗滑层、磨耗层等。

沥青贯入式路面是指用沥青贯入碎(砾)石作面层的路面。沥青贯入式路面的厚度一般为4～8 cm。当沥青贯入式的上部加铺拌和的沥青混合料时,也称为上拌下贯,此时拌和层的厚度宜为3～4cm,其总厚度为7～10cm。沥青贯入式碎石适用于城市道路的次干路及支路。

沥青碎石路面是指用沥青碎石作面层的路面,沥青碎石的配合比设计应根据实践经验和马歇尔试验的结果,并通过施工前的试拌和试铺确定。沥青碎石有时也用作联结层。

沥青混凝土路面是指用沥青混凝土作面层的路面,其面层可由单层或双层或三层沥青混合料组成,各层混合料的组成设计应根据其层厚和层位、气温和降雨量等气候条件、交通量和交通组成等因素确定,以满足对沥青面层使用功能的要求。沥青混凝土常用作高等级道路的面层。

乳化沥青碎石混合料适用于做次干路的沥青面层、主干路养护罩面以及各级道路的调平层。国外也用作为柔性基层。

沥青玛蹄脂碎石路面是指用沥青玛蹄脂碎石混合料作面层或抗滑层的路面。沥青玛蹄脂碎石混合料(简称SMA)是以间断级配为骨架,用改性沥青、矿粉及木质纤维素组成的沥青玛蹄脂为结合料,经拌和、摊铺、压实而形成的一种构造深度较大的抗滑面层。它具有抗滑耐磨、空隙率小、抗疲劳、高温抗车辙、低温抗开裂的优点,是一种全面提高密级配沥青混凝土使用质量的新材料。适用于快速路、主干路的表面层。

三、沥青路面类型的选择

采用不同的施工工艺和材料可以修筑成不同类型的沥青路面。因此,必须根据路面的使用要求和施工的具体条件,按照技术经济原则来综合考虑,选定最适当的路面类型。选择沥青路面的类型,一方面要根据任务要求(道路的等级、交通量、使用年限、修建费用等)和工程特点(施工季节、施工期限、基层状况等),另一方面还应考虑材料供应情况、施工机具、劳力和施工技术条件等因素。

从施工季节来讲,沥青类路面一般都要求在温暖干燥的气候条件下施工,所用沥青材料在施工时具有较大的流动性,便于路面摊铺和压实成型,并应在气温较高(不低于15℃)的时期施工。热拌热铺类的沥青碎石或沥青混凝土面层,气候对其影响较小,仅要求在晴朗天气和气温不低于5℃时施工。若施工气温较低,则应选用热拌冷铺法施工较为适宜。

沥青类路面一般不宜铺筑在纵坡大于6%的路段上。纵坡大于3%的路段,考虑抗滑的要求,宜采用粗粒式的沥青碎石或粗粒式的沥青表面处治。

•第二节　沥青类路面对常用材料的要求•

一、沥 青 材 料

沥青路面所用的沥青材料有道路石油沥青、乳化沥青、液体石油沥青、煤沥青、改性沥青和改性乳化沥青等。沥青材料的选择应根据交通量、气候条件、施工方法、沥青面层类型、材料来源等情况确定。当采用改性沥青时应进行试验并应进行技术论证。

1. 道路石油沥青

道路石油沥青的质量应符合表3-8-1规定的技术要求。各个沥青等级的适用范围应符合表3-8-2的规定。经建设单位同意，沥青的 *PI* 值、60℃动力黏度，10℃延度可作为选择性指标。

道路石油沥青技术要求　　表3-8-1

<table>
<tr><th rowspan="2">指　标</th><th rowspan="2">单位</th><th rowspan="2">等级</th><th colspan="17">沥 青 标 号</th><th rowspan="2">试验方法[1]</th></tr>
<tr><th>160号[4]</th><th>130号[4]</th><th colspan="3">110号</th><th colspan="5">90号</th><th colspan="5">70号[3]</th><th>50号</th><th>30号[4]</th></tr>
<tr><td>针入度(25℃,5s,100g)</td><td>dmm</td><td></td><td>140~200</td><td>120~140</td><td colspan="3">100~120</td><td colspan="5">80~100</td><td colspan="5">60~80</td><td>40~60</td><td>20~40</td><td>T 0604</td></tr>
<tr><td>适用的气候分区</td><td></td><td></td><td>注[4]</td><td>注[4]</td><td>2-1</td><td>2-2</td><td>3-2</td><td>1-1</td><td>1-2</td><td>1-3</td><td>2-2</td><td>2-3</td><td>1-3</td><td>1-4</td><td>2-2</td><td>2-3</td><td>2-4</td><td>1-4</td><td>注[4]</td><td></td></tr>
<tr><td rowspan="2">针入度指数 PI[2]</td><td rowspan="2"></td><td>A</td><td colspan="17">-1.5~+1.0</td><td rowspan="2">T 0604</td></tr>
<tr><td>B</td><td colspan="17">-1.8~+1.0</td></tr>
<tr><td rowspan="3">软化点(R&B)不小于</td><td rowspan="3">℃</td><td>A</td><td>38</td><td>40</td><td colspan="3">43</td><td colspan="3">45</td><td colspan="2">44</td><td colspan="2">46</td><td colspan="3">45</td><td>49</td><td>55</td><td rowspan="3">T 0606</td></tr>
<tr><td>B</td><td>36</td><td>39</td><td colspan="3">42</td><td colspan="3">43</td><td colspan="2">42</td><td colspan="2">44</td><td colspan="3">43</td><td>46</td><td>53</td></tr>
<tr><td>C</td><td>35</td><td>37</td><td colspan="3">41</td><td colspan="5">42</td><td colspan="5">43</td><td>45</td><td>50</td></tr>
<tr><td>60℃动力黏度[2]不小于</td><td>Pa·s</td><td>A</td><td>—</td><td>60</td><td colspan="3">120</td><td colspan="3">160</td><td colspan="2">140</td><td colspan="2">180</td><td colspan="3">160</td><td>200</td><td>260</td><td>T 0620</td></tr>
<tr><td rowspan="2">10℃延度[2]不小于</td><td rowspan="2">cm</td><td>A</td><td>50</td><td>50</td><td colspan="3">40</td><td>45</td><td>30</td><td>20</td><td>30</td><td>20</td><td>20</td><td>15</td><td>25</td><td>20</td><td>15</td><td>15</td><td>10</td><td rowspan="4">T 0605</td></tr>
<tr><td>B</td><td>30</td><td>30</td><td colspan="3">30</td><td>30</td><td>20</td><td>15</td><td>20</td><td>15</td><td>15</td><td>10</td><td>20</td><td>15</td><td>10</td><td>10</td><td>8</td></tr>
<tr><td rowspan="2">15℃延度不小于</td><td rowspan="2">cm</td><td>A、B</td><td colspan="15">100</td><td>80</td><td>50</td></tr>
<tr><td>C</td><td>80</td><td>80</td><td colspan="3">60</td><td colspan="5">50</td><td colspan="5">40</td><td>30</td><td>20</td></tr>
<tr><td rowspan="3">蜡含量(蒸馏法)不大于</td><td rowspan="3">%</td><td>A</td><td colspan="17">2.2</td><td rowspan="3">T 0615</td></tr>
<tr><td>B</td><td colspan="17">3.0</td></tr>
<tr><td>C</td><td colspan="17">4.5</td></tr>
<tr><td>闪点不小于</td><td>℃</td><td></td><td colspan="5">230</td><td colspan="5">245</td><td colspan="7">260</td><td>T 0611</td></tr>
<tr><td>溶解度不小于</td><td>%</td><td></td><td colspan="17">99.5</td><td>T 0607</td></tr>
<tr><td>密度(15℃)</td><td>g/cm^3</td><td></td><td colspan="17">实测记录</td><td>T 0603</td></tr>
<tr><td colspan="20">TFOT(或RTFOT)后[5]</td><td rowspan="2">T 0610或T 0609</td></tr>
<tr><td>质量变化不大于</td><td>%</td><td></td><td colspan="17">±0.8</td></tr>
<tr><td rowspan="3">残留针入度比不小于</td><td rowspan="3">%</td><td>A</td><td>48</td><td>54</td><td colspan="3">55</td><td colspan="5">57</td><td colspan="5">61</td><td>63</td><td>65</td><td rowspan="3">T 0604</td></tr>
<tr><td>B</td><td>45</td><td>50</td><td colspan="3">52</td><td colspan="5">54</td><td colspan="5">58</td><td>60</td><td>62</td></tr>
<tr><td>C</td><td>40</td><td>45</td><td colspan="3">48</td><td colspan="5">50</td><td colspan="5">54</td><td>58</td><td>60</td></tr>
</table>

续上表

指　标	单位	等级	沥青标号							试验方法[1]
			160号[4]	130号[4]	110号	90号	70号[3]	50号	30号[4]	
残留延度(10℃)不小于	cm	A	12	12	10	8	6	4	—	T 0605
		B	10	10	8	6	4	2	—	
残留延度(15℃)不小于	cm	C	40	35	30	20	15	10	—	T 0605

注：[1]试验方法按照现行《公路工程沥青及沥青混合料试验规程》(JTJ 052—2000)规定的方法执行。用于仲裁试验求取 *PI* 时的5个温度的针入度关系的相关系数不得小于0.997。

[2]经建设单位同意，表中 *PI* 值、60℃动力黏度、10℃延度可作为选择性指标，也可不作为施工质量检验指标。

[3]70号沥青可根据需要要求供应商提供针入度范围为60～70或70～80的沥青，50号沥青可要求提供针入度范围为40～50或50～60的沥青。

[4]30号沥青仅适用于沥青稳定基层。130号和160号沥青除寒冷地区可直接在中低级公路上直接应用外，通常用作乳化沥青、稀释沥青、改性沥青的基质沥青。

[5]老化试验以TFOT为准，也可以RTFOT代替。

道路石油沥青的适用范围　　表3-8-2

沥青等级	适用范围
A级沥青	各个等级的道路，适用于任何场合和层次
B级沥青	①高速公路、一级公路和城市快速路及主干路沥青下面层及以下的层次，二级及二级以下公路、城市道路次干路及支路的各个层次； ②用作改性沥青、乳化沥青、改性乳化沥青、稀释沥青的基质沥青
C级沥青	三级及三级以下公路及次干路以下的各个层次

对高速公路、一级公路和城市快速路、主干路，由于夏季温度高、高温持续时间长，所以在重载交通等行车速度慢的路段，尤其是汽车荷载剪应力大的层次，宜采用稠度大、60℃黏度大的沥青，也可提高温度分区的温度水平选用沥青等级；对冬季寒冷的地区或交通量小的公路、旅游公路宜选用稠度小、低温延度大的沥青；对温度日温差、年温差大的地区宜注意选用针入度指数大的沥青。当高温要求与低温要求发生矛盾时应优先考虑满足高温性能的要求。

当缺乏所需标号的沥青时，可采用不同标号掺配的调和沥青，其掺配比例由试验决定。

沥青必须按品种、标号分开存放。除长期不使用的沥青可放在自然温度下存储外，沥青在储罐中的储存温度不宜低于130℃，并不得高于170℃。桶装沥青应直立堆放，加盖苫布。道路石油沥青在储运、使用及存放过程中应有良好的防水措施，避免雨水或加热管道蒸气进入沥青中。

2. 乳化沥青

(1)乳化沥青适用于沥青表面处治路面、沥青贯入式路面、冷拌沥青混合料路面，修补裂缝，喷洒透层、黏层与封层等。乳化沥青的品种和适用范围宜符合表3-8-3的规定。

乳化沥青品种及适用范围 表 3-8-3

分　类	品种及代号	适 用 范 围
阳离子乳化沥青	PC-1	表处、贯入式路面及下封层用
	PC-2	透层油及基层养生用
	PC-3	黏层油用
	BC-1	稀浆封层或冷拌沥青混合料用
阴离子乳化沥青	PA-1	表处、贯入式路面及下封层用
	PA-2	透层油及基层养生用
	PA-3	黏层油用
	BA-1	稀浆封层或冷拌沥青混合料用
非离子乳化沥青	PN-2	透层油用
	BN-1	与水泥稳定集料同时使用(基层路拌或再生)

(2)乳化沥青的质量应符合表 3-8-4 的规定。在高温条件下宜采用黏度较大的乳化沥青,寒冷条件下宜使用黏度较小的乳化沥青。

道路用乳化沥青技术要求 表 3-8-4

试验项目		单位	品种及代号									
			阳离子				阴离子				非离子	
			喷洒用			拌和用	喷洒用			拌和用	喷洒用	拌和用
			PC-1	PC-2	PC-3	BC-1	PA-1	PA-2	PA-3	BA-1	PN-2	BN-1
破乳速度			快裂	慢裂	快裂或中裂	慢裂或中裂	快裂	慢裂	快裂或中裂	慢裂或中裂	慢裂	慢裂
粒子电荷			阳离子(+)				阴离子(-)				非离子	
筛上残留物(1.18mm 筛)不大于		%	0.1				0.1				0.1	
黏度	恩格拉黏度计 E_{25}	2~10	1~6	1~6	2~30	2~10	1~6	1~6	2~30	1~6	2~30	
	道路标准黏度计 $C_{25.3}$	s	10~25	8~20	8~20	10~60	10~25	8~20	8~20	10~60	8~20	10~60
蒸发残留物	残留分含量不小于	%	50	50	50	55	50	50	50	55	50	55
	溶解度,不小于	%	97.5				97.5				97.5	
	针入度(25℃)	dmm	50~200	50~300	45~150		50~200	50~300	45~150		50~300	60~300
	延度(15℃),不小于	cm	40				40				40	
与粗集料的黏附性,裹附面积 不小于			2/3			—	2/3			—	2/3	—
与粗、细粒式集料拌和试验			—			均匀	—			均匀	—	

续上表

试验项目	单位	品种及代号									
		阳离子				阴离子				非离子	
		喷洒用			拌和用	喷洒用			拌和用	喷洒用	拌和用
		PC-1	PC-2	PC-3	BC-1	PA-1	PA-2	PA-3	BA-1	PN-2	BN-1
水泥拌和试验的筛上剩余　不大于	%	—				—				—	3
常温储存稳定性： 1d　不大于 5d　不大于	%	 1 5				 1 5				 1 5	

注：1. P为喷洒型，B为拌和型，C、A、N分别表示阳离子、阴离子、非离子乳化沥青。

2. 黏度可选用恩格拉黏度计或沥青标准黏度计之一测定。

3. 表中的破乳速度、与集料的黏附性、拌和试验的要求与所使用的石料品种有关，质量检验时应采用工程上实际的石料进行试验，仅进行乳化沥青产品质量评定时可不要求此三项指标。

4. 储存稳定性根据施工实际情况选用试验时间，通常采用5d，乳液生产后能在当天使用时也可用1d的稳定性。

5. 当乳化沥青需要在低温冰冻条件下储存或使用时，尚需按《公路工程沥青及沥青混合料试验规程》（JTJ 052—2000）中T 0656进行－5℃低温储存稳定性试验，要求没有粗颗粒、不结块；

6. 如果乳化沥青是将高浓度产品运到现场经稀释后使用时，表中的蒸发残留物等各项指标指稀释前乳化沥青的要求。

（3）乳化沥青类型根据集料品种及使用条件选择。阳离子乳化沥青可适用于各种集料品种，阴离子乳化沥青适用于碱性石料。乳化沥青的破乳速度、黏度宜根据用途与施工方法选择。

（4）制备乳化沥青用的基质沥青，对高速公路和一级公路和城市快速路、主干路，宜符合表3-8-1道路石油沥青A、B级沥青的要求，其他情况可采用C级沥青。

（5）乳化沥青宜存放在立式罐中，并保持适当搅拌。储存期以不离析、不冻结、不破乳为度。

3. 液体石油沥青

（1）液体石油沥青适用于透层、黏层及拌制冷拌沥青混合料。根据使用目的与场所，可选用快凝、中凝、慢凝的液体石油沥青，其质量应符合表3-8-5的规定。

道路用液体石油沥青技术要求　　表3-8-5

试验项目		单位	快凝		中凝						慢凝					
			AL(R)-1	AL(R)-2	AL(M)-1	AL(M)-2	AL(M)-3	AL(M)-4	AL(M)-5	AL(M)-6	AL(S)-1	AL(S)-2	AL(S)-3	AL(S)-4	AL(S)-5	AL(S)-6
黏度	$C_{25.5}$		<20		<20						<20					
	$C_{60.5}$	s		5~15		5~15	16~25	26~40	41~100	101~200		5~15	16~25	26~40	41~100	101~200
蒸馏体积	225℃前	%	>20	>15	<10	<7	<3	<2	0	0						
	315℃前	%	>35	>30	<35	<25	<17	<14	<8	<5						
	360℃前	%	>45	>35	<50	<35	<30	<25	<20	<15	<40	<35	<25	<20	<15	<5

续上表

试验项目		单位	快凝		中凝						慢凝					
			AL(R)-1	AL(R)-2	AL(M)-1	AL(M)-2	AL(M)-3	AL(M)-4	AL(M)-5	AL(M)-6	AL(S)-1	AL(S)-2	AL(S)-3	AL(S)-4	AL(S)-5	AL(S)-6
蒸馏后残留物	针入度(25℃)	dmm	60~200	60~200	100~300	100~300	100~300	100~300	100~300	100~300						
	延度(25℃)	cm	>60	>60	>60	>60	>60	>60	>60	>60						
	浮漂度(5℃)	s									<20	<20	<30	<40	<45	<50
闪点(TOC法)		℃	>30	>30	>65	>65	>65	>65	>65	>65	>70	>70	>100	>100	>120	>120
含水率不大于		%	0.2	0.2	0.2	0.2	0.2	0.2	0.2	0.2	2.0	2.0	2.0	2.0	2.0	2.0

(2)液体石油沥青宜采用针入度较大的石油沥青，使用前按先加热沥青后加稀释剂的顺序，掺配煤油或轻柴油，经适当的搅拌、稀释制成。掺配比例根据使用要求由试验确定。

(3)液体石油沥青在制作、储存、使用的全过程中必须通风良好，并有专人负责，确保安全。基质沥青的加热温度严禁超过140℃，液体沥青的储存温度不得高于50℃。

4. 煤沥青

(1)道路用煤沥青的标号根据气候条件、施工温度、使用目的选用，其质量应符合表3-8-6的规定。

道路用煤沥青技术要求　　表3-8-6

试验项目		T-1	T-2	T-3	T-4	T-5	T-6	T-7	T-8	T-9
黏度(s)	$C_{30.5}$	5~25	26~70							
	$C_{30.10}$			5~25	26~50	51~120	121~200			
	$C_{50.10}$							10~75	76~200	
	$C_{60.10}$									35~65
蒸馏试验，馏出量(%)	170℃前 不大于	3	3	3	2	1.5	1.5	1.0	1.0	1.0
	270℃前 不大于	20	20	20	15	15	15	10	10	10
	300℃前 不大于	15~35	15~35	30	30	25	25	20	20	15
300℃蒸馏残留物软化点(环球法)(℃)		30~45	30~45	35~65	35~65	35~65	35~65	40~70	40~70	40~70
水分 不大于(%)		1.0	1.0	1.0	1.0	1.0	0.5	0.5	0.5	0.5
甲苯不溶物 不大于(%)		20	20	20	20	20	20	20	20	20
萘含量 不大于(%)		5	5	5	4	4	3.5	3	2	2
焦油酸含量 不大于(%)		4	4	3	3	2.5	2.5	1.5	1.5	1.5

(2)道路用煤沥青适用于下列情况：

各种基层上的透层，宜采用T-1或T-2级，不合喷洒要求时可适当稀释使用；三级及三级以下的公路和次干路以下的城市道路铺筑表面处治或贯入式沥青路面，宜采用T-5、T-6或T-7级；与道路石油沥青、乳化沥青混合使用，以改善渗透性。

(3)道路用煤沥青严禁用于热拌热铺的沥青混合料,作其他用途时的储存温度宜为70～90℃,且不得长时间储存。

二、粗 集 料

沥青层用粗集料包括碎石、破碎砾石、筛选砾石、钢渣、矿渣等,但高速、一级公路和快速路、主干路不得使用筛选砾石和矿渣。粗集料应该洁净、干燥、表面粗糙,质量应符合表3-8-7的规定。当单一规格集料的质量指标达不到表中要求,而按照集料配比计算的质量指标符合要求时,工程上允许使用。对受热易变质的集料,宜采用经拌和机烘干后的集料进行检验。

沥青混合料用粗集料质量技术要求 表3-8-7

指 标	单 位	高速、一级公路、城市快速路及主干路		其他等级公路与城市道路
		表面层	其他层次	
石料压碎值 不大于	%	26	28	30
洛杉矶磨耗损失 不大于	%	28	30	35
表观相对密度 不小于	t/m^3	2.60	2.50	2.45
吸水率 不大于	%	2.0	3.0	3.0
坚固性 不大于	%	12	12	—
针片状颗粒含量(混合料) 不大于	%	15	18	20
其中粒径大于9.5mm 不大于	%	12	15	—
其中粒径小于9.5mm 不大于	%	18	20	—
水洗法<0.075mm颗粒含量 不大于	%	1	1	1
软石含量 不大于	%	3	5	5

注:1.坚固性试验可根据需要进行。

2.用于高速、一级公路和城市快速路和主干路时,多孔玄武岩的视密度可放宽至$2.45t/m^3$,吸水率可放宽至3%,但必须得到建设单位的批准,且不得用于SMA路面。

3.对S14即3～5规格的粗集料,针片状颗粒含量可不予要求,<0.075mm含量可放宽到3%。

高速公路、一级公路和城市快速路及主干路沥青路面的表面层(或磨耗层)的粗集料的磨光值应符合表3-8-8的要求。除SMA、OGFC路面外,允许在硬质粗集料中掺加部分较小粒径的磨光值达不到要求的粗集料,其最大掺加比例由磨光值试验确定。

粗集料与沥青的黏附性、磨光值的技术要求 表3-8-8

<table>
<tr><td colspan="2">雨量气候区</td><td>(潮湿区)</td><td>(湿润区)</td><td>(半干区)</td><td>(干旱区)</td></tr>
<tr><td colspan="2">年降雨量(mm)</td><td>>1000</td><td>1000～500</td><td>500～250</td><td><250</td></tr>
<tr><td colspan="2">粗集料的磨光值PSV不小于高速公路、一级公路、城市快速路、主干道表面层</td><td>42</td><td>40</td><td>38</td><td>36</td></tr>
<tr><td rowspan="2">粗集料与沥青的黏附性不小于</td><td>高速公路、一级公路、城市快速路、主干道表面层</td><td>5</td><td>4</td><td>4</td><td>3</td></tr>
<tr><td>高速公路、一级公路、城市快速路、主干道的其他层次及其他等级公路与城市道路的各个层次</td><td>4</td><td>4</td><td>3</td><td>3</td></tr>
</table>

粗集料与沥青的黏附性应符合表3-8-8的要求,当使用不符要求的粗集料时,宜掺加消石灰、水泥或用饱和石灰水处理后使用,必要时可同时在沥青中掺加耐热、耐水、长期性能好的抗剥落剂,也可采用改性沥青的措施,使沥青混合料的水稳定性检验达到要求。掺加外加剂的剂量由沥青混合料的水稳定性检验确定。

破碎砾石应采用粒径大于50mm、含泥量不大于1%的砾石轧制,破碎砾石的破碎面应符合要求。筛选砾石仅适用于三级及三级以下公路和次干路以下的城市道路的沥青表面处治路面。经过破碎且存放期超过6个月以上的钢渣也可作为粗集料使用。除吸水率允许适当放宽外,各项质量指标应符合表3-8-7的要求。钢渣在使用前应进行活性检验,要求钢渣中的游离氧化钙含量不大于3%,浸水膨胀率不大于2%。

三、细 集 料

沥青路面的细集料包括天然砂、机制砂、石屑。细集料应洁净、干燥、无风化、无杂质,并有适当的颗粒级配,其质量应符合表3-8-9的规定。细集料的洁净程度,天然砂以小于0.075mm含量的百分数表示,石屑和机制砂以砂当量(适用于0~4.75mm)或亚甲蓝值(适用于0~2.36mm或0~0.15mm)表示。

沥青混合料用细集料质量要求 表3-8-9

项 目	单位	高速公路、一级公路、城市快速路、主干路	其他等级公路与城市道路
表观相对密度 不小于	t/m^3	2.50	2.45
坚固性(>0.3mm部分) 不小于	%	12	—
含泥量(小于0.075mm的含量) 不大于	%	3	5
砂当量 不小于	%	60	50
亚甲蓝值 不大于	g/kg	25	—
棱角性(流动时间) 不小于	s	30	—

天然砂可采用河砂或海砂,通常宜采用粗、中砂,砂的含泥量超过规定时应水洗后使用,海砂中的贝壳类材料必须筛除。热拌密级配沥青混合料中天然砂的用量通常不宜超过集料总量的20%,SMA和OGFC混合料不宜使用天然砂。石屑是采石场破碎石料时通过4.75mm或2.36mm的筛下部分。机制砂宜采用专用的制砂机制造,并选用优质石料生产。

四、填 料

沥青混合料的矿粉必须采用石灰岩或岩浆岩中的强基性岩石等憎水性石料经磨细得到的矿粉,原石料中的泥土杂质应除净。矿粉应干燥、洁净,能自由地从矿粉仓流出,其质量应符合表3-8-10的技术要求。粉煤灰作为填料使用时,用量不得超过填料总量的50%,粉煤灰的烧失量应小于12%,与矿粉混合后的塑性指数应小于4%,其余质量要求与矿粉相同。高速公路、一级公路和城市快速路、主干路的沥青面层不宜采用粉煤灰作填料。

沥青混合料用矿粉质量要求

表 3-8-10

项目		单位	高速公路、一级公路、城市快速路、主干路	其他等级公路与城市道路
表观相对密度 不小于		t/m³	2.50	2.45
含水率 不大于		%	1	1
粒度范围	<0.6mm	%	100	100
	<0.15mm	%	90~100	90~100
	<0.075mm	%	75~100	70~100
外观			无团粒结块	
亲水系数			<1	
塑性指数			<4	
加热安定性			实测记录	

●第三节 沥青路面各种施工方法、程序和要点●

一、沥青表面处治

沥青表面处治适用于三级及三级以下公路、城市道路的支路、县镇道路的沥青面层。各种封层适用于加铺薄层罩面、磨耗层、水泥混凝土路面上的应力缓冲层、各种防水和密水层、预防性养护罩面层。沥青表面处治与封层宜选择在干燥和较热的季节施工，并在最高温度低于15℃到来以前半个月及雨季前结束。使表面处治层通过开放交通，压实、成型稳定。

沥青表面处治可采用道路石油沥青、乳化沥青、煤沥青铺筑，沥青标号应按规范相关规定选用。沥青表面处治的集料最大粒径应与处治层的厚度相等，其规格和用量宜按表3-8-11选用；沥青表面处治施工后，应在路侧另备S12(5~10mm)碎石或S14(3~5mm)石屑、粗砂或小砾石(2~3m³/1000m²)作为初期养护用料。

沥青表面处治材料规格和用量

表 3-8-11

沥青种类	类型	厚度(mm)	集料(m³/1000m²)						沥青或乳液用量(kg/m²)			
			第一层		第二层		第三层		第一次	第二次	第三次	合计用量
			规格	用量	规格	用量	规格	用量				
石油沥青	单层	1.0	S12	7~9					1.0~1.2			1.0~1.2
		1.5	S10	12~14					1.4~1.6			1.4~1.6
	双层	1.5	S10	12~14	S12	7~8			1.4~1.6	1.0~1.2		2.4~2.8
		2.0	S9	16~18	S12	7~8			1.6~1.8	1.0~1.2		2.6~3.0
		2.5	S8	18~20	S12	7~8			1.8~2.0	1.0~1.2		2.8~3.2
	三层	2.5	S8	18~20	S12	12~14	S12	7~8	1.6~1.8	1.2~1.4	1.0~1.2	3.8~4.4
		3.0	S6	20~22	S12	12~14	S12	7~8	1.8~2.0	1.2~1.4	1.0~1.2	4.0~4.6

续上表

沥青种类	类型	厚度(mm)	集料($m^3/1000m^2$)						沥青或乳液用量(kg/m^2)			
			第一层		第二层		第三层		第一次	第二次	第三次	合计用量
			规格	用量	规格	用量	规格	用量				
乳化沥青	单层	0.5	S14	7~9					0.9~1.0			0.9~1.0
	双层	1.0	S12	9~11	S14	4~6			1.8~2.0	1.0~1.2		2.8~3.2
	三层	3.0	S6	20~22	S10	9~11	S12 S14	4~6 3.5~4.5	2.0~22	1.8~2.0	1.0~1.2	4.8~5.4

注:1. 煤沥青表面处治的沥青用量可比石油沥青用量增加15%~20%。

2. 表中的乳液用量按乳化沥青的蒸发残留物含量60%计算,如沥青含量不同应予折算。

3. 在高寒地区及干旱风沙大的地区,可超出高限5%~10%。

在清扫干净的碎(砾)石路面上铺筑沥青表面处治时,应喷洒透层油。在旧沥青路面、水泥混凝土路面、块石路面上铺筑沥青表面处治路面时,可在第一层沥青用量中增加10%~20%,不再另洒透层油或黏层油。

层铺法沥青表面处治路面宜采用沥青洒布车及集料撒布机联合作业。沥青洒布车喷洒沥青时应保持稳定速度和喷洒量,并保持整个洒布宽度喷洒均匀。小规模工程可采用机动或手摇的手工沥青洒布机洒布沥青。洒布设备的喷嘴应适用于沥青的稠度,确保能成雾状,与洒油管成15°~25°的夹角,洒油管的高度应使同一地点接受2~3个喷油嘴喷洒的沥青,不得出现花白条。沥青表面处治喷洒沥青材料时应对道路人工构造物、路缘石等外露部分覆盖防污染遮盖。

沥青表面处治施工应确保各工序紧密衔接,每个作业段长度应根据施工能力确定,并在当天完成。人工撒布集料时应等距离划分段落备料。

层铺法沥青表面处治施工,一般采用所谓"先油后料"法,即先洒布一层沥青,后铺撒一层矿料。以双层式沥青表面处治为例,其施工程序如下:

①备料;

②清理基层及放样;

③浇洒透层沥青;

④洒布第一次沥青;

⑤铺撒第一层矿料;

⑥碾压;

⑦洒布第二次沥青;

⑧铺撒第二层矿料;

⑨碾压;

⑩初期养护。

单层式和三层式沥青表面处治的施工程序与双层式相同,仅需相应地减少或增加一次洒布沥青、铺撒矿料和碾压工序。

层铺法施工各工序的要求分述如下:

1. 清理基层

在表面处治施工前，应将路面基层清扫干净，使基层的矿料大部分外露，并保持干燥。对有坑槽、不平整的路段应先修补和整平，若基层整体强度不足，则应先予补强。

2. 洒布沥青

沥青要洒布均匀，不应有空白或积聚现象，以免日后产生松散或壅包和推挤等病害。采用汽车洒布机洒布沥青时，应根据单位面积的沥青用量选定洒布机排挡和油泵机挡。洒布汽车行驶的速度要均匀。若采用手摇洒布机洒布沥青，应根据施工气温和风向调节喷头离地面的高度和移动的速度，以保证沥青洒布均匀，并应按洒布面积来控制单位沥青用量。沥青的浇洒温度应根据施工气温及沥青标号选择，石油沥青的洒布温度宜为130～170℃，煤沥青的洒布温度宜为80～120℃，乳化沥青可在常温下洒布，当气温偏低，破乳及成型过慢时，可将乳液加温后洒布，但乳液温度不得超过60℃。沥青浇洒的长度应与集料撒布机的能力相配合，应避免沥青浇洒后等待较长时间才撒布集料。

3. 铺撒矿料

洒布沥青后应趁热迅速铺撒矿料，按规定用量一次撒足，矿料要铺撒均匀。局部有缺料或过多处，应适当找补或扫除。矿料不应有重叠或漏空现象。当使用乳化沥青时，集料撒布应在乳液破乳之前完成。

4. 碾压

铺撒矿料后随即用60～80kN双轮压路机或轮胎压路机及时碾压。碾压应从一侧路缘压向路中心。碾压时，每次轮迹重叠约30cm，碾压3～4遍。压路机行驶速度开始为2km/h，以后可适当提高。

5. 初期养护

碾压结束后即可开放交通，但应禁止车辆快速行使（不超过20km/h），要控制车辆行驶的路线，使路面全幅宽度获得均匀碾压，加速处治层反油稳定成型。对局部泛油、松散、麻面等现象，应及时修整处理。

二、沥青贯入式路面

沥青贯入式路面具有较高的强度和稳定性，其强度的构成，主要依靠矿料的嵌挤作用和沥青材料的黏结力。沥青贯入式路面适用于三级及三级以下公路、城市道路的次干路及支路，也可作为沥青路面的联结层或基层。由于沥青贯入式路面是一种多孔隙结构，为了防止水的浸入和增强路面的水稳定性，最上层应撒布封层料或加铺拌和层。沥青贯入层作为联结层使用时，可不撒表面封层料。沥青贯入式路面宜在干燥和较热的季节施工，并宜在雨季及日最高温度低于15°C到来以前半个月结束，使贯入式结构层通过开放交通碾压成型。

沥青贯入式路面在初步碾压的矿料层上洒布沥青，再分层铺撒嵌缝料、洒布沥青和碾压，并借行车压实而成。其厚度一般为4～8cm。乳化沥青贯入式路面的厚度不宜超过5cm，当贯入式层上部加铺拌和的沥青混合料面层时，路面总厚度为7～10cm，其中拌和层的厚度宜不小于1.5cm。

沥青贯入式路面的集料应选择有棱角、嵌挤性好的坚硬石料，其规格和用量宜根据贯入层厚度按表3-8-12或表3-8-13选用。沥青贯入层主层集料中大于粒径范围中值的数量不宜少于50%。表面不加铺拌和层的贯入式路面在施工结束后每1000m^2宜另备2~3m^3与最后一层嵌缝料规格相同的细集料等供初期养护使用。

沥青贯入层的主层集料最大粒径宜与贯入层厚度相当。当采用乳化沥青时，主层集料最大粒径可采用厚度的0.8~0.85倍，数量宜按压实系数1.25~1.30计算。

沥青贯入式路面材料规格和用量 表3-8-12

（用量单位：集料：$m^3/1000m^2$；沥青及沥青乳液：kg/m^2）

沥青品种	石油沥青					
厚度(cm)	4		5		6	
规格和用量	规格	用量	规格	用量	规格	用量
封层料	S14	3~5	S14	3~5	S13(S14)	4~6
第三遍沥青		1.0~1.2		1.0~1.2		1.0~1.2
第二遍嵌缝料	S12	6~7	S11(S10)	10~12	S11(S10)	10~12
第二遍沥青		1.6~1.8		1.8~2.0		2.0~2.2
第一遍嵌缝料	S10(S9)	12~14	S8	12~14	S8(S6)	16~18
第一遍沥青		1.8~2.1		1.6~1.8		2.8~3.0
主层石料	S5	45~50	S4	55~60	S3(S4)	66~76
沥青总用量	4.4~5.1		5.2~5.8		5.8~6.4	

沥青品种	石油沥青				乳化沥青			
厚度(cm)	7		8		4		5	
规格和用量	规格	用量	规格	用量	规格	用量	规格	用量
封层料	S13(S14)	4~6	S13(S14)	4~6	S13(S14)	4~6	S14	4~6
第五遍沥青								0.8~1.0
第四遍嵌缝料							S14	5~6
第四遍沥青						0.8~1.0		1.2~1.4
第三遍嵌缝料		1.0~1.2		1.0~1.2		5~6	S12	7~9
第三遍沥青		11~13		11~13	S14	1.4~1.6		1.5~1.7
第二遍嵌缝料	S10(S11)	2.4~2.6	S10(S11)	2.6~2.8		7~8	S10	9~11
第二遍沥青		18~20		20~22	S12	1.6~1.8		1.6~1.8
第一遍嵌缝料	S6(S8)	3.3~3.5	S6(S8)	4.4~4.2		12~14	S8	10~12
第一遍沥青		80~90		95~100	S9	2.2~2.4		2.6~2.8
主层石料	S2		S1(S2)		S5	40~45	S4	50~55
沥青总用量	6.7~7.3		7.6~8.2		6.0~6.8		7.4~8.5	

注：1. 煤沥青贯入式的沥青用量可较石油沥青用量增加15%~20%。

2. 表中乳化沥青是指乳液的用量，并适用于乳液浓度约为60%的情况，如果浓度不同，用量应予换算。

3. 在高寒地区及干旱风沙大的地区，可超出高限，再增加5%~10%。

上拌下贯式路面的材料规格和用量　　表 3-8-13

（用量单位：集料：$m^3/1000m^2$；沥青及沥青乳液：kg/m^2）

沥青品种	石 油 沥 青					
厚度（cm）	4		5		6	
规格和用量	规格	用量	规格	用量	规格	用量
第二遍嵌缝料	S12	5～6	S12（S11）	7～9	S12（S11）	7～9
第二遍沥青		1.4～1.6		1.6～1.8		1.6～1.8
第一遍嵌缝料	S10（S9）	12～14	S8	16～18	S8（S7）	16～18
第一遍沥青		2.0～2.3		2.6～2.8		3.2～3.4
主层石料	S5	45～50	S4	55～60	S3（S2）	66～76
沥青总用量	3.4～3.9		4.2～4.6		4.8～5.2	
沥青品种	石 油 沥 青		乳 化 沥 青			
厚度（cm）	7		5		6	
规格和用量	规格	用量	规格	用量	规格	用量
第四遍嵌缝料					S14	4～6
第四遍沥青						1.3～1.5
第三遍嵌缝料			S14	4～6		8～10
第三遍沥青				1.4～1.6	S12	1.4～1.6
第二遍嵌缝料	S10（S11）	8～10	S12	9～10	S9	8～12
第二遍沥青		1.7～1.9		1.8～2.0		1.5～1.7
第一遍嵌缝料	S6（S8）	18～20	S8	15～17	S6	24～26
第一遍沥青		4.0～4.2		2.5～2.7		2.4～2.6
主层用量	S2（S3）	80～90	S4	50～55	S3	50～55
沥青总用量	5.7～6.1		5.9～6.2		6.7～7.2	

注：1. 煤沥青贯入式的沥青用量可较石油沥青用量增加 15%～20%。
2. 表中乳化沥青是指乳液的用量，并适用于乳液浓度约为 60% 的情况。
3. 在高寒地区及干旱风沙大的地区，可超出高限，再增加 5%～10%。
4. 表面加铺拌和层部分的材料规格及沥青（或乳化沥青）用量按热拌沥青混合料（或乳化沥青碎石混合料路面）的有关规定执行。

沥青贯入式面层的施工程序如下：

（1）整修和清扫基层；

（2）浇洒透层或黏层沥青；

（3）铺撒主层矿料；

（4）第一次碾压；

（5）洒布第一次沥青；

（6）铺撒第一次嵌缝料；

（7）第二次碾压；

(8)洒布第二次沥青；

(9)铺撒第二次嵌缝料；

(10)第三次碾压；

(11)洒布第三次沥青；

(12)铺撒封面矿料；

(13)最后碾压；

(14)初期养护。

沥青贯入式路面的施工要求与沥青表面处治基本相同，除注意施工各工序紧密衔接不要脱节之外，还应根据碾压机具，洒布沥青设备和数量来安排每一作业段的长度，力求在当天施工的路段当天完成，以免因沥青冷却而不能裹覆矿料和产生尘土污染矿料等不良后果。

适度的碾压在贯入式路面施工中极为重要。碾压不足会影响矿料嵌挤稳定，且易使沥青流失，形成层次上、下部沥青分布不均。但过度的碾压，则矿料易于压碎、破坏嵌挤原则，造成空隙减少，沥青难以下渗，形成泛油。因此，应根据矿料的等级、沥青材料的标号、施工气温等因素来确定各次碾压所使用的压路机质量和碾压遍数。

三、路拌沥青碎石路面的施工

路拌沥青碎石路面是在路上用机械将热的或冷的沥青材料与冷的矿料拌和，并摊铺、压实而成。

路拌沥青碎石路面的施工程序为：

(1)清扫基层；

(2)铺撒矿料；

(3)洒布沥青材料；

(4)拌和；

(5)整形；

(6)碾压；

(7)初期养护；

(8)封层。

在清扫干净的基层上铺撒矿料，矿料可在整个路面的宽度范围内均匀铺撒，随后用沥青洒布车按沥青材料的用量标准分数次洒布，每次洒布沥青材料后，随即用齿耙机或圆盘耙把矿料与沥青材料初步拌和，然后改用自动平地机做主要的拌和工作。拌和时，平地机行程的次数视施工气温、路面的层厚、矿料粒径的大小和沥青材料的黏稠度而定，一般需往返行程20~30次方可拌和均匀。沥青与矿料翻拌后随即摊铺成规定的路拱横截面，并用路刮板刮平。由于路拌沥青混合料的塑性较高，故在碾压时，应先用轻型压路机碾压3~4遍后，再用重型压路机碾压3~6遍。路面压实后即可开放交通。通车后的一个月内应控制行车路线和车速，以便路面进一步压实成形。

四、热拌沥青混合料路面的施工

热拌沥青混合料(HMA)适用于各种等级道路的沥青路面。其种类按集料公称最大粒径、矿料级配、空隙率划分。应满足耐久性、抗车辙、抗裂、抗水损害能力、抗滑性能等多方面要求，同时还需考虑施工机械、工程造价等实际情况。各层沥青混合料应满足所在层位的功能性要求,便于施工,不容易离析。各层应连续施工并联结成为一个整体。当发现混合料结构组合及级配类型的设计不合理时应进行修改、调整,以确保沥青路面的使用性能。沥青面层集料的最大粒径宜从上至下逐渐增大,并应与压实层厚度相匹配。对热拌热铺密级配沥青混合料,沥青层一层的压实厚度不宜小于集料公称最大粒径的2.5~3倍,对SMA和OGFC等嵌挤型混合料不宜小于公称最大粒径的2~2.5倍,以减少离析,便于压实。

厂拌法沥青路面包括沥青混凝土、沥青碎(砾)石等,施工过程可分为沥青混合料的拌制与运输及现场铺筑两个阶段。

1. 沥青混合料的拌制与运输

在工厂拌制混合料所用的固定式拌和设备有间歇式(图3-8-1)和连续式(图3-8-2)两种。前者系在每盘拌和时计量混合料各种材料的质量,而后者则在计量各种材料之后连续不断地送进拌和器中拌和。

为保证沥青混合料的质量更稳定、沥青用量更准确,高速公路和一级公路、城市快速路及主干路宜采用间歇式拌和机拌和。连续式拌和机使用的集料必须稳定不变,一个工程从多处进料、料源或质量不稳定时,不得采用连续式拌和机。

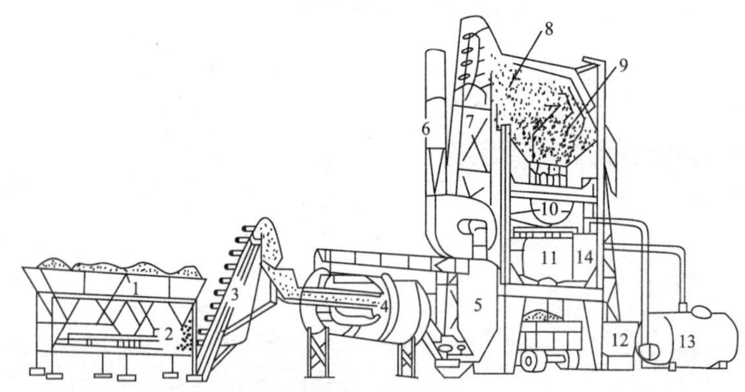

图3-8-1 间歇式拌和机

1-冷集料存料斗;2-冷料供应阀门;3-冷料输送机;4-烘干机;5-集尘器;6-排气管;7-热料提升机;8-筛分装置;9-热料集料斗;10-称料斗;11-拌和桶或叶片拌和机;12-矿质填料储存设备;13-热沥青储存罐;14-沥青称料斗

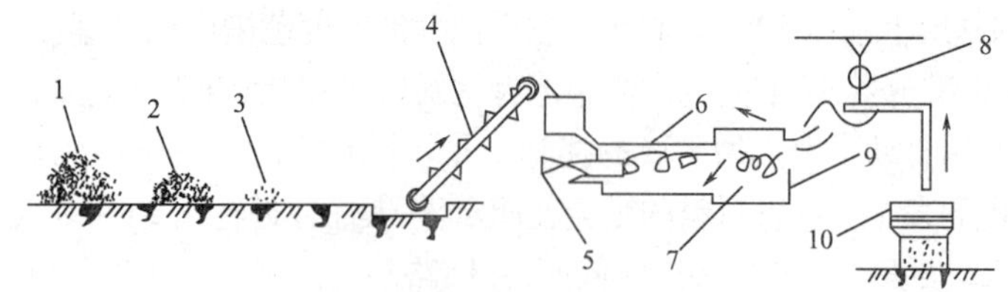

图3-8-2 连续式拌和机

1-粗粒矿料;2-细粒矿料;3-砂;4-冷拌提升机;5-燃料喷雾器;6-干燥器;7-拌和器;8-沥青秤;9-活门;10-沥青罐

用固定式拌和机拌制沥青混合料的工艺流程如图3-8-3所示。

在拌制沥青混合料之前,应根据确定的配合比进行试拌。试拌时对所用的各种矿料及沥青应严格计量。通过试拌和抽样检验确定每盘热拌的配合比及其总质量(对间歇式拌和机)、各种矿料进料口开启的大小及沥青和矿料进料的速度(对连续式拌和机)、适宜的沥青用量、

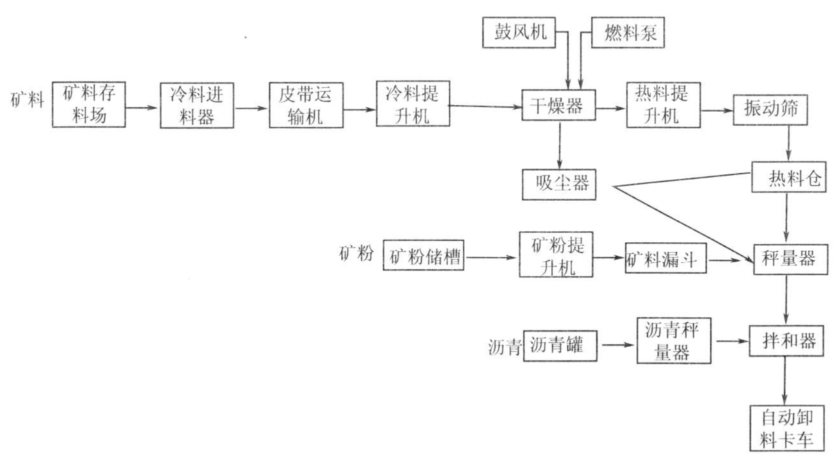

图 3-8-3 拌制沥青混合料的工艺流程

拌和时间、矿料和沥青加热温度以及沥青混合料出厂的温度。对试拌的沥青混合料进行试验之后,即可选定施工的配合比。

为使沥青混合料拌和均匀,在拌制时,需要控制矿料和沥青的加热温度与拌和温度。各类沥青混合料的拌制温度和运输及施工温度应满足表 3-8-14 的要求。经过拌和后的混合料应均匀一致,无细料和粗料分离及花白、结成团块的现象。

热拌沥青混合料的施工温度(℃) 表 3-8-14

施工工序		石油沥青的标号			
		50 号	70 号	90 号	110 号
沥青加热温度		160 ~ 170	155 ~ 165	150 ~ 160	145 ~ 155
矿料加热温度	间隙式拌和机	集料加热温度比沥青温度高 10 ~ 30			
	连续式拌和机	矿料加热温度比沥青温度高 5 ~ 10			
沥青混合料出料温度		150 ~ 170	145 ~ 165	140 ~ 160	135 ~ 155
混合料储料仓储存温度		储料过程中温度降低不超过 10			
混合料废弃温度 高于		200	195	190	185
运输到现场温度 不低于		150	145	140	135
混合料摊铺温度 不低于	正常施工	140	135	130	125
	低温施工	160	150	140	135
开始碾压的混合料内部温度不低于	正常施工	135	130	125	120
	低温施工	150	145	135	130
碾压终了的表面温度 不低于	钢轮压路机	80	70	65	60
	轮胎压路机	85	80	75	70
	振动压路机	75	70	60	55
开放交通的路表温度 不高于		50	50	50	45

注:1. 沥青混合料的施工温度采用具有金属探测针的插入式数显温度计测量。表面温度可采用表面接触式温度计测定。当采用红外线温度计测量表面温度时,应进行标定。

2. 表中未列入的 130 号、160 号及 30 号沥青的施工温度由试验确定。

热拌沥青混合料宜采用较大吨位的运料车运输,但不得超载运输,或紧急制动、急弯调头使透层、封层造成损伤。运料车的运力应稍有富余,施工过程中摊铺机前方应有运料车等候。

对高速公路、一级公路和城市快速路及主干路,宜待等候的运料车多于5辆后开始摊铺。

摊铺过程中运料车应在摊铺机前100~300mm处停住,空挡等候,由摊铺机推动前进开始缓缓卸料,避免撞击摊铺机。在有条件时,运料车可将混合料卸入转运车经二次拌和后向摊铺机连续均匀地供料。运料车每次卸料必须倒净,尤其是对改性沥青或SMA混合料,如有剩余,应及时清除,防止硬结。

2. 铺筑

热拌法沥青混合料路面的铺筑工序如下:

1)基层准备和放样

面层铺筑前,应对基层或旧路面的厚度、密实度、平整度、路拱等进行检查。基层或旧路面若有坎坷不平、松散、坑槽等,必须在面层铺筑之前整修完毕,并应清扫干净。为使面层与基层黏结好,在面层铺筑前4~8h,在粒料类的基层洒布透层沥青。若基层为旧沥青路面或水泥混凝土路面,则在面层铺筑之前,在旧路面上洒布一层黏层沥青。若基层为灰土类基层,为加强面层与基层的黏结,减少水分浸入基层,可在面层铺筑前铺下封闭层。即在灰土基层上洒布液体石油沥青或煤沥青后,随即撒铺3~8mm颗粒的石屑,并用轻型压路机压实。

为了控制混合料的摊铺厚度,在准备好基层之后进行测量放样,沿路面中心线和四分之一路面宽处设置样桩,标出混合料的松铺厚度。采用自动调平摊铺机摊铺时,还应放出引导摊铺机运行走向和高程的控制基准线。

2)摊铺

沥青混合料可用人工或机械摊铺,高等级公路沥青路面应采用机械摊铺。

(1)人工摊铺。将汽车运来的沥青混合料先卸在铁板上,随即用人工铲运,以扣铲方式均匀摊铺在路上,摊铺时不得扬铲远甩,以免造成粗细粒料分离,一边摊铺一边用刮板刮平。刮平时做到轻重一致,往返刮2~3次达到平整即可,防止反复多刮使粗粒料刮出表面。摊铺过程中要随时检查摊铺厚度、平整度和路拱,如发现有不妥之处应及时修整。

沥青混合料的摊铺顺序,应从进料方向由远而近逐步后退进行。应尽可能在全幅路面上摊铺,以避免产生纵向接缝。如路面较宽不能全幅摊铺,可按车道宽度分成两幅或数幅分别摊铺,但接缝必须平行路中心线,纵缝搭接要密切,以免产生凹槽。操作过程应满足施工规范的要求。

热拌沥青混合料的最低摊铺温度根据铺筑层厚度、气温、风速及下卧层表面温度确定,且不得低于表3-8-15的要求。

沥青混合料的最低摊铺温度 表3-8-15

下卧层的表面温度(℃)	相应于下列不同摊铺层厚度的最低摊铺温度(℃)					
	普通沥青混合料			改性沥青混合料或SMA沥青混合料		
	<50mm	50~80mm	>80mm	<50mm	50~80mm	>80mm
<5	不允许	不允许	140	不允许	不允许	不允许
5~10	不允许	140	135	不允许	不允许	不允许
10~15	145	138	132	165	155	150
15~20	140	135	130	158	150	145
20~25	138	132	128	153	147	143
25~30	132	130	126	147	145	141
>30	130	125	124	145	140	139

(2)机械摊铺。沥青混合料摊铺机有履带式和轮胎式两种。二者的构造和技术性能大致相同。沥青摊铺机的主要组成部分为料斗、链式传送器、螺旋摊铺器、振捣板、摊平板、行使部分和发动机等。

沥青混合料摊铺机摊铺的过程中,自动倾卸汽车将沥青混合料卸到摊铺机料斗后,经链式传送器将混合料往后传到螺旋摊铺器,随着摊铺机向前行使,螺旋摊铺器即在摊铺带宽度上均匀地摊铺混合料,随后由振捣板捣实,并由摊平板整平。摊铺机的摊铺工艺过程如图3-8-4所示。

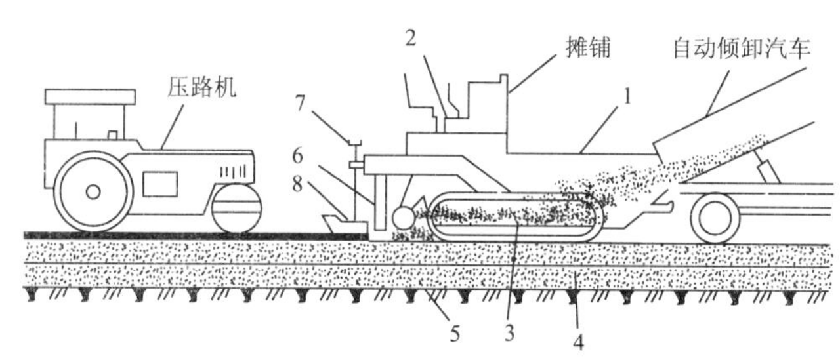

图3-8-4 沥青混合料摊铺机操作示意图

1-料斗;2-驾驶台;3-送料器;4-履带;5-螺旋摊铺器;6-振捣器;7-厚度调节螺杆;8-摊平板

3)碾压

沥青混合料摊铺平整之后,应趁热及时进行碾压。碾压的温度应符合表3-8-14的规定。压实后的沥青混合料应符合压实度及平整度的要求,沥青混合料的分层压实厚度不得大于10cm。

沥青混合料碾压过程分为初压、复压和终压三个阶段。初压用60~80kN双轮压路机以1.5~2.0 km/h的速度先碾压2遍,使混合料得以初步稳定。随即用100~120kN三轮压路机或轮胎式压路机复压4~6遍。碾压速度:三轮压路机为3km/h;轮胎式压路机为5km/h。复压阶段碾压至稳定无显著轮迹为止。复压是碾压过程最重要的阶段,混合料能否达到规定的密实度,关键全在于这阶段的碾压。终压是在复压之后用60~80kN双轮压路机以3km/h的碾压速度碾压2~4遍,以消除碾压过程中产生的轮迹,并确保路面表面的平整。

碾压时压路机开行的方向应平行于路中心线,并由一侧路边缘压向路中。用三轮压路机碾压时,每次应重叠后轮宽的1/2;双轮压路机则每次重叠30cm;轮胎式压路机亦应重叠碾压。由于轮胎式压路机能调整轮胎的内压,可以得到所需的接触地面压力,使集料相互嵌挤咬合,易于获得均一的密实度,而且密实度可以提高2%~3%。所以轮胎式压路机最适宜用于复压阶段的碾压。

热拌沥青混合料的压实机械应符合下列规定:

(1)双轮钢筒式压路机为6~8t。

(2)三轮钢筒式压路机为8~12t或12~15t。

(3)轮胎压路机为12~20t或20~25t。

4)接缝施工

沥青路面的各种施工缝(包括纵缝、横缝、新旧路面的接缝等)处,往往由于压实不足,容易产生台阶、裂缝、松散等病害,影响路面的平整度和耐久性,施工时必须十分注意。施工时必须接缝紧密、连接平顺,不得产生明显的接缝离析。上、下层的纵缝应错开150mm(热接缝)或

300～400mm(冷接缝)以上。相邻两幅及上、下层的横向接缝均应错位1m以上。接缝施工应用3m直尺检查,确保平整度符合要求。

(1)纵缝施工。对当日先后修筑的两个车道,摊铺宽度应与已铺车道重叠3～5cm,所摊铺的混合料应高出相邻已压实的路面,以便压实到相同的厚度。对不在同一天铺筑的相邻车道,或与旧沥青路面连接的纵缝,在摊铺新料之前,应对原路面边缘加以修理,要求边缘凿齐,塌落松动部分应刨除,露出坚硬的边缘。缝边应保持垂直,并需在涂刷一薄层黏层沥青之后方可摊铺新料。

纵缝应在摊铺之后立即碾压,压路机应大部分在已铺好的路面上,仅有10～15cm的宽度压在新铺的车道上,然后逐渐移动跨过纵缝。

(2)横缝施工。横缝应与路中线垂直。接缝时先沿已刨齐的缝边用热沥青混合料覆盖,以资预热,覆盖厚度约15cm,等接缝处沥青混合料变软之后,将所覆盖的混合料清除,换用新的热混合料摊铺,随即用热夯沿接缝边缘夯捣,并将接缝的热料铲平,然后趁热用压路机沿接缝边缘碾压密实。

双层式沥青路面上、下层的接缝应相互错开20～30cm,做成台阶式衔接。

第四节 沥青类路面施工质量控制及检查验收

沥青路面施工应根据全面质量管理的要求,建立健全有效的质量保证体系,实行严格的目标管理、工序管理与岗位责任制度,对施工各阶段的质量进行检查、控制、评定,达到所规定的质量标准,确保施工质量的稳定性。施工质量管理与检查验收应包括施工前、施工过程中质量管理与质量控制,以及各施工工序间的检查及工程交工后的质量检查验收。

材料质量是沥青路面质量的保证,施工前以及施工过程中材料来源或规格有变化时,必须对材料来源、材料质量、数量、供应计划、料场堆放及储存条件等进行检查。检查时应以同一料源、同一次购入并运至生产现场(或储入同一沥青罐、池)的相同规格品种的集料、沥青为一批进行检查。拌和厂及沥青路面施工机械和设备的配套情况、性能、计量精度等也应在施工前进行检查。

高速公路和一级公路和城市快速路、主干路在施工前应铺筑试验段。试验段的长度应根据试验目的确定,宜为100～200m。试验段宜在直线段上铺筑,如在其他道路上铺筑时,路面结构等条件应相同,路面各结构层的试验可安排在不同的试验段上。热拌热铺沥青混合料路面试验段铺筑分试拌及试铺两个阶段,应包括下列试验内容:

(1)根据沥青路面各种施工机械相匹配的原则,确定合理的施工机械、机械数量及组合方式。

(2)通过试拌确定拌和机的上料速度、拌和数量与时间、拌和温度等操作工艺。

(3)通过试铺确定:透层沥青的标号与用量、喷洒方式、喷洒温度;摊铺机的摊铺温度、摊铺速度、摊铺宽度、自动找平方式等操作工艺;压路机的压实顺序、碾压温度、碾压速度及遍数等压实工艺;以及确定松铺系数、接缝方法等。

(4)验证沥青混合料配合比设计结果,提出生产用的矿料配比和沥青用量。

(5)建立用钻孔法及核子密度仪法测定密度的对比关系。确定粗粒式沥青混凝土和沥青碎石面层的压实标准密度。

(6)确定施工产量及作业段长度,制订施工进度计划。

（7）全面检查材料及施工质量。

（8）确定施工组织及管理体系、人员、通信联络及指挥方式。

根据《沥青路面施工及验收规范》（GB 50092—96）（以下简称《规范》（GB 50092—96））规定，施工过程中工程质量检查的内容、频度、质量标准应符合表 3-8-16 ~ 表 3-8-18 的要求。当检查结果达不到规定的要求时，应追加检测数量，查找原因，作出处理。混合料铺筑现场必须对混合料质量及施工温度进行观测，随时检查厚度、压实度和平整度，并逐个断面测定成型尺寸。为保证高速公路和一级公路、城市快速路及主干道沥青路面的施工质量，对其施工质量的管理最好采用计算机，实行动态管理。

施工过程中材料质量检查的内容与要求　　表 3-8-16

材　料	检 查 项 目	检 查 频 度	
		高速公路、一级公路、城市快速路、主干路	其他公路与城市道路
粗集料	外观（石料品种、扁平细长颗粒、含泥量等）	随时	随时
	颗粒组成	必要时	必要时
	压碎值	必要时	必要时
	磨光值	必要时	必要时
	洛杉矶磨耗值	必要时	必要时
	含水率	施工需要时	施工需要时
	松方单位重	施工需要时	施工需要时
细集料	颗粒组成	必要时	必要时
	含水率	施工需要时	施工需要时
	松方单位重	施工需要时	施工需要时
矿粉	外观	随时	随时
	<0.075mm 含量	必要时	必要时
	含水率	必要时	必要时
石油沥青	针入度	每 100t 1 次	每 100t 1 次
	软化点	每 100t 1 次	必要时
	延度	每 100t 1 次	必要时
	含蜡量	必要时	必要时
煤沥青	黏度	每 50t 1 次	每 100t 1 次
乳化沥青	黏度	每 50t 1 次	每 100t 1 次
	沥青含量	每 50t 1 次	每 100t 1 次

注：1. 表列内容是在材料进场时已按“批”对材料进行了全面检查的基础上，日常施工过程中质量检查的项目和要求。

2. “必要时”是指施工企业、监理、质量监督部门、业主等各个部门对其质量发生怀疑，提出需要检查时，或是根据需要商定的检查频度。

沥青路面工程完工后，施工单位应将全线以 1 ~ 3km（公路）或 100 ~ 500m（城市道路）作为一个评定路段，按照国家相关技术规范的要求，随机选取测点，对沥青面层进行全线自检，计算平均值、标准差及变异系数，向主管部门提交全线检测结果、施工总结报告，以及原始记录、试验数据等质量保证资料，申请交工验收。工程完工后应全线测定路面平整度、宽度、纵断面高程、横坡度等，并提出竣工图。交工验收阶段检查与验收的各项质量指标应符合国家相关技术规范的规定。

沥青面层施工过程中工程质量的控制标准 表 3-8-17

路面类型	项目	检查频度	质量要求或允许偏差(单点检验)		试验方法
			高速公路、一级公路、城市快速路、主干路	其他等级公路与城市道路	
沥青表面处治及贯入式路面	外观	随时		集料嵌挤密实、沥青撒布均匀无花白料,接头无油包	目测
	集料撒布量	不少于1~2次/日		符合《规范》(GB 50092—96)附录D规定	按相应施工长度的实际用量计算
	沥青洒布量	不少于1~2次/日		符合《规范》(GB 50092—96)附录D规定	按相应施工长度的实际用量计算
	沥青洒布温度	每车一次		符合《规范》(GB 50092—96)5.5.1规定	温度计测量
热拌沥青混合料路面	外观	随时	表面平整密实,不得有轮迹、裂缝、推挤、油丁、油包、离析、花白料现象		目测
	接缝	随时	紧密平整、顺直、无跳车		目测,用3m直尺测量
	施工温度:出厂温度 摊铺温度 碾压温度	不少于1次/车 不少于1次/车 随时	符合《规范》(GB 5009—96)表7.2.4规定		温度计测量
	矿料级配与生产设计标准级配的差	每台拌和机一次或2次/日			拌和厂取样,用抽提后的矿料筛分,应至少检查0.075mm、2.36mm、4.75mm、最大集料粒径及中间粒径5个筛孔,中间粒径宜为:细、中粒式9.5mm(圆孔10);粗粒式为13.2mm(圆孔15)
	方孔筛 圆孔筛 0.075mm 0.075mm ≤2.36mm ≤2.5mm ≥4.75mm ≥5.0mm		 ±2% ±6% ±7%	 ±2% ±7% ±8%	
	沥青用量(油石比)	每台拌和机一次或2次/日	±0.3%	±0.5%	拌和厂取样,离心法抽提(用射线法沥青含量测定仪随时检查)
	马歇尔试验	每台拌和机一次或2次/日	符合《规范》(GB 50092—96)表7.3.1的规定		拌和厂取样成型试验
	稳定度 流值 密度、空隙率				
	浸水马歇尔试验	必要时	符合《规范》(GB 50092—96)表7.3.1的规定		拌和厂取样成型试验
	压实度	每$2000m^2$检查1次,1次不少于钻1个孔	马歇尔试验密度的96% 试验段钻孔密度的99%	马歇尔试验密度的95% 试验段钻孔密度的99%	现场钻孔(或挖坑)试验(用核子密度仪随时检查)
	抗滑表层构造深度	不少于1次/日	符合设计要求		砂铺法(手工或电动)

注:1. 表中规范指《沥青路面施工及验收规范》(GB 50092—96)。
2. 构造深度根据设计需要决定是否检测,且只对表层测定。

施工过程中沥青面层外形尺寸的质量控制标准 表 3-8-18

路面类型	检查项目	检查频率	质量要求或允许偏差(单点检验)		试验方法
			高速公路、一级公路、城市快速路、主干路	其他等级公路与城市道路	
沥青表面处治	厚度	不少于每 $2000m^2$ 一点		-5mm	挖抗(路中及路侧各一点)
	平整度(最大间隙)	随时		10mm	用3m 直尺检测
	宽度	设计断面逐个检测		±30mm	用尺量
	横坡度	设计断面逐个检测		±0.5%	用横断面仪或水准仪检测
沥青贯入式路面	厚度	不少于每 $2000m^2$ 一点		-8%或-5mm	挖坑
	平整度(最大间隙)	随时		8mm	用3m 直尺检测
	宽度	设计断面逐个检测		±30mm	用尺量
	横坡度	设计断面逐个检测		±0.5%	用横断面仪或水准仪检测
热拌沥青混合料路面	厚度、总厚度	不少于每 $2000m^2$ 一点	-8mm	-8%或-5mm	铺筑时随时插入量取,每日用混合料数量及实铺面积校核,成型后钻孔或挖坑检测
	上面层	不少于每 $2000m^2$ 一点	-4mm	-4mm	
	平整度(最大间隙) 上面层 中下面层	 随时 随时	 3mm 5mm	 5mm 7mm	3m 直尺在纵横各方向检测
	宽度 有缘石	设计断面逐个检测	±2cm	±2cm	用尺量
	宽度 无缘石	设计断面逐个检测	不小于设计宽度	不小于设计宽度	用尺量
	纵断面高程	设计断面逐个检测	±15mm	±20mm	用水准仪检测
	横坡度	设计断面逐个检测	±0.3%	±0.5%	用横断面仪或水准仪检测

注:1. 表中厚度检测频度指成型后钻孔(或挖坑)频度。

2. 其他公路与城市道路的厚度控制,当设计厚度>60mm 时,以厚度的百分率控制;设计厚度≤60mm 时,以绝对值控制。

工程建设单位或监理、工程质量监督部门在接到施工单位的交工验收报告,并确认施工资料齐全后,应立即对施工质量进行交工检查与验收。检查与验收应按随机抽样的方法选择一定数量的评定路段进行实测检查,每一检查段的检查频度、试验方法及检测结果应符合国家相关技术规范的要求。当实测检查有困难时,经主管部门同意后,可随机抽查一定数量施工单位的质量检测结果,对工程质量进行评定。

工程结束后,施工企业应根据国家竣工文件编制的规定,提出施工总结报告及若干个专项报告,连同竣工图表,形成完整的施工资料档案,一并提交工程主管部门及有关档案管理部门。施工总结报告应包括工程概况(包括设计及变更情况)、工程基础资料、材料、施工组织、机械及人员配备、施工方法、施工进度、试验研究、工程质量评价、工程决算、工程使用服务计划等。

施工管理与质量检查报告应包括施工管理体制、质量保证体系、施工质量目标、试验段铺筑报告、施工前及施工中材料质量检查结果（测试报告）、施工中工程质量检查结果（测试报告）、工程交工后质量自检结果（测试报告）、工程质量评价以及原始记录、相册、录像等各种附件。

• 第五节　沥青类路面常见的病害和处治 •

一、沥青路面的破坏

路面的破坏大体上可分为两类：一类是结构性破坏，它是路面结构的整体或其某一个或几个组成部分的破坏，严重时已不能承受车辆的荷载；另一类是功能性破坏，如由于路面的不平整，使其不再具有预期的功能。这两类破坏不一定同时发生，但都是逐渐积累起来的。对于功能性破坏，可以通过修整、养护来恢复路面的平整性，以满足行车使用要求。但对结构性破坏，一般均需进行彻底的翻修。

如果沥青路面所用的矿料质软或粒径规格不符合要求，就会由于强度不足和劈裂作用使矿料压碎，导致路面破坏。夏季高温时，沥青材料黏滞度降低，在荷载作用下，就可能使路面表面造成泛油，沥青材料与矿料也可能一起被挤动而引起面层车辙、推挤、波浪等变形破坏。在冬季低温下，沥青材料会由于收缩作用而产生脆裂破坏。在水分和温度作用下，沥青材料与矿料间的黏结力降低，沥青面层就会出现松散、剥落等破坏。

二、沥青路面的病害与防治

沥青路面各种病害的成因比较复杂，由于环境、地点、气候条件的不同，病害的情况也不同，现将沥青路面的几种主要病害与防治方法介绍如下：

1. 泛油

泛油大多是由于混合料中沥青用量偏多，沥青稠度太低等原因引起的，但有时也可能由于低温季节施工，表面嵌缝料散失过多，待气温变暖之后，在行车作用下矿料下挤，沥青上泛，表面形成油层而引起泛油。沥青表面处治和沥青贯入式路面最容易产生此类病害。可以根据泛油的轻重程度，采取铺撒较粗粒径的矿料予以处治。

2. 波浪

它是指路面上形成有规则的低洼和凸起变形。波浪的产生，主要是由于沥青洒布不均形成油垄，沥青多处矿料厚、沥青少处矿料薄，再经过行车不断撞击而造成高低不平。交叉口、车站、陡坡路段行车水平力作用较大的地方，最易产生波浪变形。波浪变形处治较为困难，轻微的波浪可在热季采用强行压平的方法处治，严重的波浪则需用热拌沥青混合料填平。

3. 壅包

在行车水平力作用下，沥青面层材料的抗剪强度不足则易产生推挤壅包。这类病害大都是由于所用的沥青稠度偏低，用量偏多，或因混合料中矿料级配不好，细料偏多所造成的。此外，面层较薄，以及面层与基层的黏结较差，也容易产生推挤、壅包。这种病害一般只能采取铲平的办法来处治。

4. 滑溜

沥青路面滑溜主要是由于行车作用造成的，矿料磨光，沥青面层中多余的沥青在行车荷载重复作用下泛油，也易形成表面滑溜。这类病害通常多采用加铺防滑封面来处治。

5. 裂缝

沥青路面裂缝的形式有纵向裂缝、横向裂缝、龟裂与网裂几种。

沥青路面沿路线纵向产生开裂的原因，一种是因填土未压实，路基产生不均匀沉陷或冻胀作用所造成；另一种是沥青混合料摊铺时间过长，或接缝处理不当，接缝处压实未达到要求，在行车作用下形成纵向裂缝。

冬季气温下降，沥青路面或基层收缩而形成的裂缝，一般为与道路中线垂直的横缝。土基干缩或浆缩产生的裂缝，亦以横缝居多。

路面整体强度不足，沥青面层老化，往往形成闭合图形的龟裂、网裂。

对较小的纵缝和横缝，一般用灌入热沥青材料加以封闭处理。对较大的裂缝，则用填塞沥青石屑混合料的方法处理。对于大面积的龟裂、网裂，通常采用加铺封层或沥青表面处治。网裂、龟裂严重的路段，则应进行补强或彻底翻修。

6. 坑槽

沥青路面坑槽是面层的网裂、龟裂未及时养护而逐渐形成的。基层局部强度不足，在行车作用下也易产生坑槽。坑槽处治的方法是将坑槽范围挖成矩形，槽壁应垂直，在四周涂刷热沥青后，从基层到面层用与原结构相同的材料填补，并予夯实。

7. 松散

松散大多发生在沥青路面使用的初期。松散的原因是采用的沥青稠度偏低、黏结力差、用量偏少；或所用的矿料过湿、铺撒不匀；或所有嵌缝料不合规格而未能被沥青黏牢。基层湿软，则应清除松散的沥青面层后，重新压实，待基层干燥后再铺面层。

8. 啃边

在行车作用和自然因素影响下，沥青路面边缘不断缺损，参差不齐，路面宽度减小，这种现象称为啃边。产生的原因是路面边窄，行车压到路面边缘而造成缺损。边缘强度不足，路肩太高或太低，雨水冲刷路面边缘都会造成啃边。对啃边病害的处治方法是设置路缘石、加宽路面、加固路肩。有条件时设法加宽路面基层到面层宽度外 20～30cm。

三、旧沥青路面再生利用

为了节约能源、减少环境污染、少占堆放废旧料用地和降低路面造价，近年来，许多国家都非常重视旧沥青路面的再生利用。旧沥青路面再生利用就是将旧沥青路面材料经过回收、破碎、加热、掺配新料和再生剂、拌和等处理后，恢复原有沥青路面材料的性能，然后在路面中再次使用。旧沥青路面再生利用方法，按再生材料制备场所的不同分为厂拌法和路拌法两种；按再生材料的用途可分为铺筑面层或底层；按再生材料加热情况又分为冷拌和热拌两类。

旧沥青路面再生利用的方法如图 3-8-5 所示。

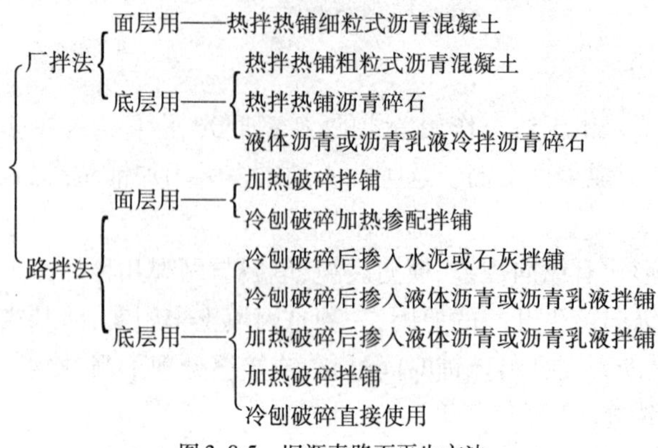

图 3-8-5　旧沥青路面再生方法

复习思考题

1. 沥青路面的基本特性和分类是什么？
2. 沥青路面对常用材料的要求是什么？
3. 热拌沥青混合料路面的施工程序是什么？
4. 沥青路面施工过程中工程质量控制标准是什么？
5. 沥青类路面有哪些常见病害？该如何处治？

第九章

水泥混凝土路面施工

知识目标

1. 描述水泥混凝土路面的材料要求；
2. 描述水泥混凝土路面的施工方法和程序；
3. 描述水泥混凝土路面施工质量控制指标和验收标准；
4. 描述水泥混凝土路面的常见病害及其处治方法。

●第一节　水泥混凝土路面所用材料要求●

水泥混凝土的基本组成材料有水泥、水、粗集料、细集料、外加剂和矿物掺和料六种。水泥混凝土质量的好坏，除了配合比和搅拌质量外，与原材料的质量和技术指标有很大关系，因此施工前和施工中，严格科学地选择或生产高质量的原材料，是铺筑优质水泥混凝土路面的前提。

一、水　泥

水泥是混凝土的胶结材料，水泥的好坏直接影响混凝土路面抗折强度、疲劳强度、体积稳定性和耐久性等关键物理力学性质。并非任何水泥都可用于铺筑水泥混凝土路面，选用水泥时，要根据不同的路面等级和交通量要求，选择不同的水泥。一般情况下，特重和重交通路面应选择抗折强度高、收缩小，耐磨性好、强抗冻性好的旋窑道路硅酸盐水泥，也可采用旋窑硅酸盐水泥或普通硅酸盐水泥；中、轻交通路面可采用矿渣硅酸盐水泥，此外，从低温施工的蓄热和早强出发，低温天气施工或有快通要求的路段可采用 R 型水泥。一般情况下，为防止温度裂缝，应选用普通水泥。各级交通路面在选用水泥时，无论强度等级高低，均应以其实测抗折强度为标准来选择和使用。水泥实测抗折强度越高，对保障混凝土路面抗折强度越有利。具体选用时，水泥的抗压强度和抗折强度不得低于表 3-9-1 的规定。

各交通等级路面水泥各龄期的抗折强度、抗压强度　　表 3-9-1

交通等级	特重交通		重交通		中、轻交通	
龄期(d)	3	28	3	28	3	28
抗压强度(MPa) 不小于	25.5	57.5	220	52.5	160	42.5
抗折强度(MPa) 不小于	4.5	7.5	4.0	7.0	3.5	6.5

水泥的组成矿物主要有硅酸三钙、硅酸二钙、铝酸三钙和铁铝酸钙以及其他成分，不同的水泥所含这些化学成分的含量各不相同，并且其物理性能也不同。在选择水泥时，还应根据公路等级的不同，选择化学成分含量、物理性能不同的水泥，若选择不当就会造成严重后果。如承受动载结构的水泥与静载结构水泥相比，其高耐疲劳极限对水泥中游离氧化钙含量要求很严格。例如在某路加铺水泥混凝土改建工程中，使用游离氧化钙含量高达9.7%的42.5级普通硅酸盐矿渣水泥，游离氧化钙含量高出规范9倍多，结果仅通车半年，就全线崩溃。因此在选择水泥时，必须符合表3-9-2的要求。

各交通等级路面用水泥的化学成分和物理指标表　　表3-9-2

水泥性能	特重、重交通路面	中、轻交通路面
铝酸三钙	不宜大于7.0%	不宜大于9.0%
铁铝酸四钙	不宜小于15.0%	不宜小于12%
游离氧化钙	不得大于1.0%	不得大于1.5%
氧化镁	不得大于5.0%	不得大于6.0%
三氧化硫	不得大于3.5%	不得大于4.0%
碱含量	$Na_2O+0.658K_2O$ 不大于0.6%	怀疑有碱性集料时，不大于0.6%；无碱性集料时，不大于1.0%
混合料种类	不得掺窑灰、煤矸石、火山灰和黏土；有抗冻要求时，不得掺石灰、石粉	不得掺窑灰、煤矸石、山灰和火黏土；有抗冻要求时，不得掺石灰、石粉
初磨时安定性	雷氏夹或蒸煮法必须合格	蒸煮法检验必须合格
标准稠度需水量	不宜大于28%	不宜大于30%
烧失量	不得大于3.0%	不得大于5.0%
比表面积	宜在300～450m^2/kg	宜在300～450m^2/kg
细度(80μm)	筛余量不得大于10%	筛余量不得大于10%
初凝时间	不早于1.5h	不早于1.5h
终凝时间	不迟于10h	不迟于10h
28d干缩率	不得大于0.09%	不得大于0.1%
耐磨性	不得大于3.6kg/m^2	不得大于3.6 kg/m^2

在选择水泥时，除满足上述要求外，还应通过配合比试验，根据其弯拉强度耐久性和工作性，选择适宜的水泥品种和强度等级，并且水泥一旦选定，不得随意更改。不同品种、牌号、生产厂家、强度等级的水泥，严禁混装和掺和。

采用机械化施工时，应优先选用散装水泥，散装水泥供应不上时，可选用吨包袋装和大袋水泥。工程规模小时，采用小型机具施工，可用袋装水泥。为降低水化反应速度防止温差开裂，散装水泥的夏季出厂温度，南方不宜高于65℃，北方不宜高于55℃。拌和时水泥温度，南方不高于60℃，北方不高于50℃。同时为保证水泥尽快达到抗冻临界强度和便于抗滑构造制作和养生等工序的进行，水泥的温度不宜低于10℃。

二、粉煤灰和其他掺合料

水泥混凝土中使用的掺合料主要有粉煤灰、硅灰和磨细矿渣。

1. 粉煤灰

粉煤灰是煤粉燃烧后收集到的灰粒,其主要成分是活性氧化硅和氧化铝。研究表明,粉煤灰渗入混凝土后,不仅可节约水泥,而且能与水泥长短互补,充当混凝土的减水剂、释水剂、增塑剂等一系列复合功能,具有明显的技术经济效益。

道路混凝土工程中,根据不同使用条件,可掺用 CaO 含量小于 8%,游离氧化钙含量小于等于 1%,以氧化钙和氧化铝为主要成分的低钙粉煤灰或与其他掺和料和外加剂复合成的复合粉煤灰矿粉,不能使用高钙粉煤灰。

配制混凝土时,粉煤灰分为三级,具体见表 3-9-3。混凝土路面掺用粉煤灰应选用电收尘 I、II 级干排或磨细低钙粉煤灰。不得使用 III 级粉煤灰。贫混凝土基层、碾压混凝土基层或复合式路面下面层掺用粉煤灰必须采用 III 级或 III 级以上粉煤灰。粉煤灰宜采用散装灰,进货时应有等级检验报告,使用时应确切了解所用水泥中已经加入的掺和料种类和数量。

粉煤灰分组和质量指标表

表 3-9-3

粉煤灰等级	细度[①](45μm 气流筛,筛余量)(%)	烧失量(%)	需水量(%)	含水率(%)	Cl^-(%)	SO_3(%)	混合砂浆活性指数[②]	
							7d	28d
I	≤12	≤5	≤95	≤1.0	<0.02	≤3	≥75	≥85(75)
II	≤20	≤8	≤105	≤1.0	<0.02	≤3	≥70	≥80(62)
III	≤45	≤15	≤115	≤1.5	—	≤3	—	—

注:①45μm 气流筛的筛余量换算成 80μm 水泥筛的筛余量时换算系数为 2.4。

②混合砂浆的活性指数为掺粉煤灰的砂浆与水泥砂浆的抗压强度比的百分数,适用于所配制混凝土强度等级大于等于 C40 的混凝土。混凝土等级小于 C40 时,混合砂浆的活性指数应满足 28d 括号内的数值。

2. 硅灰

硅灰是从冶煤金属硅或硅铁合金的烟道中收集到的极细高水硬活性硅质灰粉,其细度比水泥高 1 ~2 个数量级,密度很小,单位质量体积很大。

硅灰在道路路面使用时,主要用于高强与超高强混凝土。使用时,由于需水量很大,必须与高效减少剂或超塑化剂共同掺用,在一般施工条件下要求缓凝,使用高效缓凝剂。

3. 矿渣

矿渣是从冶铁高炉排出,经高温水淬处理后的炉渣,与水泥相同工序磨细后得到的超细矿渣。由于其本身具有自硬化能力,水化反应速度快,因此,一般用于制高强混凝土。

硅灰和矿渣在使用前应经过试配检验,确保路面和桥面混凝土弯拉强度、工作性、抗磨性、抗冻性等技术指标合格。

三、粗 集 料

粗集料是混凝土中大于 5mm 的碎石、砾石和碎砾石。

1. 级配要求

为了保证混凝土的高强度和密度,节约水泥,要求集料组成的矿物质具有良好的级配。级配分为连续级配和间断级配,连续级配的优点是配制的混凝土较密实,具有良好工作性,不易离析;间断级配的优点是同强度混凝土水泥用量小,但易产生离析,需强力振捣。

混凝土的粗集料不得使用不分级配的流料，应按最大粒径分级进行掺配。其级配范围见表3-9-4。碎石最大粒径不应大于31.5mm，砾石不大于19mm，碎砾石不大于26.5mm，小于75μm的矿粉不大于1%。

粗集料级配范围　　表3-9-4

类型	级配	方筛孔尺寸（m）							
		2.36	4.75	9.50	16.0	19.0	26.5	31.5	37.5
		累计筛余（以质量计）（%）							
合成级配	4.75~16	95~100	85~100	40~60	0~10	—	—	—	—
	4.75~19	95~100	85~95	60~75	30~45	0~5	0	—	—
	4.75~26.5	95~100	90~100	70~90	50~70	25~40	0~5	0	—
	4.75~31.5	95~100	90~100	75~90	60~75	40~60	20~35	0~5	0
粒级	4.75~9.5	95~100	80~100	0~15	0	—	—	—	—
	9.5~16	—	95~100	80~100	0~15	0	—	—	—
	9.5~19	—	95~100	85~100	40~60	0~15	0	—	—
	16~26.5	—	—	95~100	55~70	25~40	0~10	0	—
	16~31.5	—	—	95~100	85~100	55~70	25~40	0~10	0

2. 粗集料技术要求

用作混凝土的粗集料要有足够的坚固性，以抵抗冻融和风化作用，使用前可通过在硫酸钠溶液中浸湿和烘干5次循环后检测其质量损失量，小于规定值方可使用。

混凝土应选用表面粗糙、多棱角、粒状接近正方体，针片状颗粒含量较少的粗集料，否则将显著降低水泥混凝土抗折强度，同时影响其和易性。

为保证混凝土的强度及耐久性，要严格限制粗集料的含泥量、泥块含量及有害杂质含量。因其吸水膨胀，易造成混凝土结构破坏，所以还应注意“碱集料反应”，防止在集料表面形成碱硅酸凝胶体。

粗集料按技术指标分为Ⅰ、Ⅱ、Ⅲ级，具体分级见表3-9-5。

碎石、碎卵石和卵石技术指标　　表3-9-5

项目	技术要求		
	Ⅰ	Ⅱ	Ⅲ
碎石压碎指标（%）	<10	<15	<20①
卵石压碎指标（%）	<12	<14	<16
坚固性（按质量损失计，%）	<5	<8	<12
针片状颗粒含量（按质量计，%）	<5	<15	<20②
含泥量（按质量计，%）	<0.5	<1.0	<1.5
泥块含量（按质量计，%）	<0	<0.2	<0.5
有机物含量（比色法）	合格	合格	合格

续上表

项 目	技术要求		
	I	II	III
硫化物及硫酸盐(按 SO_3 质量计,%)	<0.5	<1.0	<1.0
岩石抗压强度	火成岩不应小于 100MPa;变质岩不应小于 80MPa;水成岩不应小于 60MPa		
表观密度	>2500kg/m³		
松散堆积密度	>1350kg/m³		
空隙率	<47%		
碱集料反应	经碱集料反应试验后,试件无裂缝、酥裂、胶体外溢等现象,在规定试验龄期的膨胀率应小于 0.10%		

注:①III 级碎石的压碎指标,用作路面时,应小于 20%;用作下面层或基层时,可小于 25%。

②III 级粗集料的针片状颗粒含量,用作路面时,应小于 20%;用作下面层或基层时,可小于 25%。

四、细 集 料

混凝土的细集料是指粒径小于 5mm 的天然砂、机制砂或混合砂。

1. 级配

优质的混凝土用砂要具有高的密度和小的比面积,从而达到混凝土既有较好的和易性及硬化后有一定的强度和耐久性,又达到节约水泥的目的。

砂的级配,应与粗集料级配的组成的矿质混合料一同考虑,砂按细度模数分为 1 区粗砂(M_x =3.1 ~3.7)、2 区中砂(M_x =2.3 ~3.0)和 3 区细砂(M_x =1.6 ~2.2)。为了提高路表面的抗滑、抗磨性能,路用混凝土一般应选用中砂,也可使用细度模数在 2.0 ~3.5 之间的砂。施工中,混凝土同一配合比用砂的细度模数变化范围不应超过 0.3,否则应调整配合比中的砂率。

2. 技术要求

为了防止杂质阻碍水泥水化以及杂质和水泥发生不良化学反应,细集料应选择质地坚硬、耐久、洁净的砂,细集料中有害杂质含量应有一定限制,具体见表 3-9-6。

细集料技术指标 表 3-9-6

项 目	技术要求		
	I	II	III
机制砂单粒级最大压碎指标(%)	<20	<25	<30
氯化物(以氯离子质量计,%)	<0.01	<0.02	<0.06
坚固性(以质量损失计,%)	<6	<8	<10
云母(以质量计,%)	<1.0	<2.0	<2.0
天然砂、机制砂含泥量(以质量计,%)	<1.0	<2.0	<3.0
天然砂、机制砂含泥块量(以质量计,%)	0	<1.0	<2.0
机制砂 *MB* 值<1.4 或合格石粉含量(以质量计,%)	<3.0	<5.0	<7.0
机制砂 *MB* 值≥1.4 或不合格石粉含量(以质量计,%)	<1.0	<3.0	<5.0

续上表

项　　目	技术要求		
	I	II	III
有机物含量(比色法)	合格	合格	合格
硫化物及硫酸盐(按 SO_3 质量计)	<0.5	<0.5	<0.5
轻物质(以质量计,%)	<1.0	<1.0	<1.0
机制砂母岩抗压强度	火成岩不应小于100MPa;变质岩不应小于80MPa;水成岩不应小于60MPa		
表观密度	>2500kg/m³		
松散堆积密度	>1350kg/m³		
空隙率	<47%		
碱集料反应	经碱集料反应试验后,由砂配制的试件无裂缝、酥裂、胶体外溢,在规定试验龄期的膨胀率小于0.10%		

细集料按其技术指标分为三级。使用机制砂时,为提高抗滑性能,保证运营安全,应检验砂浆磨光值,其值应大于35。机制砂不应采用抗磨性较差的泥岩、页岩、板岩等水成岩类生产,在用机制砂配制混凝土时,应同时掺入引气高效减水剂。

一般情况,路用混凝土不宜选用海砂,若必须选用时,淡化海砂带入每立方米混凝土中含盐量不大于0.1kg/m³,淡化海砂中甲壳类动物残留物不大于1.0%,钢筋混凝土和钢纤维混凝土严禁使用海砂。

五、水

饮用水可直接使用,对水质有疑问时,检验其硫酸盐含量(SO_4^{-2} <0.0027mg/mm³),含盐量(≤0.005mg/mm³),pH值(≥4)及是否含油污、泥和其他有害杂质,检验合格方可使用。

六、外　加　剂

混凝土外加剂是在拌和混凝土时掺入,用以改善混凝土性质的物质。在混凝土路面修筑中,常用的外加剂有:减水剂或塑化剂;缓凝剂、速凝剂和早强剂;引气剂等。

减水剂主要是在混凝土坍落度不变时,能减少拌和用水;缓凝剂、速凝剂是在不影响混凝土的物理力学性质条件下,调节混凝土凝结时间的外加剂。引气剂是改善混凝土的和易性,减少泌水和离析,提高混凝土抗冻、抗渗和抗蚀等性能的外加剂。

在路面和桥面混凝土选用减水剂时,应选择减水率大、坍落度损失小,可调控凝结时间的复合型减水剂。高温施工时,应选用引气缓凝减水剂,低温施工时使用引气早强减水剂。

引气剂应选用表面张力降低值大,水泥稀浆中起泡容易多而细密、泡沫稳定时间长、不溶残渣少的产品,在有抗冻(盐)要求的地段,必须使用引气剂。

无论使用何种外加剂,首先必须检验其与水泥的适应性,使用与水泥相适应的外加剂品种,各种外加剂的产品质量应符合《公路水泥混凝土路面施工技术规范》(JTG F30—2003)有关规定。

使用外加剂时，应注意掺入外加剂会改变混凝土制备工艺，使用时要特别小心。

第二节 水泥混凝土路面的各种施工方法、程序和要点

施工技术直接影响水泥混凝土路面质量。路面机械化施工，不仅可提高施工速度和施工质量，而且还可降低工程造价。目前，常见的大型摊铺设备有滑模摊铺机和轨道摊铺机。由于我国各地经济发展水平各不相同，大型摊铺设备前期投资较大，因此在混凝土施工中还大量存在小型机具施工和三辊轴机组施工。本节将介绍滑模机械摊铺、小型机具、三辊轴、轨道摊铺、碾压混凝土施工技术五种施工方法。

无论采用何种施工方式，施工前都要做好准备工作。准备工作是保证施工顺利进行和施工质量的前提，主要包括以下几个方面：

(1)编制好施工组织设计，建立健全全面质量管理体系。

(2)现场清理、水电供应、施工道路、拌和站建设、办公生活用房等辅助设施建设。

(3)原材料的准备和性能检验以及混凝土配合比检验调整。

(4)对基层的平整度、压实度、高程、横坡等指标进行检查和处理修整，并洒水湿润。

(5)严格按照要求安装模板。

一、滑模机械摊铺

1. 滑模施工的特点

(1)滑模摊铺机有密集排列、均匀配制的振捣棒，振动强度高、速度大。对水泥的活性有很大激发作用，使水泥的水化反应程度加深。试验表明，滑模施工的水泥混凝土路面比人工施工的抗折强度高10% ~15%。

(2)滑模摊铺机吨位大，有自重50% ~70%的挤压力作用于振捣过的混凝土路面，由于具备强大的挤压成形和进一步密实的作用，因而滑模摊铺施工的水泥混凝土路面，外观规矩、密实度高、抗折强度的保证率也高得多。

(3)节约材料和人工费用。由于滑模摊铺不需架设模板，无模板及其损耗，且因自动化程度高，需辅助生产的劳动力比其他施工方式少得多，其生产率是人工施工的5 ~10倍。

(4)生产效率高，摊铺速度快。目前国内日施工最快可达15300m^2(8.5m宽，26cm厚路面)，正常情况下，可施工8500m^2。

(5)水泥混凝土配料精度和均匀稳定性极高，由于滑模摊铺混凝土速度快，必须使用数台大型混凝土搅拌楼配合，大型搅拌楼计量精度和自动化程度较高，可极大提高水泥混凝土拌和物的精度。

(6)自动化程度高。滑模摊铺机具有自动防差错系统，自动故障报警系统、自动学习系统、自动设置路线弯道参数等高技术计算机操作系统，是目前筑路机械设备中高新技术应用最充分的先进路面施工装备之一，人称自动机器人或机械“Robot Machine”。

随着滑模摊铺施工的逐步推广，必能极大提高我国水泥混凝土摊铺效率，提高水泥混凝土路面质量，充分发挥水泥混凝土路面的优势。

2. 滑模摊铺工艺流程及机械设备配置

滑模摊铺的特点是不需轨模，由4个液压缸支承腿控制的履带行走机构行走。它可以通过控制机构上下移动，调整摊铺层厚度。在摊铺机两侧安装固定的滑模板。因此不需另设轨模，这种摊铺机一次通过就可以完成摊铺、捣实、整平等多道工序。

1）滑模摊铺水泥混凝土机械施工工艺流程

滑模摊铺机械化程度较高，其施工工艺较为复杂，每一个流程都要求做到充分、精确，整个施工工艺大致可分为：施工前准备、混凝土拌和、混凝土运输，滑模摊铺、整修养护，灌填缝料、验收及开放交通。滑模摊铺水泥混凝土施工工艺流程如图3-9-1所示。

2）滑模施工机械设备配置

水泥混凝土路面滑模施工机械由各施工单位根据路面结构设计、工期要求、公路等级等条件，按照"性能先进适用、生产能力匹配，施工稳定高效"的原则选择配置。选配的机械性能，必须符合有关规程各项施工技术指标的要求。表3-9-7列出了水泥混凝土路面滑模摊铺施工的主要机械设备及辅助器具配套表。

滑模摊铺机主要机械和机具配置表 表3-9-7

工作内容	主要施工机械设备	
	名称	机型及规格
钢筋加工	钢筋锯断机、折弯机、电焊机	根据需要定规格和数量
测量基准线	水准仪、经纬仪、全站仪	根据需要定规格和数量
搅拌	基准线、线桩及紧线器	300个桩、5个紧线器、300m基准线
	强制式搅拌楼	不小于$50m^3/h$，数量由计算确定
	装载机	$2\sim3m^3$
	发电机	不小于120kW
	供水泵和蓄水池	不小于$250m^3$
运输	运罐车	$4\sim6m^3$，数量由匹配计算确定
	自卸车	$4\sim24m^3$，数量由匹配计算确定
摊铺	布料机、挖掘机、吊车等布料设备	根据需要定规格和数量
	滑模摊铺机1台	技术参数见表3-9-8
	手持振捣棒、整平梁、模板	根据人工施工接头需要定
抗滑	拉毛养生机1台	与滑模摊铺机同宽
	人工拉毛齿耙、工作桥	根据需要定规格和数量
	硬刻槽机刻槽宽度≥50cm，功率≥7.5kW	数量与摊铺进度匹配
切缝	软锯缝机	根据需要定规格和数量
	常规锯缝机或支架锯缝机	根据需要定规格和数量
	移动发电机	12~60kW，数量由施工需要定
磨平	水磨石磨机	需要处理欠平整部位
灌缝	灌缝机或插胶条机	根据需要定规格和数量

续上表

工 作 内 容	主要施工机械设备	
	名 称	机型及规格
养生	压力喷洒机或喷雾器	根据需要定规格和数量
	工地运输车	4 ~ 6t,按需要定数量
	洒水车	4.5 ~ 8t,按需要定数量

高速公路、一级公路和城市快速路、主干路施工,一般应选配能同时摊铺 2 ~ 3 个车道,使用宽度在 7.5 ~ 12.5m 的大型或 12.5 ~ 16m 特大型摊铺机。选择特大型摊铺机施工时,其外侧路肩的宽度要大于履带宽度加上基准线间距,二级以下路面的最小摊铺宽度不得小于 3.75m。

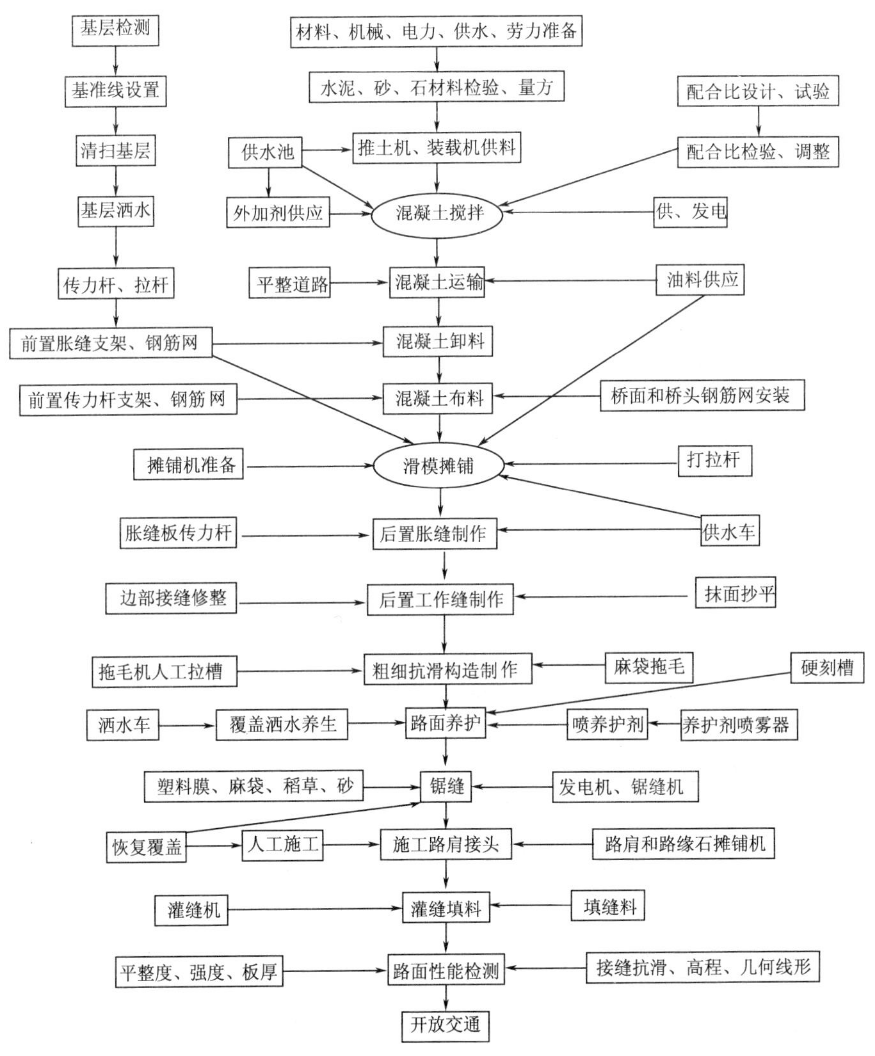

图 3-9-1 滑模摊铺水泥混凝土施工工艺流程图

滑模摊铺机可按表3-9-8所列基本技术参数选择。其应配备螺旋式刮板布料器、松方高度控制板、振动排气仓，足够的振动棒、夯实杆或振动搓平梁、自动抹平板，可提升模板、侧向及中部打拉杆装置，需要时可配备自动传力杆插入装置DBI。需夜间施工时，应配备照明设备。施工单位根据自身条件和工期要求，可选择配备布料机、滑模摊铺机和拉毛养生机3台设备联合施工，也可只配备一台滑模摊铺机，其他由人工辅助施工。滑模连续摊铺规模较大的钢筋混凝土路面、桥面、桥头搭板时，一般应配备侧面上料的布料机或自带侧向上料机构的滑模摊铺机。

滑模摊铺机的基本技术参数表　　表3-9-8

项　目	发动机功率（kW）	摊铺宽度（m）	摊铺厚度（mm）	摊铺速度（m/min）	行走速度（m/min）	履带数（个）	整机自重（t）
三车道滑模摊铺机	200~300	12.5~16	0~500	0~3(0~5)	0~15	4	57~135
双车道滑模摊铺机	150~200	3.6~9.7	0~500	0~3 (0~5)	0~18	2~4	22~50
多功能单车道滑模摊铺机	70~150	2.5~6	0~400 护栏高度 800~1900	0~3 (0~9)	0~15	2,3,4	12~27
路缘石滑模摊铺机	≤80	<2.5	<450	0~5 (0~9)	0~10	2,3	≤10

注：括号内数据为滑模摊铺机空载行驶速度。

水泥混凝土路面摊铺施工系统的其他机械设备和机具可参照表3-9-7的要求选取。

目前我国采用滑模摊铺机械主要有以下两种配置方式：

一种是投资较小的轻型机械配置方式，主要工作由机械完成，辅助工作由人和小型机具来完成，只配置大型滑模摊铺机和大型混凝土搅拌楼和运输车辆，其他由人工完成。我国大部分都采用此种配置，实践证明，这种机械配置能修建出高质量的水泥混凝土路面，其施工速度平均达到日施工8m宽路面1000m左右，最快可达1800m。

另外一种是重型链式机械配置方式，在大型滑模摊铺机前后配置布料机和拉毛养生机。并配置大型支架式多锯缝机，同时配备20~60t大型和超大型混凝土运输车辆，实现施工的全部机械化和快速化。

在决定滑模摊铺装备时，要根据工程实际情况进行配置，实践证明，滑模摊铺混凝土路面最小经济合理的规模是10km以上路面，否则是不经济的。

3. 基准线设置

设置基准线的目的是为滑模摊铺建立一个高程、纵横坡、板厚、板宽、摊铺中线、弯道及连续平整度等基本几何位置的基准参考系。滑模摊铺的基准线设置方式有基准线、方铅管和多轮支架等。除基准线外，其他方式要求基层必须经过精整机铣刨，3m直尺平整度不大于3mm，而我国施工中一直要求平整度为8mm，在这种条件下，为保证滑模施工的高平整度，不宜采用其他简易基准设置方式。

1）基准线形式

基准线形式按照所摊铺路面横坡方向和基准线位置可分为单向坡双线式、单向坡单线式和双向坡双线式三种形式。

单向坡双线式：所铺路面横向坡度为单向坡，基准线位于摊铺机两侧。

单向坡单线式：只在摊铺机一侧设基准线，适用于在已摊铺好的水泥混凝土面板边缘摊铺另一幅水泥混凝土面板。

双向坡双线式：所摊铺面板横向坡为双向坡，基准线位于摊铺机两侧，基准线上没有横坡。

2）设置基准线的技术要求

基准线横向间距：设置基准线时，基准线固定位置到摊铺面板边缘的横向支距应根据滑模摊铺机侧模到传感器的位置而定，两侧路面边缘不宜小于1m宽度，最小不得小于0.65m。

基准线桩应牢固打入基层15～25cm，当打入困难时，应采用电钻钻孔后再钉牢固。基层顶面到夹线臂的高度宜为45～75cm，基准线桩夹线臂夹口到桩的水平距离宜为30cm。

基准线桩纵向间距：平面直线段不大于10m；圆曲线段应加密，在小半径弯道或山区极小半径回头弯道上，内侧宜加密到2.5～5m，外侧宜为3.5～7m；平面缓和曲线段或纵断面竖曲线段宜为5～10m。

基准线张紧：基准线两端应设固定紧线器，并应偏置在基准线桩外侧30～50cm处。基准线必须张紧，每侧基准线应施加大于等于1000N的拉力，张紧后基准线上的垂度应不大于1.0mm。张拉线时，基准线应先张紧，再扣进夹线臂槽口。每段基准线的长度不大于400m，否则全线张紧会较为困难。

3）基准线的精度要求

基准线是为滑模摊铺机上的4个水平传感器和2个方向传感器提供一个精确与路面平行的水平（横坡）和直线（转弯）方向平面基准参考体系，其精度高低决定着路面摊铺的几何精度和平整度。因此基准线是滑模摊铺施工的“生命线”，是保证摊铺出的面板的高程、横坡、板厚、板宽等技术指标符合规范要求的必要条件，基准线的放置精度要符合《公路水泥混凝土路面施工技术规范》（JTG F30—2003）的要求，具体见表3-9-9。

滑模摊铺水泥混凝土路面基准线设置精度要求 表3-9-9

项目		规定值
中线平面偏位（mm）		≤10
路面宽度偏差（mm）		≤+15
面板厚度（mm）	代表值	≥-3
	极值	≥-8
纵断高程偏差（mm）		±5
横坡偏差（%）		±0.10
左右幅连接纵缝高差（mm）		±1.5

4）基准线放线时应注意事项

为保证拉线的准确性，设置平面基准线时，必须边测设、边用眼睛贴近拉线观测。在有中央路拱的平面圆曲线及缓和曲线段拉线时，除拉线准确外，应在每个放线桩外标出摊铺拱中垂直高度，以便于机手调整渐变路拱的路面横坡。曲线及过渡段基准线设置好以后，在摊铺前必须由另一测工进行校核，防止出现差错。

在地形复杂的山区公路施工，测量人员设置拉线时，应确切了解最小可摊铺的弯道半径。一般滑模摊铺机可施工的最小弯道半径不小于50m；带加长侧模板的滑模摊铺机最小弯道半径不小于75m。小转角弯道最小半径为50～75m；大转角回头曲线最小半径为75～100m，如不注意，将损坏所铺弯道路面或滑模摊铺机侧面板。

基准线设置好以后，禁止扰动。摊铺时，严禁碰撞和振动基准线，接头不得大于1cm。风力大于5～6级时，基准线不稳定，振动过大，影响摊铺平整度，应停止施工。

基准线设置宜在施工前一天完成。摊铺前应对基准线进行复测或抽查。

4. 滑模摊铺水泥混凝土路面施工要点

1）施工前准备

应对施工前准备工作进行全面细致检查，检查基准线是否符合板厚要求，设备和机具是否全部到位，运转是否正常；基层是否合格，是否清扫和洒水湿润；在横向连接摊铺时，传力杆是否矫正补齐，纵缝是否顺直，沥青是否涂抹等。这一切都是通过大量实践经验得来的。如板厚必须在摊铺前基准线上控制，就是通过在多条高速公路施工中摸索得来的经验。

2）正确设置滑模摊铺机各项工作初步参数

摊铺前，应对滑模摊铺机进行全面性能检查和各施工部件位置参数设定。参数的正确设定是滑模摊铺操作技术中最关键的技术环节之一，也是摊铺机调试中最重要的内容。这些参数通过试铺固定下来。在正式施工时根据现场情况适当微调。设置时注意振捣棒下缘位置应在挤压板最低点以上，间距不宜大于45cm，并均匀排列；最边缘振捣棒与摊铺边沿不大于25cm；调整挤压板前倾角为3°左右，提浆夯板的位置为挤压板前缘以下5～10mm之间；设超铺角的滑模摊铺机两边缘超铺高程应根据料的稠度在3～8mm间调整；带振动搓平梁的滑模摊铺机应将搓平梁前沿调整到与挤压板后缘同一高程，搓平梁的后沿比挤压板后缘低1～2mm，并与路面高程相同。

3）摊铺机首次摊铺位置矫正

首次摊铺时，在无纵坡和弯道的摊铺起点位置钉4个矩形分布的木桩，其顶面高程分别为挤压底板的4角点高程，后两桩为路面高程，前两桩在路面高程上应加挤压底板前倾角高程。有路拱时应增设拱中两个桩，准确测量摊铺机底板高程、横坡度和路拱，将传感器挂到基准线上：调整水平传感器立柱高度，使摊铺机挤压底板正好落在精确测量设置好的木桩上，同时调整摊铺机机架前后左右水平度。让摊铺机挂线自动行走，再返回校正一遍，正确无误后，即可摊铺。

4）初始摊铺校正

在开始摊铺的前5m内，必须对所摊出的路面高程、厚度、宽度、中线、横坡度等技术参数进行复核测量，机手应根据测量结果及时在摊铺中微调传感器、挤压底板、拉杆打入深度及压力、抹平板的压力及边缘位置。严禁停机剧烈调整高程、中线、横坡等，以免影响平整度。调整应在10m内完成。摊铺效果达到要求的参数要固定保护起来，严禁非机手更改或撞动。第二天连接摊铺时，应将摊铺机后退至前一天做的侧向收口工作缝（收口每侧5m，长度与侧模等长或略长）路面内，到挤压底板前缘对齐工作缝端部，开始摊铺。

5）卸料、布料要求

滑模摊铺混凝土路面时，必须有专人指挥车辆卸料。自卸车卸料时，卸料应分布均匀，以减少摊铺机的摊铺负荷。最高料位高度不得高于松方控制板上缘，正常料位高度应在螺旋布料器叶片上缘以下。机前缺料时，可用装载机或挖掘机补充送料，并要求供料和摊铺速度协调。

布料要求:采用布料机施工,松铺系数应视坍落度大小由试铺确定,当坍落度在1~5cm时,松铺系数宜在1.08~1.15之间;坍落度为3cm时,松铺系数应控制在1.1左右。布料机与滑模摊铺机之间的距离应控制在5~10m,热天日照强、风大时,取小值;阴天,湿度大、无风时,取大值。

6)摊铺操作要领

(1)机载布料器控制。滑模摊铺机的布料器有螺旋布料器和刮板布料器两种形式。刮板布料器的优点是布料效率高、摊铺阻力小、刮板磨损少、便于更换;缺点是对混合料不能进行二次机前搅拌,容易造成混合料离析和两侧混凝土不均匀。螺旋布料器则相反,具有优良的机前二次搅拌效果、离析小、混凝土分布均匀、布料效率高、效果好。但摊铺阻力大、螺旋棱磨损快、堆焊加强和更换比较麻烦,一般施工情况下,摊铺30~50km就不得不更换螺旋布料器。

(2)螺旋布料器在机上的固定形式有两种:连续单根和中间分开独立控制的两根。在摊铺宽度较窄的单车道路面时,适合单根形式,可将卸偏的混凝土从一侧分布到另一侧,但两根螺旋同时卸两车料,使用独立控制的两根螺旋布料器较适宜。注意布料要均匀,特别注意两侧边角的料要充足。螺旋布料器有很强的机前二次搅拌的功能,如机前料充足,但不均匀时,应连续不断地左右旋转,以达到充分混合搅拌的目的。

(3)松方高度控制板控制。松方高度控制板是滑模摊铺施工第一关,控制得好,施工顺畅,控制不好,不仅平整度差,而且会损坏滑模摊铺机。摊铺过程中,机手应随时调整松方高度控制板进料位置。开始时应略设高些,以高于振捣棒15cm左右为宜,以保证进料。正常料位以保持振捣仓内砂浆料位高于振捣棒10cm左右较为适宜,以利于振动仓内混凝土中的气泡受振动彻底排放掉。进料门应尽量控制在振捣仓内的混凝土基本维持在一个适宜的恒定高度上,根据我国的施工经验,这个高度一般为振捣棒中心线以上10cm左右较适宜。仓内的正常料位应保持在螺旋杆中轴位置。

(4)摊铺行进速度控制。滑模摊铺机应缓慢、匀速、连续不间断地摊铺。摊铺速度应根据拌和物稠度和设备性能进行控制,一般为1m/min左右。当稠度发生变化时,应先调整振捣频率,再调整速度,一般拌和物偏稀时,应适当降低振捣频率,加快摊铺速度,最快控制在1.5~2m/min之间,最低振捣频率不得低于6000r/min;拌和物偏稠时,应适当提高振捣频率,降低摊铺速度,最慢控制在0.5~1m/min之间,最高振捣频率不得高于11000r/min。

(5)监控振捣棒的位置和工作情况。摊铺中要随时检查振捣棒情况,以防止麻面和纵向塑性收缩裂缝,振捣棒的位置应该是其底缘在挤压底板的后缘高度以上。但在不出现塑性收缩 裂缝的前提下,允许使用板中位以上的振捣位置。在摊铺通过胀缝和钢筋网时,必须提高振捣棒,使其最低点位置在挤压底板的后缘高度以上,以便于在不推移胀缝板和钢筋网的前提下顺畅摊铺。

(6)摊铺密实度控制。在滑模摊铺推进过程中,要视混凝土混合料的稠度随时对行进速度和振捣频率进行调整,以控制摊铺密实度。只有这样才能控制混凝土路面始终达到所要求的高密实度,并防止发生塌边、麻面、拉裂和砂浆层过厚等病害。操作手应随时观察振捣仓内混凝土的排气情况,特别要求在振捣仓后部挤压底板前缘基本没有气泡排出的情况下,才能向前推进。在给定速度和振捣频率的工作状态下,在振捣仓充分排除掉混凝土中的气泡,是当时混凝土稠度下，推进速度和振捣频率的合适与否的基本判断依据之一。同时，观察所摊铺路面的平整度，如果在摊铺后的路面上发现有气泡、拱包，说明排气很不充分，必须降低速度，提高振捣频率，同时降低进料门控制高度，减小混凝土路面板承受的压力，以保证密实度和平整度。如果采取了上述措施仍调整不了，或出现挤压底板的混凝土表面有拉裂现象，就证明挤压底板前仰角过大，需要调小。在混凝土所有原材料中，只有气泡在挤压力下具有较大的可压缩性，待摊铺过后，压力释放，接近表面的大气泡才会将路面砂浆顶起来，影响平整度。

(7)挤压底板前仰角的调整。滑模摊铺机型号不同，其设定的挤压底板前仰角也各不相同。对于给定的混凝土稠度，每台滑模摊铺机都有一个最佳前仰角设定角度，最佳前仰角需通过施工实践摸索积累。滑模摊铺机的前仰角设定必须在每天开工之前设定，施工进行中不能调整。因此必须在前几次施工中摸索并确定最佳前仰角，固定下来，不可经常调整。

(8)超铺角控制。滑模摊铺机上设置超铺角是因为混凝土振实脱模后，由于失去支撑，路面一方面会自动胀宽，另一方面两侧边沿即使不塌边也会溜肩，使高程自动塌落，必须设法多铺料补偿，才能做出断面几何形状规矩的面板。超铺角设置从进料门开始，增大两边角的进料高度和数量，并令挤压底板两侧模板视稳定的坍落度大小，翘起合适的高度，同时，将两侧边模板向内倾斜一定角度，构成混凝土路面两侧边角适宜的超铺量，待混凝土路面脱模后，自动塌落成90°边沿，保证路面两边横向平整度。

(9)纵坡施工。摊铺较大纵坡时，注意调整挤压底板前仰角，上坡时应适当调小，同时调小抹平板压力；下坡时应适当调大，同时调大抹平板压力。

(10)弯道施工：弯道、渐变段摊铺时，若为单向横坡，应随时观察和调整抹平板内外侧的抹面距离，防止压垮边缘。中央路拱，若靠手工控制，操作手应根据路拱消失和生成的位置，在一定路段内分级逐渐消除或生成设计路拱。

7)摊铺中高程控制和校准

滑模摊铺的路面高程控制主要靠4个水平传感器沿基准线控制，为防止因底板没有顶拖力或调整不到位形成高程误差，影响路面厚度和平整度，在开始摊铺路面3~5m长度时，应用水准仪进行校核。发现误差超过规定范围时，应在滑模摊铺机行进中对水平传感器垂直伸缩臂缓慢调整到位，调整后做上标记，固定该位置。通过连续几次调整，确定滑模摊铺底板、传感器等与基准线之间的相对位置并固定下来。除非以后有人动过，否则不再调整，但仍需每天调整。

8)滑模摊铺中出现问题的处理

滑模摊铺表面应平滑，几何形状规矩，不应出现麻面、拉裂、塌边、溜肩等病害现象，出现问题应立即查找原因，采取措施。

摊铺中应经常检查振捣棒工作情况。发现路面上在横断面某处多次出现麻面或拉裂现象，表示该处振捣棒出现问题，必须停机检查或更换该处振捣棒。摊铺后发现路面上留有发亮的振捣棒拖出的砂浆条带，表明振捣棒位置过深，必须调整正确位置至振捣棒底缘在挤压底板的后缘高度以上。

摊铺宽度大于7.5m时，若左、右卸了两车稠度不一致的混凝土时，摊铺速度应按偏于一侧设置，并应将偏稀一侧振捣棒频率迅速调小，保证施工路面密实。不塌边溜肩，保持基本相同的表面砂浆厚度。

滑模摊铺出现横向拉裂现象,应从以下几个方面进行检查:

(1)拌和物局部或整体过于硬、出现离析、集料粒径过大,不适宜滑模摊铺。而对于摊铺速度过快、振捣频率不够、混凝土未振动液化产生的拉裂,应降低摊铺速度,提高振捣频率。

(2)挤压底板的位置和前仰角的设置是否变化。前倒角时必定拉裂,前仰角过大,也可能拉裂,应在行进中调整两个水平传感器,即改变挤压底板为适宜的前仰角,以消除拉裂现象。

(3)拌和物较干硬或等料停机时间较长,摊铺起步速度过快,也可能拉裂路面。等料停机时间较长时,应间隔 15min 开启振捣棒振动 2 ~3min;摊铺起步时应先振捣 2 ~3min,再缓慢推进。

当混凝土供应不上时,或搅拌楼出现机械故障等情况时,停机等待时间不得超过当时气温下混凝土初凝时间的 4/5,超过此时间,应将滑模摊铺机开出摊铺工作面,并做施工缝。

施工结束后应及时将滑模摊铺机驶离工作面,先将传感器脱离基准线,解除自动跟踪控制,然后及时对滑模摊铺机进行清理保养。并宜在第二天硬切横向施工缝,或当天软作施工缝。应丢弃从摊铺机振动仓内脱出的厚砂浆。设置施工缝模板,并用水准仪测量和抄平面板高程和横坡。为使下次摊铺能紧接施工缝,侧模需向内收进 2 ~4cm,长度视摊铺机侧模而定。

二、小型机具施工

虽然小型机具施工速度慢,人为影响质量较大,但由于我国经济水平的限制和施工的需要,目前仍然得到广泛应用。

水泥混凝土小型机具施工主要有以下工序:测量放样→安装模板→架设传力杆和拉杆、拌和物搅拌和运输→摊铺成型→表面修整→抗滑构造制作→接缝施工→养生。小型机具施工主要机械设备有:配备自动质量计量设备的强制式搅拌机、插入式振捣棒、平板振动器和振动梁等振捣工具;提浆滚杆、叶片式或圆盘式抹面机、3m 刮尺和抹刀等整平抹面工具;拉毛机、工作桥、硬刻槽机等抗滑构造设备以及运输车辆。小型机具选型和配套时应根据工程规模、质量要求和工期等要求进行合理配置。

使用小型机具铺筑水泥混凝土路面,在摊铺前一定做好检查准备工作。施工现场应有专人指挥卸料,拌和物应分成均匀的小堆,以方便摊铺。若拌和物有离析,应用铁锹翻拌均匀,严禁加水。用铁锹送料,应反扣,严禁抛掷和接把。面板厚度在 22cm 以下,可一次摊铺,若超过 22cm,应分层摊铺。人工摊铺拌和物的坍落度应控制在 5 ~20mm 之间,拌和物松铺系数应通过现场试验确定,一般控制在 1.10 ~1.25。料偏干时取较高值,反之取较小值。

拌和物摊铺均匀后,应采用插入式振捣棒、平板振动器和振动梁配合进行振捣成型,这是保证混凝土路面质量的关键。在每个车道上,每 2m 应配备两根振捣棒。振捣时,先用振捣棒按梅花桩位置交错振捣,每次振捣不应少于 30s,以拌和物不再冒气泡和泛出水泥浆,并停止下沉为止。振动棒移动间距应不大于 50cm,离板边缘应不大于 20cm,并避免和模板、钢筋、传力杆、拉杆碰撞,对边角位置应特别注意,应仔细加以振捣。

插入振捣棒振捣后,用振动板全面振实,每车道配 1 块振动板,纵横交错振捣两遍。振动板移位时,应重叠 10 ~20cm,在每一位置振动时间应以振动板底部和边缘泛浆厚度为 3mm ± 1mm 为限,时间不少于 15s,注意不能过振。然后,用振动梁进一步振实整平提浆,振动梁应垂直路面中线沿纵向拖行,往返 2 ~3 遍,使表面泛浆均匀平整。振动梁应具有足够的刚度和质量，底部应焊接或安装深度4mm左右的粗集料压实齿，每个车道上应配备一根具有两个振动器的振动梁。

在振捣过程中，应随时进行人工找平，找平中所用拌和物应用同一批次的拌和物，严禁使用砂浆。还应随时检查模板、拉杆、传力杆、钢筋网位置，出现问题及时调整。

采用两次摊铺时，两层摊铺间隔时间应尽量短，上层振捣必须在下层初凝前完成。

振实作业完成后，可通过滚杆、抹面机或大木抹进行整平，整平时先用滚杆提浆整平，每车道配备一根滚杆，整平时第一遍应短距离缓慢一进一退拖滚式推滚，以后要长距离匀速拖滚2遍，并将水泥砂浆始终保持在滚杆前方。

拖滚后，用3m刮尺纵横各一遍整平饰面或采用抹面机往返2～3遍压浆并整平抹面。使用抹面机时，每车道应配备至少一台。

抹面机完成作业后，应进行清边整缝，清除黏浆，修补缺边、掉角，清除抹面留下的痕迹，并用3m刮尺，纵横各一遍精平饰面。精平饰面后，平整度要达到规定要求。

三、三辊轴机组摊铺技术

三辊轴机组是介于小型机具施工和摊铺机施工之间的一种中型施工设备。它比摊铺机成本低、适应性强，操作简单方便，能达到较高的平整度，自20世纪90年代以来，在我国得到广泛应用。

三辊轴机组施工工艺流程以及机械布置顺序为：测量放样→安装模板→拌和物拌和与运输→布料机具布料→排式振捣机振捣→拉杆安装机安装拉杆→人工找补→三辊轴整平→（真空脱水）→精平饰面→抗滑构造制作→接缝施工→养生→（硬刻槽）→填缝。

三辊轴机组施工的摊铺能力不是很强，因此要特别注意布料的均匀性，准确控制布料高度，要有专人指挥车辆均匀卸料。布料可用人工也可用装载机或挖掘机布料。人工布料时，应使用排式振捣机前方的螺旋布料器辅助控制松铺厚度。坍落度为10～40mm的拌和物松铺系数应取1.12～1.25，坍落度大时取低值，小时取高值。超高路段和有横坡路段，摊铺应考虑横坡影响，松铺系数横坡高侧取高值，低则取低值。

当混凝土摊铺长度超过10m时，应立即进行振捣密实。振捣时，每次移动距离不宜超过振捣棒有效半径的1.5倍；且不得大于50cm。振捣时间一般为15～30s，以拌和物中粗集料停止下沉、表面不再冒泡，并泛出水泥浆为准，注意不能过振。振捣中，排式振捣机应均匀缓慢不间断前进。

面板振实后，应立即安装拉杆。单车道施工时，应在侧模预留孔中按设计要求在板厚度中间插入钢筋拉杆；双车道摊铺施工时，除在侧模插入拉杆外，还要使用拉杆插入机在中间纵缝部位按设计要求插入钢筋拉杆。插入拉杆后立即振捣拌和物，以使拌和物充分包裹拉杆。

混凝土拌和物振捣后，工作性损失较快，若布料长度较短就开始振动，三辊轴整平机未立刻跟上施工，两道工序间隔时间较长，会使拌和物工作性损失较高，造成以后施工困难，因此应在布料达到一个作业单位长度才开始振实，并紧跟三辊轴整平机进行整平，两道工序间时间间隔不宜大于10min。

三辊轴整平机作业长度一般在20～30m之间，在一个作业长度内，三辊轴机应采用前进振动，后退静滚的方式作业，其作业遍数一般为2～3遍，不得超过3遍。振动时，调整好振动轴的高度，与模板顶面留 2mm 间隙，振动轴只能打击削平拌和物表面。由于三辊轴机自重较大，施工中要随时注意观察模板情况，出现问题立即纠正。

振动滚压完成后，将振动辊轴抬离模板，用整平轴前后静滚整平。静滚遍数要足够多，一般为 4 ~ 8 遍，直到平整度符合要求，表面砂浆厚度和水灰比均匀为止。最终表面砂浆厚度应控制在 4mm ± 1mm。三辊轴整平机前方表面过厚过稀的砂浆必须刮除丢弃，以改善表面的抗滑性及耐磨性。

三辊轴整平机作业期间，恰好处于混凝土向上泌水过程中，表面砂浆水灰比及流动性增大，容易影响路面质量。为了增强表面耐磨性，改善平整度，也可采用两台三辊轴整平机联合作业，中间增加真空脱水作业。

三辊轴整平机基本整平路面后，应立即采用 3 ~ 5m 刮尺进行饰面。刮尺应纵向摆放，横向推拉，速度要均匀，每次推拉要一次完成，不停顿，并调整好刮刀与路面的接触角度。

待表面泌水蒸发消失后，再使用刮板或抹刀进行 1 ~ 2 遍收浆饰面抹光。经过抹光处理后，再进行抗滑构造施工，可明显提高表面耐磨性，收浆饰面应在泌水蒸发消失，混凝土表面还能够压实但不留下明显浆印时进行。饰面的最迟时间不得迟于表 3-9-10 规定的拌和物铺筑完毕允许的最长时间。

混凝土拌和物出料到运输、铺筑完毕允许最长时间 表 3-9-10

施工气温(℃)	到运输完毕允许最长时间(h)		到铺筑完毕允许最长时间(h)	
	滑模、轨道	三轴、小机具	滑模、轨道	三轴、小机具
5 ~ 9	2.0	1.5	2.5	2.0
10 ~ 19	1.5	1.0	2.0	1.5
20 ~ 29	1.0	0.75	1.5	1.25
30 ~ 35	0.75	0.5	1.25	1.0

注：施工气温指施工期间的日间平均气温，使用缓凝剂延长凝结时间后，本表数值可增加 0.25 ~ 0.5h。

四、轨道式摊铺机施工

轨道式施工是指在基层上铺设两条轨道板，作为路面侧向支撑和路型定位模板，顶部作为路面表面基准，施工机械行驶在轨道上进行布料、振动密实、成型、修整和拉毛、养生的混凝土路面施工法。轨道摊铺施工的工艺流程为：混凝土搅拌→人工支模板→架设拉杆→布料→振捣→表面修整→接缝施工→抗滑构造制作→养护→锯缝填缝→路面性能检测→竣工验收→开放交通等。

轨道摊铺机施工是在使用轨道和模板合斗的专用机模上行进摊铺。其模板要求较高，一般单根长度 3m，底面宽度为高度的 80%，轨道顶面应高于模板 2 ~ 4cm，轨道中心至模板内侧边缘距离一般为 12.5cm。

轨道用螺栓和垫层固定在模板支座上，模板用钢筋固定在基层上。安装后应对照摊铺厚度进行调整检测，并在模板内涂刷脱模剂和隔离剂，接头应粘胶带或塑料薄膜密封。

轨道准备的数量应根据施工进度和施工气温，并满足拆模周期需要而定，一般不少于 3 ~ 5d 的需要。

平缝要设置拉杆时，应根据设计要求，预先在轨模上制作拉杆孔，以便施工时插入。它也可和传力杆一样，采用门形式固定在基层上。

轨道摊铺机是通过卸料机将混凝土倾卸在基层上或料箱内，然后按摊铺厚度均匀分布在模板内，其布料方式有螺旋布料器布料、刮板布料和料箱布料几种。布料松铺系数应根据拌和物实测坍落度在1.15～1.30之间控制，具体见表3-9-11。

松铺系数与坍落度的关系　　表3-9-11

坍落度(mm)	5	10	20	30	40	50	60
松铺系数	1.30	1.25	1.22	1.19	1.17	1.15	1.12

使用螺旋布料器和刮板布料时，卸在铺筑宽度中间的拌和物不得过高过大，也不得缺料，螺旋布料器前拌和物应保持在面板以上10cm左右。

箱式布料一般应用在摊铺钢筋混凝土路面和有裸露粗集料抗滑表层路面，其装料时应关闭料斗出料口，运到布料位置时，轻轻打开出料口，待拌和物堆成“堤状”，再左右移动料斗布料。

轨道施工振捣一般采用振捣棒组和振动板或振动梁振捣修整，振捣棒组振捣方式有斜插连续拖行和间歇式垂直插入两种。当面板厚度超过150mm，坍落度小于30mm时，必须采用插入振捣；连续拖行振捣时，其作业速度应控制在0.5～1.0m/min之间，间歇式振捣时，其移动距离一般不大于50cm。振捣棒组振捣后，应及时采用振动板或振动梁对混凝土表面进行振捣整平。使用振动梁时，其频率应控制在50～100Hz，偏心轴转速调至2500～3000r/min。一般情况下，经振捣棒组振实的混凝土，应使用振动板提浆，并密实饰面，其提浆厚度控制在4mm±1mm。

振捣后应及时采用抹平板或往复式滚筒整平。使用往复式滚筒整平时，其前面混凝土堆积物应涌向横坡高的一侧，保证路面横坡高的一端有足够料。在整平过程中要及时清理路面边缘余料，以保证整平精度和机械顺利作业。

整平后要及时精平饰面，其施工要求同三辊轴施工方式。

路面摊铺后，拆卸轨模应根据不同气温条件，混凝土抗压强度达到8.0MPa以上方可进行。缺乏强度实测数据时，边侧模板允许最早拆模时间应符合《公路水泥混凝土路面施工技术规范》(JTG F30—2003)的规定，拆除的模板应及时清理。

五、碾压混凝土路面施工

碾压混凝土施工技术是利用沥青混凝土摊铺机铺筑碾压混凝的施工方法，一般施工流程为：碾压混凝土拌和→运输→卸入沥青摊铺机→沥青摊铺机摊铺→打入拉杆→钢轮压路机初压→振动压路机复压→轮胎压路机终压→抗滑构造处理→养生→灌切缝→灌缝。配置的主要机械设备有沥青摊铺机、钢轮压路机、振动压路机、轮胎压路机和其他一些辅助设备。

基准线是碾压混凝土施工的生命线，在施工前要完成基准线的设置，单根基准线，一般不超过450m；基准线设置宽度除应保证摊铺外，还应满足两侧650～1000mm横向支距的要求。基准线桩在直线段一般间距为10m，曲线段要加密设置，但间距不能小于2.5m。固定线桩时，应保证夹线臂到基层距离为450～750mm，设置好后应以不小于1000N的拉力对基准线进行张拉。

碾压混凝土摊铺前应先洒水湿润基层，摊铺速度要均匀、连续，不要随意变换速度或停顿，速度可按下式计算确定,一般控制在0.6~1.0m/min范围内。

$$v = \frac{MK}{60bh} \tag{3-9-1}$$

式中:v——摊铺机速度,m/min;

M——搅拌机产量,m^3/h;

b——摊铺宽度,m;

h——摊铺厚度,m;

K——效率系数,一般为0.85~0.95,使用一台搅拌机时选低值,多台时选高值。

碾压混凝土路面摊铺时的松铺系数应根据混凝土配合比决定,施工机械由试铺决定。摊铺布料时应使螺旋布料器转速和摊铺速度相适应,防止两边缘料不足。在摊铺到弯道时,应及时调整左右两侧分料器的转速,防止两侧供料不均衡。在摊铺中,应同时设置拉杆。设置拉杆时应通过设置醒目的定位标记保证拉杆准确打入。

摊铺完成后,应立即对混凝土表面进行检查,修补缺陷,局部缺料应及时补上。粗集料集中部位采用湿筛砂浆进行弥补。

当摊铺长度超过30m即可进行碾压,一般碾压作业段长度在30~40m。碾压按初压、复压、终压三个阶段进行。碾压时,在直线段应按从外侧向路中心碾压;在平曲线有超高路段,由低侧向高侧,由内向外碾压。

初压一般要用钢轮压路机或振动压路机静压,相邻碾压带应重叠1/3~1/2碾压宽度。在复压过程中应禁止振动压路机中途急停、急拐、紧急起步和快速倒车,要缓慢柔顺。复压要使混凝土达到规定压实度为止,一般要压2~6遍。

终压采用轮胎压路机静压,终压遍数应以弥合表面微裂纹和消除轮迹为标准。初压、复压、终压作业要紧密相连,环环相扣,一气呵成,中间不停顿,相互间也不得干扰。

碾压混凝土横向施工缝和其他方法相比较为特殊,呈"台阶状"。目的是便于插入传力杆和接头处碾压密实,其制作方式是:在施工终点处设纵向斜坡,碾压结束后将不合格部位切除,第二天摊铺开始时,后退15~20cm,切割施工缝,深度为8~10cm,并将切缝外混凝土刨除形成台阶,然后涂刷水泥浆,继续连接摊铺新路面,硬化后切施工缝。

第三节 水泥混凝土路面施工质量控制与监督验收

水泥混凝土路面施工,应根据质量管理要求,建立健全有效的质量保证体系,实行严格的质量、投资、工期控制、工序管理和岗位责任制度,对各施工阶段进行全面控制检查,以确保施工质量。水泥混凝土路面施工主要从以下几个方面进行质量控制。

一、施工前材料的控制

原材料精良是修筑高质量路面的前提条件,进场前控制好原材料的质量非常重要,无论工期怎样紧张,都要把好原材料进场关。

做好原材料抽检工作,要配备充足的质量检验设备和人员。施工前,试验室应对混凝土路面工程计划使用的原材料进行质量检验和混凝土配制试验,以便进一步优选原材料和优化配合比，出具原材料检验和配合比报告，并应通过监理对原材料抽检和配合比试验验证，报业主审批。如水泥外加剂、养生剂等，重要的原材料供应，和供应商签合同时，不仅要确定供应量、供应方式，还要明确各项技术指标等要求。

原材料抽检要根据原材料检验项目以一定频率分批量进行检验，检验项目和检验频率必须符合《水泥混凝土路面施工及验收规范》(CBJ 97—87)的规定。由不同厂家供应的水泥或粉煤灰，即使品种标号完全相同，也必须分别存放，不得混装。水泥罐换装水泥时，必须清罐。

二、铺筑试验路段

由于每个工程项目的情况各不相同，所用原材料和配合比也不尽相同，摊铺机各项参数也需调整，因此，在正式摊铺前，必须进行不少于200m的试验摊铺。试验段路面厚度、摊铺宽度、基准线设置、接缝设置、钢筋设置等均应和实际工程相同。通过试验段施工应达到以下目的：

(1)检验拌和楼性能，并确定合理搅拌制度，全面检验摊铺机性能和生产能力，以及机械配套是否合理并提出改进措施。

(2)通过试拌确定检验拌和物各种技术指标，如坍落度、振动黏度系数、工作性、含气量、泌水量、是否离析等，以优化调整配合比。

(3)通过试铺确定模板架设或基准线设置方式，调整设置摊铺机工作参数。

(4)检验确定辅助人工、机具、工具、模具种类和数量，确定合理的施工组织形式和人员编制。

(5)通过试铺，建立原材料和新拌混凝土的各项技术指标，如坍落度、含气量和路面弯拉强度、平整度、构造深度等检验手段，并熟悉检验方法。

(6)通过试铺，掌握各种接缝设置和施工方法、抗滑构造施工工艺、养生方式，检验全套施工工艺流程。

在试铺过程中，施工单位应做好记录，监理应检查施工质量，及时和施工方商定有关结果，以便在试铺结束后，业主、监理、施工单位会商试验结果，提出改进意见和注意事项，在正式施工中加以改进。

三、施工过程中质量控制与检查

在施工过程中应按照《水泥混凝土路面施工及验收规范》(GBJ 97—87)中规定的项目和频率对原材料、混凝土拌和混合料进行检验，混凝土路面应检查平整度、弯拉强度和板厚三大指标和其他指标。

1. 平整度

3m直尺检测平整度只能反映小波长的不平整度，不能反映大波长的不平整度；在施工过程中，因每天摊铺长度并不太长，因此从施工成本考虑，可采用3m直尺量验作为施工过程平整度控制的检测工具。在验收时必须采用精度较高，能客观反映路面行车过程中的平整度实际情况的平整度仪检测动态平整度，作为验收时工程质量的评定依据。

施工时，城市快速路及主干道，3m直尺量验结果90%以上不大于3mm，其他等级道路量验90%以上不大于5mm。3m直尺量验频率应为单车道每100m两处10尺，在检测时若发现平整度不符合要求,应在 10d 内使用最粗磨头的水磨机磨平,并应做出微观抗滑构造和宏观抗滑槽,此种处理方法只能用于小面积少量处理。

2. 弯拉强度

抗折强度是混凝土路面的第一强度指标,混凝土路面板的开裂破坏多是因弯拉应力超过弯拉强度极限而形成的,因此抗折强度达到设计要求是混凝土路面寿命长的重要保证。在施工过程中必须严格控制,对其评价应以搅拌楼生产中随机取得混合料在振动台上制作的小梁弯拉强度为准。在过去的试验中发现,振动棒插入振动孔严重降低混凝土的嵌锁能力,简易自制振动板的振动能量无法控制,因此,试件不能反映实际路面弯拉强度,故不能采用自制振动板。弯拉强度检测频率应按 $200m^3$ 混凝土制作一组试件,每组 3 块小梁,每天施工开始,中间和结束各一组,按照标准方法养生 28d,先测弯拉强度,再测抗压强度。

3. 板厚

混凝土路面在施工中应严格控制板厚,测量人员将两侧基准线定好以后,用直尺检查基准线到基层的距离,即为板厚。每 100m 测 2 个断面,若符合要求,经监理确认后即可摊铺。若板厚不足,面积不大时,可采用镜刨机镜刨基层。若大面积基层偏高,允许在 50m 以外通过调整路面高程控制板厚。使用模板施工时,应在两横板槽间设一厚刮板,通过纵向走一遍进行板厚控制。上述做法在于杜绝摊铺后,因平均板厚误差超过 1cm 而返工,将问题消灭在摊铺之前。

除上述三大指标外,还应通过检查控制接缝、切缝、灌缝、抗滑构造,摊铺中线高程和横坡,其控制和检查方法及频率应遵照《公路水泥混凝土路面施工技术规范》(JTG F30—2003)规定的方法进行。

四、工程质量检查验收

工程完工后,施工单位应将全线按每公里一个评价段,按规定的检验项目和 1/3 频率进行自检,准备好总结报告、自检结果、原始记录等完整资料,申请验收。

业主、监理和质监站收到施工单位验收申请,确认资料完整后, 应首先对照施工中的抽检数据,检查交工报告中数据是否与其吻合,然后再按《水泥混凝土路面施工及验收规范》(GBJ 97—87)规定的检查项目和验收频率进行检查和验收。

在检查中若发现异常情况应按以下方式进行处理:

(1)当出现试件弯拉强度偏小的情况,判定弯拉强度是否合格,应以路面钻芯取样圆柱体劈裂强度折算的弯拉强度值,作为评价合格与否的标准,钻芯与小梁弯拉强度 R_h(MPa)的换算关系,应通过积累试验资料确定。若没合适的经验公式,可参考下列应用公式进行换算。

石灰岩、花岗岩碎石混凝土:

$$f_c = 1.868 f_{sp}^{0.871}$$

式中:f_c——混凝土标准小梁弯拉强度,MPa;

f_{sp}——混凝土直径 150mm 圆柱体的劈裂强度,MPa。

玄武岩碎石混凝土:

$$f_c = 3.035 f_{sp}^{0.423}$$

(2)发现板厚不足时,或上基层和桥梁上横坡不足,要求返工的标准为平均板厚小于设计厚度10mm。当出现争议并要求返工时,应以钻芯取得3个圆柱体的平均高度作为评判标准。

●第四节 水泥混凝土路面的病害及防治●

一、水泥混凝土路面的病害

水泥混凝土路面的使用性能在行车和自然因素的不断作用下逐渐变坏,以至出现各种类型的损坏现象,大体分为接缝破坏和混凝土面板损坏两个方面,损坏性质也可分为功能性损坏与结构性损坏两个范畴。

1. 接缝的破坏

1)挤碎

出现于横向接缝(主要是胀缝)两侧数十厘米宽度内。这是由于胀缝内的滑动传力杆位置不正确,或滑动端的滑动功能失效,或施工时胀缝内局部有混凝土搭连,或胀缝内落入坚硬的杂屑等原因,阻碍了板的伸长,使混凝土在膨胀时受到较高的挤压应力,当其超过混凝土的抗剪强度时,板即发生剪切挤碎。

2)拱起

混凝土面板在受热膨胀而受阻时,某一接缝两侧的板突然向上拱起。这是由于板收缩时缝隙张开,填缝料失效,坚硬碎屑等不可压缩的材料塞满缝隙,使板在膨胀时产生较大的热压应力,从而出现纵向压曲失稳。

3)错台

横向接缝两侧路面板出现的竖向相对位移。当胀缝下部嵌缝板与上部缝隙未能对齐,或胀缝两侧混凝土壁面不垂直,使缝旁两板在伸胀挤压过程中,上下错开而形成错台。地面水通过接缝渗入基础使其软化,或者接缝传荷能力不足,或传力效果降低时,都会导致错台的产生。当交通量或基础承载力在横向各幅板上分布不均匀,各幅板沉陷不一致时,纵缝也会产生错台现象。

4)唧泥

汽车行经接缝时,由缝内喷溅出稀泥浆的现象称为唧泥。在轮载的频繁作用下,基层由于塑性变形累积而同面层板脱空;地面水沿接缝下渗而积聚在脱空的空隙内;在轮载作用下积水变成有压水而同基层内浸湿的细料混搅成泥浆,并沿接缝缝隙喷溅出来而形成唧泥。唧泥的出现,使面板边缘部分失去支承,因而往往在离接缝1.5~1.8m以内导致横向裂缝。

此外,纵缝两侧的横缝前后搓开、纵缝缝隙拉宽、填缝料丧失和脱落等也都属于接缝的破坏。

2. 混凝土板本身的破坏

混凝土板的破坏主要是断裂和裂缝。面板由于所受内应力超过了混凝土的强度而出现横向或纵向以及板角的断裂和裂缝,其原因是多方面的:板太薄或轮载太重;行车荷载的渠化作用(荷载次数超过允许值);板的平面尺寸太大,使温度翘曲应力过大;地基过量塑性变形使板底脱空失去支承;养生期间收缩应力过大;由于材料或施工质量不良,混凝土未能达到设计要求等。断裂裂缝破坏了板的结构整体性,使板丧失应有的承载能力。因而,断裂裂缝可视为混凝土面层结构破坏的临界状态。

二、混凝土路面的养护与维修

1. 填缝料的填补

填缝料常因高温被挤出而失落，日久老化而失去弹性，因此，一般在冬季缝隙增宽时增补或更新填缝料，使缝隙填料保持饱满不渗水，无碎屑杂物等不可压缩的材料混入。

2. 裂缝的修补

对较小裂缝，应及时将缝隙内的尘土清除干净，再灌填沥青砂或沥青玛瑞脂封缝；或用环氧树脂胶结。对严重的裂缝，宜先将松动部分凿掉并清除干净后，在干燥情况下，用液体沥青涂刷缝壁，再填入沥青砂捣实、烫平，并以细砂覆盖。裂缝的修补工作宜在秋末冬初缝隙较宽时进行。

3. 麻孔、剥落、局部磨损和坑洞的修补

先将尘土碎屑清除干净，再用1:2 水泥砂浆（水灰比0.4 ~0.5）或硫磺水泥填补。硫磺水泥强度高，能与多种材料黏结快硬，不需养生，并有耐酸抗渗作用。有时也可用掺有50%浓度聚乙酸乙烯乳液的水泥砂浆进行修补。或先涂敷环氧树脂或水泥浆，然后用掺有早强剂的混凝土填补。

4. 大面积磨耗的处理

当磨损、剥落面积较大时，可用坚硬石料进行双层沥青表面处治。黏层油应用较稠的沥青，用量应稍多，以免剥落。对已磨光的路面，国外常铺上防滑沥青砂封层，或者用割槽机将路面割成小横槽，以恢复抗滑力。

5. 断裂的修理

根据断裂位置把混凝土板凿成深约0.05 ~0.07m 的长方形槽，刷洗干净后，用水泥砂浆涂抹槽壁和底面，然后以混凝土填补。较彻底的办法是将凹槽壁凿至贯通整个板厚，并在凹槽边缘板厚中央打洞。洞深0.1m，直径30 ~40mm，水平间距0.3 ~0.4m。每个洞应先将其周围润湿，插入一根直径18 ~20mm、长约0.2m 的钢筋，然后用最大粒径为5 ~10mm 的细粒混凝土填塞捣实。洞口留下0.01 ~0.02m 不浇筑，钢筋应一半伸出洞外。待细粒混凝土硬结后，再将凹槽边壁润湿，涂刷水泥浆一道，然后将与原来相同的混凝土浇入槽中夯捣密实（图3-9-2）。

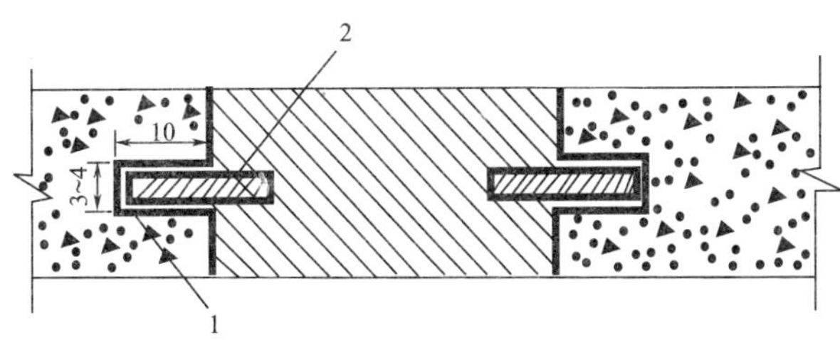

图3-9-2 混凝土路面断裂的修理方法（尺寸单位：cm）

1-细粒混凝土；2-钢筋

6. 整幅修复

当裂缝分布遍及全板时，可将该块板击破翻除，必要时还应重做基层，再另浇筑新混凝土板。对于击破旧混凝土路面，我国有关单位研制一种移动式电动落锤式破路器，效果甚好。

7. 罩面

混凝土路面损坏后，可在其上以新混凝土罩面。为增进新旧混凝土的结合，加铺前除清除旧面层表面并凿毛外，有时还可在旧路面上先涂敷环氧树脂，然后铺筑新混凝土层，以使新旧层之间达到完全结合。若在旧面层清扫后直接铺筑新混凝土罩面时，则属于部分结合的情况。如在铺筑新混凝土罩面之前，先加上一层油毛毡或其他材料作隔离层，这属于分离式的情况。

当用沥青混合料进行罩面时，则至少要有 0.10 ~ 0.15m 厚度，否则容易剥落。而且旧混凝土路面接缝和裂缝易反射到沥青层上。

8. 旧混凝土路面的再生利用

近年来，有些国家（如美国、荷兰等）将旧混凝土破碎并分级后，掺加部分新材料，重新用作新混凝土的集料。

复习思考题

1. 水泥混凝土路面对常用材料有哪些要求？
2. 简述水泥混凝土路面的各种施工方法和程序。
3. 水泥混凝土路面施工应从哪几个方面进行施工质量控制？
4. 简述水泥混凝土路面的常见病害及其处治方法。

参 考 文 献

[1] 中华人民共和国行业标准 CJJ 37—90　城市道路设计规范[S]. 北京:中国建筑工业出版社,1991.

[2] 中华人民共和国行业标准 GB 50220—95　城市道路交通规划设计规范[S]. 北京:中国建筑工业出版社,1995.

[3] 中华人民共和国行业标准 CJJ 45—91　城市道路照明设计标准[S]. 北京:中国建筑工业出版社,1991.

[4] 李杰主编. 城市道路设计[M]. 北京:高等教育出版社,2007.

[5] 王连威主编. 城市道路设计[M]. 北京:人民交通出版社,2002.

[6] 吴瑞麟,沈建武编著. 城市道路设计[M]. 北京:人民交通出版社,2003.

[7] 中华人民共和国行业标准 JTG B01—2003　公路工程技术标准[S]. 北京:人民交通出版社,1991.

[8] 俞高明,金仲秋主编. 公路工程[M]. 北京:人民交通出版社,2005.

[9] 徐家珏主编. 城市道路设计[M]. 北京:中国水利出版社,2005.

[10] 沈建武,吴瑞麟编著. 城市道路与交通[M]. 武汉:武汉大学出版社,2006.

[11] 徐家珏,程家驹编著. 道路工程[M]. 上海:同济大学出版社,1995.

[12] 周荣沾主编. 城市道路设计[M]. 北京:人民交通出版社,1988.

[13] 市政工程施工技术规程汇编[M]. 北京:中国建筑工业出版社,1999.

[14] 中华人民共和国行业标准 CJJ 44—91　城市道路路基工程施工及验收规范[S]. 北京:中国建筑工业出版社,1992.

[15] 北京市政局. 市政工程施工技术规范[M]. 北京:中国建筑工业出版社,1997.

[16] 中华人民共和国行业标准. 城市道路与桥梁施工验收规范[S]. 北京:中国建筑工业出版社,1997.

[17] 中华人民共和国行业标准 GB/T50123—1999　土工试验方法标准[S]. 北京:中国计划出版社,1999.

[18] 中华人民共和国行业标准 JTG D30—2004　公路路基设计规范[S]. 北京:人民交通出版社,2004.

[19] 中华人民共和国行业标准 JTG F10—2006　公路路基施工技术规范[S]. 北京:人民交通出版社,2006.

[20] 中华人民共和国行业标准 JTG E40—2007　公路土工试验规程[S]. 北京:人民交通出版社,2007.

[21] 邓学钧主编. 路基路面工程[M]. 北京:人民交通出版社,2005.

[22] 李维勋主编. 路基路面工程[M]. 北京机械工业出版社,2006.

[23] 王景峰主编.路基路面施工与养护技术[M].北京:人民交通出版社,2005.

[24] 文德云主编.路基路面施工技术[M].北京:人民交通出版社,2004.

[25] 李红专主编.高速公路路基路面施工工艺[M].北京:人民交通出版社,2004.

[26] 黄晓明,朱湘,李昶著译.路基路面工程[M].南京:东南大学出版社,2006.

[27] 何兆益,杨锡武主编.路基路面工程(下)路基工程[M].重庆:重庆大学出版社,2001.

[28] 李刚明主编.路基路面工程施工标准[M].北京:中国科技文化出版社,2006.

[29] 中华人民共和国行业标准 JTG D50—2006 公路沥青路面设计规范[S].北京:人民交通出版社,2006.

[30] 中华人民共和国行业标准 JTJ 059—95 公路路基路面现场测试规程[S].北京:人民交通出版社,1995.

[31] 中华人民共和国行业标准 JTG F80/1—2004 公路工程质量检验评定标准(土建工程).北京:人民交通出版社,2005.

[32] 中华人民共和国行业标准 JTJ 076—95 公路工程施工安全技术规程[S].北京:人民交通出版社,1995.

[33] 胡长顺,黄辉华主编.高等级公路路基路面施工技术[M].北京:人民交通出版社,1995.

[34] 张润主编.路基路面施工及组织管理[M].北京:人民交通出版社,2002.

[35] 徐培华,郑南翔,徐玮主编.高等级公路路基路面施工质量控制技术[M].北京:人民交通出版社,2006.

[36] 人民交通出版社著译.公路路基路面施工监理指南[M].北京:人民交通出版社,2000.

[37] 新版建筑工程施工质量验收规范汇编[M].北京:中国建筑工业出版社,2002.

[38] 中华人民共和国行业标准 CJJ 1—90 市政道路工程质量检验评定标准.北京:中国建筑工业出版社,1991.

[39] 中华人民共和国行业标准 CJJ/T 80—98 固化类基层和底基层技术规程.北京:中国建筑工业出版社,1998.

[40] 中华人民共和国行业标准 GB 50092—96 沥青路面施工及验收规范[S].北京:中国计划出版社,1996.

[41] 中华人民共和国行业标准 CJJ 4—97 粉煤灰石灰类道路基层施工及验收规程.北京:中国建筑工业出版社,1998.